反対尋問と事実認定 1

尋問の記録と解説

渡邊春己 *Harumi Watanabe*

花伝社

反対尋問と事実認定１――尋問の記録と解説◆目次

はじめに

1　法廷技術としての「反対尋問」

私が学生時代に読んだ戒能通孝著『法廷技術』のなかで、法曹の責任と法廷技術の意義について論じている。そのなかで、

「法曹の失敗は、政治家や外科医の失敗と同様に、その負担が彼の上にかからずに、依頼者の上にかかっている。だからして非良心的な法曹は、失敗の意識をもつより先きに、裁判官が悪いとか、陪審制の行われているところなら、陪審員が間違っていたとか弁解し、自己の責任を逃れることができるように努める。しかしこの外見の責任逃れこそ、およそ法曹たるものの口にしてはならないことである。」（注1）

と指摘し、また法廷技術の意義について、

「マックス・ウェーバーの指摘したように、原則化してはならないものを原則化したか否かということには尽きない。徒弟的、職人的方法によって技術を教えられ、終局的には名人的技巧を身につけねばならないイギリス型法曹の存在は、単に法廷における懸引に長ぜさせただけでなく、社会をして一つの法廷組織にまで成長させ、腕力や数の力より、説得のもつ魅力の方を、より大きく育てていった。法廷技術の終局的な目標は、この点にむかってておかれねばならない。そして仮に唯一人であれ、イギリスにおけるアースキン、アメリカにおけるルーフス・チョートのような卓越した人が生みだされるならば、その人の技術は恐らく他の人によっても踏襲され、単に法廷の懸引だけでなく、一般的政治感覚の向上に対しても、なみならぬ貢献をたてることができるであろう。」（注2）

と記している。

私は当時「法廷技術」の何たるかを到底理解し得ていなかったし、ましてアースキンやルーフス・チョートがどんな人物かも知らなかったが、戒能通孝によるこの論述が私の頭の中で強い印象として残っている。（注3）

2　事実の探求のための「反対尋問」

実際に法曹人となり、実務に従事するなかで、判決がどう考えても社会的真実と異なった事実を認定しているのではないかと確信できる事案に出会った。それまで〝裁判〟とは公正で証拠にかなった合理的な判断が常になされているものと信じていた者にとってはある意味で衝撃的であった。もちろん政治的問題に関する判決や行政事件における

判決などで国や行政に有利な判決があることは知っていた。

被告の妻が講元となっている講が破綻したことにより、その夫が債務引受をした事案である。妻が講に失敗した責任を夫が負担することを約束し（債務引受）、その証として「借用書」の作成を認めたが、被告は当初一部の金員を支払ったのみでその後支払をしなかった。そのため債務引受を原因として訴訟が提起されたのである。事案は債務引受に基づく請求であり、原告、被告とも「借用書」が作成されたことを認めたが、原告が所持していたはずの「借用書」が見つからなかったため一審の裁判所に「借用書」を提出することができなかった。

直接事実を立証する「借用書」の作成を当事者双方が認めているのであるから、判決の帰趨はともかく、少なくとも「借用書」の存在は認められるのは当然のことと考えていた。ところが、一審判決は原告の請求を棄却したうえ、「借用書」も「あるはずがない」と断定してその存在まで否定したのである。この事実認定は原告には到底納得出来るものではなかった。

控訴審になり、原告に再度調べさせたところ、タンスの隅に紛れていた「借用書」が発見されたことから、「借用書」を裁判所に提出したところ、控訴審では逆転して勝訴となったのである。相手の不誠実な態度に納得しなかったことから、弁護士に依頼し、「事実」に基づく判断を求めている当事者にとって一審判決は理解しえないものであったろう。

それまで〝裁判〟とは公正で証拠にかなった合理的な判断がなされているものと信じていた者（筆者）にとっても衝撃的であった。政治的問題に関する判決や行政事件の判決などではない、通常の一般事件で不正確な事実認定に基づいた判断がなされていたのである。

この件を契機として、裁判官が記録を正確に読んでいるのかだけでなく、真実を探求し、正しい事実を求めたうえで判決をしようとしているのかについて疑問が生じたのである。

また、直接当事者ではない以上、紛争の事実に直接触れているはずがなく、当事者の主張による事実の上澄みしか知り得ない裁判官の、あたかも神の如く全ての事実を把握しているような態度に接することにもたびたび出会い、苦い思いをさせられた。

この訴訟手続きにおける当事者性について倉田卓次元判事は、

「裁判官の事実認定は、その意味では、当事者（代理人）によって選択され、お膳立てされた主張事実が証拠によって肯定されるか否かの確認作業なのであって、何を請求原因とし、何を抗弁とするかという理論構成に基づいての事実の選択という一番根源的な作業にはタッチしないわけである。この点では、事実認定に一番重要な役割を果たしているのは、当事者（代理人たる弁護士を含めて）であるということが言える。」（注４）と述べている。

主張だけでなく、証拠の提出や、その内容、作成経過なども当事者に依るところが大きいものであるから、まさに「裁判とは裁判官とともに当事者の共同作業である」と指摘した筆者のイソ弁時代の尾崎陞弁護士の発言は的を射ているといえる。

木佐茂男他『テキストブック現代司法〔第6版〕33頁』では、民事訴訟の基本原理について、

「民事訴訟では当事者の果たす役割が重視され、そこから処分権主義と弁論主義という基本原理が導かれている。（中略）もっとも、これは民事訴訟において判決の言渡しまで裁判官の積極的な出番がないことを意味するものではなく、釈明権（同１４９条）の行使によって当事者の主張・立証を促しうることはむしろ当然のことである。逆に、事実と違い法律の適用が裁判官の専権であるとは言っても、法的な観点について不意打ちにならないよう裁判官と当事者の対話が必要であることも今日では疑いない。そして、争点の整理や和解の試みは裁判官の積極的なリードなしにはなしえないし、訴訟手続の進行面、すなわち期日の指定・呼出し、弁論の分離・併合・制限などは裁判所に主導権がある（職権進行主義）。総じて言えば、民事訴訟は裁判官と当事者の協働の営為にほかならない。」

と指摘している。

私はこのような自身の体験から、裁判における事実とは何かという課題を突きつけられていると考えるようになり、裁判における事実の認識過程において、どのようにすればより正確な事実を認定しうるかについて考えさせられてきたのである。

同時に私はそれ以前からフランシス・ウェルマンの『反対尋問』（旺文社文庫　１９７９年）を読み、裁判における事実の探求のためには、反対尋問の役割が重要であることを改めて認識して、法曹人として持つべき技術であると考えるようになった。そこで、事実とは何かという認識過程の内容について思いをめぐらすとともに、自己の反対尋問の技術、さらには法廷技術を身につける必要を一層強く感じ、その努力をしてきたつもりである。

このような経緯のなかで偶然歴史学者やジャーナリストと知り合うところとなり、同じ「事実」を探求する者同士として討論したのが、『事実をつかむ』（新井章、松村高夫、本多勝一、渡辺春己（こうち書房　１９９７年））である。

3　事実の認識過程における「反対尋問」の役割

こうした私の事実に対するこだわりは、イソ弁時代の所長弁護士から、「主張はどんどん変えなさい」、「裁判官に

ふりまわされるな、検察官にふりまわされるな、依頼者にふりまわされるな」との言をうけていたことも影響している。

前者は、証拠は偏在的に存在するのであるから、証拠が出揃った段階でそれらを総合的に検討して最終的主張がなされるべきであるとの趣旨である。

もちろん、主張が変遷すればそれ自体で主張の信用性が減殺しかねない。まして、準備手続等により争点整理が前提となっている新民事訴訟法の下では、主張や証拠すら制限されうる。

しかし、この思考は、証拠は偏在しており、最終的判断を行うのは、双方の主張・立証を踏まえ、全ての証拠が提出されてから証拠を全体的・相互的に評価して最終判断がなされるべきであり、訴訟の過程はあくまで仮定心証（仮定主張）にすぎないという基本姿勢を指摘したものとして重要である。

また、後者の「依頼者にふりまわされるな」という発言は、当時の私には意表を突かれた思いがあった。依頼者からの受任により事件に従事する弁護士という職業との間でいささか衝撃を受けたのである。所長弁護士の真意は、依頼者により提出された証拠だけでは不十分なことが多いことから、依頼者のいい分や資料だけでなく、自分で資料を集め、自分の頭で考えなければならないという教訓であった。

その後、反対尋問についての書籍を読んだうえ、失敗も含めながら自分なりの工夫を重ね、虚偽の証拠や証言を明らかにするなどの体験のなかで、自己の法廷技術の手法を会得しようとしてきた。

こうしたなかで著した『事実をつかむ』は、認識過程として帰納と演繹をくりかえすという当たり前のことが重要であるということを歴史学者、ジャーナリスト、法律家として確認した、いわば総論的見解であった。

その当時から自己の体験の課題として、いわば具体論、各論を著したいと考えていた。この間、裁判官の間にも事実認定のあり方について新たな議論が展開されている。

本書は、反対尋問という角度から訴訟の過程のなかで事案の内容がより解明され、そのことによって判決やその前提たる認定事実の問題について考察したものである。

この本のなかで読者が

・事実が裁判の基本であること
・事実認定の正しさの検証の方法
・証拠の見方
・尋問技術
・法廷技術

などについて、改めて考察する契機になれば幸いである。

（注1）戒能通孝著『法廷技術』（岩波書店　昭和27年）26頁。旧漢字は新漢字に改めた。

（注2）同著　27、28頁
（注3）松波淳一もその著書『ある反対尋問』（日本評論社　1998年）2頁で、「私が法廷技術としての「尋問」、特に「反対尋問」に関心を持つようになったのは、故戒能通孝氏の『法廷技術』（岩波書店　昭和27年刊、戒能通孝著作集Ⅲ『裁判』日本評論社　昭和52年再刊）に出会った御陰である」と記している。なお、松波淳一著『ある反対尋問』は、筆者が出会ったなかで具体的な反対尋問を著した最良の書籍の一つである。
（注4）倉田卓次著『民事実務と証明論』（日本評論社　昭和62年）127、128頁

第1章

反対尋問と事実認定

1 裁判における事実の重要性

(1) 事実認定は裁判の基礎

裁判とは「裁判では言うまでもなく具体的な事実を確定し、その事実を前提に法規を当てはめて結論を出すものであ」(注1)って、法規を大前提とし、具体的事実を小前提として小前提を法規に当てはめて結論を出す三段論法によっている(注2)ことはいうまでもない。

したがって、裁判では法律の解釈が正しくおこなわれなければならないことはもとよりであるが、裁判実務では、民事事件の結論は法の解釈よりも事実によってその大部分が決まってしまっていると言われており、「事実認定を間違うほど裁判所の信用を落とすものはありません」(注3)と指摘されている。

それ故、「前提となる事実が正しく認定されなければ、いくら法規の解釈が正しくてもその判断は砂上の楼閣にすぎない」ものであり、裁判官自身も「いくら理屈をいってみても、判断の前定となる事実の認定を誤れば結論を誤ってしまうわけで、事実認定の重要性は、いくら言っても言いすぎではないと思います」(注4)と述べているとおり、事実認定の正確性は裁判の要というべきものである。

(2) 前提たる事実の性質とその認定の困難性

ところが、この小前提たる事実を正確に認定するには多くの困難がある。

ア 裁判の前提たる事実は、過去のある時点で生じた出来事、既に過ぎ去った歴史的事実であり、自然科学のような実験は不可能であって、歴史的証明によるものであるから、その証明は高度の蓋然性があれば足りるとされている。

この事実の認識過程について、「裁判上の事実認定は、仮説を立てて、その仮説が真実であることを証拠によって推論、インファ(infer)することであるとされています」(注5)、「裁判上の事実認定は民事裁判におけるものであれ、刑事裁判におけるものであれ、原則として過去に生起した事実について仮説をたてて、その仮説が真実であることを一定の資料によって推認することをいいます」(注6)などの各指摘のとおり、「……仮説を立てたうえ、その真実であることを証拠によって推論することになります。推論という判断的作業であるところに過去の事実認定の弱みがあるわけです」(注7)として事実認定の困難さが指摘されている。

このように裁判における事実認定は、仮説と新たな仮説の繰り返しのなかで「過去に生起した事実」をより正確に認識する方法を探求しなければならないのである。

そして、裁判の判断(判決)は人の生命、身体、財産に直結するものであることから、裁判では証拠収集の方法や証拠方法―書証、人証、検証、鑑定―が定められている。

裁判所はこうした法に定められた証拠方法を駆使して証拠調べを行い、法的効果の前提となる事実認定がなされるのであるが、この立証過程において種々の証拠方法の十分な駆使、各証拠の評価と種々の間接事実や補助事実の認定、これらの事実の構造の複雑な関係など、認識過程には多様で複雑な要素がある。そのため、「事実認定」が困難であるとして従来から正確な事実認定をはかる努力と営みがなされてきた。

イ　ところで、「過去の事実の認定であれば、歴史学における史実の確定でも、マスコミの真相の追求でも同様であります」（注8）とも指摘されている。
歴史学のジャンルにおける見解をみると、例えば永原慶二は、歴史学の史実と歴史像について、

「歴史認識は（1）個別事実の確定、（2）大きな歴史事象・時代などについての一定の史的評価・史的意味づけを含む歴史像の形成、（3）それを踏まえた通史的認識＝叙述、という三段階＝側面を含むものであるが、その三者を貫通する歴史認識が、論理的一貫性をもち、個別事実や歴史事象・時代の把握などをめぐって、相互間に矛盾を生じていないか、整合性を失っていないかが学問としてまず要求されるところである。」（注9）

と述べている。
また、太田秀道は史実の認定について、
「これは、事実の認定は証拠によるとする近代的な証拠裁判主義の場合の証拠と本質的に異なるものではない。証明力の判断が裁判官の自由な判断に委ねられているだけに、この判断が困難であるように、証拠の証明力を正しく判断することは歴史家にとっても困難であるが重要である。証拠はつねに断片的部分的であるから、証拠の直接証明しうる範囲はかぎられている。このかぎられた証明力をもつ証拠から、これを基礎にして、しだいに存在の歴史の全体像に近づいていくのが、実証的だということである。（中略）
証拠の学といっても、それは証拠が直接証明することだけに認識をとどめておくことを意味しない。もしそうだとすれば、それは高次の認識に到達することはできない。より深い本質の認識へと進んでいくためには、どうしても正しい判断と推理による思惟の抽象が必要である。しかしその抽象が正しいかどうかも、証拠に基づいて判断されなければならない。証拠の学という意味はそれであって、勝手な想像によって過去を組み立てるのは歴史学ではないということである。証拠は虚構を打破する。」（注10）
と記している。
そして、具体的史実の認定に関して、弓削達は、

「歴史学研究者は、自分の描き上げる絵（歴史叙述）について、その絵が、素材によって裏付けられ得ることを証明しなければならない。その証明は、自分の選択しなかった、捨ててしまった素材によっても反対証明されるものではないことを示すものでなければならない。また、自分が選択した素材が、自分がそれに対して加えた解釈によって以外には正しく理解できないことを証明しなければならない」（注11）

と的確に指摘しており、さらに、歴史学の認識過程についても、

「これは、史料にもとづく分析・総合と当初の作業仮説との往復運動の過程が続くことを意味するが、もし仮説が分析・総合の結果と一致しないときには、仮説のほうが修正されなければならない、というのが大原則である。そうでなくて当初の仮説をあくまでも維持しようとすると、結果的にはそれは史実を歪めることになり、実証作業は無意味になってしまうだろう。」（注12）

として仮説と検証を繰り返すことの重要性が述べられている。

仮説が資料に基づく分析・結果に合致しないときは仮説をも修正する。

倉田卓次も実際の裁判において「仮説と検証」の意味を論じている。（注13）

このように過去の歴史的事実の認識という共通の課題を負っている裁判と歴史学はその認識過程に基本的な共通点が存在することが理解できる。

ウ　裁判における制約と困難性

しかし、前述したように公正・公平な判断を求められている裁判には歴史学やジャーナリズムと異なり、各種の制限がある。

田尾桃二元判事によれば、

・事実認定の資料が原則として当事者提出のものに限定されている

・認定の対象、方法（手段）に制限のある

・裁判上の事実認定は時間の制約があるとともに必ず結論を出さなければならない

・裁判における闘争性

・裁判上の事実認定では認定の対象が単なる事実ばかりでなく、判断が入った、あるいは判断と混交した事実であることが少なくない

・裁判官は専門外のことでも何でも世の中の出来事についての事実を認定しなければならない

など、その困難性の要因を指摘している。（注14）

これに対し、歴史学では、時間的制限はなく、新しい資料の発見、現場調査などの資料収集が行われ、以前の史実が変更されたり、また、ジャーナリズムでは詳細な現場取材等によって新事実や新たな見方が打ち出されることがあ

る。（注15）

また、歴史学やジャーナリズムには、裁判と異なり結論が出せない場合の「判断の留保」という見解の提示もある。ところが、裁判では、判断の留保はあり得ず、立証責任の問題として判定されることになる。

しかも、前述した田尾元判事が指摘した裁判上の制限に加えて事実認定の過程をみても、主要事実を認定するためには証拠の評価について種々の補助事実、間接事実を推認したうえで主要（要件）事実の認定を行うのである。こうした手続きについて手嶋あさみ判事は、

「実際の事実認定は事案毎に無限といってよいほどに多様な推理・推論の集合体の上に成り立っている。これを網羅的に模型化し、体系的に整理して検討を加えることはほとんど不可能に近いと言ってよいであろうし、そのような推理の累積を総合して一定の「認定事実」を導く過程（精神活動の実体）を正確に分析し、客観化することはなおさら難しい作業である。法律実務家自身が自ら日常的に繰り返し行っているはずのこの事実認定という作業の実体であるべき姿・方法論を容易に言語化し得ず、「法曹の長い経験と勘に委ねられている分野が多」とされているのもこうした特性に由来するものと言ってよいであろう」（注16）と記している。

また、伊藤滋雄元判事も、

「事実認定は、裁判の基本をなすものでありながら、現実には、具体的事案ごとにそれぞれの実務家の経験と知恵で処理されている要素が強く体系的な研究をすることがなかなか困難である。事実認定に関する問題はとうてい一定の法則性の上に立つ科学的分析によって割切り得るものではない。この問題に対する解答は、結局法律実務家の良い経験と叡智によるという以外にはないとする意見すらあるところである。確かにそうした面も否定できないのである」（注17）

と述べているが、筆者としては、そのような意見は、事実認定は極めて困難な問題であるから多方面からの検討を加えなければ、到底成果を期することはできないという警告と受け止めている。

さらに、事実認定の過程には、

・「認定の対象となるのはいうまでもなく「事実」であり、法的評価・判断ではない。しかし、実際には、純粋の「事実」だけでなく、事実と法的評価・判断とが入り交じったのが事実の認定の対象となっていることが多い」（注18）

・「主要事実であれ間接事実であれ、ナマの事実としてそのまま認知できる具体的事実そのものから、具体的事実に一定の評価判断を加えた抽象的事実まで、その抽象度に種々の段階があり、各段階ごとに法的評価が大なり小なり混入し、法律の規定を全く離れての事実認定は不可能である。法律あるいはその解釈と密接不離に関連しつ

つ事実認定は行われるのである。」（注19）

・「裁判上の事実認定では、認定の対象が単なる事実ばかりでなく、判断が入った、あるいは判断と混交した事実であることが少なくないということです。このことはどの事実認定論でもいわれていることです。」（注20）

田尾元判事の指摘からも理解できるように、事実の認定の過程には、ナマの事実（いわゆる裸の事実）だけでなく、評価も含まれたものも多くあり、事実認定に至る過程には、複雑な事実関係の構造とともに、また、評価も踏まえる必要があるのである。

こうした幾重にも複雑な過程を踏んだうえ、事実認定は、最終的には「裁判官の自由心証が直感的・経験的・総合的判断である」（注21）と指摘されている。

このことについて瀬木比呂志も、

「事実認定における推論のあり方については、筆者も、田尾説に賛成であり、その本質は、直感的総合的判断作用であると考える。裁判官としての経験が長くなるにつれて、人証調べが終えられた段階では、書かれるべき判決の大要（正確にいえば大要についての感触というべきもの）が頭の中に形成されるようになってきたが、この印象は、確かに、演繹的な推論によってではなく、複雑で微妙な直感的総合的認識としてやってくる。」（注22）

と述べ、事実認定における推論は直感的・総合的判断であるとしている。

このような総合的判断を行う際には、間接事実、補助事実などの種々の事実を全体的に正しく把握し、その評価、推論もきちんとしていなければ正確な判断など望むべくもない。

そのことは後に述べる〝砂上の楼閣〟判決を見れば理解できるだろう。

この判断過程はまさに裁判官の良心と能力が問われている場面であると同時に、裁判官にとっては公平な判断を行う難しさとやりがいがあるといえよう。

そして、これまで述べたような裁判上の多くの制限の他に、

・種々の証拠の収集、評価
・間接事実、補助事実の推論を含む認定
・これらの事実の関係と主要事実の推論を含む認定

など、事実認定における複雑な要素と過程からその困難性が言われ、そのなかで過去の歴史的事実の認定をより正確に行うための考察がされていなければならないのである。

(3) 最近の事実認定論の展開

前述したように、事実認定の困難性から事実認定は裁判官の〝勘〟あるいは〝叡智〟によるとする有力な見解が存在した。

この勘や叡智とともに事実のスジ論があるが、筆者の経験によればこの事実の〝スジ〟なる見解は正確な前提事実

に基づかなければ、裁判官の予断による判決をもたらしかねないことに留意する必要がある。それは事件の〝スジ〟という思い込みによって恣意的判断がなされかねないからである。

しかし、最近裁判官を中心として「事実認定をめぐる問題について基礎から応用までを幅広く議論しつつ汎用性のある事実認定のスキルを探求する。そして民事裁判における事実認定の在り方を再検討してみよう」とする試みがなされ、（注23）

「民事事実認定は知識体系として存在しているはずのものであると考えています。そして、それを法律実務家である裁判官はもとより弁護士も訴訟代理人として実践していく。しかも須藤さんが言われたように、良い事実認定というのはまさしく永遠の課題であって、エンドレスで取り組まなければいけないものである。その意味で実践的なスキルの体系でもあるわけです」（注24）

と述べているように、事実認定の過程を分析し、その留意点やノウハウを自覚的に把握し、より客観的で正確な事実の認定を目指す議論が盛んになり、多くの著書や論稿が著されている。

この議論のなかで〝動かし難い事実〟、〝争いのない事実〟の認定、間接事実・補助事実の関係などを自覚しながら事実認定の正確性、客観性をはかっている。

また、この複雑な過程を自覚することにより、仮定心証が確信的心証に至る経過とその検証についても考察されている。

たとえば「事実認定における５つの極意」（注25）として、

①　事件の全体像を把握し時系列で確認する（注26）
②　動かし難い事実は些細な事実にあらわれる
③　文書は内容だけでなく、物をよく見よ
④　証人や本人の個性に惑わされない
⑤　なぜ事実認定に迷っているか自覚せよ

などの指摘がなされている。仮定心証については、今中判事は「裁判官の心情的契機」（注27）との項目の中で予断、即断、過大な自信などを慎しむことを指摘しているが、法律実務家にとって極めて重要である。

そして、最終的判断時期についても、「ああ、真相はこの証言のとおりではないか、正しいのはこっちではないかと感じると、それにすうっと引き寄せられそうになるのです。すると、後の証拠がすべてそちらの方へ有利に見えがちになります。そういうことは実際裁判を行った人間でないとわからないことだと思うのです。だから、まあ、あまり早く苦しみから逃れたいと思わず、なお慎重に構えて、相手方の主張立証を聞き、弁論終結の時まで速断を慎むということが大事であると思います。」（注28）と述べていることは十分に考慮されなければならない。

また、現実の裁判の状況について弁護士の新井章は、

「一般的に裁判の場合で言うと、典型的には裁判官の立

場ですが、訴訟なり審理の進行にしたがって、法廷に積み上げられるデータから、その時点で裁判官たちがもっていた事件の解決へのイメージを、「仮説」として構築し、それを吟味する。積み上げられた資料からさらに仮説の変更を迫られるということがあるでしょうし、逆に仮説についての確信を深めるということもあるでしょうが、ともかくもそのようなプロセスを何遍となく繰り返しつつ、最後に審理を終結して最終的な彼の仮説をまとめ、それを裏付ける資料が調っていると判断したときに判決が導かれるというのが、通常だと思うんですね。

ところが、実際の裁判では、途中あるいは最終段階で立てた仮説について、データを照合して再吟味する気持ちの上でのゆとりというか広やかさが裁判官に欠けているために、自分が一旦選んだ仮説を最終的な結論として、むしろその仮説に合わせるように、資料の取捨選択をしたり、あるいは判決理由中に引用したり引用しなかったりするという例が多いわけですね。それが、しばしば裁判というのは独断的に処理されることが多く、判決理由は作文に過ぎないのだという、世評を生み出す原因になっていると思うんですね。」（注29）

と述べていることは、十分に留意されるべきであろう。

こうした事実認定における留意点について、倉田卓次元判事は賀集唱元判事との対談のなかで次のような発言をしている。（注30）

・一番大事な自分の心掛けとしては「予断をもたない」（（注30）235頁）

・次の心掛けとしては、やはり事件記録を少なくとも一度は精読するということを怠らないようにしました。（（注30）235頁）

・証人尋問について、賀集元判事の「無駄な証拠調べをしたなあ」との発言に対して、「ちょっとぐらい無駄があってもいいいじゃないか。（笑い）ゆとりがあっていい。（笑い）」（（注30）253～254頁）

・（高裁では）どうしても手控えなしではまともな訴訟指揮はできないのじゃないかと私は思います。（（注30）234～235頁）

・判決についても「私はなるべく組立て主義、『甲何号証と証人のこれと合わせるとこういう事実が出る、それからこれとこれとでこういう要件がわかる、この要件とこの要件でこう出る』という形で……」（（注30）244頁）

として一括方式でない判決の書き方で論じている。

更に、倉田卓次元判事は判決の書き方について、「総合認定型と事項別認定型」をあげ、判決を書く際の重要な留意点である「「書くことで、ハッキリしてくる」（sichklar schreiben）現象は、証拠を組み立てる過程で初めて庶幾しうるのであって、証拠の一括挙示では、下手をすると、証拠に基づかぬ事実認定をしかねない。ぜひ、事項別認定も試みて貫いたいものである。」（注31）と述べ、判決を書く際の重要な留意点であることを指摘している。

また、前記のように証人尋問についても「ちょっと無駄があったっていいじゃないか」と述べているが、この発言の趣旨は真実に到達するための一種の不可避的な「無駄」であると筆者は考えている。

はじめから〝真相〟がわかっていたら、証人等の証拠調べの必要性もないことになるし、〝真実〟ははじめからわかるものではないから廻り道が必要になるのである。この過程を軽視したら真実に到達しない可能性も高くなるであろう。民事訴訟の多くは市民同士の認識の違いからくる不満を解消する場とさえいえるものであるから、裁判には能率主義・経済主義とは反する「無駄」も必要なものといえよう。

実際、倉田元判事の審理を体験した筆者は、同元判事が記録を十分精査し、事件のポイントを正確に把握していること、訴訟指揮も懐が深いと感じている。

(4) 最近の訴訟審理について

新民事訴訟下では、従来審理時間が長引いていたことの反省から、主張整理、集中審理がなされ、特に高等裁判所では一回結審が目立っている。

筆者は正確な事実認定が裁判における要であるとの立場から、審理の現状についての筆者の見解を指摘したい。

ア　争点整理について

(ア)　問題の所在

現在民事訴訟法では、的確な争点整理手続きにより、真の争点を絞り込んだうえ、争点についての証拠調べにより迅速な裁判の実現を図っているとされている。

しかし、実際の実務のうえで争点整理が「適正」になされているのか疑問がある。

これまでの筆者の体験によると、当事者に立証・証拠収集についての限界がまず存在する。訴訟など想定していない一般市民は裁判になってから慌てて証拠収集することがしばしばである。筆者は、証拠調べの直前に重要な証拠が見付かったり、一審判決のあとに発見したりすることも体験している。

裁判所にこのような実情を踏まえた訴訟指揮と弁論の整理が必要である。そうでなければ不十分な整理により、不正確な事実認定がなされかねない。真実はおろそかにされ、あらかじめ裁判を予定し、事前準備している者が勝訴しかねない。

ちなみに、筆者は数件ではあるが控訴審で受任したのち、一審とは別の事実・法律構成を行い、新たな証拠を提出したことがある。当該控訴審裁判所は当初難色を示したが、新しい主張の整合性と証拠により勝訴的和解となった体験がある。このような裁判展開は一回結審では到底不可能である。

これは以前の控訴審裁判所には一定の訴訟指揮の懐の広さがあったからと考えている。

（イ）　争点整理が不十分な場合

相手方がことさら事実を隠蔽したり、専門的な事案の場合にはかみ合った争点の整理がなされなかったりすることがある。

このように不十分な争点整理のまま証拠調べを行っても、正確な判断は困難ではないかという疑問である。

裁判官自身「集中証拠調べに適さない事件」として、「集中証拠調べに相応しい事件と相応しくない事件があると考えます。これは2つの観点がありまして、1つはその性質によって相応しくない事件、もう1つは人的に相応しくない事件、この2つがあると考えています。」（注32）と述べている。

必要なら適切な訴訟指揮（釈明権の行使）によって主張の噛み合わせが必要である。

イ　証拠調べについて

最近証拠調べの制限が極めて多くなっていることである。時間がないことを理由に重要証人すら調べないことが多くなっている。特に裁判官にとって専門外の事案でも十分な証人の採用を行わないことが多い。

中には本人の陳述書と本人尋問で〝事実認定出来る〟と豪語した裁判官もいた。ところが、判決をみたら、多くの証拠や証人尋問の供述さえ無視した、いわば、認定事実は裁判官の創作ともいうべき内容であった。

自由心証主義は勝手なものではなく、証拠に基づいた合理的・整合的なものでなければならないことは論ずるまでもない。

証人尋問について、

「裁判官が書証と陳述書で例えば8割、9割はもう間違いないという心証を形成していても、実際に人証調べを実施してみると、心証が逆になる場合があり得るということです」（注33）

との見解も示されており、その心証の変化は事件の0～20％という裁判官が61％、20～40％という裁判官が37％というデータがある。この割合は弁護士にとっては甚大な数字である（前掲書（注4）同書　22頁）。

仮定心証で判断すべきでなく、たとえ心証が変わらなくても、心証の〝確認〟は事実認定にとって重要な要素である。

証拠調べが不十分で、「判決の起案が進まない場合弁論を再開する」（前掲書（注4）62頁）との見解はまさに正論であるが、筆者は未だそのような体験がない。

ウ　尋問時間について

最近の尋問時間も極めて限られたものになっている。弁護士としてもそのような現況が争点を出来るだけ絞って（聞きたいことがあっても省いて）尋問を試みている。

しかし、「主尋問15分、反対尋問15分」（前掲書（注４）130頁）などという見解は、弁護士からみると到底妥当とはいえない。

主尋問は打ち合わせたとおり、陳述書の要点を述べればいいが、反対尋問の場合には多くの被尋問者は尋問に素直に答えない。はぐらかし、別のことを延々としゃべり出したりして窮地を脱しようと図っていることがほとんどである。

こうした場合、適切な訴訟指揮と尋問時間に関する余裕のある配慮が必要である。

このことは反対尋問を体験しない裁判官には理解できないかもしれないが、これらのことに十分配慮した訴訟指揮がなければ尋問慣れした者に有利に事が運ばれるのみである。

エ　心証のとり方

旧来の五月雨式尋問と違って、集中審理では明確な心証を得やすいとされている。

しかし、その際に裁判官に形成された心証が正しいとは必ずしも限らない。一旦心証を得たとしても、他の証拠等を比較検証して、形成された心証の成否を確認する必要がある。

裁判官の証拠評価の正当性を検証するために、双方証拠弁論的書面を提出することが重視されなければならない。

このことは裁判官自身の認めているところでもある。（注34）

筆者は例外的に確定的な事案以外は原則として最終書面を提出することにしている。

裁判所が弁論を開かない場合も事実上の書面を判決に間に合うように提出することを心がけている。

それでもたまにありえない証拠判断を行う判決に出会うこともある。

その意味で当事者双方が証拠弁論的書面を検討する必要がある。

オ　控訴審について

最近の控訴審は一回結審が当たり前のようになっている。

しかし、当然のことながら、一審の事実認定と控訴審判決のそれとが全く同一であることなどめったにない。

にもかかわらず、控訴審判決では新たな事実に関する当事者双方の主張や証拠の提出もないのに別の判断を行っていることが非常に目に付くようになった。当事者が主張も立証もしていないのに、控訴審判決で〝事実〟を認定するのである。

ここには当然、

①弁論主義違反
②不意打ち
③審理不尽
④証拠に基づかない判断

などがつきまとうことになる。

さらにこのような事実の軽視は、控訴審になって補強した主張や判例違反（要件事実の解釈に関する）の指摘が判決上全く触れられていない例も見られる。これは判決を要件事実に沿って判断しようとしていればありえないことである。そしてこのような姿勢が下級審（一審）にも影響を及ぼしているようにみえる。

調査官の経歴をもった裁判長が明確な最高裁判決を無視した判決をした例にも何度か出会った。最高裁判決を書いてきた人物が最高裁判決を無視することは筆者には考えられなかった。

必要なら当事者に釈明を求め、それに応えさせれば最低限の節度は守れるはずである。それだけの時間的余裕が裁判所にないことはありえない。

これらの例は、高等裁判所が実質上最終審になっていること（上級審のチェックがないこと）からする弊害といえるのではないだろうか。

2 事実認定に関し筆者が留意してきた事項について

(1) 筆者が心がけてきた資料収集について

著者は裁判以外のジャンル（歴史学、ジャーナリズム）との比較などから認識過程の内容の検討や事実認定のあり方を考えるようになった。（注35）

そうしたなかで記録を何回も読み直すこと以外に弁護士であることからこそ、次のような点に留意してきた。

ア　当事者からの聞き取りの方法

当事者からできるだけ証拠を収集する。

単なる一方的な言い分を聞くのではなく、他の資料と照合させながら確かなものにして聞いていく。

聞き取りの方法について、歴史学者の笠原十九司は、

「同じ人物でも、われわれが聞いたのと本多さんが聞いたのとでは聞き取り内容の精密さが全然違うのですね。私の印象だと、なにか裁判官か検察官が証人を尋問しているという感じさえ……」（注36）

と述べているが、この点について本多勝一は、

「私にとっての技術的な意味での聞き書きは、基本的に「風景を再現する」ということなのです。（中略）そこで、聞き書きの方法ですが、ある事件、たとえば平頂山事件なら平頂山事件があったとすると、そういう「風景」が

展開されているわけですね。だから、聞き書きでもそれを再現するようにして埋めてゆくわけです。動くものなら映画だけれども、動かないものなら紙芝居のような絵になります。その絵のなかに描かれていない空白部分がないようにしてゆくわけです。これが私の聞き書きの基本的な方法です。」（注37）と述べている。

本多が述べるように、当事者などへの聞き取りに際しては、反対尋問的質問を交えて風景を完成させるよう行うのである。

筆者も次のような経験がある。控訴審で受任して当事者からの聞き取りをしている際、依頼者に次回の打ち合わせには全ての資料（当事者が有利だと思うか否かを問わず）を持参するよう伝えたところ、後日、依頼者にとって自己に不利な証拠と考えていた資料をはじめて渡された。ところが、その資料が一審判決を覆す決定的ともいえる資料であった。この証拠を控訴審に提出することにより勝利的和解が成立した体験がある。

（注）この資料によれば、当事者双方の一審の供述は事実と異なっていた。

このように、当事者からの多方面からの聞き取りは、証拠収集の第一歩といえよう。

イ　資料（証拠）の評価

（ア）新たに関連すると思われる資料の収集

（イ）資料（証拠）間の整合的分析、解釈の必要

この点については、すでに指摘したが、歴史家の中塚明の姿勢が参考になる。

最近の集中証拠調べにより、証拠の早期提出、心証の即断などが往々に見られる。

しかし、前述したように筆者は弁護士当初の頃、所長弁護士から主張は最終書面で全ての証拠が出てから、それらの全ての証拠を総合的に判断して、最も合理的、整合的な主張をすれば良いと言われたことを思い出す。

この思考は、証拠は偏在しており、最終的判断を行うのは双方の主張・立証を踏まえ全ての証拠が提出されてから証拠を全体的・相互的に評価して最終判断がなされるべきであり、訴訟の過程はあくまで仮定心証（仮定主張）にすぎないという基本姿勢を指摘したものとして重要である。

この点、加藤新太郎は裁判官の立場から、

「個別の例ではそこまでいえないケースもあるでしょうが、心証は、いつも暫定的なものですから、常に新しい情報を加味して再評価していかなければいけないのではないでしょうか。」（注38）

と述べている。

これは単に望ましいというだけではなく、確固たる原則でなければならないと考える。

前述したような考え方は倉田卓次や今中道信が指摘して

いる『最後に決断すればよい』との姿勢と同一である。

（ウ）そのうえで証人尋問を経て最終準備書面で全ての証拠の総合的な検討を経た主張を行うのであり、筆者も実行するように心がけてきた。

この点で、前述した今中道信「事実認定のマインド」田尾外前掲書132頁で「なお、慎重に構えて相手方の主張立証を聞き、弁論終結の時まで即断を慎むということが大事であると思います」（注39）との発言は裁判官自身の体験に基づく見解として筆者には極めて重要な意味のあるものと理解している。

これに対し、最近の裁判では当初から当事者が全ての事実を把握しているとの先入観をもっているとしか思われない訴訟指揮が多い。本書でも後述する一部の裁判では、最初から結論を決め打ちした判断をしており、法廷に提出された重要な証拠を無視し、かつ事実の流れからみても全く一貫性がない、予断に基づく判断になっている事例がまま見られる。もっと現実の一般社会の紛争当事者の実態に沿った柔軟な訴訟指揮（特に人証調べ）を望みたい。

(2) 事実についての検証の方法について

筆者は事実の把握が困難な場合、自己の主張や証拠の評価、更なる証拠の収集などを考察する際、次の二つのレベルで検証を加えてきた。

ア　要件事実に基づく各事実の評価について

裁判では、各当事者双方の主張する事実は請求原因、否認（積極否認を含む）、抗弁、再抗弁などに整理される。

こうした整理のうえで、各主張事実がどの要件の根拠となっているか、あるいは否認の事実となっているか、各事実間においてどのように照合し合っているか否か、さらにそれぞれの事実を支えたり、矛盾したりする証拠について整理し検討を加えるのである。

このような各事実の整理のうえで

① 証拠から各個別事実が確実に認められるか
② 各個別事実がどのような関係にあるか
③ 各個別事実間の比較・照合に基づく評価
④ これらを総合した評価

に分け順次判断を行う。この判断をするについては、前述した歴史家弓削達教授の指摘――「自分の選択しなかった、捨ててしまった素材によっても反対証明されるものでないことを示すものでなければならない」――が極めて重要な意味をもつ。例えば、判決が一部の証拠だけを恣意的に取り上げ、認定事実に都合の悪い証拠を全て無視すればどんな判断も可能となろう。原・被告どちらの勝訴判決でも書ける。

このことは、加藤新太郎が、

「弁護士任官をした裁判官が一定の時期になると『うま

く判決が書けなくなるという悩みを持つ』ということを いうのです。それはどういうことかというと、弁護士任官者は、認容でも棄却でも判決文は書けるのです。それはそういう証拠だけをとってそれに沿うような形で事実認定をすればどちらの結論にすることもできるわけです。しかも、それは弁護士として主張レベルの仕事としてやってきたことでもあるわけですが、弁護士任官者は、裁判官としてはそのようなことをするのはまずいと考えているのです。原被告どちらがより信用できて適正な事実に基づく主張をしているのかについて、どこで、どういうファクターで決めていくかというところがかなり揺らぐというか迷うのです。ある時に、弁護士任官者には、そういう時期があるということを知りまして、なるほどと思いました。その時期を越すと本物の裁判官になるのでしょうね。

ですから、村田さんに指摘していただいた要因については、こういう要因を頭に置いて、どちらに軍配をあげるかについて、そこのメカニズムを意識し、それぞれに内なる基準をもって、深い判断を形成していくことが実務にとって大事なのだろうと思いました。」（注40）

と述べているが、この事実は弁護士任官者だけの問題だとは到底思われない。

イ　各個別事実の流れからみた合理性の判断

争いのある当事者の主張はほとんどの場合、ある要件事実が争点となっていても、当該要件事実は社会的事実の因果の流れの中の一コマであるから、社会的に連続している事実のなかで合理的に説明がつくはずであるし、つかなければならない。社会的事実の流れからみて不合理な流れであれば、すでになされた事実の判断が誤っている可能性が高いことになる。

特に事実の認定が困難な場合は、以上のような二つの面（レベル）から検討を加え仮説の検証がなされるべきである。（注41）

今中道信も「民事事実認定のマインド」において、「事実認定の最後の段階で、……記録を始めからしまいまで何回もずっと読むだけでなくて、事実関係、証拠関係を図表にしてみるとか事実を歴史的順序に配列してみるとかです。」（注42）として、同様の検証の方法を提示している。

この点で近藤完爾は、要件事実に基づく手控えとともに「事実関係一覧表」を「畔上判事の着想に教えられて作った」（注43）と記しているが、同判事のこの記述を読んで、筆者は一種の感銘を受けた記憶がある。

筆者の考えもここが淵源かもしれない。

3　立証活動と反対尋問について

⑴　証拠方法

公正で正確な事実認定を求められる裁判では、証拠方法として人証、書証、検証、鑑定が法律上定められている。

しかし、実際の裁判で証拠の中心となるものは文書と人証（証人及び当事者本人）であり、特に文書（書証）は、その成立が認められると〝動かない点〟として極めて有効な証拠方法として扱われている。

人証は証拠調べの結果得られた供述が証拠資料となるのである。人証は書証に比べて証拠価値が低いとされている。しかし、書証が限定的な事実を示すにすぎないことが多いのに対し、事実の意味や流れを詳しく明らかにできる意味で重要な役割を果たしている。しかも証言が必ずしも事実に反しているとは限らない。

しかし、これだけでなく、検証や鑑定ももっと十分にその価値が発揮されるべきであろう。

現場百遍と言われるように、ジャーナリストが現場に行き、取材することによって、事実の解明に大きな役割を果たしてきたことは誰も否定できないであろう。

新井章弁護士は、

「私もこれまで長いこと裁判のことに関わってきているので若干の感想を言わせて頂くと、やはり裁判制度のなかでの事実収集や事実認定のための方法というのは、一方では、たしかに非常に鍛えぬかれた合理性を備えているとは思うのですが、しかし、それにも関わらず裁判制度も歴史的な産物であって、現行の訴訟制度も――刑事訴訟は別ですが――一九世紀のヨーロッパ大陸諸国が備えていた訴訟制度のいってみれば〝模造品〟ですから、その意味では歴史的な制約も免れていないわけで、どちらかといえば、「お白州主義」とでも言うべき構造上の特徴を持っていると思うんですね。つまり、一つの建物、一つの場所を国家の側が予め用意して、そこに裁判官を座らせ、その裁判官のデスクの前に現れる限りの証拠や資料を裁判所はパッシブに受けとめて、裁きに活用してあげるという姿勢を堅持しているわけですね。裁判所の方から進んで、現場の方に飛んで行って、縦横無尽に取材するというようにはなっていない。つまり、そういう意味では、裁判所が事実審理機関として十二分に活動したうえで、より的確な裁き（解決）を導くという構造になっていないわけです……。」（注44）

と指摘している。

現に、鑑定の使用の誤りによって、えん罪が生じた例も多く存在している。

これは、裁判所が証拠調べを柔軟に行わずに判断していた弊害であろう。

今中道信は、

「私は、境界確定の事件などは現場を見た方がいいと思います。やっぱり、現場を見ないと本当に分からない。私は現場を見て、無駄だったことは一度もないように思うんです。ある裁判官が境界確定の事件で立派な文章の判決を書いているんですが、どうも結論がおかしいと思って、現場へ行って見ると、全く逆の心証を得ました。その裁判官は現場へ行ってないんですね。その判決では、例えば、『およそ、人は他人の土地内に木を植えないものである。』とか、そういう一般論と論理で押しまくっているんですが、現場を見ていないから、結論を間違ったと思う。」（注45）

として、境界確定事件についての現場検証を勧めている。実際、検証について、現場に行けば単に写真や図面では十分理解できなかったものが鮮明に理解できることが多い。

また鑑定も専門的知見を持たない裁判官にとって重要な意味を持つものであり、複数の鑑定ももっと利用されるべきであろう。

(2)　書証と人証について

ア　前述したように裁判における証拠調べの中心は書証と人証となっている。

書証に書かれた事実は過去に一時点存在したと推定することが普通である。

しかし、書証でも偽造、変造されていることはあり得るし、また報告文書等では偏頗な内容（歪み）が存在することもしばしば体験するところである。

場合によっては、相手方から提出された報告文書の偏頗な記述と思われる部分を取り除き、事実と思われる部分を取り出し、他の一連の報告文書等と関連させて、整合的に理解すると「過去の事実」が浮かび上がってくることがあり、貴重な証拠となりうる。

これらのことから書証の証拠批判が必要であるが、書証は人証と違って内容が固定しており、これが人証と異なり信憑性が高いとされている。

これに対し、人証は内容が固定しておらず、証人の能力、当事者との間の利害関係等によって証言内容が相当変化する可能性があり、かつ不安定であることから〝信憑性〟が低いとされる。

しかし、人証でも信頼性のある証言は書証の位置づけ、書証のもつ歪みを訂正することもしばしば経験する。信憑性のある証言は、それ自体で過去の事実を再現できるし、また、書証はあくまでも過去の一時期の時点の内容を示すものであって、事実全体の流れを語れるのは人証の他にない。（注46）

この点から書証は点であり、人証は線であるとよくいわれている。それゆえ、人証もまた裁判官の心証形成に大きく影響を与えている。

人証調べは、交互尋問方式が採用されており（民訴法202条1項）、主尋問と反対尋問がなされる（他に、再主尋問や補充尋問等もある。民訴規則113条）。

主尋問は申請当事者による尋問であり、書証との整合性を含めた事前の準備がなされ、整然と証言された場合には、これを反対尋問で突き崩すことは困難といわれ、主尋問の出来で判決が決まるとまでいわれている。

しかし、主尋問には証人の立場によりバイアスがかかっていることもあり、また知覚上、記憶上、再現の錯誤等が存在する。このような誤りを正すためには、反対尋問が最も有効であることは衆目の一致するところである。

人の供述を吟味するについては、「いかなる保証も、反対尋問の与えるそれに比較すべくもない。」（注47）といわれており、巧妙な反対尋問によって訴訟の勝敗の帰趨が決定されるということも存在する。

4　反対尋問の困難性とその効果

(1)　反対尋問の目的とその効果

反対尋問はその重要性が指摘されているが、裁判の実際では成功した例が少ないことがよく指摘されている。

吉岡判事は、

「反対尋問がうまくいけばいいのですが、なかなかテレビの劇のように反対尋問が成功し、劇的に逆転するようなことは起こりません。実際は、反対尋問がかえって主尋問の結果を強めてしまうことになるのが現実なんで」（注48）と記している。

そして、反対尋問については多くの書籍でそのあり方が論じられている。

例えば、加藤新太郎編著『民事尋問技術』のなかでは「反対尋問の心構え」として、

「(1)　反対尋問は主尋問の信憑性をぐらつかせれば成功である」として、

「①証言が動かすことのできない事実と矛盾すること。
②証言が信頼に足る書証に反すること。
③証言が従前の同一証人の証言と矛盾すること。
④証言が従前の主張と矛盾すること。
⑤証人の信用性を攻撃して証言自体の真実性を減殺すること。」

と記したうえ、

「(2)　「主尋問における答えを何ら理由なくして翻すことはほとんどあり得ない」（注49）と記している。

また、「反対尋問の目的」として、

「①　主尋問の証言の誤りを正すこと
②　主尋問における証言が、誤りではないが断定的な表現になっていたり、オーバーな表現になっていたりしたら、それが不正確であることを明らかにすること。
③　主尋問の証人の信用性を減殺すること。

④　相手方証人に、反対尋問者自身の主張を立証するために必要な事実又は相手方の主張の反証に役立つ事実を供述させること。

⑤　他の証拠との関係で、裁判の有利な進行に役立つ布石となる証言を法廷に出させておくこと。

しかし、通常反対尋問により③④の立証ができることは稀である」（注50）

と論じられている。

しかし、反対尋問で主尋問と全く異なる証言を引き出したり、自白させたりした場合は、裁判官の心証に多大な影響を与え裁判の結果を左右する効果をもたらす。

たとえば、野崎幸雄元判事は、

「証拠が相対立し、激しく争われているときには、反対尋問というのは非常に重要で、その証人の信憑性を争い、決定的なところに刃を差し込んでなだれを起こさせるかどうかにより、訴訟を決する場合があるわけです。反対尋問が成功したときは心証がなだれをうって反対尋問者側に傾いてしまうことになるのであって、これを私は「心証のなだれ現象」と呼んでいるのです。そういうふうに心証というものを考えますと、証拠調べで、重要な証拠をいつどんな形で出すかということは非常に大切です。」（注51）

と述べ、心証形成過程、あるいは「行きつ戻りつ」している心証になだれ現象を生じさせ、決定的に有利な心証を獲得することも可能となるのである。

⑵　筆者の目指してきた反対尋問の手法

筆者はすでに述べたように、これまで手探りのような状況の中で反対尋問の重要性とその手法について考察してきた。そのなかで現在の工夫を紹介してみたい。

（ア）　反対尋問をどのようにするかは、事実認定の方法と直結している。

すなわち、

・提出された証拠（相手方提出のものを含めて）そのものに矛盾や虚偽があるか

・事実の相互間に不自然な点や矛盾があるか

・社会的事実としてみた場合、因果の流れからみて不自然な点や矛盾があるか

などを分析したうえ､証人（あるいは本人）の証言（供述）を検討し、争われている事実関係の重要な事実、補助的事実について、手持ちの証拠や矛盾している主張などを勘案してどの事実を重点的に崩すかを決める。

この点では、

「反対尋問が成功したときにどこを崩したのか、どこにどのような影響を与えたのか、全部をひっくり返したのか、ある部分だけにしか当たっていないのかということを慎重に検討されないと、短絡的に考えてしくじったということになってしまいます。」（注52）

との指摘に配慮しながら尋問事項を作成してゆく。

その要点は、

① 自己矛盾した証言を引き出す
② 確かな事実、疑いのない事実に反する証言を引き出す
③ 確かな証拠に反する証言を引き出す
④ 弾劾証拠を利用して証言を崩壊させる

などである。

（イ） そして、尋問方法について、ステファン・M・コスローが「偽装無知法および偽装熟知法」「消極的誘導法」「拡散質問の使用」などの手法を紹介しているが（注53）、どのような手法で行うかも検討する。

このようにして尋問を準備し、最低少なくとも「主尋問の信頼性をぐらつかせる」ことを目的とするが、さらに証人（本人）から尋問者側に有利な証言や事実上の自白を引き出すことを目指したり、証言（供述）が決定的に事実に反し到底成立しえないものとするかの方針を決める。

本書においても、自白や有利な証言、さらには虚偽証言であることが明白とされた事案を紹介している。

ところで、筆者の尋問の工夫は前述した内容で事前準備をするが、その目的を達成するためにできるだけ綿密な尋問事項書を作成している。

尋問メモの用紙は左右に分け、左側に尋問事項を、右側に種々の証拠を記している。右側に記した証拠や証言は、質問した際にそれに反した相手方の証言に対し、直ちに証拠に反することを指摘したり、当方に有利に証拠を利用するためである。

この尋問メモを駆使することによって尋問の根拠が直ちにわかり、また予想しない証言があった場合でも、直ちに証拠に基づいた尋問が可能となり、臨機応変に対応できる。このような尋問事項を少なくとも三回くらいは検討を加え、書き改めて次第に充実させる。

そして、尋問直前までに何回も繰り返し尋問メモを読み返すことによって、発問の工夫と右側の証拠との関係を自分の頭に整理しておく。

筆者にとってはこうした作業が尋問の事前準備である。

ただし、もっとも優れた尋問方法は、相手（証人）が何を聞かれているかわからない状態でいつの間にか有利な事実を引き出し、のちに調書を読んでみると、引き出された事実が当方に有利な事実の流れになっているという手法といわれる。相手がこちらの尋問の趣旨を分かってしまうと相手方は意識してそれに対応した証言を行うからである。

筆者はそのような能力はないとあきらめており、それゆえ論理的に追及する尋問事項を試みている。また集中審理のなかではこのような巧みな尋問は尋問者の能力の面と対裁判官の理解の面からして極めて困難となっている。

5　本書の目的と内容

本書では、こうした尋問準備を経て行った訴訟の過程で、

① 証拠についての偽造・変造等が明らかになった事例
② 証言や供述が事実上自白と評することが可能な事例
③ 反対尋問や（弾劾）証拠等によって誰の目にも証言が虚偽と評するほかはないとみられる事例
④ 多数の証拠や経験則に基づいた尋問により、証言（供述）の信憑性を失わせた事例

に分類して収録し、かつ、事案の説明と尋問の目的、その結果などについて論じたものである。

そのうえで、証言（供述）が崩壊したり、証言が虚偽であることが明らかになっているにもかかわらず、種々の証拠に反し、また、証拠を意図的に無視した〝砂上の楼閣〟というべき判決をあわせて紹介してその原因についても論じたものである。

但し、本書に紹介するにあたっては、プライバシー等の点から仮名にしたり、読者の理解のために一部修正したりしている部分もあることを了承されたい。敬称も全て省略している。

（注１）司法研究所編『民事裁判における事実認定』（法曹会）１頁
（注２）手嶋あさみ「民事裁判における事実認定の構造」『民事裁判における「暗黙知」』日本法哲学会編（有斐閣　２０１４年所収）106頁
（注３）今中道信「民事事実認定のマインド」、田尾桃二他共編『民事事実認定』（判例タイムズ社　１９９９年所収）129頁
（注４）加藤新太郎編『民事事実認定と立証活動　第Ⅱ巻』（判例タイムズ社　２００９年）432頁
（注５）田尾桃二「事実認定論の基本的構造」、田尾桃二他共編『民事事実認定』（判例タイムズ社　１９９９年所収）35頁
（注６）田中豊『事実認定の考え方と実務』（民事法研究会　平成20年）２頁
（注７）田尾桃二「事実認定の基本構造」、田尾桃二他共編（前掲書）35頁
（注８）田尾桃二「事実認定の基本構造」（田尾桃二他前掲書）35、36頁
（注９）永原慶二「意見書」『家永・教科書裁判高裁編第九巻』（文一総合出版　１９８５年）16、17頁
（注10）太田秀道『史学概論』（学生社　昭和59年）53、54頁
（注11）弓削達『歴史学入門』（東京大学出版会　１９８６年）26頁
（注12）松村高夫「歴史における事実とは何か」（松村高夫他編著『事実をつかむ』所収）55頁
（注13）倉田卓次『民事実務と証明論』日本評論社　121、122頁

（注14）田尾桃二「民事事実認定の基本構造」（田尾桃二他前掲書）36頁以下

（注15）歴史学者の中塚明の研究成果を見れば、資料収集の重要性、資料の正確な読み方、歴史の歪み（偽造）の訂正などの真摯な努力は法律実務家にとっても極めて重要であろう（例えば、中塚明氏著『歴史の偽造をただす』、『歴史家の仕事』、『現代日本の歴史認識』いずれも高文社）。

（注16）手嶋あさみ「民事裁判における事実認定の構造」（前掲書所収）106、107頁

（注17）伊藤滋雄『事実認定の基礎』（有斐閣　平成14年）1頁

（注18）司法研究所編『民事訴訟における事実認定』（法曹会　平成20年）17頁

（注19）小島武司他『民事実務読本Ⅲ』（東京布井出版　平成5年）165頁

（注20）田尾桃二著「民事事実認定の構造」、田尾桃二他前掲書『民事事実認定』（判例タイムズ社所収）39頁

（注21）田尾桃二「事実認定の基本構造」前掲書所収　44頁

（注22）瀬木比呂志「民事訴訟実務と制度の焦点」判例タイムズ社　２００８年）280頁

（注23）加藤新太郎編　前掲書（注４）434頁

（注24）加藤新太郎編　前掲書（注４）435頁

（注25）近藤完爾元判事は、「事実関係の整理は主要事実の明確化のほかに心証形成の対象たるべき事実関係全体の構造と関連性をも明らかにすることが不可欠であり、その過程において作成される手控には、請求原因と抗弁とを整理した在来型のものと、社会的出来事を生起の順序に従って列記したものとの二つがなければならない」と述べ、両者の例を紹介している。（近藤完爾「心証形成過程の説示」（判例タイムズ社昭和60年）241頁以下）

（注26）加藤新太郎編　前掲書（注４）352頁

（注27）今中道信「事実決定のマインド」田尾外『民事事実認定』判例タイムズ社137、138頁

（注28）同著137頁

（注29）前掲（注12）『事実をつかむ』231頁

（注30）小島武司他『民事実務読本Ⅲ』241頁

（注31）倉田卓次『民事実務と証明論』（日本評論社　昭和62年）152頁以下

（注32）加藤新太郎編　前掲書（注４）14頁

（注33）村田渉編著『事実認定体系〈新訂　契約各論編〉２』（第一法規　２０１８年）26頁

（注34）加藤新太郎編　前掲書（注４）130、131頁

（注35）その試みの一つの『事実をつかむ』（こうち書房　１９９７年）である。

（注36）本多勝一集20『調べる・聞く・書く』（朝日新聞社　１９９６年）438頁

（注37）前掲書（注36）439頁

（注38）加藤新太郎編　前掲書（注４）84頁

（注39）今中道信「民事事実認定のマインド」、田尾桃二他共編

『民事事実認定』（判例タイムズ社　１９９９年所収）
（注40）加藤新太郎編　前掲書（注４）401、402頁
（注41）この手法は近藤完爾元判事も要件事実に基づく手続きと時系列表の意義が論じられている。（同著『心証形成過程の説示』判例タイムズ社　241頁）これは卓見といえよう。
（注42）今中道信「民事事実認定のマインド」、田尾桃二他『民事事実認定』所収　判例タイムズ社　144頁）
（注43）近藤完爾　前掲書（注25）249頁以下
（注44）『事実をつかむ』（こうち書房　２０００年）193、194頁
（注45）今中道信「民事事実認定のマインド」（前掲書所収）142、143頁
（注46）人間のもつ錯誤については、今井登志喜は「外的批判」と「内的批判」に分け、人間の錯誤の要因について、「感覚の錯誤」「証言の錯誤」「再現の錯誤」「表現の錯誤」などに分類して論じている（今井登志喜著『歴史学の方法論』（東京大学出版会　１９９２年）35頁以下）。
（注47）小島武司『民事実務読本Ⅲ』（東京布井出版）73頁
（注48）吉岡通「事実認定のスピリッツ」前掲書127頁
（注49）加藤新太郎編著『民事尋問技術』（ぎょうせい　２０１１年）218頁
（注50）前掲書（注46）201頁
（注51）野崎幸雄「裁判官からみた反対尋問」『もっとも効果的な反対尋問』（東京弁護士会研修叢書　平成２年）13、35頁
（注52）前掲書（注51）37頁
（注53）「判例タイムズ」515号　494頁以下

第2章
実際に行った尋問とその結果

第1　証拠の偽造・変造などが明らかとなった例

1　はじめに

この章は、各類型に分け、事案の概要と尋問の目的及びその内容と結果について論じたものである。

裁判ではすでに述べたように5つの証拠方法を利用して当事者の主張が正しいか否かの立証がなされる。

そのうち、特に書証は裁判では〝動かし難い点〟として重視されることが多い。

ところが、当事者が勝訴するため手段を選ばず、ことさら証拠を加工し偽造・変造をしたり、あるいは偽物をあたかも本物のようなものとして裁判所に提出したりする例も見られる。証拠に加工を行っているか否かは相手方の手の内にあることなどから、見破るのは困難がつきまとう。

しかし、虚偽の証拠であることが判明すると、裁判官の心証は一挙に変化することが多い。これは証拠を加工しなければ勝てないという事情が推測されること、裁判は公正な手続きによらなければならないことから当然のことがらである。

もちろん、偽造証拠が核心的事実か周辺事実かによって裁判官の心証の変化の違いもあるが、一般には裁判は公正でなければならないと自負している裁判官にとって、偽造等の証拠が提出されることは極めて不愉快なものであろう。

ただし、実際の裁判例においては不自然さや証拠自体の矛盾がみられても、見逃されることもままみられる。

また、偽造部分が結論を左右しない場合もあり得るが、細部の証拠を偽造したとしても意味がないのであるから、多くの偽造例は事実認定を左右しうる重要な部分である場合が圧倒的である。

本書で取り上げた事例でも、警察官作成の実況見分調書が虚偽であることが判明した例もあり、このような公的書類も安易に信用してはいけないという、証拠に対する厳格な精査の必要があることを理解できよう。

また、真実移転の意思はないのに特別の事情から自己の名義になったことを奇貨として、いくつかの土地が贈与されたとして、その動機について様々な理由と本来関係のない証拠や他人の陳述書を提出し、受贈の事実を示す根拠としていた例もある。

ところが、徹底的な調査を行ったところ、これに真っ向から反する資料（証拠）が見つかり、受贈の動機が否定され、逆に名義を変更した事情が明らかとなった事例も存在する。

虚偽証拠を発見するのは困難であるが、証拠自体の精査や、他の関係諸事実との照合などからその不自然性を発見し、原因をつきつめて考察することから判明することがある。

（注）この章の調書は、必要に応じて、固有名詞を仮名・仮称にし、旧漢字を新漢字変更した。また、明らかな誤記を修正した。

尋問者が筆者で、調書には「原告（被告）代理人」とだけ記されている場合には、「原告（被告）代理人（渡邊）」と筆者の名前を追加している。また、調書の筆者の表記は「渡邊」に統一した。

2　交通事故による損害賠償請求事件

警察の作成した実況見分調書の信用性が否認された事案

（1）事案の概要と争点及び尋問の目的

ア　概要

原告（当時小学生）が道路を横断中に、被告が運転する自動車に衝突された。当事者間で長い間交渉がなされたが、話し合いが成立せず結局裁判となった。裁判において、被告は実況見分調書（次頁上段の見取図参照）を証拠（乙二）として提出したが、そこでは原告が対向車の陰から飛び出したとの内容となっていた。被告はこの実況見分調書に基づき、「どうすることもできず」衝突したと主張した。このような主張はそれまで交渉の際一度もなされたことがなかった。そこで、実況見分調書の内容が真実かどうか、が争点となった。

実況見分調書には、

「私が40キロの速度で本町バイパス方向から下って図面①で対向車のⒶですれ違ったのです。そしたら㋑ではじめて子供がでてきたのをみたのが②でした。もうどうすることもできず⊗で車前面に衝突転倒させてしまいました」との調書が作成されている。

イ　本件の争点

・被害者が対向車の陰から飛び出したか否か

ウ　反対尋問の目的

・実況見分調書の正確性

・他の事情との矛盾

（2）審理の結果

実況見分調書では、「時速40キロ米の車輌が危険状態を察知してブレーキを操作し完全に停止するまでの距離は空走距離、制動距離を合わせて16・02～19・35米」とされている。（ちなみに被告等の主張は16・6米としている）

ところが実況見分調書に基づけば、「被害者花子を発見し、完全停止するまでの距離は見取図②から⊗まで（5・

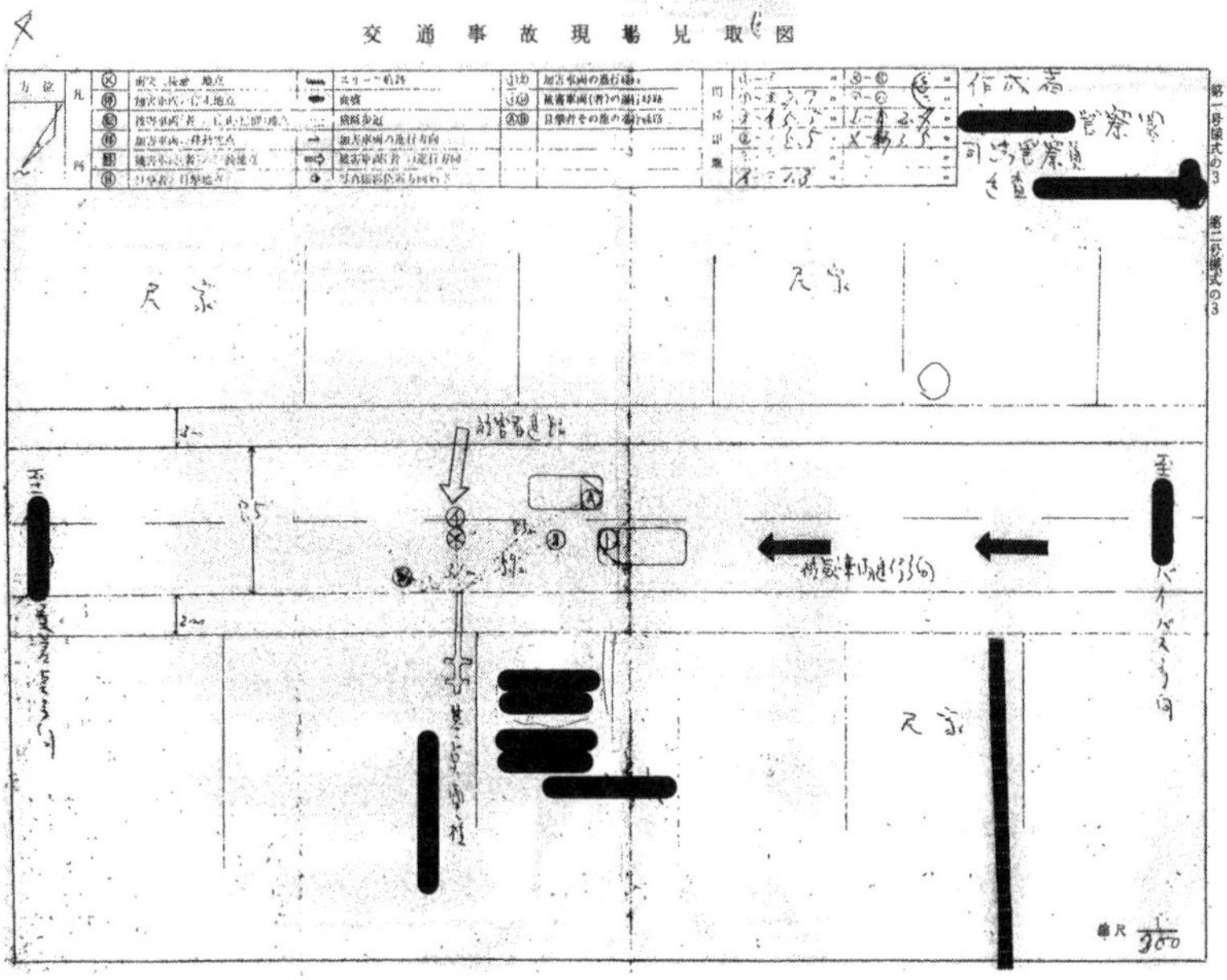

5米）に1米を加えた6・5米となるが、時速40キロ米の自動車が6・5米で完全停止することは物理的に不可能である。」こと、また、発見時に急制動をかけた場合、衝突時点までの空走時間があれば被害者は道路を渡り終えることなどを指摘し、実況見分調書は虚偽であることが明らかとなった。

ちなみに、実況見分調書にはスリップ跡さえないものである。

これらの矛盾を指摘すると被告はそれまで一貫して走行速度は時速40キロと述べてきたにもかかわらず、突然、徐行に近い速度で走行していたと何の根拠もなく主張を変えた。

このような被告の弁解が認められるはずもなく、原告勝訴の判決となった。

警察の作成した実況見分調書が虚偽であったことを示す事例である。証拠を厳格に検討することの必要性を痛感させられた。

（3）被告本人調書　氏名　大塚太郎

被告ら代理人

――あなたは、昭和47年10月29日にあなたが起こした事故について覚えていますか。

はい。

――あなたの運転していた車は何だったのですか。

ニッサンプリンスの小型トラックでした（以下単に「被告車」という）。

——その当時、被告車には何人乗っていましたか。

３人です。

——あなたが運転していたのですか。

はい。

——あとの２人は誰でしたか。

私と同じ会社の人で、巣鴨一雄と駒込二郎でした。

——その２人は助手席に乗っていたのですか。

はい。（注：この２人は証人申請もない）

——あなたは、その当時、免許を取って何年ぐらい過っていましたか。

５年ぐらいでした。

——あなたは、免許を16才で取ったのですか。

はい。第一種普通免許です。

——あなたは免許を取ってからずっと運転していたのですか。

はい。

——事故のあった本件道路はあなたはよく通る道路ですか。

はい。毎日通ります。

——事故当時、天気はどんなでしたか。

霧さぶっていました。

——明るさはどうでしたか。

６時45分から７時ごろだから、暗く、ライトを付けていました。ライトは下向きでした。

——夕方のその時間は交通量が多いのですか、
はい。

——その時間、いつも大体、あなたはそこを通るのですか。

はい。

——その事故当時、あなたはどのぐらいのスピードを出していましたか。

40キロ毎時以下と思いました。

——40キロ毎時だったと思う根拠は何ですか。

霧で暗かったし、下り坂だったですから。

乙第一号証添付の交通事故現場見取図（以下単に「見取図」という）を示す。

——本件事故の後、あなたは実況見分に立ち会ったですか。

はい。

——この見取図はあなたが警察官に指示したとおりですか。

はい。

——本町バイパス方向から北町交差点方向にあなたが下っていった段階で、対向車両はあったですか。

２～３台はありました。

——本件車故直前にも対向車両はありましたか。

はい。

——その対向車両はどんな車両でしたか。

乗用車と思いました。

――その対向車両を発見したのは、この見取図にあるとおりでしたか。

はい。

――その対向車両とすれ違った直後、何が起きましたか。

はい。目の前に子供が走ってとんで来たのが見えたのです。対向車両が過ぎ去った後に見えたのです。

――その時、その子供はどの辺に居たのですか。

本件道路のセンターラインの所に見えたです。

――その子供がどうして走って来たとあなたは言えるのですか。

子供が急に見えたからです。

――子供をあなたが発見した時は、子供はどこにいたのですか。

私の車の前にいました
――そしてあなたはどうしたのですか。

すぐブレーキを踏んだのです。

(注:ブレーキ跡がない)

――被告車は見取図の基点電柱の直前に止ったのですか。

はい。

――被告車は子供にぶつかってすぐ止ったのですか。

はい。

――子供はどこに倒れたのですか。

その電柱のすぐそばで倒れたのです。私の車の斜め前に倒れたのです。

――被告車の先端と子供との間に距離はあったですか。

そんなになかったです。2メートルぐらいでした。

――その後、あなたはどうしたのですか。

車から降りて、その子供の所に行ったです。

――その子供をあなたが見ている時、誰か来ましたか。

その子供の母親が来ました。

――その母親はどちらから来ましたか。

見取図の甲屋と書いてある店の方から来ました。

――母親は事故現場で子供をみて何か言っていましたか。

記憶ないです。

――それから、あなたはどうしたのですか。

子供とその母親を私の車に乗せて病院に行きました。

――その後、警察や検察庁で調べられて、あなたは刑事処分を受けましたか。

いいえ。

――あなたを調べた担当官はどんなことをあなたに言っていましたか。

「まあ、ぶつかったものは仕方がないけれども、飛び出して来たものは避けようがないから、悪いから。」と言っていました。

(注:このような弁解は示談交渉の際には全くなされていなかった)

――あなたとしては、するとどうしようもなかったのですか。

　はい。

――あなたには罰金などの処分もなかったのですか。

はい。なかったです。

――本件事故で、自賠責保険で50万円出ていますが、その50万円は被害者の方に入ったですか。

はい、全部、被害者に行ったです。

――あなたは内金払いをしたことはありますか。

はい。１万８０００円だったと思います。

――被告の田端三男（以下単に「田端」という）が払ったということは聞きましたか。

　聞きましたが、いくらかは知りません。

原告ら代理人（鍛治）

――あなたは、夕方町中を走る時には、ライトはどうしていますか。

　ほとんど下向きです。

――本件事故の時、本件道路は直線の道路でしたか。

はい。

――道筋として、町の光があって明るい所ですか、それとも暗いところですか。

　本件事故当時は暗かったです。

――その当時、被告車の前に先行車はありましたか。

なかったと思います。

――本件事故現場の手前の方の信号は大分離れていますか。

　はい。

――本件事故直前当時、対向車両はなかったのではないですか。

　いや、あったです。

――あなたは最初から、対向車両の後から子供が飛び出して来たということを官庁その他に話していましたか。

はい。

――被告車に助手席に２人乗っていたとあなたは言いましたが、被告車には３人乗れるのですか、乗れる車ですか。

はい。

――本件事故直後、助手席に乗っていた２人は車を降りて、事故現場に行きましたか。

はい。

――被害者の母親は被告車の運転席のところにいたのはあなた１人と言っていますがどうですか。

　そんなことはないです。

――その２人の人達は事故の様子を始めから見ていましたか。

はい。

――その２人の人達はあなたと同じくらい様子を知っているのですか。

はい。

――あなたは本件事故を起こす前、よそ見をしていたようなことはありましたか。

なかったです。

――保険会社に出す書類の一部をあなたは作ったことがありますか。

なかったです。

――この書面の一番下にあなたの名前がありますが、その甲第一号証の五を示す
名前はあなたが書いたのですか。

はい。

――その名前の押印もあなたがしたのですか。

はい。

――この書面はあなたが書いたのですか。

いいえ。

――この書面の日付は昭和47年10月29日になっていて、乙第一号証の実況見分の日が同じ日ですが、実況見分の日にこの書面を作ったという記憶はないですか。

記憶ないです。

――この書面の中には対向車両の影から子供が飛び出したということは書いてないですか。

はい。

――本件事故の原因として「前方不注意のため」と書いてありますか。

はい。

――あなたが前方を良く見ていなかったのでこういう事故になったんだということを田端なり、保険会社の人なりにあなたは話しているのではないですか。

……。話していません。

（注：書面と矛盾している）

――その当時は、子供が飛び出して来たということをあなたは言わないで、あなたは前方不注意のためと言っていたのではないですか。

いいえ、そんなことはないです。

――あなたが甲第一号証の書面にサインした時に、その中に略図とか、文章は書いてありましたか。

（答えない）

――あなたは田端に本件事故の状況を報告しましたか。

はい。

――保険会社の人や日暮四郎（以下単に「日暮」という）に事故の状況をあなたは話してあるのですか。

はい。

――田端とか日暮は事故現場にいなかったのですか。

はい。

――その人達はあなたから話を聞いて事故の状況を知ったのですか。

はい。

――日暮という人はどういう人か知っていますか。

保険会社の人です。

――日暮が代理人となって、原告の方と話をしていたことをあなたは知っていますか。

はい。

――あなたが日暮を頼んだのですか。

いいえ、田端です。

――日暮は、本件事故の過失はあなたにどの程度あるとかについて話したことはありますか。

はい。

――どの程度過失があなたにあると言っていましたか。

自分ではわかりません。

――日暮はあなたに80パーセントぐらい過失があるとあなたの方に言ったことはありますか。

いいえ。

――では日暮はあなたの方に過失はほとんどないよと言ったことはありますか。

いいえ。

――あなたは実況見分をした西里巡査を知っていますか。

いいえ。

――あなたの親せきで、西里巡査を知っている人はいますか。

いないと思います。

――実況見分をしている時、本件事故現場にスリップ痕はあったのですか。

なかったです。

――あなたは警察で何回、調べられましたか。

一度です。

――検察庁ではあなたは何回調べられたのですか。

一度です。

――調書はとられましたか。

記憶ないです。

――被告車の同乗者の巣鴨一雄や駒込二郎は警察や検察庁で調べられ、調書をとられたことはありますか。

ないです。

原告ら代理人（渡邊）

――あなたは日暮と何回ぐらい会ったことがありますか。

3回ぐらいですが、憶えていません。

――日暮に事故の状況を話したと言いましたが、あなたの報告に基づいて日暮は色々と交渉したのですか。

そうだと思います。

――日暮からその交渉の経過報告をあなたは受けているのですか。

受けていないです。

――あなたは何か日暮に委任状を渡したことはないですか。

わかりません。

――最初にあなたが事故の状況を日暮に話したのが第1回目ですか。

それは第2回目以後です。

——第2回目はいつごろ会ったのですか。

良くわかりませんが、事故の後、2年ぐらいしてからです。

——事故の状況を日暮に報告した後、また日暮に会ったのですか。

はい。

——それはその第2回目に会った後、どのぐらい経ってでしたか。

ちょっとよくわかりません。

——少なくとも事故の状況を日暮に話してから後、日暮には何回ぐらい会いましたか。

二度ぐらいです。

甲第七号証を示す
——この書面で「丙　大塚太郎」と末尾に書いてありますが、あなたの署名ですか。

そうです。

——押印もあなたがしたのですか。

はい。

——この書面は誰から見せられたのですか。

田端からだと思いますが、憶えていません。

——この書面をあなたは読んで押印したのですか。

はい。

——日暮に事故の報告をした後、あなたは日暮と損害額の話はしましたか。

はい。

——その際、あなたの過失の割合などの話は出ましたか。

そういう話は出なかったと思います。

(注：損害額を話しているのに、過失割合の話が出ないなど極めて不自然)

後出甲第八号証を示す
——この書面はあなたは知っていますか。

知りません。

——この書面はあなたに見せないで、全然あなたは見ていないのですか。

はい。聞いてもいないです。

——この書面には「基本マイナス20パーセント　修正児童マイナス5パーセント　15パーセントとす」と2行目に書いてありますが、あなたはそういう話を聞いていないのですか。

はい。知りません。

——あなたは本件事故当日はどこへ行った帰りだったのですか。

乙協会の寮の仕事の帰りでした。

——その帰りはあなたはどこに行く予定だったのですか。

私の会社に帰る予定だったです。

——その当日、あなたは仕事は何人でやったのですか。

5人です。

――被告車には２人の同乗者が居たとあなたは、言いましたが、その２人は助手席にいたのですか。

　そうです。

――あなたはその２人の同乗者と話をしていたことはありましたか。

　ないです。

――あなたは実況見分調書を作成した西里巡査を知らないと言いましたが、直接には知らないのですか。

　はい。

――あなたの親せきの人で、西里巡査を知っている人はいないのですか。

　いないと思います。

被告ら代理人
――あなたはスリップ痕がなかったと言いましたが、なぜスリップ痕がないと言うのですか。
　私の車のスピードがでていなかったからだと思います。

裁判官
甲第一号証の五を示す
――この書面を前にあなたは見たことがないのですか。
　見たことないです。
――この書面の一番下にあるのはあなたの名前ではないですか。
　私の筆跡とちがうみたいです。
――その右横の印鑑はどうですか。
　印鑑は私のだと思います。
――印鑑はいつごろ押したか記憶ないのですか。
　はい。
――どうして印鑑が押されたのか記憶ないのですか。
　はい、わからないです。
――印鑑はあなたは自由に第三者に貸すのですか。
　(答えない)
――ではどうして印鑑は押されたのですか。
　事故のことだからと言われて貸したと思います。
――それは誰に言われたのですか。
　私の会社の奥さんだと思います。
――いつごろ言われたのですか。
　ちょっとわかりません。
――それは本件事故の日からどのくらいたってから言われたのですか。
　１年ぐらいたってからです。
――事故のことだからと言うことだけで、具体的には言われていないのですか。
　ちょっと憶えていません。
――あなたは印鑑は簡単な理由で貸すのですか。
　いいえ。
――ではどういうことでとかいうことがあったのではない

ですか。

保険のことで何だかをするから、事故のことでということでした。

——あなたの進行方向の歩道上には誰かが居ましたか。

誰もいなかったと思います。

——進行している時の被告車は歩道寄りでしたか、センターライン寄りでしたか。

歩道寄りでした。

——センターラインからどのぐらい離れていましたか。

1メートル50センチから2メートル近くでした。

(注：客観的にはありえない)

——対向車両の後ろから子供が出て来て、センターラインから2メートルぐらい離れていて、40キロ毎時ぐらいで、急ブレーキをあなたはかけたのですか。

はい。

(注：ブレーキ跡はない)

——あなたは直ちに止まれるような感じでブレーキをかけたのですか、それとも普通の感じでかけたのですか。

いっぺんにブレーキをかけたのです。

——対向車両はセンターライン寄りでしたか歩道寄りでしたか。

ちょっと憶えがないです。

——センターラインははっきり見えましたか。

そんなには見えませんでしたが。

——センターラインは見えたのですか。

はい。

——対向車両はセンターラインぎりぎりだったか、その反対だったかについてはわかりますか。

自分の車の方がセンターラインから離れていたと思います。

——被告車はセンターラインから2メートル近くのところを離れて走っているのなら幾分余裕があったのではないですか。

全然、余裕はなかったです。

被告ら代理人
乙第一号証添付の見取図を示す
——この見取図によると、⊗と㋑の間が1メートル30センチとなっていて、本件道路が7メートル50センチで半分だとすると3メートル75センチぐらいで、それにあなたの運転していた被告車の幅があるから2メートル近くのところを離れて走っていたというのはどうですか。

ちょっと、良くわかりません。

——実況見分であなたが指示したのが正しいのですか。

そうです。

原告ら代理人（鍛治）

——本件事故の直前の時、あなたは子供を見つけて、ハンドルをどっちに切ったのですか。

　切るひまがなかったです。

――すると、直進して子供にぶつかったのですか。

　はい。

――ブレーキは本件道路の真中で踏んで、そして止まったのですか。

　はい。

裁判官
――あなたの運転していた車の幅はどのぐらいあるのですか。
　1メートル90センチぐらいです。

（4）実況見分調書作成者の証人調書　氏名　西里五郎

原告ら代理人（鍛治）

――証人は丙警察署に勤務したことはありましたか。

　はい、昭和44年から49年まで勤務しました。

――証人が警察官になったのはいつでしたか。

　昭和40年からです。

――昭和44年から昭和49年までの間、証人はどういう仕事をしていましたか。

　外勤と交通で交通は昭和46年から昭和49年3月までです。

――昭和47年10月29日に丙市丙町＊＊＊番地先道路上（以下単に「本件現場」という）での子供が被害者の交通事故（以下単に「本件事故」という）について憶えていますか。

　8年ぐらい前のことではっきり憶えていません。

――証人に本件の証人呼出状が送達されてから、丙署で記録を見て記憶を喚起したことがありますか。

　ありますが、思い出せないです。

乙第一号証を示す
――この実況見分調書は証人が作成したのですか。

　はい。

――この実況見分調書には実況見分の日時として昭和47年10月29日午後6時10分からと記載されていますが、証人は誰からどういう連絡を受けて本件現場に行ったか憶えていますか。

　憶えていません。

――何時ごろの事故だったか憶えはありますか。

　わからないです。

――この実況見分調書に添付の交通事故現場見取図（以下単に「見取図」という）の番地などをみて、その場所は証人にわかりませんか。

　通りはわかりますが、どの場所だったかはわかりません。

――証人が実況見分に行った時、加害者がいたとか、被疑者がどう言ったかについて憶えはありませんか。

　年月がたっているのでちょっと思い出せないです。

――証人が現場検証とする時には被疑者から状況を聞きま

すか。

はい。

――その場合、どこで被害者を発見したか聞きますか。

はい。

――被疑者に何キロメートル毎時（以下単に「キロ」という）出していたのかについても聞きますか。

はい。

――それらを聞いて、そのまま調書にするのですか。

いいえ。矛盾があれば納得いくまで聞きます。

乙第一号証添付の見取図を示す
――これには被疑者が被害者を発見した場所や被害者が転倒した場所などの記載がありますが、被疑車両が止まった位置は書かないのですか。

書きます。

――この見取図にはそれが書いてありませんが、理由があったのですか。

別にないですが、その時によって止まった位置などについては運転者が気が動転している場合もあるから一概には言えません。

――被疑車両が停止した位置は重要な捜査上の要素になりますか。

なると思います。

――この実況見分調書には、加害者は40キロで走行していたと記載してあって被害者を発見した場所は②点で、そこで㋑点に子供がいるのを被疑者が発見してそれからぶつかったとありますが、見取図の方で、②点と㋑点との間は5・5メートルでまたスリップ痕がなかったとありますが、5・5メートルという短い点で被疑車両が止っているということと40キロで走行していたということと矛盾はないですか。つまり②点のところで40キロで走行していて、子供を発見してそれから八メートルぐらいの距離で車が止まりますか。

おそらく止まらないです。

（注：矛盾を指摘している）

――証人とすれば、実況見分の時に、子供の発見の場所とか車のスピードについで矛盾を感じなかったのですか。

（答えない）

――実況見分には、被疑者の供述と科学的なことを考えなくてはならないと思いますがどうですか。

当時の事故の記憶が残っていればある程度言えますがわかりません。

――本件事故で、被告の大塚太郎（以下単に「大塚」という）が原告鶯谷花子（以下単に「花子」という）を発見したのは、もっと手前ではなかったですか。

㋣の付近で大塚運転の車が止ったということは大塚の供述です。

――大塚は花子の転倒した所の手前で車が止っていると言っていますがどうですか。

（答えない）

——大塚はもっと手前の地点で花子を発見したのではないかと証人は聞かなかったですか。

現場で被疑者が話したことで、スリップ痕も目撃者もないということで、スリップ痕でもあればそこから聞けるのですが、この場合は何もないのでちょっとわかりません。

——スリップ痕がないということは急ブレーキをかけなかったのではないですか。

ブレーキをかける余裕がなかったという場合もあります。

——ブレーキをかける余裕がなければ余計止まる位置が先の方に延びるのではないですか。

目の前に突然出てくれば……。

——証人は大塚の言葉をそのまま合理性のないままに記載したのですか。

事故の後だから、本人もうそを言うことはないと思います。

（注：前の証言と矛盾している）

——本件事故は、対向車の影から子供が出て来たからということですが、証人が捜査して送致したのではないですか。

送致は私の上司がしたのです。

——本件事故の過失の有無を証人が捜査するのではないですか。

いいえ。事故そのものを上司に上げるのです。

——証人は本件事故で誰かを調べましたか。

憶えがないです。

——対向車の影から子供が出て来たということは刑事上の被疑者の過失の有無について重要な要素になりますか。

はい。

——すると、警察官としては、そういうことについてちょっと見れば対向車関係・位置関係・発見場所などについて良く考えないで実況見分調書を書いたことになりませんか。

（答えない）

——実況見分事実と大塚の言葉が合致するかどうか確認しなかったのですか。

（答えない）

——証人は、本件事故で子供が飛び出したんだと判断したのですか。

この実況見分調書を見るかぎりではそうです。

——花子が飛び出したんだということについて目撃者に証人は聞いたのですか。

いいえ。

（注：被告の2人の同乗者がいたとの供述と矛盾している）

——花子の話を聞くなりしたことは証人はしましたか。

花子本人からは入院していたので聞いていません。

——その後には花子から聞くのが普通ではないですか。

話を聞くといっても花子本人が怪我が全治したのであれば聞きますが、本件事故の場合については記憶ないです。

――普通ならば、被害者に過失ありとするには被害者の言葉も聞いて検討するのではないですか。

早く治る怪我であれば聞きますが、この場合には重傷ということですのでわかりません。

――普通ならば、しゃべれるようになった場合には聞くのではないですか。

(答えない)

――本件事故については花子の供述も聞かないで送検されたようですが、何か特別な理由があったのですか。

別になかったと思います。

――証人は戊外科病院を知っていますか。

はい。

――花子が治療中に戊外科病院に電話して健康保険でしてもらいたいと証人が言ったことはありましたか。

言ったことはないと思います。

――花子の父で原告の鶯谷六郎が、戊外科病院の上野先生から電話があって健康保険でやってくれと言われたと言っていますが記憶はないですか。

全然、ないです。

――本件事故以前に大塚か被告の田端三男を証人は知っていましたか。

金然知らなかったです。

――秋葉某という人を証人は当時知っていましたか。

いいえ。

――証人は本件事故当時、田端三男の知り合いの人から何か連絡を受けたことはありましたか。

憶えがないです。

――その人からよろしく頼むということを証人は言われたことはなかったですか。

ないです。

――昭和47年10月29日の夕方の4時か5時ごろの丙市の上空はどんな天気だったか憶えていますか。

憶えていません。

――その当時、本件現場に証人は誰と行ったか憶えていますか。

本件事故の場合は憶えていませんが、事故現場に1人で行くことは不可能ですから、1人ではなかったと思います。

乙第一号証を示す
――証人の署名押印の左横の「補助者司法」のところがありますが、一緒に行くとこの欄にその人も書くのではないですか。空欄になっていますが。

私の書きもらしだと思います。

(注:ありえない)

――その時、誰と行ったのか証人は憶えていないのですか。

はい。

原告ら代理人(渡邉)

乙第一号証を示す

――「天候」の部分についてはその時の天候を見て証人が書いたのですか。

　はい。

――本件事故の捜査については、証人が主としてやったのですか。

　はい。そうだと思います。

――事故そのものを上司に上げるというのは調査捜査の結果を上司に上げるということですか。

　そうです。

被告ら代理人

――本件事故は送検されたことは証人は知っていますか。

　はい。

――スリップ痕が出る事故の特散はどんなですか。

　相手を確認した時点で危険を感じた時にブレーキを踏むということで急ブレーキならばスリップ痕がつくのです。

――スピードがたとえば40キロで急ブレーキをかけるとスリップ痕がつきますか。

　はい。

――本件事故ではスリップ痕がないのですが、しかも衝突してすぐ大塚運転の車が停止したということから、スピードが40キロ以下だったという推測はできませんか。

（答えない）

（注：被告代理人は被告に有利となっている実況見分調書の問題を述べている）

――大塚運転の車は40キロ以下だったということの可能性は考えられませんか。

　ちょっと一概には言えないですが、ゆっくり走行すればスリップ痕はつかないと思います。

――証人は本件の大塚運転車両の衝突部分は検証しましたか。

　はい。

乙第一号証を示す

――事故当時の状況として（3ページ目の4行目から）「前部ナンバープレート上が10センチ四方凹んでいた」と記載されていますが、これはすごいスピードでぶつかったと言えるか、それともそれほどでもなかったのですか。

　その時の状況については記憶がないです。

――それ以外の破損部分は大塚運転車両にあったのですか。

　なかったです。

――破損状況は、ブレーキをかけた状況でぶつかると車の重みが相当強い状況でぶつかるのではないですか。

（答えない）

3　不動産所有権移転登記名義回復請求事件

譲渡担保による所有権移転登記という主張が否認され、債

務不存在による登記名義回復請求が認容された事案

(1) 事件の概要と争点及び尋問の目的

ア　概要

法人である原告は、内部争いが多発し、一部の理事と組んだ第三者が理事会議事録を偽造して登記簿上の理事となった。法的には法人の一理事単独でも法人を代表できることから、偽造した議事録による登記簿上の〝理事〟によって法人の財産を処分されることを防ぐため、第三者であるAが、法人の財産をA名義にしておけば、財産を保全でき、安心だと勧めたことから、理事長が移転登記に必要な書類をAに渡した。

ところが、AはA名義でなく、被告名義としてしまった。その後、原告は被告に対し原告名義に戻すよう求めたが、被告は1億2千万円を原告に貸し渡した担保（譲渡担保）として名義を移転したものであると主張して、原告名義に戻すことを拒否したため、真正なる登記名義の回復請求を行った事案である。

一審では原告代理人による十分な立証活動がなされなかったことから、形式的に移転登記に必要な書類が存在していたことを根拠として、原告の全面的敗訴となった。

控訴審になり、新たに代理人に選任され、一審判決の不備を詳細に展開したところ、裁判官も貸与したとされる金員が原告に入金されている事情がないこと、時価億単位の財産の移転の事情が不明であることなどから、改めて主張の整理をしたうえで、貸与したと主張する被控訴人（被告）本人に対し尋問を行った。

イ　本件の争点

・被控訴人が真実1億2千万円もの金員を控訴人に貸し付けたことがあるか。
・被控訴人名義への移転登記手続きが、控訴人の意思によるものかどうか。
・移転登記は譲渡担保に基づくものか否か。

ウ　反対尋問の目的

控訴審での審理ということから尋問時間は30分間という短い時間であり、筆者に与えられた尋問時間は15分であった。

そこで、被控訴人が提出していた控訴人に貸し付けたことを示すと主張した帳簿（1枚）の真偽、及び1億2千万円もの担保として行われたとする移転登記手続きのズサンさ、担保の金員を被控訴人は預手（自己宛小切手、預金小切手）で支払ったと主張していたが預手の内容がわからないことなど、

・帳簿の真偽
・登記手続きの内容
・預手の出所が不明ということはありえないこと

などについて尋問した。

（２）審理の結果

尋問の内容でも表れているように、帳簿は他人の帳簿を故意に控訴人の帳簿であるとすり替えていること、登記手続きもいわゆる〝マチキン〟といわれる高利貸しにしてはズサンであること、預手が不明ということはありえないことが明らかとなり、さらにAと被控訴人が共謀すれば、被控訴人名義に登記できることなどが判明したことがこの短い尋問でも理解できるであろう。特に本件では珍しく裁判長も尋問で不審点を追及している。これは裁判所も不審を抱いていたからであろう。

控訴審判決では、譲渡担保の存在を否定し、登記手続きも控訴人の意思で行われたものでないことなどを認め、逆転して控訴人の勝訴判決となった。

この尋問のなかで帳簿のすり替えの事実が判明し、また、裁判長が預手について追及し、Aとの共謀の可能性を認めさせたことなど、珍しい例である。

（注）被控訴人の相手方である控訴人代理人が裁判官のような追及をしても、到底素直に答えなかったことは筆者の質問と比較すれば容易に理解できるであろう。

ただし、本件の場合には裁判長の尋問は的確であったが、逆に裁判官の質問が不適切であったなら、その悪影響は多大なものとなるだろうことが理解できよう。

（３）被控訴人本人調書尋問

（主尋問略）

控訴人代理人（浅野）

――あなた金融業者としての経験は何年あるんですか。

６年です。平成６年までやっていました。

――目黒さんとの関係、スポンサーと言っていますが、事務所は同じところにありますね。

はい。

――名義貸しか何かの関係ですか。

いや、違います。

――あなた、金融業ですから、当然事務所に借用証とか領収証とか担保権の設定の契約書とか、そういう書式類はちゃんとありますね。

はい、あります。

甲第二八号証を示す

――この記載されている文字はどなたの文字ですか。

目黒さんです。

――甲二八号証というのは、別件の○○地裁、平成六年ワの＊＊＊号、当事者甲法人と大崎一郎さんの事件で、大崎さんのほうから貸金があるということの証拠として出された書類ですね。

はい。

——あなたの主張では、あなた自身がお金を貸しているということのはずなのに、どうしてこれが目黒さんの字なんですか。

目黒さんのところからお金が出てるからです。

——目黒さんから出てるから、目黒さんの文字。

そうです。これ、目黒さんの帳面ですから。

——そうすると、この記載ですけれども、まずこれは貸金の台帳であると考えてよろしいですか。

だと思います。

——どなたに対する貸金の台帳ですか。

品川さんです。横に、「品川」と書いてありますよね。

——右側の真ん中辺りにラベルが写っていますが、「渋谷」というインデックスがはってありますね。

はい。

——渋谷さんに対する貸金台帳じゃないんですか。

いや、違いますね。

——どうして分かるんですか。

渋谷さんの紹介ですからね、品川さんは。だから、まだ台帳なんかできていないですよ。

——だって紙一枚じゃないですか。

これは紙一枚ですけど、ノートはもっと厚いものですから。

——バインダーですから、一枚追加して作ればいいでしょう。

これは品川さんにお金がこれだけ出てますよということです。

——そういう証拠なんですか。

ええ。

——これは、あなたがお金を貸した貸金の台帳じゃないんですか。

私のじゃないです。

——あなたのほかに目黒さんが貸しているということですか。

違います。私経由で出ています。

——そうすると、あなた経由で出た貸付金については、これに記載されているということですか。

そうです。

——すべて。

そうです。

——この記載がよく分からないんですけれども、右と左と欄がありますが、右のほうが本件と関係あるものですね。一番上は2月20日の記載ですね。

はい。

——そこのところ、「下　5,000,000　登記料（一部）」とありますが、これはいったい何ですか。

分かりません。

——だって、あなた経由で出たお金の帳簿だって、あなた今おっしゃったでしょう。分からないわけないでしょう。

分からないですね。

――２月23日の欄、「下　5,000,000」とありますが、これは何ですか。

これも同じく分かりません。

――その下、２月28日かな、「下　1,000,000」に傍線を引いて、「４８５７００」これは何ですか。

これも分かりません。

――その下、２月26日、「下　1,000,000」これは何ですか。

これも分かりません。

――２月26日のところ、「120,000,000」とありますが、これは。

分かりません。

――１月29日、「4,000,000」これは何ですか。

分かりません。

――全部分からないじゃないですか。

ええ。

――そうすると、そのほか分かるところはあるんですか。

分かるところはありませんね。

――分かるところはないけれども、あなた経由で、品川さんないし甲法人に貸し付けたお金の帳簿だというんですか。

帳簿とは言ってません。

――じゃあ、何ですか。

目黒さんの書いた帳簿です。

――目黒さんの書いた貸金台帳なんでしょう。

そうです。

――品川さんにあなた経由で貸し付けたものの記載だと、さっきあなた、おっしゃったじゃないですか。

目黒さんから私がお金を借りて、品川さんに貸し付けたわけです。

――だから、その記載があるんでしょう。

その記載はないでしょう。と思いますよ。私は当事者じゃないんで、どういう形で目黒さんが記載したのか分かりませんが、私は目黒さんから借りて、品川さんに貸し付けたんです。

――この帳簿は、どうして別件の訴訟で、あなたのほうから出てるんですか。

浜松先生のほうに帳簿を出しましたんで、参考として。

――つまり、品川さんに貸し付けたお金はこの帳簿ですということで、出したわけでしょう。

私は参考として出したんですけどね。

――関係なければ、参考も何もないでしょう。目黒さんが貸したというんなら、参考にもならないでしょう。

とにかく、当時、先生のほうでもって、証拠になるものはないのか、ないのかと督促されましたので、それでこの帳簿を出しました。

――当時はこれが参考になると思ったわけですね。

何かの参考になると思いました。

――本件の訴訟の第一審で、当初、訴訟が起きて、それにあなたは新橋さんと一緒に浜松弁護士に依頼をして、浜松弁護士が答弁書を書いてると。それは御存じですね。

いつごろですか。

――平成3年4月4日付けで答弁書が出てるんですが、浜松弁護士に本件を依頼したことは間違いないでしょう。

はい。

――その依頼をしたときに、当然、浜松弁護士に事情等を説明していますね。

事情の説明は、渋谷のほうからしてたと思います。

――そうすると、あなたは何にも話してないんですか。

何をですか。

――訴訟が起きて、浜松弁護士に依頼するときに、訴状に書かれてる事実関係があるのか、ないのかとか、それについてはどんな事情があるのかといったことを、浜松弁護士に話したんじゃないですか。

電話でもってしたと思いますけど。

――したことはしたんですね。

したですね。

――平成3年4月4日付けの答弁書を見ますと、あなたは1億2000万円を新橋さんに貸してるというような答弁なんです。これは新橋さんも同じことを恐らく浜松先生に言ったんでしょうね。だから、そういう答弁になっている。そういうことですね。

違いますね。

――そうすると、浜松先生はあなたが言ったのと違う内容の答弁書の記載をしたんですか。

私が貸したのは品川さんですから。

――当時は何と言っていたんですか、あなたは。新橋に貸したという趣旨の話をしたから、この答弁書ができたんじゃないですか。1億2000万ですよ。120円じゃないんですよ。

ちょっと記憶にないですね。

――新橋さんとの関係は、どういう関係なんですか。前の証言では、一度も会ったことないと言ってるけど、訴訟になると一緒に浜松弁護士に頼んでる。これはどういうわけ。

新橋さんという人と私が会ったのは、もっと後のほうです。

――本件の登記に必要な書類のことですけれども、今日の証言、あなたが第一審のときの証言とまるで違う証言をしておられる。一審のときは、500万と4500万のお金を出したときに、○○の権利証とか委任状とか印鑑証明をもらったんだと。そのときに、乙三号証、九号証、一〇号証の書類を書いてもらったんだという証言を、繰り返しておられるんですよ。

それは勘違いだったです。

――あなたは、そんな大事なことも勘違いで済ませちゃうんですか。

勘違いだったですね。後でもって事実関係の確認をいたしましたから。

――きちんとした記憶に基づいて証言していたんじゃないですか、一審のときは。

そのときはそういうふうに記憶してたんですよね。だから、勘違いなわけです。

――これはいつもらったんですか。

2月22日。

乙第一三号証、乙第一四号証を示す
――これについては、はっきりしているわけですね。

はい。

――勘違いじゃない。

はい。

――でも、おかしいんですよね。2月22日に、あなたがこれを品川さんからもらったということは、客観的な資料によると、あり得ないんですよ。でも、それはいいでしょう。あなたの記憶では2月22日にもらった。

はい。

――だから、お金を出した。

これだけではございませんけどね。

――そうすると、お金を出すについて、この印鑑証明をもらったということが大きな要因だったわけですか。

はい。このほかに領収証、それと売買契約書、これらの書類を一緒に頂いています。

――その領収証、売買契約書なんですけれども、あなたの陳述書とか準備書面を見ますと、当初は抵当権を設定するというような話だったけれども、あなたのほうが所有権移転形式にしてくれという話だったので、そうなったという御主張のようなんですが、最初は抵当権の話だったんですか。

ちょっと憶えてないですね。

――所有権移転にしても、金融業者の人は所有権移転形式よくやるけど、仮登記でやるのが普通じゃないですか。なんで本登記なんかするんですか。

品川さんのほうからの依頼だと思いますよ。

――あなたはどうだったんですか。

私は本登記のほうがいいわけです。

――でも、本登記だと、莫大な額の登録免許税が掛かりますよね。

はい。

――それでも本登記にしたわけですか。

はい。最終的には5億円出ることになってましたから。

――あなたは後日、貸した先は新橋さんじゃなくて、甲法人だというふうに主張を変更しておられるんですね。平成7年の1月になってから。

はい。

――それまで、どうして1億2500万円もの貸金があるならば、請求をしなかったんですか。

これは渋谷さんが責任を持って解決すると言って、ずっと進んできた裁判なわけです。それで平成6年、○○地裁に品川氏が提訴しました。それを見まして、これはもう渋谷さんに任せておいたら、どうなるか分からないと判断しまして、私のほうで反訴を先生のほうにお願いしまして、それから今日に至っています。

——ということは、渋谷さんは責任を持ってということは、そんなに責任を感ずるような何かがあったわけですか。

彼女が連れてきたんですからね、品川さんを。

——あなたと渋谷さんは、昭和42年以来の知り合いですね。

そうです。

——渋谷さんにお金を貸したんじゃないんですか。

いや、違います。

——だって、さっきの甲二八号証、渋谷さんの貸金台帳ですよ。

台帳はそうなってるけど、私が貸したんですから、直接品川さんに手渡しましたから、私。

——新橋さんに貸したんじゃないですか。

違います。

——だって、当初、あなたは新橋さんに貸したと答弁している。

違います。

——浜松先生にそう説明したんでしょう。

違いますね。

——新橋さんもあなたから借りたと、恐らくそう説明したから、同じ答弁になっているんですよ。

私は新橋さんに貸した覚えはないですね。

控訴人代理人（渡邊）

——あなたの平成10年の3月31日付け準備書面4ページによると、「登記が出来るまで金員の貸与は出来ない、その代わり、登記が出来たら必ず金を出す旨渋谷に答える」というふうに主張しているんですが、そういうふうな態度であったことは間違いないですか。

はい。

——平成10年4月1日付けのあなたの準備書面では、本件登記が売買契約の登記から予約の登記に変更されまして、そういう登記手続がなされていると、そういうことは被控訴人あなた、新橋、渋谷花子、品川は共に右事実を知らされていなかったと主張されているんですが、これも間違いないですね。

はい。

——それから東司法書士については、本件登記以前には全く知らなかった、これは間違いない。

はい。

——乙第二八号証の七を見ますと、4行目、品川から「現在迄、1円も返済を受けていないことに間違いありません。」とある。これも間違いありませんか。

はい。

（注：次の弾劾的尋問のための確認的質問となっている。）

——それではそういうことを前提にお聞きいたします。

甲第二八号証を示す

——この貸金台帳は、あなたが先ほど御説明したとおり、目黒さんの帳簿であると。あなたを経由して、お金が出入りした帳簿であると。そして相手方は、渋谷ではなくて、品川ないし甲法人であるということですね。

はい。

——すべてあなたを経由していることは間違いないですね。

はい。

——下から二行目、「94　8／9　一千万入」と書いてあるんですが、これはあなたを通して、品川ないし甲法人から、お金が返ったんですか。先ほどのお話によると、全くありませんと答えているんですが。

全くないです。これは違うと思いますよ。

——そうすると、これはあなたを通して返ったお金ではないんですね。

はい。

——これはすべて、あなたを通して出し入れができた帳簿だとおっしゃったんですが、違うとおっしゃるわけですね。

いや、この帳簿に従って出し入れが行われたとは言ってません。

——あなたは、あなたを通したお金の台帳であるということを、私、今、確認したんですよ。

これは目黒さんの帳簿であり……。

——ちょっと待ってください。目黒さんの帳簿であって、あなたを通して、甲法人ないし品川のお金を出入りした貸金の台帳であるというふうに、あなた、さっき直前まで確認したじゃないですか。

そうじゃございません。これは目黒さんが付けていた……。

——違うとおっしゃるんですか。

現に違うじゃないですか。

——知りません。あなたが証言したんですから。

私は目黒さんから５０００万、その後に７５００万借りてるわけです。

——この帳簿は、あなたを通して貸したお金の帳簿ではないんですか。全然信用性がないものですか。

少なくとも、私を経由している金額ではございませんので。

——そうすると、さっきはあなたを経由したというふうに証言したんですが、もう誤りだと。

この帳簿に基づいて経由したとは、私、言ってません。

——だから、さっき確認したんです。この帳簿は、あなたを通じて、目黒さんが品川ないし甲法人に貸し付けた台帳ですかと聞いたら、イエスと答えたんですよ。

そういうふうに言ってましたか、私。

――言いましたよ。

（注：ここで裁判長が肯定的に頷いている）

じゃ、違います。

――そうすると、この帳簿を見ますと、上から、2月20日に500万。23日に500万。次が48万5700円。次が100万円。次が1億2000万ですか。次が400万円。ということを書いてあるけれども、これらについては、あなたは、あなたを経由したものかどうかは全く分からないということですか。

ここに書いてあるお金の金額は、私を経由して出たものではありません。

――全然、違うの。

はい。

――あなたの証言によると、これは目黒さんの帳簿であることは間違いない。

はい。

――しかし、この帳簿によると、目黒さんがあなたを経由したものでないと。

はい。

――しかも、甲法人なり品川の帳簿であるということも、あなたは間違いないとおっしゃるんですね。

「品川」とここにかいてあるのは品川さんのことでしょうということです。

――そうすると、これさっきから全部が品川のものだというふうに、あなたはおっしゃってたんじゃないですか、この帳簿自体が。

渋谷さんの名前が書いてありますよね。それは先ほど、渋谷さんの借入れの帳簿じゃないんですかと聞かれたときに、渋谷さんだけではございませんと。

――そうすると、渋谷も品川も一緒くたになっている帳簿だということですか。

ちょっとそれは私には分かりません。

――あなたが1億2500万貸してるとおっしゃってるんだけれども、これを見ても1億2000万とか500万とかいろいろあるんですが、その帳簿が他人と一緒にごちゃごちゃになっている帳簿だとは、ちょっと考えられないんですが、これは品川と、それ以外に渋谷とがごちゃごちゃになって、一緒になっている帳簿だと、あなたはおっしゃりたいの。

そんなことは申しません。

――そうすると、あなたから見て、これは全体として渋谷の帳簿なんですか。

全体的には渋谷さんの張り紙してありますから、関連というふうに考えていいんじゃないかと思います。

――渋谷の帳簿だと。

関連。

裁判長
――関連というのは、どういう意味なの。
渋谷さんの紹介者も含めて。

控訴人代理人（渡邊）

――要するに、あなたは渋谷の関連、渋谷が紹介したからだとおっしゃりたいんでしょう。

はい。

――紹介者の帳簿の中に、本当の借主の帳簿を一緒にするんですか。

そういうこともあると思います。

――これはそうなんですか。あなたの業界で。

それは分かりません。

――紹介者は紹介者、借主は借主、そのことは別々であるということは、そのくらいの初歩的なことは、あなたも御理解できますね。

はい。

――目黒さんもあなたの何年もスポンサーやってるということで、御理解できますわね。

（うなずく）

――先ほどあなたが、２月22日に500万と４５００万、お金を貸したと言ってるんですが、平成７年９月20日付けのあなたの調書の31項では、その日、２月22日の２時ごろ３人で来て話し合ってるうち、銀行が終わってしまう３時ぎりぎりになってしまったのですと、それですぐにやむを得ずお金を送金したという趣旨の証言をしているんですが、そのことについて御記憶はありますか。

はい。

――この３時に500万を送金した段階では、一言も登記についての確認はしてませんよね。

いや、登記関係の確認はした後だと思います。

――そうすると、だれがどういう形で連絡したんですか。どこへですか。

――だれかに、登記関係を。

私です。

――だれに聞いて。

……。

――どういう手続でもって登記関係、確認したの。

電話で。500万を送ってくださいと、登記費用ですと。

――どういう確認をしたんですか。

電話でですか。

――電話をだれから聞いたの。

電話番号ですか。渋谷さんです。

――その相手方が司法書士かどうか、あなたは直接確認することはできましたか。

できました。東司法書士事務所ですかと言って電話しましたから。

――電話の受け答えだけで、あなたは確認できたんですか。

確認しました。

（注：前掲で確定した被控訴人の必ず行っているという対応と矛盾している。）

——その後すぐ４５００万、全部で５０００万貸していますね。

はい。

——そうすると、電話だけで確認したわけですね。

はい。

——電話だけで確認したとなると、直接あなたは移転登記の書類が整っているかどうか、直接確認しているわけではありませんね。

はい。

——先ほど、登記が確実に移転するまではお金は出さないということですね。

はい。

——あなた方のような商売では、現実に本当に登記ができるかどうかということを書面で確認しない限り、お金なんか出さないんじゃないんですか。

そんなことございませんよ。

——特に、あなたは東司法書士というのは、まだ会ったことないわけでしょう。

ないです。

——会ったことない人、本当に司法書士かどうかも分からないわけでしょう。相手が司法書士事務所ですと言ったかもしれないけど、あなたは現認できてないわけでしょう。

司法書士事務所へ電話をして、司法書士事務所ですという答えがあればそれで司法書士事務所だというふうに考えるのは普通じゃないですか。

——でも、５０００万もやる場合は、通常は現場で一緒にやって書類を確認してから出すとか、そんなのは常識でしょう。

全然相手が知らない人であればね。ただ、紹介者がきちんとして、長い付き合いの人ですから、そういうことはしたわけです。

——長い付き合いでも、基本的にそれが焦げついたら困るから、先ほど私が確認したように、登記を確認しない限りできないと言ったんじゃありませんか。

そんなことないですね。

——それじゃ、現実の登記書類は、あなたは確認してませんね。

はい。

——司法書士については、そのとき初めて聞いた司法書士ですね。

はい。

——にもかかわらず、あなたは５０００万円出したとおっしゃりたいんですね。

はい。

被控訴人代理人

――あなたは先ほど控訴人代理人の質問に対して、浜松に事件を依頼したかということに対して、あなたは電話で話をしたとおっしゃっていたんですが、それはいつごろのことですか。

……。

――○○地方裁判所に対して甲法人が訴えを起こして、あなたのほうで私に対して、反訴を起こしてくれということの申出がありましたね。

はい。

――それ以前に、あなたは私の事務所に来たことがありますか。

ないです。

――あなたのこの本件訴訟は、だれと私が打合せをしてきたんですか。

渋谷だと思います。

――渋谷は渋谷1人ですか。渋谷とだれかいるんですか。

新橋がいたかもしれません。

――渋谷と新橋にこの訴訟のことを全部一任して、あなたは全く関与しなかったんじゃないですか。

そうです。

控訴人代理人（渡邊）

――乙二八号証で、先ほどの400万とか小切手7000万が入金されていると言っていますね。

はい。

――ところが、この預手がよく分からないと言ってますね。

はい、出所が分からないということですね。

――この預手について、預手のコピーとか何かを銀行に問い合わせたこともないんですか。

いろいろ調べてみましたけど、分からなかったんです。先生からも調べるように言われていましたから。

――銀行にはあるはずなんですが、分からない。

分からなかったです。

（注：預手の出所がわからないこと自体極めて不自然）

裁判長

――どこの銀行の預手だということは分かるんですか。

それも分からないんです。

――預手を出した銀行も分からないの。

（注：預手の出所がわからないことなどあり得ないことから裁判長も追及している。）

はい。これはお客さんが持ってきた集金小切手なんです。

――どうして、そんなことが分かるの。

確かそういうふうに記憶しているんです。

――先ほど、この訴訟を起こすときに、被控訴人代理人に頼んで相談しているのは、新橋と渋谷だと言いましたね。

はい。

——新橋、渋谷、あなたというのは、この訴訟では仲間なんですか。

いや、新橋さんというのは、私、あんまり面識ないんです。

——あなたの名前で起こす訴訟に、新橋さんが絡んでくるというのに、どうして。

私は渋谷さんとは親しいんですが。渋谷さんと新橋さんは親しいと聞いています。

——あなたが振り込んだ預手というのは、新橋の口座に入っているんですよね。

振り込んだんじゃなくて、渡したやつ。

——品川に渡したというなら、何で新橋の口座に入るんですか。

その点、私も分からないんですけど、品川さんに渡しました。

——いきさつから言うと、あなたと新橋が組めば、そういう操作はできることですよね。

(うなずく)

——客観的に品川に渡ったという証拠は何にもないんですね。

ないです。

——新橋のところに入ってるということだけが、たかだか原簿で分かるだけですね。

ええ、後の分に関してだけね。

——それは分かりますね。

分かります。

4 抵当権設定仮登記抹消請求事件及び貸金請求反訴事件

金銭消費貸借契約書の偽造が明らかになった事案

原告が弟のためにその所有する建物について抵当権設定仮登記を設定したところ、その内容が全く違っていたため、抵当権設定仮登記の抹消請求をなしたことに対し、被告が反訴として原告に対し重畳的債務引受に基づく貸金請求をなした。

(1) 事案の概要と争点及び尋問の目的

ア 概要

原告は、平成12年12月に弟Aが金銭上の必要があったため500万円を借り入れた際、自己の建物に対し同金員の担保として抵当権設定仮登記を行うことを了承し、委任状を渡した。ところが、実際には建物に3500万円の金銭消費貸借契約がなされた旨の登記原因が記載されていた。

ところで、原告は当時知らなかったが、原告の弟Aは被告に対しそれ以前に何枚もの借用書を書いていた。

その原因はAの内縁の妻Bが被告の妻Cとの間で長期間にわたり貸借関係(いわゆる闇金融)をしていたことから、

ＡはＢの要請で言われるままに借用書に署名していたが、実際の債務者はＢであった。

そして裁判になった際、被告はＡ（あるいはＢ）に対し、平成12年12月以前に２３００万円の貸金残金があり、同年12月には郵便局から500万円、金融機関から700万円を借り出し、新たにこれをＡに貸し渡し、Ａに対する貸付金は３５００万円となっていたと主張した。また、被告は、その際原告が前記３５００万円につき重畳的債務引受をしたと主張したのである。

ところが、被告の主張には次のような多くの問題があった。

（ア）Ａの被告に対する債務について

・Ａの署名のある借用書自体が数多くあり、金２３００万円の借用書はこれまでのＢと被告とのこの間の貸付取引からどのように積算されているのか全く不明であった。したがって、平成12年12月当時、原告はＡにいくら債務があるかも知らなかったし、借用書を示されたこともなかった。

・被告の貸付取引についての主張も変遷を極めており、当初は全く返済がないとしていたが、その後一部の返済がなされ返済された当該借用書は返したなどとしているが、提出された借用書と一致していない。

・貸付の内容についても支払期限や利息の約定もない。

・しかも、原告が銀行履歴を調査したところ、平成12年４月以降約２６５０万円余にのぼるＢからＣへの送金の事実が判明している。

・平成12年12月に被告はＡに金１２００万円貸し付けたと主張するが、その貸し渡しの事実も何らの領収書もなく、いつ、どこで金員を渡したのかも不明であった。

・平成12年12月にＡへ金１２００万円を郵便局などから借り入れて貸し付けたとするが、金１２００万円を被告が金融機関から借り受けた事実も不明であった。しかも絶対存在するはずの金融機関からの引き出しの資料すら全く提出されていない。

②重畳的債務引受について

・貸付の際、原告はＡの被告に対する債務がいくらあったかもわからなかったし、借用書も見せられてない。

・債務引受を示す書面も作成されていない。

・具体的にいつ、いくらの責任をとるかについて原告の発言もない。

・原告はそのような発言をしたことはないと一貫して否定しているし、債務引受を行う経済的余裕もない。

イ　本件の争点

・実際に平成12年12月以前に２３００万円もの貸付金が存在していたか

・平成12年12月に被告がいくら貸し付けたか
・重畳的債務引受の合意が成立したか、あるいは合意を推定する諸事実があったか
というものである。

ウ　反対尋問の目的
・2300万円を裏付けるとする借入金証書の真否
・2300万円をどのようにして計算していたか
・平成12年12月に被告が金融機関から借り出していくらCに貸し付けたか
・原告は平成12年12月当時Aの債務内容を知っていたか
・原告に重畳的債務引受した行動（諸事実）があったか
・債務引受の書面を作成できない事情はあったか

(2) 審理の結果

証人尋問が終わり、結審の時にCが尋問でも述べているように、被告らは金2300万円および金1200万円の借用書がA（B）に対する残債務の合計であるとして、被告からすでにAに返還されているはずの新たな借用書2点が提出された。そこで、原告はA名義の借用書は偽造の疑いがある旨の指摘を行った。

ところが、一審判決は借用書について二段の推定をして借用書のその内容の成立を認めたうえ、

「まず、争点①についてみると、既に貸金の残額が金2300万円にも達している訴外Aに対し、しかも訴外Aからの返済が滞っている状況の下で、被告が無担保でさらに金1200万円を新たに貸付けることは到底考えられないことであり、上記各認定事実に照らせば、訴外Aには資料がないことを熟知していたと考えられる原告が、訴外Aの借入金について、平成12年12月5日、これを重畳的に引き受けることを口頭で承諾した事実を優に認めることができる。」

と認定した。

この認定では返済の事実を示す銀行の取引履歴や被告が取引の経過を含めた清算を行ったうえでの債務額を示していないこと、平成12年12月5日では金1200万円の貸借も成立していないこと、債務引受の明確な意思や文書、合意、債務引受を行うに足る事情、債務引受をする能力等は一切なかったなどの諸事情を無視し、多額の返済の事実という客観的事実も何ら検討すらせず、3500万円のBの被告Cに対する債務を認めるとともに、原告の重畳的債務引受についても「優に認められる」として被告の請求を容認したのである。

控訴審になり、やむなく攻撃防御方法として一審では弾劾証拠として使用した資料に基づき過払いの主張を行うとともに、被控訴人が金融機関から借りたのであれば借り受けの証拠は必ず存在するはずであることから、1200万円の借り入れを示す資料の提出を強く要求した。しかし、

銀行からの資料すら提出しなかった。それればかりか、控訴審になって、平成12年12月にAに貸し渡した1200万円は自らの預金からAに貸し付けたと主張を変更するとともに、新たに8枚もの借主A名義の借用書が提出された。

ところが、この借用書を検証したところ、平成12年12月以前の期日の借用書であり、Cらの証言によればすでに返還されておりあるはずのないものであった。それればかりでなく、借用書に押印（丸判）されていた印影は、丸判の縁全体が残っているもの、縁の右側が欠けているもの、縁の左右が欠けているものの3種があった。丸印→左側欠→左右欠しか物理的・時間的成立順序はあり得ないにもかかわらず、借用書の作成日時はこの時期の流れとは異なっているものがいくつか見つかった。この事実は明らかに被控訴人（被告）が丸判を所持しており、最近になってそれを利用して借用書を作成していることが明白となった。

このように、控訴審で金3500万円の債務の根拠としていた借用書の信憑性が崩れ、平成12年12月に1200万円貸し付けた事情に関する供述も虚偽であったことが判明した。

このような借用書に基づいて二段の推定をすること自体、裁判上極めて不合理であることは容易に理解できよう。

Aの被告に対する債務について原告が争っているにもかかわらず、争点でないとして尋問の制限を行い、返済の事実を無視して債権額について二段の推定で認定したのである。控訴審の担当裁判官は借用書の偽造については暗に認めながら明言を避けていたものの、重畳的債務引受は証拠上成立しえないとして、少額の和解で決着するよう勧告した。重畳的債務引受は「優に認められ」なかったのである。

一審判決は双方の主張（要件事実）や証拠を丁寧に精査することなく、一審裁判官が争点に密接に関連している事実を無視して判断しており、その結果判決の結論に矛盾する事実や客観的証拠は一切無視した判断がなされていると しか評しえないものであった。このことは尋問経過をみても争いのある債務額に関する弾劾証拠について尋問以前に主張しなければ尋問させない旨の介入を再三行っていることからも推測できよう。

一審判決は、裁判官が思い込んだ結論に合わせた証拠だけ選択して重畳的債務引受を認めた。しかも、どの証言でも多くの疑義のある「借用書」の印影（のちに偽造と判明した）による推認を行うなど、裁判官としての適性を疑われる判断であった。

なお、この訴訟では当初被告が全ての貸借の業務を行っていたと主張していた。ところが、被告本人尋問を行う際、突然被告の妻Cが在廷しているとして、裁判官はCを最初に証言させようとした。どのような役割を果たしていたかも全く知らず、被告に対して弾劾証拠も用意していたのに事前の連絡もなかった。Cに対する尋問の準備ができていないとして（Cの陳述書も出されていない）、原告代理人は裁判官に対してCの証言は被告のあとにするよう強く申し入れたが、Cの尋問を強行しようとしたため、忌避せざるを得なかった（不当な訴訟指揮として忌避した）。

Cがどのような役割を果たしていたかわからず、Cの陳述書もない状態で尋問は不可能である。何とか尋問を阻止しCの陳述書を出させたうえ（そこで実際的なBとの貸付を行っていたのがCであることが判明した）尋問を行ったのである。何も知らずに尋問できるものではない。借用書の作成についても、原告代理人は一審当時から疑問を呈していたが、証人採用についても事前の準備が必要であることを本件では教えてくれている。

また、裁判所は当事者の意向を踏まえて、幅の広い訴訟指揮が必要なことを教えてくれる。

(3) 実質的貸主の証人尋問（抄）　証人　大宮松子

（主尋問略）

原告代理人（山田）

——まず最初に、証人の経歴をお聞きしますけれども、あなたは今まで何か仕事をしてきたということはございますか。

ありません。

——ご主人の大宮一郎（被告）さんは、甲法人の理事長に就任されていたことがありますね。

はい。

——証人は、何かこの法人の役員をされていたというようなことはありますか。

あります。

——いつからいつまで、どういう職にあったんですか。

15年の4月1日から8月まで、施設長としていました。

——施設長というのは、どういう仕事をする役割ですか。

読んでそのまま、施設の全体。

——全体の管理ですか。例えば、施設の収支とか経理面なんかも統括する役割になりますか。

それは事務方がやりますから。

——事務方が具体的にやった上で、施設長が最終的に確認をするんじゃないですか。

そうですね。

——それから、あなた自身、銀行からの借り入れとかをされた経験はございますね。

私自身はありません。

——そうすると、夫の名義で一緒に行って借り入れをしたということはありますね。

はい、あります。

——前回の被告の証言によると、あなたのほうが申込書を書いたりとか、手続をしたというふうに言っていますが、そうですか。

いいえ、一緒に行ってやっていると思います。

——一緒に行ってやっている。

はい。私個人では力ありませんから。お父さんに頼まないと、お金は出ません。

――そうすると、具体的に申込書なんかを記載して、金融機関とやり取りをするのは夫の被告でいいんですか。

そうですね。それで、保証人として私が出ないとならないから、２人が責任です。

――あなた自身は、保証人になっているんですか。

はい。

――そうすると、あなた自身も保証契約なんかでサインをしたりとか、そういうことはありますね。

そうです。

――それから、あなたないしご主人は、金融業の許可を得ていますか、何か。

いいえ。

――何も持っていませんか。

はい。

乙第五〇号証（借用書）を示す
（注：無許可の高利貸をしていることを示すため）

――これは、被告のほうから出ている借用書なんですが、この与野さんというのは、本件の梅雄とは全く関係ない貸し付けですよね。

そうですね。

――こういうふうに、ほかの人にも貸し付けはされているんですね。

いや、これは私がしたんじゃないです。

――ご主人がしたんですか。

多分、梅雄さんが。梅雄さんに渡したお金を、梅雄さんがこの人に貸した。

――そうすると、この借用書は、あなたたちが持っているのはなぜですか。

だから、梅雄さんが持って行ったお金をこの人に貸しましたって。

――そういう証明で持ってきたということなんですか。

そうです。

（注：あり得ない回答。この回答で証人の対応が不自然だということに気付かないことがおかしい）

乙第八号証（報告書）を示す
――前回のあなたの証言では、あなた自身が浦和菊子さんに話して書いてもらったものに間違いありませんね。

はい。

――前回も出ましたけど、ここに裁判官殿と書かれていますが、これはあなた自身がこういうふうに書くようにと浦和さんに言ったんですか。

いや、西川先生（注：以前に依頼した弁護士）のほうが書けと言ったんじゃないですかね。分かりませんけど。

――だけど、あなた自身が浦和さんに指示しなければ、書きませんよね。

そうですね。分かりません。

――分からない。

はい。

――分からないで結構です。これは、前回の証言であなたの記憶に基づいて浦和さんに書いてもらったものだということでいいですね。

はい。

――これは、前回の証言では、弁護士のほうで勝手に作って、あなたが署名捺印する際には確認もしていないというふうに言いましたが、本当にそうですか。

はい。

乙第九号証（陳述書）を示す
――この署名捺印は、あなたのものに間違いありませんね。

はい。

――内容も確認していないんですか。

はい。

（注：弁護士の作成した陳述書についてあり得ない回答）

――あなたは、この裁判で平成16年の1月16日、証人として尋問することになっていて出廷しましたね。記憶ありますか。

はい。

――尋問前に、弁護士と裁判の打ち合わせはしましたか。しませんでした。時間にここへ何時に来て下さいという話だけだった。

――打ち合わせ全然していない。

はい、していません。

――その後はどうですか。その後は打ち合わせをしていますか。

していません。

――あなた自身、その日、結局裁判は途中で止まりましたけれども、証人として採用されたことは記憶にありますね。

ええ。

――先ほどの乙第九号証ですけど、それはその後の平成16年9月7日に作成しているんですけれども、この時に弁護士の先生から尋問のために必要だというふうに言われませんでしたか。

いや、何も言われません。その後尋問という話は何もありませんでした。

――何もなかった。

はい。

（注：陳述書の内容は貸付日などが具体的かつ詳細に書かれており、弁護士が勝手に書ける内容ではない。実際には、弁護士が辞任した際、「言うたびに回答が異なっている」とつぶやいていた）

乙第九号証（陳述書）を示す
――あなたの署名の直前に、「以上陳述します」というふうに記載されていますが、それは分かりますね。

はい。

――これは、裁判所に出す以外考えられないんだけど、あなたはそういうふうに思いませんか。
　いや、先生に任せていたから分かりません。

原告代理人（渡邊）
――今の点についてお聞きしますが、乙第九号証なんですが、そうすると、今言ったように、「以上陳述します」ということを書いたけれども、何も分からなかった。西川先生は、そういうことを書かせたにもかかわらず、裁判に提出のためではないと。

被告代理人
　ちょっと、書かせたとか……

裁判官
――異議ですか。

被告代理人
異議です。

原告代理人（渡邊）
――どういう異議ですか。

被告代理人
――書かしたとか。

（注：この弁護士はあとからも、やたら意味のない異議を出している）

原告代理人（渡邊）
――書いてあることはご存じだったんですね。

被告代理人
――書いてあるというんだったらいいです。

原告代理人（渡邊）
――それでその前に、ここで証人調べを採用するという裁判官の言ったこともご存じですね。
　ええ。
――その後、この書面が作成されたこともあなたは理解していますね。
　はい。
――その上で、こういう書面を陳述いたしますと言ったにもかかわらず、裁判所に提出することも全く分からなかったとおっしゃっているわけですか。
　はい。
――そうすると、西川先生はあなたの了承も何も得ずに、これを陳述書として裁判所に提出したというふうに伺ってよろしいですか。
　それは分かりませんけど。

――分かりませんけどじゃなくて、あなたの今の証言ではそうなるんですけれども、そういうふうに伺ってよろしいかと聞いているんです。

何に出すのか分かりませんけれども、「とりあえずサインして下さい」と言うから、先生を信じてサインしました。

――何に出すか分からないといっても、西川先生の関係では、この訴訟以外ないんじゃないですか。ありましたか。

そうですね、ないでしょうね。

――その上で陳述しますというのは、この裁判所に提出する以外に、あなた考えられないんじゃないですか。それでもあなたは理解しなかったとおっしゃるんですか。

理解しなかったということじゃなくて、文章に対しては先生にお任せしているから、先生を信じて出した、書いたと。

――文章に対してはという、内容については先生に任せたと。しかし、提出するのは裁判所だったというふうにあなたは考えていたというふうに変更なさいますか。

いや、あんまりそういうことは考えませんでした。

――法廷でわざわざ来て採用されたというのは、あなたしょっちゅう裁判所に来ていることですか。来ていますか。めったにないことでしょう。

一度来ただけです。

――そうだとすると、相当衝撃があることでしょう。あなたの記憶の中によく残ることでしょう。

はい。

――にもかかわらず、西川先生がそういう書面を作って陳述いたしますということを書いたにもかかわらず、裁判所に提出するものだというふうにあなたは理解しなかったというふうにお答えするんですか、そうではないんですか。結論だけお答え下さい。

裁判所へ出すものでしょうね、分かりませんけど。

――今言ったのは、裁判所に出すものではないかと思うということですか。

とりあえずサインをして下さいということですから、サインをしました。

――それは何のためですかという質問なんです。

分かりません。

――裁判所に出すためだということを全く理解できなかったというふうにお聞きしてよろしいですか。

はい。

（注：自らサインした陳述書に対してあり得ない回答である。証言の内容を変更させたことから、極めて不合理な弁解をしている）

原告代理人（山田）

――あなたが浦和さんに話して書いてもらったという陳述書の乙第八号証には、12月5日と12日に竹子さんに会ったというふうに書いているんですが、これは撤回されましたたのね。

はい。

――会ったのは12月５日ということですね。

はい。

――乙第九号証にも５日と12日に会ったと言っていますし、平成15年５月１日のあなたの、あなた方というか被告の準備書面には、さらに12月22日、梅雄の店で会ったというふうに記載しているんですが、これらはいずれも違うということですか。

12月５日に会って、その後、記憶の中にも何回か会ったりしているから、定かではないんです。

――前回証言で、あなたは12月５日だけだというふうに証言しましたね。

はい。竹子さんに会ったのは12月５日です。

――そうですね。だけれども、あなたの陳述書にも12日と書いてある。乙第九号証にも12日と書いてある。平成15年５月１日の準備書面には、22日まで出てきているんですよ。これは違うんですか、全部。

はい。５日に会いました。

――それは何、弁護士があなたたちに事実の確認をしないで、違うことを書いたということなの。

……

（注：この尋問でも、ことさら供述を変遷させている）

――では、金の貸し借りのことについてお聞きしますけど、前回の尋問で、梅雄に貸し始めたのは平成９年ごろだったというふうに言っていますね。覚えていますか。

はい。

――あなたの記憶に基づく乙第八号証では、平成10年ごろから貸し始めたとなっていますが、どちらが正しいんですか。

どっちですかね……もう昔のことだから、忘れてしまいました。

――あなた、前回の証言では平成９年とおっしゃいましたよね。

９年ごろですね。

――あなた自身が、以前に話して書いてもらった陳述書、乙第八号証には10年と書いてあるんですよ。それでも忘れちゃったんですか。

９年ごろから貸し出したんだと思います。

――じゃあどうして以前の、もっと以前の乙第八号証を作った時に、10年という話が出てくるんですか。

分からない。

――あなたは何かメモとか、借用書の残りとか、全く残していないんですか。

全部返しましたから。

（注：借用書が手元にないことを述べている）

――自分の手元のメモはないんですか。

ないです。

——これらの貸し付けについては、従前、平成12年12月以前の話ですよ。利息は幾らというふうに決めていました。

利息は幾らとは決めていませんでした。

——遅延損害金は何か決めていましたか。

何も決めていませんでした。

——返済期限はどうですか。

返済期限は決めていましたよ、来月持ってくるとか。

——それはちゃんと借用書に載せているんですか。

載せてありましたね。

——このお金は、その後のお金のやり取りも同様だと思うんですが、現金で渡していたんですか。

そうです。

——そうすると、銀行へ振り込んだりとかして渡したということはないんですね。

ないです。

（注：のちに銀行記録で明らかになるが、客観的証拠に反する虚偽の証言）

——あなた、前回の証言では、借用書は本人が書いて家に持ってきたとありますけれども、用紙も本人が書いて持ってきたんですか。

はい、そうです。

乙第四三号証を示す
——あなたの記憶でいいんだけれども、12年12月までの借用書というのは、この乙第四三号証みたいな形式の借用書でしたか。

いろいろありました。

——何通ありましたか。

分かりません、数は。

——2300万円にまとめた時に何通ありました。

分かりません。

——だってこれ、計算して2300万円にしたんでしょう。

そうです。

——おおよその時の、何通あったかというのは分かるんじゃないですか。

分かりませんね、20万円とか10万円とかというのもたくさんありましたから。

——20万円とか10万円とか、たくさんあった。

はい。

——そうすると、もう何十枚という数になりますね。

はい、そうですね。

——梅雄名義のは何通あって、ゆり子名義のは何通おおよそあったか覚えていますか。

覚えていません。

——内訳も全く覚えていない。

はい。

（注：これ以前の尋問で、一般的には証人の信用性に疑いを持つはずである。）

——あなたの証言だと、梅雄名義とゆり子名義の両方を合わせて２３００万円にしたということですか。

はい、そうです。

乙第二九号証から乙第五四号証（借用書）を示す。

――あなたの従前の弁護士の西川先生は、平成17年３月８日のこの法廷における弁論で、川口ゆり子に対する貸付金は、乙第二九ないし第五四号証だけであると。平成13年４月３日以降の借り入れの部分、これだけであるということを発言して、調書にまで取られているんですが、そうするとそれはうそだということですね。

いや、西川先生の言ったことがうそだったとかということは、先生が言ったことだから、私は分かりません。

（注：尋問で追い込まれると、弁護士に責任転嫁している）

――あなたの知っている客観的な事実と違うんでしょう。

私が言っているのは、梅雄さんのもあったし、ゆり子さんのもありました。

――つまり、ゆり子名義のは、この乙第二九号証以下のもの以外にもあったということでしょう。

ありました。

――そうすると、それしかなかったという西川弁護士の発言は間違いなんですね。

西川先生のことを間違ったとか、そういうことは私は言えません。

――その点、西川先生のほうから確認しませんでしたか。

いいえ、ないです。

――あなたのほうに確認一切なかったの。

はい、ありません。

――返済についてちょっとお聞きしますけれども、平成16年９月３日付被告の準備書面の中では、平成10年ごろ、借り入れの始まったごく初期のころは、梅雄が少額の借り入れを申し入れてきたので、10万円とか20万円とかの返済は数回なされたことがあると。それ以後返済がなくなりましたと言っていて、前回あなたの証言でも、最初は返済されたが、そのうち返済されなくなったとありますね。当時いつごろまで、幾らぐらい返済されたんですか。

分かりません。

――平成10年ころのことですか。

そうですね。

――合計幾らぐらい返済されたの。

分かりません。

（注：「分からない」のに残高が分かるはずがない）

――あなたが管理していたんじゃないの。だれが管理していたの。

私が管理していますけれども、それはその時に、返してくれたものは借用書を返しますから、幾ら返してくれた、返してくれないなんてことは私はつけてもいないし、分かりません。

（注：この証言はのちに被告自身が提出した借用書の存在と矛盾している）

――あなたは、どこからのお金で貸し付けていたの。

うちの金です。

――あなたのお金で貸し付けたんですか、それともご主人のお金ですか。

主人の金ですね。

――通帳に記載がある預金ですか、現金ですか。

預金もあるし、家賃もあるし、給料もあるし、いろいろですね。

――そうすると、貸し付けをしたならば、そのぐらいのメモとか証拠は残っているんじゃないんですか。確認できるでしょう。

いやあ、分かりません。

――分からない。じゃあ、こう聞きましょうか。結局、払わなくなってから2300万たまったということですね。そうすると、例えば平成11年とか12年のころは、もう返済がなくなっていたということですか。

そうです。

――それは梅雄からもゆり子からも、いずれからも返済がなかったということですね。

はい。

――それで2300万円をまとめたというふうにあなたは主張しているんだけれども、そうですか。

そうです。

原告代理人（渡邉）

――今の点について、ちょっと補充的にお聞きしたいんですが、先ほど相代理人が指摘したように、初期の段階では10万とか20万の返済があったと。数回あったということの文章からすれば、せいぜいのところ何十万単位のお金しか予想できないんですが、そのように伺ってよろしいですか。

そうですね。

――よろしいですか。

はい。

――数十万単位だということで。

はい。

原告代理人（山田）

――それから、先ほどの2300万まとまったやつも、10万とか20万とか、そういう細かい単位のがたくさん集まってできたというふうに証言されていましたが、それに間違いありませんか。

そうですね。たまに100万とかというのもありましたけどね。

――この2300万にまとめた金額というのは、元金だけですか、利息や遅延損害金は含まれていましたか。

いません。

――元金だけですか。

元金だけです。

――今度、1200万のことについてお聞きしますけれども、これは500万円が郵便局で、700万が乙信用組合だということでいいんですか。

はい。

――前回も証言にありましたけれども、乙第九号証では、乙信用組合から500、郵便局から200、丙生命保険から200、さらに乙信用組合から300。それから、あなた方の準備書面の平成15年5月1日の主張では、12月24日に乙信用組合から500、12月26日に郵便局から200、丙生命保険から200、12月27日に乙信用組合から300と極めて具体的に主張しているんですが、これも事実に反するんですか。

いや、それは結局「どこからお金が出ましたか」という電話がありました。それで、「郵便局からも借りたし、丙生命保険からも借りたし、これこれこういうわけで借りたし」という話をしました。いろんなお金が出たところを。それが1200万の分だったかどうだかは定かではありませんけれど、いずれにしろ3500万になるお金がどこから大宮さん出たのかねという電話の中で、そういういろいろな話をしました。

――でも、主張は具体的に1200万になるんですよ、この金額は。そういうふうに西川先生から聞かれて、西川先生にこの1200万円の出資として答えたんじゃないんですか。

いいえ、そうじゃないと思います。

（注：貸付原資について異なった主張を指摘されると、全て弁護士に責任転嫁している）

被告準備書面（平成15年5月1日）2ページ（4）を示す

――ここに主張として、具体的に12月24日500万、26日、丙生命保険と郵便局それぞれ200万の400万、27日、乙信用組合から300万、これが1200万円ですと具体的に主張されているんですよ。これは事実に反するんですか。

分かりません。

（注：焦点となっている金員が金融機関等から真実借りているなら、その調査は容易であるから、このような回答になることは通常あり得ない）

――あなた自身、こういうことを説明したんじゃないんですか、弁護士に。

記憶にありません。

――弁護士が勝手に作った物を私に説明をしてくれませんでしたから、分かりません。

弁護士が作ったということですか、この主張は。

（注：ここでも弁護士に責任転嫁している）

――それから、この裁判では、この1200万について、借り入れをしたということを証明する文書を出すようにと再三西川先生に釈明を求めたけれども、一つも出ていないんですが、それらの客観的な文書はありませんね、借用書等の文書は。

どういうことですか。

——郵便局や乙信用組合からの借り入れを証明する文書はありますか。

どうですかね……分かりません。

（注：あり得ない回答。調査すれば容易に判明するはず）

——そういうものを出してくれというふうに弁護士から言われたことはありませんか。

ないです。

——その文書自体、あなた今、分かりませんというのは、今現在あるかどうか分からないということですか。

そうですね。銀行も郵便局も確かに借り入れはしましたけれども、全部決済を済ませました。それで、その書類はもうありません。

（注：この弁明は成り立ちえない。貸し借りの事実は金融機関に保存されている）

——書類はない。手元に控えとして残していないということですか。

はい。

——だってこれ、梅雄さんに貸した原資でしょう。

そうですね。

——梅雄さんから返ってきていないというのが、あなた方の主張でしょう。

そうです。

——それでも資料ないの、何も。

でも、貸したことは事実であって、どこからお金を持っていったかが重要なんですか。

（注：金融機関の資料がないことはあり得ない。必要ならいつでも出してくれる）

——重要です。乙信用組合の借り入れ700万、これは返済方法はどういう契約で結んだんですか。

どういう方法……。

——返済方法です。

お姉さんが自分でもって。

——違う、違う。乙信用組合から700万あなたが借りた。私が借りたのをどういうふうに返すかというのを。

——そうそう。その返済はどういう契約でしたか。

月々幾らずつ返すというような契約だったと思います。

——主債務者はだれですか。

お父さんです。

——連帯保証人は。

私です。

——担保は。

担保はもともとの自宅や何かがついているところがありましたから。

——担保はついていた。

はい。担保ついています。

——自宅がついている。

自宅ですかね、マンションですかね。

——利息は幾らだったんですか。

当時幾らでしたっけ……ちょっと高かったですよね。でも、分かりません。

——返済金は月々幾ら、どのようにしていつまで払ったんですか。

平成12年に借り入れをして、13年には返済が済んでいるはずです。

——13年のいつごろ返済したんですか。

13年の何月ごろですかね、ほかの銀行から全部肩代わりしてもらって終わっているはずです。

——返して終わったんですか。

はい。

——幾ら肩代わりしたんですか。

幾ら肩代わりしていますかね。あの時に３６００万か３７００万くらい。ほかのものもありますからね、乙信用組合から借りたのが自分のほうも。

——当時、借金はどのぐらいあったんですか。

どのぐらいありましたかね。３５００万からありましたんでしょうね。

——３５００万借金あった。平成13年当時。

はい。

——それを借り換えして、別なところにまとめたということですか。

はい、そうです。

——郵便局からの借り入れ500万、これは返済方法はどういう方法でしたか。

保険が担保でしたから、とりあえず金利だけ払う形になっていました。

——これは、弁済は具体的にどうしたんですか。

保険を全部解約して終わりました。

——いつの時点でですか。

いつでしたかね……13年ごろですかね。13年か何かに終わっている。

（注：これらの事実を裏付ける資料は全く提出されていない）

——ちなみにこれ、主債務者はだれですか。

お父さん。

——被告ですね。連帯保証人はついていましたか。

いや、保険担保ですからついていません。

——本件の契約について若干お聞きしますけど、従前の２３００万とその後の１２００万、合計３５００万について、梅雄に貸し付けるという契約が具体的に行われたのはいつですか。

12月の初めです。

——12月の初め、日にちは分からないんですか。

５日ですか。

——12月５日ですか。

紙に書いてあるわけではありませんからね。

——12月５日というのは、竹子さんから権利証をもらった日じゃないんですか。

そうです。12月5日の午前中に私の家に来たんです、梅雄さんが。それで、どうしてもこういうわけだからと。

――そうですか。12月5日の午前中に来て、借り入れの申し込みをしたという記憶ですか。

そうですね、午前中。とにかく急いでいましたからね。

乙第四号証（金銭消費貸借契約書）を示す
――これは、2300万の借り入れについてまとめたと称する借用書ですが、これは見たことがありますか。

あります。

――日付が平成12年11月となっていますが、これを作成したのはいつですか。

借り入れをする時に作成をしましたけれど、全部まとめて11月という日付にしたんだと思います。

――具体的には、いつこの作成をしたんですか。

もう覚えていません。

（注：あり得ない）

――今、借り入れをする時にと言いませんでした。

要するに、もうお金の返済が滞っていたので、梅雄さんに全部引っ張り出して、これをどうするのという話で一括にしたと。

――それは平成12年12月5日の前だということですか。

そうです。

――そうすると、前に既に一括にしてその契約書を作ったんですか。

貸すことになって、11月の日付で書いたんだと思います。

――何を貸すことになったんですか。

1200万。

――1200万貸すことになって11月の日付にした。そういうことですか。

11月に全部を返済をしてもらわなきゃ困るということで作った。

――そうすると、11月に作成したということですか。

そうですね。

――そうすると、1200万の12月5日よりも以前に作成したということになりますか。

はい。

――日付が入っていないのはなぜですか。

それは梅雄さんでなきゃ分かりません。

――この貸主欄、大宮一郎さん、これはあなたのご主人の署名捺印ではありませんか。

そうです。

――あなた自身もその契約書持っているんでしょう。

先生のところに渡してあると思います。

――先生のところにあって見ているんでしょう。

見ています。

――どうして日付入っていないのを梅雄さんのせいにするんですか。日付入れられるじゃないですか。

……。

乙第五号証（金銭消費貸借契約書）を示す

――この１２００万の借用書、これはご覧になっていますね。

ええ。

――その最終ページ、日付欄をお示しします。平成12年12月となっていますが、これはいつ作ったんですか。いつですかね。お金を貸した時ですか。

――具体的にはいつだか言って下さい。お金を貸した時では分かりませんから。

日付は記憶ないです。

――記憶にない。

ええ。

――記憶にないでいいんですね。

はい。２度に分けてお金を貸しましたから。

――お金を貸した時だという記憶はあるんですか。

はい。

――前回の話だと、700万を渡した時だというふうに言っていますが、今日は記憶がないわけですね。

……。

――結局、500万と700万、２回に分けて貸し付けたというのがあなたの主張ですね。

はい。

――そのどちらかで借用書を取ったということですか。

恐らく先に500万出して、700万を後に出しましたから、700万を出して、全部出さないうちに彼が１２００万署名するわけないと思います。

（注：この１２００万円を捻出したとする資料が出ていないのである）

――ないと思う。

はい。ちゃんとお金をもらわなければ。じゃあ、もらわなかった時どうするんですかということだから、ちゃんともらった時に書いたと思います。

――なるほど。そうすると、12月５日の時も、それから12月中旬に500万を貸した時も、借用書や受領書やその他の文書は一切もらっていないということですね。

はい、ありません。

――何ももらっていないね。

はい。

乙第四号証（金銭消費貸借契約書）を示す

――これ、利息は幾らになっていました、２３００万。

利息にも何も、元が返っていないんだから。

――そこに５％という記載がありますが、見えますか。第２項。５％と定めたのではありませんか。

５％と例えば決めたとしても、払ってもらっていません。

――それはいいですけど、決めたかどうかということを聞いているんです。分からない。

はい。

――これは払わなくてもいいんですか、利息は。きちんと決めていないということですね。

ないということはないでしょうけどね。

――だって、決めていないんでしょう。遅延損害金は幾らと決めましたか。

それは決めていないです。

――決めていないですね。それから、返済方法はどういうふうに決めましたか。

返済方法を決めるという、幾ら返して下さい、例えば月に10万円ずつ返して下さい、20万ずつ返して下さいということは言いましたけれど、戻って来ないんです。

（注：あとで多額の返済をした弾劾証拠を用意していた）

――返済期限を決めて契約書にしましたか。いついつに幾ら払うかという契約書にしましたか。

していないです。

――していないですね。

乙第五号証（金銭消費貸借契約書）を示す
――これは利息5％と書いてありますが、これも先ほどと同じ趣旨で、実際には決めていないということですか。

簡単に言うと、この1200万は特に銀行から借り入れしたものですから、銀行の金利を払って下さいということでした。

――銀行の金利は幾らでした。

5％ですか……。

――5％ですか。当時ですか。そうするとこれは、銀行の金利ということでこの5％というのを記載したということですか。

分かりません。

――返済方法はどうやって決めましたか。銀行の借り入れですよ。梅雄さんに対する返済方法は、どういうふうに決めましたか。

月に10万なり20万を持ってきて下さいということでした。

――それは契約書にしましたか。

それはしていません。

――していませんね。遅延損害金は幾らですか。

ありません。

――ありませんね。ちなみに、銀行からの借入金には必ず遅延損害金ついていますが、ご存じですね。分かりませんか。

それは分かりません。

――分割支払いできなかった時に、支払いのパーセンテージが増えるということは知っているんじゃないですか。

いや、うちは払わなかったことは一度もないから分かりません。

――契約書を結んだことはありますね。

契約書ですか、銀行とですか。

――はい。

契約書は結んだことあるんでしょうね、多分。

――だって、さっきあなた……。

あると思います。

――前回の証言のことについてもう一度お聞きしますけれども、竹子さんと会ったのは12月５日で、この時に権利証をもらったという主張でしたね。

はい。

――それで、受け取ったのは本件建物権利証だけだったと証言していますが、そうですね。

はい、そうです。

――前回、被告の先生からの質問で、抵当権の設定や仮登記をするといろいろいな書面を作らなければいけないと思うけれども、それはだれがやったんでしょうかという質問に対して、竹子さんと行政書士でやったと思いますと答えていますね。

はい。

――そうすると、あなたはこの登記に関して、見たことのある書面というのは権利証だけということになりますか。

そうです。

――印鑑証明書も見たことありませんね、竹子さんの。

はい、ないです。

――委任状も見たことないですね。

はい。

乙第八号証（報告書）を示す

――これは、従前あなたの記憶に基づいて書いてもらったというものですけど、ここで竹子さんから言われたことについて、下から６行目、私に力があれば梅雄を助けられるのですが、私にはその力がないので、この店を抵当に入れて下さい。それでは足りないかもしれないけれど、自宅は娘が管理しているので、分からないようにこの店だけで助けて下さい。必ずお返ししますというのは、あなた自身が竹子さんから聞いたという、記憶している言葉そのものですか。

はい。

――こういう内容だったということですね。

はい。

――前回の証言で、竹子が自宅を抵当に入れるんですけど、「向こうは娘が持っているから入れられないけれど、この店だけで私が責任を持ちますからよろしくお願いしますと言った」と証言していますが、それも同じ趣旨の記憶ね。

はい、そうです。

――それ以外に特に記憶に残ることは言っていないですね。

そうですね。

――それから、あなたの証言調書の11ページ目、梅雄さんに１２００万の借用書を書いてもらったくだりなんですけど、ここで「お姉さんが確かに債務保証も担保も出してはくれましたけれど、借りたのはやっぱり梅雄さんですから、梅雄さんにも書いておいてもらいたい」と証言していますね。

はい。

――これはあなたの認識に基づく証言ですね。

ええ。

――間違いありませんね。

はい。

――それから、同じ調書の9ページ、一番下の行ですね。抵当権のところ。「抵当権と債務保証してくれるということでつけました」というふうに書かれているけど、これはあなたの認識ですね。

はい。

――そうすると、先ほどの梅雄さんにもやっぱり書いておいてもらわないとということは、結局1200万を借りたのは梅雄さんだという認識なんですね、あなたは。

いや、それは確かに梅雄さんは1200万借りた。でも、その時に土下座までして、この家をこうして私が責任持って返させますから助けてやって下さいと。そういうことですから、お姉さんも責任を持つと。それで梅雄さんが自分の借用書を書く時に、お姉さんがすべて責任を持つと言ったから、私は書く必要ないという、こういう話だったんです。

――だけど、あなたはそれでは困ると。梅雄さんにも書いてもらわないと困ると。

お互いに責任を持ってもらう。お姉さんは権利証の中に担保出してくれて、全部それが負債になっているから、お姉さんのほうはいいと。

原告代理人（渡邊）

――相代理人が聞いているのは、借りたのはやっぱり梅雄さんですから、梅雄さんもやっぱり書いておいてもらいたいという趣旨は、借りたのは梅雄であるという趣旨以外にないではないですかという質問だけです。お答え下さい。

梅雄さんが借りたことは確かですけれども……

――いや、もうそれだけで結構です。

負債の責任を負うということは……

――それは後で聞きますので、あなたの趣旨の、今聞かれたのは、やはり梅雄さんですからというのは、梅雄が借りたものだとあなたも認識していたということだけお聞きしたいんです。後の責任については、後でお聞きします。

はい。

原告代理人（山田）

――今少し話出ましたけど、竹子さんが債務を保証するというのは、権利証に書かれているということですか。

はい。

――権利証というのは、何の権利証に書かれているんですか。

謄本というんですか、権利証……

へ渡した権利証。

原告代理人（渡邊）

——聞かないで自分で証言して下さい。

登記簿謄本というんですか、あれは。赤羽先生のところ

原告代理人（山田）

——権利証自体には書かれていないのは知っていますか。

いや、分からないです。

——分からないですか。あなたは先ほど、権利証以外の登記書類を一切見ていないと言っていましたね。

はい。

——あなたの見た権利証に、竹子が債務を全面的に引き受けるなんて書かれていたんですか。

……。

——いや、あなた権利証に書かれていたと言うから。書かれていないんでしょう。

分かりません。

——分からない。あなた権利証見ましたか。

でき上がった書類を、赤羽さんのところから持ってきた書類をそのまま向こうへ渡しました。

——そうじゃなくて、竹子さんが債務を引き受けたものを証明するものとして、権利証にそれが書かれていたと。保証したということについて、それが権利証に書かれていたと言うから今聞いているんです。

登記簿に書いてあるんじゃ……いずれにしても書いてありましたよね。

（注：重畳的債務引受の意思表示がない）

——今回したのは、抵当権の仮登記の設定ですね。それは分かりますね。

はい。それに債務引き受け、入っているはずです。

——あなたね、抵当権の登記と保証債務というのは一緒のものだというふうに認識しているんですか。

はい。

——一緒のものですか。

両方入っていると思いますよ。

——両方入っている。だってあなたね、先ほど銀行に自宅が抵当に入っているとおっしゃいましたけど、自宅が抵当に入っていれば、必ず全部債務、普通の債務以外の人としての保証人の債務を負うんですか。

私がね。

——負うんですか。それは別に連帯保証人として名前を書いているからでしょう。担保と債務を引き受けるということは違うことをあなたは認識していますよね。

していません。

（注：あり得ない証言）

——していませんか。だって先ほど、生命保険の時も担保

に入っているとおっしゃいましたよね。抵当権についても、担保に入っているとおっしゃいましたよね。それと保証と違うということは分かりませんか。

一緒にそれをやればできると思っていました。

原告代理人（渡邊）

――あなたは先ほど、乙信用金庫から借り入れた時に担保も提供した、保証契約もしたとおっしゃいましたね。明確におっしゃっていますよ。そうすると、別々に契約をしたということはお分かりですね。

別々に契約って、どういうことですか。

――だって、担保も自宅を提供したという契約と、あなたが債務を負うと、一緒に連帯して債務を負うと、その借金について保証人として債務を負うという契約とは別々になされたということが前提として担保設定契約をして、保証人として私がなりましたということが前提だと思いますけど、違いますか。

分かりません。

――あなたそんな常識なこと分からないと言うの。

分かりません。確かにうちは銀行からもお金を借りています。余り銀行からも説明を受けたこともないし、お金を借りたのはたくさん借りていますけれど。

――じゃあ、そこまであなたが分からないとおっしゃるなら、こう聞きましょう。例えば先ほどの乙信用金庫の時も、ご主人が主たる債務者ですよね。

ええ。

――それ以外に、あなたが保証人として契約したんでしょう。

ええ。

――別々の契約ですよね。で、家を担保にしたとあなたはおっしゃいましたね。自宅を担保にしたとおっしゃいましたね。

いや、自宅……

――ちょっと待って下さい、自宅を担保にしたとおっしゃいましたね。イエスかノーかお答え下さい。

もともとたくさん借り入れをしていますから、そのために担保に入れたわけではありません。

――そうすると、そのために担保に入れたものでなくとも、別の契約によって担保に入れてあるということはあなたはご理解していましたね。

それが足りたか足りないか、それは知りません。

――別の契約によって担保にしたということは、常識的に分かるでしょう。

分かりません。

（注：常識的にあり得ない答弁）

――それ、分からないの。

被告代理人

――そんな居丈高に聞かなくてもいいんじゃないですか。

（注：代理人として異議を出すより、依頼人の言い分の矛盾を解消させるべき）

原告代理人（渡邊）

――あなたはその時、本件の仮登記設定登記の段階で、ご主人も一緒にこれに関与していましたよね。

うん。

――ご主人が抵当権と保証人の区別、契約の区別を知らなかったとおっしゃるんですか。

いや、そんなに難しく考えていなかったんですよ。

――そんなに難しく考えていなかったといっても、あなた方は３５００万円について一銭も返してもらっていない。その後、お金について困って米も買えないというようなことをおっしゃっていたでしょう。

はい。

――そうだとすると、極めて重要なことでしょう。

でもね。

――素直に答えて下さい。今、相手の代理人が居丈高にとおっしゃったけれども、普通、素直に答えてくれれば、僕もそんなこと言いませんよ。

ちょっと待って下さい。

――じゃあ、こう聞きます。あなたは、６ページの15行目に担保を両方につけるようにという話をしましたというふうに前回の調書で述べているんですが、そうすると、担保と保証とは違うというふうにあなたは区別して、そういうふうにおっしゃっていたのではありませんか。

いや、そんなこと思っていません。

（注：主尋問と異なる答弁）

――そうすると、あなたは担保イコールすべて保証だというふうにご理解して、すべてやっているとお聞きしてよろしいですか。

はい。

――それはご主人も同じですか。

と思います。分かりません。

――分かりませんか。

人のことだから分かりません。

――そうすると、あなた方は、先ほど甲法人理事長をご主人がやって、あなたが役員もやっていたとおっしゃいましたね。

はい。

――その時、銀行との取り引き等もありましたね。

いや、ないですよ。

――全くないですか。

ないです。関係ないですよ、銀行は。

――あるいは、他人との間で貸借等がありませんでしたか。

貸借は、私個人はありません。

――いや、私が言っているのは法人です。

法人はあるでしょうね。
――担保もありませんでしたか。法人の担保。私が言っているのは法人ですよ。
法人はここには関係ない話じゃないですか。
――私が言っているのは、あなたの体験からしてその担保と、常識的に言ってね、担保と保証というのはどんな人でも区別ができていますよ。あなたができていないとおっしゃるから、あなたの経歴からいって、そんなことはあり得ないんじゃないかという趣旨の質問をしているだけです。
分かりました。でもね、実際に土下座をして、自分の命がもう大変だと言われているさなかに、そんなことを考えている余裕も私にはなかったんです。それは私もお人好しかもしれませんけれど、そういうことなんです。それで、貸して下さい、助けて下さい……
（注：ここでも素直に答えないで回答をズラしている）
――ちょっといいですか、弁解はいいです。
被告代理人
――終わりまで聞いたらどうですか。
（注：回答をズラしていることを無視している）
原告代理人（渡邊）
――今の質問に答えていませんから。異議あります。
被告代理人
――終わりまで聞いたらどうですか。
原告代理人（渡邊）
――私の質問に答えていないから言っているんですよ。
裁判官
――一応最後まで答えを聞いて下さいよ。途中で遮らないで下さい。
原告代理人（渡邊）
――だって私の質問に答えて下さいよ。
裁判官
――それでね、最後まで聞いて、後でもう一遍質問して下さい。
原告代理人（渡邊）
――分かりました。それで。
そういうことの中で、梅雄さんが命に懸けて大変だって。恐らくそれを竹子さんも感じ取ったから土下座までして私に頼んだんだと思います。その時に、じゃあどうしようかと。確かに、家でもって1200万にしろ、3500万出すということはものすごく大変なことなんです。そんな安易に簡単に３５００万持ってくるようなものじゃないんです。でも、それでも人の命に関わるんであれば、謝って土下座までするんだったらば助けてあげようという、そういう気持ちでもって、じゃあ、ここ担保に入れるからと。お互いのこれは信頼関係。私は銀行でもないし、金貸しでもないですから。その代わり、うちでもって銀行から借りてきて「お父さん、もし焦げ付いたらどうするの。もし返してくれなかったらどうするの」という思いは確かにありますす。でも、やっぱりその中でも今まで２３００万も貸してやったし、お姉さんがそこまで言うんだから、お姉さんも店を貸したりいろいろなものを貸したりしているんだから、そのぐらいの責任は取ってくれるでしょう。ここでもって30万返すという約束をしたとしても、それが例えば今月５万円しかない、10万円しかないって。そうであっても、私はあそこで出したことに自分では不思議とは思っていません。それを……。

裁判官

——待って下さいね。あなたのほうで、保証ということと担保ということが違うものだと分かっていたかどうかという質問なんですけど。

（注：裁判官が介入して答えさせたが、回答をズラして答えていることにようやく気付いている。このような介入尋問は発問者にとって有害以外の何ものでもない。裁判官の能力が問われている）

保証と担保が違うとか違わないとか、よく分からないんですよ。本当によく分からないんですよね。確かに銀行から借りているけれども、こういうこともしなきゃだめだよということがよく分かっていないんですね。

原告代理人（渡邊）

——ご主人が一緒にいましたよね。その時、ご主人から保証と担保は違うんで、担保も取ると同時に保証も取ろうというお話をしたことはありますか、ありませんか。

うちの人もね……。

——結論だけでいいです。

ありません。

原告代理人（山田）

——そうすると、今の話では、当時非常に資金繰りも大変で、その中で貸したということでしたね。

乙第四号証（金銭消費貸借契約書）を示す

——もう一度これを示しますが、先ほどの証言では、平成12年12月以前に作ったものだというふうに言っていましたが、ここの連帯保証人欄に竹子さんの署名を書いてもらえなかったのは、何か事情がありますか。

いいや、別に書いてもらわなくてもいいと思っていました。

――書いてもらわなくてもいいと思っていた。

竹子さんは竹子さんで、向こうで保証しているからいいと思った。

――向こうで保証している、先ほどの話ですか。

ええ。

――その後、竹子さんと何回も会ったというふうに乙第八号証に書いてありますが、そうではありませんか。

何回も会ったというか、利息も払ってもらえなかったので、竹子さんのところにも何回も電話をしました。

――ずっと払ってもらっていないんでしょう。

はい。

――それでも一筆も取ろうと思わなかったの。

もう貸しちゃってからですか。

――貸しちゃってから。

貸しちゃってからは、そんなことは考えません。

――結局、客観的には、あなたが言う担保を除いて、竹子が個人保証したということを証明する文書はないですね。

……。

原告代理人（渡邊）

――ではもう一回お聞きしますが、乙第四号証について、連帯保証の署名を書かせる必要はなかったとおっしゃっていますが、梅雄については借用書を書かせましたよね。

はい。

――竹子についても書けと、もし了承しているなら、この点について書きなさいと。念のためだからと言えば、書かないことについての障害なんて全くないですね。

もうはなから、竹子さんは謄本を出してくれたし、権利証を出してくれて、赤羽さんとの話の中に全部済んでいたから、そっちはもらわなくても責任は取るものだと思っていました。

――そうすると、もう一つお聞きしたいんですが、あなたは権利証はもらったけど、委任状については見てもいないというわけでしょう。そうすると、その契約内容がどんな内容かというのは全く分かりませんよね。

はい。

――にもかかわらず、あなたはそれで債務が、保証債務が成立するというふうに勝手に思っていたんですか。

勝手に思っていたというよりも、主人が赤羽さんのところへ行って、その委任状の書類を見ていますから。

――だって、その段階では委任状はご主人も見ていないと言っているんですよ、12月2日の段階で。

12月5日の後に作りましたからね、委任状は。

――だから、12月5日の段階で委任状について保証人の署名も必要なかったとおっしゃっていましたね、委任状が赤羽さんの関係で。しかし、委任状もあなた見ていない。そうだとすると、契約内容はどんなものか分からない。にもかかわらず、あなたは必要ないと思っていたというふうに理解してよろしいですか。

私自身はね。だけど、書類を持っていって赤羽先生に

——いやいや、当時のあなたの理解だけで結構です。

原告代理人（山田）

——では、大宮一郎の証言調書、一番最後の８ページを示します。あなたは今、委任状はご主人が見ていたというふうに証言しましたが、ここ、前回の証言でご主人は、あなたも委任状に判を押すなんていうことをやったのではないですかというと、はっきり記憶ない、なかったと思います。その後、抵当権の書類を作っているじゃないですか。どうだったかな、記憶がない。そう言っているんですよ。委任状見たなんて言っていないでしょう。

委任状には主人がちゃんと名前書いていますよ。

——その後でしょう。あなたはさっき、委任状は主人が見ているから大丈夫だとおっしゃったけど、ご主人は見た記憶がないとおっしゃっているんですよ。違うんですか。

ちょっと待って下さい。

——私の質問に答えて下さい。ご主人のこの証言はうそですか。

主人のことについては、私は分かりませんけれど。

——じゃあ、それでいいです。

ちょっと待って下さい。今言っていることは、12月５日の時点の話をしていますよね。12月５日の時点には委任状はありませんからね。

——分からないですね。

ありませんよね。まだ作成していませんよね。そして、赤羽さんのところへこれこれこういう書類を作って下さいと届けた。それから赤羽さんと竹子さんとの間で委任状の取り交わしができたんですよね。

——それは分かりません。それは事実かどうか分かりません。

事実です。それは北浦さんの字でもってちゃんと委任状もできているんだから、それは私が12月５日の時点でどうのこうのということは関係ないと思います。

被告代理人

——委任状を見ていないことと、委任状を見ていないから契約内容分からんというのは誤導ですよ。

（注：この代理人はしばしば証人の証言に反する異議を出している。ここでも事案と証人の回答を理解していない）

原告代理人（山田）

——そんなことありませんよ。

被告代理人

——契約なんていうのは、口頭でできるわけでしょう。

（注：こんなことにも口出ししている。この弁護士の見識

を疑う。尋問者は証人の証言を前提に尋問している）
原告代理人（山田）
——口頭でしていないじゃないですか。
原告代理人（渡邊）
——ただ単に責任を持つと言っているだけであって、その内容については委任状……。
被告代理人
——それは、責任持つというのを……。
裁判官
——ちょっと待って下さい。異議の理由は、誤導であるということですね。
被告代理人
——委任状を見ていなければ契約内容分からんという、それは誤導だと言うんです。委任状を見ていなくても、契約内容は分かりますよ。
原告代理人（渡邊）
——分かりませんよ。

裁判官
——委任状と契約そのものは違いますからね。必ずしも決め付けて質問しないで、委任状を見たか見ていないか。見ていないというのであれば、それを前提に話をしてもらいたいし。それだけの話ですから。エキサイトする必要ないと思いますよ。

原告代理人（渡邊）

——そうすると、あなたは抵当権があるからいいんだとおっしゃっているけれども、12月5日の段階では委任状も作成されていないし、見ていないし、その委任状にどんな内容の契約書が書かれているかも分かりませんよね。

分かりませんね。でも……

——もう結構です。

（注：全て尋問者の言うとおりの答えとなっている。尋問の結果を確認している）

結構ですって、そういうふうに言わないで下さい。

——当たり前です。

裁判官
——証人も、あなたが説明し足りない部分については再度代理人が聞きますから、一問一答で答えて下さい。

原告代理人（山田）

甲第七号証から甲第一六号証（金銭借用証書）を示す
——甲第七号証、11年12月15日付、梅雄。甲第八号証11年12月27日付100万。先ほどの第七号証も100万ね。次、第九号証、平成12年1月11日付80万、梅雄。甲第十号証、平成12年1月19日、梅雄100万。第一一号証、平成12年2月4日、梅雄100万。第一二号証、平成12年2月21日、梅雄100万。次、第一三号証、平成12年3月10日、梅雄150万。次、平成12年4月7日、梅雄100万。これ、全部100万単位の借り入れですけれども、これは2300万円にまとめたものの借り入れではありませんか。

　そうですね。

——記憶ありますか。

　分かりません。

——分かりませんか。この日付、平成11年から平成12年4月にかけて、100万単位で10回貸し付けをしていませんか。それは2300万まとまったものじゃないんですか。

　だと思います。

裁判官
——ちょっと待って下さいね。今の2300万はどういう根拠で言うんですか。今、合計しても1010万にしかならないですよ。

（注：不合理な回答を求めているのに、尋問の意図を理解せずに発言している）

原告代理人（山田）

——1010万にしかならないですけど、これは2300万、あなたが言っている2300万にまとめたというものの契約書、これで全部ですか。

　そうじゃないと思います。もっとあったと思います。

——もっとあったと思う。

　はい。これは向こうへ返したものですね。

——そうすると、返したもの以外のものもあるということですか。

　2300万にまとめた時に、向こうに全部返した。

——梅雄はこれしか持っていないと言うんだけれども、違いますか。

　違うと思います。

——先ほどあなた証言で、大半は10万とか20万ばかりで、100万はちょっとしかなかったというふうにおっしゃっていますけど、これ10枚、合計で1010万あるんですよ。記憶と違いませんか。実態は、この1010万が全体の借用書じゃないんですか。

　ないです。

——あなた、それを証明するものは何か持っていますか。

　それは持っていませんけれど、梅雄さんが2300万で合計に書いたことが事実です。あとは全部向こうに返しましたから、私が持っていること自体が不思議なんです。

（注：最終書面提出の際に新たな借用書が提出された。のちに控訴審で明らかになるが、虚偽であった）

被告代理人

――梅雄は１２００万借りていないと。あるいは、前の２３００万についても。

原告代理人（山田）

――２３００万全部借りているとは言っていません。

被告代理人

――１２００万きり借りていないと言っているんでしょうか。

原告代理人（山田）

――全額借りているとは言っていません。借用書は書いていますが、全額借りているとは言っていません。

被告代理人

――そういうのはどこか、お宅の事務所に出ているんだろうか。私も引き継いだもんだから、もし出ているんでしたら、ちょっと指摘していただけますか。

（注：ここでも何の根拠もない理由で尋問の中断を図っている。記録は自分で読むべきであり、代理人としては無責任な発言）

原告代理人（山田）

――分かりました。今、尋問ですから。

被告代理人

――梅雄の借金について少し聞いておりますのでね。

原告代理人（山田）

――それは梅雄の時にお聞きいただければ構わないと思います。

被告代理人

――そうじゃなくて。

原告代理人（山田）

――反対尋問ですから、違うと言っていただければそれでいいわけですから。

被告代理人

――本件は北浦竹子の問題でしょう。

原告代理人（山田）

――そうです。

被告代理人
――しかし、梅雄のことについて先ほど700と500といろいろ聞いておるから、私は、梅雄は２３００とか１２００は借りていないというような主張がどこかにあって、そして金の出所とかそういうのを聞いているのかと思って聞いているんですけど、そういう準備書面はどこかに出ておるんでしょうか、主張としては。

原告代理人（山田）
――こちらは全体は分かりません。梅雄さんから受けているわけじゃないですから。
（注：重畳的債務引受の基礎となる債務についての尋問である）

被告代理人
――いやいや、主張として出ているんでしょうか。

原告代理人（山田）
――出ていないと思います。出ていなくても、それは別の問題で、実態を聞いているわけですから、違うといえば、そう言っていただければ。

裁判官
――本件の争点と関係ないですから、聞かないで下さいよ、それは。主張がないものは聞かないで下さいね。主張がない部分については制限しますから、そこは聞かないで下さい。あらかじめ主張してから聞いて下さい。
（注：重畳的債務引受の基礎となる債務は重要な関連事項であることをこの裁判官は理解していない）

原告代理人（山田）

甲第五号証（総合口座通帳）を示す
――丁銀行口座番号＊＊＊＊、これはあなたの銀行口座ですか。

　はい。

甲第四号証（照会の回答書と照会申し出書の同一証明）を示す
――平成12年４月10日、514ＡＴから19万。同日、305ＣＤから19万８０００円引き落としという記載がありますね。分かりますか。

　はい、分かりますね。

――この通帳は、あなたが川口ゆり子や梅雄の貸し金の返済のために渡して使っていた通帳ではありませんか。

　いや、それはばっかりじゃないですね。

――この通帳の管理は、川口ゆり子がしていたんじゃないですか。

　通帳は私が持っていたんです。私のですからね。

――ここに梅雄やゆり子からの返済金はありましたね。

だから、あったものは借用書は返していますから、あったものはあったと思います。あったものは借用書がないです。

――甲第四号証の2ページ目の真ん中に、平成13年2月19日、北浦梅雄と。これは北浦梅雄からの入金ですね。

はい。

甲第一七号証（報告書）を示す
――あなた自身のお住まいは、丁市ですね。

はい。

――梅雄さんたちは丙市ですね。この入金のある514、甲第四号証の1ページ目を示します。平成12年4月10日、入金514ＡＴ、これは私が銀行で調べたところ、Ａ地、丙市なんです。同日305ＣＤ、305というのは、Ｂ地で下ろしていると。これは丙市で入金されてＢ地で下ろしたということですが、梅雄らからの入金があって、あなた方のほうで下ろしたということですね。

そうですね。

――これはまた後で、先生のほうで計算してもらえばいいですけど、合計で2651万7000円が丙市周辺から入れられて、丁市ですぐ下ろされているんですけど、これらの返済があったことは間違いありませんね。

ちょっと待って下さい。全部が返済ではなく、持っていったからそれを入金したんです。

――だから、やり取りもあるということですね。

やり取りもありましょうね。だけど、要するに現金を家へ持ちに来て、それで今度10万円なら10万円だけを返して、それで私が下ろしてということをしたんです。

（注：弁済があったことを認めている）

――そのやり取りのものですね。

ですね。

原告代理人（渡邊）

――あなたが今認めましたんですが、これを見ますと、平成10年、11年に合計2千何百万円の金が丙市から送金されているんですよ、これを見ますと。今あなた認めましたね。ところが、あなたは一銭も梅雄やゆり子から送金がなかったと。返済はなかったと一貫しておっしゃっていましたね。これは誤りですね。

誤りというよりも、返したものに対しては、借用書がないから、借用書のあるものは返してもらっていませんということです。

――あなたは、すべてのことについて一銭もないと一貫して答えてきたんですよ。裁判官に聞いて下さいよ。それは誤りですかという質問だけです。

裁判官
――返済はあったんですか。

だから、返済があったものは借用書を返していますから、ずっとあったかはもう記憶にないですけれども、あったものに対しては借用書を返していますから。

――そうすると、あなたの証言をまとめると、返済がされたものがあるけれども、返済がなかったものをまとめると２３００万円になるのだという話ですか。

はい。

（注：証言がそれまでと矛盾していることを理解していない。現に証言後別の借用書が被告から提出されている）

原告代理人（山田）

――そうすると、この返済が始まっているのは、平成12年4月10日以降なんですけれども、あなたが貸し付けた２３００万や１２００万と主張する３５００万の部分についても返済がされているんじゃありませんか。

いいえ、されていません。

――平成12年４月以降、平成14年7月までの返済金は、それに該当しないということですか。

はい。

――あなたの証言では、その後に貸し付けたお金についても返済がないというふうに主張していましたね。

その後というのは。

――平成12年12月以降に貸し付けたお金です。

以降に貸し付けたお金については、返済してもらったものと返済してもらっていないものとあるかもしれないけど、とにかく今ここにある借用書に対しては、返済してもらっていません。

――いやいや、そんなことないでしょう。あなた方の準備書面でも、後半の貸し付け部分についても一切返済されていないと主張していますよ。

その借用書に対してね。

――ええ。

借用書があるものに対しては、返済してもらっていません。

（注：のちに３６００万円以外にも借用書が提出されている）

――あなたは、平成12年12月の時、全然お金がなくなって、それで１２００万貸し付けたという主張をされていますね。

はい。

――平成13年の４月に340万、あなた方の主張ですよ、借用書で見ると、平成13年４月に340万、５月に160万、６月に30万、７月に138万、８月に465万、平成13年４月から８月までの間、この４カ月の間で１１３３万新たに梅雄と川口に貸し付けているんですよ。これは、返済があったから貸し付けたんじゃないの。違うの。

ないです。

――新たに貸し付けたんですか。

はい、そうです。

――原資は何ですか。どういう原資から貸し付けたんですか。

うちのお金ですね。

（注：明らかに以前の証言と矛盾している）

――1133万あったんですか。預金ですか。

預金ですかね。私の家の毎月の入金が300万ぐらいあるんですよ。

――あなた最初の時に、この700万と500万返せないので借り換えをして、いろいろな借金を含めて3500万借金をして、それで返済に充てたと。その時期の話ですよ。平成13、14年。

そうです。13年、14年のころに、ゆり子さんの子供さんが大学へ入るんで。

――いやいや、その話じゃなくて、あなたは3500万も借り入れしている時に、1133万も自由になるお金があったんですか。

あります。

――それは、預金通帳等で証明できますか。

どうですかね。それは分かりませんけど、あります、お金は。

裁判官
――今、争点は、原告が保証意思をもって保証したかどうかという点が争点で、主債務者がお金を返したか、借りていなかったかというのは全然争点ではありませんからね。その部分はどんなに突っ込まれても裁判所は全然心証の糧にしていませんので、その点は理解して下さい。

（注：要件事実の前提たる事実に関する証言の信憑性について質問している。この裁判官は裁判の構造すら理解していないことがわかる）

原告代理人（渡邊）

――要するにこれは信憑性の問題だけです、証人の。

裁判官
――だから、証人の信用性の問題だけとして聞いていますからね。そういう意味では主債務の成立そのものについての判断には何の関係もないということですからね。

（注：主債務の存否について聞いている）

原告代理人（渡邊）

――主債務の成立については、さっきの保証とは何かが争点でございます。

裁判官
――そういうことを前提に裁判所は考えていますから、その点に関して再主尋問ありますか。

被告代理人
――先ほど、西川先生にあなたが２３００万のことも含めて、いろいろなところから金を調達した話をしてあげた。そういうのが乙第九号証、西川先生がワープロか何かで打ったものだと。こういうことでしたね。

　はい。

――その時、原告代理人の質問で、西川先生には、これ以外にいろいろな事件とかそういうことを頼んでいませんかと言ったら、いないということだったけど、実際どうなの。

　西川先生にこの丙地域の裁判以外の事件があったかということですか。

――そうそう。

　あります。たくさんあります。

――丙地域はこの件だけ。

　丙地域はここだけ。これです。ほかのことで。

――そうすると、まだいろいろな事件を西川先生には頼んでおったと、こういうことですな。そうしたら、乙第九号証という書面は、署名した場所はどこですか。

　西川先生の事務所です。

――その時、西川先生からは丙地域の事件で書類を作るからいらっしゃいよと言われたんですか。

　いや、何も言われないんですけど、そのほかの競売とかいろいろなものがありましたよね。それで、用があって西川先生のところに行ったんです。行った時に、「ああ、ちょうど来たからサインして下さい」ということだからサインしました。

――そのサインする時は、西川先生から、あなたから前聞いたことをまとめておいたと。丙支部の事件だというようなことを言われてあなたがサインしたのではないですか。

　丙地域のどうのこうのということではなくて、とにかくこの書類にサインして下さいと言うからしました。

――どうしてそんな簡単にサインするんだろうか。

　そうですね。でも、弁護士を信じているというと、弁護士ってそういうものだろうと思っていました。

（注：被告代理人は弁護士に対して侮辱的な発問をしている。たとえば、平成12年12月の貸付金の出所を調査するだけでもこのような発問ができるのだろうか。質問者はキチンと調査しているのか）

――それから、あなたが北浦さん、原告との関係では特に３５００万という書類は作らなかった。それは、あなたは権利証に書いてあるというようなことを言っておりましたけど、権利証にもいろいろな権利証があって、北浦さんから預かった権利証、抵当権を設定するための権利証というやつがあるわけ。一方で、抵当権の仮登記をつけるということで改めてそういうことを司法書士に頼む。それができ上がってくる権利証があるわけね。

乙第七号証の一（登記申請書）を示す

――これは、まさに北浦竹子さんが債務者で、権利者はあなたのご主人。抵当権を設定、仮登記の申請書と。これは、西川先生が登記所から取り寄せた書類なんですよ。普通、こういう登記申請書にですよ、これが登記されたということで登記済み証書となっている。それをまた権利証と言っているわけですね。これによると、債権が３５００万と書いてある。だから、あなたとしては、３５００万というのが債務者、北浦竹子さんで登記されたということで、そこに登記されておれば、それでもう十分だと、こういうことなんですか。

原告代理人（渡邊）

――異議あり。12月のいつの時点でそういうふうに理解したんですか。これ、12月５日の時点ではやっていませんよ。

裁判官

――日時を特定して聞いて下さい。

被告代理人

――12月５日の日に北浦さん、原告が土下座したと。これは間違いないですね。

はい、間違いないです。

――そして、梅雄の責任を取るというような言葉も言ってくれた。そこで、あなたとしては、２３００万と１２００万、３５００万、これについて責任を取ると理解したということですか。

はい。だから、今のここだけじゃ足りないと本人もそう言って。本当は向こうの家も入れなければ足りないと。足りないんだけれど、向こうは娘たちがいるから、持っているから、ここだけで堪忍して下さい。必ず私がちゃんとしますからというお互いの信頼であって。

――この不動産だけでは足りないということは、原告も言ってくれたんですか。

はい。

――けれど、３５００万については責任を取ると。それは、自分でここだけじゃ足りない。だから向こうも持ってこなければいけないんだけどと。それで土下座しているから、それ以上私たちが言うことじゃないと。

――そういう内容について、ご主人も十分承知した上で赤羽さんのところに行って、その旨のことを行政書士に伝えたからこういう登記ができたと、こういうことですか。

はい。

――それから、この登記ができた後、平成13年になるけれど、あなたのほうから３５００万について、少しでも持ってきてくれないかというような催促をしたことがありますか。

はい。銀行から借りているということは、北浦さんは承知していましたから。

――返してくれというのはだれに言ったの。

竹子さんにも言ったし。

――竹子さんには電話ですか。それで、竹子さんは「えっ、そんなの」……

言いませんでした、そんなことは。そんなふうには言いませんでした。

――どう言ったの。

「梅雄の父ちゃんと2人でちゃんとします」と言って。「じゃあ、今から行きますけど。私は米のお金なくなっちゃって困るから」と。

――今これから行きますというのは、あなたがですか。

私たちが「お父さんと2人でそっちへお金を頂きに行きます」と。そうしたら、竹子さんが梅雄さんにお米を５合ぐらい置いて、梅雄さんが「大宮さん、お姉さんからこの米預かったよ」と言って。だから、これくらいの米をもらったって困るから。

――これぐらいというと、何合ぐらい。

５合ぐらいの米をお姉さんが、梅雄さんに私が米が買えないと言ったからくれたんでしょう。それで、梅雄さんに「そんなものもらったって何の足しにもならないから、梅雄さん、店で使えば」と言って置いてきた。

（注：こんなにないのに重畳的債務引受をするわけがない）

――その時には、お姉さん、原告に会っていますか。

会っていません。今から行きますと言ったから、米を用意して会わなかったんでしょう。

――米じゃどうしようもないでしょう。

ええ、そうです。米じゃどうしようもないから。

――会ったほうがいいじゃないですか。

でもね、お姉さん具合が悪いとか。「姉さん、具合悪くて寝ているから。心臓も悪くて具合悪くて寝ているから」と。

――そういうことは何度かあったんですか。

そうです。何度もありました。

――原告から返ってきた金もあるんだけど。

返ってきたお金というのは多分、この書類のほかに来るんです。まだほかに10万円貸して、今日、貸してと。

――それは平成13年になってからということですか。

なってからか、その前からか、もうね……

――いやいや、平成12年では、２３００と１２００をまとめたんでしょう。

はい、まとめました。

――まとめた後の新たな貸し出しはあったんですか。

ありました。

――それに関しての返済はあったんですか。

あったんですね。

――あった。この３５００についてないということですか。

３５００については、ないんです。だから、今向こうから出てきた、銀行の通帳に入った、入ったというのは、この借用書以外に「今日、銀行へ入れて」と電話が来るんです。通帳、要するに丁銀行へ入れて、10万円入れてと。そうすると「明日返すから」とか「明後日返すから」ということ、そうするとそれをまた入れてくる。そういうことが何度もあったんです。だから、それは2300とは全然論外だから。その問題とは全然論外だから、話はしませんでした。ごちゃごちゃになるから。

——普通、2300、さらに1200、3500、そういう金が出ていっていて、さらにまた金を貸すなんていうことは……

常識じゃ外れている。それもよく分かっているんです。分かっている。本当によく分かっていて、どうしていいか分からない時あります。電話がかかってきて「今日中に月謝を入れなければ困るから、今日中にあれしなきゃ困るから、娘が学校辞めさせられるから」とか、そういうふうに言われると……

原告代理人（渡邊）

——1つは、先ほど乙第九号証で西川先生のところに行った時に署名したとおっしゃいましたね。この内容は、丙地の乙第九号証の陳述書分かりますよね。丙地の内容だということはお分かりでしょう、丙地の事件だから。

はっきり言って、西川先生から丙地の仕事の書類も、そちらから来た書類も全然私見ていないんです。

（注：ありえない）

——端的に答えて下さい。この乙第九号証を署名した時、以上のとおり陳述いたしますという内容は、丙地の事件であるということも分からずにあなたは署名したとおっしゃるんですか。イエスかノーかだけお答え下さい。

はい。

——どっちですか。

分かりません。

——分からずに押したと言うんですか。

はい。

——それを分からずに西川先生が押させて、裁判所に提出したというふうに理解してよろしいですか。

はい。

——それから、権利証については、12月5日の段階で委任状も見ていないし、どういう内容の書面、あなたはよく登記の権利証についてはお分かりにならないとおっしゃっていましたよね。それは、どういう内容の登記書ができるかは具体的にお分かりにならないというふうにお聞きしてよろしいですね。具体的な文章が、どういう文章の内容になるかということはお分かりにならないということでよろしいですね。

ちょっと待って下さい。3500万に対して借り入れを保証することに対しては分かっています。ほかのことは分かりません。

――保証するという書面が出るというふうにあなたは理解したんですか。

責任を持つということですから、責任を持つ。

――そのことについては、あなたは全然理解できないということでお聞きしましょう。それから、最後にお聞きしたいのは、最後に提出したあなたの通帳は３５００万円以外の貸し金だとおっしゃるんだけれども、これを見ると、大幅に振り込みのほうが超過しているんですよ。

そうじゃないんです､それは。今日貸して返してくれて、今日貸して返してくれて、同じものが行ったり来たりしているんです。

――行ったり来たりしているこれを総計しますと、これは準備書面で言います。

そうじゃないですよ。

――ちょっと待って下さい。約２６００万で、送金……

裁判官

――そこをいくら聞かれてもむだでしょう、争点と違うから。

原告代理人（渡邊）

――1点だけお聞かせ下さい。あなたは同じものを別のものだとおっしゃっているから。あなたが送金したのが400万ぐらいしかないいんです、丁市から。それにもかかわらず、あなたは本件の、さっき言ったただ単にこれだけで、銀行だけでやり取りしたものだと。

裁判官

――新たな争点を作るんですか。新たな争点を作るなら、先に主張してからにして下さい。今のところ弁済の抗弁は出ていませんからね。ですから、この証人に聞くことは不相当と思いますから、聞かないで下さい。

（注：ここでも前提たる貸付金の存否の意味を理解していない介入を行っている）

原告代理人（渡邊）

――じゃあ、これは弁論でやりますからいいです。

被告代理人

――そういう弁済の抗弁も、借り入れについてどうのこうのも、梅雄に関しては何も主張されていないのに、主張されたかのようにこれだけ証人尋問に時間取ることないですよ。

裁判官

――弁済の抗弁に関連する部分については、調書から削除しますから。弁済の抗弁についての質問は調書から削除しておきますからね。争点と関係ありませんから、今出ている本件の争点から。
原告代理人（渡邊）
――ただ、証拠として。
裁判官
――まず主張してからやって下さいね。そうじゃないと、不相当な質問として……
（注：さらに高圧的な介入を行っている）
原告代理人（渡邊）
――私どもは、裁判官の段階の前に、我々はこの点について相殺の抗弁を主張するというふうに予告してあるんですよ、前の裁判長に。
裁判官
――先にそれは主張されないとだめですよ。手続上の問題でしょう、それは。ですから、そういうのであれば、この調書からすべて削除していきますからね、後で。
原告代理人（渡邊）
――いや、これは弾劾証拠として出しているだけです。
裁判官
――信用そのものについて関連することだけ残しますけれども、そうでない部分については、証拠として使えませんからね。
（注：ここでも先入観が顕著に表れている）
原告代理人（渡邊）
――はい、結構です。
（注：調書に残すためにやむなく妥協した発言）

コラム1　請負代金請求事件

工事の進捗状況を示す証拠写真の日付が偽造された事案

原告会社の子会社であったA会社がビルの建築を請け負っていたところ、昭和55年2月頃倒産し、A会社には請負工事を続けることが不可能となった。そこで、やむなく原告会社は親会社としての責任をとり、A会社にかわり、建築工事を継続していった。

同年10月になり突然建物の建築を原告会社に依頼していた被告が他の業者を使って、原告に無断で工事を始めた。驚いた原告はすぐに現状の写真を撮り、工事の現状の保全をはかった。ところが、被告は、A会社倒産直後から被告自身が他の業者に依頼して建築をしていたと主張した。そのため、原告が被告に対し、実際に行った建築の工事費用を請求した事案である。

審理のなかで原告会社も書面により、行ってきた工事の内訳の立証をはかったが、被告から、原告が提出した時期と同時期の期日の入ったビルの状況を写した写真が提出された。

２つの写真を比べると、同時期に撮影されたはずの写真は工事の進捗状況が全く異なっており、被告が提出した写真では、工事がほとんどされていないとしか見られなかった。

これに対し、原告が撮影した写真には、原告が行ったとする工事の成果が写されている。客観的には、現状ではＡ会社倒産時と比べ、ＬＣ板等による壁の造作等の当該建築物の工事が大幅になされている。

ところが、被告が提出した写真は原告の提出した写真と同時期（昭和55年10月）にもかかわらず、ほとんど工事がなされておらず、原告会社が建築工事を行ったものではないことの証拠として提出された。

被告の提出した写真を原告代理人が検証したところ、懸垂幕がＡ会社のものであり、原告提出の写真は当然原告のものであった。

そこで、被告側証人に対する尋問の中で、被告提出の写真についてＡ会社の提出した写真中の懸垂幕に対する疑問を追及したところ、証言のとおり、原告提出の写真は撮影した際に急遽一時的に取り替えた旨の証言を行った。

一般に工事をする場合は、工事会社の懸垂幕を張り工事を行っている。ところが、被告証人は一日だけ懸垂幕を張り替えた旨証言したのである。

一審判決では、原告が提出した工事の資料を排斥して、請求を認めなかったが、控訴審に至って被告提出の写真について、専門家の意見を求めたところ、被告が提出した写真は、撮影日時を後から人為的に書き加えたというものであり、その根拠は年月日の数字の間隔が当時の技術では不可能なものであったことである。直ちに原告もその主張を行った。控訴審裁判官もそれを見破っており、原告の請求の８割を認容した。

明らかに偽造写真を転換点として、原告勝訴の判示が展開されていた。

そして、控訴審判決の判示のように被告提出の写真が昭和55年２月に撮影したものであれば、Ａ会社の倒産当時の写真であるから、その際の状況や原告の主張、証拠とも一貫して整合的に理解できるものとなる。こうした全体的な事実の流れを認定して一審とは逆の判断がなされたのである。

この事件にあたり、証拠を厳格に見ること、原・被告提出写真に撮影された状況等を撮影年月日の流れから再構築して事実の流れと照合してみることの必要性を感じさせられた事案であった。

［反対尋問（抄）］

原告代理人（渡邊）

甲第三〇号証の一を示す
――この写真の一階の被告会社の天幕ですが、これは短期間あったんではないかと先程おっしゃいましたが、あなたの短期間というのはどういう趣旨のことなんですか。1日とか、2日とかあったんじゃないかという趣旨のことですか。

毎日私が出入りしてよく事情は分かっているんですが、そういう幕を張ってた記憶は全然ないんです。

――そうすると、1日か2日の間に幕を張って、はずしてしまったということぐらいしか考えられないという趣旨ですか。

私の考えではもっと短時間にやったんじゃないかと思います。

――数時間とか。

でないと、私の記憶にあるはずなんですけれども。

（注：工事会社を示すためビル全体を覆う天幕がこのように取り外しなど不可能である）

――1日に満たない期間に張って、写真を写したような状態でないかぎり、あなたの記憶から言えばおかしいという御証言ですか。

はい、そうです。

（注：一審裁判官は天幕の重要性と不自然さに全く気がつかなかったのである）

乙第一八号証の二を示す
――被告会社のマークらしい天幕がありますね。日付が80年11月28日なんですが、被告のほうで出された四谷一男さんが写されたようですが、これと先程示した甲三〇号証の一、これはこちらの主張によれば55年10月26日撮影とあって、仮にそれを前提とすれば1か月の期間があるわけですが、大分あなたの御証言とは違うようなんですが、あなたのさっきの証言は間違いありませんか。

ええ、私はA会社以外のは全然記憶ないんです。紅のマークの入ったのは全然記憶ないんです。

――被告会社の天幕は全く記憶にないという趣旨ですね。

はい、そうです。

コラム2　貸付金返還請求事件

弁済の抗弁の信用性が否認された事案

原告が被告に475万円貸し付け、その返済を求めたところ、被告はすでに4回に分けて全額支払ったと主張した。また、被告は原告からの貸付金でスキー場近くにホテルを建設する予定であったが、借入金を返済したため計画が頓挫した旨主張した。

被告は内金100万円を小切手で支払ったと主張し、その裏付け証拠として小さく原告の名前が記載された小切手の耳を提出した。小切手の耳の原本を見ると、原告の名前の文字は、わずかだが他の文字と色が異なっていた。

小切手の耳の記載については、当初は他の文字と同時に書いたと供述したが、他の文字との色の違いを指摘すると、同時に書いたものではないと事実上偽造であることを認めた。

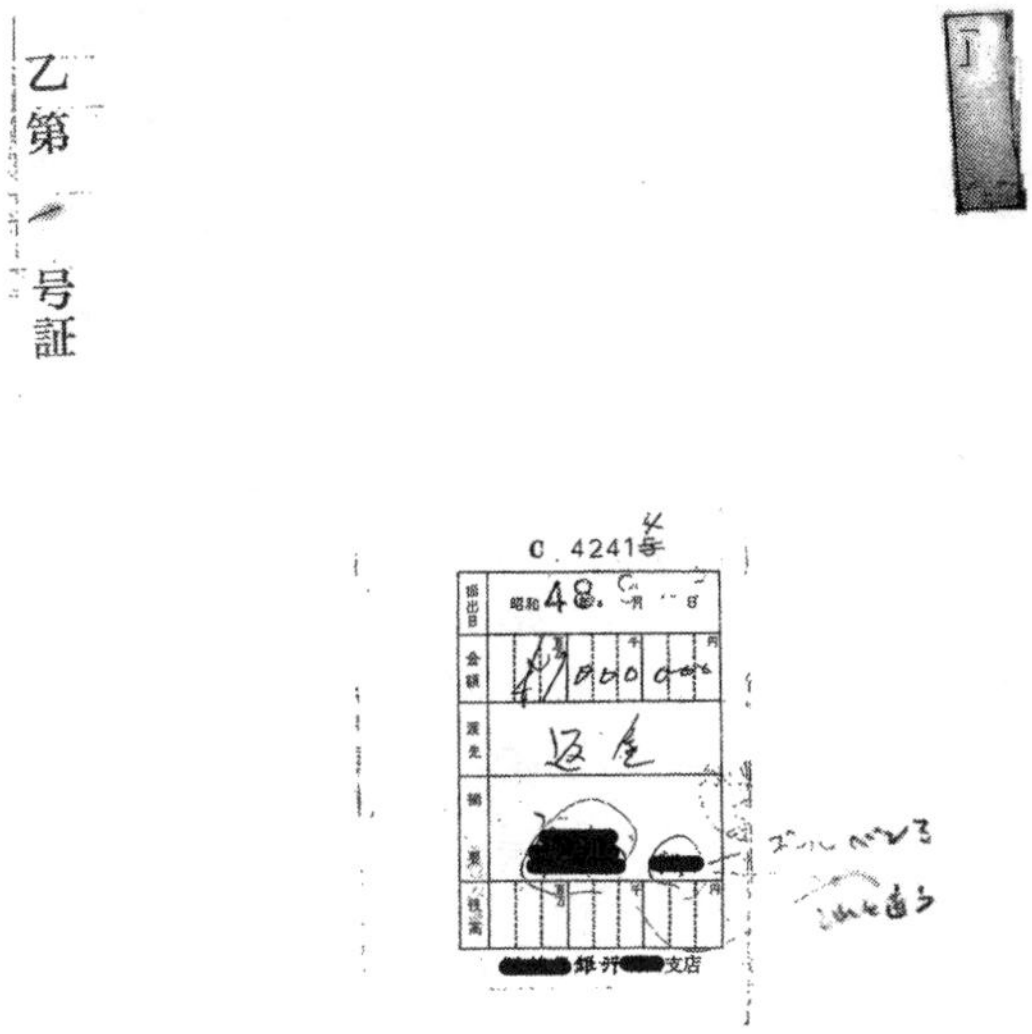

ホテルの設計図も北海道でのスキー場のためと主張しながらも暖房や雪害対策のための設備がなかった。また、雪対策、スキー置き場がないことなどを指摘して被告の供述の信憑性を失わせた。

判決は、被告の供述の変遷、客観的証拠等の矛盾などから被告の弁済の抗弁を認めず、すべて認容した。

［被告本人尋問（抄）小切手の耳に関する尋問部分］

乙第一号証を示す

――これは昭和48年9月受付ですか。

分かりません。

――上に修正がありますが、100万円ということで、摘要欄の市谷のあとは何ですか。

飯田です。

――この手形の耳の記載は昭和48年9月のときに書いたのですか。

そうです。

――この飯田というのも同じもので、同時に書きましたか。

はい。

――こういう耳というのはずうっと一貫してあなたが手元に保管しているのですか。

（注：小切手の耳にメモがあれば、弁済期が変遷することはありえない）

あったのがあるということです。

——乙第一号証については、全部ずっと一貫して、あなたが保管していましたか。

出ているものは保管してありました。

——あなたが主張した昭和48年9月の段階で、原告に払ったというのは、この飯田という記載があったから、この日だろうというふうに推測しているのですか。

この時分に北海道の土地じゃぁ、金を貸さないと言ってきたのです。

——これが返金のための資金の手当だということが分かったのが、ここにある飯田という字があるために、これだというふうにあなたは理解したのですか。

はい。

——私が最初に原本を見た段階で、メモをしてあるのですが、この飯田という字はほかの字と色が違うのではないかと思われたのです。そのときに同時に書いたものであることは間違いないですか。

と、思います。というのはこういう番号を直すのは経理士ですが、私が書いたか経理士が書いたかはっきりしません。

——いま、そのときにあなたが書いたと言ったではありませんか。

記憶がはっきりしていません。

——この返金という字はあなたの字ですか。

そうです。

——市谷というのはあなたの字ですか。

そうです。

——飯田というのはあなたの字ですか。

と、思いますが、小さいのではっきり分かりません。

——そうすると、別の人が書いた可能性もあるのですか。

可能性は零とは言いませんね。

——あなたの字とよく似ているのですが。

だと思います。

——書いたとしたら、このとき同時に書いたのですか。

はい。

——私は見た段階で、そういうメモがあるのです。ちょっと違うのではないかなという疑いがあったので聞いたのです。

……

（注：小切手の耳に原告の名前を後から書いた可能性がある）

［被告本人尋問（抄）設計図に関する尋問部分］

乙第一四号証の二を示す

——これは一階の図面ですが、先ほどの証言ではこの辺りをスキーを持った客か出入りするはずなのですが、これはどこから出入りするのですか。

そこまで、私にはよくわかりません。

――あなたはスキー客のホテルの建設を予定していて、スキー客かどこから出入りするかもわからないですか。

玄関ホールです。

――スキーをどこに置くのですか。

そこまでは考えていません。

――乾燥室はどこにありますか。

私はそこまでわかりません。

第２　自白の例について

１　はじめに

民事訴訟では主要事実について相手方の自白があれば、訴訟上争いのない事実として裁判所は自白内容をそのまま判決の基礎としなければならない（民事訴訟法第179条）。

反対尋問という立証活動のなかで、当方の主張（相手方に不利な事実）を自認しても法律上の主張ではないから法的には自白と見なされないが、裁判官には実質上決定的な心証を抱かせることになるであろう。

本人尋問で自白を得ることは、本人がその主張の根拠を真っ向から否認することになるのであるから、実務では極めて困難であるとされている。しかし、証拠と論理とによって追い詰めたり、また逆に何らの警戒心を抱かせない状況でさりげなく聞いたりすることによって実質的な自白を得られることがある。

たとえば、生前贈与が子供になされていたか否かが争点となっている事案で、本人のメモ等を利用しながら、さりげなく本人にはすでに財産がないこと（すなわち本来有していた財産を子供に譲ってしまっていること）を引き出した事例があった。この場合も、裁判官の心証に大きく影響を与えており、判決の中でも指摘されていた。

相手方本人や敵性証人から当方の主張に沿う供述(証言)を引き出すことは困難である。しかし、証拠や論理法則によって相手方に不利な事実を認めさせた場合には、判決の結論を左右する結果をもたらすのであるから、可能な限り努力すべきである。

２　業務提携契約不履行に基づく損害賠償請求・損害賠償請求反訴事件

真正な契約書は何かについての自白や虚偽のメモが明らかにされ、濫訴が認められた事案

(1)　事案の概要と争点及び尋問の目的

ア　概要
被告Ａ１会社の代表取締役Ｂらが開発し、特許を取得し

た建物内部階段（本件階段）について、原告会社の代表者がこの階段は事業として成立すると判断して、被告Ａ１と原告との間で契約金２億円とする業務提携契約（非独占販売）を締結し、原告は契約金の一部を支払った。

ところで、被告Ａ１と原告は業務提携をするにあたり、次のような３種類の契約書を作成していた。

①甲契約書―本来の契約書（代金は２億円であり非独占販売）

②乙契約書―銀行提出用に作成した契約書（代金は２億円、非独占販売）

③丙契約書―この業務提携契約に介入し、不当な利益を得ようとした人物Ｆを排除するため作成した、契約金を３億円とし、原告の独占製造と独占販売とする内容の契約書（代金３億円、独占販売）。

ところが、案に相違して、内部階段を製造したものの売れ行きが芳しくなかった。

そこで、原告は、被告Ａ１及び被告Ａ１と本件階段の販売に協力していた被告Ａ２に対し、契約不履行や不法行為などを理由として契約解除を行うとともに損害賠償を請求した。原告の請求原因は当初、原告は被告Ａ１の債務不履行責任等を主張していた。ところが、のちに丙契約書が被告Ａ１と原告の真実の契約書であると主張するようになり、相被告である被告Ａ２と被告Ａ１が丙契約書に定められた独占販売の約定に違反する行為を行ったとして、共同不法行為による損害賠償請求を請求原因とするなど、請求原因も二転三転させた。

これに対し、被告Ａ１と原告との業務提携契約には独占販売の約定は存在しないし、被告Ａ２が販売に協力したのは原告の了解の下に原告のためになされたものであることは疑う余地がなかった。にもかかわらず、原告は場当たり的な理由をつけて訴訟をなし、その主張も二転三転した。そこで被告Ａ１及びＡ２は濫訴であるとして、逆に被告Ａ１とＡ２は原告に対して反訴を提起して損害賠償を求めた事案である。

イ　本件の争点

本件の争点は、甲、乙、丙のうちいかなる契約書が本来の被告Ａ１と原告との間になされた契約であるのか、その契約は独占的販売が定められているかであった。

ウ　反対尋問の目的

・被告Ａ１と原告が丙契約を作成した事情

・原告は当初、販売は非独占であることを認めていた諸事実を指摘することによって、被告Ａ１と原告の契約内容が甲契約であること

・原告が当初種々被告Ａ１の義務違反を主張していたがその内容は独占条項違反ではなかったこと

・その後原告が突然独占販売契約違反であるとの主張を行

うに至ったのは、悪意によるものであること
・原告が最終になって日誌を提出し、その中に「独占」との記載があるが、これはあとから加工したものであること
などであった。

（２）審理の結果

反対尋問において、弾劾証拠等を利用して原告の代表者の供述の虚偽をついたあと、丙契約作成の動機を問い質したところ、驚いたことに、丙契約はＦを排除するためのものであったことを認めた。

また、販売が非独占であったことは原告が作成した内容証明、原告の代表者が相談した弁護士の回答などの諸事実から、原告代表者の供述の矛盾を数多く指摘している。

さらに、原告が提出した日誌は裁判官も明らかに偽造であると考えていることがわかる。

判決はそうした事実を一つ一つ丁寧に判断して、本来の契約は甲契約にもかかわらず、原告（反訴被告）があえて丙契約が本来の契約であると主張して訴訟を行ったとして、濫訴を認めた珍しい事案であった。

（３）被告代表者の尋問

（略）

被告ら代理人（渡邊）

――あなたは、鉄筋の製造等を行ってきましたね。

はい。

――何年ぐらい行ってきましたか。

30年ぐらいやっています。

――あなたの陳述書によると、平成15年度の年商は14億円だと、売上高。

はい。

――そうすると、契約書を作成することは何回も、あるいは何十回も……。

ええやっています。

――そういう契約書を作成する場合には、当然製品の対象、契約者、これは当然のことながら代金の支払い方法それから場合によっては解除の方法、そういうことに留意して当然契約書を作成しますね。

はい。

甲第二四号証を示す

――先ほど代理人の話だと、21日前に予定があったんで、この甲第二四号証の５月21日欄を書いたということですよね。

そうです。

――これは、予定が入ったときにこれをすべて書いたという、同時に書いたということでよろしいですね。

はい。

甲第八号証（パンフレット）の２ページを示す

――これはいつごろ作成されたか御記憶ありますか。

これは……。

――先ほど平成14年6月18日に新聞記事がありますね。そのころですか、その前ですか。

その前です。だと思います。

――2枚目に、新ユニット方式の内部RC階段は以下の2つの目的から開発されましたと。主にここの点では、このページでは技工士の不足、それからコストダウンできるということが書いてありますね。

はい。

――その後の後ろの方には、図面等も書かれておりますね。

はい。

――これは、おたくが開発したものでないものですから、当然被告会社なり上井の方から情報が入らなければこういうこと書けませんね。

そうです。

――そのときにもらった資料というのは、そのときにそうするといろんな資料をもらいましたよね。

はい。

――そうすると、これはあなたもさっき言ったようにこの製品は特許出願中のものですよね。

はい。

乙第一号証を示す
――そのときに乙第一号証のこのような公開特許公報、こういうものは当然特許をやっているよということを証明するためにもこれは提供されませんでしたか。

ないです。

――そうすると、あなたは資料の中に、じゃお聞きしますが、構造計算書、これは示されたことありますか。資料を提供されたこと……。

構造計算書。

――要するに階段は大丈夫だということを確認しないと販売できないでしょう。

私には、それは関係ないから。彼が全部しているわけだから。

――ですから、しかしおたくは発売、製造元ですから、製造元がそれを不十分な製品を製造したら、PL法ありますけれども、それは別として、製造責任問われますよね。

そうです。

――そうすると、その階段は大丈夫かということで構造計算なんかもあるんですが、そういうものは示されましたか、示されませんか。イエスかノーかでお答えください。

それは、見ました。

――資料を提供された。

提供というより、持って見せてもらいました。

――それから、設計図も当然図面も……。

図面もあったです。

――それも提供されましたね。

ありました。

——だから、さっき言ったような図面ができているわけですね。

そうです。

——それから、先ほど私が言いましたように、乙第一号証はあなた知らないとおっしゃいましたけれども、特許出願中の事案ですよね、製品ですよね、本件製品は、それは御存じですよね。あなたの陳述書にも書いてあるから。

はい。

——そうすると、そのときには特許権者、あるいは特許出願者との契約がなければ幾ら契約しても無効だということはあなたもこれは御存じでしょう。

うん。

——そうすると、具体的にこの製品についてはだれが申請しているのか、そういうことについてはあなたは被告を疑い、被告Ａ１株式会社の方から聞いたことはありますか。

そこまでは、詳しくは聞いていないです。

——あなたは、何十年も何十回も契約しているのに、その契約の対象者たるべき人を聞いていないというふうに伺ってよろしいですか。

これは、全然別な仕事ですから。

——それをその権利者を聞かずに契約しようとあなたは思ったんですか。

権利者ってだれのことですか。

（注：質問に対するはぐらかしの答え）

——だから、特許権者、特許申請者です。だれが特許申請していたかを知らずにあなたはこの製品の契約をしようとしたというふうに伺っていいですか。

いや、知っています。上井氏が特許申請者ですから、知っています。

（注：はぐらかしたが、ここで答えている）

——そうすると、Ａ１社じゃないということは知っているんですか。

だから、そこら辺がわからないんです。

——いや、そうするとだから正確に特許申請者も知らずにあなたは契約しようとしたの。

そこら辺は詳しくわかんなかったです。文書がＡ１社になったり、上井氏になったりして書類が来ているから。

——私の質問に端的にお答えください。契約する場合に、当然契約の対象者が必要である。そのときには、権利者でなければ契約が成立しないことはあなたは何十回も契約したということでしたから、おわかりでしょう。そうだとすると、権利者はだれかということは第一の関心事じゃありませんか。それについてあなたは知らなかったというお答えでよろしいですね。

結局そういうものを見せられなきゃわからないということを言っているんです。私は。見ていない……。

——あなたの方で見せられなれなきゃわからないのはいい

んだ。

見ていない。わからない。

——あなたの……

いや、わからないんです。

——ちょっとあなたとやっているんじゃないから、質問に対して端的に、裁判長、質問に対して答えるように指揮していただけませんか。私は、簡単な御質問なんです。契約するときにだれが権利者、こういう特許の問題ですから、だれが特許権者かということをわからずにあなたは契約をしようとしたんですか。イエスかノーでお答えください。

この時点では、わからないです。

（注：この証人は場慣れしていて、都合の悪いことはわかっていても答えない。そのため裁判長に質問に素直に答えるよう訴訟指揮を求めた）

裁判官
——この時点というのは、どの時点をおっしゃっていますか。

2月の最初の時点の話です。また権利者の名前も変わってきていると思います、これ書類が。

——2月の最初の時点というのは、平成何年から。

平成14年です。

——平成14年2月の時点では、特許権利者はよくわからない状態で契約をしましたというのがお答えなのね。

（注：裁判長は尋問者の要望に応じて、裁判長自身で質問し、回答させている）

はい。

被告ら代理人（渡邊）

——あなたは、先ほど主尋問にもありましたけれども、甲第23号証での平成14年5月20日付けの業務提携契約書で正式な契約が成立したというふうにあなたは考えていたということでよろしいですね。

はい。

甲第23号証を示す
——これの第1条をごらんください。この出願番号が特願平＊＊＊＊—＊＊＊＊＊と書いてありますね。

はい。

——そうすると、その段階で、あなたが正式な契約書やとおっしゃる段階では、この特許権の申請番号はその番号であったということはあなたは御理解できましたね。

これは、見ていました。

——見た上で御理解しましたね。

いや、結局理解できないから、後で特許事務所の方の資料を見て番号が違うということがわかったんです。

——じゃ、こう聞きましょう。あなたは正式契約だとおっしゃるにもかかわらず、甲第二三号証です。この本件の製品の申請番号、これは理解していなかった、確信も何も持っていなかった……。

いや、最初は信じていました。

――いや、だからこのときにこの番号は理解していましたねという質問です。

最初は。

（注：重要な契約内容事項を知らないとはぐらかしている）

乙第一号証を示す

――乙第一号証の2枚目の2項のところに出願番号とありますが、特願の＊＊＊＊―＊＊＊＊、これと同じものですね。

そうです。

――そうすると、あなたの方では、先ほど言いましたように、甲第二三号証で契約は完成したというふうにお考えになられたんですね。

はい。

乙第一〇号証を示す

――これは、銀行用で……。

それ2月のでしょう。

――ええ。そうすると、この番号も特願平＊＊＊＊―＊＊＊＊になっているんです。そうすると、あなたは平成14年2月22日の段階でこの書類について判こを押しているんですが、この段階でも理解しているんではありませんか。

これは、銀行用ですから。

――銀行用であってもこの番号は、銀行用かどうかを聞いているんじゃないんです。素直に答えてください。

番号ね。

――はい。番号は理解しているというふうにお聞きします。

甲第二三号証を示す

――それで、先ほどの代理人のお話で、契約金がこの甲第二三号証だと3億円ですよね。

そうです。

――甲第二三号証に3億円ですよね。先ほどあなたは、もう何十回もの契約をした中で契約金が幾らかということは極めて重大なことですよね。

はい。

――あなたの陳述書の2ページの13行目のところに、その金額は2億円という線は当初から出していましたということですね。

はい。

――そうだとすると、少なくとも契約金ぐらい幾らかというのは確認するんじゃないですか。

いや、しなかったです、独占権だけで。

――あなたは、正式な契約書にもかかわらず、契約金の額も確認しないで判こを押したというふうに聞いてよろしいですか。

はい、結構です。

（注：契約金の額を知らないことなどあり得ない）

――そうすると、甲第二三号証で確認も完全なものができたとおっしゃるなら、その後平成14年5月20日以降、被告会社に作成書面依頼をしたりしたことは全くないですか。

はい。

甲第三一号証の3ページ下から8行目を示す
——それから、甲第三一号証の陳述書の3ページの下から8行目には「平成14年6月25日付で、A1㈱の方から業務提携契約書「案」という書面がファックスで送信されてきました。その内容は、製造が独占、販売が非独占というものでした。私はこの頃から、既に現在の当社の訴訟代理人をお願いしている先生に相談を掛けていたため、直ぐに相談をしました。その際、私はこの契約は既に製造販売とも当社に独占権を認めているということで決着がついているものだという意識が強く働いてしまい、コピーで取っておいてどこかに納めておいた甲二三のことをすっかり失念してしまって」云々と書いてありますね。

そうです。

——この失念についてちょっとお聞きしたい。あなたは、契約したことは覚えているんですか。

覚えています。

——契約書がないと……。

いや、あった。

——契約書がどこにあるかはわからない。

そういうこと。

——そうすると、先生に相談したときに正式な契約はしたけれども、契約書はどこに行ったかわからないということも言わなかった。

言わないです。

甲第三一号証の1ページ下から4行目を示す
——石井さんとの関係について確認したいと思いますが、同じく甲第三一号証の1ページの下から4行目からを読みますと、「その後平成14年に入ってから、私の会社の事務所で上井氏やB社の石井という代表者と数回会っています。その話の中で、上井氏がB社に、本件製品の販売を行うようについては5000万~1億円のロイヤリティーを支払うよう要求し、B社側が未だ本件製品が特許も取っていないのにそういうものは支払えないと拒否し、この交渉から降りてしまったのです。」ということで書いてあります。そのとおりですか。

はい。

——そこで、次読みますと、「それで、上井氏の方から、当社が大手ゼネコンとも繋がりがあるので製作だけでなく販売もやってもらえないかという打診があり、私もこれを了承したのです。」、このとおりですね。

はい。

——そうすると、じゃこのことについて確認したいんですが、まずこの石井氏との話した時期、数回会って話したと書いてありますんで、この点についてお聞きしたいんですが、先ほど言いましたように、石井氏がこの交渉からおりてしまったんで、販売の話があったということですね。

　いや、違います。

――いや、「降りてしまったのです。それで、上井氏の方から、当社が大手ゼネコンとも繋がりがあるので製作だけでなく販売もやってもらえないかという打診があり、私もこれを了承したのです。」、これを素直に読んだら、これ以降に初めて販売の話があなたの方へ、原告会社の方へ販売の打診が出てきたというふうにしか読めないんですが、違いますか。

　ちょっと違っています。

――ちょっと違うというのは、どういうことですか。

　というのは、石井氏が完全におりたんじゃなく、若干もうおりる寸前に私のところとラップしています。

――というお話。

　ええ、そうです。

――そうすると、おりる寸前に話が来たと。寸前というのは、おりるどのぐらい前ですか。寸前というのは、１か月以内ですわね、数週間。

　そんなもんでしょうね。

――数週間ですか。

　１か月ぐらいでしょう。だと思います。

平成16年11月24日付原告準備書面の１ページを示す
――ところで、一方、原告準備書面の平成16年11月24日の１ページの下から６行目、「甲二三の作成状況が要点である。そうであると、その時点で原告は石井云々のことは全く聞いておらず、被告の言う主張は失当である。」、こう主張されているんですが、このとおりですね。

　はい。

――この主張はそのとおりだとすると、この契約すなわち平成14年５月20日以前の段階で石井の件はすべて処理されていたというふうに伺ってよろしいですね。

　……。

――だって、その時点で原告は石井云々のことは全く聞いていないんだから。

　そうです。そういうことになると思います。

――すべて決着をしていた、解決していた。

　と思います。

――思うんですか。

　思います。

――そうすると、平成14年５月20日以降に原告が石井と話したことは全くないですね。

　ないです。

（注：のちに提出する客観的証拠（弾劾証拠）に反する供述を固めている）

――それから、石井との話についてお聞きしたい、確認したいんですが、先ほど言ったように多少ダブったにしても、石井がおりたために販売の話が出てきたということですよね。そうだとすると、あなたと石井氏が話し合ったときには、原告は本件製品の販売については原告以外の人、他の会社が販売をするということを考えていたんじゃないですか。

そうです。

――石井氏の方もその代理店に自分がなるという意向ではなかったんですか。

そうです。

――原告代表者も石井に対して、販売代理店を置く意向を話していたんじゃないですか。

はい。

乙第九号証（意見書）を示す
――これ意見書わかりますね、先生からの。

はい。

――この意見書は先ほど私も述べたように平成14年6月25日付けの業務提携契約書案がファクスされてきたと。これは、甲第三号証の一のことですけども、それが来たんで、先生に相談したということですね。

はい。

――この意見書には、特許の特願の番号、それから特願の申請者、それから販売の独占権の問題、それから契約金の2億円の問題、それから解除の問題等が指摘されていることは御記憶ありますか。

はい。

乙第五号証（業務提携契約書）を示す
――そうした乙第九号証の意見の結果、この業務提携契約書というのがありますね。

はい。

――これは、おたくの方でつくったものではありませんか。

はい。

――そうですね。

そうです。

――この内容は、先生の乙第九号証、先ほど言った意見書に沿った内容になっているんですが、そのとおりですね。

はい。

後に提出する乙第二〇号証の一（書簡）を示す
――では、今確認したことを前提にまずお聞きします。まず、乙第二〇号証の一、これはB社の石井さんから原告のあなたに対する書面ですね。

はい。

――よろしいですね。

はい。

――平成14年5月23日付けになっています。

はい。

後に提出する乙第二〇号証の二（書簡）を示す
――これは、平成14年6月24日付けでB社の石井さんから原告代表者あてに手紙になっていますね。この上の方のファクス欄ごらんください。これは、２００２年6月24日にファクスされていますね。これは被告会社の方にファクスされたものなんですが。

後に提出する乙第二〇号証の三（「契約書と題する書面」）を示す
――これは、契約書で1枚と2枚、２枚分あるんですが、これは原告と石井さんとの契約書の形になっていますけれども、これのどうも案らしいんですが、わかりますか。

　はい。

――これの下の欄をごらんください。これが下の欄になっているんですが、これは２００２年7月19日の日付になっていますね、ファクス。これは、被告の方にファクスされています。わかりますか。

　はい。

後に提出する乙第二〇号証の四（原告会社と訴外石井の覚書）を示す
――これは覚書で、やはり原告と石井さん、C社と石井さんに関する覚書になっていますよね。

　はい。

――これ下のファクスを見てください。下のファクスが同じく２００２年7月19日ですね。確認されましたね。

　はい。

――そうすると、先ほどあなたは平成14年5月20日以降、石井さんとは話したことないとおっしゃるんですが、例えば乙第二〇号証の三は、２００２年ですけれども、平成14年7月19日ですね。原告から被告に来ているんです。そうすると、石井さんと話して、石井さんからこの書類をもらって被告の方に送ったんではありませんか。

　ちょっと記憶ないです。

――客観的記憶がない。

　その文書も私覚えがないんですけど。

――全くない。

　ない。この文書、すべての文書は、全部上井氏がやっていますから。

――上井氏がやっていて、あなたの方から被告の方にファクスが来ることはあり得るんですか。

　うちの会社からやるんじゃないですか。

（注：苦し紛れにあり得ない供述をしている）

――そうです。

　やるんじゃないですか、しょっちゅう来ていますから。

――そんなことは、あなた具体的に見たことありますか。

　いや、それ以外考えられないです。私が文書を見ていないというんです、これを。

乙第二〇号証の一を示す
――じゃ、具体的に言います。これは明らかにあなたあての文書なんです。石井さんからあなたあての文書なんです。

乙第二〇号証の二を示す
――これも、先ほど言ったように石井さんからあなたあての文書なんです。

乙第二〇号証の二の下から5行目を示す

――3ということになります。「先に面談の折り、販売代理店を4社から十数社を予定しているとの話でしたが、どのような会社が販売できることになったのですか」ということを石井さんがあなたに問い合わせているんです。あなたは、石井さんにそういうことを話した記憶はありませんか。

ないです。

――ないのにあなたはこのことをファクスしてきたんですか。

ないです、覚えが。その4社とか十数社というのは、ちょっと記憶にないです。

――じゃ、4社とか十数社はいいですけれども、何社かを販売代理店予定してということをさっきも言いましたけれども、予定しているというふうに認めましたけれども、そのことを石井さんに話した記憶はないですね。

ないです。

――ないにもかかわらず、こう勝手にあなたあてに書面を送っているというふうに理解してよろしいですか。

ちょっと記憶ないです、申しわけないですけど。

乙第二〇号証の三の第六条を示す

――継承とありますね。「甲は、乙が契約上の権利・義務を含めた乙の地位を、将来乙の指定する法人または個人に譲渡することを承認する。この場合、乙は書面をもって譲受人の氏名、住所、代表者の氏名を甲に通知することとし」、甲ってあなたのことね。「乙が当該通知を発したときに譲渡の効力が生じるものとする。」と書いてありますね。この後に「詐欺しのブローカーだ」というふうに書いて、これは被告代表者の上井の字なんですが。

だれの字ですか。

――上井。

がだれに対して言っているんですか。

――だから、この文章は、要するに簡単に言えば金も払わずに販売代理店を石井氏が取得して、そして無償で他に譲渡できるということは、これは詐欺師なんだというふうに判断してこれを彼が書いた。

それを上井氏が。

――そうです。後から書いた。ファクスをもらった後書いたものです。だから、鉛筆書きになっているでしょう。よく見てください、この原本で。それに対して鉛筆書きになっているでしょう。

私は、こんなの見たことないです。

――ないけれども、なっているでしょう。

反論はまだできないんですか。

――だめです。私の質問終われば補充で聞いてもらいます。ところで、この点について被告上井はどういう、これ今言った乙第二〇号証の三の書類が来たんで、そこで既に高額な契約金のもとで業務提携が成立しているという虚偽の事実を示すことで石井氏を排除しようと考え、同契約書というのは、甲第二三号証です。をバックデートの上作成したんですと。これは、乙第一七号証の６ページの10行目からありますし、原告も先ほど言いましたようにＢ社がまだ本件製品が特許もとっていないのにそういうもの、さっき言った５０００万円から1億円のことです。も支払えないと拒否し、この交渉から降りてしまったのです、あなたも書いていますね。

　そうです。

——要するにその2つのことを考えると、この甲第二三号証を作成して、本件製品の製造販売には契約金があるんだということで石井氏をおろすように図ったんではありませんか。

　その文章は、私は一切知りませんけど、上井氏が全部それは作成したわけですから、石井をおろすということについては。石井をおろすという文章は、上井氏が全部自分で作成したわけです。

——だから、それはいいんです。

　私は、わからないです、それは。

——いや、これを、ですからあなたの方では示すことによって……。

裁判官

——これというのは甲第二三号証ね。

被告ら代理人（渡邉）

——あなたの言っていることは、被告上井とあなたを含めて、甲第二三号証を石井に示すことによっておろしたんではありませんかという質問だけです。

　おりたとかおりないとかという問題じゃなかったみたいです。

——あなたの陳述書にはおりたと言っている。その概念を前提に答えてください。

　ですから、反論がありますかと私聞いた。それにはいっぱい反論があるんです。

（注：苦し紛れに時間稼ぎを図っているとしか理解できない答え）

——いや、反論はいいです。反論は、必要があれば補充尋問で言ったらいいんです。要は質問に端的に答えてくださ い。要するにこういうものを使って石井氏があなたのお金でおりたと言っているんだから、おりたんではありませんかという質問だけです。イエスかノーでお答えください。

　おりたということになるんでしょうかね。

（注：原告は追い詰められて自白している）

裁判官

——ちょっと明確に。今言っているのは、問題になっている甲第二三号証の契約書、わかっていますよね。何回も出ている平成14年5月20日の契約書です。それを使って石井氏をおろした、契約から排除したということがあったんじゃないですかというのが被告代理人の質問です。それに対して、あなたはそうですすというふうに答えられたんだけども、いいの。そうなの。

（注：裁判官が原告が自白したため確認している）

ですから、そこが記憶にないんです。

――どっちなの。

これがわからないんです。

――じゃ、こういうふうに聞こう。そうだったかもしれないなという思いはある。

書類は持っていってそれ見せた記憶はないです。口頭で話ししたことはあります、多分。

――それは、あなたと石井さんは会っていないかもしれないけども……。

いや、石井と会ったんです。

被告ら代理人（渡邊）

――会っているでしょう、あなたは会っているんだから。

会っています。

（注：偽証が崩れた。前の供述とくい違う証言をしている）

――そうすると、あなたと石井との間で口頭で……。

書類関係はないです。

――契約金が販売について3億円もあるんだという、だからただじゃだめだよということをあなたから石井に告げた記憶はあるんですか。

ないです。そんなこと言わないです。

――じゃ、何があるんですか。

要するにそれは、上井氏がランニングフィーだとか契約金という話を石井を交えてやったんです。ただ、彼が言うには、いいですか、ちょっと。いいですか。

――いや、私が言ったことだけ答えて。裁判官も質問しているんですが、あなたはこういう書類を使って、それで石井氏がこういうことが契機になっておりた記憶がありますと言ったんで、裁判官が確認したんです。記憶があるんですか。

話はしました、ちゃんと。

裁判官
――じゃ、甲第二三号証を石井氏をおろすために使ったかどうか、それだけ答えて。
それは、知りません。
――使う目的、石井氏をおろす目的で甲第二三号証はつくったんじゃないですか。
それは、私は知りません。それは、私の方の契約だけです。
――あなたは、そういうつもりで作成したものじゃないということ。
これは、もう全然違います。

（注：反対尋問の趣旨を理解したため自白を覆している）

被告ら代理人（渡邊）

――そうすると、あなたは先ほど言ったように、客観的にファクスなり来ているのはだれが、主としてあなたは違う人だと言っているんですが、２００２年、平成14年7月19日にファクスが来ていますね、一番最初。

はい。

――そうだとすると、石井氏との間の話し合いは平成14年7月段階でも続いていたというふうに伺ってよろしいですね。

そうです。

――そうすると、先ほど言ったように、平成14年5月20日以降は石井氏と話したことはないとあなたはおっしゃいましたけど、それは間違いですね。

はい。

裁判官

――間違いないと言われたのかな。

私の記憶は、その方が合っています。

――じゃ、先ほどは記憶違いだったの。

5月20日前にもう終了したかと思ったんです。

被告ら代理人（渡邊）

――あなたは、本件製品に対して当然興味があって、先ほど言ったような甲第五号証とか甲第六号証のような新聞に記事を出しましたね。

はい。

――あなたの方からこれ話して記事にしたものですか。

いや、お互いに話し合った上です。同意をとっています。

――あなたも含めて記事を流したということでいいですね。

はい。

――これからの質問については、先ほども一般的に言いましたけれども、本件はあなたも当然特許権者について興味なきゃおかしいと思うんですが、意見書なんかの特許権者はだれかというのは、先生に書かれていますね。

はい。

――それは興味ありますよね。じゃ、こういうふうに聞きましょう。特許権者と本件製品、権利者じゃない人と本件契約をしても契約の効力はないことぐらいわかりますか。

わかります。

――それ以外に、本件契約の場合には、いろいろ意見書にもあるように契約金の金額、それから支払い方法、それから製造と販売、販売権をどうするか、それからランニングフィーの問題が出ていますね。

はい。

――それから、さっき言った出願者との関係が出ていますね。これらの問題があるということは、あなたは意識していましたね。

はい。

後に提出する乙第二一号証（書簡）を示す
――先ほど言うように甲第二三号証は確定的な契約書だというふうにおっしゃっているんですが、上を見てください。これは、２００２年６月23日、Ｃ社から被告あてに出されたものですね。上の欄見てください。これを見ますと、あなたの名前でＡ１社、上井梅雄社長様と、これはどう考えても被告が出したものではなくてあなたが出したものですね。

作成は、うちじゃないです。違います。

――あなたの判こもあります。

いや、そうです。作成は、みんな全部すべて上井氏が持って来ているんです。それで、判こを押すだけうちがやるんです。

――これは、ファクスでおたくから流れているんですが。

ですから、うちにこの書類は回ってきていると思います、上井さんから。

――上井がこれをつくったんですか。

うちはつくらないです。

――じゃこう聞きましょう……。

うちは、一切つくったことはないです、書類は。

――この中に契約条項（案）とあります。「契約の内金１７８０万　今後を含み、残金　１８、２００万　３０、０００円＝６０６６枚」。質問、Ａ、「６０６６枚完了時点はどうなりますか。」、Ｂ、Ｃ、Ｄ、Ｅ、質問事項がありますね。書いてありますね。「以上です。御検討願います。了解でしたら契約書作成お願い致します。」、これを被告の上井が書いたとでも言うんですか。

……。

（注：事実に反する供述を繰り返したが、客観的証拠を示され答えに窮している）

乙第二一号証の２枚目を示す
――借入金１億円の計画、条件、1)、2)、4)、5)、5)のとこには「今後の上井氏の契約金　支払済み　780万、今年１０００万分割」云々と書いてありますね。その後、「３０００万の件は、案を出して下さい」、これを被告の上井が書いたとでもおっしゃるんですか。

これは、うちではやっていない。

――うちではやっていないのにＣ社から出るんですか。

それはわからない。ここでこういうことが書いてあるということがおかしい。

――いや、これは欄外は上井が書いたんです。

でしょう、これ。

――欄外は上井が書いたんです。だから、上井が書いて、上井が自分で欄外に書くはずがないんです。

裁判官

――だから、作成のところは、手書きのところは恐らく上井さんが書き込まれたんだと思うから、ただほかの不動文字の部分は、社長の判こが押してあって、それでA1社上井梅雄社長様になっているから、おたくの原告の方が作成された文書じゃないですかというのが再三被告代理人が質問されていることなんだけどもそれについては記憶がないというお答えになる。

いや、つくっていないな。

――つくっていないと思う。

はい。

――確信ある。

これは、指示は全部私がやるわけだから、だれもやらないから。でも、これは初めて見たんです。

――この文書は初めて見た。

初めて見た。

――原告がつくったものかどうかは、つくっていないと思うということね。

あればすべて先生に渡しているんですけど、私は。

（注：一連の裁判官の質問は、原告の供述が余りにも不合理であることから確認している）

被告ら代理人（渡邊）

乙第二一号証の1枚目を示す

――乙第二一号証の1枚目の判こ、会社印がありますね。会社印は、ちゃんと厳重に保管されていますよね。

していいます。

――被告代表者が使えるような状態ではありませんね。

……。

――使えるんですか、それとも自由に。

使えません。

（注：この答えで原告の供述は根拠はなくなってしまっている）

甲第三号証の一及び甲第二三号証を示す

――幾つかの違いを指摘しますけれども、例えば甲第三号証の一では4条で、先ほど代理人も言ったように、販売が非独占だということですね。ところが、甲第二三号証は製造、販売を有する独占実施権使用権がと書かれていますね。それから、契約金については、甲第三号証については2億円、甲第二三号証は3億円。それから、甲第三号証の一では1フロア36パーセントの、これ4条の2項にあるんですが、10パーセントのランニングフィーを要求しているんですが、これは御記憶ありますか。

はい、あります。

――それから、6条では本製品の製造数量の提示というのが書かれているんですが、これは甲第三号証の一のみなんですね。

そうですね。

——それから、契約者は原告のほかに甲第三号証の一はA1株式会社、上井梅雄、上井菊子がなっております。丙になっておりますね。それから、甲第二三号証ではA1株式会社のみなんですね。先ほど言ったように、特に契約書、契約金もそうですし、契約者については契約者が違うと別の契約になっちゃいますよね。そのことあなたも御存じですね。

はい。

被告ら代理人（渡邊）

——これだけ違っていて、あなたの方で先ほどでは契約が成立しているという記憶がある。しかも、この独占販売の問題については実に利害関係が重要だとおっしゃっていますね、陳述書の中で。これだけ違っているのにあなたの、陳述書では先ほど言いました甲第三号証の一が来たらすぐに先生に検討してもらった、相談したということですね。

はい。

——そのときにこれだけ違う、契約書も違う、金額も違う、独占も違う、このことについて何も言わなかったんですか。

言わないです。

——何で言わなかった。まず、じゃこういうふうにじゃ甲第三号証の一について前の契約とは違うんだ、おかしいと言わなかった。

言わないです。

——普通だったら契約書ができれば、できていれば、これが確定的な契約書だとおっしゃるなら、おかしいといって怒るはずなんですが、言わなかったんですね。

言わないです。

——そのことは、先生にも言わなかったんですね。

言わないです。

甲第三一号証の3ページ6行目を示す

——次に、甲第二三号証について、甲第三一号証の3ページの6行目から、「尚、この契約書はこれから銀行に出すということを上井氏は言っていました。それで1通だけ作成して、現物は私の手元に残らなかった」と言っているんですが、御記憶ありますね。

はい、あります。

——本契約なのに2通作成できなかった理由はありますか。

私じゃなく向こうに聞いてもらってください。私は、わからないです。

——いや、わからないんじゃなくて、あなたは何回も契約しているでしょう。

はい。

——契約するときには通常少なくとも2通つくることは……。

ええ、わかっています。

——にもかかわらず、2通つくれなかった事情ありますか。

それは、私じゃなく向こうに聞いてもらえば……。

――いや、聞いてもらうんじゃなく、あなたの方にありますかという質問なんです。そういうふざけた答え方しないでください。あなたに聞いているんだから。あなたの方にそういう2通つくれなかった事情があるのかどうかだけ聞いている。

私がつくったわけじゃないです。

――同じものをコピーして判こ押せばいいだけの話じゃない。

ですから、1部きり持ってこないから、私の方で1部コピーとったんです。

――いや、ですから本物です。

本物、そうです。

――だから、1部しか持ってこなかったら、同じ1部、あなたの会社ならコピー機械あるでしょう。

コピーして持っているんです。

――いや、ですからコピーして、そこに同じく2通判こを押して、そして制作できなかった理由がありますかという質問です。

それは、上井さんが自分で1通きり持ってこないんで、もう判こも何も押しようがないです。

――いや、それだったら拒否すりゃよかったじゃないですか。

拒否なんかできないでしょう。

――何でできない。

急いでもうとにかく手形のこと言っているわけですか。

――いや、正式な契約にもかかわらず、2億円ですよ。2億円の契約書をつくるのに、急ぐか急がないかじゃなくて、2通を作成しなくて、銀行へ持っていくからといって2通できなかったという事情はあるんですか。

それは、私はそれはもう彼の言う何十年のつき合いですか、それで判押したということです。

――それから、特にあなたの言った銀行に持っていくという、銀行に現物渡していますよね。そうすると、現物1通もなくなるんです。本契約の現物を融資のために持っていくと、銀行というのは普通融資のために持っていくと、現物は銀行は預かるんです。そうすると、原本は一冊もないんです、当事者に。そんな契約ってあるんですか。

いや、それ言われても、私の方はそれに判こ押してやっただけで。

――それでは、甲第二三号証はあなたは本来の契約していますね。

はい。

――にもかかわらず、本契約のときには先生には相談しなかったんですね、原告代理人の先生に。

そうです。

――後から来た甲第三号証の一に対してあなたは相談したとおっしゃっているね。契約が成立してから相談したとおっしゃっていますね。
6月22日ですね。

ありますか。

――25日。そういうことってあるんですか。

け、こんな非独占が来たということで。

ありますか。それは、不思議ですから、相談しに行ったわ

――あなたは、そのことを一言も先ほど言わなかったとあなたはさっきおっしゃったじゃないですか。

ですから、非独占だということはあったけども、私はもう前で成立しているから、眼中になかったんです、このファクスが来ても。

――じゃ、それでおかしかったと思ったら、普通先生おかしいけれども、ここのとこは契約ができておかしいけれども、先生検討してくださいというのが通常ではありませんか。

そうです。それも私のミスです。

乙第九号証の2ページ下から13行目を示す

――特に乙第九号証の2ページの下から13行目、「そこで、案の第2条1項で甲が製造実施権(独占権)・販売実施権(非独占)となっているのを「丙(上井梅雄氏)は甲に対し、独占的に本製品の製造・販売・現場設置を行う権利を認める。」というように改めるべきであると思います。」というふうに書いてありますね。このときでも何も言わなかったんですか。

はい。

――でも、あなたの先ほどの証言だと、独占権を持っているということはこのときには御存じだったというふうにお聞きしてよろしいですか。

はい。

――本当ですか。

……。

乙第五号証を示す

――乙第五号証は、先ほど先生の意見書に基づいておたくがつくったというものですね。これによると、甲第二三号証で契約金は2億円、それから1フロア当たり金3万円を上記残金に達するものとする、報告義務、権利の譲渡など、甲第二三号証よりはるかに詳しく書いてあるんですが、仮にあなたの方で提案して、それで被告上井の方がいいと言った場合には、契約書はどっちですか。どっちが契約書上効力があるんですか。

どちらですかね。

――私が聞いているんです。そんなことあり得ないから、聞いています。

ちょっとわからないです。

(注:いくつもの矛盾する答えを引き出している)

甲第二二号証(通知書)を示す

――あなたは、そのときに先ほど言ったように契約をしている、この中では、通知書の中では重大な背信行為があるとして被告側に対して送って書面を出したものですね、契

約解除すると。

はい。

――それなのにこの甲第一二号証の1ページの下から6行目あたり以降ではこう書いてあります。「貴社との間では書面的に契約書はできていません。」云々と書いていますね。

はい。

――あなたは、先ほど契約書ができて書面はどこに行ったかわからないけど、記憶があるとおっしゃっているんですが、なぜこういう文章になるんですか。

……。

――契約の存在は、あなた知っていたんでしょう。

（答えない）

――答えなしでいい。

裁判官
はい。

被告ら代理人（渡邉）

訴状の2ページ下から2行目を示す
――「原告と上記被告らとの間では、残金の支払時期・支払方法・販売実施権が独占的なものかどうか等の点で、尚、詰める点が残されていたが」云々とあるんですが、当然訴状を出すときには先生にいろいろ事情を話しましたね。

はい。

――にもかかわらず、この訴状でもまだ独占的なものかどうかには煮詰める点があると、要するに決まっていないと言っているんですが、この時点でもあなたは契約書の存在を記憶があったというにもかかわらず、あなたは先生にそのことを告げなかったんですか。

はい。

――契約書がなくても独占的な契約であるということを口頭で言うのは簡単でしょう。でも、あなたは先生に言わなかったんですか。

ええ、言っていないです。

甲第三一号証の4ページ下から3行目を示す
――それから、次に特許の譲渡についてお聞きします。「ところが、平成15年8月4日、突然上井氏とD社の代表者が私の会社に訪ねて来て、その場で上井氏が、本件製品についての特許が下りたがその権利を全てD社に譲渡してしまい、もう自分は関係がなくなってしまったので、今後はD社と相談してやって欲しいと告げたのです。」というふうに、間違いないですね。

はい。

――そうだとすると、あなたも先ほど言っているように自分は独占的な権利持っているというのにこういう話になったら、あなたはびっくりしたし、怒りましたよね。

そうです。

——それで、あなたはどういう契約したんだと、D社とおたくとの間で。それから、幾らの契約したのか、そういうことをあなたは尋ねましたか。

尋ねていないです。

——通常怒ったら本当に存在するのかどうか確かめるんですが、そういうことも尋ねなかったとお聞きしてよろしいですね。それから次に本当に特許権の譲渡がなされているかどうかについては乙第三号証で出ているように特許の登録証を見ればすぐにわかることです。これは、だれでも請求すれば出てきます。この調査もしませんでしたね。

その後、やっています。

——後はいいけれども、訴訟の前にしませんね。

しません。

——そうすると、あなたはそういう話が出てきたとおっしゃりながら、そのことの契約内容についても調べなかったし、D社と被告上井との間のことも問いただささなかったし、しかも本当に譲渡がされているかどうかの特許の登録証も調べずに、特許権が譲渡されたということで本件提訴に至ったというふうに理解してよろしいですね。

はい。

（注：事実に反し、根拠もないのに提訴したことを確認している）

甲第二二号証を示す
——これは、8月中旬ごろ上井氏と来社時点と書いてあるんですかね、あなたの字……。

そうです。

——あなたの甲第三一号証の4ページの下から3行目から簡単に読みます。「もう自分は関係がなくなってしまったので、今後はD社と相談してやって欲しいと告げたのです。そのときD社の代表者は、当社が既に作成していた本件製品の販売価格表（甲一五）と極めて類似した販売代理店仕切価格目安表という表題のあるD社作成表示の書面を置いて行きました。」、これが甲第二二号証のことでしょうかね。

でしょうね、これ。

——そうすると、そのことについて、先ほどあなたは、何回も言っているように独占販売権持っていることは確実である、にもかかわらずこういうことをやっているということに怒りましたか。

もう怒りました。言ったわけです。

——契約違反だということを言ったわけですか。

はい。

——あなたは、契約違反だと思ったんですか。

思っていました。

——あなたは、怒りましたか。

ええ、怒ったです。

（注：のちに原告の対応の不合理性を引き出すための質問）

——ところが、先ほど来から甲第一二号証の通知書にも独占販売権に違反しているという指摘が全くないんです。契約違反で怒っていたのに書かない理由はありますか。

　怒っているということが独占権の違反だという意味に私は思っています。

——だから、通知書を出すときには、これも違反している、これも違反している、例えば普通は契約違反があれば、幾つもあればその複数個の契約違反をすべて挙げて、あなたはこれだけ不誠実な態度を、あるいは契約違反やっているというのが通常ではありませんか。答えを言ってください。

　そうです。

——これを、その点を書かなかった特別な理由はないですね。

　あります。

——何かあるんですか、理由が。

　本人にもうちゃんと言っていますから、この件は。

——言っているのと書面で出すのと違うでしょう。あなた言っているんだったら内容通知書も出す必要もないし、訴訟も起こす必要もないじゃないですか、言っているのでそれでオーケー、オーケーだったら。

　オーケーじゃないでしょう、結局そのままになっちゃったわけですから。

——いや、そんなことじゃない。言っているのでいいんだったら、例えばさっき言った特許権の無断譲渡も通知書出す必要ないじゃないですか、言っているんだったら。

　……。

裁判官
——お答えは。

　わかりません。

被告ら代理人（渡邊）

——訴状の点では、先ほど言ったように販売実施権が独占的なものかどうかの点で詰める点が残されている、書いてあるとおり間違いないですね。

　はい。

——しかも、販売権が独占販売権であると言って提訴したのは平成15年11月20日なんです。それから、そのことを書面化したのが、独占販売権があると言ったのが平成16年8月5日付け原告準備書面なんです。この間に、平成16年3月23日の書面では要素の錯誤だと言ってみたり、平成16年5月19日の書面では特許の補充をしなかったと言ってみたりしているんですが、なぜあなたに意識があったらその訴訟の中ですぐに独占販売権を侵害しているという主張をしなかったんですか。

　ちょっとわかりません。

——あとD社についての協力についてお聞きしますが、あなたの方では先ほどあなたも認めたとおり、これまで本件製品は2フロアしか売れていませんね。

そうです。

――それについて、だれが仲介してだれがどのように人を入れたかということは、あなたは知らない。

知っています。

――だれが仲介して、D社に仲介しているんですか。

上井氏が私に言って。

――D社が仲介したというのは知っているわけだ。

そういう流れになります。

――知っているんですか。

ええ。

――そしたら、あなたにとってはD社が仲介して販売していたということは、販売してお金もうけやっていますわね。お金もうけだかどうかわからないけど、これやっているということはつかんだわけです。

――違います。2台、2フロアを売ったことについて……。

売ったんじゃなくて、何かそこで営業するのにモデルでつくっただけです。

――じゃ、モデルつくったかどうかは別として……。

利益じゃないんです。

――いいです。そこはいいですが、D社が入って売れたことは御存じですね。

はい。

甲第一七号証（請求書）を示す
――この請求書は、C社からD社に対する請求ですね。

はい、そうです。

――そうすると、そういう形で階段を売っていると、D社が仲介で売っているということを前提としてその請求書が出ている。

はい。

甲第三一号証の2ページ下から1行目を示す
――甲第二四号証について、の5月21日欄についての「当時私の使っていた業務用手帳を見ると、5月21日の欄に「2時　上井氏独占権の契約」とメモ書きがあるので」というふうに書いてありますね。

はい。

――先ほどのお話だと、この文章は21日に全部書いたということですね。

はい。

甲第二四号証を示す
――これをよく見てください。私どものコピーであれですけれども、これの「代理店」というものと「2時、上井氏」と、それから独占販売ですか、権の契約、売却ですね。

契約……。

――独占権の売却ですね。契約ですか。

契約です。

――あなたの字は。

契約です。

――これは、目で見ても明らかに同一のペンで書いたとは思えないんです。

裁判官
――筆記具何ですかね。何で書いた覚えがありますか。
これは、鉛筆とボールペン両方使っています。いや、この最初の方は、これボールペンです、たしか。

被告ら代理人（渡邊）
――そうすると、これは同時に書いたんですか。
でしょうね。ボールペンじゃなく、今度はここから鉛筆になっちゃったんです。

裁判官
――甲第二四号証、手帳のところで、これ両方とも5月21日なんですけども、ボールペンとおっしゃったけども、両方とも鉛筆じゃない。両方ともというのは、この欄は全部。

ボールペンみたいな感じするけども、覚えないな。

――ボールペンか鉛筆かわからないと。じゃ、その前提でいいかな。

はい。

――じゃ、私からも聞きたいんだけども、よく見てください。この「代理店、2時、上井氏」までのところと下の「独占権の契約」、あなたの供述だと、それと右側の括弧の半分みたいなところ、これは同じ鉛筆というか、両方とも鉛筆だったとしても同じような削りぐあいじゃないように見えませんか。

いや、それは見えないです、私は。

――見えないというのがあなたの、でも今あなた鉛筆とボールペンともおっしゃったんだけど、どの部分をボールペンで書いたと間違えられたの。

これボールペンじゃないかなと思うけど。

――「代理店」のところはボールペンじゃないかというふうに思う。

うん、思う。これは、鉛筆でないような感じがします。

――「2時、上井氏」は鉛筆かもしれない。

だと思います。これは、みんな鉛筆です。これは、ボールペンだと思います。

――じゃ、あなたの供述としてとりましょう。「代理店」のところはボールペンだと思うと。

はい。

――ただ、「2時、上井氏、独占権の契約」の部分は鉛筆だと思うと。

はい。

――同じ機会に書かれたものだと思いますか、本当に。

と思います。

――私から見ると違うんじゃないかと思うんだけども、そこは御意見の相違だね。

（注：裁判官が一見して明らかに別の機会に書き加えたものではないかとの疑問から質問している）

はい。

被告ら代理人（渡邊）

――私から見ても明らかに字体の太さ、筆記用具、筆記のもの、それが違うように見えるんですが、同じもので書かれたというふうにあなたは……。

全く自分の字ですから。

――自分の字じゃなくて……。

同じです。

原告代理人
乙第二一号証を示す
――これあなた本当に見覚えはないんですか。私も見ていないんだけど、ないですか。

ないです。私は、あれば先生のとこへ持っていくんですけど、ちょっと。

――記憶はないですか。

ないです。ただ、これ判こ……。

――判こがどうかというの、ちょっとこれで不鮮明でわかんないけど。

甲第三一号証を示す
――上井さんとD社の人たちが来て、それであなたが上井さんの方から権利を譲渡してしまったということを言われて、それで怒って、どうするつもりだというようなことを言ったというくだりが書いてありますね。

そうです。

――それで、上井さんの方で、じゃ1780万円を一遍には返せないけども、返すからと。

分割で返すと。

――そういうことを言ったということは。

これは、間違いなく言っています。

――間違いないことですか。

間違いないです。

――それ翌日ですか。

8月25日にたしか私の記憶では石神さんという方が最初に来られたと記憶していますけども。

――だから、2人で来たその日ですか、その翌日ですか、そういうことを……。

これは、上井氏と2人だけの話です。

――だから、翌日かどうか。

翌日かその先です､日にちはちょっとわかりませんけど。

――翌日かどうかわからんけど、その日のことではない。

はい
――そういうことであったので、何か通知書を出してくれということで私の方に来た……。

先生の方にお願いした、そういうことです。

被告ら代理人（渡邉）

――今のことに関連して、上井が1700万円返すということは……。

　1780万円。

――80万円返すということは、本件契約を解除するということですね。本件合意といいますか、製造するとか何かはもうやめるということになるわけですね。

　やめるということよりも、いいですか。

――いや、客観的にはやめるということになるから、返すということになるんじゃないですか。違うんですか。

　そうです。

――それで、これだけ2億円の売買契約をやめるということになった段階で、相手方が被告上井が仮に承諾していたら、そういう合意があったと先生も主張していて、おたくも主張しているわけです、原告が基本合意があったということ。それを解除するということになった場合には、それは解除しますと、もうやめますということを書面化する、2億円の契約ですから、当然だと思うんですが、それを書けなかった何か特別な理由がありますか。

　別にないです。

裁判官
甲第二号証を示す
――これあなた上井さんからもらったというふうにおっしゃったね。

　はい。

――コピーだから、手書きの文もこのままあったんですよね。

　はい。

――わざわざ手書きに特願の＊＊＊＊―＊＊＊＊号と、手書きで公開公報＃＃＊＊＊＊＊というふうに書いてあるんだけども、これについてはあなたはどう考えていたんですか。

　ほかにもう一本あるということを後で知らされたもんですから。

――どう考えていたのか教えてくれる。

　それは、どういうことですか。

――ここに手書きでわざわざ書いてあるから、何か意味があるというふうには思わなかったかな。

　わからないです。

――じゃ、全く気にもしなかったというのがあなたのお答えかな。

　はい。

――問い合わせもしなかったのね。

　していません。

甲第三一号証の3ページ中程を示す
――それで、あなたの陳述書、甲第三一号証の3ページを見ると、真ん中ぐらいですけども、この階段200基をつくりましたというふうにおっしゃっているんだけども、それは間違いないかな。

はい。

——200基のうち売れたのは2基だけなのね。

はい、そうです。

——間違いないのね。

間違いないです。

——そうすると、余り採算のいい仕事ではなかったね。

はい、全くないです。

——もうちょっと売れているかと思ったんだけど、2基だけだったんだ、D社が買ってくれた。

はい。

——それで、この件、反訴を起こす前に裁判所の方から、私ですけれども、和解の勧告をしましたね。

はい。

——まだ反訴も起こっていないし、ここでおさめるんならということで債権債務なしにしましょうと、ただしそちらがつくった200基についての処分はお任せしますと、それと上井さんが原告の方に預けてある機械については返してくださいと、骨子そういうことで和解の勧告をしましたよね。あなたもその場にいたから、覚えているね。

ええ。

——それで、被告はおおむねそれで御了解いただいたの。それもお伝えしたね。あなたにも一たんは御了解いただいたんだけども、それ覚えている。

……。

——いただいたと私は思っているんだけども。

いや、それは私は了解していないと思いますけど。

——ただ、代理人を通じておおむね了解得られたという返答を私は受けたんだけども一旦は納得したんじゃないの、その案に。

いや、私は納得していません。

——納得した覚えはない。

ないです。

——じゃ、こう聞こうか。私がいろいろ理由申し上げて、いろいろ証拠も出されているけども、難しい点があると、今この点で訴訟をやめるのなら傷も少ないし、それが賢明な選択じゃないですかというふうに説明したのは覚えていますか。

はい、覚えています。

——覚えていますよね。

覚えています。

——その上で、和解を拒否されたね。

はい。

——それと、これは私に裁判官がかわる前の弁論準備の調書なんだけれども、平成16年3月15日、第1回弁論準備の調書に原告の発言として、今後この製品を製造、販売していくつもりはないというふうに調書にとらせてもらっているんだけども、それは間違いないんだよね。

　間違いないです。

――製造は、わかります。だから、販売もするつもりはないというふうにあなたは言われたんだよね。

　全くないです。

――それなのにホームページになぜまだこの製品のことを載せているんですか、今現在でも。

　いや、ホームページはとめているわけですけど、とっくに。

乙第一六号証を示す
――なぜ載せたまんまなのか聞かせて。

　いつですか。

――これ平成16年11月19日だから、今現在はとめているかもしれないけれども、去年の11月19日の段階でホームページにまだ載せていたのはなぜか教えて。販売するつもりもないと裁判所に対して言っておきながら、なぜ。

　私は、全部それ取り消しを依頼したんですけど、これは。していています。

――どこに。でも、これおたくがつくっているホームページだよ。取り消しの依頼もくそもないでしょう。

　いや、これ制作してくれたとこあるんです、業者が。そこへ頼んだわけです。

――いつ。

　この間のときです。

――いつ。

　裁判官が話ししたあの翌日です。

原告代理人
――とめるのわすれたんじゃないですか。

　いや、指示はしましたから。

裁判官
甲第一四号証の二（陳述書）の１頁下から５行目を示す
――覚えているかな。

　はい、覚えています。

――１ページ目の最後から５行目あたりなんだけども、私は、３月15日に特許がおりていたら、その時点で前に出しているお金の返済を求めたし、その後も無担保で１０００万円ものお金を出すことは断じてしませんでした云々ということが書いてあるよね。

　はい。

――一番最後、特許がおりていることがわかっていたならもっと契約金額を買いたたいたと思いますと、こういうふうに書いてあるんだよね。

　はい。

――でも、さっきあなたの甲第三一号証の陳述書で石井さんが特許もおりていないものにそんなに高い契約を出せるかというふうに石井が言っていましたというふうにあなた自身が言っていたとおり、特許がおりていない方が契約金額は買いたたけるんじゃないの。

そういう判断は、しなかったですけど。

——じゃ、この陳述書書いたときには、こういう気持ちでいたんだ。

はい。

——本当に。

……。

——まじめに答えてね。

はい。

（尋問終了）

（注：原告本人の供述は矛盾に満ちており、また、苦し紛れに答えて、何度も変遷させている。裁判官の質問はそうした矛盾について問い質しているが、丁寧な質問の方法となっている。よくある仮定的心証に合わせる尋問の仕方になっていないのが印象に残っている）

3　配当異議訴訟事件

公正証書が通謀虚偽表示によると認定された事案

(1)　事案の概要と争点及び尋問の目的

ア　概要

医師のA、B、CがBを開設者名義とした甲病院を経営していたが、Bが3億6千万円余にのぼる敗訴判決を受けたことから、甲病院は倒産必至となった。

これより先、原告はCを主たる債務者、Aを連帯保証人として病院経営のため1億円を貸与していた。

そこで、この医師らのリーダーであるAが、原告の仲介で、甲病院の倒産を回避するために甲病院の経営を譲渡するとして、乙に資金援助を要請してきた。この要請を受け、乙は3億円を限度とする融資とともに、Bとの間で病院の買い取りを目的とした出資金の買い取り予約を行った。

乙からの融資により甲病院の経営改善が進んだところ、A、B、Cらは突然それまでの約束を翻し、乙が甲病院の乗っ取りをはかっていると称して、甲病院の買い取りについての約束を反故にした。

そこでA、B、Cと乙との間で争いとなったところ、Aらは、平成18年8月19日付でAの内縁の妻である被告Dを債権者、Cを主たる債務者、A及びBを連帯保証人とする平成21年3月2日付けの契約を公正証書により作成していた（他にも同様の内容で4000万円と2500万円の公正証書が作成されている）。

原告は、甲病院を救済するため乙に援助の仲介をしていただけに、その立場を失った。

加えて、原告がCに対する貸付金回収のため、甲病院及びCが経営する丙病院の社会保険料や国民健康保険料の国からの支払いの仮差押をなしたところ、驚くことに被告D

もまた本件公正証書を利用して差押を行った。

しかし、原告は平成21年３月２日当時、甲病院も再建途中であり、被告Ｄに１億１４００万円を貸し付ける金員の余裕はなかったことから、公正証書は仮装以外にはありえないものと判断した。

そこで、本件公正証書は仮装のものであるとして配当異議をなした事案である。

なお、この公正証書は平成21年８月19日に作成されたが、その時点では公正証書の契約内容ではすでに契約上の履行期限が到来している内容になっている。

イ　本件の争点

本件公正証書の内容である平成21年３月２日当時は、病院の経営も回復しつつあり、貸し付けの必要などはなく、強制執行を妨害するための仮装のものであると主張したところ、被告Ｄは本件公正証書の契約は間違いであり、本件公正証書作成日である平成21年８月19日の直前に準消費貸借契約を締結したことから、同日に本件公正証書を作成したものであると主張した。また、公正証書の契約内容は理解していなかったという不可解な主張（弁解）を行った。

そこで、主たる争点は

・本件公正証書の前提たる準消費貸借契約の存否

・被告らに本件公正証書に定められた契約の意思があったか

・本件公正証書に定められている貸し付けがあったか否かとなった。

ウ　反対尋問の目的

以上のような被告Ｄの主張から、尋問についても

・被告Ｄ及びＡ、Ｂ、Ｃは契約の内容を理解していたか

・その契約内容を履行する能力と意思があったのか

・公正証書を作成した目的

などである。

（２）審理の結果

反対尋問に対し、Ａ、Ｂ、Ｃ及び被告Ｄの供述は至るところで自己矛盾と不自然なものに終始した。

Ａらは公正証書の契約内容を理解していなかった旨、不可解な弁解に終始したうえ、最終的に主たる債務者であるＣが債務を履行する意思も能力もないことを自認するに至った。

また、前提たる1億４０００万円及び貸付金の存在についても極めて曖昧な弁解であった。地裁、高裁と４つの判決がなされたが、いずれも本件公正証書は通謀虚偽表示によるものであり、無効であるとの判決がなされた。

一審判決（東京地裁）では、

「したがって、被告ら４名が本件準消費貸借契約を締結したものとは認められず、仮に、本件公正証書作成をもって

本件準消費貸借が締結されたと評価できたとしても、上記認定事実によれば、被告ら4名は、同契約に対応する効果意思がないのに、上記目的を達成するため、通謀してその意思があるかのように仮装したものであることが認められ、同契約は通謀虚偽表示により無効である。

そうすると、本件公正証書は記載された実体上の権利を伴っていないから、同証書に基づく強制執行は許されない。」

と認定し、高裁判決でも、

「本件公正証書は、社保、国保の財産を狙って作成した」旨認定し、

「本件公正証書が通謀虚偽表示により作成されたものである」

と判示した。

配当異議訴訟という稀な事例による勝訴判決であった。

(3) 尋問　葉原松子

（前略）

甲事件原告代理人（渡邊）

——主尋問で、己クリニックについてA区役所から云々というお話がありましたね。

はい。

——これはいつのことですか。

平成20年の春ごろだったと思います。

——すぐに直さなかったの。

すぐには直しませんでした。

——すぐに直さなくて、その後21年になってからやったということなんですか。

それは、だんだん新宿先生がクリニックにお戻りになる回数がどんどん減ってきたからです。

——現在、新宿先生は週数回クリニックで診療してますよね。私もインターネットで見ましたけれども。

いや、数回はいらっしゃいません。

——何回ぐらいですか。

1回とかそんな感じです。

——あなたのほうは、5、6千万円については本来は3人の先生が何とかするものだというふうに思ってるということですね。

はい。

——神田先生が、1人が主たる債務者で、ほかのやつは連帯債務者でいいと言ったということですよね。

はい。

——連帯債務者と主たる債務者とは法的に全然違うんですが、本当に法律家がそんなことを言ったんですか。

私は、そう神田先生がおっしゃったように思っておりました。

——思ったんですか、はっきり記憶ありますか。

そうおっしゃってました。

——４人の関係について、新宿さんは甲Ａ二一の１ページの下から４行目から、私と大久保先生、代々木先生は医局時代には新宿軍団などと呼ばれていました。それくらい強いつながりで結ばれていましたと述べています。２番目に、大久保さんの甲Ａ一九号証の１ページの13行目から、「私たちは現在に至るまで、４人で１つのチームであり１人１人の問題も４人全員で解決する問題であると確信しずっと行動して来ました。」、こういうふうに述べていますす。それから、代々木さんは甲Ａ二〇号証の１ページの下から６行目から、「私は庚病院で手術をする機会が多くなり、薬原医師ともチームとして仕事をするようになってから現在に至るまで、新宿先生を主に４人で病院を運営していると考えています。４人全員で運営している以上問題があれば、それは４人で解決するものだと確信しずっと行動して来ました。」、こういう新宿先生の考え方はご存じですか。

　はい。

——あなたも乙九号証の３ページの下から９行目で、「代々木先生と新宿先生は、非常に深く結びついていますから、代々木先生が新宿先生や私」、あなたのことですね、「を裏切るということは考えられないからです。」というふうに書いていますが、これも事実ですね。

　はい。

——そういう４人の関係の上で、あなたは乙九号証の14ページの15行目に、「先生方の意識では、病院に入れたお金は３人で連帯して支払うべきものというものでした」というふうに書いていますが、この２つの病院の債務については、３人が連帯して払うべきものだとあなたも考えたんですね。

　はい。

——これは新宿先生もほかの先生も認めてますが、２つの病院の実質的院長は新宿氏であり、病院経営も実質的には行っているのではありませんか。

　新宿先生が中心となって医療、経営をなさってると思います。

——甲Ａ一九、１枚目の下から３行目、「私は庚病院から現在の丁病院と、院長では有りますが実質病院を運営しているのは新宿医師であり、経営は新宿医師と馬場さんに任せて自分は医療の充実を図ってきましたので、金銭的な実状は分かりません。」、要するにここでも、実質的病院を運営してるのは新宿医師だというふうに大久保さんが言ってるので、そうではありませんか。

　ただ、病院というのは物を売るだけではないので、医療も大事な部分になっておりますので、３人でなさってると思います。

——院長というのは、経営的な面での院長という趣旨で。

　経営的な面の院長であれば、そうかもしれません。

——乙九号証の13ページの下から９行目から、あなたの陳述書なんですが、「その原資は多くの知人から借りているものであるから、踏み倒されては困ることなどを説明しました。そうしたところ、東先生から、その債権を保全したほうが良いと言われ、神田先生から公正証書を作成したほうが良いとのアドバイスを得ました。また、その場で、新宿先生、代々木先生、大久保先生とも、公正証書作成に了解しました。」、こういうふうに書いてあるんですが、これも間違いありませんか。

はい。

——その後、新橋さんが公正証書の起案をすることになりましたね。

はい。

——これについて、あなたは九号証の14ページの2行目から、「私は、これまで上記の貸し付けをメモにしてきましたので、それを合計したところ、1億1400万円であるので、それを新橋さんに伝えました。」というふうにありますが、これもご記憶ありますか。

はい。

——これは、口頭で金額を伝えたという趣旨に読めるんですが、そうではありませんか。

口頭でもお伝えしたと思いますが、メモもお渡ししたと思います。

——このあいだ新橋さんから聞いたら、メモなんか見てないと、メモを見たら、例えば、契約書が平成21年3月になるはずがないというふうに答えてるんですが、そうではありませんか。

甲、乙事件被告代理人

——異議があります。前回の新橋証人の証人尋問では、メモを渡されたと、ただ、それが乙二九号証と同一であるかどうかはよく分からないという証言で。

甲事件原告代理人（渡邊）

——私が最後に聞いたら、そういうふうに答えてます。そうしたら、このメモであったら、3月での起案をするはずがないというふうに明確に答えています。

甲、乙事件被告代理人

——それは、二九号証であればということですよね。

甲事件原告代理人（渡邊）

——メモを見たらということ。

甲、乙事件被告代理人

——違います。二九号証であれば、日付が書いてあるので、3月というような記載をするはずがないという回答だった。主尋問では、メモを渡されたと思うが、それが二九号証と同一かどうかはよく分からないというのが回答でございました。そして、それを受けて先生の反対尋問では、このメモ、二九号証を見ているのであれば、この日付にはしないという証言があったと記憶しております。

甲事件原告代理人（渡邊）

乙第二九号証を示す

――「私は、これまで上記の貸し付けをメモにしてきましたので」というメモは、このメモではございませんか。

私は多分、これを渡したと思っております。

――そのメモに基づいて、自分が貸した、このときこうやって貸した、メモに書かれてますね、貸したことを示す資料を添えて説明しましたか、しませんか。

メモだけお渡しして、あとは口頭でお話ししたように思います。

――資料は新橋さんは見てないということですね。

はい。

――先ほど言ったように、平成21年8月13日に新橋行政書士からファックス、乙二三号証が送られてきたことはご存じですね。

はい。

――この中には3種類の公正証書の原案が送られてきましたね。

はい。

――それもご存じですね。

はい。

――この中で、あなたの1億１４００万円の契約について借主を新宿から代々木に変更したという事実があるということもご存じですね。

変更したとは思っておりません。最初からそうだったですから、私の中では。

――字を変更したでしょう。

字は変更しました。

――あなたのほうでは、平成21年8月19日に公証人役場に行って公正証書を作成しましたね。

はい。

――あなたも出席されましたね。

はい。

――公証人は、1億１４００万円の公正証書の内容について確認させましたね。

はい。

――このときには参加してなかった大久保、代々木両氏も了承してましたね。

はい。

――具体的に言うと、あなたの乙九号証の14ページの14行目、「8月19日、公証人役場には、新宿先生、新橋さん、神田先生の事務所の事務員の高野さん、私で行き、公正証書を作成しました。その直前に、最後の案文を大久保先生と代々木先生にも見せていますが、異論はありませんでした。」ということですね。

はい。

——あなたの乙九号証の13ページの下から9行目ですけれども、「知人から借りているものであるから、踏み倒されては困ることなどを説明しました。そうしたところ、東先生から、その債権を保全したほうが良いと言われ、神田先生から公正証書を作成したほうが良いとのアドバイスを得ました。」、同じページの下から4行目、「後日、新宿先生と一緒に神田先生の事務所を訪れ、公正証書の作成手順を相談しましたが、神田先生がいつも仕事を頼んでいる浜松竹子司法書士は忙しくて起案に2週間はかかるなどと言われたため、新橋さんに起案を頼むことになりました。」、こういうことですね。

はい。

——あなたも先ほど言ったとおり、代々木さんに貸したという1100万円は平成17年3月ですよね。

はい。

——供託金のうちの一部の5500万円は、平成19年のことですよね。

はい。

——これだけ、2年も4年もたっていたのに、公正証書を作る必要があったんですか。

その間にいろんなことがございましたので、庚の裁判だとか、先生と乙の関係だとか見ておりましたので、この世は何が起こるか分からないので、作ったほうがいいかなと思いました。

——あなたの乙九号証のページ3の下から9行目では、「代々木先生と新宿先生は、非常に深く結びついていますから、代々木先生が新宿先生や私を裏切るということは考えられないからです。」、また、代々木さんの甲A二〇号証の1ページの下から3行目、「4人全員で運営している以上、問題があれば、それは4人で解決するものだと確信し、ずっと行動して来ました。」、それから大久保さんの甲A一九号証の1ページの13行目、「私たちは現在に至るまで、4人で1つのチームであり1人1人の問題も4人全員で解決する問題であると確信しずっと行動して来ました。」、こういう親しい家族同様の仲にもかかわらず、公正証書を作る必要があったというふうに伺ってよろしいですか。

そう思ってはおりますが、未来は何が起こるか分かりませんから、備えるのは当然だと思います。

——先ほど大久保証人は、公正証書を作っても、準備ができたら支払えばいいというふうなために公正証書を作ったというふうに言ってるんですが、そういう趣旨じゃないですか。

裁判官
——もうちょっとそこは正確にお聞きになったらどうかと思います。

甲事件原告代理人（渡邊）

――公正証書を作ったことについて、公正証書の約定どおりに履行してもらわなきゃ困ると思ったかどうか、それはどうですか。

　今払える状態ではなかったですから、そのときはそう思いませんでした。その時点で払える状態ではありませんでしたので、そのときはそう思いませんでした。

（注：公正証書契約に定めた履行ができなかったことを認めている）

――そのときに入る状態が予測されたのは、丁病院の診療報酬債権、それから戊の診療報酬債権、これが確実に入ることが予想されましたよね。

　はい。

――あなたも予想してますよね。

　はい。

――これを押さえるためじゃないですか。

　違います。

――違うの。

　はい。

――それを押さえる意思はなかったんですか。

　意思がなかったっていうことではないですが、とにかく私は、人からお借りしてきたわけですから、それを何とか私自身もお返ししなければいけないので。

――お返ししなければならない、その上で、そのときに明確に入金、差押えができるのは、先ほど言った戊の診療報酬債権、それから丁病院の診療報酬債権があった。そうすると、それらを押さえることをあなたは考えていましたか、いませんでしたか。

　私は考えておりませんでした。

（注：ありえない。現に差押えをしている）

――公正証書を作ってますよね。それで、目の前に２つの診療報酬債権の存在がありますよね。それを期待してなかったとおっしゃるなら、それを除かれるとすれば、その公正証書の支払については、いつ払ってもらえるかあなた自身も予測してなかったというふうに理解してよろしいですか。

　よく分からないんですが、お聞きになってることが。

乙第二九号証を示す
――このメモの一番最後は６月29日ですね。

　はい。

――そうすると、これは６月29日以降に作成されたことは間違いないですね。

　いや、それは分かりません。少しずつ書き加えていってる可能性があるので、６月29日とは限らないと思います。

――６月29日は入るということは、事前に予測したんですか。

　そういうことではないと思いますが、

裁判官
——今の証言は、書き加えていったという証言です。

そうです、はい。

甲事件原告代理人（渡邊）

——書き加えていったということであれば、町田さんをきれいに書き加えてられますよね。

きれいに書き加えてるって、どういう意味でしょうか。

——途中で空いたりじゃなくて、ちゃんと順序よく書かれてますよね。

はい。

——それで、「町田殿、6／29」というなら、その後に作成されたものではありませんか。

いつ作成したか、私分かりません。記憶にありません。

——あなたのメモについて、このメモをいつ作成したかも分からないんですか。

これ、書き加えてますから、いつ作成したって言われても、一日で作成したか、つけ加えて作成したか、分かりません。

（注：前証言と矛盾している）

——このメモはきれいに1行置きに書かれてるんですよ。そして、6月29日の下に計4800万円、ちゃんと書かれてるんですよ。これを後から書き加えたとは思えないので、お聞きしてるんですよ。

それは、限らないと思います。

——借主についてですが、あなたは先ほどは、自分が不思議に思われてとおっしゃいましたね、それで書き換えたと。

不思議には思ってません、ミスだから直したんです。不思議に思ったんじゃなくて、ミスだから直したんです。

——ミスだと思ったんですか。

はい。

——「その後、神田先生と新橋さんとの間でやりとりがあったものと思いますが、最終的には、代々木先生が主債務者で、新宿先生と大久保先生が連帯保証人になりました。債務者がこのように変更した理由は、神田先生のお考えによるものと思います」、これはあなたの乙九号証の14ページの7行目の記述なんですが、そうすると……。

先ほど、それは主尋問でお答えしました。

裁判官
——今のところは、一番最初の行はさっき訂正削除なされたので。

（注：弾劾しようとした尋問に介入。変更の不自然性を引き出すための尋問に裁判官が介入している）

甲事件原告代理人（渡邊）

乙第九号証を示す

――14ページの７行目、「債務者がこのように変更した理由は、神田先生のお考えによるものと思います」というふうに書かれてるんですが。

私の考えでそういたしました。それを神田先生にお伝えしました。

――22年５月30日にこれを作成しているんですが、この作成のときはだれが作成したんですか。だれと一緒に作成されましたか、高輪弁護士と一緒に作成されたんですか。

高輪先生と神田先生と、だと思います。

――あなたは乙九号証を作成したときには、あなたの記憶どおりに作成したものですね。

……大体はそうだと思います。

――あなたのように変わったのは、何か特別な原因があるんですか。

変わってはいないと思うんですが。

（注：この不自然さを引き出すために裁判長の介入にもかかわらず尋問を続行した）

――変わってないと判断してるんですか。

日本語はいろんな意味がございますので、とり方もいろいろあると思いますが、私としては変わってないつもりでお話ししております。

（注：これを引き出すため）

――このように変更したのは、神田弁護士のお考えによるものと思いますというのと、あなたが独自にやったというのとは全然違うというふうに私は理解するんですが、あなたは同じだというふうに考えてるんですか。

私の考えは一貫しております。あと、日本語のとり方はちょっとよく分かりません。

（注：それなら訂正する必要などない）

――先ほど、借主については、例えば５５００万円については３人の連帯債務であると、そっちのほうがいいとあなたもおっしゃいましたよね。

はい。

――仮に、病院に対する債務と、それから代々木個人に対する１１００万円を貸したのであれば、両方を分けて、１１００万円の公正証書と1億300万の３人の連帯債務に分けて公正証書を作ればよかったのではないですか。

私はそういう専門的なことは分かりません。

――特にそのときは神田弁護士や東税理士がいましたよね。

はい。

――あなたも言ってるように。

はい。

――そういうことについてあなたが話して相談したことはありますか、ありませんか。

ありません。

――そうすると、何もやらずに今のようにしちゃったということですね。

私がしたというよりも、そういうところはよく分かっておりませんので、専門家にお任せしたというのが本当です。

――その専門家はその点について、1100万円と1億300万についての区別とかなんかについて、あなたからもヒアリングとかなんかも全くやってなかったというふうによろしいですね。

はい。

（注：常識に反している。極めて不合理）

乙第二四号証を示す
――2枚目、3枚目の公正証書作成の契約の原案を読みましたか。

はい。

――先ほど言いましたように、3条と7条を訂正されましたよね。

はい。

――それ以外に、1条と2条について見ましたか。

見たと思います。

――1条ではこういうふうに書いてあるんですが、貸付金、「甲は乙に対し、平成21年3月2日金1億1400万円を貸し渡し、乙はこれを受領した。」、2条の支払方法は、「乙は甲に対し、元金につき、平成21年4月1日から平成31年3月31日まで、毎月28日限り金95万円あて計120回の分割し、持参して返済する。」と書いてありますが、これは理解しましたか。

理解しましたというか、見たとは思います。

――見た上で理解しましたか、しませんか。

理解というのがどの程度のことをおっしゃってるのか、よく分からないので。

（注：極めて不自然な答弁）

――要するに、契約日が平成21年3月2日で、金額が1億1400万、それから、支払方法が平成21年4月1日から平成31年3月31日まで月95万、120回で払うということですよ。1行か2行の文章です。

見ているはずですが、とても大変な時期だったので、余り記憶にないのが本当です。

――大変な時期というよりも、公正証書を作るための議論だったんでしょう。

違います。

――議論もしたんでしょう。

議論はしてません。

――訂正をやったんでしょう。

はい、書き直しはしました。

（注：論議もしないで直すことも出来ない）

――にもかかわらず、あなたは読んだけれども理解してないということなんですか。

7月に2つの病院が閉鎖して、8月に辛法人とどうやってうまくやっていくか、本当に大変な時期だったので、見たはずですが、余りよく分かりません、記憶がありません。

――あなたはさっき言ったように、家族同然な人に対してでも返済をするための公正証書を作って、それの債権者であるにもかかわらず、その返済金がいつ幾ら払われるのかということについて何の興味もないし、期待もしなかったんですか。

興味も期待もしないということではありませんが、気づきませんでした。

――気づかなかったということは、興味もなかったということですか。

そういうことではないと思います。見たことは確かですけども、ここに集中してこれを暗記できて理解できたとは思ってません。

――暗記じゃなくて、これを読んで、ああ、こういうふうに払ってもらえるのかというふうに理解したかどうかだけです。簡単なことですよ。

……。

（注：逃げたが答えられなくなっている）

準備書面５（平成22年11月24日付け）の別紙を示す

――①なんですが、これは先ほどあなたが言った、代々木さんに１１００万貸したという件なんですが、よろしいですか。

はい。

――代々木さんの陳述書、乙一五号証のページ３の２行目には、「住宅ローンの見直し自体は８月でした。」と言ってるんですが、あなたは新宿さんからお金の無心について聞いたということですけれども、新宿さんからいつまでにお金が必要なのか聞いたことはありますか、ありませんか。

いつまでとは聞いてませんでした。

――ローンの返済をするかということは聞きましたか、聞きませんか。

ローンの返済をするということは聞きました。

――ローンの返済の申入れをしたのは平成17年７月27日なんですが、なぜ３月の段階でお金の無心、あなたに借りたいということを言ってきたのか、特別何かその点についての理由を聞いたことありますか、ありませんか。

理由を聞いたことはありません。

（注：不自然な答え）

――②の点については、乙九号証のページ７の16行目、「５月29日、事務長の馬場さんや新宿先生から電話でＳＯＳが入ったため、私は、手元の蓄えである300万円を新宿先生に渡し、新宿先生から事務長の馬場さんに渡してもらいました。そのお金が、丁病院か戊病院のどちらに入ったかはわかりませんし、どのように使われたかもわかりません。」と述べていますね。

はい。

――今言った300万円は、どこにあったお金ですか。

自宅にありました。

――自宅のどこにあったんですか。いわゆるたんす預金ですか、それとも。

そうです、たんす預金です。

——自宅のどこのたんすの中に入ってたんですか。

たんすといいましても、自分のかばんの中に入れておりました。

——たんすじゃなくてかばんの中に入れてた。

はい。

——それはいつも持っていくかばんではなくて、何か置いておくかばんなんですか。

そうです。

——それは、ちゃんと鍵がかけられて安全なかばんなんですか。

鍵はかけられません、普通のかばんです。

——その300万が存在したということを裏づける資料はありますか、ありませんか。

ありません。

——③についてなんですが、乙九号証のページ7の下から5行目からですが、「私は、遠戚の大井梅子さんに、再度、電話で頼んでみました。すると、1000万円なら貸していただけるとのことで、6月3日にC市の私の実家でお会いすることにしました。私は、B市から在来線に乗ってC市まで行き、実家で、大井さんから紙袋に入った現金を受け取りました。そして、しばらく寛いだ後、その後の最終で帰京し、新宿先生に受け取った現金を渡しました。その後すぐに新宿先生から馬場さんに渡されたはずです。」というふうに述べていますね。

はい。

——大井さんの陳述書の乙一六号証の1ページの10行目なんですが、葉原医院は2年ぐらい前に閉院しましたが、今でも葉原家で用事があればお墓参りなど、用を頼まれることがありますと、この葉原医院というのは、あなたのご両親がやってた葉原医院のことですね。

はい。

——私が聞くところによると、この葉原医院は経営が困難になったので閉院になったというふうに聞いてるんですが、そうではありませんか。

そうではなく、父が大怪我をしたので閉院しました。

——入院した。

はい。

——それで、仕事の途中で病院の経営が切れたのなら、債務が残りませんでしたか。

(注：資力の問題として聞いている)

甲、乙事件被告代理人
——それは本件と関係あるんですか。

(注：何でも異議を出す)

裁判官

債務は少し残っておりました。

――答えてください。

甲事件原告代理人（渡邊）

――私が聞いたところによると、閉院のため、あなたがこの病院の連帯保証人をしていたことから、あなたも経済的に苦しんだというふうに聞いていますが、そうではありませんか。連帯保証すれば、連帯保証人に来るでしょう、お父さんが払えなかったら。

はい。

――これは個人病院ですよね。

そうです、はい。

――連帯保証人だから払えというような請求が来ませんでしたか。

来てます、はい。

――それで、あなたも苦しんだんじゃないですか。

お支払してますけど。

――現在、ご両親は東京に来て、証人らが面倒を見てると聞いていますが、そうではありませんか。

そうです。

――大井梅子さんからは、平成19年にも２０００万円借りていますよね。

はい。

――平成19年に借りたお金は一銭も払っていませんね。

はい。

――にもかかわらず、また１０００万円貸してくれと言って、また貸してくれたというんですか。

はい。

――しかも、前回も今回も借用書等の書類は作ってませんね。

はい。

――２回借りて、なおかつ一銭も払ってないで、それにもかかわらず借用書等の作成もないということでよろしいですね。

はい。

甲Ａ第五二号証を示す

――大井梅子さんは、乙一六号証の１ページの17行目ですが、たんす預金と言うと信じていただけないかもしれませんが、銀行までは遠く、また、Ｃ市には都銀などはありませんと言っていますが、甲Ａ五二号証に何も書いてない矢印がありますが、これが大井さんの自宅なんですが、この近くに、例えばＨ、Ｙ銀行Ｃ支店、ＢにはＳ銀行、それからＣ市にはＣ信用金庫など、金融機関がいっぱいありますよね。

距離が分からないので、近くにあるって言われても。

――近くにあります。

近くかどうか、私には分かりません。

――Ｃ駅は分かりますよね。

はい。

——そこから大井さんの自宅までの間に先ほど言ったような銀行がありますよね。

おっしゃってる銀行はありますね、はい。

——大井さんから、地銀とか信用金庫はだめで、都銀ならよいという理由を聞いたことはありますか、ありませんか。

ありません。

——大井さんは、乙一六号証の2ページの1行目から、葉原先生が取りにいらっしゃるということでしたので、ご実家である葉原医院まで1000万円の現金を持っていきました。幾つかの束になっていたものをまとめて、手のついてない紙袋に入れ、その上部を折りたたんで、それを手のついたデパートの紙袋に入れて渡しました。葉原先生は、申し訳ない、必ず返しますからねと言ってくださいましたので、私も、先生頑張ってねと言いましたと言ってますね。

はい。

——大井さんは、たんす預金をしているというふうに言ってるんですが、どのようにしてたんす預金をしていたのか、あなたは聞いたことありますか。

聞いたことはありません。

——どういう形でどこにたんす預金をしていたのか、聞いたこともない。

聞いたことはありません。

——あなたが、申し訳ない、必ず返しますからねと、そういうふうに言ってるのに、借用書も書かなかったんですか。

そうです。

——幾つかの束になっていたのをまとめてというふうに大井さんは言ってますが、その束というのはどのような束なんですか。例えば、銀行の帯にくるんだ束にしたのか、ばらばらの金を何かで束にしたのか、どんなものだったですか。

ゴムで結わえてあったと思います。

——ゴムでどういうふうに結わえてあった、何円単位に。

100万円ずつ、ゴムであったと思います。

——ゴムに結わえてたんですか。

はい。

——そういう手続で渡すよりも、近くに幾つも先ほど言った銀行がありますよね、それから送金すれば、安全だし時間的にも早いし費用の点でも便利なんですが、なぜ送金してもらえなかったのか理由はありますか。

安全かもしれませんが、とにかく私は急いでお借りしたかったので、銀行に振り込んでいただくと、ＡＴＭで一日に出せる金額が制限されてしまいます。それで、私も診療しておりますから、そんなにしょっちゅう銀行に行けませんので、現金でお借りしました。そして、それを納得してくださったんだと思います。

——普通の銀行に行ってちゃんと、ＡＴＭじゃなくて普通に取り出せば、別に構わないんじゃないですか、自分の預金通帳に入れて。

　だから、銀行がやってる間に私が本人で行ける時間がなかなかないわけですよ。

（注：このようなまことしやかでも不自然）

――④は、先ほどあなたが言った大森六郎氏からの借入れなんですが、大森六郎氏は新宿証人の親友ですね。

　はい。

――あなたの陳述書、九号証の８ページの21行目に、男同士というものはプライドもあり、貸してとは言えないような関係なのですというふうに書いてあるんですが、これは記憶ありますか。

　貸してとは言えないような関係ではなくて、なかなか言い出しにくかったと思います。

――だから、貸してと言えないようなのでと、そういう関係だったということですね。

　そういう関係というのが、ちょっと私にはよく分かりません。

――そういう状態といいますか。

　そういう状態というのがどういうことをおっしゃってるのか、よく分かりません。

――「男同士というのはプライドもあり、貸してとは言えないようなのです。」とありますよね。

　はい。

乙第一号証を示す
――あなたが送ってきたのは乙一号証ですよね。３枚目には、己クリニック院長新宿七郎という名義がはっきりした口座ですよね。

　はい。

――そうだとすると、借り手というか受け手ははっきりするんじゃないですか。

　関係ないんじゃないでしょうか、どこに振り込まれても、お互いが納得していれば。

（注：前述したことと矛盾している）

――プライドがあり、貸してとは言えないような状態だったら、そんな名義がはっきりしたところへ送るはずないじゃないですか。

　私がお借りしたことは新宿先生はご存じでしたので、別に問題ないと思います。

乙第二号証を示す
――新宿氏が貸してと言えない状態であったら、これはあなたの口座ですよね。

　はい。

――あなた名義の。

　はい。

――ここに送金できなかった、あるいはさせなかった事情はあるんですか。

　特にありません。

――⑦については、町田五郎さんからの借入れですね。

はい。

——患者と医師という関係だけで500万円を貸してくれたというんですね。

そうです。

——あなたは乙九号証の11ページの下から12行目に、「町田さんが、できればM銀行の口座が良いと言ったので、私が管理している新宿先生名義の口座を教えました。」と言ってるんですが、もしあなたが借りるんだったら、乙二号証はあなた名義、葉原松子名義の口座のM銀行ですね。

はい。

——ここに入れてもらえなかった理由はありますか。

そのとき急いでおりましたので、クリニックにあった銀行の口座を教えました。

——でも、あなたが借りるのなら、自分名義のところをすぐ探して連絡しさえすればいいじゃないですか。

家に帰らないと探せないので、その場でお教えするにはこの口座で十分じゃないでしょうか。

——これは、町田さんが新宿さんに貸したからじゃないですか。

そうではありません。

——最後の⑧についてなんですが、あなたのお考えでは、この５５００万円は本来は３人の連帯債務だということですよね。

はい。

——あなたは九号証の５ページの2行目から、「また、知人の医師にも連絡をし、２０００万円なら貸してくれるというので、９月26日の水曜日に、私がその先生の経営するクリニックまで足を運んで、現金を受け取りました。」というふうに言ってますね。

はい。

——この知人の医師に対しても、借用書は発行してますか。

してません。

——してないんですか。

はい。

——この２０００万円は、どんな形であなたに渡されたんですか。

紙袋に入れて渡していただきました。

——その紙袋の中には、どういう形になってましたか。

銀行の帯封が100万円ずつしてありました。

——銀行の帯で。

はい。

——そうしたら、銀行から送金することはできなかったんですか。

とにかくこのときは、供託する日が近づいてましたので、２０００万円を銀行から下ろすということはなかなか難しかったので、とにかく早くお借りしなければいけなかったので、そういたしました。

——ある程度、預託するのに期間はありますよ、早くやれば。それでも、なかったということですか。

それは蒲田先生のなさることなので、私には分かりません。

――２０００万円が入金した資料というのもありませんね。

ありません。

――この２０００万円について、利息と支払期などの定めもないですね。

はい。

――現在に至るも、この２０００万円については払ってませんよね。

はい。

――あなたの陳述書によれば、あなたは平成17年３月に１００万、乙四号証の供託金に19年に２５００万円払ってる、それから21年３月19日に300万円払った。そうすると、合計３９００万円をあなたは手持ち資金を持ってたということなんですね。

はい。

――これらはどこにどのように保管してたんですか。かなりの大金ですよ、４０００万というと。

家に置いてありました。

――家のどこですか。

先ほどと同じ、別のかばんですが、かばんの中に入れておりました。

――そのかばんはどこに入れたんですか。

クローゼットの中です。

――鍵はかからないクローゼットの中に入れたんですか。

はい。

――あなたは危険だと思いませんでしたか。

……一応防犯はしているつもりでしたので。

（注：以上各発言の出所は不自然である）

甲Ａ第二号証を示す
――証人は１億１４００万円の公正証書について、平成21年９月10日に診療報酬債権を差し押さえていますね。１枚目、これはよろしいでしょうか。

……。

甲Ａ第五三号証を示す
――これは委任状なんですが、平成21年９月８日付けであなた名義の差押え申請書の委任状が出てますよね。

はい。

――きちんとこの委任状には当事者が私、債務者が代々木四郎、それから、事件としては債権差押え命令申立て事件、明確に差押えだということが書かれてますよね。

はい。

――この委任状の趣旨は分かりますよね、差押えだということは。

はい。

――これの「21年９月８日」の日付の字体と、あなたの住所と氏名の字体が、数字が字体が違っていますが、これはほかの人が書いたものではありませんか。

　そうだと思います。

――この委任状はいつ渡したものか覚えてますか、覚えてませんか。

　覚えてません。

――少なくとも21年9月8日以前に神田弁護士のほうにお渡ししたというふうに伺ってよろしいでしょうか。

　そう思います。

――結局、今言ったように、21年9月10日に差押えをしましたけれども、その差押えの前に代々木や大久保や新宿が、支払えないので困るということであなたに相談したことはありますか、ありませんか。

　ありません。

――特に、代々木は裏切ることは考えられない人物とあなたも言ってるとおり、そういう人物でしょう。

　はい。

――もし不履行になったら当然相談か何か来ると思うんですが、それもなかったというふうに聞いてよろしいですね。

　はい。

甲A第二号証を示す
――4枚目の下から2行目で、「債務者は、平成21年3月28日を支払日とする割賦金の支払いを怠ったため、約定により同日の経過をもって当然に期限の利益を失った。」と書いてありますね。よろしいですか。

　はい。

――そうすると、あなたが先ほど言ったとおり議論していた21年8月13日には既に期限の利益を失ってるんです。これは、当初からこれらの債権、1億1400万で甲A二で差し押さえることを予定していたのではないですか。

　期限の利益を失ったという意味がよく分からないので、どうお答えしていいか分からないんですが。

（注：理解していないように装っているとしか理解出来ない）

――それは、あなたが相談している弁護士とか東氏から見れば分かりますよね。

　私は分かりません、それは。

――あなたはこの委任状を発行するときには、当然債権差押え命令をするんだということを言われて、この委任状を出したということは間違いないですね。

　はい。

甲、乙事件被告代理人
乙第二九号証を示す
――このメモでございますが、原本が今見つかりませんのでちょっと分かりにくいんですが、文字を見ますと、中ほどの「5／29」、「6／3」、「6／5」というような日付が並んでいるところが、ペンが左側と違うような気がしますが、証人のご記憶で、この日付は後からつけ加えられたというご記憶はないでしょうか。

　どっちだったか覚えてないです。

――反対尋問にも答えておられましたが、順番に書いていったか、ある日取りまとめられたかも、よく今はご記憶がないということでよろしいですか。

　はい。

乙第五号証を示す

――先ほどおっしゃっていた陳述書の件ですが、乙九号証の14ページの7行目、削除に至った経緯でございますが、これを作成しました平成22年5月30日現在は、手元の資料としては乙五号証のみがあったということのようですが、それでよろしいですね。

　はい。

――裁判になりまして、いろんな資料を集めておりましたが、下書きとして乙五号証のみが手元にあって、それをもとに記憶を喚起していただいたところ、こういう陳述書のような書きぶりになったということでしたよね。

　はい。

――それですが、裁判が進みまして、神田先生の事務所のほうから二三号証、四号証、二五号証というものが出てきたので、それをあわせてよく考えたところ、神田事務所の3階の大会議室でこの訂正をなさったことであるとか、そういうことを思い出されたということでよろしいですか。

　はい。

――ですので、このくだりに多少齟齬がありますのは、記憶喚起のチャンスがあって、それで記憶が呼び起こされたということでよろしいですか。

　はい。

――大井さんの陳述書、乙一六号証で、C市の話を聞かれておりましたが、C市は先生のご実家でもいらっしゃいますよね。

　はい。

――そうすると、周辺の事情はよくご存じということだと思いますが、一六号証の1ページ目の下から10行目ぐらい、たんす預金というと信じていただけないかもしれませんが、銀行までは遠く、またC市には都銀などはありません。近所には雑貨屋がやっている簡易郵便局が1つある程度です。郵便局の貯金の限度額は1000万円なので、すぐに超えてしまいますし、田舎なので、大金を持っているということを近所の人たちに知られたくありませんと、これは、先生がご存じのC市の実情からいうと納得できる記載ですか。

　そうだと思います。

(注：前述した客観的事実と明確に相反している)

――今でもメガバンク一つないですね。

　はい。

甲事件原告代理人（渡邊）

乙第二九号証を示す

――あなたのメモを見ると、「H19．9．27、供託金6600万のうち、2000万、大森先生」と書いてありますね。分かりますか。

はい、書いてあります。

――「H21．5月末」というところから4つ目、「2000万円、大森先生」、これは6月5日ですか。

はい、5日です。

――これはどういう関係にあるんですか。同じ2000万、大森先生の2000万がダブって書いてあるんです。

ダブってはおりません。

――どういう関係にあるんですか。同じ2000万だけれども、こういう趣旨とこういう趣旨と、そういうことです。

平成19年のときは、ここに書いてありますので。

――平成19年の供託金6600万のうち2000万の大森先生というものと、21年5月末以降に書かれた4行目の2000万、大森先生、6月5日というものどういう関係にあるんですか。

ダブってはおりませんが、19年の時点でお話しできなかったです。このとき大森先生にお借りしたのは、大森先生のほうが内緒にしてくれということだったので、お話しできませんでした。

――あなたが書いたメモなんだけれども、私から見ればダブってるように見えるんですが、それはどうしてか。

ダブってはおりません。

――その理由は、どういうこととどういうことでダブってないんですか。

甲、乙事件被告代理人

――それぞれ借りたということですよね。

そういうことです。

裁判官

――ここはすごく重要なところですよ。ちゃんと答えてください。

ダブってはおりません。19年にお借りして、21年にもお借りしました。

甲事件原告代理人（渡邊）

――にもかかわらず、1億1400万は同じですよね。で、①から⑧までの中には大森先生は2000万円しかありませんよね。

甲事件原告代理人（近藤）

――平成19年9月27日の2000万と、21年5月から6月、7月と書かれているときの2000万は、別々に2000万ずつお借りしたということですよね。

はい。

――平成19年９月27日の供託金のほうは、陳述書の中で、知人の医師ということで名前は挙げられないとおっしゃってたんですけれども、逆に21年５月のほうは大森先生と名前を出してますよね。

はい。

――どういう趣旨なんですか。

それは大森先生のご都合なので。

――どうしてこちらで名前を出さないで、こちらでは名前を出したんですか。

大森先生に、19年のときはちょっと、お金を貸したっていうのは伏せておいてくれっておっしゃられたので、21年は大丈夫だっておっしゃったので、そのままお書きしました。

――そのまま陳述書も、そのときのとおり、19年のほうは知人の医師というふうに書いてくれと頼まれたと。

はい。

――少なくとも、思ったということですね。

はい。

――21年のほうは送金されてますよね。

はい。

――19年のほうは送金されてませんよね。

はい。

――どうして違うんですか。

供託金を用意するのに時間がなかったので、直接借りに伺いました。

――時間的に余裕があったかなかったかによって、送金するかしないかを決めたということですか。

そうです、はい。

裁判官

――結局、平成19年に借りた名前を出さない知人の医師というのは、大森先生なんですか。

そうです。

――あなたはさっき、現金で、３９００万円かどうかもあれだけど、そういうかなりの大金がうちにあったということなんですが、あなたのうちにはいつもそういう大金があるんですか。

いつもあるとか、そういうことではありません。

――このために現金をお出しになったときは、たまたま何かの都合があって、そのお金がうちにあったんですか。

クリニックをやっておりますので、何かあるといけないので、ある程度は持っておりましたが。

――お金はいつもどのぐらいあるんですか。

１０００万ぐらいはありました。

――１０００万ぐらいは現金である。

はい。

――それは、クリニックでどういうときに使うんですか。

……。

――その現金はクリニックでどういう用途に使うんですか。普通の人は、1000万とかそんなお金って家に置いとかないと思うんですけど、それを置いてあるというのは、何か特別な用途があるんですか。クリニックのために置いてあるというなら、クリニックのどういう用途で置いてるんですか。

クリニックの運転資金として置いてあります。

――運転資金で、例えばどういう支払に充てるんですか。

人件費だとかリース料だとかそういうものに、全額ではないですが、何かあったときのために置いてあります。人件費払えないっていうのは困りますので。

――そういうのは現金で置いてないといけないんですか。例えば、銀行にあって、そこから払うということではだめなんですか。

だめということはないですが、うちに置いてありました。

――今のご証言だと、病院のためにあなたのほうで1億円ぐらいのお金を貸したということになりますよね。

はい。

――病院のためにあなたがそんなにお金を出したというのは、どういう理由なんですか。もう一遍言っていただけますか。

新宿先生、大久保先生、代々木先生と20年ぐらい一緒にお仕事をしてまいりまして、手術室でずっと一緒に仕事をしてまいりました。それで、信頼に足る先生たちだと思いました。それで、その先生たちが病院をなさっているので、それで、地域的には救急医療もやっておりましたし、地域で重要な病院でしたので、何とか先生たちも守りたいと思ってらしたので、私もそう思ってお出ししました。

（注：裁判官も証言が不自然と考えて追及している）

甲、乙事件被告代理人

――先ほど、3900万円のたんす預金ということを言われてましたけれども、実際に貸したのは3回に分けて、平成17年が1100万円で、平成19年が2500万円で、平成21年が300万という形ですよね。

はい。

――一遍に3900万円持ってたというわけではないですよね。

そういうことではないです。

――平成21年7月の終わりころに、先ほども主尋問でお聞きしましたけれども、結果的には差し押さえられていて、診療報酬が入っていなかったということがありましたよね。

はい。

――そのとき、明日にはお給料を払わなければいけなかったという状況だったと思うんですけれども、それはどうされましたか。

それは、持っていたお金でお支払しました。

――それは、ご自宅にあったたんす預金とかそういったものを使われたんですか、それとも預金。

うちに置いてあります。

甲事件原告代理人（近藤）

乙第二九号証を示す
――このメモは、上から順番にメモをしていったという趣旨ですか。例えば、一番上に、平成17年7月に1100万円貸したときにはこの行だけ書いて、次に19年9月27日に供託金6600万のうちこれだけを貸したというのを、順序立てて書いたという趣旨ですか。

何年にわたって順序立てて書いていったかとかということではなくて、どこまで書いたかはちょっとよく分かりません。一緒に書いたか別々に書いたか。

――これをいつの時点で全部どれを書いたかというのは分からないという趣旨ですか。

分からないです、はい。

（注：借りた金員のメモの作成がわからないのは不自然）

――上から10行目に、「H21．5月末～6月末～7月」と書いてありますよね。

はい。

――一番下の500万のところには6月29日ですよね。

はい。

――この7月というのは、6月29日の後に書いたということですか。

分かりません、それは。

――7月って、6月29日の後じゃないと書けないじゃないですか。

そうおっしゃられても、よく分かりません。

――6月29日よりもさかのぼって7月とは書けないですよね。6月29日の後に7月というのを書き足したということですよね。それしか物理的には無理ですよね。

それは分かりません。このころとにかくお金がなかったので、どういう趣旨でこれを書いたかとは覚えてないです。

――これは全部同じ日に書いたんじゃないですか。

同じ日に書いたとは思いません。

以上

(4) 尋問　被告　代々木四郎

（前略）
甲事件原告代理人（渡邊）
甲A第二〇号証を示す
――これは、別件であなたの署名で出された陳述書なんですが、これに間違いないですね。
私のサインです。
――よろしいですね。
はい。

――この内容にも間違いないというふうに聞いてよろしいですね。

ちょっとごめんなさい、内容はまだ。

――あなたが別件で書面で出されたので、当然認められるかと思って言ってるんですが、あなたが署名したものですね。

はい、間違いありません。

――あなたは、これは記憶どおりに作成したと伺ってよろしいですね。

……。

――それとも、記憶と全然違ってるのに勝手に作成したというんですか。

これは多分、書いたものだと思いますが、記憶には余りございませんが。

――記憶どおりに書かれたと思うということでよろしいですか。

はい。

――1枚目の下から5行目に、「私は庚病院で手術をする機会が多くなり、葉原医師ともチームとして仕事をするようになってから現在に至るまで、新宿先生を主に4人で病院を運営していると考えています。」ということですね。

はい。

――乙一五号証の4ページの3行目から、「丁病院の開設者には大久保医師がなり、私は副院長でしたが、開設時の資金は、もっぱら新宿医師が負担し、足りない分については開設者である大久保医師の名前で銀行から借り入れました。このときから、新宿医師、大久保医師、私の3名が連帯して、病院の経営に当たることになり、病院に関する大久保医師名での借入れについては、すべて3人の連帯債務とすることになりました。銀行などの債務に対しては連帯保証人となる場合もあり、そうでない場合もありましたが、我々3人の中では、すべて連帯債務とすることで合意ができていました。」ということで、すべての債務については3人の連帯債務だということでよろしいですね。

はい。

――あなたは、甲A二〇号証の2枚目の下から10行目、「私は庚病院から現在の丁病院と副院長、そして戊病院では院長ですが実質病院を運営しているのは新宿医師であり、経営は新宿医師と馬場さんに任せて自分は戊を立派な病院にする医療に専念するのが勤めだと信じていましたので、金銭的な事情は分かりません。」ということですね。

連絡はちゃんと受けておりましたし、いろいろお話はちゃんとしております。

――今言ったように、そういうことで、実質的な院長、先ほど、主としてということ、中心としてということがあったかもしれませんが、新宿氏が実質的な院長であったということでよろしいですね。

実質的なというのはあれですけども、院長としては私の名前で院長でやっておりますので。

――でも、実質的にやってるのは、あなたは金銭的な経営については関与してないでしょう。

甲、乙事件被告代理人
――院長というのは医療の責任を負うというのが主でございますので、どちらの話をされてるか。

（注：この代理人は自分で陳述書を作成している）

裁判官
――区別して聞いたらどうですか。

甲事件原告代理人（渡邉）

――両方私は含んで言ってるので。

（注：被告が形式的院長に過ぎないことを聞いているのである）

甲、乙事件被告代理人
――医療はご自分だとおっしゃってます。

甲事件原告代理人（渡邉）

――あなたの一五号証の４ページの下から4行目、「以上の次第で、平成21年5月くらいからは、弁護士との打ち合わせなども増え、訴訟を抱えるなど、これまでに経験のないことが続きました。その中で、葉原先生にご迷惑をかけないように、これまでの借入れを一本化する準消費貸借契約をし、公正証書を作成するという話になりました。」、これでよろしいですね。

公正証書に関しては、先ほども申し上げましたけれども。

――端的に答えてください。

借金の保全ということで、公正証書を作成いたしました。

――それ以外に、あなたが債務者となってる２５００万円の公正証書、それから債務者が大久保とする４０００万円の公正証書も作ることになりましたね。

はい。

――この契約は新橋氏が起案することになりましたね。

はい。

――このときにあなたのほうは、２５００万円の債務についてどんなものかとか、いつ借りたとかというようなことを新橋氏に話したことはありますか。

２５００万円の借金というのは、それは恐らく戊病院の開設のときに新宿医師からお借りしたものだと思うんですけれども。

――そういうことを話したことはありましたか。

新橋先生とは直接そのことはお話ししてないかもしれませんが。

――1億１４００万円の債務、要するに代々木先生の債務について、あなたはそのときに聞いたことありますか。

はい、すべての合計するとその値段になると聞いております。

（注：主たる債務者がこのような認識というのは不自然）

――そのときにですよ。

はい。

――新橋氏に話したとき。

新橋氏とは私は、そのときお話ししたかちょっと記憶にないんですけれども、神田先生のところでいろいろお話しされたときに、案文を作るということで、そういう値段になったということは聞いております。

――それは、新橋氏に話したこととは別のことですね。新橋氏がどういう資料で起案したか。

甲、乙事件被告代理人

――異議があります。新橋行政書士とは会ったかどうか覚えてないと言ってますので、そこについて。

甲事件原告代理人（渡邊）

――先ほど言った1億1400万円の債務、代々木先生の債務に関連して、その内容について、さっき言った起案するときに、何か新橋氏のほうから聞いたことはありますか。

ですから、新橋先生とは直接そのお話はしてないんじゃないかと、ちょっと記憶にございません。

――新橋氏から、そのときの債務者はだれにするかとかどうするかとかいうことも聞いてないですね。

そのときは新橋先生とはお話ししてないと思います。

――21年8月13日に乙二三号証のファックスが届きましたね。これは、ご承知かどうか分かりませんが、3通、1億1400万円の契約案、4000万の契約案、それから2500万円のあなたの契約案、これが届いたことはご存じですか。

公正証書の3通ですね。

――公正証書の原案です。

はい。

――そのときに、先ほどあなたが言いましたように、新宿に替わり、債務者にあなたがなりましたね。

はい。

――その後、委任状も作ってますが、それは除いて、最終的に公正証書を作りましたね。

はい。

――3通の公正証書。

はい。

――それについても、あなたは何の異議もなかったというふうに伺ってよろしいですね。

はい。

――新宿証人によりますと、「私と大久保医師と代々木医師は、3人で2つの病院を経営してきましたが、私は、そこに私財を貸し付けています。平成20年に戊病院を開設する際に２５００万円を貸し付けました。」、これは乙二〇号証の１ページの下から6行目なんですが、これに対してあなたのほうでは、乙一五号証の４ページの15行目からこういうふうに言ってますが、「丁病院の経営は順調であり、我々３人はもう少し手を広げられないかと考えていたところ、戊病院という病院の経営者が脱税で検挙されて、病院の権利が売りに出されているという話が舞い込んできました。そこで３人で相談して、これを買い取ることとし、リース物件などを含めて４０００万円でこれを買い取りました。この資金は、新宿医師が大半を負担し、残りは借り入れました。平成20年9月、私が戊病院の開設者になり、戊病院の経営を始めました。私が院長の肩書きを得ましたが、実質的な経営者は新宿医師であり、また、新宿医師、大久保医師、私がすべての病院債務を連帯債務として負担する合意があったことは、丁病院と同様です。」というように言ってますね。

はい。

——証人は今言ったように、３人の連帯債務だというふうに言っているにもかかわらず、２５００万円についてあなたが借受人、債務者になるんですか。

はい。

——３人の連帯債務でしょう。

主債務者という形で私の名前が入ってるんじゃないでしょうか。

——３人の連帯債務者には主債務者というのはないんですよ。

すみません、ちょっとよく分かりません。

——法律的には、３人の連帯債務者であれば、簡単に言えば、だれが払おうと、それは自分が自分の債務を払うんだから、過失金というのは法的には発生しないんですよ。それにもかかわらず、あなたは債務者になるんですか。

よく分かりません。

——あなたは、新宿氏が出したという２５００万の金について、どこから出したのかというのを確認したことはありますか。

それは分かりません。

——新宿個人のお金かどうか、具体的な資料に基づいて確認したことはありますか。

資料などは見たことはありません。

——当時、あなたの乙一五号証の４ページ15行目から、「丁病院の経営は順調であり、我々３人はもう少し手を広げられないかと考えていたところ、戊病院という病院の経営者が脱税で検挙されて、病院の権利が売りに出されているという」云々というふうにあるとおり、丁病院の経営は順調でしたよね。

はい。

——そうすると、戊病院を買い入れるについても、丁病院のほうでお金があったのではないですか。

……ちょっとよく分かりません。

（注：以上のやりとりからしても主たる債務者であることに数々の疑問が生じている）

甲A第一一号証を示す
――これは平成20年7月15日付けの、先ほどあなたが証言した1億円の川崎からの借入金です。この1億円は、戊病院の開設のために借りたものではないですか。

そうです。

――このような1億円があるにもかかわらず、新宿個人の金を2500万円を使ったことを確認したことはありますか。

先ほども申し上げましたけれども、2カ月間は収入が入りませんので、その2カ月間の運転資金として、1億円はどうしても必要なお金です。

――少なくとも、戊病院をやるんだから、買ったんだから、4000万で買ったんでしょう。

そうです。

――4000万というのは1億円の10分の4ですよね。

はい。

――そうすると、それで払えるわけですよ。

そのお金を使ってしまうと経営が回らなくなりますので。

――あなたが新宿さんから2500万円借りたということになってますよね。

はい、そうです。

――そうすると、戊病院は4000万で購入したにもかかわらず、あなたは4000万円の代金に対して新宿に2500万円の借金をし、それから川崎に1億円の借金をし、合計1億2500万円の借金をしたことになるんですが、そのようなことはあるんですか。

4000万円は当初必要なお金でございますし、それはその時点でキャッシュで向こうの鶴見医師にお支払しなきゃいけないものでしたので、そのうち3000万円をお支払させていただいて、残りの1000万は分割で払うということになっております。この1億に関しては、先ほどから繰り返しておりますけれども、2カ月間は収入が入りませんので、その間の運転資金として利用させていただいております。

――あなたの目的は、さっき言った戊病院を購入する目的でしょう。1億と、それから2500万円を借金したというと、あなたは4000万円の新たな病院を買うのに1億2500万円の借金したことになりませんか。

お金は借りております。

――それをあなたは不思議だし、自分はこれおかしいじゃないかと言ったことはないんですか。

全然疑問に思いませんが。

――思いませんか。

はい。

――平成20年9月ごろ、戊病院の権利を買い取るとき、あなたと新宿との間で２５００万円を債権とする消費貸借契約を作成したことはありますか、ありませんか。

消費貸借、契約書は特に、その公正証書だけだと思います。

――それ以降、あなたは２５００万円の債務があるとおっしゃっていますけれども、新宿氏に２５００万円について払ったことはありませんね。

はい。

――一銭もないですね。

払っておりません。

――あなたは乙一五号証の5ページの1行目から、「この葉原先生からの３名連帯の借入れの中には、平成17年の１１００万円は入っていないはずですが、新宿先生、大久保先生ともに、これについても連帯債務を負っていただけるとのことでしたので、ありがたく思いました。葉原先生が、これらを含めて総額を出したところ、1億１４００万円にもなっているとのことでした。前述のように、これらはすべて、新宿医師、大久保医師、私の３人が連帯債務を負っているものですが、公正証書の文案を作成した新橋行政書士の指導で、誰かが主債務者になり、残りの２人が連帯保証人になれば良いとのことでした。最初は、実質的に２つの病院のトップであった新宿医師を主債務者にし、大久保医師と私が連帯保証人になるという文面を示されましたが、戊病院については私が開設者であり、また、平成17年の１１００万円はもともと私１人の債務であったことから、私が主債務者になるべきだと思い、そう申し出ました。その結果、そのように案文は変更されました。」と言ってますね。

はい。

乙第二四号証を示す

――2枚目の借主がもともと新宿であったんですが、これがあなたでなきゃだめであるということをだれかが言ったことはありますか、ありませんか。

借主のところが私のはずだったのが、新宿だったということだと思うんですが。

――あなたが、乙二四号証の2枚目の借主は新宿でなく私であるというふうに、この案が来る前に言ったことはあるんですか、ないんですか。

それは、先ほども申し上げましたけれども、神田先生の事務所だったと思うんですけども、そのときに新橋行政書士が起案したこの案文を見たときに、私の借金もありますので、主債務者は私であるべきであるということをお話しさせていただいたと思います。

――あなたの先ほどの陳述書を見ると、公正証書の文案を作成した行政書士の指導で、だれかが主債務者になり、残りの２人が連帯保証人になればよいとのことでした、ということですよね。

はい。

――本当に新橋行政書士の指導で、だれから主債務者になり、残りの2人が連帯保証人になればよいということをその場で言ったんですか。

新橋先生と、ごめんなさい、そのときの記憶がちょっとないんですけれども、先ほども言ってるように、とにかくこれは直したのは、神田先生のところでこの案文を見せられて、直したという記憶はあります。

――それはだれが指導したんですか。

そのときは、神田先生だったのか東先生だったのか。基本的にこの主債務者というものは私になるというのは、先ほども申し上げた理由ですけれども、1100万円もあるので、私がなるべきではないかということで、そういう形で合意しておりますけれども。

――神田先生が言ったというんですか、だれが言ったんですか。あなたの場合、新橋先生と言ったり。

甲、乙事件被告代理人
――先ほど来、覚えてないと何度も言ってます。

（注：回答者が追い込まれていると感じて執拗な異議）

甲事件原告代理人（渡邊）

――確認してるじゃないですか。覚えてないじゃなくて、言ったり言わなかったりしてるから。

裁判官
――そこは大事なところだから、ちゃんと答えてください。その場で、これを直したのは、だれかの指導というか、だれかから言われてそういうふうに直したという記憶がありますか。

話の中で、これは葉原先生の字だと思うんですけれども、だれの指導というのは、申し訳ございません、ちょっと記憶にはございません。

甲事件原告代理人（渡邊）

――記憶にない。

はい。

――そうすると、専門家が言ったことは記憶にありますか。

その場にいらしたのは、弁護士の先生なり、いらっしゃいましたから、多分そういうので、分かりましたということでなったんではないか、記憶にありません、ごめんなさい。

――弁護士の先生が言ったとおっしゃるなら、連帯債務と連帯保証人というのは法的に全然違うんです。本当に弁護士がそんなことを言ったんですか。

申し訳ない、ちょっと記憶にございません。

――あなたのさっきの陳述書のように、主たる債務者が代々木になって、残りの2人が連帯保証人になればいいということで、そのとおりになったというふうにあなたはお考えなんですか。

はい、私が主債務者ということで、なりました。

乙第二四号証を示す

――３枚目ですが、新宿から代々木に変わっただけで、連帯保証人はたった１人です。本当にそんなことを言ったんですか。

ちょっと記憶にありません、これは。

――あなたの考え方によると、１１００万円についてはあなたの個人的な債務であって、残りの債務は３人の連帯債務であると、病院に対して。そういうふうに答えてますね。

ですが、最終的にはその１１００万に関しても２人が連帯で保証してくれるということで。

――仮に１つの例として、１１００万が個人で残りの１億300万が３人の連帯債務であれば、２つに分けて、あなたが１１００万の公正証書の債務者、それから３人が連帯債務で１億300万の連帯債務者になれば、法律どおりになったんじゃないですか。

その辺のことはちょっとよく分かりません。

――あなたが連帯債務に全部なってもいいというなら、３人が連帯債務者になればいいじゃないですか。なぜならないんですか。

ちょっとよく分かりません、申し訳ございません。

――それは、神田先生なり何なりがアドバイスしたんでしょう。

だと思いますが、神田先生だったかどうだか、申し訳ございません、分かりません。

――そうだったら、法律のプロがちゃんと分けますから、そういうことの理解なんかすぐにできますから、分けるはずなんですが、本当にそういうふうに言ったんですか。

申し訳ございません、ちょっと神田先生の発言かどうかは記憶にございませんが、その話の中でこういう形になったんだと思います。

――あなたは契約内容について、認識についてこう述べています。乙一五号証の5ページの下から9行目、「なお、準消費貸借の日付が平成21年3月になっていたことは、恥ずかしながら気が付きませんでした。新橋氏は行政書士ですし、神田八郎弁護士もチェックしてくれたとのことでしたので、細かい文面は気にしませんでした。利息や遅延損害金の定めについても同様で、特段の取り決めをしたわけではありませんが、新橋氏の案文を見せられて、その条項があることがわかりました。私としては、常識的な取り決めと思い、そのように利息や遅延損害金を支払うことに異存はないため、この点は了解しました。」というふうになっていますね。

はい。

――これは間違いないですね。

はい。

――そうすると、あなたはこの契約書、乙二四号証の2枚目を見て、要は利息と損害金については知っていて、これは了解したと。その余の内容については恥ずかしながら、気がつきませんでしたということですね。

はい。

（注：このような認識は極めて不自然）

乙第二四号証を示す

――2枚目は、3条と7条について訂正がありますよね。

はい。

――ぺら1枚ですよね。にもかかわらず、1条の貸付金、第1条、「甲は乙に対し、平成21年3月2日金1億1400万円を貸し渡し、乙はこれを受領した。」、第2条、支払方法、「乙は甲に対し、元金につき、平成21年4月1日から平成31年3月31日まで、毎月28日限り95万円あて計120回の分割し、持参して返済する。」という条項がありますが、この条項についてはあなたは知らなかった、気がつかなかったということですか。

日付のところは本当に、ごめんなさい、考えておりませんでしたので。

――1条は気がつかなかった。

はい。

――2条はどうですか。

日付に関しては本当に、考えておりませんでした。

――あなたは自分から申し出て、主たる債務者、要するに借主になりましたよね。

はい。

――そうだとすると、借主というのは、いつから幾ら払うかということが最大の関心事になるはずなんですが、これは通常人でも当たり前です、関心事になるはずですけれども、あなたはそれを気づかなかったとおっしゃるんですか。

一応形として主債務者となっておりますけれども、基本的には3人の中での合意で経営してる、そういうこともありましたので。主債務者というのは私ということでなっておりましたけれども、基本的には3人の中でいろいろ考えていくということで、経営に関しては3人の中で話していくということになっておりましたので。

（注：1億1400万円の主たる債務者となりながら、その支払いについて支離滅裂な回答となっている）

――3人の中で、この公正証書によっていつから幾ら支払うか、支払わなきゃいけないのかということについて、だれも知らなかったんですか。

……だれもというのは。

――その3人のだれも。

甲、乙事件被告代理人

――あと2人の認識は分からないと思いますが。新宿先生や大久保先生の認識を代々木先生がご存じかどうかは別の問題です。

（注：異議にも該当しない執拗な発言）

甲事件原告代理人（渡邊）

――３人がそうだというなら、３人とも客観的に、同じグループなんだから、気がつかなかったのか。そんなことは通常の発問じゃないですか。何の異議なんですか。

裁判官

――異議は理由がないですね、却下します。今の質問に答えてください。３人が気がつかなかったのですかという質問ですから、あなたの認識を端的に答えていただければいい。

基本的には、お借りしたお金に対しての保全という意味で公正証書を作成したわけですけれども、その意味合いがとりあえずはまず第一でありますので、この具体的な案文に対して、一応目は通しておるんですけれども。

甲事件原告代理人（渡邊）

――保全という意味で作ったんでしょう。

はい。

――保全という意味は、ちゃんと保全して支払うということになるわけでしょう。

はい。

――その支払うことについて、あなたは三者の連帯だとおっしゃるので、３人とも、いつ幾ら払うかということを気がつかなかったんですか。まずあなた、あるいは次にその他の２人。

日付までは本当に確認、ちょっと、しておりませんというか、全然考えていなかったというのが正直なところです。気がつかなかったというのが本当に正直なところなんですけれども。

――そうしたら、これを作っても、あなたは支払う意思は全くなかったんですか。

いいえ、お金ができたときにはお支払させていただくつもりはもちろんあります。

（注：結局契約内容に全く反している。追い込んだ結果、契約の内容が合意されていない旨自白している）

――これを作っても、お金ができたら支払うという意味なんですか。

この当時はもちろん今、病院の休院状態にありますので、私ども収入を得る手立ては全くないということになります。確かにその後、別のスポンサーがついていただきましたので、それからまた丁病院をとりあえず立ち上げて、やっておりますけれども。

――ところで、病院については平成21年8月当時、戊病院は閉鎖されていましたね。

休院となりました、はい。

――また、丁病院は外来診療のみですよね。

両方とも一応休院という形だったんですけれども、戊病院は休院という形を、届けは後から9月に出してるんですけれども、その時点では、先ほども言いましたけれども、突然の休院でしたので、事情を知らない患者様に対して、丁でも戊病院でも処方箋を交付したり、あるいは紹介状を書いたりという業務は行っておりました。

――要するに、戊病院は閉院されていて、それから丁病院は外来診察のみだということでよろしいですね。

ですから、両方とも医療業務はやっておりました。

――乙九号証の14ページの下から5行目、「丁病院が8月から9月にかけて、細々と外来のみの診療を続けていた」云々、それから、あなたの一五号証の4ページの下から7行目、「平成21年7月に戊病院は閉院を余儀なくされました。」、こういうふうに書いてあります。このとおりではありませんか。

申し訳ございません、それはちょっと間違いです。閉院ではなく休院扱いになるんですが、その日付は9月です。

――休院ですか。休院が9月。

休院です。今も休院中です。

――しかし、戊病院は実際にはやってませんでしたね。

休院中です。

乙第二四号証を示す
――1億1400万円の公正証書によれば、元金が1カ月95万円の分割金ですよね。それから、利息は1カ月、計算すれば、簡単に言えば、1億1400万円掛ける0・05割る12を計算すれば、47万5000円になるんです。すなわち、142万5000円が支払分になる。次に、2500万円の公正証書は、1カ月33万5000円ですよね。それから、同じような計算をすれば、多少切り捨てますけれども、約10万4000円になる。合計すると、1カ月186万4000円に元利ともの支払になる、支払わなきゃいけないことになるんです。あなたは借主になったんだから、平成21年8月ころ、1カ月分の元金利息の合計支払だけで186万4000円ですが、証人はそんな金額を支払えましたか。

休院してる間は無理です。

（注：客観的な面からも契約内容は実現できないことを認めている）

――いつなら大丈夫なんですか。

再開した後に……。

――いつ再開、見通しはありましたか。

それは、その後辛法人といろいろお話合いがありましたので、その中で検討しておりましたけど。

――当時、そんな能力はありませんでしたね。

はい。

――平成21年8月当時、あなたは収入が幾らだったか、記憶はありますか。

私は大体100万いただいておりましたが。閉院前ですね。

――そうすると、月100万で186万円なんていうのは到底払えませんよね。

自分個人の給料では、ちょっと無理だと思います。

——そうすると、あなたは要するに、支払う意思、支払方法についても十分見なかった、よく分からなかった、それから支払計算もしてませんでしたよね、さっき言った２つの公正証書の元利合計の金額。

はい。

——それから、当時186万４０００円の支払能力もありませんでしたね。とすれば、あなたは本件公正証書に基づく支払能力もないし、そんな意思もなかったんじゃないですか。

病院が再開されればそういうお金は出てまいりますので、そういうつもりでおりました。

甲Ａ第二号証を示す

——1枚目で、平成21年９月10日の段階で、あなたの1億１４００万円で本件で争いになっている戊病院の債権を差し押さえられてますよね。

はい。

——そのときに、あなたのほうは差押えの際に、あなたが大久保、葉原さんやなんかに、あるいは新宿さんや大久保さんに、さっき言った186万、支払えないけどどうしたらいいかと相談したことありますか、ありませんか。

病院が再開されればそのお金は払えるお金だと思っておりますけれども。

——差し押さえられてるんだけれども、それが未払いになるんで、これはどうしたらいいかということを仲間に相談したかどうか。

このような差押えが来た場合には、これはすべて、私あてであってもほかの人間であっても、３人でもちろんこれは合議しながら、いろいろ解決に向かって話合いをしております。

——それはいいんだけど、その前にです。支払不払い、例えば12月28日にまた支払期が来るんですが、そのときにも相談したことはありますか、ありませんか、８月28日ころ。

ちょっとよく分からないんですけれども。

甲Ａ第二号証を示す

——４枚目の下から2行目、「債権者は、平成21年３月28日を支払日とする割賦金の支払いを怠ったため、約定により同日の経過をもって当然に期限の利益を失った。」というふうに書かれてますね。

はい。

——そうすると、さっき言った、あなたが借主になった平成21年８月13日の段階では、既にこれは期限の利益を喪失してますよね。

……。

——にもかかわらず、この1億１４００万円の公正証書を作り、あなたを債務者にしたのは、戊病院からの報酬債権の差押えを予定していたのではありませんか。それ以外の理由はありましたか。

ちょっと意味がよく分かりません。

――この段階でもう執行できる状態になってるんです、8月13日。そうすると、あなたはいつまでも3人でやるというんじゃなくて、もう目の前に戊の診療報酬債権が発生するわけです。そのためにこの公正証書を作ったんじゃないですか。そうじゃないとしたら、その理由はありましたか。

公正証書を作成したのは、先ほども言いましたけれども、葉原先生への借金に対する保全ということが第一だったと思いますが。

――保全で一番回収できるのは、目の前の戊の報酬債権でしょう。

病院が始まればですね。

――病院が始まればじゃなくて、前に、2カ月遅れだから、発生して存在するでしょう。

ですから、これは供託金に預けられた分じゃないかな。ちょっと前後の関係がよく分からないんですけれども。

――簡単に言えば、要するに、既に8月13日の段階ではもう強制執行できて、その段階では既に発生がもう確実にされている戊病院の報酬債権があるんだから、それを執行するために公正証書を作ったんでしょう。それ以外の目的がありますか。

強制執行という意味もちょっと分からないので、どのように答えていいか分かりません。

――差押えも分かりませんか。

差し押さえられるのは私のほうですよね、それで。

――あなたは分からないということでいいですか。

ちょっとおっしゃってる意味がよく分かりません、申し訳ございません。

――あなたは分からないとおっしゃるけれども、先ほどの公正証書を作ったときには、先ほどあなたが言ったように神田弁護士等の専門家が関与していますよね。

はい。

――あなたが今言ったように、平成21年8月末に支払ができない、1億1400万円と2500万円についての返済について分からないし、客観的には返済できないというにもかかわらず、この公正証書を作っても大丈夫だという方はいましたか。

大丈夫だというか、みんなの話合いの中で作ったものですから、みんながそれでいいという判断でやったのだと思うんですが。

みんなというのは、だれとだれとだれのことですか。

――そのときに、私と新宿と大久保を初め、そのとき合意した神田弁護士だとかもいたと思うんですけれども。

東氏もいましたよね。

――はい。

その人たちが、オーケーだということですね、大丈夫だと言ったということですね。

――もちろん彼らのオーケーがないと、我々は専門家ではありませんので、あれですけれども、はい。

甲A第四七号証の1及び2を示す

——しかも、あなたは1億１４００万円の抵当権を自宅に設定していますよね。

はい。

——葉原氏が抵当権を設定してるんですが、先ほど言いましたように、葉原氏は乙九号証の３ページの下から9行目から、「代々木先生と葉原先生は、非常に深く結びついていますから、代々木先生が新宿先生や私」、これは葉原先生のことです、「を裏切るということは考えられないからです。」、それから次に、あなたも、４人全員で運営している以上、問題があればそれは４人で解決するものだと確信し、ずっと行動してきました、こういうふうに言ってます。こういう間柄なのに、あなたの自宅に抵当権をつけたんですか。

これも、葉原先生がいろいろな方からお借りした、そういう借金をお返しする、その借金の保全という意味で、やられています。

——それ以外にも、乙三〇号証にいっぱい抵当権をつけてるんですが、この抵当権をつけたのは、あなたの自宅を守るためにつけたんじゃないですか。ほかの債権者が後から差押えや仮差しをしないためにつけたんじゃないですか。

いえ、それはあくまでも葉原先生がお借りしている借金をお返ししなきゃいけないという立場にあると、その借金の保全のために抵当権つけ……。

——具体的に言いますと、甲A二五号証の２ページの下から2行目から、D会社の子安さんという方がこう言ってます。平成21年８月に抵当権金1億１４００万円が設定されており、資産に余剰は見込めませんでしたという報告書を裁判所に出してるんです。まさにこのために、あなたは1億１４００万円の抵当権をつけたんじゃないですか。

あくまでも葉原先生の借金をお返しするというのが第一です。

甲、乙事件被告代理人

——平成21年８月19日、この公正証書を作られた日には、公正証書に書いてあるようにお返しする当てはあったんですか。

病院が再開されれば十分お返しできるというものは考えておりましたけれども。

——そうすると、分割で払うことになっていたけど、そもそもその時点では払えた。

お金はありませんでした。

——払うお金はなかった。

はい。

（注：再主尋問をして墓穴を掘っている）

——そのことは、葉原先生に対してだけではなくて、ほかの債務者さんに対しても同様ですね。

もちろんそうです、はい。

――先生はいろいろ裁判も起こされて、いろんな債務を負ってらっしゃると思うけれども、今現在、どの債務者さんに対してもお返しできない、こういう状況であることは間違いありませんね。

はい、間違いないです。

甲、乙事件被告代理人

――先ほど、公正証書を作成するときに、主債務者をだれにするかということで質問があったと思うんですけれども、それはもともと代々木先生にするということが決まっていたのですよね。

はい。

――だれかの法律家の指導というわけではなくて。

基本的には、戊病院のことであり、また私の1100万という個人的な借入れもあったので、私が主債務者となるということで、葉原先生ともそういう話になってたと記憶しております。

――葉原先生とそういうふうな話になっていて、特別法律家、神田先生ですとか、あとは、新橋行政書士とも直接会ってるかどうかも覚えていないということですよね。

（注：このような再主尋問自体が尋問者の信頼性を失わしめるもの）

そのことに関して、多分新橋先生とお話はしてないと思うんですけれど。

甲、乙事件被告代理人

乙第三〇号証の八を示す

――3枚目ですが、先ほどD会社さんからの報告書に出てきた1660万円の抵当権というのは、このE信用保証株式会社の抵当ということでよろしいですね。

はい。

――先ほど、D会社さんは1660万円の抵当権を気にしておられましたが、それは葉原松子先生の債権ではなくて、このE信用保証さんの抵当権ですね。

はい。

（注：D会社の子安は前記のように抵当権金1億1400万円が設定されていると報告している）

甲事件原告代理人（渡邊）

――あなたは、将来3人で商売が再建すれば払うということで公正証書を作ったけれども、そういう趣旨だったということでしたよね。

はい。

――それは4人の共通認識だったんですか。

4人というか、3人でそういう話でやっておりますし。

――それは具体的に、あなたと新宿氏と大久保氏ですよね。

はい。

――甲Ａ二八で、大久保に対して新宿氏が４０００万円を差押えしてるんですが、もし本当にそういう趣旨だったら、3人でこの債権を、自分たちが今お金がないんだから、ちょっと待ってくださいと、そしてこの診療報酬債権については一般債権者に払うからと、今待ってくださいという話合いはなかったんですか。みんなで、お金ができたら払うんだとおっしゃるんだから、それは強制執行をしないで、差押えなんかをしないで、ゆっくり時間をかけて払うんだとおっしゃるなら、さっき言ったように、４０００万、これは大久保さんに対する債権なんですが、丁病院に対する債権なんですが、甲Ａ二八、これは10月5日に差し押さえているんですが、そのお金は一般債権者に払って、自分たちはゆっくり3人の合意の上で、お金は病院が再建したら払うから、この差押えについては受け戻して、みんなで、一般債権者、先ほど言ったように、まだ払ってもらってない薬問屋とかいろんな業者がいますよね、それはご存じですよね。

はい。

――そういう人に払おうよという話もなかったんですか。

お借りしているお金に関しては、病院再開後ということもありますけれども、例えば丁病院のほうは今、辛法人というのが入りまして再開しておりますし、戊病院も今いろいろ検討してる中で、そういう中でまたそういうお金が、収入が得られるようになれば、お返しすることは可能だと考えておりますので。

はい。

――これなんです。見たら分かるでしょう。

裁判官

甲Ａ第二八号証を示す

――新宿さんが大久保さんに差押えをしてるというのが、これなんです。見たら分かるでしょう。

甲事件原告代理人（渡邊）

――3人であなたのような合意、3人で病院が再建したら払うんだということであったら、この診療報酬債権は一般債権者に払って、それで自分たちはお金ができたら少しずつ葉原さんに払うという話はしなかったんですか、それとも、したんですか。

特にそういう話合いは、ちょっと、やってないと思います。

以上

（注：全体として不自然な供述に終始したあげく、公正証書に定めた債務の履行をする意思もなかったこと、客観的にも支払いが不可能だったことを自認している）

コラム３　建物建築禁止等請求事件

建物建築目的の近隣住民への説明が虚偽であった事案

被告会社Aがビルを建設するに際し、反対運動をしている近隣住民を欺くために一般事務棟建築を行うと説明してビル建設を行ったが、実際は葬祭場として相被告Bに対し一棟貸し契約をしていた。

建物の建築終了後、葬祭場として使用することが判明したため、近隣住民は住民をだまして建築を行った旨抗議した。

反対した。これに対しては、被告A、Bは当初事務棟建設の予定だったが、経済的事情から葬祭場に変更せざるを得なかったと弁解していた。

近隣住民は、当初から葬祭場建設を計画していたのにもかかわらず住民に虚偽の説明をして建築したものであること、本件ビルが集会場としての要件を満たしていないこと、近隣住民の生活環境を破壊するものであることなどを理由として建物の使用禁止と損害賠償を求めて提訴した。

本件建物の構造、設備等から本件建物が事務棟の構造となっておらず、集会場（特に葬祭場）としての設計内容であることを指摘すると、被告側証人Cは当初から葬祭場建設の目的であったことを自白した。この自白の前提として、前の証人に本件ビル建築の際の市場調査等種々の矛盾を突いた結果、やむなく事実を述べるに至ったのである。

自白した後は、構造や設備（エレベーターなど）が葬祭場用として設計されていることを尋問により確認している。自白しなかった場合、弾劾的な尋問項目として用意した項目であった。

なお、本件建物の建築の途中で集会場の基準を満たすためと思われる階段等を広げる工事を行っている。この点については被告会社A、Bの弁解は合理的に見えた。当初、葬祭場も事務棟の基準でよいと考えていた行政が、途中から集会場でなければならないと気づいて直させたものだった。

住民をだまして本件建物を建築したことは必ずしも直ちに違法となるわけではない。しかし、近隣住民をだまして建築したと認めたことは、事情として極めて悪質とみなされた。近隣住民との関係から事業が一層困難となることは必至となり、住民の反対運動が継続していたことも相まって、葬祭場として借りていた被告Bが本件ビルから撤退することで和解が成立した。

コラム4　契約金等返還請求事件

ゴルフ場管理設備が未完なことを自白した事案

被告会社は、被告会社の代表取締役Aが長年かかって取得した農法を応用して、公害を与えないゴルフ場の芝管理の設備ソフトを含むシステム（甲システムという）を開発したと称して、このシステムを販売する代理店の募集を行った。

原告らを含むいくつかの会社が代理店となるための契約金として２０００万～３０００万円を支払って被告会社との間で代理店契約を結んだ。そこで、代理店となった原告らは個別のゴルフ場に甲システムを売り込もうとして被告会社にそのシステムの商品を求めたところ、一向に商品が渡されなかった。

そこで原告らは、被告会社の宣伝した甲システムやその商品は開発などされていないとして、詐欺による不法行為を理由として被告会社や主立った役員に対し、商法266条の３（現会社法429条）の取締役責任を問う訴訟を提訴した。

尋問の結果、被告会社代表者らは甲システムの商品も開発したとするソフトも存在しないことを自白した。ところが、被告代表者の再主尋問では甲システムを提供する義務がないと言ったり、反対尋問の結果を覆しソフトが存在すると供述をした。それにもかかわらず、開発したとするソフトや商品がどこに存在するかさえ答えられなかった。

判決では、被告会社は「甲システム」を提供する義務があったとしたうえ、「代理店募集要項やパンフレットに記載された性能を保持する「乙」システムが被告会社に存在した形跡は見当たらない」と認定し、原告らの完全勝訴となった。

［反対尋問（抄）］

――コンピューターの場合には基本ソフトがあって、そして各ゴルフ場によって、気象条件とか、地形とか、その他、寒い地方なのか暑い地方なのかによってソフトのデータが変わってきますね。

はい。

――被告会社にはゴルフ場のその基本ソフトはあったんですか。

基本ソフトはありました。

――基本ソフトがプログラムとし存在していたというふうに伺ってよろしいですか。

あると理解していただいて結構です。

――あったんですか。なかったんですか。

ありました。

――それはどこで実験しましたか。

それはゴルフ場も農場も同じということでございまして、一万ヘクタールの農場で……。

――あくまでもゴルフ場の基本ソフトですよ。

それはやっていません。

――ゴルフ場のための基本ソフトは存在していましたか。いませんか。

ゴルフ場も農場も同じですから、ただ動かすだけでしたらございました。

――そうすると、あなたは農業用のソフトをそのままゴルフ場の基本ソフトだというふうに称していたんですか。

――そうです。

（注：ゴルフ場のための基本ソフトがないことを認めた）

――それは皆さんに公開できるようなソフトですか。そうではないですか。

公開できるような丙システムが乙になっていますということは申し上げております。丙というのが農業用のシステムでございます。

――農業用のシステムとゴルフ場のシステムはあなたは同じだというわけですね。基本ソフトは。

配置とかスプリンクラーは同じでございます。

――基本ソフト、例えば芝管理と一般の野菜とかなんとかの管理とは違うでしょう。

それは違います。

――そうすると、芝管理に関して、ゴルフ場の管理に関する基本ソフトはあったかなかったか。あったとしたら、どこで実験してあったんですか。

ハードのスプリンクラーと液肥を動かすのはございました。今おっしゃるような芝の管理のはございません。

――ゴルフ場の管理としてはないんでしょう。あなたが宣伝しているのは甲六号証の⑤の管理コンピューターでしょう。乙システムで管理コンピューター、これはソフトを含まれてますね。違うんですか。

そこはどうも違うような気がするんですけれどもね。乙システムはございました。これにもコンピューターは付いてました。

（注：この供述は以前の供述と異なっている）

――コンピューターは、機械だけあってもその基本ソフトがないと動かないでしょう。

それは私は農業用もゴルフ場も同じでしたと申し上げているんです。

――しかし、ゴルフ場と農業用とは違うとあなたはおっしゃっていますね。芝の管理と一般のトマトやなんかの野菜とはソフトは違うでしょう。

作物によって違うことはございます。

――ゴルフ場用の基本ソフトはあったんですかと言ったら、なかったとおっしゃったんじゃないですか。

それはやっぱり初期のものとしては一番あったほうだと思います。ありました。

――どこで実験して、どういうものがあったんですか。

それは私の農場で、A県でもやりましたし……。

――ゴルフ場としての基本ソフトのプログラムがあったんですか。

ありました。

（注：平気で供述を変えている）

――基本ソフトはどこにあったんですか。

基本ソフトはA県でも実験しましたし、スプリンクラーで液肥で栽培するというのはその当時は一番先進的なものでした。

――その基本ソフトはあったんですか。

その程度のソフトならございました。

――ゴルフ場を経営する、実際の運用をする能力を持っているというわけでしょう。それはソフトで、実際にはコンピューターで動かすわけでしょう。あなたの言う省力化でしょう。

はい。

――その省力化できる具体的なゴルフ場の基本ソフトがあったんですか。

それでしたら、ありました。

――どこにあったんですか。

少肥料で、川とか海の汚染につながらないような肥料のやり方とか……。

――プログラムというのはＣＤとかフロッピィとかそういうものに入っているわけですね。そんなものはあったんですか。

これは甲社にございましたから、当社は契約して持っていました。

（注：自社にあったと言いながら、甲社に変わっている）

――甲社にあった。

はい。農業用の。ゴルフ場でも同じものを使ってましたから。

――あなたはゴルフ場の芝の管理とトマトやなんかの農業用とは違うと言われましたね。農業用のをゴルフ場用のソフトに、きちっと実験をして、これがゴルフ場用の基本的なソフトだというものが、ＣＤなりフロッピィとして被告会社にありましたか。ありませんか。

基本的にはあったと思います。

――基本的にはあったというのは何ですか。

液肥だけで植物栽培するというのは大きなノウハウです。

――フロッピィでもＣＤでもいいですが、そういうものの中に基本的なプログラムが納められているでしょう。そういうものがあったかなかったか。

そこまではなかったと思います。

――要するに、ゴルフ場に応用した基本ソフトはなかったというふうにお聞きしてよろしいですね。

それは違いますよ。ちゃんとやってましたよ。

――やってたということと完成したということは別のことですよ。あなた方は商品を売っているわけですから、完成してないとだめでしょう。客観的にそういうものが製品としてあったのかということです。

私共は契約が取れませんでしたから……。

――あなたは具体的なゴルフ場に適用することを言っているんでしょうが、それはゴルフ場によってバリエーションがありますが、それ以前に、基本ソフトがあって、そして基本ソフトをそれに適合して、各ゴルフ場に対応する各ゴルフ場のソフトができ上がるんでしょう。

先生のお尋ねの件でしたらございました。

――どこにあったんですか。

私が言っているのは基本的に3つのそれを使いながら、スプリンクラーで液肥でやるということはできておりました。

――抽象的なことでなくて……。

具体的に3つの商品も出てますし……。

――きちっとプログラムが収められているフロッピィなりCDが被告会社にありましたか。ありませんか。

それはございません。

(注：変転し続けたが、基本的なプログラムはなかったことを認めた)

第3　証言崩壊

1　はじめに

証言（供述）の重要な点が客観的事実や証拠に反したり、自己矛盾に陥っているなど、誰が見ても虚偽証言（供述）であることが明らかとされた事例である。

証言（供述）や主張が確固たる証拠、争いのない事実に数多く反する証言（供述）を引き出したり、場合によっては誰が見ても偽証としか評しえない事実を法廷で明白にすれば、裁判官の心証にも多大な影響があることは言うまでもない。このような尋問の際に、弾劾証拠を利用することがある。

もちろん、証拠は人証ばかりでなく、書証も存在しているが、重要な事実について当事者がことさら虚偽の証言(供述）をしていることが明らかとなれば裁判官に〝心証の雪崩〟現象が生じるのである。
（注）弾劾証拠は当然認められているが、最近の集中審理のなかで弾劾尋問について、相手方などから事前に証拠を出すべきと言ったり、尋問に介入するなどの事例も体験している。確かに、民事訴訟規則102条は、文書の提出時期について「尋問又は意見の陳述を開始する時の相当期間前」に提出すべき旨を定めている。しかし「陳述の信用性を争うための証拠」は除外されている。
裁判官は、このような嘘をつくのは、自己の主張に根拠がない故であると考えること、虚偽の証言を繰り返す者に対する心証は、極めて悪化することは誰が考えても当然と言えよう。

2　不法行為損害賠償請求事件

隣地の工事でモルタルによる被害を受けたとの主張が崩壊した事案

（1）事案の概要と争点及び尋問の目的

ア　概要

被告が地上8階建ての建物を建てたところ、隣地に原告が地上4階建ての建物を所有していた。被告の建築工事の過程で原告所有の建物の外壁がモルタルや機械などによって損傷され、また採光権を侵害されたとして損害賠償の請求をなした事案である。

イ　本件の争点

原告は、被告に対し建物建築の約1年後に訴えを提起し、しかも損傷を受けたとする壁部分は原状のままではなく、

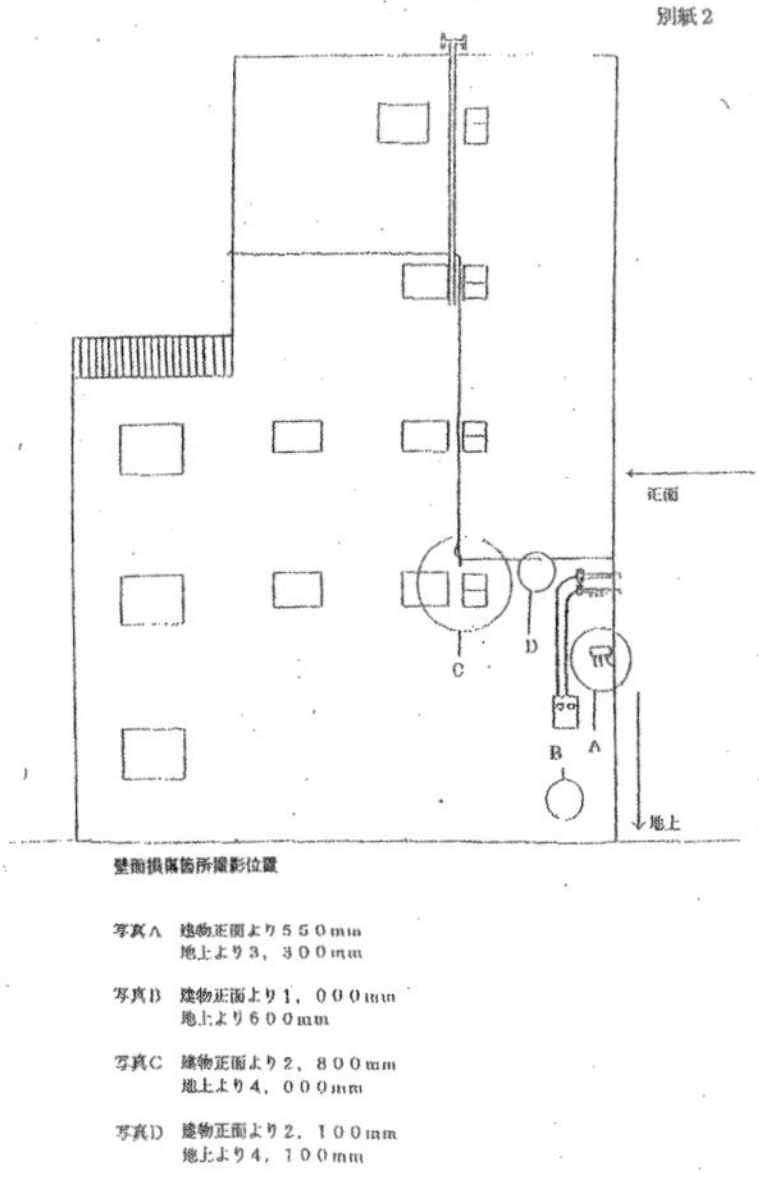

すでに塗装がなされていた。一般に、工事業者が工事関係資料を保存する期間は1年間が多いと言われている。

被告は、原告の建物に被告が行った工事によって損傷したとする4箇所を特定させた。

そのうえで、工事前の原告の建物の写真が偶然発見されていたことから、工事前の原告の建物の壁の凸凹部分と現在の状況を比較検討したところ、4箇所とも〝損傷〟を受けたとする部分には、工事前から原告の建物の壁には既に傷が存在していた。

それらの事実を利用して尋問を組み立てた（筆者は、このような写真が存在しなかったら検証・鑑定を考えていた）。

なお、採光権については、建築法上の範囲、原告の建物の構造等から何ら違法で無いことを指摘した。

本事案では、塗装した業者の証言に対する反対尋問を掲載する。

ウ　反対尋問の目的

・塗装前の状況で、工事による損傷の有無について調べたか。

・傷があったとしたら、何故写真等による状況の保全をしなかったか。

・4箇所の部分について、建築前の建物と比較。

（2）審理の結果

証人らは当初、全く原告所有建物の壁面に損傷がないとしていたが、結局建築前の写真の4箇所の部分との比較によって、原告所有の建物の壁の傷は竣工前からの傷であることが明白となり、証言は事実に反していることが明らかとなった。

その結果、判決も、

「以上、要するに、本件工事の内容から本件建物に原告主張のような損傷が発生したと考えにくく、また、原告が本件工事によって発生した損傷の修理跡と主張する箇所は、平成10年10月に既に存在していたと言うべきである。証人Aの証言及び原告本人尋問の結果のうち、これら認定に反する部分は、客観的な証拠と符号しないので採用できない」と判示した。

（3）証人尋問　証人　石井一男

（略）

被告代理人（渡邊）

——あなたは、塗装工事を主にしているということで、従業員が5名だということですね。

はい。

——何年ぐらいですか。

17年やってます。

——それから、塗装工事が主力だというふうに書いていますけど、修繕工事についても同じぐらいやっているんですか。

そうですね。塗装工事でも、新築と改修工事と行っています。

——17年ぐらいですか。

はい。

甲第一一号証の一ないし四を示す

——これは、あなたが撮ったものですね。

そうです。

——あなたの陳述書の7項のところを見ると、甲第一一号証の一ないし四迄の写真の中でⒶⒷⒸⒹと書いてあるところの塗装部分が盛り上がっているが、その部分はパイプによる傷や、へこみのあった部分である、というふうに書いてあるんです。これを見ると、パイプによる傷やへこみだというしかないんですが、突起部分はそうじゃないんですか。

すみません、モルタルの跳ねた部分もありました。

——というのは、原告の訴状とか、ほかの準備書面についても、同じことが書かれているんです。それらは、全て誤りだというふうにお聞きしてよろしいんですか。

いや、誤りではないんですけど。

——私が言っているのは、パイプによる傷や、へこみのあった部分があるというふうに限定していますから、その部分は、誤りであるというふうに聞いてよろしいんですね。

誤りというか、付け加えていなかったということじゃないでしょうか。

——先ほど、原告代理人が聞きましたが、あなたの陳述書では、それ以前の平成11年の1月ごろ、見たということでしたね。

はい。

甲第一四号証の第四項を示す
——下から3行目ぐらいの、塗装を見積もってもらいたいと言われ、この壁面を調査したが、ほとんど擦り傷もなく上部のほうが多少白くなっていたくらいです、ということですね。

はい。

甲第一一号証の一ないし四を示す
——そうすると、この写真のような突起部分、あなたは傷だとか跳んだものだとかと言っているいろいろな突起部分、こういうものは全くなかったとはっきり記憶していますか。

はい、なかったです。プロですから、分かります。

——間違いないですか。

間違いないです。

（注：意図的に傷がないことを確認している）

——ところで、あなたの陳述書によれば、雨などの水が入るのを防ぐために、塗装工事を行った、それからその後、原告に説明に行ったというふうなことが書いてありますね。

はい。

——まず、工事の対応を聞きますが、通常の工事は、汚れ落としをやって、下地処理をやって、防水処理をやって、吹きつけをやる、これが普通の工事ではありませんか。甲七号証の一にも同じようなことが書いてありますが。

甲第七号証の一、二を示す
——例えば、これの高圧洗浄工事は、汚れ落としのことではないですか。

そうです。

——それから、下地処理工事というのがありますね。それから、外装塗装工事というのが、上塗りのことですね。

そうです。

——それから、エポモル補修というのは、正に穴をふさぐものですね。

はい。

——当時、あなたは、雨等の防水工事をしなければならなかったというふうに書いてあるところを見ると、この建物は、そういう防水工事をしなければならない状態だったというふうに聞いてよろしいですか。

美的なものだと思うんですけど、それといっしょに兼ねて、都内の建物なので、そんなに頻繁に改修工事ができるものではありませんので、社長と、このくらいは美観と一緒にやっておかなければまずいんじゃないかということでやりました。

――そうすると、例えば穴が開いていたくらいだと、当然防水工事をするというのは、本件建物の当然の状態だったんですね。

まあ、塗装工事ですね。

――ところで、あなたの陳述書と原告の主張によると、先ほどとちょっと違っているんですけど、全て盛り上がった部分が、パイプによる傷、及びへこみであると書いてあったものですから、それでお聞きしたいのですが、通常防水工事をする場合、先ほどのような工程をとって、壁面と平らに工事をするのが通常ですよね。突起をさせるなんて、聞いたことがないんですが。私もいろいろな専門家に、防水工事はどうするんだと聞いたら、跳び出すことなんかありませんよ、壁をきれいにするためにまっすぐにしますよというふうに聞いているんですけど、そうではありませんか。

だからそれで、社長に、これは完璧にきれいに収まらないですけどどうしますかと尋ねたら、それはそれでいいということで、あまりえぐれてもよくないので、また、補修するとパターンが消えてしまうのであまり壁を傷付けてもしょうがないからこれでいいということで、話をしてやりました。

（注：このような修繕工事はありえない）

甲第一四号証の第七項を示す
――塗装部分が盛り上がっているのは、その部分はパイプによる傷や、へこみがあった部分だと、あなたも言っているし、原告の訴状もその他の準備書面でも言っているんです。それは、誤りであって、先ほど言ったとおり、何箇所の点だけにへこみがあったということでよろしいですか。

そうですね。4箇所ぐらいあったと思うんですけど。

――あなたは、先ほど原告代理人で述べたとおり、平成11年1月初めごろ、見積りをしたいと言われて、この北側壁面を調査したと言っていますね。

はい。

――平成11年1月ごろ当時、本件建物は、塗装が必要な状況だったんですか。そうでもなかったんですか。

いや、まだそうでものないと思います。まだまだ、期間はあったと思います。

甲第一四号証の第四項を示す
――下から2行目、この壁面を調査したところ、ほとんど擦り傷もなく上部のほうが多少白くなっていたくらいですとういうことですね。

はい。

――そうすると、先ほどの甲第一一号証の一ないし四以外にも、本件建物について、平成11年1月ごろには、突起部分というのは、全然なかったというふうに伺ってよろしいんですか。

なかったです。下から見上げれば分かりますから。

――それは、間違いないですね。はっきり覚えていますか。

はい。

――平成12年11月1日に、甲第七号証一ないし二の見積を出したということですね。

はい。

――この段階では、まだ4箇所かどうか、傷がどの程度深いか、その辺は分かっていましたか。

大体、分かっていました。はしごを掛けて、壁を現調してましたから。

甲第七号証の一ないし三を示す
――1、2で見積書で、3で領収書。

はい。

――金額がぴったり合っているわけですが、普通、よく分からない場合は、工事をやって多少誤差が出てくるわけですが、誤差が全くありませんね。

はい。

――見積書は、当然今言ったⒶないしⒹの傷を含んだ工事ですね。

はい、そのとおりです。

――それが、間違いなく、その見積りの段階で、そのまま出たというふうに聞いていいんですか。

はい、多少ありましたけど、私は自分の決めた金額で、それ以上10万まで出ても、いつもしてましたので、約束どおりその金額でさせていただきました。

――あなたが工事をする段階で、原告は、その傷跡は知っていましたか。

一応、報告いたしました。

――そうすると、原告は、そういう傷に対して怒っていましたか。原告の態度はどうでしたか。

私に対してですか。

――いえ、工事した者に対してです。

それは、怒って当然だと思います。人の家に勝手に傷つけられたら、だれでも怒ると思います。

甲第一四号証の第五項を示す
――きれいに塗装してくれるという約束があったというにもかかわらず、やらなかったという趣旨のことが書いてあるんですが、これは、ほかの原告の訴状とか準備書面にも書いてあるんですが、間違いありませんか。

……。

――この下から3行目に、申し訳ないが約束の塗装はできないと断ってきたので、申し訳ないが私に再度見積もるように言われ、うんぬんということを言われたわけでしょう。

はい。

――原告の準備書面か何かを見れば、塗装する約束があったにもかかわらず、やらなかったというふうに、何度も書いてあるんですが、そうすると、元々原告の主張によれば、原告の建物を傷つけられて、なおかつ約束を反故されたということだったら、怒って当然、怒りますね。

はい。

――そうすると、原告が、あなたに工事を頼むときには、その工事の費用は当然工事会社に請求するつもりだと、あなたは伺いましたか。

その辺は、ちょっと記憶にありません。

――あなたは、原告を見て、今回のように被告に対して、損害賠償をする可能性があると思いましたか。

原告代理人

――ちょっとそれは、意見を求めているので……。

被告代理人（渡邉）

――いえ、そのときの感覚で結構です。

ちょっと趣旨は違うかもしれませんが、私は、甲会社の社長から仕事を依頼されたので、社長からお金をいただくのが筋だと思っていたので。

――だから、その社長が、原告に言わせると、他人のせいで自分の建物が傷ついたと言っているわけですね。しかも、約束を反故したと言っているわけですね。だとすると、あなたから見て、この当時原告は、あなたが補修した後、ちゃんと保証をしてもらうというような対応だったですか。あるいは、そういうことが見えませんでしたか。

そこのことに関しては、全く分かりません。

――そこまで怒っていたなら、工事する前に写真を撮るのが通常ですね。あなたも、17年も工事をやっていたら分かるでしょう。例えば、通常の工事の場合でも、後でクレームがないために、工事前、工事後、きちっと写真を撮りますね。

それは、役所の仕事をしたときとか、営業用に使いたいときには、写真を撮ってきちんとしますが、私は、これ以外は撮りません。

――本件の場合には、今言ったように特殊な場合であると聞いているわけでしょう。

いや、これこうなんで、塗装してくれということだったので、カメラを持っていくほどでもないかなと思ったので、多分忘れたんだと思います。

――原告からも、そういう指示がなかったんですか。

その辺は、記憶にございません。

――記憶にないのか、なかったのかどっちですか。

だから、記憶にないので、申し訳ございません。

――普通なら、そこまでやられたら、当然事前の障害の状態について、写真を撮っておくのが通常ですけど。そうじゃないというのは、通常考えられないんで、それでお聞きしているんです。

それは、だから結局私は、石神社長より、こういうふうに依頼されたので、社長が私の会社を選んでくれたこととは違う部分のことだと思ったんじゃないですか。

――だって、ほかに撮ってくれる人っていないじゃないですか。例えば､あなたは､工事をする場合にブランコでやったとおっしゃいましたね。

はい。

――ブランコでやったときに、工事をする前に、建物に傷ついていることについて、それに関する写真を撮るのに、何か具体的な障害がありましたか、ありませんか。

具体的な障害とは、どういうことですか。

――例えば、遮へい物があったとか、あるいはとてもそんな所は撮れるような状態ではなかったとか、そういうことはありましたか、ありませんか。

もう少し、ゆっくり話してもらえませんか。

――あなたは､甲第一一号証の一ないし四を撮ってますね。

はい。

――そうすると、その工事をする前に、同じようなところに傷があるということで、写真を撮ることに関して、何か具体的な障害がありましたか、ありませんか。

別にありません。なかったです。

甲第一一号証の一を示す

――この部分に、先ほど言った一部分が傷で、それ以外は付着したもの。この膨らみが全部そうですか。

これは、全部、モルタルの流れたものじゃないですか。

――これのⒶ部分以外は、モルタルの跡はなかったんですね。

はい。

甲第一一号証の二を示す

――先ほど言ったへこみ以外の部分、この部分についての突起は何だったんですか。

これは、モルタルですね。

――それ以前は、全くなかったということですね。

はい。

――そうすると､この付近に､全くモルタルのあれはなかったと聞いていいですか。

はい。結構です。

――それで、以前も1個もなかったということですか。

はい。

甲第一一号証の三を示す

――これも同じように、全部モルタルですか。

はい、モルタルです。

――これも、前には、この付近には何もなかったということですか。

はい。

甲第一一号証の四を示す

――これの一部は傷跡があって、後はモルタルですか。

モルタルです。私ははしごで登ってるんで、塗装したとき施工してましたので､確かにこれはあったということは、思い出しました。

――それ以外の横の部分の突起部分は何ですか。

これは、モルタルが付いているんです。跳ねてるじゃないですか。

――そうすると、このⒹの部分についても、同じように跳ねていて、この部分についてもこれ以外、以前も以降も突起部分はなかったと聞いていていいですか。

はい。

――それから先ほど、傷跡の深さを2点か3点言いましたけど、どれくらいの深さだったか覚えていますか。

横へ引っ張ったようなものです。

――引っかき傷みたいなものですか。

そうですね、深いところで2、3センチで、欠けていたんです。欠けていたところは、ある程度コーティングだとかエポモルだとかで処理したんですけど、多少やせている部分があります。

――私は、こんなにいっぱい引っかき傷だとかがないと前提にして尋問したんですが、先ほどあなたが言ったように、傷跡は数箇所ですね。

はい。

乙第五、六号証を示す

――これは、乙第五号証が平成10年の10月21日、乙第六号証が平成10年10月26日に撮影したものです。特に乙第五号証の一の写真を見てください。そうすると、先ほどあなたも指摘した甲一七号証と、ほとんど同じようなときに写真を写したものであるということは分かりますね。

はい。

乙第一一、一二号証を示す

――乙第一一号証の①、②、③、④は、平成14年の最近撮ったものですが、分かりますね。

はい。

――乙第一二号証は、平成14年3月、これも最近のものであるということと、これも本件建物で、どこの場所であるか見れば分かりますね。

はい。

――それ以外の部分は、今まで言ってきた乙第五号証、六号証などを拡大した写真になるんですが、これに基づいて具体的に聞きます。

乙第七号証の一を示す

――これは、乙第五号証の一の一を拡大したものだということは、大体見て分かりますね。

はい。

乙第七号証の二を示す

――これは、乙第五号証の二の下の部分を拡大したもので、神井というポスターもありますが、これは一見して分かりますね。

はい。

――それを前提にして現況からお聞きします。

乙第一一号証の①を示す

――これは現況ですが、乙第五号証の一と対比すると、ちょっと線が切ってありますね。これは分かりますか。

　分かります。

――知ってましたか。

　見て分かりました。

――前はあったけど、全然変わってますね。

　はい。

――乙第一一号証の①の写真の下の黒いところのちょっと上に、縦型の波のようなものがありますね。

裁判官
――乙第一一号証の①の写真の中央部分、黒いものの上に縦筋のようなものが４本あるということですね。

被告代理人（渡邊）

――はい、それ以外の所にもいっぱい縦筋がありますね。これは現況ですが、あなたは、お分かりになりますね。それから、先ほどあなたが指摘した、乙第一一号証の上に以前線があった部分辺りにも、縦筋のものがありますね。

　はい。

――そうすると、先ほどのあなたの証言では、この下のほうの筋は、モルタルの流れではありませんね。あなたは、モルタルなんかなかったって先ほど言いましたね。Ⓐ、Ⓑ、Ⓒ、Ⓓ以外には、そういうものはなかったと、先ほど言いましたよ。これは、どういうものですか。

　……。

――この写真を見て、私から見たら、この黒い上の４本の波とあなたが言っているⒶの部分の波と同じに見えるんですが、あなたは、何が違うかどうか言えますか。

　……。

――分からないなら、分からないで結構です。

　分かりますけど、多分それもモルタルですね。

――そうすると、このいろんなほかの所の線もいっぱいありますね。これも全部モルタルですか。

　これは、擦り傷みたいのですよ。

――さっきあなたは、擦り傷はもうないと言ったでしょ。モルタルもないって言ったんですよ。だから確認したんですよ。そんなに擦り傷やモルタルがあるんですか。

乙第一一号証の①を示す
――この写真を見てください。至る所に波形の凹凸がいっぱいあります。

　まだ数箇所あったんですね。

――それは、全部そうなんですか。至る所にありますよ。

　これは、そうです。

乙第八号証の一を示す
――もっと具体的に聞きますが、これの一番下の黒い部分、ここに波があるのではありませんか。波の凹凸がありますよ。それ以外の所にも、乙第八号証の一を見れば、いっぱい凹凸がありますよ。よく見てください。これは単に拡大したものだけです。結論として、ありますかありませんか。

　私が、写真を撮ったのと違うように思います。

――どういうふうに違うんですか。

　これ、そんなに波が立っているんですか。

――それと同じ格好をしているんじゃありませんか。

　そういうようには思えません。

――私には、その第八号証の一のその部分と同じようにしか見えませんが。

　そのようには思えません。

――先ほどの乙第一一号証の①の写真の黒い上の4本の波がありますが、こんなのはエポモル加工とかしていませんね。

　これはしてません。

――それで、その上に幾つも細い筋がありますね。

　はい。

――これも、何もしてませんね。

　加工したと思いますよ。

――あなた、したんですか。先ほどの証言では、してないと答えているんですよ。

　だから、これは、したかしないか……。

――前提事実を明確に聞いているんです。してないと言っているから聞いているんですよ。それにもかかわらず、したというふうに証言を変更されてる……。

　変更してるんじゃなくて、記憶の中にありますから。

――ですから私は、間違いないですか、まで聞いているんです。

　申し訳ないです。ちょっと、数年前のことだったんで。多分、したかな。あまりひどいところはしてますけど。

――では、今の点については、今までの供述を変えて、したかどうか分からないけど、したかもしれないという趣旨ですか。

　供述を変えてじゃなくて、記憶の中で話をしてますから。

――だから私は、先ほど言ったように前提事実を確認したんです。そうしたら、あなたは、してないと言ったから、おかしいじゃないですかと聞いているんです。そうしたら、今度は、記憶が違うかもしれないというわけですね。

　……。

乙第七号証の二を示す

――この写真中の神井のポスターの左下の部分を見てください。一見して分かる、極めて多くの凸凹があるんじゃないですか。

乙第九号証の一、二を示す

――これは、拡大したものです。かなり激しい凸凹があります。

　見えます。

――あなたが言った、他に凸凹はなかったというのは、明白に誤りですね。答えなくて結構です。

乙第一一号証の②を示す
——ここに、凸凹が激しくありますね。数多くあります。これは、先ほど見ました乙第九号証の一、二と極めて類似しているのではありませんか。これは、現況です。

似てるかもしれないですけど、私が塗ったところは、モルタルの色が……。

——似てるかどうかだけ言ってください。

いや、これはまずいですよ。

——必要があれば、原告のほうで先生が聞きますから、あなたも、極めて似ていると思いませんか。

私が塗った、モルタルの色をしたものとは、似てますね。ただ、私はモルタルが落ちていたところを、きれいに塗ったのを覚えてます。

——今、あなたも認めました乙第九号証の一、二でⒷのところの突起部分は、あなたはなかったとおっしゃっていましたね。

下のほうだから、見落としたのかもしれないです。

——そうすると、それはそのままになっているわけですね。

そのままで処理してたと思います。

——そうだとすると、Ⓑの中のそのままの部分と、そのままでない部分の区別が分かりますか。乙第一一号証の②ですが、こんなにあるんですよ。あなたの写真は、一部しか写ってませんから、私には分からないんです。ところが、乙第一一号証の②みたいに全体を写せばよく分かるんですよ。ところが、あなたの写真は一部しか撮ってないんです。

あと数枚は撮っていると思うんですけど、目立ったところだけ出したんです。モルタルが跳ねて付いた部分を撮ってますので。

——そうすると、あなたは、先ほどの証言どおり、乙第九号証の一の凸凹は、そのまま上から塗ったとおっしゃいましたね。

裁判官
——今説明されているのは、乙第一一号証の①と②ですね。

被告代理人（渡邊）
——乙第九号証の一と二です。そのまま上から塗ったと先ほどおっしゃったでしょう。そうしたら、当然のことですが、そのまま凸凹は、現在も表面に出ていると伺ってよろしいですね。消えてなくなるはずないでしょう。
そう思いますけど。
甲第一一号証の三を示す
——このⒸの部分についてお聞きします。
乙第七号証の一を示す
——この写真の４つある右側の窓の右側に、突起部分が幾つも見えませんか。
あるようです。
——それから、これを拡大したのが、乙第一〇号証です。

乙第一〇号証を示す

——これが、窓のわきです。突起部分が幾つもあるのが分かりますね。

……。

——そうすると、あなたが、先ほど証言したこの部分には以前突起部分はなかった、平らだったというのは、誤りであるというのは明白ですね。

下から見たときは、そういうふうには見えなかったので。

——あなたは、確認したと言っています。しかも、写真で見たら、ちゃんと見えますよ。

はい。

——先ほどは下だから見えなかった、今度は上だから見えない、あなたは、何を見ているんですか。見積りするのに、工事の傷がついたからその工事をしてくれと言われて、下も見ない上も見ない、それで工事をしたんですか。

私が見たのは、モルタルが跳ねてたり、そういうのを中心に見てましたので、これにはモルタルが跳ねたところは載ってなかったですね。

——先ほど言いましたとおり、甲第七号証には、いろんな工事の内容が見積りに書かれているわけでしょう。当然そういうことをやるわけですから、あなたは、当然工事をする前に、どんな状態かということを見るんじゃありませんか。あなたは、それもしないで、17年も商売をしてきたんですか。

私が施工する直前の壁の写真が、ないじゃないですか。あったら挙げてほしいんですけど。そこにモルタルがついているのが、色が違っていたんで。

——我々はないと思っているから、ないと言ってるでしょう。

私も、こう聞かれても……。

——あなたが、あると言っているから、その証拠にあなたが証言しているんですから。

一言だけ言わせてもらえますか。

裁判官

——議論に及ぶ部分は、原告代理人のほうから聞いてもらいますので、おっしゃりたいことは、また順番が回ってきますので、そのときにおっしゃってください。

被告代理人（渡邉）

乙第一一号証の③を示す

——先ほど言った、突起部分があったということは明白であるという上で、お聞きしますが、この突起部分と乙第一〇号証とか、その他の先ほど言ったⒹの資料を見ると、極めて現況と似ているんですが、乙第一一号証の③の写真も上に、真ん中に凸凹がありますね。

はい。

——この真ん中辺の凸凹は、先ほど言ったような、乙第一

○号証の凸凹に似ているのではありませんか。
　似ているような気もしますが、違います。

乙第一二号証の③を示す
――Ⓓの部分で、どう見ても分からないのですが、ここのどこにあるんですか。

　私は、はしごに乗って、きちんとノートに写しながら書いたものなので、間違いはないです。ただ、この写真では分かりません。

乙第七号証の一を示す
――先ほどのⒹの程度の傷は、この写真を見ても、いっぱい前からあったんじゃなかったんですか。

　そんなにはなかったような気がするんですけど。モルタル色をしたのが、いっぱいあったのは確かです。

甲第七号証の一、二を示す
――この見積書は、本件の全体の塗装の部分ですね。ⒶⒷⒸⒹを含むという趣旨でしょう。

　はい、そうです。

――そうすると、これは、本件の問題になっている部分のほかも含んでますね。

　はい。

――そうすると、あなたが主張したへこんだ部分とかだけを工事した分というのは、幾らになるんですか。具体的に数字を言ってください。

　それは、実質的にきちんともう一度、見積りしてみないと言えません。

裁判官
――先ほど、証人がおっしゃろうとしていたことは、どのようなことだったのでしょうか。

　前から既存のものがあるんじゃないかと指摘をされたんですけど、多少はあったかと思うんですけど、私が行ってきちんと見たときには、壁には色が塗ってありますから、その色のほかにモルタルが付いていたグレー色があったんです。そういうところをよく見ていたんで、ここはそうじゃない、ここはそうじゃないって言っても、結局汚したものはきれいにしなきゃいけないということがあるんで、私はちょっと、何を言ってるのかなって思ったんですけど、確かにモルタル色したところはかなりありました。それが言いたかったんです。

被告代理人（渡邉）

――先ほど、甲第七号証の見積書、領収書がありましたね。その中で、仮にあなたの主張が正しいとして、削ったところ、モルタルのところ、それから傷を直したところ、それは具体的に幾らになりますか。

　今は言えないんで、申し訳ありません。

（注：工事前の写真が存在していたので現在の状況を証人に確認したうえで、工事前の状況と比較させ、モルタル等

の傷と主張しているのは工事前に存在していた傷と一致していることを指摘し、証言の虚偽性を明らかにした）

3　建物所有権移転登記・抵当権設定登記抹消登記請求事件

通謀虚偽表示による登記であることが明らかとなった事案

（1）事案の概要と争点及び尋問の目的

ア　概要

本件の主たる事実は次のとおりである。Aはその弟である原告が所有する建物を被告B名義に移転させた。これは別件訴訟で引っ込み思案の原告を法廷で証言させるのはかわいそうだからと慮り、建物名義をAの名義にしようとしたところ、被告Bが自己の名義にしておけば安心だからというので、Aはこれを了承し、被告B名義とした。

また、この建物にはその後、被告会社Cが被告Bに対する1億2000万円の債権があると称し、1億2000万円にのぼる抵当権が付けられた。

ところが、被告Bはその後態度を変え、被告BはAのために500万円を支払った立替金のかわりに当該建物を取得したと主張し、また被告Cは被告Bに対する債権があり、また被告Bへの譲渡は仮装譲渡などとは知らなかったものであって、善意の第三者であるから抵当権設定登記は有効であると主張した。

イ　本件の争点

そこで、争点は、

・被告Bに対する所有権移転登記手続きが通謀虚偽表示によるものであるのか

・また、被告Cは所有権の登記について被告B名義となっていることが通謀虚偽表示であることを知っていたか

・更に1億2000万円を原告に対して貸し付けた事実が存在していたかどうかであった。

ウ　反対尋問の目的

被告Bに対しては、

・被告B名義とした目的についての被告Bの主張の変遷の指摘と代位弁済により取得したとの主張は事実に反すること

・建物を取得した原因とする立替金の原因がないこと

・代金を出したのは別人であること

被告Cの代表者Dに対しては、

・建物の名義が被告Cのものと考えておらず、原告のものとして行動していること

・被告CのBへの債権のいくつかは、Aに対し有するとしていた1億2000万円の債権と客観的事実が食い違っており、存在しえないこと

・被告Cが抵当権を設定する際、Aが権利証を保管してお

り、Ａの了承を得なければならなかったこと

（２）審理の結果

当初裁判所は、被告Ｃの代表者Ｄの尋問は不要ではないかとまで述べた（このことは裁判所が被告Ｃ社の抵当権設定登記に関する悪意の立証は不可能と考えていたことを伺わせる）。

尋問の結果、判決は被告Ｂに売買の実態がないこと、500万円の支払いの事実は認められないことなどから、被告Ｂへの名義の変更は通謀虚偽表示であると認めた。

被告Ｃに対しても、抵当権設定登記をする際、権利証を預かっていた弁護士から受け取ったことなどから、弁護士から本件建物の真実の所有者は被告Ｂではないことを告げられたと推認した。また、被担保債権についても訴外Ａ社からの債権譲渡があったことなどは認められないとした。そして、被担保債権の存在を否定し、悪意であるとし、抵当権設定登記の抹消を認めた。

本事件では、被告らの弁解を客観的事実と突き合わせて被告らの矛盾を突くこと、また、当初裁判所はＤの本人尋問の必要性をあまり認めていなかった。そこで、被告ＣがＤの本人尋問を採用しないのであれば、原告がＤの本人尋問の申請を行うと述べ、Ｄの本人尋問を実現された。また、裁判所の理解が不十分と考え、証拠調べの人数が多くなったことから、尋問期日が2回にわたったことを利用して、第1回尋問期日の5日後に第1回尋問期日に行われた証人尋問についての証拠弁論を提出した。この弁論がかなり効を奏し裁判官の心証を変えたと思われる。

このことは、Ｄの当該尋問は必要がないと言っていた裁判官がＤの尋問の際に追及していることに留意されたい。なお、Ｄの再主尋問の際、誘導尋問となったので異議を述べたが、再主尋問であるからとして、異議を認めなかったのには驚かされた。（注１）（注２）

（注１）調書をみればわかるように、裁判官はＤの採用を渋ったにもかかわらず、尋問の際に自らも追及している。

仮に裁判官の当初の方針に諾々として従っていたらこのような尋問の結果はなかったであろう。裁判官の思い込みの危険性と懐の深さの必要性を感じさせる出来事であった。

（注２）再主尋問は誘導して良いなどという教科書は見たことがない。訴訟指揮の水準が疑われる。ただし、再主尋問を読めば、明らかに10問くらい回答が連続して〝はい〟などと答えており、誘導尋問であることが際立っており、そのため供述の信用性が疑われることは明白である。

（3）被告本人尋問　関一郎

被告関一郎代理人

――まず、あなたの経歴についてなんですけれども、以前、参議院の議員秘書をしていたということなんですけど、それは間違いないですか。

間違いないです。

――その後は甲株式会社という会社の代表をやってたということで間違いないですか。

はい、間違いありません。

――乙会社との関係を聞きたいんですが、どういう経緯で知り合いましたか。

非常勤役員です。

――どういうふうに乙会社と知り合ったんですか。

同じ不動産仲間として、以前、取引をしたことがある。

――それで今おっしゃられたように取締役に入っていらっしゃると。

はい。

――乙会社の取締役として、あなたはどういう仕事をされてたんですか。

特別に何か乙会社のほうで必要なときに。というのは、議員秘書時代から役所に知り合いがいますんで、そんな問題があったときにだけ動いております。

――そうすると、ふだんは出勤したりとかいうことはなかったんですね。

ありません。

――あなたと伏見次男さんの、本件の建物の売買契約がありますね。

はい。

――これについて、乙会社の柳沢さんが知ってたということはありますかね。

会社の仕事とは別に、私、伏見さんとお付き合いをしていたんで、知ってるか知らないか、ちょっと私は分かりません。

――初めにはあなたは乙会社の名刺を持って行ったんですかね。

はい。紹介をされたものは乙会社です。

――ただ、その後の付き合いは、乙会社の取締役としてお付き合いしたわけではないと、一男さんと。

はい。

――一男さんと知り合った経緯についてちょっとお聞きしますけれども、平成16年の初めごろに乙会社の柳沢さんから紹介されたということでよろしいですか。

はい。

――どういう理由で紹介されたんですか。

何か税金の問題でいじめられていると、話を聞いて面倒見てほしいということを聞きました。

――それで、あなたは、その税金の問題ですね、お手伝いをしたんですか。

しました。

——具体的にはどういうことをしましたか。

国税局が言うには、任意売買をする、任意売買をするということを聞いているけれども、なかなか進まないと。もう国税局としては、待ったのが目一杯だと、もう公売だと。でも、本人、任意売買に努力をしているから、もっと時間をくれという話をしました。

——任意売買をするというのは、一男さんがということですね。

そうです。

——任意売買をして税金を支払うという話をしていたけれども、それができないのでということですね。

そうです。

——それで、国税局にはあなたが行ったんですか。

私が行きました。

——それで、公売を延期するような話をしたということでよろしいですか。

延ばしたと。国税局の人間が伏見さんの自宅まで出向いてくれて、それで伏見さんと話をしたと思います。

——結果として、公売は延期されたんですか、されないんですか。

公売開始は延期をされました。

——その後、そういう税金の問題であるとか、あと、不動産の問題もあったんでしょうね。

はい。

——そんなことで、あなたはその後、初め紹介を受けた後、あなたは一男さんにいろいろ協力をするようになったわけですね。

はい。話を聞くうちに、そういう気持ちになりました。

——次男さんとお付き合いはありますか。

ありません。

——でも、会ったことはありますか。

3年ぐらいの間に3回ぐらい会いました。

——鶴子さんとはお会いしたことありますか。

事務所以外、自宅へお邪魔をするときには必ずいたような気がします。

——じゃあ、鶴子さんとはそれなりのお付き合いはあったというふうに聞いていいですか。

はい。

——そういうふうに伏見家と付き合いができるようになって、その財政の状況というのはいかがでしたかね。一男さんについてどうですか。

現金、要するにお金がないと。要するに、毎月支払については大変苦労をされたように見受けられました。

——次男氏についてはどういうふうに聞いてましたか。

次男氏について、伏見一男さんから聞いている範囲内では、ものすごくはやったパチンコ屋が、私が伺うときには余りよくなかったと聞いております。

――そうすると、伏見家の財政状況としてはあんまりよくなかったというふうに認識していたんですね。

はい。

――それで、あなた自身が伏見一男さんにお金を貸したという事実はありますか。

あります。

――どういうときにお金を貸してましたか。

要するに、困っているときに貸すという程度です。

(注：逆である)

――ほかにも、あなたが一男さんのためにお金を使ったということはありますか。

一男さんの件について経費がかかって動いたということはあります。

――月にすると、大体どれくらいでしたか。ざっとでいいですよ。

多いときも少ないときもありますから、その1つずつですか、延べですか。

――いや、ざっとひと月どれくらいという、幾らから幾らぐらいというふうに。

まあ、2、30万かと思います。

――その経費なんですけど、立て替えた分を精算してもらうのは毎月してもらってましたか。

毎月のときもあれば、でも、必ず伏見さんは精算をしてくれてます。

――ただ、毎月だったんですか、毎月じゃないんですか。

まあ、毎月と言っていいぐらいです。

――一男さんはだんだん資金的にきつかったのに、それなのに毎月できてたんですか。これ、覚えているか覚えてないか、きちっと言ってくださいね。

毎月じゃありません。

――毎月だったかどうか分からないということでいいですか。

はい。

――田弁護士さんとあなたの関係というのはどういうものなんですかね。

私が法律相談をしている弁護士さんです。

――伏見一男さんに田先生を紹介したのはだれですか。

私です。

――伏見さんに紹介した時点で、あなたは田先生とどれくらいの付き合いがありましたか。
6、7年じゃないかと思います。
――田先生の費用、後に丙株式会社に対する件で一男さんの代理人に立ってもらうということで、そのときの費用をあなたが立て替えたということはありますか。

あります。

――どういう方法で立て替えましたか。

私の通帳から、田先生にカードを渡して、田先生が下ろして、それを後で伏見さんに精算していただいてます。

――そうやって立替払をしたことがあると。

はい。

――そのとき、幾らですかね。

そのカードのときには100万です。

――それはどういう名目で支払った報酬ですか。

中間金です。

――今回の建物の売買について聞きますけれども、先ほど花井さんが、まあ、伏見さんもそうですけど、平成19年の３月23日、第１契約と呼ばせていただきますけど、その第１契約の前に打合せをしたというふうに言っているんですけど、あなたは記憶ありますか。

ありません。

――抵当権を付けるとか付けないとか、あなたに名義を変更するとかしないとかじゃなく、次男さんの名義のままで抵当権を付けるというお話はありましたか。

花井君にお金を借りに行ったときに、担保が欲しいという話は聞いております。

――今回の本件の建物を次男さんの名義からあなたの名義に移すというのは、だれが言い出したことなんですか。だれがその売買をしてくださいというふうに言ったんですか。

私が言ったんじゃないかな。それは花井君に言われて。

――花井さんが言って、あなたが。

花井君が、そういう形をとるならば融資をしてもいいということを言われまして。

――それで、あなたはその花井さんに言われたことを伏見一男さんに伝えたわけですか。

何とか資金を借りたかったから。

――小切手を使って支払うという方法が今回ダミーというふうに花井さんはおっしゃっているけれども、その方法はだれが考えたんですかね。

私です。

――あなたが考えたんですか。

はい。

――それはどういう理由ですか。

小切手で支払えば、きちっとしたことができると。

――きちっとしたというのは、どういうことですか。

払うのが現金なら、もらった、もらわないと後で出てきますけれども、後々きちっとしなければいけない。それで、小切手で、支手で払うこと。

――で、支払を小切手でしたということなんだけど、その小切手、だれが用意したんですか。

花井君です。

――そうすると、あなたはＴ会社か花井さんかに借金をしちゃっていることになるんじゃないですかね。

そうですね、はい。

――あなたはその500万について、例えば現金で花井さんに返したようなことはあるんですか。

ありません。

——なぜ返してないんですか。

伏見氏が返してくれるような話になりました。

——それはなぜですか。

私が貸してる金と相殺をするとか、立て替えてる金と相殺をするとか、そういう形です。

——あなたが一男さんに貸してるとか立て替えてるようなお金と相殺をするということで、関さん、一男さん、花井さんで合意ができたということですよね。

はい。

——そもそも今回の売買契約については、先ほど、花井さんからあったということなんですけれども、そのときにあなたのメリットって何かあったんですかね。

はい、ありました。

——どういうメリットがあったんですか。

完全にこの再建計画が終わったときに精算をしようということになってますから、すべてのことが完了するということためにというメリットもあります。

——すべてのことって、どういうことですか。

私が話をしてお金を出してくださった方、一杯います。それらの精算も終わってくれないと、事実上困ると。

——あなたが困るというのは、今あなたが言ったのは、融資をあなたがお願いしたところからの融資を受けたと。で、精算してもらわないと困るというのは、あなたの名義になっていたりするからですかね。

うん、そうです。

——そのほかに何かありますか。

その計画推進のために、だれも裏切れない。

——計画というのは何ですか。

再建計画です。

——再建計画って何ですか。

要するに大規模開発をして、みんなで。

——何の開発をするんですか。

伏見氏所有の土地の開発です。

——それを一帯で開発ができるようになるからということですか。

うん。

——その契約にだれが立ち会いましたかね。そのというのは、第1契約ですね。

契約をした場には、花井氏、一男さん、金井先生、私だけです。

——先ほどの話だと、次男さんが途中からいらっしゃったとか、初めからいたような話があったんですけど、それはどうなんですか。

ありません。

——次男さんには、じゃあ、本人確認取ってないんですかね。

本人確認は、金井司法書士と花井氏と一男氏の3人で、次男さん及び母親の確認を取りに行ってるはずです。

――その３名が確認を取りに行ったとき、あなたはどこにいたんですか。

私はその場にいました。

――その場というのはどこですか。

伏見さんの事務所です。

――そのとき、あなたはなんでついていかないことになったんですか。

３人で行ってくるからということ、私の代理人として金井司法書士がいることなんで、先生にお願いをしている以上、私、行かなくても大丈夫かなと思いました。

――そうすると、その場には次男さんはいなかったという御記憶ですね。

はい。

――５０００万円の抵当権が付いていると思うんですね、丁会社のね。で、これ、抵当権なんですけど、あなたは５０００万の融資を受けたことありますか。

ありません。

――これ、なんであなたが債務者として抵当権を付けられているんですかね。

それが条件で融資を受けたと思います。

――今回は小切手で決済をしたんだけれども、その当時あなたは現金で、例えば花井さんが小切手を持ってこなかったとしても、あなたは現金で払いましたか。

払いました。

――それはどういうお金で払えるんですか。

通帳から出して払うだけです。

――その通帳に入っていたお金というのは、前の会社で稼いだとか、そういうことですか。

そうです。

――その当時、丁会社さん以外で借入れの見込みがありましたか、一男さんに対しての。

ありません。

――一男さんが特別急いで資金を作りたいというような事情はありましたか。

やっぱり毎月の資金繰りか、年末の資金繰りか、何かショートしていたんじゃないかと思います。

――契約したのが３月28日なんですね。月末なんで、そういう支払とかいう、そういうことですかね。

その辺は、私、存じておりません。

――権利証及び契約書、これはだれが持っているんですか。

私の分は花井君が持ってます。

――私の分はというふうに言いましたけれども、契約書は何通作りましたか。

２通作りました。

――丙株式会社との控訴審において、丙株式会社からあなたに対して本件建物を買いたいというような話はありましたか。

裁判所を通じて、買うという話はしてきました。

——裁判所を通じてというのは、だれから聞いたんですかね。

田弁護士から聞きました。

——それに対して、あなたはどうしましたか。

お会いをするということを言いました。

——じゃあ、次、第2の契約、あなたと一男さんの再売買の契約についてちょっと聞きますけれども、この第2の再売買契約って、だれが言い出したことなんですか。

柳沢さんです。

——どういうふうに言われたんですか。

売買契約書を母親並びに次男さんに見せると、見せたいと。

——見せたいというふうに聞いた。

はい。

——具体的な内容を聞いてますか。

それしか頭に残ってません。

——あなたとして、再売買するメリットってあるんですか。先ほど、自分の名義で借りたことになってしまっていると、そういう保全のためとか、一帯開発の保全のためというような話をしたと思うんですけどね。なのに、また一男さんに戻しちゃったら、その保全がなくなってしまうわけですね。あなたに、それ、メリットあるんですかね。

再売買のメリット……、例えば。

——あるか、ないかで。

ない。

——ないのに、なんであなたはしたんですか、わざわざ。

一男さんが立場上欲しいというもんだから、別に私、それ以上の考えはないです。

——今回の再売買の契約ですね、これ、どこでしましたか。

田先生のところです。

——田先生のところに、契約前に伏見一男さんと相談に行ったことはありますか。再売買のことについてですね。

相談はしていません。

——田弁護士は契約のとき同席していましたか。

1つの部屋におりました。

——そのとき、田先生から何かお話がありましたか。

具体的に覚えてません。

——契約のときに、その三者の中でどういう話がありましたか。

三者の中でどういう話があった……。

——じゃあ、ちょっと聞き方を変えますね。今回の契約に具体的な条件を何か付けましたかね。

3つ付いております。

——どんな条件ですか。

1つは、次男さんを住まわせる、このすべての件が終わるまで。要するに、次男さんをまず住まわせる。それからもう1つは、すべての債務を精算した後に名変をする。それからもう1つは、売るときに、個々でばらばらに売らない、一緒に売りましょうと。

――そういう条件を付けたんですね。

はい。それが私と伏見さんがお互いを思って決めた条件です。

――その条件は、随分初めのほうからそういう話はしてたんですか、お会いしたころから。

してました。

――一帯に開発しようというような話はしてたということですね。

はい。

――あなたは、一帯的に開発するんであれば、だれの名義であってもいいというような考えだったんですかね。

そうですね。

――550万円、実際4月19日に振り込まれていると思うんですね、あなたの口座に一男さんから。

はい。

――それで、これはあなたは返金したとおっしゃっているんだけど。

はい、返金しました。

――返金するという話は契約のときからあったんですか。

その第2契約をするときからありました。

――550万円を一男さんが払うというのは、そのときの状況に照らして、あなたとしてどういうふうに思いましたか。

無理だと思います。

――無理だと思うから、あなたは返金するという話をした。

はい。

――実際に500万円返金しているんですね。50万円に関してはしてないんですけど、これ、どういうことですかね。

それは立替えか何かの相殺じゃないかと思います。

――あなたとしては、相殺じゃないかじゃなくて、あなたが返してないんだから、どっちなんですか。

相殺です。

――立替払金とか、今までの貸付金と相殺をしたから、返してないの。

はい。

――これ、連日返金してないんですよね。例えば1日からだったら、1、2、3、4とかじゃないんですよ。なんでですか。

私、通帳を持ってない、カードで出し入れをしてますんで、カードの1日下ろせる限度が50万、それで50万を何回も運ばせていただきました。

――ちゃんと聞いてくださいよ。1、2、3、4とか、連日じゃないんですよ。

連日じゃないのは、一男さんが僕を気遣ってくれて、毎日毎日届けてくれるのは大変だと、届けてくれればいいから別段急がなくていいよと。

――そういうふうに言われたということですね。

はい。

――あなた、これは地代を払ってますか、鶴子さんに対して。

払ってません。それは次男さんに払ってくれと言ってます。

――なんで次男さんが払わなきゃいけないんですか。

家賃も取りません。次男さんが払うのは当たり前だと思います。

――あなたは次男さんから家賃を取ってないですね。

取ってないです。

――権利証とか契約書、これはどこにありますか。

田弁護士のところです。

――再売買の契約書は何通作りましたか。

1通です。

――最後になりますけど、一男さんに金銭の要求というのをしたことはありますか。

立替金精算だとか何かの問題はありますけれども、要求はありません。

――毎月、コンサルタント料なんていうものをもらってましたか。

経費はもらってます。

――もらってましたか、どうなんですか。

頂いてないです。

被告関一郎復代理人
――建物の固定資産税というのは払ってますか。

何か市役所から私を捜し求めて、何か市役所いわくは、通知を出したんだけれども届かないと。

――結論だけでいいですよ。払ったのか。

払いました。

――丙株式会社との和解ってありましたね。

はい。

――これ、どういうふうにかかわりましたか。

かかわっておりません。

――関さんはかかわってないと。

はい。

――花井さんは関与してますか。

と聞いております。

――どういうふうに関与。

知りません。

――それから、再売買がありましたね。先ほど、これ、条件が3つあったと。で、そのうちの1個が、一帯で開発すると、そういう話がありましたね。

ありました。

――結果として、この土地建物というのは一帯で開発されましたか。

されません。

原告代理人（渡邊）

乙第一二号証を示す
――4ページの下から6行目を示します。「なお、私は一男氏のために様々なことを手伝っていたのですが、一男氏から報酬をもらったことは一切ありませんでした。」と書いてありますね。

　はい。

丁第一号証を示す
――ところが、伏見一男氏の陳述書の2ページの1行目、「私は、平成17年2月以降、関氏に対し、月額50万円の『コンサルタント料』や『給料』などの名下で金員を支払うほど、関氏を信用するようになっていったのです。」と、こういうふうにありますけれども、あなたは、給料、報酬等をもらったことは一切ありませんか。

　ありません。

――全くない。

　はい。

――次に経費についてお聞きしたいんですが、経費については、被告第2準備書面の2ページの4行目から、「訴外戊会社から第三者弁済をうるために奔走したのは、被告関であるが、これに至るまでには、様々な企業や、投資家の説得のため、ある程度の費用が必要であり、これを訴外一男に負担してもらったことはある。」と、こういうふうにありますけれども、この経費については負担してもらっているわけですね。

　はい、私が使った経費について精算をしていただいてます。

――先ほど、私のメモによると、精算は毎月のときもあれば、必ず精算していたというふうに言ってますね。

　はい、お金があるときに精算していました。

――経費というのは、電車賃とか何かありますけど、特別高いものはありませんか。

　……。

――さっき、100万円の話がありましたけど、特別何百万か、そういうものはない。

　何百万というのは、そんなことはありません。

――電車賃とか、そういう程度のもの。

　そうですね。

――平成19年3月28日、これは第1契約の日ですけれども、当時これの経費が幾らぐらいあったか、具体的に御記憶ですか。

　何の経費ですか。

――いや、だから、あなたは経費があると言っている。さっき言ったように、ある程度の経費が必要であり、それを払ってもらったと言っているんで、しかも、先ほど言ったように、資金があれば必ず精算したという趣旨のこともおっしゃっているから、幾らぐらいあったんですか、あなたの記憶で。

さっき先生がおっしゃった程度だと思います。

——僕、具体的に言ってないけれども、幾ら。

何のことを言っているか、ちょっと分かりませんが。

——いやいや、あなたが経費を使ったと言っているから、その経費って幾らぐらいあったんですかと聞いているんだけど。どんなものでといったら、電車賃とかそんなものだとおっしゃっているから、で、なおかつ、それについては、さっきのあれだと、2、30万もらってるとおっしゃっているから、そうすると、もうほとんど精算済みじゃないかというふうに思えるからお聞きしているんです。

被告関一郎代理人
——先生、第1契約についてですか。

原告代理人（渡邊）

——だから、第1契約までの間にと言っているんですよ。

具体的に人に相談をしに行くだとか、まあ、いろいろ経費のうちにはありますから。

——いやいや、だから、あなたの記憶で幾らぐらいあったかどうか、覚えてますか、覚えてませんか。結論だけ答えてください。

私、月、動いた経費は。

——それはもう聞いてます、2、30万って。だから、その当時、幾らぐらいあったかどうかだけ聞いているんです。


その当時も同じです。

——同じって、幾ら。だから、合計で幾らあったのか。未払経費というものがあったのか、なかったのか。あったとすれば幾らだったのか、それだけお聞きしているだけです。

……。

——分からないなら分からないで結構です。

分かりません。

——あなたは参加人伏見から、1000万近い金額、何百何円近い金額、あるいは先ほど伏見が2000万円ぐらい払っていると言いましたけれども、報酬と経費を合わせてでも結構ですから、そんな金額をもらったことはありますか、ありませんか。

ありません。

——全くないですか。

はい。

甲第二二号証ないし甲第二五号証を示す
——甲第二二号証、これはあなたの署名でございますね。

私のサインです。

——甲第二二号証については金五〇万円。それから甲第二三号証については「4月給料として」と書いてありますね。

（うなずく）

——甲第二四号証として、これは「仮受金として後日精算」。これはあなたが書いたものでよろしいですね。

はい。

――これは参加人の伏見に対してお渡しになったものだというふうに伺ってよろしいですか。

私がサインしている以上、いただいたと思います。ただし、項目について……。

裁判官

――確認ですけれども、これは領収証のあて名が書いてないんだけど、伏見さんに渡したものですね。

はい。

原告代理人（渡邊）

――これを見ると、今言ったように報酬として50万円もらってるというふうに見えるんですが、そうではありませんか。

たしか、旅行したり何か、長期、伏見さんがいらっしゃらなかったときのことだと思います。経費がかかるだろうから、これを使ってくれということはあったかと思います。当初、まだ伏見さんとお付き合いをして間もなくのころだろうと思います。

――はい、そうです。だから、まだ十分信頼関係がないから、伏見に言わせると、きちっとこういうものを書いてもらったと言ってるんですが。

その辺の感覚は私は分かりません。

――これは報酬という名前で出していることは間違いないということでよろしいですね。

そうですね。

――この仮受金というものも、そういう経費に充てるために、仮受払いをして後で精算するということでございますね。

そうですね。

――建物についても、あなたは1回も住んだこともないですね。

はい、ありません。

――次男さんも、そのままずっと引き続きやってますよね。

はい。

――地代も払ったこともないということですね。

はい。

――それから、次に本件建物の登記名義の移転、第1売買についてお聞きしたいんですが、あなたは、これは乙第一二号証の7ページの11行目から、「しかし、花井氏はこの方法では融資することは難しい旨回答しました。すると、花井氏は、『関さんがこの建物を買えばいいんじゃないですか？　それに抵当権を付けさせてくれるならば融資は出来る。』と言いました。」というふうにおっしゃっているんですが、あなたに名前を変えれば何かプラスがあるんですか。

……。

――だって、花井にとっては、丁会社にとっては抵当権が付けさえすればいいんで、あなたに名前を変えようが変えまいが、そんなこと関係ないでしょう。

……私が建物を取得をすることの意味、メリット、先ほど申し上げたように、再建計画の中で一緒に売るという担保にもなりますし、私が……。

――ちょっと待ってください。あなたの意思はどうか知りません。私が言っているのは、丁会社にとって、これは抵当権さえ付ければ、それで丁会社としては、それは担保ですから、それで十分ではありませんかという質問だけでございます。

丁会社は分かりません。

――それから、これは先ほどもあったんですが、控訴審に書面が出てましたけれども、あなたに名前を変えたのは、別件の控訴審対策のために、次男さんが当事者になるよりあなたがなったほうがいいということで名義を移転するという話になったのではありませんか。

……。

――違いますか。

ちょっとよく分からない。

（注：仮装の登記であることを実質的に認めている）

――要するに、本件建物をあなたの名前にしたのは、これは控訴審対策のためであって、次男だと、いろいろさっき本人、聞いたでしょう、伏見一男さんから、本人は引っ込み思案で困るから。

すいません、一男さんの声が聞こえない、僕は。

――じゃ、私の声だけ聞いてください。そういう次男さんの性格からしたら、あなたの名前になったほうが控訴審対策のためになるから、あなたのためにするということで、あなたの名前にしようという動きになったのではありませんか。

次男さんのこと分かりません。私は一男さんから、次男の建物を売ってもいいという、売るという話を聞いて、それでは私買いましょうと言っただけの話で、どう思っているか分かりません。

――あなたは、田先生との話などに、いつでも返すと、あなたの名前にしても、本件建物名義はいつでも返すというようなことを言っていましたか、いませんでしたか。

田先生は、本取引に関して、私は知らないことにしてくれと、裁判中であるから。

――結構です。言ったか言わないかだけで結構です。言ったことがない。

はい。

――それから、控訴審対策のためだから、先ほど言ったように、甲第六号証の売買契約書、あるいは賃貸借契約書の原本は丁会社の花井が持っていて、なおかつ本件建物の権利証は田弁護士が保管してるんではありませんか。

そうじゃないと思います。

――売買代金についてお聞きしたいんですが、被告関の第

２準備書面の２ページの下から６行目、「仮登記上に、債務者は被告関とされている。しかしながら、被告関は、同訴外会社になんら債務を負っていない。訴外丁会社に資金援助を受けてきたのは、訴外一男であり、被告関ではない。」というふうに主張されてるんですが、このとおり、訴外丁会社が資金援助をしたのは、直接に関に対する資金援助ではなかったですか。

それはありません。伏見に貸してやってくれというような、すべて私が花井に。

——伏見に貸してやってくれというのは、あなたが入ったから。

はい。

——しかし、最終的にはすべて伏見が借主ですよね。

はい。

乙第一二号証を示す

——８ページの７行目から要約しますが、「500万につきましては、第５　９で述べたような、私の立て替え分の返済ということで、一男が丁会社に返済をすることになりました。」というふうに書いてありますね。

はい。

——そうすると、先ほどのあなたのお話では、この第1売買のときに、幾ら立替金があったかお分かりにならないわけですね。ならないと、あなたさっき証言したでしょう。

……。

——だって、さっき証言したじゃない。

そうですか。

——うん。

立替金もありましたし、貸したお金もありました。

——いやいや、だから、これは立替金と言っているんです。

立替え分の返済と言ってるんです。そうすると、簡単に言うと、普通第三者が代わりに弁済してくれるというなら、あなたの金額が幾らあって、そのうちの500万を幾ら伏見一男が代わりになって、残りの金額が幾らあなたに債務に残るかということが分からないと、それは第三者弁済をきちんとしたことにならないでしょう。特に、幾らあるか分からないというんだったら、こういう契約が成立しようがないんじゃないですか。

……。

——分からないなら分からないで結構です。

……。

——簡単に言います。これの弁済をしたと、500万やりましたね、幾ら残ってるの、立替金は。

残ってません、もう今は。

——一銭も残ってないの。

今は。

——いやいやいや、この第1売買のとき。

そのときに、伏見さんと私が納得をしてるんだから、その金額が幾らということは、ちょっと今思い出していないです。

——分からない。

はい。

——しかも、それを具体的に示す明細もございませんよね。

はい。

——あなたの第3準備書面の4ページの10行目から書いてあるんですが、「融資金の受け渡し方法は、訴外花井三郎氏が、上記500万円の小切手を、訴外一男氏に支払う方法で行われた。」と書いてあるんですが、あなたの今までの証言でお分かりのとおり、今回の証拠でもはっきりしてますが、このときの第1売買のときに、丁会社が一男さんにお渡ししたのは500万と1500万の小切手ですね。違いますか。

その確認私してません。500について、私がいただいて、払ったことを司法書士に見てもらっ……、見て、司法書士は契約が成立したと。

——私が聞いているのは、4000万円の小切手を丁会社が用意したという趣旨の御主張になっているんだけれども、それは間違いではないですかという質問だけでございます。

間違いかもしれません。

——今度は第2売買についてお伺いしたいんですが、第2売買については、先ほど、最初から予定されていたというお話ですよね。

はい。

——この500万は、あなたはお返しになったということなんですが。

はい。

——これは具体的に送金の事実は出てきますよね。

はい。

——支払の事実はどこにも出てませんよね、客観的資料で。

はい。

——これは当然、領収証なり受取なり、簡単なメモなりを取るものだと思いますけれども、それを取れなかった何か障害がありますか、ありませんか。

ありません。

——それから、例えば、何回も何回も行くのが、あなたは先ほど、もう辞任していましたのに、足がお悪いようですよね。

はい。

——それだったら、1回で500万円を送金してしまえば、すべて済むのに、それをできなかった障害はありますか、ありませんか。

カードを持って動いてましたから。

——でも、カードじゃなくて、簡単に言えば、その口座を持っていって、通帳を持っていって1回やれば。

通帳が、だからないんです、僕は。なくしちゃって持ってないんです。

――それをやれば簡単にできるはずなんですが。

通帳がないゆえに、カードを使っております。

――あなたは、丁第二号証の1ページの1行目、こういうふうに言ってます。あなたは「平成19年3月、私は伏見次男の借地権つき建物を500万円で購入致しました。（○○市△△＊丁目＊番＊号）その建物を平成19年4月次男の兄伏見一男に550万円で売却いたしました。」と言ってるんですよ。「勿論代金も受け取っておりますし、その売買代金を銀行送金にて伏見一男より入金確認しております。（売買代金の送金の控え添付）」とありますよね。この控え添付の中に、あなたの御主張というふうに言わせると、50万円ずつ送金したという資料だというふうに御主張なさってますよね。

その意味、分かりません。もう一回教えてください。

丁第二号証の二を示す
――これを添付しているにもかかわらず、あなたが当然送金したという事実は、あなたに忘れ難い事実でしょう、もし本当に送金されたんなら。

伏見さんから私のところに送金があった事実です。

――そうです。それであなたが、それを50万ずつ送金したというなら、その中にあなたが送金したと称する、その資料が添付されているわけです。もしそれをしっかり覚えているなら、当然そのことに触れないということはあり得ないと思うんですが、分かりませんか。

分かりません。


（注：自ら添付した資料が「わからない」ことなどありえない）

――あなたの第4準備書面の4ページの下から14行目、いろいろある乙会社に対する1億円の問題が書いてありますね。

はい。

――まとめてあるところだけ読みますが、「以上より、被告乙会社が設定した抵当権の原因債権1億２０００万円全額につき、被告関は何ら義務を負担するものではない。」と書いてありますが、これはあなたの見解として間違いないですね。

見せてください。

平成21年11月30日付け被告関一郎の第4準備書面を示す
――いろいろずっとそれを、あなたの責任はないんだとずっと書いてあって、最後のまとめだけを私が読み上げたんです。

ちょっと私、当時の乙会社のことを、戊会社のこと、何か相違を書いたかな。

――じゃ、こういうふうに聞きましょう。ここで間違えたことを書いた記憶はございませんね。

……もう一回読ませてください。

――ずっと書いてあるんですよ。被告代理人の先生がずっと、自分がその債務をやってないということを、ずっと、２０００万円について、その後1億円について、ずっと書いてあって、それを読み上げるのが時間がないから最後のところだけ。分かりましたか。

何らかの、私が契約をするなり、承諾をしたというサインがあれば。

――いや、そういう契約があるんだけど、しかし、あなたは債務を負担したことはないというふうに書いてあるんです。御主張されてるんです。それでよろしいですかという質問だけです。

……債務を負担をした……、何かの交渉過程の中で。

――いや、交渉過程の中じゃない。結論をあなたが言ってるんです。

……。

被告乙会社代理人

――今回、あなたは陳述書の中で、伏見一男さんに最終的に裏切られたというようなことを述べていらっしゃるんだけれども、伏見一男さんが丁会社なり戊会社なりと組んで、この不動産を全くあなたと関係ないところで処分してしまって、そうなったときに、あなたは先ほど、自分が書類にサインしたものについては責任を負うとおっしゃったけれども、そういうものについて、そういう書類だけが残ったとしたら、あなた、困りますよね。

私、債務だけ残りますね。

――そういうことを弁護士さんに相談しますよね。

はい、します。

――所有権移転は通謀虚偽という法律論で無効だと言われて、さらに、そうでなくても再売買だと。そういう主張を今裁判起こされてて、その中で、あなたが戊会社であるとか、丁会社であるとか、柳沢であるとか、いろんなところからお金を借りた形で伏見さんに融通してきたと。そういう書類が全部残っているわけで、あなたとしては、当時は、それはあなたが最終的には伏見さんの代理人というか後見人という形の中で不動産を処理していく中できちんと弁済していくんだと。逆に、自分が責任を負うという形で弁済していくことで、債権者も信頼を得てたんだと、そういうことですよね。

しなきゃならないでしょうね。

――そういうつもりで、あなたは各書類にサインをしてるんですね。

はい。

――それが、あなたのことを抜きにして、花井さんと組んでこういう訴訟が起きてきたと。

うん。

――その中で、いや、自分自身がその２０００万円なり３０００万円なりを受け取ってないということで、返す義務はないんだと、この訴訟の中で主張してるということですね。

はい、自分で処理をするつもりです。

――次男さんからあなた名義に建物の所有権を移すと。それで、そのときに５０００万円の抵当権の登記も付けようと、丁会社がね。そういう話をしてるときに、そのことを事前に乙会社に話したことありますか。あなたの記憶で結構ですよ、事前にです。

事前に、ないと思います。

――これ、確認書ということで、あなたが、乙会社が借入れするときに、それを紹介した見返りに役員報酬として月々25万払うという内容なんですけれども、これはあなた自身記憶ありますか。

丙第二〇号証を示す

ありますか。

――これは、正にここに書いてあるとおりのことですか。

とおりです。

丙第一四号証を示す

――金銭消費貸借契約証書の貸主が小平四郎さん、これは戊会社の社長個人。

戊会社の社長です。

――借主があなたになってますね。

はい。

――平成20年5月27日、実際に融資されたのはこの日付ですか、これより後ですか。

……私よりも、その融資をされた、実行したのは小平さんなりで、たしか伏見さんのところに送金をしたんだと思います。

――結局、これは伏見さんに資金融通するために、あなたが小平さんと交渉して２０００万借りたということで間違いないですか。

間違いないです。

――これを見る限り、小平さんはあなたに貸したつもりだと思うけれども、あなたも、これを押したときには。

ただ、小平さんが、関で借りてくれと、伏見さんに出さないんだという話は、私、覚えてます。

――そうすると、あなたは直接、これ実行は小平さんが関さんに直接したけども、あなたとしては。

僕にくれなくて、一男さんのところへ小平さんは送ってると思います。

――送金したんですね。

はい。

――でも、あなたは、これは自分が債務があるという認識は当然ありましたね、当時あなたが借りたという。

私は、伏見さんに借りられるんならば、お金が行くんならば、私が借用書書いてもいいという気持ちでおりました。

――そういう言い方をしたわけですね。

はい。

――この前に、乙会社から１０００万円、伏見さんは借りたとおっしゃってるんだけれども、そういう事実もあなたは記憶にありますか。

後で聞きました。

――後で聞いたんですか。

はい。

――じゃ、あなたは小平さんから、もともと2000万円なり何なり借りるつもりで交渉したんですね。

はい、私は小平さんに……。

――あなたが伏見さんに資金融通するために、初めに相談を持ちかけたのは小平さんなんですね。

そうです。

――戊会社なんですね。

……。

――戊会社はすぐに貸してくれたんですか。

そのね、1000万とはちょっと日にちがずれるんじゃないかと思います。

――先ほど伏見さんは、乙会社から1000万円先に借りて、その後に、あなたが小平さんから、小平さんなり戊会社か分からないけれども、とにかく融通してくれた金が入ったから、それをもって乙会社に返したと言ってるんだけれども、その流れは間違いないですか。

ないです。

――今回、1億2000万円の抵当権を平成20年の4月に、あなたの名義の次男さんから譲り受けたという建物に、1億2000万で抵当権付けてるんだけれども、そのうちの2000万円というのは、戊会社側からあなたが借りて実際は伏見さんに融通してると、で、あなたが債務者になっていると。

(うなずく)

――その1億2000万の2000万というのは、それの担保だということは間違いないんですか。

ありません。

――あなたの認識で、そういうことですね。

はい。

――これは、小平社長は担保を要求したんでしょうか。

担保付けさしてくれと言われました。

――それを言ったのは小平社長ですね。

そうです。

――これが1億円も一緒に入っていると、1億2000万円になってた理由というのは、そこがちょっと分かりづらいんだけれども、1億円を、戊会社が会計監査人から、共同事業がなかなかうまく進まないから回収しなさいと言われてるというのは知ってますね。

知ってます。

――その過程で、1億円のコンサル料を払った形にしてくれというようなことを戊会社の社長から依頼されたこともありますね。

あります。

――それを、現実にお金の流れを出さなきゃいけないということで、乙会社が戊会社に払ってしまったんですけれども、そのことをあなたは、払う前に聞いてましたか。

聞いてます。

――払う前に聞いてましたか。

……前だったか後だったかな、聞いてます。

――どこかの段階で聞いてたわけですね。

はい。

――乙会社は戊会社に払った1億円というのを、どうやって融通したかは御存じですか、聞いてる話で結構なんですけど。

分かりません。

――どこからか借りたという話を聞いてませんか。

小平社長から、たしか借りたという話だと思います。

丙第二五号証を示す
――この資料にあなたは見覚えありますか。

あります。

――これはだれが作った資料だと思いますか。

小平社長が出してきました。

――小平社長が出してきた資料なんですね。

はい。

――この中に小平出金７３００万円というのがありますね、４行目ですけれども。

あります。

――1億円ではなくて７３００万円になった理由というのは、どういうふうに聞いてますか、当時。


小平社長は1億出したそうです。それで、そのうちの半端分、２７００ですか、乙会社から小平社長にお返しをしたと聞いてます。

――返済をしたので、今現在の小平社長の個人の出金は７３００万だと。

はい。

――こういう資料を小平社長が用意して。

伏見さんにも渡してあります。

――物件Ａの原価として、これだけかかってるんだということを小平社長が言ったわけですね。

はい。

――それも含めて1億２０００万ということで抵当権を付けるということを、小平社長のほうから言い出したことなんですね。

そうです。

――あなたはそれを承諾したんですね。

はい。

丙第一一号証を示す
――これがそのときの契約書なんですけれども、あなたは先ほどおっしゃったように、これはあなた自身の実印と署名がありますね。

はい。

――債務者と特定されているところ。

はい、私の字に間違いありません。

――要は小平社長から、これは2000万と1億と、別のものだけれども、こういう形で抵当権を付けたいと。

うん。

――で、あなたは当時は、この物件はあなたの所有名義だと思ってたから。

当時、戦争状態じゃなくて、みんなが仲良く平和に付き合ってましたから。

――そういうことですね。

はい。

――だからあなたは、じゃ、この債務についても自分が債務者となって登記になることを承諾したと。

はい。

――当然、当時は伏見さんとも仲良くやってるわけですから、その中でうまく回収できて、もともとは伏見さんが借りてる金なんだから、別に自分が取ってそれを返しても問題ないだろうと、そういう発想だったわけですね。

そうです。

被告関一郎代理人
――何点かだけお話を聞きますけど、あなたは先ほど、花井さんから500万の小切手を預かって、それで伏見一男さんに支払をしたと言いましたね。

(うなずく)

――それは、あなたが一男さんに貸しがあると。だから、一男さんにその500万を払ってもらうんだというふうに説明したんですけど、それで間違いないんですね。

間違いないです。

――その売買契約のときに、500万円くらいの立替金はあったと思いますか、なかったと思いますか。

それが記憶で、正確に幾らという話を一言で言うだけの記憶が残ってないんですけれども。

――でも、あったと思うんですか、ないと思うんですか。

あったと思います。

――あったから、あなたは、伏見さんに代わりに払ってもらうというふうにしたんですね。

そうです。

――先ほど、田弁護士は知らないことにしてくれというふうに言ったというのが出たんですけど、それは何についてですか。

今回の第1取引も第2取引も、自分は裁判中のことであるし、裁判中の対象物件なんで、私は全然知らないという形にしてくれということを、田は言ってました。

原告代理人(渡邊)
――そうすると、知らないことにしてくれということだと、田先生は、そのことについては十分御存じだというふうに伺ってよろしいですか。
承知してると思います、話してるんですから。

以上

（４）被告本人尋問　柳沢二郎

原告代理人（渡邊）

——あなたは、陳述書丙第一五号証の３ページの19行目から、ちょっと簡単に読み上げますと、「抵当権の設定額は、共同事業の出資金のうち当社が戊会社に支払ったコンサル業務委託料により戊会社としては事実上回収ずみの１億と今回融資する２０００万円の合計１億２０００万円で設定し」というふうに書いてますね。

　はい。

——そうすると、本件の問題になっている登記は、この２つの内容のものが設定登記されているんだというふうに理解してよろしいですね。

　はい。

——じゃあ、具体的にお聞きします。まず、１億円についてお聞きします。

丙第五号証を示す
——これは、御承知のとおり、先ほど村山先生も指摘したとおり、甲は伏見一男、伏見鶴子、乙が乙会社、丙が戊会社となっていますね。それから、２段目というか、第２条というか、ここには、「上記記載事項に伴い、甲・乙は」、というのは、伏見さん２人と乙会社は、「丙に対して名目上コンサルティング業務報酬して」と書いてある、これ、ちょっと文章があれなんでしょうけれども、「金１億円を支払うものとする。」と記載されてますね。

　はい。

——これに対して、被告の第２準備書面の４ページの11行目をちょっと読みます。「また、上記２及び４条の記載から」、これは今言った部分ですが、「伏見家側に金５億２５７４万７４００円の債務以外に１億円のコンサルティング報酬名目での支払義務が発生するかのように読めることから、調印にあたり、田弁護士は被告乙会社代表者に対し、伏見家側が所持する原本に戊会社の監査法人対策のための書面であり効力がないことを確認する旨の奥書をするように依頼し、被告乙会社代表者はこれに応じた。」と、こういうふうにあなたのほうでは主張されていますけれども、これで間違いないですね。

　……。

——要するに、丙第五号証は１億円を払うような規定が定められているけれども、これは実際上、出資金以外にまた１億円払うような書面になっているんで、これは効力がないものだということで、田弁護士から言われて、あなたのほうが、丙第五号証の一番最後のところを見てください。ここには、「追伸、本覚書については、丙（戊会社）の会社内（監査法人向け）の為作成した書である事を確認し本覚書に押印するものである。柳沢二郎」ということで判こが押されてますね。

はい。

——ということは、これは効力がないものであるという趣旨の文章であるというふうに理解してよろしいですね。

効力がないというよりも、こういう事実があったということだけれども、伏見一男さんに対して、戊会社の監査、このとおりだということです。

——だから、要するに、監査法人対策であり、法律上の効力はないんだと。要するに、簡単に言えば、そこにあるように、コンサルティング報酬名目での1億円の支払義務はないんだよと。書面上はそう見えるけれども、しかし、それは効力がないものであるということを確認するために、あなたが署名したものではありませんか。イエスかノーかでお答えください。

はい。

（注：効力がないことを認めている）

——次に、あなたは、同じく陳述書丙第一五号証の1ページの下から10行目、「その後当社（乙会社）と戊会社の2社間での同趣旨の覚書を作成し、平成18年6月27日・6月29日に当社より戊会社へコンサルティング業務報酬名目で1億円の送金をした。1億円の原資については、戊会社小平社長の個人金庫番であった同社取締役の久米氏のあっせんで、私が個人的に1億円を借入れ、これを会社（乙会社）に貸付けることによりねん出した。抵当権設定までの間に、そのうちの2700万円は久米氏を介して返済していた。」というふうに書かれてますね。

はい。

——そうすると、先ほど示した丙第五号証のほかに、乙会社と戊会社の2社間で同趣旨の覚書が存在するということですね。

はい、そうですね。

——それはこのことですか。

丙第六号証を示す

これは三者ですね。

——これですか。

いえ、違いますね。

——これですか。それとも、違うんですか。

はい。

——違うんですか。

——そうすると、先ほど言ったように、おたくの会社乙会社と戊会社が伏見一男を除いて2社間で、コンサルティング報酬名目の金員を支払うということの覚書を作って、仮にあなたのほうで、あなたというのは、乙会社なのか、あなた個人なのか、知りませんけれども、それを戊会社に払ったところで、伏見一男に対してそれは効力が生じるんですか。

分かりません。

——分からない。

はい。

——もともと丙第五号証については、コンサルティング報酬名目の金を出資金以外に1億円払うようになっているけれども、それは効力がありませんよって確認しましたよね。その後、被告乙会社と戊会社との間で勝手に1億円払うと言って、おたくのほうが仮に1億円を戊会社に払ったとしても、伏見に何らの効力が生じないことは明白じゃないですか。素人でも分かりませんか。

いや、分からないです。それはちょっと分からないです。

（注：分からないことなどありえない。実際上効力がないことを認めている）

――しかも、あなた自身、丙第一五号証の2ページの1行目から、「なお、この1億円の件については、戊会社の久米取締役から誰にも口外しないようにと言われていた。これは、実際には全く実態のない架空取引による支払であるからに他ならない。」と書いてますね。

はい。

――そうすると、あなたが書いているように、これは実際には全く実体のない架空取引による支払であるからにほかならない1億円の金額が、参加人伏見に対して効力が生ずるんですか。

一応3者で伏見さんとも締結している覚書はあると思うんですが、ほかに。

――いや、だから、何があるんですか。先ほどの丙第五号証の覚書がありますよね。

はい。

――でも、これは、あなたの陳述書では、全く実体のない取引だと、支払だと、あなたはおっしゃっているわけです。それがなぜ参加人伏見に効力が及ぶのかということを聞いているだけです。

……。

（注：自白）

――答えなしで結構です。次にいきます。それから、今の払ったいわゆるコンサルティング報酬についてなんですが、これの原資は、被告の第2準備書面の4ページの下から4行目には、「また、監査対策には実際に1億円のコンサルティング報酬が支払われる必要があったことから、被告乙会社代表者が個人的に1億円を借り入れて、被告乙会社に貸付、被告乙会社は当該借入金をもって、平成18年6月27日、戊会社に対しコンサルティング報酬名目で金1億円を支払った」と、こういうふうにありますね。

はい。

――これは正しいですね。

はい。

――あなたが個人的に1億円を借りたというのは、先ほどもあなたがお答えしましたように、戊会社の代表者の小平社長から借りたんですね。

はい。

――そうすると、1億円の金銭の流れを見ますと、小平氏からあなたに1億円がまず流れた。

はい。

――それから、あなたが被告乙会社にまた流した。

はい。

――それから、被告乙会社から戊会社に金が流れた。

はい。

――こういうふうに金の流れがなりますよね。

はい。

――この金の流れで、参加人伏見に対して、1億円、戊会社が債権者になり得るんですか。

……あくまでも共同事業に関するお金で。

――いやいや、この金の流れで聞いているんです。金の流れで、あなたはそれで1億円の貸金を持っているとおっしゃるから、その返済を求めているとおっしゃるから、それで聞いているんです。しかし、あなたの陳述書に基づいた金の流れでやった場合でも、戊会社が伏見に1億円の債権を持つことは法律上あり得ないから聞いているんです。

……。

――これも答えなしで結構です。次に、今の流れを見ると、小平って戊会社の社長ですよね。それから乙会社の社長のあなたが入って、それから被告乙会社、会社が入って、それから戊会社という会社に行った。結局は、実質的に見れば、戊会社側の金が、あなたを介して、乙会社側を介して、戊会社に移動しただけではありませんか。

はい。

――そうですね。

はい。

(注：参加人伏見に一億円の債務がないことを事実上認めている)

――ところで、あなたは、陳述書丙第一五号証の3ページの下から13行目で、「(コンサル料名目の資金を戊会社から当社が回収することは粉飾を認めることになり不可能なので、当社が直接伏見側から1億円を回収し自らの債務の返済にあてる必要があった)」と、こういうふうに述べてますね。

はい。

――それから、被告の第3準備書面の1ページの下から3行目、「⑵被告乙会社は、戊会社に対し、平成20年4月28日当時、被告乙会社が戊会社の依頼でその監査対策のために実際には存在しないにもかかわらず業務委託料名目で1億円を支払ったことによる同額の不当利得請求権を有していた。」と、こういうふうに主張されているんですが、これも間違いないというふうにお聞きしてよろしいですか。

(うなずく)

――そうすると、先ほど言った、被告の第3準備書面の1ページの下から1行目に、業務委託料名目で1億円を支払ったことによるというふうに書いてあるんですが、これによって戊会社は参加人伏見から1億円を支払ったことになるんでしょうか、ならないんでしょうか。

分かりません。

甲第一一号証を示す

――二二項を示します。二二項にはこういうふうに書いてあるんですが、「原告及び利害関係人両名は、原告と利害関係人両名との間で締結した平成17年11月4日付け『共同事業に関する覚書』に基づき利害関係人両名が原告から受領した金5億2574万7400円のうち既に返済した金4億6000万円を控除した金6574万7400円の返済義務について、引き続き協議する。」と。すなわち、この二二項では、共同事業に関する覚書で、当初戊会社が出資した金額は5億2574万7400円ですよね。

はい。

――そうすると、1億円は減らされてませんよね。

はい。

――それから、具体的にもっと言いますと、被告の第2準備書面の9ページの下から6行目、「被担保債権の残存（事情）」と書いてある部分です。「その後、平成20年9月、伏見一男は、共同事業対象物件の一部を5億2000万円で任意売却したが、戊会社が回収したのは、抵当権の被担保債権にあたる4億6000万円にすぎない。」と書いてありますね。要するに、まだ6000万円の債権が残っているという趣旨なんですが、あなたも同じ考え方ですか。

いや、分かりません。先ほどの書面が分からないんですが。

――じゃあ、あなたの陳述書を読みましょう。

ちょっといいですか。先ほどちょっと見せられたやつが、ほかの裁判のときの。

――そうです。だから、簡単に言えば、戊会社はまだ当初出資した金額の5億2574万7400円のうち1億円が返済されてないということを前提に和解条項が作成されているんですよ。それでお聞きしているんです。

いや、ちょっと分からないですね。

――じゃあ、あなたの陳述書を指摘します。丙第一五号証の4ページの5行目から、「その後、20年9月に伏見一男所有地の一部の任意売却により戊会社は会社として4億6000万円を回収しているが、当初の出資金返還債権全額には数千万円足りないし、小平社長個人の2000万円の追加貸付は一切回収していない。」と書いてあるんです。

はい。

――すなわち、仮に出資金のうちの5億2574万余の金額のうち1億円が、あなたの1億円の支払によって充当に充てられていたとすれば、戊会社の債権は4億2574万余しかありませんから、ですから、数千万足りないということはあり得ないんですよ。あなたの陳述書を見ても。

いや、陳述書でそうおっしゃられているのと、戊会社とはまだ私どもは話合いがなされてなくて、共同事業の覚書に関してもまだ締結をしているものだと思って、まだ話す機会は幾らでもあるんですけど、今お話ができてないと。

――じゃあ、話合いができてないのは後でお聞きします。あなたの陳述書に基づいて私は質問しているんです。あなたの陳述書によると、数千万円まだ残っていると。ということは、1億円が戊会社に弁済されてないということが前提とされているんではありませんかという質問だけでございます。

これは、でも、数千万足りてないという、細かく言っていただいている、5億2000万幾らに対して4億6000万、残りの六千幾らが足りてないという話、先ほどありましたが、それは伏見一男さんの土地に売買予約の仮登記を打ってあると思いますよ、その部分に関しては。

――いやいや、違います。もっと端的に答えてください。あなたが1億円を返還してるなら、戊会社のほうにそれが弁済として回収されたということになっているなら、当然、出資金額から1億円引かれなきゃいけないでしょう。そうだとすれば、4億6000万払ったということであれば、既に伏見一男は過払いになるわけですよ。過払いにならなきゃおかしいわけです。にもかかわらず、あなた自身の陳述書でも、数千万円残っていると言っているから、これは1億円が戊会社の弁済の充当に充てられてはいないんじゃないですかという質問だけでございます。

それは推測じゃないですか。

――あなたの陳述書なんですが、これはあなたの見解ではありませんか。

いや、出資金に対しては回収できてない未払はありますよね。

――だって、出資金についてあなたが1億円回収したと言っている、出資金を回収したと言っているんだから、そしたら、当然1億円減らさなきゃいけないでしょう。じゃあ、こういうふうに聞きましょう。そうだとすると、戊会社の出資金である5億2574万余に、あなたから1億円請求されるとすると、出資された金額より1億円多くの債務を負うことになるんですが、伏見が出資金より1億円多くの債務を負わなければならない法的理由はありますか、ありませんか。――それだけ答えてください。

いや、別にないと思いますけど。

――それから、現在あなたと戊会社との関係、先ほどちょっとあなたも言いましたけれども、現在、被告乙会社は戊会社と没交渉ですね。交流ができない状態でいるんではないですか。

いや、あえてしてないだけですけど。

――あえてしてない、だれが。

社長にあえてしてないだけです。

――あなたのほうが。

はい。

甲第一五号証を示す

――23ページの下から8行目、これは田さんの証言なんですが、「柳沢さんにかかわる取引はNGだと戊会社が言った理由は何ですか。」「柳沢さんが戊会社に対して、いろいろな働きかけをしたと。それが、かなり、何ていうんですかね、戊会社のほうとしては、それを脅しと取るような話だったと。ですから、もうそういったところとは一切付き合いたくないというふうな説明を受けました。」というふうに田さんが言っているんですが、あなたの会社と戊会社とは現在はそういう関係にあるんではないですか。

いや、そうは思っておりません。

——じゃあ、ここ半年でも1年でもいいですが、戊会社との間で交渉ができたことがありますか、ありませんか。話合いができたことが。

いや、あえてしてません。

——あなたは丙第一五号証の４ページの５行目からこう書いてるんですが、「その後、20年9月に伏見一男所有地の一部の任意売却により戊会社は会社として４億６０００万円を回収しているが、当初の出資金返還債権全額には数千万円足りないし」、先ほど言ったことですね、次、「小平社長個人の２０００万円の追加貸付は一切回収していない。また、任意売却後（共同事業の終了を意味する）も当社は戊会社からコンサル料の返還を受けていないし、したがって、わたくし個人の借入は現在も残ったままである。」と書いてありますね。

はい。

——そうするとあなたは、１億円と２０００万円を戊会社に返さなきゃいけないにもかかわらず、戊会社との間で、そういった、あなたも今言った没交渉の状態にあるというふうに伺ってよろしいですか。

……。

——答えなしで結構です。終わります。

（注：ここでは被告乙会社が伏見一男さんに対し、自らの陳述書を利用して債務のないことを引き出している）

原告代理人（藤川）

——先ほどの主尋問で、次男さんから関さんに名義が移転される際の契約書を、田先生のほうから送ってもらったという話をされましたね。

はい。

——関さんが契約書を持っていなかった理由については、柳沢社長はどのように認識されていたんですか。

確認をしたときに、代理人である田先生のほうに預けてあるからというふうに言われました。

——そう言われたということなんだけど、田先生が預かっている理由についてはどのように認識されたんですか。

いや、理由は何も聞いてないです、僕のほうでは。

——権利証について、先ほど、柳沢社長が田先生に電話してということについては、少し記憶がないという話をされていましたか。

いや、権利証の確認と契約書の確認はした記憶があります。ただ、その権利証を交付してもらって持ち帰ったとか、そういうことはしておりません。

――そうすると、権利証も田先生のところにあるということは。

関さんから聞いてました。

――聞いて、それで確認を取ったということですね。

はい。

――同趣旨の質問なんですが、権利証が関さんの手元じゃなくて田先生のところにある理由については、どのように認識されてたんですか。

それなりに信頼されている方には、土地の権利証なり、いろいろな大事なものをお預けしてるというのは前から聞いてます。弁護士さんに全部預けするんだということを聞いておったんで、田先生のほうにと言われて、何の疑いもなく連絡を取りました。

――田先生のほうから、柳沢社長から連絡があって、伏見さんの了解を取らなければならないという話は聞きましたか。

はい、田先生にそれは言われました。で、そのときにはっと思ったんで、なぜ伏見一男さんの了解が必要なのかどうかということは、また、すぐ関さんにも確認をしました。

――確認されて、どういう答えでしたか。

その土地に関して、間違いなく自分が所有権を持ってる建物であるから、間違いないということを言われました。

――だけど、本当に間違いなく所有権を持っているんであれば、伏見一男さんの了解を取る必要はないんじゃないですか。

それはちょっとどうか分かりませんね、私には。

（注：ここで被告の抵当権設定行為が悪意であることを引き出している）

被告関一郎代理人

――端的にお聞きしますけれども、今回の第1取引、第2取引というふうに先ほどからお話に出ているもの、第1取引について、あなたはその経緯とか、そういうものを知ってますか。

いえ、知ったのは、本当に抵当権を設定するちょっと前ぐらいに話を聞いたというのが現状です。

――関さんから一男さんへの売買契約があったという書証が出てるんですけれども、それについては知っていますか。

それは、この裁判が始まって初めて分かったというのが現状です。

――これはあなたの認識で結構なんですが、戊会社は、関さんの名義になっている建物について、どういうふうに認識してますかね。

要するに、あくまでも共同事業をやっていた仲間ですので、開発事業をするに当たって、関さんがお持ちになられてる建物というのは、当然開発の中に取り込まなきゃいけない建物ですから、十分に担保を有してるというふうな認識は持ってたと思います。

――そしたら、戊会社としても関さんの建物であるという認識の下にいたわけですね。

はい。

丙第一一号証を示す

――関さんと乙会社の金銭消費貸借抵当権設定契約証書なんですが、あなたはこの契約の場に立ち会っていないんですね。

はい。

――そのときは担当者の東村さんという方が立ち会った。

はい。

――御報告等を東村さんから受けてる限りで構わないんですが、この日、だれが立ち会ったというふうに聞いてますか。

田弁護士と、司法書士依頼の米川先生と、関さん本人と、当社の私どもの東村が立ち会って作業してるということです。

――第1条のところを見ていただきますと、金額、弁済期、利息、利息支払日、損害金と書いてあるんですけど、弁済期と利息支払日、これが手書きになっているんですね。

はい。

――これについての経緯というのは聞いていますか。

ちょっと記憶にはないんですけど、東村のほうから報告受けたときに、金利とか、その辺の細かいところは関さんと打合せして記載しておきましたということは聞きました。

――この契約書締結のときに田先生がいらっしゃったということだったんですが、田先生はどういう立場でいられたんだと思いますか。

要するに、この話を聞いていく際において、あくまでも私が思う田先生の立場というのは、あくまでも伏見さん側の代理人の立場で立ち会ったんではないかなというふうに認識はしてます。

――そうすると、これは債務者関さんというふうになっているんですけれども、伏見さんにも利宮関係があるから田先生が立ち会ったという認識ですかね。

はい、そうですね。

被告乙会社代理人

――先ほど、伏見さんの側の代理人の先生から、大分ちょっとよく分からない質問されていたんだけど、まず、乙会社が出してる準備書面の中で、一応、監査法人から戊会社がこの5億何ぼの出資金が焦げ付いてるんじゃないかと、どうなってるんだと言われた対策として、1億円を事実上回収するような取引をでっち上げたと、そういうことですよね。

（注：都合の悪いことをこのように言う代理人）

はい。

――そうすると、監査法人から見ると、ちょっとそこで利益が上がっているように見えるんだけれども、戊会社からすると、先ほどあなた自身が答えてるんだけれども、金消に切り替えたがっていたと。

はい。

――金消というのは出資ではなく貸金ということですよね。

そうですね、はい。

――そういう話は、ずっと戊会社からあったわけですよね。

はい。

――ただ、現実に伏見さん側はそれに応じませんよね。

はい。

――出資にしないと、すぐ返してくれと、すぐ競売だということになるからですね。

はい。

――とてもそれはできないと。その中で、1億円事実上回収した形を取りたかったと、それで1億円の流れができたわけですよね。

はい、そうです。

――そうすると、そうして抵当権を、あなたの理解でして、後日、全然後でですよ、平成20年9月になって、和解をするときに抵当権実行して、任意売却をして、和解をするときに、1億円回収済みですなんて、戊会社が言うはずはないですよね。

はい、そう思います。

――粉飾を認めることになりますね。

はい、そうですね。

――そういう和解をしてるからといって、戊会社が、当時のこの抵当権を付けたときの戊会社の意図は、あなたの言っているとおりから、全くそれは矛盾しませんよね。

はい。

（注：被告本人の債権がないとの前述した供述に反する答えを誘導している）

――現実に、戊会社としては1日も早く資金を回収したかったと。

はい。

――あなたとしては、当時、あなたの名義で付けた抵当権からも回収したかったんだけれども、たまたまそちらの任意売却があって和解ができたほうから優先的にあえて回収したと、それでもまだ6000万残ってるじゃないかということですね。

はい、そうです。

――だから、あなたとしては、今でも1億2000万全部が残っているとまで言うつもりはないわけですね。

はい、おっしゃるとおりです。

（注：都合よく供述を変更させている）

裁判官

——田弁護士に権利証の関係で電話をされたときに、伏見さんの了解を得なければならないと、そういう説明を受けたということですよね。

はい。

——どうして伏見さんの了解を受けなければならないのか、そこはどう説明されたのですか。

そこはなぜかなというのは、１つあったんですけども。

——聞いたのは、田先生はどう説明されたんですか。

伏見さんに了解を取らなきゃいけないということについてですか。

——はい。

いや、そのときの説明は何もなかったです。伏見さんの了解を取るからと、こういう話で電話が終わりました。

——なぜ伏見さんの了解を取らなければならないかという理由については説明してくれなかったということですか。

はい、私も聞いてません。

——それで、伏見さんの了解はあなたが取られたんですか。

いいえ、違います。

（注：裁判官は田弁護士を証人採用しなかったが、田に関連して詳細に聞いている）

——だれが取られたんですか。

多分、関さんだと思います。僕はそのときに電話で話はしてません。

——そうすると、田先生から伏見さんの了解が要ると言われて、あなたは関さんに、伏見さんの了解を取ってほしいということを依頼したということですか。

いや、私は全く関知してなかったから分からなかったんで、私は、あくまでも戊会社のそういう話のことを進めて、伏見一男さんがお金に困窮してるから、どうしても借りなきゃいけないんだということに対して必死だったんで、一応抵当権が設定できるような土地建物で、権利もちゃんとしてるのかどうかという確認がしたかっただけなんで、それしか確認してないです。で、一番最初は弁護士さんだと思って、弁護士さんに確認をした。で、伏見さんの了解を取らなきゃいけないからというときには、参謀格で委任を受けてた関さんがいましたんで、関さんのほうから連絡をいただきました。ちゃんと伏見一男さんも了解を取っているから大丈夫だよという連絡をもらったんで、手続に入ろうということで、戊会社さんに対しても設定ができるような状況を整えましたんで、お願いしますという話になったというのが現実です。

——そうすると、関さんからあなたに連絡が入ったというのは、あなたのほうから関さんに、伏見さんの了解を取ってほしいと求めたわけではなくて、関さんのほうから入ってきたということですか。

はい。

——それから、本件の建物なんですが、これは伏見家の財産の中にある建物ということですよね。

はい。

――土地も伏見家のものですよね。

はい。

――それを、どうして関さんが所有するに至ったのか、その辺の事情は何か聞いておられますか。

私は何も聞いてないです。

――それを関さんが買うというのはおかしいとか、そういうお考えはなかったですか。

私が聞いたのは、本当に抵当権を設定する2、3か月ぐらい前のときに聞いた話なので、要するに裁判の状況は知ってましたんで、丙株式会社さんとの一審。それから、登記の日付を見れば、その2か月後ぐらいに所有権移転されてますから、その経緯に関しては、もうずっと、それから半年以上も何の連絡も取ってなく、後で聞いたことなんで、経緯に関しては何も聞いてないです。どういう取引があって、どういうふうにしたかということは。

――ただ、今の御説明だと、時間的な経過は分かるわけですね。裁判があって、一審判決があって、それから伏見次男さんから関さんに所有権移転登記がされているという経過は分かるわけですね。

はい。

――そういう時間的な経過を御覧になって、本当に関さんが買われたんだろうか、所有権を取得したんだろうか、そこは特に疑問には思われなかったんでしょうか。

特段思わなかったですね。

――関さんがその物件を購入されて、どう活用する、利用するつもりだったのか。

(注：裁判官が悪意の問題について執拗に聞いている)

それは先ほど言ったように、全体の開発の中で、要するにデベロッパーを私どものほうでお客さんを見付けて、開発事業として仕事ができるのかなというものはありました、頭の中には。

被告乙会社代理人
――関さんに所有権移転したと。

はい。

――そのときに、登記簿などをあなたは確認したわけですよね。抵当権を付ける話があったときに、当然戊会社から委任を受けてやるわけだから。

はい。

――そのときに、花井さん、丁会社の抵当権が同日付けで付いているのは当然確認しましたよね。

はい、しました。

――債務者が関さんになってますね。

はい。

――あなたは全くそれまで話を聞いてなかったと。

はい。

——普通にこれを見る限りは、金策の一環で、何らかの理由で関さん自身がお金を借りて、それの代金として伏見側に払ったんじゃないかと、伏見側の金策の手法の一つとしてね、そういうふうに見られますよね。

はい。

——そうした中で、関さんは、自分もリスクを負うことで開発にかかわっていこうと考えたんじゃないですか。

原告代理人（渡邊）

——ちょっと誘導なので、主尋問なので異議があります。

裁判官

——再主尋問だから、どうぞ。

（注：再主尋問でも誘導は禁止されている）

被告側乙会社代理人

——どうですか。

はい。

——関さんが、この建物の名義を一つだけで売っても意味がないですよね。

はい。

——あなたは全体の開発の中でと。

はい。

——関さんが資金を融通する手法というのは、自分自身が債務者になったりとか、相当リスクを負ってますね、書面上。

はい。

——そういうことなんじゃないですか。

いや、そのとおりですね。

以上

（注：被告関が伏見一男に売買代金を渡していないこと。控訴審対策として名義をかえていること。戊会社が主張する1億2000万円の債務はない。いろいろな契約を利用しているものの結局債務は存在していない。伏見一男の所有物であったことを認識していた事情が認められている。また、被告戊会社の代表者の証人採用に消極的だった裁判官が抵当権設定の悪意性について詳しく尋問している。被告代理人の誘導尋問に対し、その答えが「はい、そのとおりですね」との回答に信憑性はないことは明らかであろう）

4　医療過誤損害賠償事件

医師相互間の証言の矛盾により医療過誤が推認された事案

（1）事案の概要と争点及び尋問の目的

ア　概要

原告が脳腫瘍に罹り、手術のために造影剤検査したところ、検査中に原告が脳梗塞を引き起こした事案であり、医療過誤に該当するか否かが問題となった。
イ　本件の争点
原告は、脳梗塞の原因はカテーテル操作中の手技ミスによるのか、フラッシングを怠ったことによるのかが原因と主張した。

これに対し、被告は、
・原告の血管攣縮
・赤血球が偶然的に変形したことによる
・原告の特異体質によるもの。凝血片による
・脳梗塞が偶然的に発生
・別の原因
などを挙げ、原因は不明と主張した。

そこで、争点は原告の主張する原因によって脳梗塞が引き起こされたか否かである。

ウ　反対尋問の目的
尋問の目的は、
・梗塞が生じた時期
・梗塞の原因
・カテーテル操作にミスがあったか
であるが、造影剤による検査にあたったA、B2人の医師が証人となった。このなかで造影剤の作業の手順、内容を明らかにし、梗塞を起こした際の操作上の状況から、梗塞が生じた場所とその際の医師の対応を明らかにすることによって被告の主張を否定していくことを目的とした。

なお、訴訟以前に病院側との間で原因についての話し合いがもたれ、その話し合いの模様をテープレコーダーに記録したが、尋問の際、極めて役立つことになった。

(2) 審理の結果
事故当時の病院の資料を精査した。確かに原因は明記されていないが、明らかに事故の際の看護日誌には5分ほどの異常なブランクがあり、その際に梗塞が生じ、直ちに血液凝固を溶解させる薬剤が投与されていることからこの時点で血栓が生じたことが推測できた。

このような経過を見ると、血栓をとばしたのは何らかの手技ミスによるものと思われた。

証拠調べでは、何回も造影剤検査の経験を有しているA医師と、造影剤検査が初めてのB医師が証言した。

A医師は、主尋問では同医師が全てのカテーテル操作を行い、これまでの経験からミスがなかったことを証言した。

そこで前述した録音テープを利用して反対尋問で追及したところ、A医師は、主としてA医師が操作したが、B医師が何回か独自にカテーテル操作を行っていたことを認めるに至った。

特に原告代理人が原因と考えていた事故直前にも、B医師が行っていたことを認めたのである。

ところが、B医師の証言ではB医師はA医師に手を添えただけだと証言した。

この2人の証言の食い違いについて裁判長からB医師に問い質したが、その返答は変わらなかった。この2人の証言の食い違いで裁判所は〝嘘をついている〟という心証を抱いたと原告代理人らにも感じられた。

また、梗塞が生じた際の時期、個所、処方について数多い資料からも血栓を飛ばしたものと推認できた。

ただし、梗塞を生じさせた原因がカテーテル操作を誤ったか、ヘパリンの注入を怠ったか、のどちらかであるとの確定はできなかったが、裁判所は梗塞を生じさせた原因はこの二つの原因以外にはない旨の心証をえたと思われる。そこで証拠調後、裁判所は専門家による意見書の提出を要望した。

しかし、本件では、第三者の医師による意見書を何人にも依頼したが被告病院の影響から全て断られた。

一審裁判所の裁判官の心証は揺るがなかったが、反対尋問に依存した判決が上訴審での逆転敗訴の危険性及び原告の主張する2つの原因のどちらかであるかの確定的な判断は不可能と思われたことを考慮して和解を勧めた。その結果勝訴的和解が成立した。

この件は、血栓がとんだ原因について原告の主張する方が合理的であり、また残された記録とも整合的であること、更にB医師の明らかな偽証が裁判官の心証を決定的にしたと思われる事例である。

(3) 証人尋問　池袋一夫

被告代理人

乙第一五号証を示す

――これは証人の名義の陳述書ですが、この陳述書は、証人が記憶されていることを文書にまとめ、内容をお読みいただいた上で、末尾に署名捺印いただいたもの。ご記憶どおり、内容は間違いありませんということで確認されたものに、間違いありませんか。

間違いありません。

――今、この陳述書を訂正あるいは、付け加えることはありますでしょうか。

ありません。

――ここに詳しく書いてありますので簡単に補充をいたしますが、本件の原告である椎名松子さんのグロームス腫瘍、この腫瘍の存在は、本件造影検査以前に確認されていたのでしょうか。

確認されておりません。

――本件検査以前には、CTあるいはMRIといった検査を実施されているようですが、それだけでは、グロームス腫瘍とは確認できなかったわけですか。

そのとおりです。

――本件造影検査の結果、グロームス腫瘍であることは確定診断できましたか。

はい、できました。

――本件造影検査のあと、グロームス腫瘍の摘出手術は実施されましたか。

実施されました。

――その摘出手術は成功しましたか。

成功しました。

――本件造影検査を、もし仮に実施しないまま、その摘出手術は実施できたでしょうか。

非常に困難をきわめたと思います。

――腫瘍の確定診断及び摘出手術のためには、本件造影検査は必要不可欠であったというふうに理解してよろしいでしょうか。

そのとおりです。

――本件造影検査は平成3年に実施されておりまして、現在まで七年が経過しておりますが、本件造影検査のあとも、証人は、同様の脳血管造影検査を実施されていますか。

しています。

――陳述書には、多いときには年間100例、平均しても5、60例の脳血管造影検査をされているという記載がありますが、最近に至るまで、同様の件数を実施されているというふうに伺ってよろしいでしょうか。

そのとおりです。

――本件後に実施された脳血管造影検査の中で、椎名さんのケースのような事故が発生したことはありますか。

1例もありません。

――本件造影検査以後、7年間の間に、この脳血管造影検査そのものの医学技術について、何か大きな変化あるいは進歩といったようなものがありますでしょうか。

特に技術的にはないと思います。

――被告病院あるいは脳神経外科医学界全体の中で、こういった脳血管造影検査というのは危険性が高いので控えたほうがいいというような風潮あるいは意向といったものが出てきたことがありますか。

ありません。

原告代理人（渡邉彰悟）

――今の陳述書にもありますが、証人の脳血管造影検査に関する総数は大体分かりましたけども、グロームス腫瘍に関する造影検査、こういったものは何件ぐらいあったでしょうか。

椎名さん1件です。

――ところで、話をお聞きする前提としてお尋ねするんですが、池袋さんの記憶というものは、この平成3年3月15日の検査時から一貫して変わっていませんか。

変わっていないと思います。

――3月15日の検査後に、問題が生じたということで、親族の方々に事態の説明をされていますね。

していると思います。

――そのときの記憶も、そのときの事実に基づいてお話をされているわけですね。

と思います。

――この裁判の提訴前に、私ども原告代理人が病院にお伺いをして、被告代理人の江田先生立ち会いの下で、池袋医師と東崎先生と古田先生の立ち会いの下で話をしたことがありますね。

あると思います。

――そのときのお話も、同様に、ご記憶に基づいて、そしてそのご見解も全く変わらない、そのままでお話をされていますね。

全く変わらないかどうかは分かりませんが、基本的には同様だと思います。

乙第一四号証を示す
――それでは、カテーテルの脳血管造影検査に関する、その手技の基本について簡単にお尋ねしたいと思います。この乙一四号証の二ですが、イントロデューサーを挿入後、ヘパリン加生理食塩水を満たした注射口から注入するというところから、乙一四号証の三、イントロデューサーから脳血管造影用カテーテルを挿入して先へ進めると。これは、順番がこうなっているわけですね。

そうです。

――このあとですけれども、カテーテルを大動脈から前に進めて行って、血管の分岐するところまで進めて行って、その分岐のところにカテーテルをかけるわけですね。入れたいところに。

カテーテルをかけるというのは。

――つまり、例えば左の総頸動脈に最初に入れようとするときには、その総頸動脈のところにカテーテルを引っかけて、そこにガイドワイヤーを入れていくと、そして前に誘導していくということをするんじゃないんでしょうか。

そうです。

――それで、左の総頸動脈の外頸あるいは内頸で、今回造影をされてますけれども、そのときに、目的の、造影しようと思う場所に行くまでの間に、多少造影剤をフラッシュしながら、前の状況を見ながら進んで行くわけですね。

そのとおりです。

――その間にも、ヘパリンのフラッシュというものはあるんでしょうか。

あります。

――それは大体どのぐらいの間隔で行われますか。

それはもうケースバイケースですが、１分間に１回から2、3分間に1回。そのぐらいの間隔だと思います。

――まず第1回目の造影の場所に届いたときに、直ちに造影剤を注入しますか。

場所に届いたときというのは。

――つまり、そこで造影をしようというところ、いわゆる目的の場所。今回の第1回目の場所でも結構ですけれども。そこに届いたときに、すぐに造影剤を注入しますか。

それは、造影剤を入れて場所を確認したあとであれば、ヘパリンを入れる場合もありますし、すぐ終わる場合は、そのまま造影剤を注入する場合もあります。

——第1回目の造影剤を入れて、そうすると、その後には、またヘパリンをフラッシュするわけですか。

はい。

——第2回目の造影をするときには、例えば同じ場所で結構ですけれども、フラッシュして、また再びカメラの角度を変えるかなんかして、更に造影剤のフラッシュをすると。こういうことになりますか。

そうです、交互です。

——先程ちょっと聞きもらしたんですけども、目的の場所にカテーテルが届いたあとに、ガイドワイヤーは抜くわけですね。

そのとおりです。

——ガイドワイヤーは、抜いてどうするんですか。

ガイドワイヤーは抜いて、ガイドワイヤーを抜いて入れる筒があります、あそこにあるんですが。その中をヘパリン生食で満たしておいて、そこにガイドワイヤーを再び入れるということになります。

甲第五号証を示す
——この67ページの上に図がありますけれども、Aのところにあるのは、いわゆる三方活栓と言われているものですね。

そうです。

——このAの状態は、この三方活栓の左の上に向いているもの、これは何と言うんでしょうか。ハンドルというふうに言っていいですか。

……特別な呼び名はないと思いますが。

——それでは、便宜上ハンドルというふうに言わせていただきます。このハンドルが、今の、こういうふうに左の斜め上に向かっている状態は、どこからも入らない状態ですね。

そのとおりです。

——Bの「SY」というのがありますけれども、これはヘパリンを注入する注射筒ですね。

そうです。スリンジの略だと思います。

——右側の「INJ」は、造影剤を入れるイントロデューサー。

いや、インジェクター。

——インジェクターを指しているわけですね。

はい。

——この三方活栓のハンドルを使いながら、ヘパリンを注入したり、造影剤を注入したりするわけですね。

そうです。

——このハンドルを動かす際の注意事項は、何かありますか。

一番の注意事項としては、三方活栓のところに空気が溜まったりしますので、その空気を血管の中に押し込めないようにするのが最大の注意点になると思います。

――ところで、陳述書の中に書いてあったんですけども、今回、２種類のカテーテルを用意されたということだったんですが、この２本は、この検査の中でいずれも使われましたか。

記憶はっきりしないのですが。途中でカテを交換したかどうか記憶はっきりしませんが、最終的にフィルムに映っているカテの形から言えば、いわゆるヘッドハンター型と言われたカテを使っていることは間違いないと思います。

――という趣旨は、どういう趣旨なんですか。両方使っている趣旨ですか。

いや、もう一つのサイドワインダーという形を使ったかどうかは、はっきり記憶にないということです。

――もし、その２種類のカテーテルを使っているとすれば、それは、いつの時点で交換したということになりますか。

使っているとすればという仮定の下で言わせていただければ、左側の血管、つまり椎名さんの病変のあった側ですけども、一般的には左側はヘッドハンターでは入れるのは難しいことがあります、ですから、左側はいわゆるサイドワインダーという形のカテーテルを使って、それが終わった段階でヘッドハンターに替えて、右側に移行したという可能性はあると思います。

――あなたがこれまで扱ってきた数百件の中で、右と左をそれぞれやるケースは多々ありましたね。

あります。

――この中でも、当然その２種類のカテーテルを用意されて、それぞれ左右を区別して使っておられたわけですね。

使う場合もあるということです。

――確認ですけども、本件で使用した造影剤は非イオン性の製剤でオムニパーク300というものですね。

そのとおりです。

――これは、どこの場所を撮ったものでしょうか。

乙第二号証の一ないし三を示す

これは、左の内頸動脈です、その正面像です。

――これは、どこになりますでしょうか。

乙第三号証の一ないし三を示す

これも、左の内頸動脈の、これは側面像です。

――これはどこになりますでしょうか。

乙第四号証の一ないし三を示す

これも左の内頸動脈の側面像ですが、先程の側面像とは、やや角度が、30度ほど違っている側面像です。いわゆる斜位、少し斜めになった側面像です。

――お尋ねし忘れましたけども、この図の中には時間は出ていませんね。

時間は出ていないと思います。ただ、時間というのは分かりませんが、インジェクションしてからの時間は、そこに記録されています。

――では、この乙四の一ないし三で結構ですけれども、インジェクションしてからの時間を教えてください。

タイムディレイがありまして、ここに1・33と。

――乙四号証の一の左の上が1・33。

1・33秒だと思います、ぼくはそう理解してます。次が、その右側が、1・73秒、2・13秒、2・53秒。

――分かりました、じゃ、ちょっと質問します。そうすると、乙四の二の右下の図のところに映っているのが、6・53秒後の図である。

そうです。

――乙四号証の三の右下に映っているのが9・73秒後の図であると。

はい。

乙第五号証の一ないし三を示す
――これはどこの図ですか。

これも左の内頸動脈ですが、これは頭蓋底撮影と言って、かなり、顎のほうからながめた撮影になります。

乙第六号証の一ないし三を示す
――これは、どこを写したものでしょうか。

これは、左の外頸動脈の側面像です。

――そのときに、グロームス腫瘍の像が描かれたということですね。

そのとおりです。

乙第七号証の一ないし三を示す
――これは、どこを写したものでしょうか。

これも左の外頸動脈の、正面像です。

――先程の乙六号証の一ないし三を写したあとですね、この七号証までの時間ですけれども、約17分間空いていたと思うんですが、ご記憶ですか。

そう思います。

――その間は、何をお話されてたんでしょうか。

その間は、陳述書にもあると思いますが、グロームス腫瘍という、非常に血管の豊富な、手術の際に非常に出血し易い、危険な腫瘍だということが分かりましたので、この間で、この血管、栄養している血管を、カテーテルからポリビニールアルコールという特殊な小さな粒子でその血管を閉塞する、いわゆる血管内手術というのを、やろうかやるまいかということを相談していたと思います。

乙第八号証の一ないし三を示す
――これは、どこを写したものになりますでしょうか。

これは、大動脈弓部で造影剤をインジェクションして、頭のほうに行く四本の血管を写そうとしたものです。

――乙八号証の二の真ん中よりも左上側に伸びている血管、これが右の総頸動脈ですね。

いえ、それは、右の椎骨動脈と総頸動脈が重なっているものだと思います。ここが椎骨動脈で、ここは右の総頸動脈の近位部です。ここが重なって。

――今、八号証の二の右側上を指してお話されましたけれども。

そこには、総頸動脈の近位部は映っていますが、総頸動脈のそれより先の遠位部は映っていないと思います。その先に、一見映っているように見えるのは、右の椎骨動脈だと思われます。

裁判長
――今映っていると表示なさったのは、八号証の二の右上にかなり濃く線が縦に2本、平行に映ってますね、それの向かって左側を示されたんですね。
向かって左側ですね。

原告代理人（渡邉彰悟）

――証人の陳述書によりますと、右の総頸動脈内にカテーテルを移行して造影剤をフラッシュしたところ、循環遅延をモニターで認めたと、こういうことですね。

そうです。

――その循環遅延を認めたあとに、直ちにウロキナーゼを投入した、マンニットールも点滴で注入したということですね。

そうです。

――この、直ちにというのは、秒単位、あるいは1、2分というふうに考えてよろしいでしょうか。
1、2分だと思います。
――このウロキナーゼの注入ですが、看護記録の中にもありますけれども、カテーテルを通して行っているわけですね。

そうです。

――ここは、あなたが注入をされているわけですね。

そうです。

――循環遅延が右総頸動脈の近位部で認められたということでしたので、カテーテルを総頸動脈内に置いて、ウロキナーゼを注入したわけですね。

総頸動脈内で注入したかどうか、そこの記憶がはっきりしないんですけど。大動脈弓に抜いてから注入した可能性もあると思います。

乙第一三号証の一を示す
――これは脳の血管の図だと思いますけれども、この、一番下のほうに太い血管、大動脈弓がありますね。

はい。

――この大動脈弓の中でウロキナーゼを注入したんですか。

記憶は定かでないんですが、総頸動脈の近位部で注入したか、そこから引き抜いて大動脈弓、先程の血管撮影をやった、そこで注入した可能性もあると思います。

――これは被告の病院のほうから出されている図面ですけれども、⑦というのがありますね。矢印で指してあるところ。

はい。

――大動脈弓が半円のように右のほうに曲がっていきますけれども、この大動脈弓の血管は、どちらからどちらに流れていますか。

どういうふうに言えばいいですか、こちらから、そちらから。

――この図の上で左から右か、右から左か。

図の上でですね、向かって左側から右側に弧を描くように流れています。

――そうすると、その大動脈弓でウロキナーゼを注入すると、この図でいけば右側のほうにそのまま流れていってしまうのではありませんか。

いえ、違います。血液は腕頭動脈の、こちらのほうにも流れていきますので。ここで2つに分かれる。

――そうすると、総頸動脈でやったかもしれないし、大動脈弓でやったかもしれない。記憶ははっきりしないということですか。

そのとおりです。

――ウロキナーゼ6万単位を2回、カテーテルで注入してますけれども、そのいずれも、どちらでやったかははっきりしませんか。

はい。

――いずれも総頸動脈でやったという可能性もありますか。

……カテによる血管への刺激ということも考慮して、できるだけ早く総頸動脈からカテを抜きたいというふうに思っていましたので、2回とも総頸動脈でやった可能性は低いと思います。

――ウロキナーゼというのは血栓溶解剤ですよね。

はい。

――血栓を溶解するために注入するのであれば、循環遅延の認められた血管に対して直接行うというのが一番効果的であることは間違いないですね。

そのとおりです。

――マンニットールというのは、脳圧降下剤ですね。

はい。

――これも、いわゆる血栓によって脳の血管が閉塞したことによって脳圧が上がるのではないかということを、避けるために行われているわけですね。

血栓という言葉を確定的に使われますので、ちょっと。

――血管閉塞でも結構ですけど。

マンニットールをやった最大の原因と言いますか、椎名さんが頭が痛いと、確かあのときおっしゃってましたので、脳圧亢進、なんらかの形で脳圧亢進が起きて頭痛を訴えたという可能性もありますので、それでマンニットールをやったと記憶してます。

——先程も確認しましたけども、循環遅延が認められたということで、直ちにマンニットール投与が行われたと。1、2分という間隔で行われたということですね。

いえ、マンニットールは動脈注射と言いますか、カテーテルから入れるわけではありませんので、点滴で静脈内に入れますので。それは、直ちに開始したという意味だと思います。

——開始したという意味です。

そうです。入れるのに、10分20分の時間は。全部入り終わるのにかかると思います。

——私が聞いているのは、開始している時間という意味なんですけども。

そうです。直ちに開始したと。

——先生の経験で結構ですけれども、左の内頸あるいは外頸動脈を造影してから、右の総頸動脈に移行するまでの時間ですけども、どのぐらいかかりますか。

それは短いです。いや、移行するまでと言いますか、引き抜くのはもう秒単位で引き抜けますので。最終的に左の外頸動脈を撮影、正面像を撮ってから大動脈弓に引き抜くまでは、もう、数秒単位で引き抜けると思います。ただ、それから右の腕頭動脈から右の総頸動脈に入れるのには、ある程度の時間は必要です。

——それでも、例えば15秒とか、20秒とか、そういった単位で行けますね。というふうに私どもは聞いているんですけども。

そうですね、一般論ですか。

——はい。先生の経験で結構です。

若い人では早いです。老人では、右のほうが非常に入り難くて、カテ交換も必要だという場合もあります。

——今回の対象者は当時35歳でしたので、まあ、若い部類に入ると思いますけども、先生の経験からすると、15秒とか20秒とか、そういった単位で行けるというお話ですね。

先程早いとおっしゃったのは。

そうですね……、何秒かというのは難しいですから、スムースにいくケースが多いと思います。

——そのスムースとおっしゃるのは、いわゆる秒単位の話、1分にも満たない話として理解していいですね。

ううん……1分、さあ、それは何分かはちょっと……。

——1分かかるか、かからないかですか。

そうですね……ただ、その間に、要するに、大動脈弓でいったん一休みというケースもありますので、それは一概に。

——先生、そこは聞いてません。通常のことを聞いているんです、一休みをしないでください。

ううん、そうですね……まあ……かかっても3分とか。2分、3分、4分のたぐいだと思います。

——ところで、このカテーテル、実際の検査のことなんですが、どういう経緯で東崎先生がこの検査に参加することになったんでしょうか。

それは、東崎先生が患者さんの主治医だったからであります。

――先生のほうから、何か要請をされたんですか。

そのころの耳鼻科の桜井部長から脳外科の古田部長に、こういう患者がいる、診てくれということで、古田部長が診察し、血管撮影が必要だろうということで、血管撮影をいつもやっている私のほうに、そのアンギをやるようにという要請があって、私がアンギをやることになったんですが、東崎先生が主治医ということで、じゃ2人でやりましょうという話になったと記憶しています。

――そして、左側の、先程ずっと診ていただきましたけども、造影に関しては、カテーテルの手技はあなたがなさったということですね。

そうです。

――この、左の造影をしている間、東崎先生は何をなさってたんでしょうか。

何を……全く左側を私がやったわけではありませんので、鼠径部から大動脈弓までの挿入とかは、東崎先生と私で共同してやりました。

――今私が聞いたのは、左に入ってからの話です。

左に入ってからは、私が行いました。

――すべてですね。

そうです。

――それは、ヘパリンの注入や造影剤の注入についても、先生が担当されたということですか。

そうです。

――右側に移行しようと、大動脈弓に下げてそして右側に移行しようという段になったときに、その役割分担は、陳述書の中では、厳密ではなかったというふうに書いてあるんですが、東崎先生はカテーテルやガイドワイヤーを取り扱っていましたね。

触ってはいました。

――触っているというのは、操作をしているという趣旨ですね。

操作は、ほとんど大部分の操作は私が行っています。

――右側にカテーテルを進めたり、あるいはガイドワイヤーについて、それを手に進めていったのは、先生も当然担当されていたと思いますけれども、東崎先生も操作をされていたんじゃないんですか。

効果的と言いますか、その操作はほとんど私が行っております。

――私の聞いているのは、いわゆる実質的な操作を東崎先生がされたかということですけども、それは、答えとしてはイエスなんですかノーなんですか。

実質的な操作は、東崎先生はしておりません。

――前に進めるために、分岐部から前に進めようとしたり、カテーテルを分岐部にかけようとしたり、そういう作業を東崎先生はやられていたんではないんですか。

しておりません。

裁判長

――証人が東崎氏と共同してカテーテル操作をしたという趣旨のことが、陳述書の中に表れているんですが、そこで言う、共同して東崎医師がカテの操作をされたという趣旨は、どういうことですか。

それはですね、左からカテを抜く際は、東崎先生に抜いてもらったと記憶してます。大動脈弓での操作も、ある程度東崎先生にやっていただいた記憶がありますが、それからの、分岐部から進めるという操作は、私が行ったと記憶しています。

原告代理人（渡邉彰悟）

甲第一六号証5ページ目を示す

――以前、提訴前に面談をしたときに、あなたは私の質問に対して、「ほとんど一緒にやったということなんですが、主として左は私がやらしてもらったんですが、一応右側に移ったときに、カテの操作を東崎先生にお願いしたり、あるいはガイドワイヤーを入れる、あるいはカテを私が少し動かしたり、ガイドワイヤーを東崎先生に入れてもらったり、ですから、どちらが完全にカテの操作をしたということではなく2人一緒にやった」というふうにおっしゃっているんですよ。この趣旨と今の証言とは違いますよね。いかがでしょうか、これを読む限りは東崎先生も、ガイドワイヤーやカテーテルを前に進めるという作業をしていたというふうに読めますが。

ガイドワイヤーを入れることは、じゃ、東崎先生はやられたんだろうと思いますが、実質的なカテの操作は私が行ったということで。矛盾はないと思いますが。

――そのあとに、6ページにかけて、「どっちがどっちということはないんですけども、まあ半々だったと思うんですが」というふうなことをおっしゃられてますね。半々というのは、操作の内容について半分、それぞれ担当したというような趣旨に取れるんですが。

いえ、それは実質上、私のほうが経験がありますし、東崎先生は一例目ということで。それは半々と、言葉では半々でしょうが、実質上私が操作していたということになるんではないでしょうか。

――なるんではないでしょうかって、証人のご記憶を聞いているんですけどね。この5ページの中の発言には、「カテーテルの操作をお願いしたり、ガイドワイヤーを入れてもらったり」ということで、東崎先生はカテーテルもガイドワイヤーの操作もいずれもされているというふうに読めるんですが。これはそのとおりですね。

東崎先生はカテーテルを入れているという表現はありま

すか。

——カテーテルを操作してる。

それはカテーテルを操作でありまして。引く動作も、左からの引く動作、大動脈弓での操作も、それはカテーテルの操作でありまして、進めているということは、言えるかどうか。

——言えるかどうかではなくて、そういうふうにしていたんじゃないんですか。

……ですから、実質上、ほとんど私が、細かいところのカテを進める操作はしていたということです。

裁判長
——乙一五号証の陳述書でも先生は、「私と東崎医師との役割分担については、厳密に分担作業をしていたわけではありません」「相互に補助し合い、カテーテル操作や造影剤の補充・交換等の諸作業を適宜交代しながら、共同で行ったものです」というふうに言っておられるんですが、ここで言うカテーテル操作、普通に読む限りはカテーテルは当然奥に進めるためには回転させますね。それからカテーテルにフラッシングしますね、そういうようなことも、東崎氏もやっておられたというふうに読めるんですが、そういう意味ではないんですか。
そういう意味ではありません。東崎先生がやられたのは、鼠径部から大動脈、太いところの血管ですね、そこでは、カテーテルは当然進めていきますので、回転させたり挿入したりするわけです。あと、大動脈弓からもう少し先の細いところは、カテーテルを進める操作は私が行ってます。で、左から引き抜く際は別に問題ありませんので、引き抜く動作とか、大動脈弓での、太いところでの操作は、東崎先生にお願いをしたということです。
（注：裁判長は証拠をよく読んだうえで質問している）

原告代理人（渡邉彰悟）

甲第一六号証の5ページ目を示す
——証人はこの発言の中で、一応右側に移ったときにカテの操作を東崎先生にお願いしたり、あるいはガイドワイヤーを入れるということを言っていらっしゃるんですよ。右側に移ったときにということを明確に言っておられるんです。

ですから、移ったときというのは、左から抜いて右側に移るときということ……。

——そうは、ちょっと読めないんですけどね。あるいは、そういうふうには私ども聞き取ってなかったんですけども。今の記憶は違うということですか。

いや、ですから、左は主に私が、主にと言いますか、ほとんど私が。

——いや、もう左のことは聞いてません。

ですから、右に移るときに東崎先生にも……、右に移るときと、要するに最初に入れるときですね、東崎先生にお願いしたということです。

――右側に移る際に、先程も一般論でお聞きしましたけども、右側の無名動脈や総頸動脈に移っていく分岐部のところにカテーテルを、まずかけますよね。そのあとにガイドワイヤーを入れるわけですね。

そうです。

――そのガイドワイヤーを東崎先生が入れたりしたんですか。

入れた可能性はあるかも分かりません。記憶は定かでありません。

――今のご証言は、先程の見解と違いますよ、もう既に。

それは、もう以前の話で、ちょっとあれなんですが。記憶では、ですから、ガイドワイヤーを入れた可能性もあると思います。

――今の、分岐部のところでカテーテルを引っかけるということは、東崎先生には難しかったでしょうね。先生がやられたんでしょう。証人がやられたんでしょう。

……無名動脈のところは……、記憶がちょっとはっきりしませんですが。

――面談時の発言を起こしたものの中に、先程来示している五ページのこういう表現があったわけなんですが、この発言を見る限り、何度か交代したとしか理解できないんですが、そうではなかったんですか。


（甲第一六号証を黙読する時間をとったのち）カテーテルは、１人が操作してるときに１人は完全に手を放すというものではありません。それは２人が一緒に手を添えてやるものなんです。ですから、完全に、バトンタッチのように交代するという表現が適切かどうか。

原告代理人（渡邊春己）
――ちょっとその点について。あなたは、先程裁判長も指摘したところなんですが、乙一五号証の６ページに「カテーテル操作や造影剤の補充・交換等の諸作業を適宜交代しながら」というふうに表現してますし、また、先程の甲一六号証の、先程示したページですね、証言の発言。このことから考えたら、まさに適宜交代しながらカテーテルとかガイドワイヤー、それぞれが分担し合って行ったというふうにしか理解できないんですが、そうではありませんか。
そこを、ちょっと、もう一度見せていただけませんでしょうか。……ですから、適宜交代というのは、例えばヘパリンが入った生食を注射等に引くとかですね、そういうのは当然、私がやったり東崎先生がやったりするわけです。造影剤をまた、シリンジと言いますか注射器に引くとかですね、そういうことは適宜交代して当然やるわけですから。カテーテル操作を進めるというのは、細かいところで進めるというのは、一貫して私が行ったということ。
――今、カテーテルへヘパリンを引くことについては適宜交代したということですね。あなたの先程の2つの文章を見ても、カテーテル操作とガイドワイヤー、これも含めて適宜交代したというふうにしか読めないんですが、そうではありませんか。今のヘパリンは結構です。

ですからカテーテル操作は、交代したというのは、太い大動脈とかですね、引く、そういうカテーテル操作は東崎先生にお願いしたということです。

——何回かやられたわけですね、それはね。

そうです。

——箇所はともかくとして、そういうふうに交代したということはお認めになるわけですね。

そうです。

（注：東崎医師が操作を担当していたことを認めた）

——その交代は、この書面を読んでも、あなたの陳述書を読んでも、適宜交代とあるんですが、あなたの記憶では大体何回ぐらい交代したんですか。これだと、複数の回数交代したように読めるんですが、そうではありませんか。

ですから、第1回目、東崎先生がカテの操作をしたのは、大動脈をあげるときの操作ですね。次に、左終わって引き抜いてアウルティックアーチでの操作、そういうことです。

——それ以外にはありますか。

それ以外にカテの操作は、ないと思います。

——甲一六号証の6ページの1行目から2行目、すべて読み上げます。「どっちがどっちということはないんですけれども、まあ、半々だと思うんですが」というふうにおっしゃってますね。で、先程のあなたの証言でも、あなたは、これを記憶どおりに我々に説明したというふうにおっしゃってますんで、そうだとすると、半々だと。その右側の過程のなかでも半々だというふうにおっしゃるなら、これは複数回交代したとしか考えられないんですが、そうではありませんか。

ご質問の趣旨が、もう一つ分からない。右側でのカテ操作も半々ではなかったかという、ご趣旨でしょうか。

——いや、違います。左側は証人のほうが主としてやられたことは分かるんです、それははっきり出てますから。しかし右側に移った話を、先程の甲一六号証の5ページ以降ではやっているわけです。そのときの証人の説明が先程言いましたように、もう1回繰り返しますよ、「あるいはガイドワイヤーを入れる、あるいはカテを私が少し動かしたり、ガイドワイヤーを東崎先生に入れてもらったり、カテのほうを少し私が操作したり。ですから、どちらが完全にカテの操作をしたということでなく2人一緒にやった」、要するに分担し合いながらやったと。これは、先程裁判長がお聞きした陳述書の趣旨と合致すると、私は理解できるんですよ。その上で、あなたのほうが6ページで「どっちがどっちということはないんですけど、まあ、半々だと思うんですが」とおっしゃっているんで、そういう、ガイドワイヤーをやったり、カテーテルをそれぞれが交代しながらやったというのを、半々にやったとおっしゃるならば、複数回交代してやったと理解してよろしいですかというふうに聞いているんですよ。

　ですから複数回です。アウルターと、左を引き抜くときと、大動脈弓での操作ですから、３回やってます。

原告代理人（渡邉彰悟）

――そうすると、先生の今のご証言は、あくまでも大動脈弓にもどしてから以降は、カテは自分がやったんだと、こうおっしゃりたいわけですか。

　いや、そうではなく……。

――今ずっとそうおっしゃってますよね。交代してないんだと、そこは。大動脈弓にもどして、右側のほうに移動して、そこから以降のカテ操作は自分がやったとおっしゃっているわけですよね。

　ですから、大動脈弓での操作は東崎先生にやってもらったわけです。

――大動脈弓にもどして、それ以後、右のほうに移行しようとしたときのカテ操作は自分がやったと、先程来おっしゃってますね。

　主にですね。

――主にですか。

　主にです。ですから、大動脈弓から腕頭、無名動脈と言いますか、そこから分岐するところははっきり記憶ありません。

――そこまでは東崎先生がやられたかもしれない。

　そうです。無名動脈。

――それ以降はどうですか。

　……。

――交代した事実はないですか。

　……それ以降と言いますと、要するに、無名動脈から総頸動脈の近位部ということですよね。……ガイドワイヤーを、その段階で総頸動脈近位部に……ちょっと記憶、はっきりしません。

――無名動脈から今度は総頸動脈に移行しようとするときに、カテーテルを引っかけているのは先生ですね。

　その、引っかけてる……。

――またガイドワイヤーを使って、そこから前に進めようとするわけでしょう。先程来ずっとお聞きしてますけれども。分岐部から。

　そうです。

――ですから、その分岐部のところに。

　置いてというか、カテの先端が入っているわけですね、動脈に。

――先端を置いたのは先生ですね。

　そうです、と思います。

――そこにガイドワイヤーを入れたのは東崎先生ですか。

　あるいは東崎先生だったかも分かりません。そこらへん、記憶が曖昧で、なんとも。

乙第一号証の14ページ目を示す
——これは、長崎さんという看護婦さんの記載によるものですね。

はい。

——13時50分からL-CAG、つまり左の造影検査が行われているわけですね。

そうです。

——ここで、50分、53分、55分、14時5分とありますけども、55分と14時5分の間に1本抜けているわけですね、この記録は。

そうだと思います。

——それで、この時間帯を見ると、非常にここは順調にいっているわけですね。

そうです。

——先程、循環遅延を認めて直ちにウロキナーゼあるいはマンニットールの処置をとったというふうにおっしゃいましたけれども、マンニットールは34分、あるいはウロキナーゼは37分からということですので、循環遅延を認められたのは、14時半ごろというふうにお聞きしてよろしいですか。

……。

——あるいは半から34分の間と。

……その時間帯と思われます。

——そうしますと、14時22分に、先程の外頸動脈撮影側面図を終わったあとに、今の、例えば30分としますけれども、8分の時間がかかってます。この8分の間に何をなさっていたんですか。

外頸動脈の正面像のあとですか。

乙第七号証の一ないし三を示す
——間違いがないように示します。

このあとのことですね。

——そうです、この七号証の一ないし三の造影のあとです。

それは、カテをそこから引き抜きまして、総頸動脈、大動脈弓にカテを引き抜く操作と、それから今度は、右のほうにカテを進めて右の無名動脈と言いますか、腕頭動脈と言いますかね、無名動脈から右の総頸動脈にカテを進めていく操作に順次移っていく、その時間だと思います。

——先程おっしゃいましたけれども、左の撮影を終えて大動脈弓にもどすのは数秒、そこから右の総頸動脈に移行するには、1、2分、あるいは、3分ないし4分というふうにおっしゃいましたけれども、いずれにしてもそれ以上の時間がここにあるわけですけれども、右の総頸動脈あるいはそれよりもっと上のほうに入れるのに、何か操作がうまくいかなかったということがあったんではないんでしょうか。そうとしか、この時間からは理解できないんですけど。

もう一度その時間帯を、ちょっと見せていただけますでしょうか。

乙第一号証の15ページ目を示す

――14時22分に左側の撮影を終えて、34分にマンニットールが開始されているということで、先程の先生のお話では、これの1、2分あるいはせいぜい半と。30分から34分の間に循環遅延を認めたというふうにおっしゃってますね。

ですから、その前にですね、ご本人が、確か頭痛とか、そういうことを訴えられて、その患者さんの、例えば手足の様子を、神経学的な、患者さんにその様子を聞いたりしてる、そういう時間が、当然その間にあると思いますが。

――この、証人の陳述書によりますと、一番右から14時22分の撮影があって、この撮影のあと、3行目「右総頸動脈内に造影剤の循環遅延をモニターで認めました」と。で、ずっと話があって、10ページの後ろから2行目、「さらに、そのとき椎名さんに声をかけたところ頭痛を訴えたので、脳圧亢進をも疑い、点滴によりマンニットールを注入しました」とありますよ。こういう流れじゃないんですか。

……長崎さんが、看護婦さんがですね、声をかけたりしてる時間もあったかと思うんですが。それが書かれてないですね。

――まず、今私が言っているのは、この流れに間違いないんでしょうということを聞いたんです。

要するに、循環遅延を認めてから患者さんが頭痛を訴えたという、そういう流れですか。（乙第一五号証の10ページを黙読する時間をとった）ですから、流れって、このことは事実間違いないと思います。ほとんど同時に判断し、同時に看護婦さんに指示したっていう、どれが最初で……要するに、流れって言いますか事実そのものはこのとおりですけども、どっちが先でどっちが後でという、そういうことを聞かれても、ちょっと。ほとんど同時に判断し、同時にこうやって、同時進行というふうな形ですから。その流れを聞かれても難しいということです。

――私がお聞きしたかったのは、循環遅延を認めてから、速やかにウロキナーゼを入れ、更に速やかにマンニットールを入れているというふうに陳述書には書かれているわけですね。そして、乙一号証の記録には、34分にマンニットールというものが入っているわけです。ですから、この数分前に循環遅延というものが認められたんですねということを、先程お聞きしました。それで証人は、30から34分の間にそれがあったんでしょうというふうに答えられたわけですね。間違いありませんね。

そうです。

――それで結構です。そして、そういうふうに考えると、22分から30分までの間はどんなに少なくも8分以上の時間がある、ということを前提にして先程から聞いているんです。証人のこれまでのカテーテルの操作の経験からすると、右の総頸動脈に移行するのには1、2分という先程のお答えでしたので、それ以上の時間がかかっている理由は何ですかということを聞いているんです。

記憶はっきりしませんけども、例えばそれは、ガイドワイヤーを東崎先生に、もし、記憶はっきりしないんですけど、入れていただけば、そのガイドワイヤーの操作の仕方とか、そういうことを東崎先生に教えていた可能性はあると思います。

――その場で教えていたんですか。

そうです。

――操作中に。

当然そうです。具体的な操作ですから。それは普通にされることだと思います。

――それ以外の、時間がかかった理由は何かありますか。

ですから、それ以外に時間がかかった理由は、東崎先生は最初ですから、非常に臆病と言いますか、当然ですが、非常にカテの操作もゆっくり慎重にされていたという。当然のことながら。それで時間がかかったという。慣れていれば、それはもう、2分とか3分でスムースにいきますが、カテを引き抜くのにもゆっくりされていた記憶がありますす。ですから、その分時間がかかったんじゃないかと思います。

――今のカテの操作というのは、先程お認めにならなかったんですけど、カテの操作をされてたんですね。

いえ、ですから、引き抜く操作と大動脈弓での操作は、彼にしていただいた記憶があります。

――そこに数分もかかったんですか。

当然かかると思います。

――当然かかる。

ゆっくりされてましたんで。慎重にカテ操作をされていらっしゃいました。

――証人がカテーテルをお持ちになって右の撮影を試みているときに、ヘパリンと造影剤の注入はだれが行ってたんですか。

それまで、その前後も、私、ほとんど1人で、このカテの血管撮影は行っていましたので。大抵私がやるときは、左手でカテ、まあ、両手ですけど、右側にヘパリン生食かあるいは造影の入ったものをやりながら、両手でやるのが常です。そのヘパリンを、当然フラッシュしますから、それがなくなれば、もし、もう1人助手がいれば、例えば東崎先生であれば東崎先生に渡して、それにヘパリン生食をまた充填していただいて、受け取って、またコネクトしてやるということをやります。

――右の段階でそういうこともあったわけですね。

ありました。

――当時東崎先生は、造影検査について、合併症の危険とか、そういった問題について理解をされていたようですか。

一般論では、教科書上では理解されてたと思います。

――ヘパリンの、造影検査における意味合いとかはどうですか。

当然ご存じだと思います。

甲第一六号証を示す

――これも面談のときの会話なんですが、ヘパリンの話になったときに東崎先生が、10ページの真ん中からちょっと下ですが、私はヘパリンは静注した記憶がないですと。私が、静注とおっしゃいますと言うと、血管に直接ワンショットで注射したりとかはやっていないような気がしますということで話があって。そのあと池袋証人が10ページの下のところから発言をされて、11ページのところで東崎医師がすいません記憶違いで、というふうにおっしゃっているんです。我々はこれを聞いて、東崎先生は、そのヘパリンということの意味が分かっておられなかったんじゃないかというふうに思ったんですが、違いますか。

いえ、血管撮影は当然教科書的なものですから、ヘパリンの重要性とかそういうことは、教科書上では当然、知識としてはあると思いますが、実地でと言いますか、体験と言いますか、肌でそれを感じているかどうかは、私には答えられません。

乙第一五号証の12ページを示す

――今回の梗塞の領域とか部位についてお聞きしたいんですけど、その12ページの、段落が変わったところに、「本件脳梗塞が生じたのは、右総頸動脈内です」というふうに書かれているんですが、これはどういう趣旨でお書きになっているんですか。

……要するに、脳梗塞が……ちょっと、この文章が誤解を招き易いとは思いますが、何らかのアクシデントが起こったのは、右の総頸動脈内ではないかという趣旨だと思います。

――右総頸動脈が閉塞を起こしたという趣旨ではないんですね。

趣旨ではありません。

甲第二一号証を示す

――いわゆる脳梗塞の一般的な話としては、血管閉塞によるものですけれども、頭蓋内外の脳動脈に狭窄や閉塞が起こると、その支配領域が虚血状態となり、一過性又は持続的に脳機能の障害を来すというものですね。

そうです。

乙第九号証の二及び三を示す

――乙九号証の二の2枚目の一番右で結構ですけれども、それは陳述書の中でも書かれていると思いますが、中大脳動脈領域が、いわゆる梗塞を起こしているというふうに見ていいわけですね。

右側ですね。

――右の中大脳動脈。

はい。

――この乙九号証の二の真ん中の段に2枚の紙が貼ってあって、この図は証人が書かれたんですか。

そうです。

――一番最初にこういった梗塞状態を見て、どの血管が閉塞したというふうに考えますか。

具体的な、はっきりした血管の閉塞というのは、これからでは特定できません。いろいろ可能性はあります。

甲第一二号証の2枚目を示す
――この赤色の部分、ピンク色と言ってもいいんですけども、これが中大脳動脈半球枝、中大脳動脈が支配している領域ですね。

半球枝がですね。穿通枝は違います。

――この、茶色の真ん中にあるところですけども、右側には⑥というふうにある辺りですが、これは、今証人のおっしゃった中大脳動脈穿通枝の部分ですね。

そうです。

乙第九号証の二及び三を示す
――今の甲一二号証の2枚目の図に照らして、九号証の二及び九号証の三の梗塞を起こしている領域というのは、中大脳動脈半球枝および中大脳動脈穿通枝、いずれも拘束を起こしているというふうに見ていいですね。

いや、穿通枝はスペアされている可能性はあります。

裁判長
――スペアされているという意味は。

それは、穿通枝領域は脳梗塞に陥っていない可能性も十分考えられます。

原告代理人（渡邉彰悟）

――私どもは、この間、いろいろな脳外の先生にお会いして話を聞いてきましたけれども、これを見て、穿通枝も当然やられているというふうにお話になっているんですけど、証人にはそうは見えないですか。

ですから、これは脳浮腫がここに重なって、脳のはれが重なっていますので、もう少し慢性期の写真が、判定には必要になるかと思います。

――この中の血管に、いわゆる穿通枝領域に血液を供給しているところに、オレンジの色をつけてください。

裁判長　証人に対し、場所を特定するため手記を命じた。証人は別紙「脳血管図譜」に手記したので、これを本調書末尾に添付した。

原告代理人（渡邉彰悟）

――参考のためになんですが、中大脳動脈本管というものについて、ブルーの色をつけてください。

（前同本調書末尾添付の図面に手記）

――この、乙九号証の二あるいは九号証の三、あるいはカルテの中にも出ていますけれども、中大脳動脈領域がやられているということは、争いがないんですね。

中大脳動脈領域の脳梗塞が起こっているということで

す。

――そうしますと、考えられる梗塞の部位として、少なくともこの部位よりも前であるというふうに考えられると思うんですが、それは、どこを指すことができますか。

この部位というのは。

――つまり、梗塞を起こした場所がどこであれば、この中大脳動脈領域の梗塞を引き起こすというふうに考えられますか。それを今の図の中に赤の×印を付けていただけますでしょうか。

血管にですね。

――はい。

それは、閉塞した血管が１本の場合と、マルチプルと言いますか、２本３本の場合と可能性はあるんですが。

――１本というふうにご理解ください。

１本としぼって書けばいいということですか。穿通枝がやられているんであれば、この領域。穿通枝がやられていないんであれば、この領域。

――そうしましたら、左側に①と付けてください。

はい。こっちが②ですか。

――はい。そうすると、穿通枝領域を含まない中大脳動脈領域、半球枝のみという場合には①の血管が閉塞したのではないか。穿通枝領域も含めてであれば、②のところが閉塞を起こしたのではないかと、こういうことですね。

いいえ、それにもう１つ条件はあります。そこに、前交通動脈、左右をつないでいる前交通動脈がペイテントと言いますか、交通動脈が有効に働いているのかどうか。

――梗塞を起こしたということですので、結果としては、有効に働いていないという場合ですよね。

いや、それは分かりません。働いている場合といない場合では、脳梗塞の広がり・大きさというのが変わってきますので。もし前交通動脈が働いているんであれば……、働いていると言っても、有効に、ここを潤すのに、栄養するのに十分な血流が行っているかどうかもちょっと分かりませんので、ここということで確定できるかどうか。

――穿通枝領域がやられているという判断を下すために、②というふうに確定できるかどうか分からないということですか。

そうですね。

――一番、もっとも判断し易いのは②というふうにお聞きしてよろしいでしょうか。穿通枝領域も含めて、右の中大脳動脈半球枝、穿通枝の領域がやられているという場合に、一番。

考え易いのは。

――考え易いところは、この②のところ。

それから総頸動脈、もっと近位部でもやられた場合は、そうなる場合もあります。

甲第一四号証を示す

――これは、カルテの中の図の写真を撮ったもののコピーなんですけれども、これは証人が書かれたものですか。

いや、これは違うと思います。

――これはどなたが書かれたんでしょうか。

……あるいは東崎先生かも分かりません。

――このMCA領域というのは、中大脳動脈の領域ですね。

そうです。

乙第九号証の二と三を示す
――もう一度、シャーカッセンの乙九号証の二および三ですけれども、先程来、中大脳動脈半球枝が梗塞をしているという前提ですので、中大脳動脈よりも抹消の分岐血管に毛細血管での閉塞があったということはあり得ませんね。

毛細血管での閉塞というのは考えられないと思いますが、もっと細動脈レベルで多発性に病変があれば、同じような梗塞像を呈してくる可能性は十分にあると思います。

――多発的に。

はい。

――ところで、その梗塞を起こした原因についてですが、乙一五号証の陳述書を拝見しますと、その障害の原因として、血管れん縮ないし血栓塞栓の可能性を考えましたと。そういうことを、その場で考えられたわけですね。

そうです。

甲第一三号証の2ページ目裏を示す
――これは3月16日の、証人のFa5人に対する、つまりファミリーだと思うんですけれども、5人に対する説明ですね。この中で、なぜこの事故が起きたのかという点について、カテ挿入中に血栓を飛ばしてしまったため詰まってしまったのか、高度の緊張より血管れん縮を起こしたのかだと。はっきりしないと。こういうことをおっしゃられてますけれども、この2つの可能性を考えておられたということですね。家族に対しても、その説明をされたと。

そう思います。

――この当時、この2つの可能性以外のことを考慮には入れてませんね。

いや、それは、いろいろ可能性は。ですから、原因ははっきり分からないが、そういう可能性もあるという。

――論理的な可能性ですか。

当然論理も通っている可能性。

――さて、このれん縮という、あるいはスパスムというの、同じですね、スパスムとれん縮。

ええ、同じだと思います。

――これは、機械的な刺激によって引き起こされるというふうに言われますね。

機械的にも、ケミカルなものでも、起こす可能性はあると思います。

――ケミカルというのは何ですか。

それは、造影剤のものとかですね。

――カテーテルあるいはガイドワイヤーというような異物の存在している部位が刺激されてれん縮を起こすと、こういう理解ですね。

そうです。

――甲第一六号証の３ページ目を示す

――証人の発言の中に、「このカテーテルの先端が血管を機械的に刺激して、血管がぎゅっと、どこかここらへん、血管の神経叢で、交感神経とか副交感神経とか、自律神経いっぱいありますので、カテーテル先端での刺激で血管が収縮して非常に血液血流の流れが遅くなったという可能性がある」ということをおっしゃってますけども、それは今の考えと同じことを述べられてますね。

そうだと思います。

――実際に、あなたの陳述書の中にもありますけれども、乙一五号証の10ページですが、れん縮の対策として、異物を取り去る必要がありますので、直ちに大動脈弓までカテーテル先端をもどしたということですね。

そうだと思います。

――つまりカテーテルの存在するところでれん縮が起きるという前提ですね。

ですから、それは分からないんですが、その可能性もあるということです。可能性を取り除くためにカテを引いたということです。

――そうすると、右の総頸動脈の近位部までカテーテルを進めてれん縮が起きたということであれば、右の総頸動脈で起きたということを懸念したんですか。

総頸動脈で起きたか、内頸動脈で起きたかは分かりませんけども、その総頸・内頸動脈系で起きた可能性もあると、否定できないということで、カテを引き抜いたと思います。

――カテーテルそのものは、右の総頸動脈近位部のところまでしか到達してないとあるんですよね。

そうです。

――あるいはガイドワイヤーはもっと前に進んだんですか。

進んだにしろ数センチ先だと思います。

――内頸動脈までは入ってませんね。

入ってないです。

――それで内頸動脈のれん縮を考えるということですか、今おっしゃったのは。

いや、ですから、れん縮の事実を確認してませんので。血管撮影でも。ただ、造影剤の流れが遅くなったということだけですので。れん縮が起こったかどうかは、それは可能性の一つであって、その可能性を一つなくすためには、カテーテルを引き抜く必要があったということです。

――先程おっしゃってましたけれども、れん縮の可能性として、れん縮が引き起こされた血管というのは、総頸か、せいぜい内頸であると。こういうことですか。

そう思います。頭蓋内で起こったということは聞いたことはありません。

――今、れん縮の事実が確認できなかったとおっしゃいましたけれども、あそこの最後のDSA撮影では、その確認はできないんですか。

できません。

――あの撮影を見る限り、れん縮というのは、事実として認められなかったんではないんですか。

ですから、血流が遅くなって、その先のほうに造影剤が進んで行かない状態になっているわけで、その先の、造影剤が行かない、行き難いようなところの血管の状態は、血管撮影からは分かりません。

乙第八号証の二及び三を示す
――先程おっしゃっていましたように、この造影図からは総頸動脈の近位部しか見えていないということだったんですが、少なくとも、ここに見られる限りで言えば、れん縮は認められませんね。

近位部で、呼吸運動とかですね、非常にアーチパクトが多くて非常に見難い撮影なんですけども、はっきりした血管れん縮は認められないと思います。

――今お見せした乙八号証のDSA撮影をご覧になったあとに、ウロキナーゼを注入しているわけですね。

だと思います。

――結局証人としては、この時点で、その原因が血栓による塞栓であると、血管閉塞であるというふうに見ていたんではないんですか。

いや、その可能性もあると思っていました。そうであると断言はできません。

――DSA撮影後のウロキナーゼの注入に関しては、総頸動脈でやったのか、それとも大動脈弓でやったのか分からないということですか。

そうです。あるいは2回に分けて、総頸でやり、引き抜いて大動脈弓でやる、2回に分けてやったのかも分かりません。

――今の、2回に分けてというお話だったんですが、それは、2回目のウロキナーゼの注入を2回に分けてとおっしゃったんですね。

いや、記憶はっきりしないので、なんとも。

乙第一号証の15ページ目を示す
――37分に、ウロキナーゼ6万単位カテ注とあって、その後にDSA撮影があって、そしてウロキナーゼ6万単位を44分に再びカテ注というふうにあるんですが、今証人のおっしゃったのは、2回目、44分のカテ注を総頸と大動脈弓でやった可能性があると、こういう趣旨ですね。

……いや……ウロキナーゼの2回目はですね、DSAというのは先程のDSAですから、あれはもう、カテが大動脈弓にもどされてますので、この2回目のウロキナーゼは、あそこで半分やって、また総頸動脈に来て半分やるということはあり得ないと思います。その、6万単位の2回目は、大動脈弓で行ったんじゃないかと思います。

――先程、総頸動脈なのか大動脈弓でやったのか記憶がはっきりしないというふうにおっしゃったんで、それで更に聞いたら、2回に分けてやったかもしれないというふうにおっしゃったんで聞いているんですけど。

ですから、そのウロキナーゼの前後、2回やっている。

――2回やっているので、1回目が総頸動脈で2回目が大動脈弓かもしれないという趣旨ですか。

そうですね。

――逆の可能性はどうですか。

逆というのは。えっ、逆というのは、大動脈弓でやってから総頸動脈ですか。

――はい。

それはなかったと思います。

原告代理人（渡邊春己）

――その点で1点だけ途中でお聞きしますが、あなたは今、2回目も1回目もどちらでやったかはっきりしないというふうにおっしゃってましたけれども、仮にれん縮の可能性が高いとか、あるいは可能性があるということであったら、また再び刺激物を与えるようなところで、カテーテルを挿入することはあり得ませんね。

まずしないと思います。

（注：れん縮の可能性を否定）

原告代理人（渡邉彰悟）

甲第五号証の61ページを示す

――右側の真ん中より下ですが、「内頸動脈では分岐直後の洞部周辺がアテローム好発部位である。そこを過ぎてから、分岐部から数センチ以降の部分は機械的刺激でれん縮を起こし易い。したがってカテーテルやガイドワイヤーを乱暴に操作してアテロームを剥離して塞栓を惹起したり、れん縮を誘発しないように注意する」ということが書かれてるんですが、これは証人の当時のご認識としても一致しますか。

はい。

――今回、マンニットールとウロキナーゼを、循環遅延が認められたのちに投与されてますけれども、いわゆる血管拡張剤、イミダリンですとか、そういったものは入れられてませんね。

入れておりません。

――要するに、そのときに、れん縮を疑っていたら、そういったイミダリンとか、血管拡張剤を投与するのが通常ではないんですか。

今の血管撮影室には、その血管拡張剤は、救急カートの中に入っておりません。

――入ってなかったんですか。

はい。

――陳述書の中に、可能な限りの対策をとったというようなことが書かれているものですから、れん縮に対しても当然対策を用意をされているけれども、それは必要なかったという判断をされたと思ったんですが、違うんですか。

違います。それは……塩酸パパベリンのことですか。いわゆる塩パパのことでしょうか。その薬剤の名前は。

甲第九号証の1133ページを示す
――右下を示しますが、(9)スパスム発生時の処置というところですが、これは穿刺部のスパスムという前提ではありますけれども、血管拡張剤イミダリン、ズファジラン、塩酸パパベリンですか、これはそれぞれ血管拡張剤ですね。

そうです。

――そういったものを投与するというようなことが書かれているんですが。そういった用意はされていなかったということですか。

それは、脳の血管に対する安全性は、はっきり……、脳の動脈に対してそれをカテーテルから入れていいかどうかというのは、いろいろ議論のある薬剤ですので、かえってそれを入れたために悪くするという可能性もありますので、入れておりません。

――この中には、カテーテルから注入するということが書かれてますけれども、今の証人の認識はそうであるということですか。

はい。

――それと、れん縮による、いわゆる血管に対する影響ですけれども、通常不可逆的なものではなくて可逆的なもの、いわゆる一過性のものというふうに考えられているんではありませんか。

血管れん縮がですか。

――はい。

血管れん縮だけであれば、可逆的の可能性も十分にあると思います。ただ、そこに血管れん縮が起こって、その場所に血栓形成とか起これば、不可逆的になる可能性も十分あると思います。

――れん縮が起きた場所に血栓ができるということですか。

そうです。

――カテーテルを右に入れていくときに、カテーテルが物理的に挿入が困難になったというようなことはありましたか。

それは一切ありませんでした。

甲第一一号証の10ページ目を示す
――左下ですが、ここに、スパスムは軽度のものを含めると高頻度に起こるが、スパスムが高度であれば、ガイドワイヤーやカテーテル挿入が困難であったり、動脈の閉塞状態を来す場合があるということが書かれてますけれども、これは一般的な認識なわけですね。

そうだと思います。

――しかし、今証人がおっしゃいましたけれども、カテーテルの挿入とかが困難になったわけではなかったんですね。

　そうです。

――そうすると、スパスムが高度であったということはちょっと考え難いですね。

　ですから、そのカテーテルを挿入した場所でのスパスムがあったとは考え難いと思います。

裁判長
――スパスムというのは、どういうものですか。

　脳血管れん縮ことです。あっ、血管れん縮です、脳ではなくて。

――脳ではなくて、一般的に血管れん縮。

　ええ、血管れん縮のことです。

原告代理人（渡邉彰悟）

――今おっしゃったのは、刺激をしている部位以外の血管でれん縮が起きた可能性があるということをおっしゃっているんですか。

　そうです。

――先程来、一般的なれん縮の起きる可能性としては、刺激を与えられている部位、血管であるのが通常ですね。

　そうです。

原告代理人（渡邉春己）

――カテーテルの機械的刺激が血管れん縮の原因だと判断なさったとするならば、大動脈弓のところまでカテーテルを下ろしてきてみても、やはりれん縮の原因となる可能性があるから、完全に抜去する必要があるというふうに考えることも可能ではないかと思われるんですが。その点はどうですか。

　そうであれば、動脈の中に例えばウロキナーゼとか入れて、まあ、大動脈弓でウロキナーゼを入れてもかなり分散してしまいますけれども、点滴静注で静脈で入れるよりも、やはり高濃度の血栓溶解剤と言いますか、ウロキナーゼが血栓に働く可能性がありますので、抜去するというのは、かえって、そのウロキナーゼの作用というものを考えると、デメリットが大きいんじゃないかというのが、一つ考えられます。あと、大動脈弓は大きいですから、太いですから、そこの血管に何か当たって、何か大きなアクシデントが起こるということは、大動脈まで下ろせば、まず考えられないと思います。

――そうすると、右総頸動脈近位置と大動脈、この先で起こっているとすると、大動脈弓のところでね、仮に先に起こるとすれば、私から見ると、素人から見るならば、そこで刺激を与えていれば、あなたのおっしゃるようなれん縮の可能性というのは、そんなに変わりはないんじゃないんでしょうかという質問だけです。現に、乙八号証の写真を見ると、大動脈弓でカテーテルは相当触れてますからね。
触れているというのは、当然、心臓の拍動と大動脈弓の拍動が、血液の流れがあそこでは非常に強いですから、血液の流れで、柔らかいカテーテルは当然、大動脈弓の中で触れるのは触れるんです。ですけども、大動脈まで下ろせば、それが大きな何か機械的刺激になるということは、まず考えられないと。

原告代理人（渡邉彰悟）

——血栓のことについてお聞きします。まず、血栓による血管閉塞の問題ですが、一般論としてですが、ヘパリンの管理を怠って血液凝固片をカテーテル内に作ってしまって、それを造影剤の注入等によって飛ばしてしまう、そして血管を詰まらせるということは、一般論としてはあり得ますすね。

あり得ます。

——それと、これはカテーテルという異物と血液とが触れ合うことによって凝固するという問題ですが、ガイドワイヤーも同じように、血液凝固を促進させて血栓を作るという可能性はありますね。

可能性としてはあると思います。

裁判長

——カテーテル自体は柔らかいものですね。ガイドワイヤーは柔らかいものなんですか。

それ以上に柔らかいです。

原告代理人（渡邉彰悟）

——もう一つですが、これは証人も、先程の面談のときにおっしゃってたんですが、先程来、三方活栓の注入の交換の際に空気が入るということをおっしゃってましたが、空気が混入して、それが血管に飛んで閉塞を起こすということもあり得ますね。一般論で結構です。

一般論ではあり得ます。

被告代理人

——裁判長、一般論を証人に確認する必要はないと思います。

裁判長

——そうですね。書証にあることは前提としていただいて結構ですから。

原告代理人（渡邉彰悟）

——いわゆる長時間のカテーテル操作やカテーテル交換が血栓の形成を促すこともあると、注意が必要であるということも言われてますね。

一般論では言われてます。

――先程お聞きしたように、14時22分の左の撮影が終わったあとに、14時34分の看護記録によると、マンニットールの点滴開始になってますけれども、そこまでは、いわば長い時間のカテーテルの操作が繰り返されていたというふうに理解してよろしいですか。

長い時間というのは、どこからどこまで。左が終わってから。

――そうです。

いいえ、決して長い時間とは。

――言えないですか。

言えないと思います。

――一番最初に大腿動脈の穿刺を開始し、13時38分にイントロデューサーを挿入してというところから、既に小一時間がたっているんですけれども、これは長い時間ではないんですか。

検査としては、決して長い時間とは言えないと思います。

――ヘパリン管理を怠ったことによって血栓を飛ばすということはあり得ないんだと、いわゆる当然の作業として身に付いているというようなことが陳述書に書かれていますね。

はい。

――それと、空気を混入させるというようなことも、あってはならないことですね。

当然そうです。

――血栓を形成させてそれを飛ばしてしまうとか、あるいは空気を混入させるということについては、これはすべてその手技によって防げるということですね。

そのとおりです。

裁判長

――逆に言いますと、手技の仕方が悪いと、そういうものは生ずる可能性はあるわけですか。

ですから、フラッシングを怠ったりすれば、カテーテルの中に血栓が形成されるということは十分にあると。

――フラッシングを怠った場合になり得ますね、まずね。

それから、フラッシングはきちんと行っているという場合でも、手技のやり方がまずいことによって血栓を飛ばすということはあり得るわけですね。

手技の巧拙……、ですからフラッシングさえ行っていればカテーテルの内部にできた血栓は当然防げるということです。カテーテルの外にできる可能性のある血栓は、手技の巧拙には、それほど関係ないと思います。カテーテルの外にできたものは、これは回収しようがありません。

――えっ、回収。

ですから、カテーテルの外側にできたものは、どんなことがあっても、カテーテルを。とにかく、その存在等うんぬんは分かりませんので。

――極端なことを言いますけど、本件をちょっと離れますけど、カテーテルの操作を非常に乱暴にする人があったと仮定しますね。その場合に、カテーテルの動き、機械的動きによって血栓が生ずるということ自体は、あり得るわけですね。

いえ、それは、カテーテル自体には、手技の巧拙でできるとは考え難いと思います。それは、カテーテルの乱暴な操作で血管内膜を傷つけたりする可能性があれば、傷つけられた血管内膜のところに血栓ができる可能性はあると思います。カテーテルの外側にできるような血栓は、手技の巧拙にはほとんど関係ないと思います。ほとんど、めったにそういう、カテの外に血栓ができるなんてことはないんです。

――カテの内側。

内側はフラッシングで十分対処できると思います。

――とするならば、今証人がおっしゃったことからいくと、手技が上手であるかどうであるか無関係に、フラッシングさえされていれば、血栓を生ずるということはないということになりませんか。

カテーテルの内側にはですね。

――内外を問わず。

当然フラッシングすれば、そのヘパリンは動脈から静脈、全身へパリンになるわけですから、同時に。ですから、ヘパリンをフラッシング十分しておけば、カテーテルの内側もそうですし、カテーテルの外側にできるかもしれない血栓も、それは予防できる可能性になるわけです。

――手技というのは、あんまり重要じゃないんですか。そうすると。

ですから、手技が重要なのは、その血管の内膜を傷つけるとかですね、そういうことだと思います。血管に対する損傷と言いますか。

原告代理人（渡邉彰悟）

――今証人がお話になってた中で、私もちょっと確認し忘れたんですが、血管内膜を損傷してそこに血栓を形成させて、それが飛んで血管を閉塞させるということもあり得るわけですね。一般論として。

一般論としてはあります。

――ヘパリンのことに関連してお聞きするんですけれども、造影剤を、右のほうに移行するときも分岐部でフラッシュしながら前に進んでいきますね。

はい。

――造影剤をフラッシュしたあとに、その造影剤はカテーテルの中に溜めておくんですか。溜まったままになっているんですか。

当然、ヘパリン生食でフラッシュします。

――フラッシュして、そうすると、造影剤はそこのカテーテルの中にはもうなくなっているんですか。

そうです。

――そういう管理をされているということですか。

そうです。

――先程、右に移行した際に、時間がかかっているという話もありましたけれども、ヘパリンの注入等について東崎医師が行っていたという時間帯もあったというふうにおっしゃってましたね。

ですから、ヘパリンの注入というのはほとんどは、記憶ははっきりしませんが、造影剤の注入もヘパリンの注入も、ほとんど私が行ってます。ですから、その、ヘパリンとか造影剤の注射器へのフィリングと言いますか、要するに、注射器に詰める作業は東崎先生にお願いした記憶はあります。

――先程、陳述書に関連して質問を受けたときに、「カテーテル操作や造影剤の補充・交換等の諸作業を適宜交代しながら、共同で行った」ということについて、ヘパリンの注入についても交代して行ってたというふうに証言されたんじゃないんですか。

ですから、その注入という言葉。ですから、実際に患者さんへの注入は私が行って、注射器への注入と言いますかフィリングは東崎先生にお願いしたと、ときもあるということです。自分で入れちゃう場合もあります。

――ところで、いわゆる血栓の出来易い特異体質というのが言われていますね。

はい。

――ピルの常用ですとか、プロテインC欠乏症でありますとか、高フィブリノーゲン血症患者でありますとか、そういった人たちの話ですね。

はい、そうです。

――本件の原告は、こういう特異体質を持っていた人ではありませんね。

それは調べてありませんので分かりません。

――もう一回言ってください。

それは詳しく調べていないので、そういう特異体質かどうかは分かりません。

裁判長
――特異体質である兆候は、何らかの形で先生方に認識されていたことはあるんですか。

それはありません。

原告代理人（渡邉彰悟）

――現在、この裁判の中で、被告の病院のほうから四つの仮説、偶然というやつは除いてですね、四つの仮説が挙げられているのはご存じですか。

幾つか仮説を挙げたと思います。

甲第一九号証の二を示す
――これはですね、92年3月31日付けの、原告代理人からの照会に対する被告病院の回答書ですね。証人もこの回答書に当たっては関わっておられましたね。

かかっていると思います。

――このときには、この回答の中には、二の（一）の①②③と、障害発生の原因としては三つが挙げられていますね。そのことも認識されてますね。

はい。

――それと、先程示しましたけれども、証人が、3月15日の検査以後に家族に説明した内容では、二つのことを説明されていたわけですね。れん縮と血栓の飛ばしかと。

いえ、ほかにも可能性は言ったかも分かりませんけども。

――記録としては残っていませんね。

そうだと思います。

――検査時、その直面していたときには、血栓しか考えていなかったんじゃないんですか。

いや、それは先程も言ったように、血管れん縮も、当然考えていたわけです。

――しかし、血管れん縮に対しては現実的な対応は何もされてませんよね。まあ、カテーテルを下げたという話はありましたけども、それ以外は何もされてませんね。

そうです。

原告代理人（渡邊春己）

――一つは、これも専門家から言われたんですが、先程の乙第八号証の二と三の写真がございましたね。最後に。

最後に撮った写真、ええ。

――で、本来だったら、もし、どこかに循環遅延があると、あることは認めているわけですから、そうだとすると、本来なら必ず、どこにあるかというのを写真を撮るはずだと言われたんですが。その写真は撮らなかったんでしょうか。

撮っておりません。

――要するに、ちょっと写真を上部に上げれば、すぐにその箇所は分かると思うんですが、それは撮られてないんですか。

それは、造影剤が上まで上がって行かないからです。

――じゃ、こういうふうに聞きましょう。乙八号証の段階で、造影剤が上がる限界だったんですか。そうじゃないんでしょう。

……。

――どこで造影剤が止まっているかということが分かるということ。

ですから、原因がはっきりしないということが、もっとも……、要するに原因をとにかく取り去らなければいけませんので、カテーテルを引いたわけです。ですから、それをもう一度入れ直してやるというのは、リスクが大きいと一応判断したわけです。

――右内頸動脈とか右総頸動脈がれん縮してたという具体的な資料はございませんでしたね。

具体的なものはありません。

被告代理人

乙第一三号証の一を示す

――証人と東崎医師が左から右のほうにカテーテルを移すとき、大動脈弓というのを通りますね。

はい。

――先程証人は、大動脈弓で休憩することもあるという証言をされました。これはどういう意味なんでしょうか。

それは、やはり脳に近いところの血管を検査していると いうことは非常に緊張を強いられます。休憩という言葉は悪いんですが、脳の一応左側、特に病変部を終わって大動脈までくれば、大動脈で何か大きなトラブルがあるということはめったにありませんので、精神的に休憩と言いますか、体は当然動かしたりしますから、精神的にはほっとするわけです。

――そうすると、緊張するというのは、検査をされる患者さんのことではなくて、証人たち医師の緊張を和らげるということですね。

そのとおりです。

――そのときに、例えば、フラッシングを休んだりというようなことはあるんでしょうか。

そういうことはありません。

――そういうことを続けながら、少し時間をとるわけですね。

そのとおりです。

裁判長

――本件の椎名さんに関して、カテーテルの操作中に大動脈弓の辺りで、先程おっしゃった言わば休憩に当たることはあったんですか。

ないと思います。それは私がやる場合ですので。東崎先生は、休憩とかそういうことは、もう、頭にないと思います。

被告代理人

――先程証人は、そうすると休憩はしなかったようですが、時間は相当かかってますね。８分ほどかかっているということですが。その原因は、なぜ、どういうところにあると記憶されてますか。

それは、東崎先生が非常に慎重にカテ操作を行っていたからです。

――８分というのは、相当長い時間に思いますが、それほど慎重にカテ操作を行ったということですか。

そのとおりです。

――東崎医師がカテ操作を誤って、何かトラブルがあったと、本件検査中にですね。そういったことはありましたか。

一切ありません。

――それから、原告代理人の質問の中に、カテ先を引っかけてというような発言があるんですが、証人は、それをどういうふうに解釈しましたか。

引っかけてという言葉の、表現の仕方ですので難しいんですけれども、カテ先をそこの分岐部のところに向けてというか、置いてという意味にとらえました。

——引っかけてというと、何か、血管の内膜に触ったり、あるいはハンガーを引っかけるような形でカテ先を掛けるというようなふうに聞こえるんですが、そういうことがあったんでしょうか。

いいや、そういうことはありません。

——血管の内膜には触ってはいないんですね。

そのとおりです。

裁判長
——カテーテルが血管の内膜に触れると、操作をしている医師には分かるんですか。

分かります。

——どのようにして分かるんですか。

それは、手応えと、あとは、モニターで当然カテ先が出てきますので、それとの兼ね合いで。

——熟達した先生だったら分かるんでしょうが、極端なこと言ったら我々素人がやったとしますね、それでも分かりますか。

ううん、ある程度は分かると思います。それをどうするかは別でしょうけども、……当然ある程度の抵抗と言いますか、それと画像上の兼ね合いで、十分感知できると思います。

被告代理人
——東崎医師と共同でカテーテルの作業を行ったということですが、カテーテルの操作をするときに、証人が東崎医師に任せて、証人がカテーテルから離れてしまう、あるいは証人がやっているとき東崎医師が離れてしまうというようなことがあったんでしょうか。

ありません。

——ないんですね。

ありません。

——それから、造影剤が滞留した後のことですけれども、カテーテルの先端を引いて、大動脈弓に、まあ下に下ろすということになるんでしょうか。そうしましたね。

はい。

——その理由はどういうことなのでしょうか。

それは、血流が滞留した原因の一つに血管れん縮を考えたからです。

——そのリスクを排除するために下に下ろしたのですね。

そうです。

——そういうふうに操作をするのが、脳外科医として当然のことということなのでしょうか。

と思います。

――要するに、現在カテーテルの先端がある場所のれん縮がなくて、もっと先にれん縮があるようだけれども下に下ろすというのは、常識的な操作なのですね。

一つの原因を排除、除外するということでは、当然常識的な判断だと思っております。

――そのカテーテルを更に上のほうに伸ばして、要するに、れん縮があるかもしれない部分に近づけて造影をするということは、常識的な操作なのでしょうか。

それは、非常にリスキーな判断だと思います。

被告代理人

――今、れん縮の対策としてカテーテルを引くというお話がありました。先程、原告代理人からの質問の中で、カテーテルを途中で止めるのではなくて、全部抜き去ってしまったらどうかという趣旨の質問がありましたが、本件で、イントロデュースしてから左を撮影しているまでの間に、れん縮あるいはその兆候はありましたでしょうか。

それはありませんでした。

――そうすると、全部引き抜くほど危険性が、太い血管の中でも、もしあるならば、もっと早い段階でれん縮が起きていたということは考えられませんか。

太い動脈でれん縮が起こるんであれば、もっと早い段階で起こっていると思います。

――そうすると、今回大動脈弓まで下ろしたことで、対策としては十分であったということになりますか。

そう思います。

原告代理人（渡邉彰悟）

――結局、右に移行し始めてから非常に時間がかかったと、先程の8分という話も含めてですが、それは、東崎先生がカテの操作をしたからということでしたね。

8分が非常に長い、非常に長いとおっしゃいますが、8分は、全体の検査から見ればそんなに長いと判断はしてないです。

――先生が左の撮影を終えて右に移行して総頸動脈に移る時間が1、2分だとすれば、それに比べたら長いですね。

そうですね、それに比較すれば長いと思います。

――それで、そういう長時間の造影剤の操作を続けるということが、結果として患者にリスクを与えているというふうには考えませんでしたか。

1時間の検査というのは、このセルディンガー法では普通です。かえって短い時間ではないかと判断してます。

――証人はこの検査のあと、耳鼻科の医師と共に、こういった造影検査を経験したことはありますか。

耳鼻科の医師と共にですか。ありません。

陪席裁判官

——一般的な話なんですが、カテーテルの操作というのは、かなり熟練を要するものなんですか。

それは、経験を積めば積むほどベターだとは思います。

——今回、東崎先生のほうにカテーテルの操作の一部をお任せになってますよね。これは、池袋先生としては、どういった部分を東崎先生にお任せしようというふうに判断されたわけですか。

それは、大動脈、いわゆる太いところの血管のカテ操作は、東崎先生にお任せしようというふうに思っておりました。

——総頸動脈のことについて伺いますが、総頸動脈は左よりも右のほうがカテーテルの操作は容易であるということが、先生の陳述書に書かれてるんですけれども、それはそのとおりで間違いないですか。

一般的にはそうです。

——その意味で、右側の総頸動脈内のカテーテルの操作を東崎先生に任せたという、そういう可能性はありませんか。

全く任せたという記憶はありません。

——全く任せたというのは。

ですから、かならず私もカテ操作に加わっていたということです。

——もう一点お伺いしますが、造影剤やヘパリンの注入は、すべて池袋先生が行ったんですか。

そうです。

——これはなぜですか。

これは、空気の混入とか、三方活栓の中に潜んでいるような空気の混入、あるいは、そういう異常が、当然それを注入したら非常に危険ですので、それはやはり慣れた者でないとリスクがあると判断したから、すべて私が行いました。

裁判長

——最後に一つだけ。血管造影撮影の場合に、文献によっては、何らかの事故が起きる例が数パーセントに上るという記載があるんですが、その記載との関係で、証人ご自身の技術についてはどういうふうに思っておられますか。

この病院に来て現在まで600例、本検査と同じような検査を施行していますが、こういうトラブルは一例、椎名さんの件だけです。ただ、そのほかに、造影剤の副作用というのが、やはり、当然ありまして、途中で検査を中断せざるを得なくなった例もあります。

——可逆的なトラブルというのは、例としてはあるわけですか。

軽いものでは、造影剤によるアレルギー反応ですね。それから、造影剤の一番強いもので、呼吸困難で検査を断念した例もあります。

以上

(4) 証人尋問　東崎三男

被告代理人
乙第二一号証（陳述書）を示す
――1ページ、この署名は、どなたのものでしょうか。
　私のです。
――これはワープロで作成されておりますが、原稿を書かれたのはどなたですか。
　私です。
――その原稿と、この陳述書は一致していますね。内容が。
　はい。
――この陳述書に、特に、訂正等をする部分というのはございますか。
　ございません。

原告代理人（渡邉彰悟）

――全体ですけれども、平成3年3月15日の検査を行って以来、ご記憶に変わりはないですね。今日まで。

　記憶に変わりがないというのは、ちょっと、よく、意味が分からないんですが。

――当時の記憶と、今、これからお話されるような、陳述書の中身も含めてですけれども、特に、変更とかはないですね。

　基本的には、ないと思います。

――造影検査はこの平成3年3月15日が初めてだったわけですね。

　そうです。

――その後はいかがですか。

　ありません。

――この造影検査に伴う、いわゆる、合併症、副作用と、そういったことについては、当時、どういったご認識だったんでしょうか。一般的な理解はあったということでしょうか。

　一般的というのは、一般的な医師としての理解という意味ですか。

――はい。

　一般的な医師としての理解はあったと思います。

――造影検査に伴って、いわゆる、脳梗塞を起こす、その要因として考えられていたものは何ですか。

　考えられていたものというのは、要するに、つまり、教科書的な記載というか、そういうことですか。

――はい。

　基本的には血管のれん縮が起こるであるとか、血栓を生じるとかですね。そういったことだと思いますけれども。

――造影剤そのものの薬理作用はどうですか。

「造影剤の薬理作用はどうですか」というのは、どういった質問ですか。

――副作用として、どういったものが考えられるんですか。

　真先に、思い付くのは、その造影剤に対するアレルギー反応ということだと思います。

——それ以外にはないですか。

重篤なものはないと思います。

——今回の、この検査ですけれども、共同して行うことになったのは、なぜですか。

元々は、池袋医師が検査に共同で入ってくれということでお話がありました。それで検査に入ることになりました。そして、実際、私がその患者さんの病棟での担当医だったということだと思っております。

——その造影剤の検査をする前に、造影検査というのはこうやって行うんだという、一般的なレクチャーはあったんでしょうか。

特に、ありません。

——事前に、レクチャーがなかったということは、造影剤検査のやり方、方法等について、現場で指導を受けながら担当をしたと、こういうことですね。

いや、私は大学の医学部を卒業しておりますし、医師としての経験もありますので、今までに、その造影剤検査を一度も見学したことがないということではありませんから、その時点で、何も知らなかったということではございません。

——具体的には、操作をしたことがないんですね。

ええ、それ以前には、ございませんでした。

——だから、その具体的な操作のやり方、更には、そのヘパリンや造影剤注入の方法とか、そういったことについて、直接に、その場で指導を受けながらやったわけでしょう。

指導を受けながらやったというか、池袋医師がやっていることに、適宜、補助的に参加したということです。

——まず、最初に、鼠頸部から、そのカテーテルを入れて行きますね。

はい。

——その時点で、カテーテルの操作をしていたのはだれですか。

鼠頸部のせん刺をしたのは私です。その後の操作は、基本的に共同して行っております。

——いわゆる、その左の総頸動脈の手前の、おなかの中と言いましょうか、大動脈の中ですね。そこを、カテーテルを上行させて行ったのはだれですか。

ですから、それは2人の共同作業です。と言うか、基本的には池袋医師がやっているのに、私が、一緒に、手を添えて送ったというような感じだと思っております。

——その一緒とおっしゃっているのは、どういう趣旨ですか。池袋医師がカテーテルを動かしているところに、あなたが手を添えていたという趣旨ですか。

基本的には、そういうことです。

甲第一六号証（録音テープ反訳書）を示す
——6ページ、これは94年の1月26日に、被告病院で、私どもがそちらにお伺いをして、面会をして、その事実経過等についてお聞きしたと、覚えていらっしゃいますか。

ええ。そういうことがあったのは承知しております。

――で、その時のテープを反訳したものなんですが、この６ページに、真ん中、ちょっと、私の質問、「東崎先生が担当された撮影というのは、どの辺りになるんでしょうか」、「まず一番最初に、大腿動脈をせん刺して、ここからカテーテルを入れますので、そこは私がやりました」というふうに入ってます。「腹腔大動脈のところを入れて行くわけですが、上行させて行くところは、私がやりましたですから、太い血管のところは、主として、私がやりました」、こういう事実があったんではないんですか。

それと私が申し上げていることは、基本的には同じだと思います。

――先ほど、上行させて行く時に、池袋先生が担当されて、あなたがそこに手を添えていたとおっしゃったんではないんですか。

そうです。

――ここに、今、読んでいただいたのとは、ちょっと、違いますね。

いや、その手を添えるという言葉の問題ですけれども、そこに、確かに、主としてというふうに書いてあると思いますけれども、つまり、基本的には、すべての作業は共同で行われたということで、特に、そのせん刺したところから大動脈の部分に関しては、手を添えていたと言ってもいい、比較的、私が動かしていた部分もあるんではないかというふうに認識していますけれども。

――要するに、あなたの方が、主として、やっていたということでしょう。

しかし、池袋先生が、基本的には主導権は握っていたと思っています。

――今の６ページのところを、もう一度、示しますけれども、腹腔大動脈という文章の後に「太い血管のところは、主として、私がやりました。左側の内頸動脈とか、外頸動脈とか、そういう選択的な撮影に関しては、池袋先生が、主としてやられました」というふうにおっしゃっているんですよ。事実としては、こうだったんでしょう。

こうだったというのは、どういうことですか。

被告代理人
――裁判長、異議ありますけれども、要するに、こうだったと、我々が証人の見解を聞いているんで、これは、こういう趣旨は、主としてやったということを、この前提について お聞きしているんで、で、ご本人の言葉ですから、どうだったかはないと思いますので、その点、訴訟指揮を。

裁判長
――甲一六号証の、先ほど、証人がご覧いただいた問答、こういう問答をされた記憶はありますね。

ありません。

——現在の記憶として、この甲一六号証の問答の時答えた証人のお答えというのは、事実と食い違っている点、特に、ありませんか。

大きく食い違っている点はないと思います。

——大体、このとおりだというふうに聞いていいですね。

ただし、付け加えさせていただければ、私が単独でやった部分というのはないです。

原告代理人（渡邉彰悟）

——今、最後に読んだ部分で、左の外頸、内頸の撮影とカテーテルの操作は池袋先生がやられていたということなんですが、この左の内頸、外頸をやっておられる時に、証人はどういうところを担当されていましたか。

ほとんど、ただ、そこに触って立っているだけというふうな感じだったんですけれども。

——ヘパリンの注入ですとか、あるいは、造影剤の注入ですとか、そういうものに関与したことはありませんか。

ありません。

——ヘパリンの注射筒から注入、フラッシュするわけですけれども、それが切れた時にヘパリンの注射筒にヘパリンを満たして、もう一度、筒に入れるというふうなことを担当されたことがありますね。

ありません。

裁判長
——注射器の方に充てんする作業を、証人が手伝ったということはあるんではないかという質問ですよ。今。
ないと思うんですが、検査を始める前に、一番最初に詰めるのをやったかやらないかということについては、記憶がありません。ただし、検査の途中で、私がそういう操作をやったことはないと思います。

原告代理人（渡邉彰悟）

——今、証人のおっしゃっているのは、検査が始まってから終わるまで、そのヘパリンの注射筒に触ったことはないという趣旨ですか。

そうです。

——左の外頸、内頸の造影を6回行っておりますね。

回数は覚えておりませんが。

——まあ、そうなんです。で、6回目が終わって、右側の動脈に移行して行くわけですけれども、その移行して行く過程で、あなたはどんな操作にかかわりましたか。

そのカテーテルを引いて、また、右側に持って行くという操作は池袋先生がなさっているのに、一緒に、カテーテルを持って動かすのに関与していたと思います。

——左の撮影が終わった後に、大動脈弓にカテーテルを引き下げて、そして、その大動脈弓を、いわゆる、右側の方に行くためにカテーテルを進めて行くわけですね。そこのところは、あなたは関与していませんか。

カテーテルに触れていましたから、関与はしていると思います。

――あなたが、主として、そこの部分を進めて行ったんではないんですか。

そうではなかったです。

――それは池袋先生がやられたんですか。池袋先生がメインになって、そこの部分をカテーテルを前に進めていたということですか。

そうです。

甲第一六号証（録音テープ反訳書）を示す

――5ページ、この下の方ですけれども、渡邉というところから、この部分は、既に、右側に移行するところの話なんですが、池袋医師が、主として、

裁判長

――ちょっと、黙読してみてください。

（証人が黙読する）はい。読みました。

原告代理人（渡邉彰悟）

――5ページ目の２行目の。

はい。ありました。

――これを見ますと、右側においても、カテの操作を、あなたがやっている、あるいはガイドワイヤーを交代してやっているというふうなことが書かれていますけれども、こういう、あなた自身がカテの操作を、カテを、要するに、前に進める操作をメインにしたり、ガイドワイヤーを、あなた自身が持って、カテーテルを誘導するためにそのガイドワイヤーを入れるという作業にかかわっていたのではありませんか。

カテの操作は、池袋先生と共同という意味では関与していると思いますが、そこにガイドワイヤーに関する記述がありますけれども、私はガイドワイヤーの操作は、一切、しておりません。

（注：池袋医師の証言と明らかに矛盾する）

――この時に、面談の際に、この池袋医師の発言があったわけですけれども、あなたはそれを聞いていたわけですね。

その場にいました。

――そこで「そんなことはありませんでしたよ」ということをおっしゃっていないんですが、それはどうしてですか。

細かい、一つ、一つのことを、どこまで詳細に聞いていたか分かりませんし、そこは私が聞き漏らしたのかもしれません。

裁判長

――原告代理の弁護士、被告代理の弁護士、そして、池袋

医師と証人と一緒にこのテープ反訳書になったような問答をしたことがありましたね。
ええ。全体として、そういう問答をしたことはあります。
――その時に、池袋医師の話で、あなたの記憶と違うなと思われた箇所はありましたか、
分かりません。その時、私、ガイドワイヤーの話があったかどうかという記憶が、まず、ないんですね。で、もし、それを私が認識していれば、「ガイドワイヤーの操作はしていません」と言ったんじゃないかと思うんですけれども。もちろん、そこには書いてないですよ。

原告代理人（渡邉彰悟）
――先ほど、池袋医師の証言の中で、左が終わって右側に移行する、その太いところ、大動脈弓のところを、あなたにやってもらったというふうにおっしゃっているんですよ。池袋医師の証言は違いますか。事実と。
やってもらったというのが、もし、単独でやってもらったという意味だったら、それは違うと思います。
――主としてでも結構ですよ。
主としてというのは主観の問題がありますから、何とも言えないと思います。

裁判長
――カテーテルの操作というのはガイドワイヤーを血管内に挿入、進行させますね。そして、カテーテル本体をあとで挿入して進行させて行きますね。その時、回転させて行きますね。そういった操作自体は、証人が、一部なりとも、なさったんではないんですか。
進めるという操作に関しては、一部、私がやったということか、もちろん、池袋先生が、そこで一緒に触っているわけですけれども、そういう操作はやったと思います。ただし、回転させるというのは、私、やっていないと思うんですね。要するに、それこそ、初めての操作ですから、その回転させるというテクニックは、率直に言って、ありませんので、私にはできないことです。

原告代理人（渡邉彰悟）
――今の点でお聞きしますけれども、そのカテーテルを前進させる時に、「カテーテルを回転させながら、前に進めなさい」ということを、池袋医師から言われませんでしたか。
言われた記憶ありません。

甲第五号証（頭部のCT診断）を示す
――62ページ、下の欄から2段目の欄のEというところを、ちょっと、ご覧いただきたいんですが、これは、いわゆる、大動脈弓から入って無名動脈のところにカテーテルが入っているという状態ですね。
はい。そうです。

――こういう状態になった後にガイドワイヤーを入れるという手続がありましたね。そういう方法を採ったんではありませんか。

ですから、ガイドワイヤーについて、私が操作していないので分かりません。

――先ほど、やはり、これも池袋医師の証言の中で、右に移行して分岐部に行った時にガイドワイヤーを、あなたに入れてもらったかもしれないというふうにおっしゃっているんですよ。違いますか。

私は入れた覚えはございません。

――ガイドワイヤーに触ったこともなかったんですか。その操作のために。

触っていないです。

――それと、造影剤の注入にも関与していませんね。

ええ。注入に関与しておりません。

――先ほど、おっしゃったのはヘパリンにも関与していないということですか。

そうです。関与しておりません。

裁判長

――造影剤を患者さんの体内に注入するのに関与していない。まず。

そうです。

――それから、注入器がありますね。注入器の中に充てんするのにも関与されていないんですか。

それは覚えておりません。

原告代理人（渡邉彰悟）

――右の方に移行して造影剤を、若干、フラッシュしながら、前に進んで行きましたね。それをあなたもモニターを見ながら確認しておりますね。

モニターは見ていました。

――循環遅延が生じ始めたということを、あなたはモニターで確認しましたか。

池袋医師が発見して、その指摘によって確認しました。

――池袋医師の陳述書によりますと、循環遅延を認めた後に、直ちに、ウロキナーゼとマンニットールをですね。これ、ちょっと、順序があれですけれども、注入や、あるいは点滴を開始したということになっていますけれども、そういうご理解でよろしいですか。

そうだったと思います。

――これも池袋医師の証言で、循環遅延を認めてから、ウロキナーゼとマンニットールを入れるのに1、2分というふうに、ご証言をされたんですが、あなたもそういう理解ですか。

正確な時間は分かりませんけれども、比較的、短時間の後に注入したという意味ではそうだと思います。

――左の最後の6回目の造影が終わってから、その循環遅延を認めるまで何分くらいの時間があったと記憶されていますか。

正確には、正直申し上げて、覚えておりませんが、10分程度かなという気がしますけれども。ただ、正確ではありません。

——その10分の間に、いわゆる、左の動脈の方から下ろして、右に移行して、右の総頸動脈の近位部までですね。その10分間、どんなことをされていたんですか。

私の記憶によれば、その左側の撮影の、何回目の撮影かは覚えておりませんが、腫瘍に行く血管で、腫瘍が造影されるという事実が分かりまして、診断を、そのグロームス腫瘍という腫瘍であろうというふうに診断したわけですが、その治療法の一環として、その栄養血管の塞栓術というのをやることがあるんですけれども、そういうものを、その段階で施行するかどうかということについて、話をしたということがあったように覚えております。

乙第一号証（耳鼻咽喉科入院診療録）を示す

——14ページ、この下の方にL-CAGという項がありますけれども、50分、53分、55分、14時05分とありまして、その後に14時22分と、これ左の造影撮影の最後なんですが、今証人のおっしゃったのは、この14時05分から14時22分のその17分の間の話ですね。

そうかもしれません。

——先ほど、お示しした裁判前の、面談の際も、その間にそういった相談をしていましたということを、証人がおっしゃったんですよ。

そういうことを言ったと思います。

——私の先ほどの質問に戻りますけれども、「14時22分から、その循環遅延を認めるまでの間の10分間の間は何をされていましたか」という質問なんで、先ほどのは、ちょっと、勘違いだと思いますので、その点について、もう一度。

私、10分と言ったのは、そこの時間を含めて10分というふうに申し上げたんで、そのあとで10分もかかったというような記憶は、正直言ってないんですけれども。

——もう一度、14ページを示します。私が先ほど、お聞きしたその左の撮影を終えてから循環遅延を認めるまで、証人は10分だとおっしゃったんで、その後で含めてということになりますと、14時05分から14時30分頃まで、その25分ですか、そういった時間ということになってしまうんですよ。ですから、その10分について、私は聞いているんですけれども、左を終えてから、右の循環遅延を認めるまでにかかった時間として、証人のおっしゃった10分、この10分間にどんなことが行われていたんですかということです。

ですから、さっき、言いましたように、私が10分と申し上げたのは、塞栓術をやるか、やらないかという相談の時間も含めて10分くらいというふうに記憶していたんで、そういうふうに申し上げたんですが、その部分が、もし、私の記憶違いだとすると、その撮影が終わってから循環遅延

思います。せいぜい、長くて半分、５分以下だと思いますけれども。

――先ほど、マンニットールやウロキナーゼを循環遅延を認めてから1、２分で投与、あるいは、点滴開始し初めているというふうにおっしゃったんで、そのお答えからすれば、いわゆる、その30分から34分頃の間に循環遅延を認めたという話になるんですよ。ですから、それまでの間、この14時22分から、ちょうど、証人のお答えになった10分という時間帯が合うものですから、その前提で、私はその時間帯でどんなことが行われていたんですかということを聞いているんです。

たまたま、私が10分と言ったのが合ったのかも知れませんけれども、で、実際、そこに何時何分と書いてありますけれども、もちろん、その書いている人はその場で時計を見ながら、全部、書いているわけではないですから、ある程度のずれは、当然あるんじゃないかと思うんですけれども。

乙第一五号証（陳述書）を示す

――５ページから６ページ、これは池袋医師の陳述書ですけれども、この５ページの最後の行から「カテーテル操作は医師２名が共同で行い、長崎看護婦は器具、薬剤の用意や記録等の諸作業、そして放射線技師は……」とありますね。

はい。

――この看護婦の長崎さんはこの記録の担当をされていたわけでしょう。

その裁判所の書記官みたいに、ずっと、速記しているわけじゃないですから、その看護婦さんも、実際に、手を消毒して検査をやっていますから、その検査中にその時間をどこかに記録するとか、そういうことはできないですから。

――池袋医師はここのところの時間帯を左の撮影を終えてから循環遅延を認めるまでね。少なくとも、８分くらいというようなお話だったんですよ。あなたの記憶では、そこは分かりませんか。

率直に言って覚えておりません。

――あなたがカテーテル操作を慎重に行ったために右側の動脈に移行するのに時間がかかったということではないんですか。

違うと思います。

――あなたはヘパリンの意味合いですけれども、ヘパリンを、なぜ、フラッシュするのかということについて、どのようにお考えですか。

ヘパリンは血栓を防止するために使うんだという医学的な常識を持っております。

甲第一六号証（録音テープ反訳書）を示す

――この話の時に、10ページですけれども、そのヘパリンを、これはあなたの発言ですが、「静注した記憶がないです」と、で、「血管に直接、ワンショットで注射したというようなことはやっていないような気がします」ということを言われて、その後、池袋医師がフォローをされて、その後に、あなたが記憶違いだったというふうにおっしゃっているんですけれどもね。

ちょっと、待ってください。もう一回、見せてください。

(証人が10ページの該当部分を黙読する)

——よろしいですか。

いいですけれども、この記憶違いが、一体、私が、何の記憶違いでという意味で言ったのか、ちょっと、今、確認できなかったので、見せていただいたんですが。

——そのヘパリンをどういうふうに使っていたんですか。

基本的には、最初に器具を、全部、そのヘパリンに漬けて、そのヘパリンがその器具全体の表面に行きわたるようにするのと、あと、そのカテから注入して血栓の形成を防止するという目的で使っていたと思います。

——この静注という話が出た時に、このヘパリンの意味合いを、当時、ご認識されていなかったのかなと思ったんですが。

いや、「ヘパリンを静注していません」と言っているわけですから、私が静注したと言っているわけではないですから。

——いや、「いません」じゃなくて、記憶がないとおっしゃっているんですよ。

静注した記憶がないと、ですから、「私はヘパリンの静注はしておりません」というふうに申し上げているのと同じことだと思います。

——ところで、この梗塞の原因ですけれども、あなたのその検査直後に血栓を飛ばしたか、れん縮であるというふうに考えられていたわけですね。

血栓か、血管のれん縮か、そういったもので起こったんであろうと考えていたと思います。

——その血栓に対しては、どのような処置が採られましたか。

血栓に対する処置というのは、要するに、血栓であるという可能性があると。

——血栓であるという可能性があると判断して、事後処置として、どんな処置が採られましたかということです。

例えば、ウロキナーゼをカテから注入したというのは、仮に、血栓になった場合に、それが有効だというふうに考えて行ったと思います。

——そのウロキナーゼのカテーテル注入をする時に、そのカテーテルの位置はどこにあったか、ご記憶ですか。

覚えてません。

——総頸動脈に入っていたのではないですか。

覚えてません。

——その時、れん縮も疑ったんですね。

その時と言うか、それはカルテを書いた時点で、そういうことを考えたということです。

——検査時に、れん縮を疑っていたのではないんですか。

その時は、あまり、そういう原因が何であるかということは、正直なこと言って、考えている余裕がなかったように記憶しています。

——そのれん縮であるということを考えて、何か処置を採ることはしませんでしたか。

カテを大動脈弓のところまで戻すというのは、要するに、異物を大動脈弓のところまで戻すという意味で、れん縮に有効な方法だったんではないかなというふうには思います。

裁判長

——循環遅延がこの検査時に生じたのはお分かりでいらっしゃいますよね。

そうですね。

——その循環遅延が生じた理由について、証人自身はその原因について、考える余裕はなかったのね。

そうです。

——池袋医師は循環遅延についても、理由、分かっているようでしたか。

いや、困惑していたような感じだったように記憶していますけれども。

——池袋さんがこれは血栓か、血管のれん縮が原因じゃないかと思えるとか、そういうことを、その場で証人に言われたということはないですか。

記憶にないですね。

原告代理人（渡邉彰悟）

乙第一号証（耳鼻咽喉科入院診療録）を示す

——11ページ、この記載ですけれども、これは証人の記載ですね。

黒いところは私の字ですね。

——この下のところに、原因の推測について、血栓、あるいは、血管れん縮であると、スロムバスか、スパズムであるということが書かれていますけれども、これはこの当時の証人の考えとして、こう、記載されたんですか。それとも、池袋医師からそのような判断を受けて記載されたんですか。どちらですか。

それは、もちろん、これ、我々、ディスカッションしながら、仕事していますから、私の意見の部分もあるし、池袋先生の意見も混じっているというふうに考えるべきだと思いますけれども。

——そうすると、ディスカッションした結果として、この２つの可能性を考えたと、こういう理解ですね。というふうに、お聞きしていいですね。

基本的には、そうだと思います。

裁判長
――乙一号証の11ページの記載、これは当日、すぐに、お書きになったんですね。

そうですね。

原告代理人（渡邊春己）

乙第一号証（耳鼻咽喉科入院診療録）を示す
――15ページ、先ほどの相代理人がお聞きしたことなんですが、先ほど、言いましたように、14時22分に左側を撮影しましたね。それから14時34分に問題が起こってマンニットールをやりましたね。この間、明らかに、右から左へカテーテルが移行しているわけですね。移行していること、ご記憶ありませんか。

右から左です。

――ああ。左から右ですか。

はい。

――その間に、あなたが、具体的に、カテーテルとか、ガイドワイヤーを操作したことはないですか。

ガイドワイヤーは操作していないと思いますが、どこからどこまでと言いましたか。これ。

――その期間の、その14時22分から34分の、まず、間。

ですから、この間に、池袋先生と共同でカテーテルには触っていたんじゃないかと思うんですが。

――あなたはそのカテーテルを、主導的に、操作して、それで左から右の方へ移行させようと、そういう操作をした記憶はございますか。ございませんか。

左から右へ移す操作。

――そうです。こういう。

共同でという意味ではあります。

――あなたが握って、主導して、左から右へカテーテルを移行するような作業をしたことはございませんでしたか。

2回目の質問には、主導的にという副詞は付いているんですか。付いていないんですか。

――付いてます。

主導的にという意味からすると、ないと思います。

甲第一六号証（録音テープ反訳書）を示す
――5ページの2、4、6、8行目の池袋さんのところから、次のページの1～13行目まで、あなたの発言までお読みください。

（証人が代理人の指定した部分を黙読する）

――この問答を見ますと、先ほど、相代理人が指摘したとおり、5ページの方では、池袋医師が、一応、右側に移った時には、カテの操作を東崎先生にお願いしたり、あるいは、ガイドワイヤーを入れる、あるいは、カテーテルを私が動かしたり、ガイドワイヤーを東崎先生に入れてもらったり、カテの方を、私も、少し、動かしたり操作したりということを受けた上で、先ほどの6ページの、あなたが、まず、一番最初に大腿動脈云々と、あなたが受けているんですが、この時に、これを見ると、きちんと、あなたも、先ほどの池袋さんの発言を受けて、あなたが発言しているように思えるんですが、この時にあなたは自分の記憶と違っていると、池袋先生の発言があなたの記憶と違っているというふうに感じたことはございませんね。

それはその時点でということですか。

――そうです。きちっと、あなた、その問答を受けて。

しかし、少なくとも、ガイドワイヤーに関しては。

――いや、今の時点ではなくて、その当時。

その当時でも、正直言って、要するに、聞いて、それは事実と違うことを彼が述べているというふうには思いませんでしたが。

以上

（注：池袋医師に対する尋問のなかで、梗塞の原因として血栓を飛ばしたか、血管のれん縮の２つがありうるが血管れん縮は少ないこと、東崎医師が少なくとも３回主導的にカテーテル操作を行ったことを認めている。東崎医師は終始池袋医師の操作に手を添えていたと証言し、池袋医師の証言と食い違っている）

5　管理財産返還請求事件

被告のメモ等により管理財産の未返還が明らかとなった事案

（1）事案の概要と本件の争点及び尋問の目的

ア　概要

原告の義理の母親である被告が原告の財産を子供の頃から長期間包括的に管理していた。原告が実家に戻った際、被告から保管していた財産を返されたが、それ以外にも被告が原告の財産を隠しており、保管していた全ての財産を引き渡していないとして、被告が隠匿している財産についての引き渡しを求めた事案である。

イ　本件の争点

被告が原告の財産を包括的に管理していたにもかかわらず、引き渡さなかったものとして、

・管理していたＡマンションの売却代金の一部

・Ｂマンションの売却代金が原告の口座に送金された２７００万円のうち、引き出された２１００万円

・簡易保険金

・原告名義定期預金とした４６１８万７１１３円のうちの未返還金

があると主張した。

これに対し被告は包括的管理もしていなかったし、個々の財産の行方等についてはわからない、記憶にないとして概ね争った。

原告名義となっている財産は、他の家族名義となっている財産とともに、原告の父親の資金で被告や原告の長兄な

どの財産を購入し、これを被告が管理しており、父親死亡の際にはそれぞれの名義のものは各名義人の財産であることを前提として遺産分割の対象としていなかった。

また、被告は原告のために保管していたという財産を渡した時、原告名義の保険等の書類、原告のために支出したものと題するメモも渡していた。

さらに、偶然原告が発見してコピーしておいた被告作成のメモ帳には事細かに原告や被告、原告の兄弟の財産の保管や譲渡交換の状況が記載されていた。

そこで、

・原告名義の預金通帳の出入金の内容
・原告名義の税務申告書の内容
・簡易保険証の記載内容

と被告作成のメモなどを利用して調査したところ、被告も前述した資産を原告の所有物として扱っていることがわかった。

そこで争点はこうした調査により判明した金員やマンションの代金が原告の所有物か否かが争点となった。

ウ　反対尋問の目的

前記のような資料を使用し、財産の帰属、保管の状況、原告の金員を被告が入手していること、などについて、具体的に追及した。

・原告の財産にはどんなものがあるか
・これらを被告が保管していたか
・返還しない理由はあるか

（2）審理の結果

尋問のなかで被告はよく覚えていないと言ってみたり、突然弁解を試みたりしたが、種々の書証や被告自身作成のメモ等に基づく追及を行ったところ、被告の覚えていないとの弁解は通用しなかった。

また、各書証の照合の結果や被告のメモからして、争点となっていた預金や売買代金等が原告のものであり、被告が保管していたとしか考えられなかった。

そこで一審判決は原告名義のものは原告のものであること、被告がこれを管理していながら未返還であることを認め、勝訴した。

控訴審でも被告は個々の保管であるとか、所有者の所在は不明であるなどと弁解したが、一審判決がそのまま維持された。

本件では、長い期間の保管であり、被告が忘れた、よくわからないと言えば、立証が難しいが、出来るだけ書証類を照合して動かしがたい事実を摘出してこれを基に被告に対し尋問を行い、被告の忘れたなどとの弁解は信用されず、原告の主張は認められた。

被告の弁解が被告の作成したメモや帳簿によって完全に崩壊していることが明確になった事案である。

（注：被告の尋問調書をみれば明らかなように、質問に対してことさら分からない、あるいは質問をはぐらかしていることがよく理解できよう。各種の証拠を照合し、その結果に基づいた事実を利用して尋問し、誰の目にも被告の供述に多くの虚偽があることが明らかになったと思える事案である）

(3)　被告本人尋問　中村春子

被告中村春子代理人
乙第二号証を示す
——この診断書は分かりますね。

　はい、分かります。

乙第三号証を示す
——これは、あなたが記載して私に提出したものですね。

　はい。

——乙三号証の2枚目ですね、これも、あなたがこちら（1枚目）と一緒に持って来たものですね。

　はい、そうです。

乙第四号証を示す
——これは、あなたの尋問事項というものを作ったので、それに対する答えとしてあなたが記載したものを私のほうで作り直したと、こういうことでよろしいんですか。

　はい。

——尋問事項と書いてある部分を除くと、あなたが書いてきたものと同じものですね。

　はい、そうです。

——この乙第四号証について、記載したことは、これはこれで間違いはないというふうに言えますか。

　はい。

丙第一号証を示す
——1枚目、この相続税の申告書の「中村夏子」と記載してある名前は、だれが書いたか記憶しておりますか。

　……随分前のことなので、正確には記憶してません。

——それから、「中村夏子」と書いてある名前の後に押してある印影がありますが、この印鑑はどういうふうにしておったものだったんでしょう。

　私が預かってたものです。

——夏子さんから預かっていた。

　主人から預かってたものです。

——一郎さんからね。

　はい。

——それ、いつごろ預かったか記憶ありますか。

　記憶にありません。

——丙第一号証の後ろから6枚目を示します。この印鑑登録証明書は、夏子さんに言って送ってもらったものなんですか。

　そうだと思います。

——夏子さんとのやり取りは、だれがされておりましたか。

多分要ると思いますからって、そのころはよく私と話をしてたと思いますけども、要ると思うんですよって言って、取っておいたほうがいいかもねという話はしたかもしれないけども、定かに記憶はしておりません。

――次に、遺産分割協議書を示します。この協議書を作成したときは、税理士さんと医院の跡継ぎの中村秋男とが相談し合ってたと思いますけども、随分前のことですので、定かな記憶はございません。

――ここに、「相続人中村夏子」と記載があって、印影がありますね。

はい。

――これはどのようにして作ったのか記憶ありますか。

記憶ありません。

――遺産分割協議書を作っていたという記憶はあるんでしょうか。

あります。

――分割協議書を作る際の仕事、主にだれがやられましたか。

村橋先生です。

――村橋先生と一郎さんとの関係は、どういう関係でしたか。

ずっと古くから親のように思っていた税理士さんで、大変信頼していたというふうに私には言っておりました。だけども、それも、どういうふうになってるかというのは、私はしかと分かりません。

――夏子さんとの関係がうまくいかなくなったというのは、いつごろからでしょうか。

いつごろかな……結婚した後ですかね。ちょっとその辺、今は定かじゃありません。

――結婚した後というのは、だれがだれと結婚した後ということでしょうか。

夏子と、その相手の方と結婚したときには、一生懸命に私も手伝いをしてあげたような気がいたします。

――あなたと夏子さんの間で対立関係が生じた時期というのは、記憶ありますか。

……。

――あなたと夏子さんの間で紛争が生じた、あるいはトラブルがあった、あるいは意思が違ってるというようなことがはっきりしてきた時期というのは、記憶ありますか。

多分……東京から帰って来たときかもしれませんけども、しかと定かに記憶しておりません。

――遺産分割の中身、内容について、夏子さんにあなたのほうから説明したことはありますか。

私自身も、あんまり中を見ないで、税金が幾らかなというだけの人だったので、このくらいでという話はしたと思います。そして、わあ、こんなにもらっていいのかしらって言われた記憶があるような気はいたしますけれども、よく定かに覚えておりません。

——こんなにもらっていいのかしらというのは、夏子さんがあなたに言ったということですね。

はい。

——その前提として、夏子さんにはこれだけいきますよという話を。

ちょっとしたと思うんですけども。

——その時期については記憶ありますか。

ありません。

——いずれ、分割協議の際には、夏子さんは来られてましたか。

それはちょっと定かじゃないけど、その後だったかもしれません。そのときは分かりません。

原告代理人（渡邊）

甲第八号証の一ないし六を示す
——これは中村夏子の口座番号ですね。

はい。

——＊＊＊＊＊の口座番号。

はい。

——これはあなたが管理していた、所持していたということで、あなたの先生もお認めになってるんですが、あなたが所持したことは間違いないですね。

そうです。中村一郎が作らせたものです。

乙第四号証を示す
——その通帳について、あなたは、先程間違いないとおっしゃる乙四号証のあなたの陳述書、ここで、こう書いてあるんですが。「中村一郎が税務上、長女中村夏子の所有名義で預金していたものと思います。」と書いてありますね。

そうです。

——そうですって、あなたが今、自分で書いたものだとおっしゃってましたよね、これ。

はい。

——一方では、これは、被告、あなたのほうの主張の中ですけれども、平成20年11月13日付けの準備書面の２ページの中に、元々、この預金ですね、元々これは原告の預金でないのであるから、被告に返還義務はないという御主張をされてるんですよ。

よく分かりません、言っていらっしゃること。

（注：わからないふりをしている）

——そういうふうに言ってるんで、その後が質問なんです。あなたは、今、甲八号証の一から六の預金を、これは原告夏子のものだというふうに思ってるんですか、そうではないんですか。

一郎のものだと思っております。

——そうすると、それは、昔からもそうだし、現在もそうだと思ってるんですか。

現在は違うと思いますね。今の通帳は違うと思います。

――いつから、甲八号証の預金の金員、お金は、原告のものだというふうに思うようになったんですか。

それは分かりません。

――だって、あなた、分かりませんって、一郎のものだと思っていて、今は夏子のものだと思っているでしょう。

はい。一郎がいなくなりましたので。

裁判官
――今見せてもらった通帳のお金ですね、それは一郎さんが生きてるときは一郎さんのものだったというふうに思うわけですよね。

はい。

――一郎さんが亡くなりましたよね。

はい。

――その後は、じゃ、だれのものなんですかね。あなたの中では、だれのものだと思ってるんですか。

だれのものというふうには思っていたかどうか、ちょっとよく分かりません。

――だれのものだか、じゃ、よく分からないということですか。

………。

――亡くなる前は、一郎さんのものだったと。

はい。

――それはいいわけですね。

はい、そうだと思います。

――亡くなった後、だれのものかは、よく分からないということになりますか。

預かって管理はしてたことは確かだと思いますけども、それは……。

――預かって管理をしていたというのは、だれが預かって管理をしていたんですか。

中村秋男が医院を運営して、それで、秋男の指示によって私は手伝っていたまでにしか過ぎません。それで秋男の指示どおりにやってたと思います。そのことは夏子にも話ししてある。秋男から話ししてあると思いますし、私も話ししたと思います。

（注：裁判官の質問に対しても答をそらしている）

原告代理人（渡邊）
――それはだれのものとして預かっているというふうに、あなたは御認識しているんですか。
そんなふうに、だれかれというふうに、家族だからという感じはあったかもしれないけども、秋男の指示で、預かっておいてくれってば、はいって、こうしていいかしらってば、相談してやったりしてることはあったと思いますけれども。
――それじゃ、あなたは、先程お見せした預金通帳は、今の段階でだれのものだということはお分かりにならないということですね。

　今の段階では、夏子が所有するものだと思いますけれども。

――それじゃ、いつ夏子のものになったと思いますか。

　その、いつからというのは、定かではありません。

――そしたら、具体的にお聞きします。

甲第八号証の一ないし五を示す
――この通帳の記帳は、あなたが記帳したものですね。

　はい。指示を受けてやってます。

――それから、このメモは当時の記録を正確に記載したものであるというふうに、調書で、あなたの代理人の先生、お認めになっているんですが、それでよろしいですね。

　だと思います。

――甲八の三の最後のページを示します。この最後のページの下の部分、これもあなたが書かれたものですね。

　はい、そうです。

――この中に、「本人カード支払」、その他、ずうっと書かれてますね。

　はい。

――これは、後でも対照しますけれども、具体的にこの帳簿に書かれたものは記載されてるんですが、あなたもそういう記憶ございませんか。

　どういうことですか。

――この記載、あなたがこれ書いたんだから、この記載は今までの通帳に記載したものをピックアップしたものであるというふうに私には思えるんですけれども、そうではありませんか。

　そうです。

甲第一二号証を示す
――これは分かりますか。

　はい。

――分かりますね。

　それと、それと、同じだと思います。

――具体的な内容、同じです。あなた、よく分かってる。で、この甲一二号証の記載の一番上は、「夏子相続後の大きな出金」と書いてありますね。

　はい。

――これはあなたが書いたものですね。

　はい、そうです。

――具体的に示します。まず、第1番目の、「本人カードローン支払」、250万円とありますね。

　はい。

――この本人というのは、夏子のことではありませんか。

　夏子の個人ローンというか、サラ金というか、そういうローンだと思います。

――そうすると、夏子の借金を、この預金から払ったよという趣旨ですね。

　これは、もう、払ったよじゃなくて、持って行ったと思うんですけれども、よく分かりません。

——持って行ったかどうか別として、この預金口座にある預金を利用して、このカードローンの支払を行ったという趣旨でよろしいですね。

だと思います。

——それから、はっきりしてるのが、4番目の、「相続税」、ございますね。

はい。

——「相続税」、2570万、ありますよね。

はい。

——これも、夏子の相続税を払ったということではありませんか。

そうだと思います。

甲第八号証の二を示す
——05-01-04の期日の部分を示します。これ、平成5年1月4日です。ここに、「相続税」と書いてありますね。

(うなずく)

——2562万2900円。これは丙一号証で遺産分割したときの原告夏子の相続税ではありませんか。

そうかもしれません。

丙第一号証を示す
——これは、1ページ目の中村夏子の欄の、申告期限までに納付すべき税額、2562万2900円。全く金額一致してますね。で、このお金を、先程の05-01-04、要するに平成5年1月4日に払ったものではありませんか。

……そうだと思います。

——で、この「相続税」というのは、あなたが記帳してるんで、あなたがこれを送金したものではありませんか。

私は銀行へ行かないで、みんな経理の人を頼んでおりました。

——でも、あなたが経理の人を頼んだかどうか別として、そうだとすると、あなたが指示して、払ってくれということで、やったものでしょうか。

と思いますけれども。

甲第八号証の三を示す
——それから、平成8年1月25日、ここの中に、「春子分買取代金」、150万、「###分」と書いてありますね。

(うなずく)

——これもあなたの記帳ですね。

そうですね。

——これも、あなたが直接下ろしたのか、指示したのか、知りませんけれども、少なくとも、あなたの指示によって、このお金が下ろされたものではありませんか。

……前のことになるから、記憶は定かじゃないんですけれども。

甲第一二号証を示す
——表の一番下のところ、「LM###+取得代金」、150万と書いてありますね。このことではありませんか。今の通帳の、引き出したの。

　そうかもしれません。

甲第八号証の二を示す
――平成４年７月２日、これは、「本人使用」、150万と書かれてますね。

　はい。

――で、この「本人使用」というのは、あなたが書かれたものですね。

　そうです。

――これは、夏子のという趣旨ですね。

　そうだと思います。よく分かりません。

――その前にちょっとさかのぼります。平成４年６月４日分、これは「夏子持参上京」、50万と書かれてますね。

　……。

――これは、だから、夏子の通帳から、原告のものの通帳から、自分の上京の費用として引き出したというふうに理解できるんですが、そう理解してよろしいですか。

　そう書いてあれば、そうだと思います。

丙第一号証を示す
――遺産分割協議書の、夏子が取得する財産の項を示します。この⑶のところに、「生命保険金」とありますね。

　はい。

――「甲生命保険相互会社　２口他　６社　６口」と書かれてますね。これは御記憶ありますか。こういうふうに書かれて、夏子がこれを取得するものだということについては御記憶ありますか。

　ございません。

――じゃ、丙一号証の76枚目の生命保険金の欄を示します。例えば、中村夏子の欄を見ますと、甲生命に、上から名前順に5行目、５３５０万１２６６円ありますね。

　はい。

――その下に、666万６６６６円。それから、もう1つは、乙生命保険相互会社、325万１０２９円。これ、分かりますかね、書いてありますね。

　はい。

甲第八号証の二を示す
――一方、これに対応して、平成４年４月10日に、「コウセイメイ」、５３５０万１２６６。これは、先程お見せした金額と同じものですね。これは、先程お見せした生命保険のお金がここに送金されたんではありませんか。

　記憶にありません。

――それから、甲生命だけ言います。４月20日、同じページのね、これも、「コウ生命」、666万６６６７円、これが入金されてますね。これは、あなたが書いてますよ。「コウ生命」。４月20日。書いてありますね。これはあなたの字でしょう。

　はい、そうです。

――これは、あなたが、甲生命のお金が入ったということで記帳したものではありませんか。

……記憶が余り分かりませんね。

――じゃ、別の角度から聞きます。平成4年2月20日の欄を示します。ここは「春子へ返済」となってますね。これはあなたが記載したものですね。

（うなずく）

――この、春子への返済というのは、中村夏子があなたに返済したという趣旨ではありませんか。

……。

――それ以外に取りようがないんでお聞きしてるんですが。

もう、この辺になれば、記憶がもう、ちょっと分かりません。

――じゃ、こういうふうに聞きます。この当時、こういうふうに書いたことについては間違いないですね。さっき言ったように、記帳は。

私の字です。

――それから、平成4年2月21日を示します。これは、「一郎へ貸す」って書いてあります。これはあなたの書いたものですね。

そうです。

――で、当時書いたものについては、間違いないということでしたよね。

うん。

――一郎さんは、亡くなったのは平成4年3月25日ですよね。

はい。

――そうすると、亡くなる前に、既に、原告のこの預金、原告のお金として、あなたに返したり、一郎さんに貸したりしていたというふうにしか理解できないんですけれども、そうではありませんか。

多分、書いたのは書いたけれども、税理士さんに、税制上ちゃんとしたようにしておいてくださいということだったと思いますけれども、ちょっと記憶しておりません。

――だれに言われても結構ですけれども、これが正確なものであれば、さっき言ったように、これは原告のお金をあなたに返したり、一郎さんに貸したというふうにしか、これが正確である以上、理解できないんですが、そうではありませんかという質問です。

……。

――分かりませんか。

分かりません。

――この通帳を見れば、原告夏子の金として、さっき言った保険が入金されてますね。それから、原告夏子の借金として、債務がこの通帳から出ていってますね。さっき指摘しましたけれども。なおかつ、それは一郎さんが死亡する前からも、そういう扱いされてますよね。

それは税制上のやり方でやってたんじゃないかと思いま

すけど、分かりません、私は。

——そうすると、これは夏子さんのものだから、そうなったんじゃないですか。

分かりません。

（注：被告は「わかりません」と述べているが尋問者は客観的事実を次々に指摘している）

——次に、分割協議書についてお聞きします。遺産分割協議書については、いろいろ言ってまして、先程の乙四号証の陳述書では、「長男秋男が中村医院の後継ぎでしたので、作成も相談していたと思います（大分前の事で細かい事までは記憶がありません）。」とおっしゃってますね。

はい。正確な記憶がないと思います。

——ところが、平成20年11月13日の準備書面の1ページでは、「相続人らは、同人の遺産」、これは一郎さんですね、「遺産については、詳細を知ることはなく、村橋税理士に遺産の確認や処分及び分割協議の内容を委ねたものである。」とおっしゃってますが、どちらが本当ですか。

ゆだねたのは、全部ゆだねてます。

——それは、作成をゆだねたということでしょう。

財産管理も一郎と相談してしてたと思いますので、内容についてはよく御存じだと私は思っていたのですけれども、そんな詳しいことは分かりません、今は。

——あなたは、この遺産分割協議書に、先程、判子を押したとおっしゃいましたね。

はい。

——署名してますよね、遺産分割協議書。

自分のですね。

——はい。

はい。

——この点について、丙一号証に添付されてる遺産分割協議書は、中村春子が取得する財産並びに承継する債務、中村秋男が取得する財産並びに承継する債務、中村夏子が取得する財産並びに承継する債務と、３つに分かれてまして、それぞれが取得する財産とか債務はあるんですが、それらについて具体的にあなたは、少なくともある程度は理解していたんじゃないですか。

いいえ、全然理解しておりません。税金は幾ら払ったらいいですかって聞いただけです。説明はしてもらったんですけど。

——土地建物の持分をだれに相続させる、あるいは、その他の財産はだれに相続させる、そのことをあなたは分かってないとおっしゃるんですか。

こうしたよと言われたら、はいっと言って。

——言ったはいいけど、その後、理解していましたか、理解していませんかという質問です。

どういう理解か分かりません。

——だから、自分がもらったもの、あるいは秋男が相続したもの、そういうものについて理解してなかったんですか。

……昔はそんなふうにあんまり几帳面にやってたかどうかも記憶ありませんので。

――後で聞きますけど、あなた、几帳面に書いてますよ。几帳面にって、村橋先生の指示です。

――指示でもだれでも結構。最終的にあなたが理解してたかどうかということを聞いてるだけです。

素人だから、やっぱり、村橋先生がこうしなさいと言えば、はいって、これでいいですかというふうにしておりましたので。

――だから、村橋先生の指示があって、その指示に基づいて、あなたは理解して、これはだれの分、だれの分というふうに理解していたんではないですか。

そういうふうには考えてはおりません。

(注：あとで証拠に反していることがわかる)

――考えてたんじゃなくて、理解してたかどうかだけ聞いてるんです。

……。

――先程の丙第一号証の遺産分割協議書ね、これは亡くなった一郎さん名義の不動産、一郎さん名義のもの、それだけを対象にして遺産分割をしたのではありませんか。

そこはお任せしてあるから、どうこうというのは分かりません。

――どうですか。これだけ膨大にあるんですが、じゃあ、一々聞きます。

甲第一三号証の一ないし二六を示す
――これは、先程、相手方の、あなた方も認めましたとおり、あなたが作成したものですね。

……。

はい。

――この一番上の「マンション所有者」、「売買」、「春子記載ノート」、「春子記載ノートより」だけか、違うの。これを除いて、それ以外の部分はあなたが書いたものですよね。

はい。

甲第一三号証の二一を示す
それも村橋先生の。

(注：ここでも被告が作成したにもかかわらず税理士のせいにしようとしている)

――もう、あと、結構です。もう、そんなこと、そういう言い方で、あなた、無理ですよ。

はい。

――それは、裁判所が最後に決めますので。二一を示します。これは、「〇〇〇」と書いてありますね。

はい。

――この内容を見ます。この内容の、ちょっと下に、登記、一郎10分の6、春子10分の3、夏子10分の1。で、下に書いてあるのが、秋男相続10分の6と書いてありますね。

(うなずく)

――そうすると、これは遺産分割の中で10分の6を秋男さんが相続したというふうに読めるんですが、そうではありませんか。

そうかもしれませんし、メモですので、よく分かりませ ん。

甲第一九号証を示す

――もう少し具体的に言うなら、これの上から４段落目ぐらいの四角の中、分かりますでしょうか。「〇〇〇マンション」と書いてありますね。今言った、甲第一三号証の二一の〇〇〇は、ここに書いてある〇〇〇マンションのことではありませんか。

（うなずく）

――具体的に言うと、これの登記簿謄本の甲区を見ますと、きちっと、下の欄ね、権利の甲区の1番に、「中村一郎持分全部移転」、「平成5年7月19日」、何号で、「原因」、「平成4年3月25日相続」、「中村秋男」、ぴたっと照合していますよね。これは、あなた、御存じでしょう。あなた、メモに書いてあるんだもの。

……。

――じゃあ、まず、こう聞きましょう。全部合っていますから。先程のあなたの一三号証の二一の〇〇〇は、甲一九号証の登記簿謄本に示されたものだと理解してよろしいですね。その後に進めますから、全部。よろしいですね。今言ったように、相続されているでしょう。

分からないなあ。

甲第一三号証の二一を示す

――じゃあ、具体的にもっと聞きます。二一の下から3行目の欄、いいですか、左側、平成8年2月20日、秋男全所有、持分10分の3、春子、△△△、秋男４分の1と交換、持分10分の1、夏子買取りと書いてありますね。これは、あなたの字ですね。

そうですね。

――そのときの様子を正確に書いたと伺ってよろしいですね。

これは業者の人に頼んでやってもらったので、分かりません。

――いや、そういう、やってもらったかどうかは結構です。

分かりません。

――あなたが、その当時、もちろん、あなたが登記簿なんかできるはずがないんで。

あくまでもメモです。

甲第一三号証の二二を示す

――ここにあるのは、△△△、＊＊＊で、これについても、左側の真ん中辺、登記、一郎４分の1、春子2分の1、秋男４分の1と書いていますね。

（うなずく）

――それから、春子相続４分の1と書いていますね。

（うなずく）

――それから、今度は右側の下、平成8年2月21日、春子全部所有、秋男４分の1持分を〇〇〇マンション春子持分

10分の3と交換する。正にあなたのメモでも、甲一三号証の二一と、甲一三号証の二二との間での関係から見ても、秋男の部分と、あなたの部分が、△△△と、それから、○○○マンションと交換されているというふうに分かりますよね。

それは秋男の希望だったと思います。

――はい、希望。でも、あなたのほうで、そういうふうに、きちっと、こういうふうにメモされていますね。

（うなずく）

（注：「わからない」との答が事実に反していることがわかる）

丙第一号証を示す

――それから、具体的に、これ、先程の、元に戻りますが、○○○の登記については、遺産分割協議書の丙の1では、秋男の取得する財産並びに承継する債務の欄を示します。これの中の☆☆☆の土地建物が、持分が10分の6が承継されています。秋男さんが取得するものというふうに記載されていますよね。

（うなずく）

――書いてありますね。

……。

――それ以外に、先程、あなたのメモにもありましたとおり、一郎以外の、春子の10分の3、夏子の10分の1は、この、私がどこを捜しても、もう短くします、遺産分割協議書には書いてありません。それは故一郎のものだけが遺産分割の対象になったからではありませんか。

分かりません。

甲第八号証の三、甲第一三号証の二一を示す

――それから、もう1つ、甲一三号証の二一の、先程読み上げました、一番最後の、持分10分の1、夏子買取りとあるのは、先程言いましたとおり、これは、八号証の三の通帳の平成8年1月25日の欄を示します。これはあなたの字ですよ。「春子分買取代金」、150万、「###分」、これではありませんか。

……。

――いや、もう、答え、あるかどうか。分からない。ある、ない、分からない。もう、その返事で結構です。時間が掛かるだけですから。

これじゃないかな。ちょっと、これなのか、これなのか。

――いや、いや。だから、これはこれではありませんかと聞いているだけです。

裁判官

――分からなければ分からないで。

原告代理人（渡邊）

――結構ですよ。もう。何点かこれで指摘は終わりますので。ただ、幾つかあるんで。先に進みたいと思いますので。

裁判官
――分からないということでいいですかね。

原告代理人（渡邊）

――いいですか、分からないで。分からないの。

はい、分からないと思う。

――この資料を見ると、あなたのメモを見ると、この、先程、○○○マンション分は、春子の持分は、元々は一郎と春子と秋男のものであったのが、さっき言った△△△と交換され、それから、10分の1の夏子の分は、この今の売買代金で買い取られて、最後は秋男のものであると。これは一九号証の登記簿謄本と完全に一致していますが、そういうふうにして、分割したものを、持分を持ったものを、最終的に対処してきたのではありませんか。分からないなら分からないで結構です。

意味が分かりません。

甲一三号証の二二を示す
――先程ちょっと触れましたけれども、これは△△△、＊＊というものですが、これは甲二〇号証の登記簿謄本と照合するものですが、これはおいておいて、まず、登記の欄、見てください。登記の欄、一郎4分の1、春子2分の1、秋男4分の1。この中で、春子相続4分の1とありますね。これは一郎が亡くなったために、この一郎の4分の1をあなたが相続したものではありませんか。

そうかもしれません。分からない。そう書いてあれば、そうだと思いますけども。

――これは遺産分割協議書で、あなたが相続する、取得する財産のうちの、※※※の土地建物だと思うんですが、甲二〇号証です、それは分かりますか、分かりませんか。

分かりません。

――登記簿謄本示しても分からないんなら。

はっ？

――登記簿謄本を示しても分からないなら分からないで、示しませんので。これは移転なんかも全部一致しているんで、私は、もうこれ以外にないと思っていますから。後で説明するだけでいいんで。分かりませんか。

分からない。

――これも同じく分割協議書を見れば、これの今ここに書いてある、一郎以外の持分、春子とか秋男の持分は遺産分割書には書いてありませんが、これは遺産の対象に、分割の対象にならなかったからではありませんか。

知りません。

――分かりませんか。はい。

……。

――そして、先程言ったように、右側の下のほうですね、平成8年2月21日、全部春子所有、秋男4分の1持分を○○○マンション春子持分の10分の3と交換する、こうやって交換したのではありませんか。

　そういうことがあったかもしれませんけど、今、記憶は定かじゃありません。

——具体的に、じゃあ、口頭で言います。甲二〇号証の甲区の三　中村秋男持分全部移転、原因、平成8年1月25日交換と記載されています。正にこのノートと一致しているんですが。あなたのものを秋男さんと交換して、すべて、この△△△があなたのものになったんではありませんか。

　……。

——結構です。分からないなら。沈黙。

甲一三号証の二三を示す
——これは、もう、あなたのほうから登記簿謄本が出されていますが、乙一号証になっていますが、その上でお聞きしますが、登記という真ん中の欄あるけどね、一郎10分の6、春子10分の3、夏子10分の1、その下に夏子相続10分の6とありますよね。

　……。

——ありますよね。

　（うなずく）

——この遺産分割協議書の中では、中村夏子が取得する財産並びに承継する債務の中の［地番］、これの持分の10分の6を取得するというふうになっているんですが、それではありませんか。

　（うなずく）

——私が何度も繰り返すように、それ以外の、一郎さん以外の春子さんの持分、夏子さんの持分は、協議書の対象になっておりません。書かれておりません。

　（うなずく）

——それはどうですか。

裁判官
——今、全部の質問に対して、うなずいておられますね。

原告代理人（渡邊）

——うなずいておられる。

　はっ？

——今の私の質問に対して、要するに、これは、協議書では、夏子の取得する財産になっているというふうになっているけれども、それ以外の春子10分の3、夏子10分の1というのは、遺産分割協議書の対象になっていないということについて、なっていませんねということについて、あなたがうなずいていると、裁判官が判断したんですが。

　ああ、そうですか。

——そうではありませんか。

　私は記憶ありません。

——これは乙一号証で既に被告も認めているように、乙一号証の［Aマンション地番］の土地建物ではありませんか。

はっ？

乙第一号証を示す

――これは、先生のほうから、お宅のほうから出されているんですよ。これは甲区の二に、所有権移転で、ここに先程あなたのメモのとおり、あとの持分については、持分が10分の6が中村一郎、10分の3が中村春子、10分の1が中村夏子、それから、その次に、甲区の三で、10分の6を中村夏子が取得したと、こういうふうになっているんですが。

（うなずく）

――このとおり、あなたは記憶ありませんか。

……。

裁判官

――今こう書いてあるとおりということは、それでいいですかね。

原告代理人（渡邊）

――それでいいですか。書いてあるとおりで。

書いてあれば仕方がないんで。分からないけど。

甲第一三号証の二三を示す

――それから、右下を見てください。これは売却と書いてありますね。売却、6の次、すぐ横はちょっと消されていて、その上の欄に6月10日契約、1500万、書いてありますね。ここ、ここ、ここ、ここ。

はい。

――それから、決済、6・10・1、平成6年10月1日のことだと思うんですが、そういうふうに書かれていますね。

そうかもしれません。

――そうすると、このあなたのメモを見る限り、契約が10月1日にされて、決済というのはお金の決済ということ以外にありませんよね。

そうだと思いますけども、分かりません。

――これが6月1日になされたというふうにしか理解できませんよね。

はっ？

――だから、平成6年10月1日にお金の決済がなされたというふうにしか理解できないでしょと言っているんです。

……書いてあればそうだと思いますけども、記憶は分かりません。

――これは決済されている。はい、分かりました。後でまたその点については別の各論でお聞きします。あと、1、2点、具体的には甲一三号証についてはお聞きします。

甲第一三号証の一六を示す

――###＊＊＊、書いてありますね。

（うなずく）

――それから、登記、一郎2分の1、春子2分の1、書いてありますね。

（うなずく）

――で、下に、夏子相続2分の1、書かれていますね。

(うなずく)

――それから、下から3段目になるか4段目か分かりませんけれども、56年7月25日、夏子入居と書いてありますね。

(うなずく)

――この###の建物は、夏子さんが入居していた建物ではありませんか。

(うなずく)

――答え、声を出さないと書けないもんですから。

そうだと思います、はい。

――そうですね。それで、その下、平成8年2月19日、全所有夏子、春子2分の1持分を買取り、書いてありますね。

はい。

――これが。

甲第八号証の三を示す
――通帳を示します。平成8年1月25日の「春子分買取代金」、150万、「###分」、先程も示しましたけれども、このことではありませんか。

そうかもしれません。

――それで、すべて、夏子さんが取得したということになりますよね。

……。

――これは甲二一号証なんですが。

甲第二一号証を示す
――甲二一号証の甲区五を示しますが、この甲区五に「中村春子持分全部移転」、それから、「原因」、「平成8年1月25日売買」ということで、登記簿謄本もぴったり照合しますね。

……。

裁判官
――今の質問に対しては、沈黙ですね。

原告代理人(渡邊)

――はい、沈黙で結構です。今まで指摘しましたけれども、これを見ると、あなたは分割協議書についてよく知らないとおっしゃったけれども。

見ていません。見ていません。これは見ていません。

――いや、この通帳を。

裁判官
――ちょっと待ってください。答えを遮らないでください。

原告代理人(渡邊)

――はい。通帳をね、この甲一三号証を見ますと、きちっと、不動産について持分をだれが相続したのか。

はっ?

――だれが相続したのか、先程ずっと指摘したじゃないですか。春子相続、だれ相続って。

それは、みんなお任せして、やってもらったから、分かりません。

――あなたが分からないのに、そこを聞きます、じゃあ、今、先程ずっと示してきた甲一三号証のノートに、分からないのに、だれが相続したということをどうして書けたんですか。

どうしてか分かりません。

――じゃあ、こう聞きます。あなたは、遺産分割協議書がどういうふうに分かれたか知らない。だけれども、自分が作ったノートにはきちっと正確に書かれている。今指摘したでしょう。その理由は分からないというふうにおっしゃりたいんですか。

意味が分かりません。

――意味が分からない。先程言ったように、遺産分割協議書の内容は、あなた、御存じないとおっしゃいましたね。よく分からないと。

はい、セツ……。

――ところが、ちゃんと聞いてください、あなたが作られた甲一三号証のノートには、登記が、最初の登記はだれなのか書かれていて、それのうちの一郎さんの持分をだれかが相続したというのは書かれていて、その後、例えば、○○○マンションなんかは、秋男さんがあなたの※※※の建物と交換して、なおかつ残りの10分の1の持分は夏子さんから買い取ったというふうになっているわけ、書かれているわけです。

そこに住んでいたから、それを1つのものにしてあげるということで、やってくれたんじゃないかと思いますけれども。

――やってくれたのは結構です。だれから指示があったかどうかは結構です。

はい。

――それをあなたが了承して、ここに書いたんでしょう。甲一三号証に。

私から言ったわけではないです。

――えっ？

私から言ったわけじゃないです。

――いや、私が聞いていることだけ答えてください。

裁判官
――やってくれたというのは、だれがやってくれたということなんですか。
はっ？
――やってくれたんだと思いますというふうに、今おっしゃいましたね。
ちょっと聞こえません。
――やってくれたんだと思いますっていうふうに、今おっしゃいましたよね。

はっ？

——ずっとそこに夏子さんが住んでいるから、一つのものにしてあげようということで、やってくれたんだと思いますというふうに、今おっしゃいましたよね。

はい。

——それはだれがやってくれたということなんですか。

全然、私、素人なもんで、業者さんに頼んで、こういうふうにするとこれが幾ら幾らになってというのを計算してくれて、村橋先生にお渡ししたと思います。だから。

（注：裁判官の質問に対しても答えをはぐらかしている）

原告代理人（渡邊）

——でも、そういうお話を聞いて、あなたのほうはそれでいいですよと返事をしたから、具体的にやったわけでしょう。だれかが。

それは、できれば、皆さん、住んでいるところが……。

——いや、いや、余計なこと答えないでください。

思ったと思いますけれども。

——具体的にあなたが了承しないで、こんなことを、例えば、やってくれた人は税理士さんなんですか。それとも、司法書士さんなんですか。司法書士や税理士が、指示がないのに勝手にやるはずがないから、聞いているんです。

……。

——だれがやったんですか。

商社の人と、税理士さんと、納得してやってくれたと思うんですけれども。

——納得してって、人の財産を勝手に納得すること、できないでしょう。勝手に、じゃあ、やったんですか。

お願いはしていたと思いますけども、はい。

（注：ようやく被告の指示であることを認めた）

——そうでしょう。じゃあ、こういうふうに聞きましょう。あなたがお願いをして、税理士さんなり司法書士さんなりが処理したということだと思うということでよろしいですね。

そうかもしれません。

（注：このような尋問には時間が必要とされることを理解しなければならない）

——それから、次にですね、通帳とか、さっき言ったように、不動産の権利証とか、それから、保険とか、そういうものを、あなたが事実上管理していたんじゃないですか。

秋男のですか。

——秋男のではありません。原告のものです。夏子のものです。

はい、そうです。それは秋男に指示されて、秋男ののと、夏子ののとをファイルして預かっておりました。ただ、預かっただけです。

——うん、預かって、しかし、具体的に、例えば、先程、甲八号証、いろいろ示しましたけど、あなた、メモありますよね。

（うなずく）

――それは、あなたが、だれかに頼んだかどうかは別として。

はい。

――あなたの意思で。

私の意思だけじゃないですね。

――だれかにお願いして。

はあ、はあ、はあ、はあ。

――お願いして、だから、具体的にそれは出すのだれかは分かりません。少なくとも指示して、先程示したように、一郎に貸したり、あるいは交換したり、代金を取得したり、こういうことをしていたんじゃないですか。###の代金、あなた、受け取っているでしょう、先程。

はっ？

――###のマンションの代金、あなたは受け取っているでしょう。

そうです。

――これはあなたの意思でしょう、最終的には。

意思という意味が分かりません。

――じゃあ、何ですか。

……。

――じゃあ、何ですか。他人が、そしたらね。交換する。

――第三者が、例えば、一つの例を挙げます。###、先程指摘しましたね。

はい。

――これを持分をあなたから夏子が買い取る形になっていますよね。

はい。

――それを、それで、夏子の預金口座からお金が引き出されていますよね。

はい。

――これについて、あなた以外の第三者が決めた人がいるんですか。

それは分かります。

――えっ？

その言い方がちょっと分からないです。私、言っていらっしゃる言い方が分からない。

――いや、だって、お金をね、じゃあ、あなたの持分のために、あなたにお金を夏子さんの預金から払われていますね。

はい。

――そのことについて、あなた以外に独断でした人はいるんですか、いないんですか。

独断て、それ。

――あなたの意思、無視して。

そういう言い方は分からない。

――簡単に言えば、こう聞きましょう。少なくとも、あなたはそれを理解し。

はい。

――あなたは承諾して、そういうふうになったと。

そうだと思います。

――いうことはお認めになりますか。

それは、はい。

甲第一六号証を示す
――この写真、これは「夏子用」と書いてありますね。まず、真ん中に。

はい。

――これはあなたの字ではありませんか。

そうです。そういうふうにファイルして預かっておりました。

――あなたが預かっていたんですね。

はい。

甲第一二号証を示す
――それから、先程の甲一二号証の表、裏を示します。これを、若干繰り返しになりますけれども、あなたが夏子の通帳を預かっていて、あなたが関与した大きな出金をメモしたものですね。

はい。

――それで、最後のところを示します。最後、2枚目裏ですね、下から3行目、「100万以上について記す　詳細は丙銀行通帖　5．6　一部のお金は定期満期時に直接本人持参」とありますね。これもこのとおり間違いないですね。

そうかもしれませんけど、記憶は、見せられておりません。

――記憶があるかどうか、具体的にお聞きします。

はい。

――一部のお金は定期満期時に直接本人に渡すと。

はい。

――そうすると、これを見ると、あなたが原告のお金を預かって持っていたのを原告に渡したとしか読めないんですが、そうではありませんか。

持って行くって言うから、秋男に、持って行くよって言って、一応断って、渡したと思います。

――あなたが持って行って、あなたが秋男さんに断るかどうか知らないけど、預かっていたのを原告に渡したということでしょう。

そうだと思います。

――定期預金満期時というのは、甲一〇号証だっけ。

甲第一〇号証一ないし七を示す
――あなたが甲一二号証の裏に書いてある定期というのは、ここにある定期計算書ってありますよね。

はい。

――これに関連する定期預金のことではありませんか。

そうかもしれません。

――はい、結構でございます。それで、具体的に各論について、もうちょっと、すいません、お付き合いください。お聞きします。まず、Ａマンションが問題になっているんですが、先程言ったように、このＡマンションは。

甲一三号証の二三を示す
――先程、これも平成６年10月１日に決済したものと思うということですね。

（うなずく）

甲第二号証を示す
――添付の不動産売買契約書を示します。この不動産売買書に書かれている中村春子というのは、あなたの名前が書かれていますが、これはあなたが署名捺印したものですか。

そうだと思います。

――そうすると、この契約の内容、先程言ったように、甲一三号証の二三の決済というふうに書かれているように、これは決済されていますよね。

そうだと思います。

――これについては、甲二号証の２枚目を示しますが、この２枚目の一時所得として、これ、原告の確定申告書ですが、この［Ａマンションの地番］、これの10分の７、取得したものだというふうに申請されていますけれども、あなたも、これは、原告夏子が10分の７の持分を持っているので、あなたのほうもその原告夏子の所得として税務申告してくださいということで、村橋先生、税理士の先生にね、お願いしたのではありませんか。

うん？

――大泉先生ですね。大泉先生にお願いしたものではありませんか。

ええ、そうだと思いますけど、ちょっと。

――先程聞いていたでしょう。何だっけ。保谷さんも全部これもあなたが持って来たとおっしゃって、これは夏子さんの所得から申請してくれということで持って来たとおっしゃっていましたよね。お聞きしていましたでしょう。

全然聞こえませんでした。

――そういうふうに答えたんですが、そのとおりではありませんか。

そうだと。付いていれば、そうだと思いますよ。

――先程の、これは平成６年10月１日に、あなたもお認めになったように、この土地建物の売買代金の決済済んでいますよね。

（うなずく）

――あなたもお認めになったでしょう。と思いますって。

（うなずく）

――そのお金は、どこにいったんですか。10分の７の夏子のお金は、どこに入ったんですか。

さあ、よく分からないけれども、税務署の調査で、税金とか、ローンとかはどうなっているかって言われたことがあるので、そういうのに整理してもらったかもしれませんけど、よく記憶しておりません。

――いや、いや、相続だって、１５００万、このうちの税務申告のうちの１０００万50円かな。

はい。

――これは夏子さんが払わなきゃいけない、夏子さんに渡さなくちゃいけないお金であることは、あなたも御理解しているでしょう。

はっ？

――夏子さんに渡さなければいけないお金だということは御理解しているでしょう。

そうです。もしそうであれば。

――どこいったんですかって聞いているだけです。しかも、決済されたとおっしゃっているから。

……。

――じゃあ、答えなしで結構です。

裁判官
――沈黙で。

原告代理人（渡邊）
――はい、結構です。
甲第二号証を示す
――3枚目を示します。「簡易保険の支払保険金額等のお知らせ」、これ、ありますね。

はい。

――これは甲二号証に添付されているんですが、この資料も、あなたが大泉先生に平成6年度分の原告の所得として申告してくれと言って渡した資料ではございませんか。それじゃなかったら、税理士の先生、分からないでしょう。

これは夏子の契約じゃなく、中村一郎の契約で、中村一郎が払っていたものじゃないかと思いますけれども。

――いや、これは先程言ったように。ちょっと待ってください。

払える収入はなかったはずです。

――いや、それ以外に預金通帳から落ちていますよ。

……。

――あるいは贈与しているかもしれませんし。

……。

――それで、これの「簡易保険の支払保険金額等のお知らせ」の、この文章の2行目、「さて、次のご契約についてあなたさまにお支払いいたしました保険金等の金額をお知らせいたしますので、確定申告の際の参考としてください。」と書いてありますね。

（うなずく）

――既に、これは、〇〇の郵便局長から、この保険金はお支払いしましたということになっていますね。

はい。

――このお金は、既に、郵便局からお支払いされたものですね。

そうだと思います。

――このお金は、どこに入金されていますか。

分かりません。

――分かりませんのに、あなたは、春子の所得として、税理士の先生に、これを申告してくださいと言って持って行ったとおっしゃるんですか。

……。

――もう、答えなしでいいです。

裁判官
――沈黙ですか。

原告代理人（渡邊）

――はい、答えなしでいいです。時間掛かるだけですので。それから、次に、Aマンションについてお聞きします。これは甲九号証の登記簿謄本にありますが、分かりますか。これ、Bマンションではございませんか。

……。

（注：このようにとぼけられれば追及するほど時間が消費される事案が多い）

――じゃあ、これ、こういうふうに聞きましょう。

甲第一三号証の四を示す
――B、＊＊＊。これは登記は一郎2分の1、夏子2分の1になっていますね。

（うなずく）

――その後に、これは登記簿謄本の甲九号証によると、中村一郎から原告が昭和61年12月27日に持分を2分の1贈与されているんですが、登記簿謄本によると、すべてこれは中村春子のものになっていますが。

はっ？

――なっているんです。登記簿謄本、じゃあ、示しますか、一々。

甲第九号証を示す
――甲区二で。じゃあ、その前に言いましょうかね。まず、甲区一の付記一、付の二では、中村一郎が2分の1、中村夏子が2分の1になっていますよね。

（うなずく）

――甲区の二では、「中村一郎持分全部移転」、それから、原因が昭和63年12月27日贈与、で、中村夏子が全部贈与でもらっていることになっていますね。分かりますね。

分かります。

――それで、じゃあ、その上で。

甲第一三号証の四を示す
――先程言いましたように登記、一郎2分の1、夏子2分の1、この後書いていないのは、贈与されたというのが書いてありませんけれども。

うん。

――その次の、真ん中辺の欄に、賃貸、6万、夏子。

ええ。

――丁銀行本店、*****。

はい。

――これは甲八号証の通帳のことですよね。

ええ。

――そうすると、これは夏子の名前で6万円貸していて、その賃料がこの通帳に入っているということではありませんか。

合法的にしてあげるとかって言っていたような気がしますけども。

――そうでしょう。

ローンがいつも沢山あったんですけども。

――それは結構ですよ。

はい。

――だって、ローンの多くの分を、あなた、遺産分割協議書で1億何千万の債務、財産ももらっている割に、債務も承継しているでしょう。その中に入っているでしょう。

払うこととてない。

――じゃあ、あなた、すごい財産もらって、債務を承継しておりますよ。

はい。

――その債務の中に、これ、入っているんじゃないですか。

……。

――それで、これはですね、敷金12、礼金12万ですね、書いてありますね。

……。

――その上で、下に、平成4年4月13日、売と、売りと書いてありますね。で、下が2700万円。

売買したのは、これじゃないですか。分からない。

――いや、ちょっと分かりません。私も。じゃあ、あなた、説明できます。

私は分かりません。

――平成4年2月12日と、平成4年4月13と書いてあるんですが、いつやっているか分からないんですが、形式的にね。これは、このころ売られたことであるということですね。

はい。

甲第八号証の二を示す
――それで、一方ですね、先程ありました、平成4年2月13日ね。「戊フドウサン」、「B売前金」と書かれてますね。あなたの字ですね、これ、「B売前金」。

はい、そうです。

――先程言った、Bマンションを売った手付金か何かじゃないでしょうか。

そうだと思います。

――それから、その後ですね、4年3月24日、これも「戊フドウサナ」と書いてありますが、多分「戊フドウサン」

のことだと思うんですが、ここで２１７３万１１７円入金されていますね。今言ったBマンションの売買代金だと、一部だというふうに理解してよろしいですね。

（うなずく）

――うなずくと取ってください。ところがですね、今の平成４年３月25日、次のページでしょうかね、３月25日、突然、２１００万が引き出されていますよね。これはあなたが引き出したものじゃありませんか。

……これは一郎ので使ったのだと思います。

――いや、使ったのかどうか、あなたが引き下ろしたんでしょう。

私は下ろしているし、分か……。

――じゃあ、だれが下ろしたんですか。

私は下ろしてあれば、ちゃんと確認。

――いや、いや、いや、いや、分かりませんよ。

分かりません。

――じゃあ、ちょっと待ってください。前をお聞きします。この前の、先程言いました、平成４年２月20日、春子への返済。２月21日、一郎へ貸す。あなたがこの通帳を所持して、あなたがメモしたものだということはお認めになりましたよね、先程。

私が自由にやったのではありません。

――いや、ちょっと質問だけ聞いてください。それから、あなたが書いてあるものとしては、平成４年４月16日、己生命保険、これは己生命保険から入金なので、あなたが書いたものですね。全部、あなたが、ただ、記入したって認めているじゃないですか。

……。

――そうすると、この通帳を持っていた人は、あなた以外、いないでしょう。

裁判官
――さっきね、平成４年３月25日の２１００万円の引き出しについては、一郎ので使ったというふうな言い方をされていたような気がするんですが、それはどういう意味ですか。

……。

――もう一回お聞きしますね。

はっ？

（注：裁判官の尋問にもとぼけている）

――平成４年の３月25日の２１００万円の引き出しについては、さっき、一郎ので使ったというふうな言い方をされていたと思うんですけど。

はい。

――どういう意味ですか。

一郎は、３月25日の夕方、亡くなりましたけど、急に亡くなりましたので、それで、給料、多分、だと思うんですけど、給料とか、支払とかのの整理していいかっていう。

あの中からこうしておけとかいう、そういう指示はできる状態でした。

原告代理人（渡邊）

――えっ？　亡くなってない。亡くなってる直前でしょう。

亡くなっていない。夕方です、夕方です、夕方。

――じゃあ、あなたが、例えば、相続税の申告の中にすごく。

――そういうふうに一郎に使ったというのは、どこにもありませんよ。丙一号証に。

多分やっておきますねったら、うんて、やっておいてって。

――何を。

そういう会話はできる状態だったです。

――じゃあ、何をやったの。

急に、一回悪くなって、1日か2日で駄目になったんですけれども、本当に2日か3日前に、人の死亡診断書、多分、お彼岸だったか、休みのときに行ってきたんです。そのくらいだったので、全然分からない状態がずっと続いたわけじゃなくって、それで、亡くなる前も一回ちょっと悪くなったのが、すごくよくなって、よかったねって言った記憶はありますのですけれども、その後、給料日を、こうよったら、みんなこうしておいておきますよったら、うんて、ちゃんと理解できる状態、朝のうちはできる状態だったと思います。それで、経理の人に整理してもらった記憶があります。

――具体的にあなたの相続の中で、一郎の財産がどういうふうに使われて、全く書いてありませんよ。いつ、幾ら、どういうふうにしたんですか。

ちょっと、そのところを、あんまり、私が、急に主人が亡くなったので、動転してたので、その。

――じゃあ、こう聞きましょう。幾ら使って、じゃあ、本来使ったなら返さなきゃいけないですね、春子さんに。

ああ、そ……。

――幾ら、返さないと。

それは、私は、一杯、一郎に貸してるけども、返してもらったためしがありませんから、分かりません。これも……。

――だって、あなたは、書いてあるじゃないですか。

それは。

――その前にね、春子への返済、一郎への貸しって、こうやって明確にしているのにね。

たまには、言われれば、そういうふうには、私。

――だから、それ、ずっと書いてありますよ。

はい。

――たまにじゃないですよ。

はい。

――それは、もう、裁判官、判断しますけど。

裁判官
——そうすると、いずれ、この２１００万については、あなたが指示を出して、経理の人に下ろしてもらったということ、そういう記憶なんですかね。

　じゃないと思います。

——ないと思うって、どういう意味。

　はっ？　私が指示を出して、取ってもらったっていうのじゃないと思いますけど、記憶が、もう、混乱していて、分かりません。

——でも、何か、今、さっき、給料をどうするとかね。

　はい、給料とか、それから、確定申告の時期ですので、税金の準備をしなくちゃいけないしっていうのは、ずっと前から心配していた。まあ、いつも3月になるとそうですけれども。

原告代理人（渡邊）

——じゃあ、だって、確定申告は3月25日、もう終わっていますよ、言っておくけど。何を言ってるんですか。

　はっ？

——確定申告の時期は、もう終わってますよ。３月25日だと。

　いや、いや、お金は後から引き落とされるようになっております。

——いや、だから、それだったら、具体的に、それ以前に、どういうふうになるか、預金についてはどうなるか、あるいは病院が秋男さんに移るんだから、秋男さんが引き継ぐんだから、秋男さんがお金を出してやるべきものでしょう。

　……。

——あなたは都合のいいことしか言わないから。

　そんなに頭よくない……なくなってしまって。

——そういう問題じゃありません。

　耳が壊れているし、分からない。

被告大泉冬男代理人
——遺産分割協議書、今問題になっていますけど、当時、その協議書は受け取ったんですよね。遺産分割協議書というのは、受け取ったことはあるんですよね。

　はっ？

——遺産分割協議書。

　はい。

——その当時は受け取りましたよね。

　そうです。

——現在はお持ちでないんですか。

　ないです。

——受け取ったときは、何通受け取りましたか。

　１通だったと思うんですけど。

——秋男さんにもその協議書はありますよね。お持ちですよね、秋男さん。

それは分かりません。

――分かりませんか。

ええ、分かりません。

――相続人の人数分を春子さんが受け取ったんではないですか。

いえ、いえ、違います。

――そうではないんですか。

はい。私は1つだけです。

――そうすると、秋男さんはだれから受け取ったんですか。

さあ、それは確認してないから分かりません。

――夏子さんにはお渡しになったんですか。

さあ、それも分かりません。

――春子さんから渡したということはないんですか。

ないです。

――それから、毎年の確定申告ですけれども、大泉税理士さんに確定申告の依頼をしていましたよね。

はい。

――夏子さんの分も春子さんが依頼していましたよね。

はい、一緒にしてあげていたことが多いですね。

――夏子さんの申告の書類は、春子さんが受け取っていましたよね。

はい、そうですね。

――それは毎年ということですね。

はい。

――それは夏子さんにお渡ししてましたか。

送って、それから、税金分も、夏子の通帳に振り込んだと思うんです。東京の。

――じゃ、毎年送っていたんですね。

と思います、はい。

原告代理人（渡邊）

――先程私はやめましたけど、主尋問の範囲外で、私は構いませんけれども、そしたら、私も聞かしてもらいますから。

送ってたと思います。それで、ずっとだと思うんですけども、それをどういうふうにして送ったかというのは、私、記憶いたしておりません。

被告大泉冬男代理人
――じゃ、夏子さんから、申告の内容ですとか。

はっ？

――夏子さんから、申告についてとか、相続の関係について、今回までに何か質問とか疑問とかを聞いたことはありますか。

ありません。ただ、税金が幾らだから、幾ら送っておくから、そこから引き落としになるって、多分連絡したと思っております。

――確定申告後の税金の支払について。

そうです。そうです。

――お話をしたことがあったと。

あります。

原告代理人（渡邊）

――あなた、今、夏子さんの確定申告について、あなたは本当にもらったんですか、税理士さんから。

ちょっと聞こえません。

――夏子さんの確定申告について。

そんなに大きな声すれば、恐ろしい。

（注：ここまで演技できる）

――夏子さんの確定申告について、あなたは税理士の先生からもらったの、本当に。

はっ？

――税理士の先生から、夏子さんの確定申告書を、あなた、本当にもらったんですか。

もらうこともあったし、それで、最初のころは、こっちから送る、送って、それを届けるようにしてあったか、もう分かりませんけれども、先生のほうから直接送ることもあったかもしれません、村橋先生の。その辺はもうごちゃごちゃになっておりますから。

――そうすると、じゃ、お聞きします。夏子さんのほうに、確定申告が、村橋先生なり何なりからいった可能性がある。

はい。

――それから、あなたも送った可能性がある。

はい。

――夏子は全然もらってないと言うんですが、本当に、あなた、送りましたか。

送って、それで、税金は、今回は幾らよと言って、それでちゃんと連絡したはずです。

――そうですか。送ったことあるというわけ、本当に。

ちょっとよく分からないです。

――それともよく分からない。

はい。

甲第八号証の二を示す
――平成5年の6月11日の欄を示します。それで、この欄の中で、定期が、お預かり金額5368万7113円、入ってますね。

はい。

――それから、次の、同じ日に、定期預金が4518万7113円、ありますね。

はい。

――双方とも「05-06-10扱」になってますね、2つとも。よく見てください。

はい。

――この5300万の定期預金を、4500万の定期預金にしたということについては、これはあなたがやったんではありませんか。

確かな記憶はありません。

——この定期をこういうふうに変えるということは、あなた以外、やれる人は、人物はいらっしゃいますか。

動かすときは、秋男に必ず連絡して、こういうふうにするというふうにはしてたから。

——だれかに相談しても結構。最終的に、手続を、例えば銀行の方にお願いするというのは、あなた以外に存在しますかという質問だけです。

したかもしれませんし、あんまり記憶が定かじゃないです。

原告代理人（藤澤）

——相続のときの申告書、先程話に出てましたけれども、これを私たちが大泉税理士のほうに見せてくれと言ったんですが、見せてもらえなかったんです。

丙第九号証を示す
——先程出てきた保谷さんなんですけれども、保谷さんの陳述書の2枚目にこう書いてあるんですね。下から5行目ですけども、「相続税の申告書には相続人全員の相続財産が明記されているので、他の相続人の許可がなければ今の段階では見せられない、とのことでしたので、春子氏に許可を求めたところ、許可いただけませんでした。」と書いてあるんですけれど、これは本当ですか。

何のためにするのって聞いたと思います。

——そう言っただけ。

はい。

——あなたとしては見せるのは構わないと思ってたの。

はっ？

——夏子さんに相続税の申告書を見せることは構わないというふうに、じゃあ、言ったんですか。

見せたって大丈夫だと思います。私はもう信頼してたから、別にどうということじゃなくて、私が心配してたのは、税金を幾ら納めるかだけで、あとほかのことは、あんまり私自身は考えていたことない人ですから。

——保谷さんにもそういうふうに言ってるんですか。

どなたにでも、私、税金は、税金はというふうに、税金はちゃんと納めたいという、それだけです。

——じゃ、これは、保谷さんが嘘ついてるのかな。

いえ、そんなことないと思います。

——あなたに許可をいただけなかったから、相続税の申告書を。

私にも、秋男にもだと思う、そのときは分からないけども。

——今、裁判のときですよ。裁判の前の話ですよ。

ああ、そうですか。

——秋男さんが亡くなった後。

それは分かりました。村橋先生がやったものに対して、責任が持てたらどうぞと、持てなかったら駄目でしょうと言ったと思います。村橋先生がやってくれたものを、ほかの人が自由にするというのはおかしくないですかと言った記憶はあります。

――だって、村橋先生がどういう責任でやったにしたって、それが相続したときの正式な書類なわけでしょう、遺産分割協議書というのは。

ああ、そうだと思います。

――それを相続人に見せるのは何の問題もないと思うんですけれど。

そういう法的なことは私は分からないから、取りあえず村橋先生のやった仕事でしょうと言ったと思います。

裁判官

――あなたが、村橋先生なり大泉先生なりから、夏子さんの確定申告書の控えをもらったときなんですけど、必ず夏子さんのほうに送るようにしていましたか。

必ずかどうかって、その辺定かじゃないんですけども、最初は送ってたと思うけど、直接、支所、東京都……それも分かりません。だから、必ずかどうかは分かりませんけど、送っていたと思います。

――さっきのお話では、税理士さんのほうから直接夏子さんのほうに送ったということもあるんじゃないかと思うというお話をされてましたよね。

そうだと思いますけども。

――あなたが、夏子さんの分、税理士さんから申告書の控えをもらったときのことを聞いているんです。そのときは必ず送るようにしていましたかという質問です。あなたが夏子さんの分を受け取ったとき、それは必ず夏子さんに送っていましたかという質問です。

ああ、コピーですか。

――そう。

は、送っ……。

――必ずとは言えない。

送ってなかったかもしれないし、ちょっと、送ったかもしれないし、その辺、必ずというと分かりません。

――いずれ送ったことはあるんですか。

はい。

以上

（注：被告は「わからない」などと答をはぐらかそうとしていたが、遺産分割協議書、登記簿謄本、被告作成のメモを照合した結果を指摘することによって、具体的な事実を明らかにしている。

被告の回答の対応によって尋問の時間が必要になっている。こうした場合、尋問時間を与えるか、素直に答えるよう指示するなどの訴訟指揮が必要である。

形式的に尋問時間を設定すれば都合の悪いことをはぐらかした方が有利になる結果をもたらせてしまう）

6　株主権確認等請求事件・株券引渡請求事反訴事件

念書による株式譲渡契約の成立が認容された事案

(1)　事案の概要と争点および尋問の目的

ア　概要

甲・乙会社の宗家筋にあたるAは、甲会社の代表取締役に就任するにあたり、甲会社の同じ代表取締役代表Cが会社の金員を私的に流用しているのではないかと疑いをもった。

そこで、監査役であったDに相談したところ、Dから証拠の必要性を指摘されたため、客観的な証拠を集めた。

A及びAの父親Bと相談し、代表取締役就任の第1回取締役会において、Cの不正行為を追及したところ、当初Cは不正行為を否定していたが、証拠を示され、不正行為を認めるに至った。

そして、その会議の中でCは取締役も辞任すること、持っている甲・乙会社の株式をAの父親Bに譲渡すること、口外禁止などが合意された。

ところが、Bはその後、取締役辞任や株式の譲渡は強迫によるものとして態度を一変させた。

そして、甲会社の株主総会では、それまで甲会社の取締役であったEが自らも賛成した取締役会の決議に反してC側の提案に賛成し、Cの提案が通り、そのため甲会社は実質的にCの支配するようになった。その後、Cは甲会社の代表取締役になっている。Eもまた甲会社の代表取締役になっている。

Aは、乙会社の代表取締役でもあったため、Cの行動に反対して甲会社を辞職し、乙会社の代表取締役に専念した。

ところで、Aに協力していたDは、甲会社の株式総会で実質的にAの提案が否決された数日後自死してしまった。

その後、CからAに対する嫌がらせが続いた。そこでAは、第1回取締役会で作成された書類を利用して、株式譲渡の約束を実行し、Cの株式をBの名義に変更した。Cは約束は無効だとして乙会社からもAを排除しようとした。

本件はCから乙会社の株主の確認訴訟が出され、これに対し、BからCに対し甲会社のC名義の株式の引渡を求めた事案である。

イ　本件の争点

問題点は多かった。

・甲・乙会社とも株式発行会社にもかかわらず、株式の発行がなかった。そこで株式のない譲渡の合意は有効か。

・Cの自己名義の株式は「Bまたはその親族」に譲渡するとの記載

・口外禁止条項違反

などが争点となった。

また、亡くなった監査役Ｄの遺族の代理人であるＫ弁護士は、Ｄの自死について、Ａ、ＢがＤを「苛烈に責め立て、それがＤが自死する直接の原因となった」旨、Ｄの相続人やＣらに述べていた。そればかりか、わざわざ証人として出廷してＡ、Ｂを非難した。

ウ　反対尋問の目的

・強迫がなかったこと
・各書類はＡ・ＢとＣの相互のやりとりの結果作成されたものであること
・株式の譲渡の念書の内容は有効であること
・Ａ、ＢがＤを「苛烈に責め立て」たことなどないこと

などであった。

(2) 審理の結果

本書では、Ｃの主張を繰り返し強迫行為によるものなどと述べていたＥと、Ａ、Ｂの主張に反する証言をなし、同時にＡ、Ｂの悪性立証をしたＫの証言を掲載した。

証言の結果、Ｅの証言は、反対尋問によってことごとく覆され、傍聴人によるとこれで裁判の形勢は決まったと感じたとのことであった。Ｋ証人の「自死の原因」は全くの虚構であることが明らかとなっている。

(3) 尋問　蓮沼松夫

本訴原告（反訴被告）代理人

甲第五七号証（陳述書）を示す

――こちらの陳述書は、あなたの記憶、経験に基づいてお話しされた内容を原告代理人がまとめたものですか。

はい。

――こちらの署名、押印も、あなたが確認された上でされたものですね。

はい。

――あなたは、［所在地Ａ］に本店を置く甲会社の取締役であり、かつ株主ですね。

はい。

――この尋問の中では区別する場合には、今申し上げた［所在地Ａ］の会社を甲会社、それからこの訴訟の被告である［所在地Ｂ］の会社を乙会社と呼ばせていただきます。まず、平成27年1月15日に開かれた甲会社の役員の会合についてお伺いいたします。この会合を本件会合とお呼びいたしますが、あなたは本件会合に出席されましたね。

はい、出席しました。

――本件会合で神保春彦さんは千石さんの日ごろの行動などについて初めにどのようなことを話していましたか。

最初は、ふだん会社にいないということから話が始まりました。

――それで、千石さんに対してどのようなことをおっ

しゃったのですか。

　ふだん会社にいないんじゃないですかということから始まりまして、その後会社のお金を使い込んでいるという交通費の問題等を話しております。

——交通費の問題と会社にいないという話と、それだけでしょうか。まだ何かありましたか。

　あと、もう一つありましたね。

——マンションの件についてお話が出ましたか。

　A市にあります千石さんのマンションの室料を会社から支払われているという事実をその場で話されました。

——A市のマンションの件については、千石さんはどんなことを返しておられましたか。

　A市のマンションに関しては、神保夏彦さんも承知の上で会社から家賃が支払われていたということを申しておりました。

——それに対して神保夏彦さんはどう返しておられましたか。

　そうだったかな、覚えていないなという、ちょっと、そらぞらしい話し方をされていました。

——それを聞いて、あなたご自身はどう思われましたか。

　これは、うそをつかれているなと思いました。

——あなたは、神保夏彦さんがマンション家賃の支払いを知っていたかどうかについてはどうお考えになりましたか。

　そのとき千石さん自身も夏彦さんが知っているはずだ、わかっているはずだ、承知の上だということを言っていまして、私も会社から支払われているということは会社の経理を通さない限りは、それはできませんので、その当時会社の経理を担当しておりました坂上さんという責任者の方がいるんですが、その方は夏彦さんとは非常に親密に話をしている方で、実際坂上さんという方も当然、その方が振り込むわけですから、当然知っていたはずですし、そういう振り込まれているお金があれば坂上さんから、仮に本当に夏彦さんが知らなかったとしても、そういう報告は間違いなく話が行く話だというふうに私は考えております。

——それで、千石さん自身もそういう反論を行ったのに対して、神保春彦さんはどういうふうに反応していましたか。

　うそをつくんじゃないとか、ふざけるんじゃないというようなことを言っていたと思います。

——甲第六号証（辞任届（原告））及び甲第七号証（念書（株式無償譲渡等））を示す
——甲第七号証、こちらが念書というものですね。

　はい。

——甲第六号証、こちらが辞任届というもので、いずれも千石一也さん、原告の署名、押印がございます。本件会合で千石さんは、これらの書類に署名、押印しましたね。

　はい、しました。

——この2つの書類は、誰がどのように用意されたものでですか。

神保春彦さんが用意していた書類です。

――なぜ千石さんがこれらの書類に署名、押印することになったのですか。

神保春彦さんがA市の家賃の件と、交通費のつけ回し、飲食のつけ回しも含めて、そういったことを問いただして、罪に問わないようにするから、これに署名してほしいということを言っておりました。

――罪に問うとはどういうような趣旨でしょうか。

そういったつけ回しを警察などに訴えるというようなことを言っていましたので。

――千石さんは、この念書と辞任届への署名、押印にはすぐ応じましたか。

いいえ、すぐは応じませんでした。まず、少なくともA市の家賃については承諾の上やっていたことなんだから、それについてはそうではないということをかなりずっと主張しておりました。

――神保春彦さんは、署名を拒む千石さんに対してはどういうふうにおっしゃっていましたか。

先ほどの繰り返しになりますけれども、うそをつくな、うそをつくんじゃないというような、初めは冷静な言葉遣いだったんですけど、時間がたつにつれて、やはりかなりきつい言葉にはなっていました。

――どなったりされることもあったのですか。

そうです。ふざけんじゃねえとか、うそをつくんじゃねえというような言葉も最後は出ておりました。

――千石さんは、冷静にやりとりをされていましたか。

冷静とは言えないと思いますが、できるだけ落ちついたふうには装っていたようには思います。

――では、最終的になぜ千石さんは署名、押印に応じたのだと思いますか。

最初は会議の冒頭は普通のミーティングだったんですけれども、千石さんに対する家賃に対してだとか、つけ回しに対しての話がどんどん、どんどんエスカレートしていくというか、だんだん、そこで興奮状態になっていって、当時出席していた私たちも亡くなられていますが、板橋先生なども恐らく初めて聞いた話だったというか、そういう事情が私なんかは全くわかっていなかったので、ちょっとその会議の雰囲気がどんどん、どんどん異様な雰囲気になっていったもんですから、それがとても長い時間続いて、だんだん、だんだんみんな、かなり疲労困憊した感じになってきて、そして春彦さんの話し方がもうとにかく今日この署名しない限りはもう終わらせないというか、帰らせないと、誰も帰れないという、そんな状況になりまして、あとはサインしなければ警察に訴えるというようなことの発言もあって、最後ちょっと異様な雰囲気の中で千石さん自身もかなり疲労困憊した様子はあって、全員がかなり非常に異様な状況で疲れ果てている状況ではあったんで、そこをどうにかおさめるのは、ここであとはサインをするしかないのかなというような状況だったんだと思います。恐らく警察に訴えられるということについても非常に動揺しているというか、非常に困ったというか、つらい様子はありましたんで、そんな状況でした。

——では、ところで甲・乙会社の社員の方がこれまで株式を持った場合に会社をやめるときに神保家の長に株を戻す習慣というのはこれまでにございましたか。

私の知る限りでは、甲・乙会社の社員で株主になったというのは私が初めてだと思いますので、そういったことを聞いたことはありません。

——では、本件会合では神保夏彦さんも辞任届を作成されましたね。

はい、そうです。

甲第一〇号証（確認書）を示す

——この甲第一〇号証の確認書も本件会合の最中に作成されたものですか。

はい、そうです。

——この書面は、誰が作成するように求められたんですか。

これは、千石さんが作成してくれというふうになったと思います。

——確認書の1行目には神保夏彦の辞任が実質的に守られなかった場合という文言がありますね。

はい。

——このことを千石さんが要求する際に千石さんがどんなことを話していたか御記憶にありますか。

自分だけがやめてしまって、神保夏彦さんがそのまま残られるということについて恐らく不公平であるとか、同じようなことをやっていたのに、自分だけがやめさせられるということについては非常に気にされていましたので、それでこういう文言が入ったと記憶しています。

——例えばこの要求に関して千石さんと夏彦さんが同時にやめずにどちらかが任期いっぱい務めるということはその場で想定されていましたか。

私の認識では、そのときに、たしか2月10日に体調の問題で2人一緒にやめるというふうに認識をしております。

——あなた御自身は、この辞任が実質的に守られなかった場合というのはどういう状態を指すとお考えでしたか。

2月10日以降会社の仕事を出社して、会社の仕事をしたり、会社のことに携わることを業務を行うということが実質的にそういうことをしなければ実質的にしていないということになるという認識です。

——それから、本件会合では千石一也さん、千石雪子さん、夏彦さん、3人の辞任届が作成されましたけれども、千石一也さん、千石雪子さんの辞任登記だけが先にされています。これは、どういう趣旨だとお考えですか。

これは、神保夏彦さんがというよりも神保家が会社の運営を自分たちで仕切っていきたいという現れだと思います。

甲第一〇号証を示す

――こちらの甲第一〇号証の確認書には夏彦さん、一也さんの辞任に関してですが、健康上の理由以外のことを公表、他言した場合という文言もありますね。

はい。

甲第九号証（念書）を示す

――こちらの甲第九号証のほうの念書も本件会合の際に作成されたということなんですけれども、この中で「千石一也、神保夏彦の辞任は健康上の理由であり、それ以外の内容で公表、他言はいたしません。」とあります。この念書をなぜ甲第一〇号証とは別途作成されたんでしょうか。

これは、そこの出席者全員に外部というか、出席者以外には他言しないという意味で制作されたものと認識しています。

――それから、会合後の事情についてお伺いいたしますが、本件会合の後も夏彦さんは取締役として業務を続けていましたね。

はい、続けていました。

甲第三三号証（取締役会議事録）を示す

――甲第三三号証、取締役会議事録で、これは平成27年3月23日の甲会社の取締役会議事録です。この議事録によりますと、千石さんから夏彦さんへの株式譲渡の承認決議がされているんですけれども、この決議の際に夏彦さんはどんなことをおっしゃっていましたか。

採決されるときに私に対して、そのとき最初に春彦さんが採決を求めたときに神保夏彦さんは私に向けて、異議なしというようなことを話されて、私がずっと下を向いてちょっと黙っていましたら、蓮沼君、どうしたというようなことで採決に賛成するようなことを私にプレッシャーをかけたということがありました。

――夏彦さんに議決権はあったんですか。

後から知ったことですけれども、その時点ではなかったということを聞いております。

――夏彦さんに議決権がないとしていたら、あなたはどう行動していましたか。

賛成しませんでした。

――では最後に、今回の一連の紛争について、あなたのお立場から言いたいことありましたら、おっしゃってください。

今回千石さんが交通費や飲食のつけ回しを、会社のお金をつけ回ししたという事実があって、それは非常によくないことでありますが、神保夏彦さん、春彦さんもやり方としては余りいいやり方をされていないんじゃないかなと。実際神保春彦さん、夏彦さんも金額の差こそあれ、同じようなつけ回しをしていたことがあるのに、一方的に1つの事実というか、こういったことを会社に持ち込むというか、取締役会にかけるまでもなく、本来であれば神保夏彦さん、春彦さん、千石さんの3人で話し合えば、しっかり会社に迷惑をかけずに話し合いはきっちりおさまったんじゃないかなと思います。実際今回の会議の途中でも千石さんの株を夏彦さんに全面的に譲渡するというような話になっていますけれども、実際夏彦さんも自分の非を認めておられるのに、それをどうして自分のところに譲渡させるのか、あと取締役も雪子さんに何の断りもなく解任したり、息子さんの株も勝手に譲渡されるというようなことがあったということは方法としては随分、その場に、会議にいたときも非常におかしいなという感じはしておりましたので、そこはもう少し考えてやっていただきたかったなと思います。

本訴被告ら及び反訴原告代理人（渡邊）

――まず、あなたに対して何点か御確認したいんですけれども、先ほども主尋問でお話がありましたように、平成27年1月15日の会議について、あなたは本件会合ということであなたの陳述書で一貫して述べていますね。

はい。

――これは、取締役会ではないという趣旨で述べて、あるいは役員会でないという趣旨で述べていると伺ってよろしいですか。イエスかノーかで答えてください。

いいえ、渡邊先生が4月1日のときに……。

――イエスかノーかで答えてください。時間がないですから。

これは、渡邊先生がおっしゃったことですけれども……。

――余計なことはいいです。あなたの認識を聞いているんです。

取締役会だとは私は思って出ていました。

――にもかかわらず本件会合というのはどういうことでそういう名前にしたんですか。一貫してあなたの陳述書では言っているんですが。簡単に理由を述べてください。

春彦さんが招集するときに取締役会というふうにおっしゃったから、そういう認識に至るということです。

――現在もそういう一貫した認識だということでよろしいですか。

渡邊先生があれは取締役会ではないということをおっしゃっていたので、あ、そうじゃないんだなと4月1日のときに認識しました。

――いつですか。

4月1日の松本楼で……。

――いや、いつに認識が変わったとおっしゃるんですか。

4月1日です。

――何年の。平成27年の。

はい。

――それでは次に、原告の不正行為についてのあなたの見解についてお聞きします。

もう一度すみません。

甲第五七号証を示す

――原告の不正行為に関するあなたの認識についてお聞きします。1月15日の会議あなたの陳述書57ページの4ページの12行目を示す。

どれですか。

――「原告神保春彦が原告を問い詰めた内容は、①、原告が勤務中に外出や帰宅を繰り返して、取締役としての職務を怠ったこと、②、原告が独断により甲会社から原告に対しA市にある原告保有のマンションの賃料名目の支払いを行わせていたこと、③、原告が甲会社の資金を流用して飲食費や交通費の不正な支出を繰り返したことの3点でした。」、こういうふうに書いてありますね。

はい。

――今あなたも先ほど主尋問でおっしゃったように、②については原告も反論したとおっしゃっているんですが、この不正行為についてはあなたの陳述書では最終的にこういうふうに述べています。これは15ページの14行目を示します。「しかし、甲会社の経理については被告神保夏彦と坂上氏が管理してきたものであり、両者の了解なしに出金することは不可能な仕組みになっていましたので、被告神保夏彦の了解が何らかの不正な支出が行われたということは考えられません。」こういうふうに書いてありますが、このとおりと伺ってよろしいですか。

はい、そうです。

――そうだとすると、こういう仕組みの中では出金については夏彦の了承があるということであれば不正な行為はなかったというふうにあなたは御認識なんですか。

不正とは言えないと思いました。不正ではないと思います。

――そうだとすると、神保氏、以下春彦と呼びます。春彦によればあなたが原告が社員におわびをし、強く反省しなければならないと、そういう旨あなたが述べていたと春彦は言っているんですが、そういう事実はありましたか、ありませんか。

それは、その会合のときにということですか。

――いや、そういうことをあなたが言ったことはあったかないかだけ聞いているんです。

あったと思います。これは、その……。

――いや、あったかないかで、あったならあったで結構です。あったんですね。

交通費のつけ回しについて間違いない、不正ですから、それについて社員に対してわびる必要があると思います。

――強烈に反省しなきゃならないとあなた言っていたんじゃないですか。

はい。

甲第五七号証を示す
――それから、原告は辞任届と念書への署名、押印を強要されたことというふうに陳述書に書いてあります。甲第五七号証の6ページの6行目示してください。「本件会合は、午後7時から夜中の午前1時30分まで続き、その間神保春彦は署名、押印を原告に強要し続けていました。夜中まで続く神保春彦の執拗な強要の結果、最終的に原告は本件辞任届（6）、本件念書（7）、千石雪子の辞任届等に署名、押印することになりました。」というふうに書いてありますが、このとおりでよろしいですか。

はい。

――この執拗な強要の結果というのは言ってみれば脅迫して、あるいは無理やり書かせたという趣旨と伺ってよろしいですか。

はい。

――それは、あなたの一貫した御認識だというふうに聞いてよろしいですか。

はい。

――それからまた、春彦によりますとあなたは千石一也、原告の辞任したのは仕方がないというふうに言っていたというふうに春彦は言っているんですが、そういう事実はありますか、ありませんか。今無理やり書かせたとおっしゃっているんですが、あなたは仕方がないと言っていたと、春彦は述べているんですが、そういう事実はあったかないかだけお答えください。端的に答えられるでしょう。イエスかノーかです。

春彦さんの前で言ったことあると思います。

――仕方がないとあなた認識したんですね。

会合のときに交通費などの不正なつけ回しをしていましたんで。

――結構です。それで、そういう認識になったこともあると。

はい。

甲第五七号証を示す

――板橋氏の自死についてお聞きします。同じく陳述書の12ページの下から6行目、「10、板橋氏の自死、株主総会から2日後の平成27年4月27日に被告神保夏彦と神保春彦に板橋氏の事務所を訪れ、3人で話をしたと聞いています。その数時間後の翌朝板橋氏は自死しました。古くから甲会社の財務、経理を支えてきてくれた板橋氏の自死は大変ショックな出来事でした。そのような事態になったことを心から痛ましく思います。」、あなたは痛ましく思っているというふうに言っているんですが、ところで証人は板橋氏の亡くなった後、その死については俺のせいだ、俺のせいだと言って泣いて、心配した春彦が証人の自宅まで赴いたということを言っているんですが、そういう事実はありましたか、ありませんか。

私が責任を感じたことはあります。

――責任を感じたことはあります、後で聞きます。俺のせいだ、俺のせいだと言ったことはありましたか、ありませんか。これは多くの社員が見ていて、私も数人の社員から聞いているんです。簡単でしょう。あったかどうかだけです。

自分、私自身も今回の騒動で板橋先生が亡くなられたことの自死された原因の要因になっている一人であるという認識は持っています。

――あなたは、亡くなった人の、板橋さんの死の要因の一つになっていたということをあなたはお認めになるんですね。

私は、自分でそういう認識はあります。

――それでは、あなたが板橋氏の心労が増してしまったきっかけをつくった旨あなたが述べてというふうに春彦は言っていたんですが、そういう事実はありましたか。

言った記憶はあります。私は自分が責任があるということです。一端があるということです。

後に提出する乙第七五号証（「私が株主総会で千石会長を取締役会長に戻すことにいたった経緯」と題する文書）を示す

――この書面は、「私が株主総会で千石会長を取締役会長に戻すことにいたった経緯」と題する書面です。これは、あなたがちょっと先ほど言いかけましたけれども、平成27年6月1日に会社が行った社員の説明会で、あなたが作成し、社員の皆さんに配った書面ですね。

はい。

――認めましたんで、それの本文の1行目を読みます。「1月15日役員会にて」、「春彦社長の説明の通り千石会長の交通費と飲食費の不正請求およびA市の出張所室料の横領を指摘して千石会長は健康上を理由として辞任することが決まりました。」、この後が重大なんですが、「私も突然のことではありましたが、千石会長の辞任は仕方がないことと考え承認しました。」と、あなたはこの段階で1月15日の段階で原告の辞任はしようがないということで、仕方がないということで承認したと言っているんです。要するにこの書面ではあなたは4月の段階で変わったとおっしゃるんですが、これは6月12日です。この12日の段階であなたは1月15日は役員会であると書いていますね。

ですから、これは1月15日の認識です。1月15日のときの認識です。

――だから、役員会だったんですね。それから、次に「千石会長の辞任は仕方がないと考え承認しました。」、こういうことですね。

ですから、1月15日の認識です。

――いや、6月12日に書いているんです、あなたは。

ですから、1月15日にこういう認識でしたということです。

――結構です。1月15日には承認したんですね。

繰り返します、1月15日にこの認識だったということです。

――承認しなかったということを認識を変える何か要素があったんですか。承認だけで結構です。

もう一度お願いします。

――要するに辞任の承認をする、今までは承認していないと、無理やりつくったとさっきおっしゃったでしょう。無理やり署名させたと陳述書では書いているんです。にもかかわらず1月15日の段階では承認したと言っているんです。そういうふうに承認したということから無理やり書かせたというふうにあなたの認識が変わる何か動機なり根拠はあるんですか。あったかどうかだけ聞いてください。だから、あなたの承認したということから無理やり書かせたということにあなたの認識が変わる何か動機なり根拠なりがありましたか、ありませんか。それだけで結構です。端的にお答えください。

あります。考えが途中で変わった認識はあります。

後に提出する乙第七六号証の一（嘆願書）を示す

――そういう認識が変わるような事態があるんですか。結構です。次に、後に提出する乙第七六号証の一、二を示します。乙第七六号証の一、これは封書ですね。表書きには嘆願書と書かれていますね。裏には取締役蓮沼松夫と書いていますね。これはあなたの字ですね。

はい。

後に提出する乙第七六号証の二（嘆願書）を示す

――これは、1枚目の上を見ればわかるように、神保夏彦、春彦、千石一也氏三者に宛てた嘆願書という書面ですね。

はい。

――一番最後にはあなたの署名、押印がありますね。記名、押印ですね。

はい。

――あなたが一番最初にちょっと認めましたけれども、ここに、確認しますが1枚目の本文の1行目、「去る4月28日、甲会社監査役でありました板橋竹郎先生がお亡くなりになりました。私は、板橋先生のご心労を増してしまう切っ掛けを作った者として、大きな責任を感じております。」、責任の一端と言いましたけども、あなたは大きな責任を感じていますと書いてありますね。それから……。

人が亡くなっていらっしゃるのに軽い責任を感じるということはないと思います。人が亡くなっているのに、それを軽い責任だというふうに感じる方はいないんじゃないでしょうか。

――結構です。12行目を示します。これは、先ほどあなたもちょっと一部認めましたが、こういうふうに書いてあります「千石一也会長には、ご自身の不正については明白なことについては率直にお認めになり、社員の皆さんにきちんとお詫びして下さい。」、さっき言いましたね。「今回の問題についての猛省を求めます。」というふうに書いてありますね。

はい。

――嘆願書で猛省を求めたんですね。

はい。

――それから、具体的に1月15日の内容についてお聞きしますが、これの日は甲第六号証から甲第一〇号証のいろんな書面がつくられたことは御存じですね。いろんな念書とか確認書とか辞任届とか、そういう書面がつくられたことは御存じですね。

はい。

甲第一〇号証を示す

――甲第一〇号証は、前半部分に神保夏彦の辞任を実質的に守られなかった場合云々とありまして、その真ん中に平成27年1月15日、それから住所として［所在地］ということで甲会社の所在が書いてありまして、その後に甲会社代表取締役神保春彦と記名され、押印されていますね。

はい。

――わかりますね。

はい。

――この代表取締役神保春彦というのは、会社を代表して確認的に署名されていますね。

はい。

甲第五七号証を示す

――それで、具体的にこの点についてあなたの陳述書、甲第五七号証の６ページの下から7行目、「また、原告は被告神保夏彦を経営に影響を持ち続ける事態を恐れたのだと思いますが、被告神保夏彦が単に辞任届に署名、押印するだけでなく、実質的に辞任をするよう要求しました。神保春彦及び被告神保夏彦はこれを受け入れ、被告神保夏彦の辞任が実質的に守られなかった場合には取締役の辞任届及び株式の無償譲渡が無効とする旨を記載した確認書、甲第一〇号証、以降本件確認書と言います。を作成し、神保春彦が記名、押印しました。」と書いていますね。これは間違いないですね。

はい。

――そうだとすると、この甲第一〇号証は原告、すなわち千石一也氏が要求し、神保春彦あるいは夏彦がこれを受け入れて、甲第一〇号証は作成されたものであると、こういうことですよね。

はい。

甲第一〇号証を示す

――そうであれば、甲第一〇号証の前半部分、「神保夏彦の辞任が実質的に守られなかった場合及び千石一也、神保夏彦の辞任について健康上の理由以外のことを公表、他言した場合及び千石一也に損害賠償請求した場合には、取締役の辞任届及び株式の無償譲渡は無効とする。甲会社における千石一也の個人保証はすみやかに全て解除する。」ということも原告と春彦、夏彦あるいはその他の役員が合意して作成したものではありませんか。

確かに……。

――あるかないかだけ答えてください。

はい、そうです。

――そうすると、一番下の「甲会社における千石一也の個人保証をすみやかに全て解除する。」とあるのは、それ以前の千石一也の辞任、それから株式の譲渡すること、すなわち千石一也、原告は取締役を辞任して、それから株式を譲渡して、それで甲会社の経営から全く関与しなくなる。だからこそ個人の連帯保証責任を解除するということになったんではありませんか。

はい。

――そうすると、さっき言ったあなたが無理やり辞任届やその他甲第一〇号証なんかを作成したと言っているのは、これは本当にあなたがそういうことを言ったんですか。陳述書に書いてありますけど。先ほど私確認したように。

何を言ったかですか。

――はい。無理やり書いたと言っているんですが、そんなこと本当に言ったんですか、あなた。あなたの証言と全く違うから、聞いているんです。

その流れの中では無理やりという感じはありました。

甲第五七号証を示す

――それから、従業員の大学からの給与についてお聞きます。これは、あなたの陳述書、甲第五七号証の15ページの1行目、「神保春彦は、そのことが発覚すると、「千石に渡すと自分のものにしてしまうから、自分が預かっていただけだ。」などと弁解していましたが、このように、うそまでついて原告を陥れようとしていることを知って、大変恐ろしく思いました。」、書いていますね。

はい。

乙第五五号証の二（メール）を示す

――これに関して甲第五五号証の二を示します。これは、春彦からのメールです。あなたも御存じだと思うんですが、あなた宛てのメールなんですが、よろしいですか。

はい。

――「蓮沼社長、筑波大、東大の給与は、今までの使い道が不明であります。（商品券を含む）なので、昨年の分の明細と交換で戻します。蓮沼社長みずからきちんと調査してください。金額は合計１１９万１７２８です。それまで私が預かります。」というメールがあなたに届きましたよね。

はい。

――これは、円単位まで明らかにして春彦は預かっていると言っていますね。そこであなたにお聞きしたいんですが、証人が先ほど言いました従業員がもらった大学からの給与ですが、これが甲会社に入金されていた事実を本当にあったかどうか調査しましたか。

経理の蓮根が管理しておりました。

――いや、管理していたんじゃなくて、あなたに問い合わせているんです。みずから調査してくださいと言っているんです。それをあなたは調査したかどうかだけ聞いているんです。

最終的には調査を途中でやめています。

――入金しているかどうかはわからないんですね。あなたは、恐ろしく思っているって言っていることを要求された春彦からちゃんと調査してくれと言ったことについて調査をしていないとおっしゃっているわけだから。

恐ろしいと思ったのは自分が社員から集めたお金を自分が保管しているにもかかわらず千石一也さんが勝手にそのお金を渡したにもかかわらず千石一也が勝手に使い込んでいるということを言ったわけです。

――だから、以前はそうだったということです。文章から見てわかるでしょう。だから、以前のことを調査してくださいと言っているんです。

ですから、その文章のとおりです。恐ろしかったというのはその文章のとおりです。そうやって人を……。

――いいです。それを調査していないですね。請求もしていないというふうに伺ってよろしいですね。

裁判官

――質問わかりましたか。

半分はわかりました。

――あなたは調査したんですか、どうですかという質問はどうですか。

途中で調査やめています。

――したけれども、途中で調査はやめたということですね。

はい。

本訴被告ら及び反訴原告代理人（渡邉）

――最終的に請求もしていないということですね。

……。

本訴原告（反訴被告）代理人

後に提出する乙第七五号証を示す

――先ほど聞かれた一番上のところ、１月15日の役員会のところですが、ここには「千石会長の辞任は仕方がないことと考え承認しました。」とあります。ただ、先ほど念書、辞任届などは無理やり書かされたというお話もありましたが、それとこの承認したというのは同じ話なのか、どういう御関係、認識なのかお伺いしてもいいですか。

実際交通費はつけ回しは間違いなく本人もそのとき認めておりましたので、それについてそういう事実がありましたので、仕方がないという認識は持ちました。

――ただ、それとは別に無理やり書かされたという御認識も別途あるということですか。

あります。

後に提出する乙第七六号証の二を示す

――先ほど示されたあなたの嘆願書ですけれども、先ほど１ページ目の千石会長の不正について聞かれましたが、２枚目のほうには春彦さんと夏彦さんの不正についてもコメントされています。このとこの御認識について伺ってもいいですか。

　御本人たちは、夏彦さんは不正は認めていらっしゃるんですけど、春彦さんは一切そういうことはないというようなことをおっしゃっていますけれども、実際は御自身も少なからずそういうつけ回しはしていたという認識でいます。

──最後に、板橋先生のことについてお伺いします。板橋先生が亡くなられたことについて責任の一端を感じておられるとおっしゃっていましたけれども、直接の原因についてはどういうふうにお考えですか。

　直接の原因は、私には正確にはわかっておりませんけれども、聞いているところによると最後の日に夏彦さん、春彦さんが事務所に行かれているということで、その後に亡くなられたということで、そこで何かあったのかというようなことは感じておりますが。

本訴被告ら及び反訴原告代理人（渡邊）
──2点だけ。ちょっとだけ簡単に聞きます。春彦の不正行為についてあったんじゃないかと言っていましたが、嘆願書にも書いてあるように、あなたが直接証拠など見たことはありませんね。春彦が不正行為をしたということ。直接証拠です。
　交通費の……。

裁判官
──まず、直接証拠を見たことがある……。

本訴被告ら及び反訴原告代理人（渡邊）

──証拠を見たことがあるかどうかだけです。

　直接証拠というと、どういう意味になりますか。

──だから、直接にそれを春彦が使ったということを示す資料です。直接的な資料です。

　あります。

──いつどんなどこでやっているんですか。あなたに示されたことなんかありません。結構です。それから、あなた先ほど板橋氏の亡くなった要因についてうんぬんされましたけれども、それは人から聞いたことであなたが直接板橋氏が死んだ具体的な資料とかなんとかを聞いたこと、見たこと、そういうことはありますかありませんか。

　私が直接はないです。

以上

（4）尋問　西梅司

本訴原告（反訴被告）代理人
甲第五九号証（陳述書）を示す
──この陳述書は、証人の記憶、経験に基づいて話した内容を原告代理人がまとめたものですね。

はい、そうです。

——この陳述書の署名、押印は、内容を確認した上で、証人がしたものですか。

はい、そうです。

——証人は、東京で弁護士として働かれていて、甲会社の監査役であった税理士の板橋竹郎先生と面識がありましたね。

はい。

——平成27年1月15日に行われた甲会社の会合をこの尋問では本件会合とお呼びしますけれども、本件会合の後に板橋先生から甲会社に関して相談を受けたことはありますか。

あります。

——その際、板橋先生から本件会合についてどのようなことを相談しに来られたのか教えていただけますか。

まず、千石さんという当時の社長さんだったと思うんですけども、その方と、あとは創業者の神保家との間でいろいろな紛争が起きていて、それについて意見を求められたということです。

——板橋先生は、本件会合でどのようなことが行われたと話していましたか。

神保春彦さんという神保家の、夏彦さんの御子息が、探偵を使って千石さんの素行調査をして、その結果を千石さんに示して、千石さんから株の譲渡というか、放棄のような、そういう書面にサインをするように求めたというようなこと話してくれました。

——板橋先生は、神保春彦さんが主張する不正行為について何か御自身の見解を述べておられましたか。

大きく2つあったと思うんですけども、まず1つはA市のマンションを会社の経費で賃料を会社からもらって経費で落としたということに関する問題と、それともう一つは千石さんが仕事をしないでいろいろな遊興費を使うとか、いろんな旅行に行ったときのお金を請求すると、そういったような、言ってみれば会社のお金を私費で使っているというようなことを問題にして、千石さんに責任をとるように迫ったというような内容だったと思います。

——今出てきたA市のマンションの件なんですけれども、マンションの家賃の支払いについて板橋先生は何かこれまでの経緯について説明しておられましたか。

板橋先生がおっしゃったのは、神保夏彦さんと千石さんと会社からは全く同じ報酬をもらっていたと言っていました。だけども、実際に会社の仕事をやっていたのは千石さんのほうなので、千石さんのほうから少し自分のもらう報酬ですか、それを多くしてほしいんだというような相談があったときに板橋先生が、それだとただ税金が高くなるだけなので、A市のマンションを甲会社のほうに貸して、会社のほうに貸して、その賃料を受け取るようなことで節税もできるのではないかと、そういうアドバイスをしてA市のマンションを甲会社に貸すという、そういうスキームを考えて、そのスキームを甲会社のほうも、会社のほうも採用して、実質的には千石さんの報酬が夏彦さんの報酬よりも高くなるようにしたということを聞いています。

――甲会社の経理についてお伺いするんですけれども、甲会社の経理は誰が担当していたかという話を板橋先生はされていましたか。

名前ははっきり言っていなかったと記憶しているんですけども、夏彦さんの愛人というか、親しい経理担当がいて、その方が全てやっていると、そのように話していました。

――板橋先生は、A市のマンションの家賃の件、あと書面で出てきますけど、丙診療所の件ですかね、そういった甲会社に関する御自身の税務処理に関して、何か悩みを相談されていましたか。

自分の税務処理について悩んでいたということで僕に相談あったことは一度もありません。ただ、A市のマンションの件に関しては、事前に夏彦さんにも十分了解してもらってやったはずなのに、春彦さんのほうが全く知らなかったみたいなことで問題にしているということについては非常に不満であると、そのように私には言っていました。

――板橋先生は、平成27年4月28日の早朝に自殺されてしまったんですけれども、その後証人が本件にどのような形で関与されているか教えていただけますでしょうか。

相談があってからしばらくして突然、板橋先生の奥様から私の事務所に電話連絡がありました。そのときに板橋先生がお亡くなりになったということをおっしゃって、私の事務所に来たときにどのような相談があったのかというようなことを電話で私に聞いてきました。私は、恐らく遺言とか、言ってみれば認知とか、そういうようなことを僕に相談したのかもしれないと思って、奥様のほうから連絡があったんだろうと思って、いや、私が相談に乗ったのは御自身のことではなくて、会社のことで相談に来たので、ですから相続とか、そういう問題ではないと思いますよというようにお答えしました。そしたら、奥様は、いや、実は会社のことが問題でどのような話があったのかを聞きたいんだと、実は主人は自殺したのですと、そのときに初めて板橋先生が自殺したことを知って大変驚きました。

――それで、亡くなった経緯について調査を開始したということですか。

そうです。その後、間もなく板橋先生の奥様が私の事務所に来て、たしかお嬢さんも一緒だったと思うんですけども、僕に依頼されたのは何でそういう突然自殺するようなことになったのかの経緯について調査をしていただきたいということと、もう一つは千石さんサイドからも神保さんサイドからも株式、それは、板橋先生がお持ちになっていた株式を譲っていただきたいというようなお話があったらしくて、それについてどのようにすればいいのかと、そのような相談がありました。

——そういった調査や御依頼があったわけですけれども、自殺された原因の調査についてはどういった方に何名くらい、どんな方法で行われたんでしょう。

具体的には私の事務所とか、あるいは他の場所にも、渡邊先生の事務所に行ったこともあったんですけども、神保夏彦さん、春彦さん、あとは高島さんとたしかおっしゃった女性の方とか、千石さん、それから蓮沼さん、平さんですか、そういう方々、それとあとは乙会社の社員の方にも1度会ったと思うんです。だから、全部で六、七名の方と会っていろんなお話を聞いていたと思います。

——調査の結果として証人御自身は板橋先生が亡くなった経緯をどうお考えになりましたか。

これは、もうお亡くなりになる前日に神保夏彦さんと春彦さんが板橋先生の事務所に行って、板橋先生にかなり強烈に板橋先生の株主総会での態度を責めたというように、そういうことがあったというようなことを僕なりに判断して、これは直接板橋先生がお亡くなりになった原因は神保夏彦さん、春彦さんからいろいろな罵倒をされて、それが自殺をする直接の原因だったと、そのように判断しました。

——神保夏彦さんは、前日に板橋先生を責めたことというのは認めていたんですか。

認めていました。

——調査の結果から板橋先生が千石さんの不正行為に加担させられることについで悩んでいたという事情は調査の結果判明しましたか。

そういう事実は、私は少なくとも板橋先生が千石さんの不正行為に加担していたんで、悩んでいたというような、そのようなことは全くなかったと、そのように判断しています。

本訴被告ら及び反訴原告代理人（渡邊）

甲第五九号証を示す

——まず、第1番目に丙診療所について聞きます。証人は甲第五九号証、５ページの1行目、「なお、板橋氏は、丙診療所の話は私に対して生前一切しておらず、上記のＡ市マンションの賃料の件を含め、甲会社の税務上・経理上の問題について悩んでいる様子は一切ありませんでした。」、こういうふうにあなた書いていますね。

はい。

——しかし、あなたにも伝えたと思うんですけれども、板橋氏は私には丙診療所の問題が表沙汰になれば自分が名前を出している以上、税理士資格も問題になり得る、こういうように悩んでいることを打ち明けているんですが、あなたにそういうことを伝えましたよね。伝えたかどうかだけ聞いて……。

渡邊先生から私は聞きましたけど、板橋先生からは一切聞いていません。

乙第一九号証（新島医師の確定申告書）を示す

――結構です。聞いたかどうかだけ答えてください。時間がありませんから。乙第一九号証を示します。見てください。これは、平成26年度の丙診療所の新島月子医師の確定申告書ですね。

はい。

――これは、右上に名前書いてありますし、左下には板橋先生の署名、押印がありますよね。

はい。

――この確定申告書の2枚目見てください。給与所得として720万円が計上されていますね。

はい。

――この給与所得についての720万円について新島先生と甲会社との間で紛争が生じ、交渉が行われたということをあなたは御存じですね。

それは……。

――あなたも列席しているんじゃないですか。

後で知ったことです。

――いや、あなた後で知ったことですよね。

ええ。

――そのときにあなたも列席していましたね。

何にですか。

――その交渉に。していないと言うんですか。

紛争ということではない。

――列席したかどうか聞いているんです。時間がないと言っているんです。

裁判官
――いいんですけれども、特定をしていただいて、私も意味がわかるように聞いていただかないと……。

本訴被告ら及び反訴原告代理人（渡邉）

――その交渉の席にあなたも列席していましたか、いませんでしたか。

どのような交渉を言っているんですか。

――だから、この720万円の給与所得に関連してです。

裁判官
――どういう交渉が誰との間であったという……。

本訴被告ら及び反訴原告代理人（渡邉）

――だから、甲会社と新島氏の間で代理人を立てて交渉したことございましたよね。

そういう意味での交渉ではないです。

――その交渉の席にあなたも列席していないということですか。

いや、交渉ではなくて、協議です。

乙第四一号証（「ご回答」）を示す
――協議で結構です。その協議について乙第四一号証を示します。これは、私どもが新島先生の代理人に問い合わせた結果の回答書です。この1ページの下から6行目見てください。「ご照会事項1について、甲会社が新島氏名義の銀行口座」、括弧は略します。「への振り込みを行った目的・理由について、同社は、新島氏が社会保険に加入するためと説明しております。しかしながら、新島氏は当該振込を認識しておらず、社会保険の加入が目的とも認識しておりません。また、新島氏が上記口座の預金を引き出し、使用したことはありません。2、ご照会事項2について、甲会社から」、これはその説明ですね。西島花枝氏、これは甲会社の社員ですね。「上記口座の預金通帳を管理しており、当該口座から預金を引き出したうえで、甲会社側に戻していたとの説明を受けております。」、こういうような回答が来ているんです。要するにあなたの交渉だか何だか知りません。話し合いだか何だか知りませんけども、その回答です。そうだとすると、あなたは先ほど乙第一九号証にあるように、板橋氏の依頼者である新島氏が入金の事実も知らない、それから関与もしていない、しかも西島花枝氏がまた東京店に戻している、こういう起因について、新島氏の税務申告書に給与所得として720万円を計上しているということは問題とはあなた考えないんですか。

裁判官

質問の趣旨がよくわからないんですけど。

——その質問は意見を求めていると思いますので、事実を聞いてください。

本訴被告ら及び反訴原告代理人（渡邊）

——こういうふうに言っているんですが、これは通常税理士として計上すべきものではないんじゃないですか。

それは質問の意味がわからないので、お答えようがないです。

——あなたがそういうこと、質問の意味がわからないということですね。それで結構です。結果としてあなたの言う話し合いか何かは別として、最終的には甲会社と新島氏の間で最終的に甲会社側が新島氏に損害賠償を支払ったというふうな事実はあったんではないですか。

それは知りません。

——列席しているのに、知らないとおっしゃるんですね。

少なくともそういう……。

甲第五九号証を示す

——知らないなら知らないで結構です。それは後で調査すればわかるでしょう。次に、板橋氏の自死についてお聞きします。同じく甲第五九号証の6ページの1行目、「その聞き取りの結果を総合すると、神保夏彦氏と神保春彦氏が、平成27年4月27日夜に、板橋氏を苛烈に責め立て、それが、板橋氏が自死する直接の原因となったものと考えています。」と重大なことをあなた書いていますね。

私はそう思いました。

――そのためには、先ほど主尋問でもちょっと言ったように、あなたはお述べになりましたけれども、これは同じくあなたの陳述書5ページの下から4行目、「私自身、板橋氏の自死の経緯を調べなければ、甲・乙会社株式の処分についての適切な助言ができないと考えましたので、神保夏彦氏、神保春彦氏、千石氏、蓮沼松夫氏、渡邊春己弁護士を含む関係者に詳細な聞き取りを行いました。」、私はあなたから詳細な聞き取りを行った覚えないし、また神保夏彦、春彦もそういうことはないとおっしゃっているんですが、それは聞き取りに対する見解の違いだということを前提として具体的に聞きます。


詳細かどうかというのは意見ですから、私は詳細に聞いたつもりです。

乙第五八号証（遺書）を示す
――これは、板橋氏の作成の書面ですね。わかりますか。

はい。

――あなたは、この書面について錯乱した状態で板橋氏が書いたんだというふうに私におっしゃったことを覚えていますか。


ええ、私はそう思います。

――下から4行目、「株式（乙会社）だけでもできるだけ早く、妻が相続したのち、春彦さんに譲ります。長男がタンカーに乗っているため、ちょっと時間がかかるかもしれませんが。」云々という文章ありますね。この文章は、判断力があると、あって書いたものだというふうにあなたは理解できませんでしたか。理解できないなら理解できないで結構です。

私は、少なくとも渡邊先生みたいな理解はおかしいと思っています。
後に提出する乙第七六号証の二（嘆願書）を示す
――結構です。それは、第三者が決めるでしょう。それから、蓮沼氏についてお聞きします。既にやっていますが、後に提出する乙第七六号証の二を示します。これは、嘆願書という書面で、蓮沼氏が1ページの上に神保夏彦、神保春彦、千石一也氏宛てに出した嘆願書、午前中にもそれを認めましたけれども、自分で作成したことを、蓮沼氏が。ここにこう書いてあります。本文の1行目、「去る4月28日、株式会社甲会社監査役でありました板橋竹郎先生がお亡くなりになりました。私は、板橋先生の心労を増してしまう切っ掛けを作った者として、大きな責任を感じております。」、こういうふうに書いてあるんですが、この文章をあなたは検証したことがありますか、ありませんか。

この文章、初めて見ました。

――通常ヒアリングというのは聞き取りというのは本人が聞いたものだけではなくて、その周辺の資料周辺事実、そういうものとクロスして具体的な聞き取りの成否を決めるものではありませんか。

それは、先生の意見です。それは、単なる先生の意見です。

乙第五七号証の一及び二（メール（神保夏彦・板橋竹郎））を示す

——次に、夏彦についてお聞きします。夏彦についてメール、乙第五七号証の一、二を示します。これは、夏彦のメールなんですが、乙第五七号証の一、これは夏彦のメールなんですが、乙第五七号証の一、これは15年4月28日4時42分となっていますね。板橋先生携帯、「お世話になりました。」と、それから乙第五七号証の2、15年4月28日、それから板橋先生携帯、「こちらこそ。今後ともよろしくお願いします。」とやっていますね。このメールの冒頭を見ると、とても苛烈に責め立てたとも思わないんですが、これらについてあなたは調査をしたことはありますか、ありませんか。

この携帯の画面は初めて見ました。

——それから、あなたは春彦、夏彦が平成27年4月27日夜に板橋氏を苛烈に責め立てたと書いていますね。夏彦は、平成27年夜は奥さんの関係で面倒を見なきゃいかん関係で8時30分ごろに帰ったと言っているんですが、あなたがこういう27日夜というのはそれまでの間のことと伺ってよろしいですか。

その辺までは詳しくは知りません。

——それじゃ、具体的に苛烈に責め立てたということを示す具体的な資料はありますか、裏づける。どんな内容で責め立てたのか。

裁判官

——裏づける資料があるかどうかの質問ですか。

本訴被告ら及び反訴原告代理人（渡邊）

——はい、そうです。

それは、私が夏彦さんからお話を聞いたり、それから春彦さんからお話を聞いたり、春彦さんからいろいろな板橋菊枝様に対するいろんな働きかけ、そういうことを総合的に判断して、これはそういう事実があったと推定しました。

甲第五九号証を示す

——具体的な資料なく、あなたの推定だけですね。最後に、具体的に春彦についてお聞きします。あなたは、5ページの下から12行目、こういうふうに言っていますね。「ご令嬢は、その後、誰が訪ねてきたかは見ていないそうですが、後日関係者から聞いた話を総合すると、神保春彦も追って訪ねてきて、その場に同席したものと理解しています。」、この理解していると言っているんですが、春彦は一貫して板橋事務所に27日夜は行っていないというふうに言っているんですが、それを覆す客観的な証拠はありますか。

いずれにしろ、かなり古い話なので、誰からどのようなことを聞いたかということではないんですけども、春彦さんも何かそういうこと言っていたような気もしますし、関係する何人かからいろいろ話を聞いた中で、そういう事実があったんじゃないかと私は感じました。

後に提出する乙第七七号証（チケット）及び乙第七八号証（写真）を示す

――最後に、一番重要なことを聞きます。後に提出する乙第七七号証、乙第七八号証を示します。よく見てください。乙第七七号証は平成27年4月27日、東京ドームにおけるポール・マッカートニーのコンサートのチケットです。わかりますわね。この中で神保桃子と書いてありますね。これは春彦の奥さんです。見てください。それから、18時30分開演といいますね。チケット見てください。

はい。

――乙第七八号証を見てください。これは写真です。これは、春彦によると①ないし③はそのときの会場を撮影したものですと、こういうことです。②、③はポール・マッカートニーが写っていますね。

はい。

――④は、春彦が会場で買ったシャツを着て、会場をバックに写っていますね。

はい。

――これらの資料からしても、神保春彦は、平成27年4月27日夜家族と一緒に東京ドームのポール・マッカートニーのコンサートに出ていて、板橋事務所には行っていないと言っているんです。あなたはこれを覆す資料はありますか。

その事実はきょう初めて聞きました。

――そうすると、初めて見るんですね。あなたは27日夜、神保春彦に対してどこに行っていたんだと、どうしたんだと、行っていないと言うけれども、板橋事務所に行っていないと言うんだけど、その日夜はどうしたのという質問をしたことはありますか、ありませんか。

そういう質問はしていないと思います。

――だから、出なかったんです。あなたの調査能力というのはそういうレベルです……。

裁判官

――それ以上言わないでください。

以上

7　濫訴による不法行為損害賠償請求事件等

損害賠償及び懲戒の事由がないことが明らかとなった事案

(1)　事案の概要と争点及び尋問の目的

ア　概要

甲病院の開設者名は原告Aであったが、実質的にはBを中心として原告Aら3名が経営していた。ところが、原告Aが裁判に敗訴して多額の債務を負うところとなり、甲病院は倒産必至の状況となった。

そこで、Bは仲介人を通じて被告乙から多額の援助契約をとりつけ、原告と被告乙との間には多額の援助とともに将来の出資金の買い取りの予約契約もなされていた。

被告乙の種々の援助により甲病院が立ち直りかけたところ、原告AやBらは突然、それまでの約束を反故にしようとして紛争が生じた。Bらは被告乙との契約はその内容を知らないで行ったものであり、被告乙による甲病院の乗っ取りであると言いだしたのである。そのため、被告乙は援助を打ち切ったところ、甲病院は混乱に陥り、倒産の状況に至った。

すると、原告Aは、被告乙に対し、2億円の損害賠償請求を行うに至った。そればかりか、被告乙の顧問弁護士である被告丙（筆者）を共同不法行為者であるとして訴えた。

被告乙から何億円もの援助を受けながら、逆に被告乙と顧問弁護士被告丙に対し、2億円もの損害賠償請求を行うという極めて異常なケースである。

しかも、顧問弁護士である被告丙は援助契約には一切関与していなかった。被告丙は弁護士懲戒請求も受けていたため、全く調査もせず多額の損害賠償を提起し、被告丙に対し弁護士会に懲戒請求をしたことは濫訴であり、不法行為にあたるとして、原告代理人C及び原告Aに対し濫訴として反訴を起こした。

本事案で掲載したのは、原告代理人Cに対する反対尋問である。

イ　反対尋問の目的

・丙が契約に関与した事実を示す証拠があるのか
・契約内容にも違法があるのか
・懲戒事由があるのか

(2) 審理の結果

尋問を見ても極めて明らかなとおり、反訴被告Cは弁護士でありながら、原告Aが違法と主張する行為に丙が関与した事実を尋問において何一つ挙げられなかった。被告乙や丙に対してこのような訴訟を提起することが違法であることは容易に理解できる。この事件は裁判所の提案により、乙に対し、一部の金員を支払う形で和解した。そこで丙もそれ以上訴訟を続ける意味を失ったことにより和解に応じた。

甲病院で事務部長をしていた証人も丙が援助契約に関与したことはない旨述べている。

左陪席が最後に懲戒請求について、Aが申立てた懲戒請求がCの主導であることを確認していることに留意されたい。

Cは、尋問の中で他の事例でも弁護士会懲戒を利用してきたことを認めている。おそらく、巨額の訴訟提起や懲戒請求により、有利にことを運んできたのであろうことが十分推認出来る。本尋問をみて、弁護士のありかたを改めて考えさせられる。

この訴訟はC弁護士が丙と当たり前の交渉を行えば、事前に解決可能な事案だった。現に、C弁護士の前に受任していた弁護士とその後協議した時に同弁護士も同様の感想を述べていた。関係者がC弁護士の行動について、自分で紛争を作り上げ引き起こした紛争に関連して着手金を取ってもうけていると指摘していたのが印象的であった。

（3）尋問　高田一男

（略）

第1事件被告（第2事件原告）渡邊春己代理人（船島）

――まず、馬場花子さんとの関係なんですけど、馬場花子証人が新宿、大久保さん、代々木医師からほとんどすべての事務を任されていたということで、それの先生のご認識も一緒でよろしいですね。

事務関係は、馬場さんに任せられていただろうと思います。

甲第九二号証（陳述書）を示す

――こちらの内容に関しては当然チェックされたんですね。それで、こちらの1ページ目から2ページ目にかけて、受任後、私は事件の全容の把握に努め、また、そして作業を進め、全貌の把握に努めるとともにというような形でやってきたと。また、2ページ目の一番、1行目ですか、事務局長だった馬場花子氏に、時系列表と陳述書を作成するように、これらの裏づけとなる客観的資料があったらその資料を収集するように指示しました、ということで、あとは先ほどおっしゃってもらったように、馬場花子さんのほうの時系列表とか陳述書についても、先生はみずから、草案段階からチェックされたということでよろしいでしょうか。

はい。草案というのは、どの程度の草案かと言えば、割に手際のいい人で、ある程度はできておったという記憶です。

甲第二九号証の一（医療法人乙・渡邊春己顧問弁護士との交渉について）を示す

――これも多分、事務所を既にかかわられてると思うんですけど、渋谷一郎先生がつくられた内容、これも一応先生が全部チェックされた内容を確認されていらっしゃいますね。

はい。

――これにつけ足す内容としては、先生が先ほど出された陳述書以外は特にないという理解で、よろしいでしょうか。

はい。

――平成21年7月23日付で、被告渡邊春己先生、春己弁護士の対処ですね、2億円の損害賠償請求を訴訟提起されたと。その内容としては、訴状38ページの内容を簡単に要約すれば、原告らが内容を理解していないのに、複雑な契約書面等に押印をさせ、また、その契約書面上認められる債務の本旨に従った履行をしなかったということ。③としては、その債権譲渡通知の原因たる契約が不存在とか無効とか、いろんな原因があるにもかかわらず、受領を継続し、受領した診療報酬債権を原告らに返還しなかったことについて、被告渡邊がその加害行為を共同して行ったと。この3点が書かれてるということについては、問題はないでしょうか。

訴状に書いてあるとおりだと思います。

——それでは、先生は先ほど、陳述書にも書いてあるとおり、当然、客観的資料の収集を関係者のほうに指示されたと思うんですけども、被告渡邊弁護士が先ほどの複雑な契約書面の作成とか、もしくは押印について関与した、具体的な、客観的資料は何ですか。

関与したという直接の資料は見てません。

——ないんですか。

はい。いや、見てませんということです。

——じゃ、先生がおっしゃる資料は何ですか。何を見て、訴状を作成されたんですか。

馬場さんを始めとする、依頼者の供述です。

——ちなみに、新宿先生、大久保先生、代々木先生の陳述書を見ても、渡邊弁護士がその作成に関与したという記述は、少なくとも私には全く見られないんですな。先生は、どこを見て、被告渡邊弁護士が関与したというふうに思われたんですか。

今、思い出せません。

（注：ヒドイもの。資料だけでなく関係者の供述もなかったことを認めている）

——今、思い出せない。

はい。そのとき、その判断をしたはずです。

——今、馬場証人からそういったお話を聞いたというふうにおっしゃいましたけども、馬場調書、尋問調書の44ページ、本件の援助契約すべてを合わせて援助契約と言いますけど、この契約書類あるいは契約内容について、あなたのほうで、渡邊弁護士に問い合わせをしたり、相談したということはありましたか、ないです。それ以降の実際の診療報酬債権の譲渡であるとか、法人化の手続きについて、渡邊弁護士がかかわったという場面はありましたか、こういうものにかかわったという場面はなかったと記憶していますというのが馬場証言なんですね。高田さんが、渡邊春己弁護士がそういう行為にかかわったと、当然、訴状に記載したからには、それなりの根拠があったと思うんですけど、この根拠は何ですか。

間接事実の積み重ねで判断したことと思いますが、今、この間接事実というのを1つ1つ申し上げることはできません。

——じゃ、今できないのにいつできるんですか。訴訟が終わるまでには。

（注：弁護士の供述としてこのような証言はありえない）

――先生は私よりおわかりかと思いますが、もう最終段階なんですけど、これから新しい証拠が出るということですか。

間接事実の積み重ねと申し上げております。

――じゃ、私の把握が弱いのかもしれませんけど、具体的におっしゃっていただけますか。

いや、それを今はすぐに思い出せませんと、申し上げております。

――先生は先ほど、渋谷一郎弁護士作成の甲第二九号証の1、3ページ目の下から6行目のほうに渡邉弁護士から、自分は全く関与してないですよとすべて恵比寿コンサルタントが行ったことですよというふうに、直接聞いてらっしゃいますよね。

はい、聞いてます。

――それを覆すだけの証拠があったということなんですか、先生は。

少なくともそれに、私はそのときにはあるという判断をしたんだと思いますが、今判断すると、全体として、それについて、渡邉弁護士は顧問弁護士して、その点について、少なくとも過失はあるだろうという判断をしております。

――高田さんの今のお話を要約すると、渡邉弁護士は乙さんの顧問弁護士なんだから責任があるということで、理解してよろしいですか。そういうふうに理解すればよろしいですか。

そういう短絡な決めつけでは答えられません。従来、丁病院のためにも仕事をしていただいて、配慮していただいていたという立場もあります。

第1事件被告（第2事件原告）（渡邉）

――あなたの思い出す限り、今言った、高田先生のおっしゃった間接事実で、今の記憶の中で挙げられるものを、1つ2つでもいいから挙げてください、挙げられますか。

今、挙げられません。

（注：何の根拠もないことが本人の口から明らかになった）

第1事件被告（第2事件原告）渡邉春己代理人（船島）

――訴状ではなくて、現在の主張のほうでお聞きします。主張要旨によると主張要旨の7ページから8ページ及び28ページの内容を要約すると、ちょっと長いので私のほうで簡単に要約さしていただくと、簡単に言えば、被告渡邉弁護士の関与というのは、7月16日に診療報酬債権の返還を拒絶したということと、5月28日の603万の件も含めて、残金850万7688円を返還するのを拒むことについて、被告乙の行為を幇助したというふうに、一応主張要旨のほうでは書かれています。それで、まず、間違いはないですよね。

と思います。

――先ほど、訴状段階で主張されていた、複雑な契約書面等に押印させたことについての共同加害行為については、主張要旨のほうでは落ちてますけども、これは何か理由とかがあるんですか。

わかりません、それは。裁判所が整理されたのを、私の代理人である目黒と秋男が了解したことだろうと思います。

第1事件被告（第2事件原告）（渡邊）

——ちょっと待ってください。異議があります。今の点について、裁判長は双方の主張の言い分だけを整理するということで、この整理案をつくってるんですよ。ですから、裁判長が制限したり、何かしたことは全くありません。にもかかわらず、落ちてるのはどういうことなんでしょうか。

存じません。

第1事件被告（第2事件原告）渡邊春己代理人（船島）

——先ほどの主張要旨の2つ目のほうですね。603万円の返還の場に立ち会いながら、残金850万について、返還するのを拒むということについてお聞きします。まず、このお金と預金通帳については、馬場証人は、先生もお聞きになったと思いますけども、みずから乙さんに渡したんですよというふうにおっしゃってるんですけども、これが不法行為になるというふうにお考えになった理由は何ですか。

今、思い出せません。

甲第三〇号証（時系列表）を示す

——平成21年5月28日の12ページになりますかね、読み上げます。戊銀行の反田氏より、A支店で戊病院の通帳から資金が引き出されようとしているが了解しているかと電話が入る。銀行にいるのが大崎三郎氏であることを確認してもらい、了承していると告げると、これは、当然、先生が先ほどおっしゃったことと確認されて、証拠で提出されてるわけですよ。

です。

——これが不法行為になる理由は、何ですか。

よく検討しておきます。

——先ほど、高田先生のお話だと、そんな単純なものではないということなんでしょうが、かろうじて私の理解で言わせてもらうと、渡邊弁護士が責任を負う論理としては、顧問弁護士だったからなのかなぐらいしか思えないんですけども、それ以外は結局理由はないんですか。何でもいいんですけど、本当。

先ほどお答えしたように渡邊先生は丁病院のためにも弁護士として深く関与しておられたということを中心として、1つ1つの事実の積み重ねの上にあると思います。

（注：何も言っていない。積み重ねるべき事実も何一つ挙げられなかった）

乙第三一号証（ご通知）を示す

——これは、もちろん先生から取引業者さん及び従業員の方々に送られた書面で間違いないですね。それより前の、これは8月31日付ですけども、ほかの書面だと、8月上旬ぐらいから、先生が少なくとも関係者の方がたに対して、いわゆる受任通知を送られたということで、それは間違いないですか。

その前に、受任通知は送ってるはずです。

——じゃないと、31日の受任ということですか。

はい。

——ということは、前にやられてた、じゃ、受任通知書は送られてらっしゃると。

と思います。ちょっと調べなきゃ即答はできませんが、のはずです。

——その平成21年8月末日よりちょっと前の8月18日に、無効な公正証書がつくられてるということは、今は御存じですよね、少なくとも。

そういう係争になっているという話は聞いております。

——先生も尋問か何かにいらっしゃったんじゃなかったんでしたっけ。

入ってません。

乙第七三号証（判決書（横浜地方裁判所））を示す

——乙第八三号証の配当を受けて、結局、裁判所としては、この公正証書は無効ですよというご判断をされてらっしゃいます。先生が受任されていた期間の8月中に、裁判所を欺くかのような公正証書がつくられていたと。それに対しては、先生は責任はないんですか。

ちょっと私は全然関与していないし、それから、多分受任の私が全く記憶にないし、関与してないと思いますが。

——例えば、先生として、そんなこともいわゆる思いもよらなかったというんですか、簡単に言うと。

はい。

甲第二九号証の一（医療法人乙・渡邉春己顧問弁護士との交渉について）を示す

——3ページを示します。これは、渡邉先生から高田先生に対するお話です。丁病院が3億5000万負けた判決は、裁判所もひどいし、丁病院の弁護士もひどい、あれは懲罰的な判決です。新宿先生が事件屋を使って、裁判所に圧力をかけたみたいです。そういうのを裁判所は特に嫌いますから、圧力をかけると、裁判所が懲罰的判決をしたりすると先生聞きますよね。高田先生、新宿先生についてはそのようなことがあったと伺っておりませんが、私が受任した以上、そのようなことは絶対にさせませんというふうにみずからおっしゃったの。

はい、言ってます。

——そういう危険性があったということを、先生はその時点で知ってたんじゃないですか。

知りません。

第1事件被告（第2事件原告）（渡邉）

――私も関与してないから責任はない、顧問だけでは責任がないというふうに私は考えてるんですが、あなたは任意整理について受任したと言っている最中に、あなたが関与していなくても、先ほど言った、公正証書が作られましたよね、向こうの。東京高裁によると、診療報酬債権を狙った公正証書だという趣旨の判決が出てますけど、その公正証書については、あなたは責任がないとおっしゃるわけですね。

はい。

――そうすると、あなたは関係してない事件については責任がないということですね。それは、おわかりになってるということですね。

はい。

――じゃ、私も関係してなかったら責任がないということになりませんか。イエスかノーかでお答えください。

お答えしません。イエスかノーかでは答えられないからです。

（注：明らかに前の回答と矛盾している。弁護士の答えとは思えない）

第1事件被告（第2事件原告）渡邊春己代理人（船島）

――また話を変えて、7月16日の件について、お聞きします。品川先生から引き継いでらっしゃいますね。

はい。

――先生は、乙第二三号証の一でも、業者説明会のほうでも品川先生という方がいらっしゃって、それではお引き受けしましたというように述べてらっしゃると思います。当然、品川先生から出ている提案については、事前に検討されてらっしゃいますよね。

してません。

――先生は、7月16日の渡邊弁護士との交渉に当たって、品川先生から事前に渡邊先生に渡された書面については見てらっしゃらないの。

僕の記憶では見せていただいておりません。

――品川先生から、何もお話を聞いてないということですか。

はい。

――でも、先ほど、先生は品川先生と直接お話しされたと言ってましたよね。

はい。引き継ぎで、私が受任していいかどうかのご了解だけです。

――先生は陳述書の2ページで、弁護士同士で話し合えば話がつくと、こういうふうにおっしゃってます。これは、当然、間違いないですな。

はい、間違いないです。

――私も弁護士の端くれですけども、当然、双方の提案を検討した上で話をするというのが初歩的ルールかと思います。先生は、事前に提出されていた品川先生の提案については全く見ていらっしゃらずに、交渉に臨んでらっしゃったんですかということですよね。

　私の記憶では、品川先生からも馬場さんからも、その辺の話は引き継ぎを受けていなかったという記憶です。

——ちなみに、馬場証人は、品川先生の案はご自身が関与してつくったというふうに、また後でここで証拠で提出しますけど、おっしゃってますけども、ご自身としては、馬場さんから何も話を聞いてないというのがその理由ですか。

　聞いた記憶がないんですよね、今。

——先生としては、当然、話し合いで解決を望まれたわけですよね。

　そうです。

——今回問題になってる、診療報酬債権の譲渡ですけども、その診療報酬債権の譲渡についての処分権限が乙にあるというのは、当然御存じですよね。ちなみに東京弁護士会の決定もこう言ってます。丁病院の診療報酬債権の処分権は乙にある、決定書の10ページにも載ってるとおりです。その上で、渡邉弁護士も、念のため、後日、乙第一三号証にも書いてますが、乙に確認した上で応じられないと回答されてるわけですけども、何度も言うとおり、債権譲渡の処分権は乙にあるというのは、先生、おわかりですよね。

　はい。

——とすれば、当然、16日の段階で、その場で結論は出るんですか。

　私は、8月分も9月分もまだ譲渡されているんですから、7月分だけ解除をしていただいて、8月、9月もまだ担保があるじゃないですか。

——もう1回確認しますけど、私がお聞きしたかったのは、その場で結論が出せる内容なんですかと聞いてるんです。

　意味がわかりません。

——7月16日の段階で、先生は、事前に書面とか、例えば渡邉弁護士のほうに提案書とかを送られてますか。

　してません。

——その場で、先生は、先ほど二郎先生のほうから提出されたような書面を出されたわけですけども、事前には書面を送ってない。

　はい。

——債権譲渡の権限については乙にある、これも、当然、法律家であればわかりますね。

　はい。

——それなのに、その場でお話し合いを求めて、結論を出すということをあなたは求めて、それで交渉決裂ということですか。

　交渉決裂は、私のほうがしたのではございません。

——あなたのほうからではないということですか。

はい、お断りは渡邉先生です。担保ってそんなもんでしょうと、担保なら8月分、9月分はあるんじゃないですかと、私は言いたいところです。その間に話し合いをすれば、まだ担保は持ってるわけですから、とりあえず返しといてくれて、病院に貸しといた上でやってくれませんかと、これは、私の切なる願いでございます。

――高田先生としては、まだ交渉したいと思ってらっしゃったんですか。

当然です。

甲第二九号証の一（医療法人乙・渡邉春己顧問弁護士との交渉について）を示す

――4ページ、上から8行目。渡邉顧問弁護士、本気ですか。高田弁護士、提案を拒否されたものと受け取ります。渡邉先生、お互いの立場でとことんやりましょう、全面戦争です。これ、先生がおっしゃったじゃないんですか。

はい。

――交渉の場に臨んでらっしゃる先生が、その場で、全面戦争です。私も、駆け出しですけども、こんな言葉はちょっとまだ使ったことはないんですけど、これは少なくとも私の知ってる範囲では、通常の弁護士の交渉態度ではないと思われるんですが。

そういう全面戦争というのはどっかで使った記憶はあるんで、それはいつどこで私が使ってます、当日ですか。

――当日です。先生もチェックされてる、渋谷一郎先生の報告書です。

わかりました。

（注：自らの事務所の弁護士が書いた報告書によって高田が述べた供述が虚偽であることが明らかになった）

――結局、先生は、初めから提訴するおつもりだったんじゃないですか。

そうじゃありません。何で再催告、再々催告をするんですか。病院を弁護士２人で生かそうよというのは、基本的な姿勢です。全面戦争などという極端な言葉を使ったのが挑発になったとすれば、不明を恥じますが、何とか大ごとにせずにまとめたいというのが真意です。

第1事件被告（第2事件原告）（渡邉）

――まず、あなたは、8月、9月にまだあるんじゃないかなと、私に言ったことがありますか。

ありません。

――それから、8月、9月の段階では、ほかの債権者が動き出すということは明白な状態になってたでしょう、もう信用を失っていて。

既に、債権譲渡をされているもんでしょう。どこがどう動いても、乙に入るんじゃないですか。取得権は、今確認したように、乙にあるというのが法的常識であればですね。

――だから、最終的に、先に債権回収するのは当たり前で、これで十分こちらでも回収できると思ったからこそ今度は

8月の段階でのあれを取り下げてるわけじゃないですか。そしたら、次々と、それに対して、債権の仮差し押さえとか、その他がなされてますよね。

　解除をされたからでしょう、当然でしょう。

——だから、いろんな債権者が重畳的に債権回収に動き出すのは必至だったんじゃないですか。それは、おわかりになりませんでしたか。

　乙に債権譲渡をされているものを、先ほど来、乙に取得権があるというのは法的常識だとおっしゃるんですから、簡単に手がつけられるはずはないと私は思っております。

第1事件被告（第2事件原告）渡邊春己代理人（船島）

——懲戒の件についてお聞きします。確認ですけど、懲戒の件については、4人でお決めになったという理解でよろしいですか。

　はい。

——馬場証人の証言だと、高田先生と何回か御相談に行ったときに、高田先生がちょっとテンションが上がって、懲戒請求するというふうにおっしゃったのは聞きましたと、馬場調書の45ページに載ってるんですが、これはどうなんですか。

　あったと思います。

甲第五号証（陳述書）を示す

——先ほど新宿ドクターのほうで陳述書をつくられたと、これが7月9日で。先生としては、事実の整理とおっしゃったんですか。先ほど、訴訟準備とはおっしゃってないですね。

　はい。

——事実の整理のためにこれをつくられたということなんですけども、当然、これが訴状に証拠として提出されているわけですが、先生は準備の段階で、毎回、サイン入りの陳述書をつくられるんですか。

　いいえ。

——あともう一つ、陳述書、6ページから7ページ。まず、駆け引きじゃありませんと。乙が診療報酬債権を返してくれたのであれば、訴訟については和解をはかり、懲戒請求を取り下げたというのは下記のとおりの理由からと。それで乙が診療報酬債権を返してくれたのであれば、訴訟については和解を図り懲戒請求は取り下げるつもりだったのです、これは、今でもそういうお考えですか。

　当然です。損害が発生しないんですから、病院をつぶさないでくださいと、あんたが面倒を見とった病院でしょうがという、これが私の情念ですから。

——どうしましょう、先生、懲戒請求の取り下げができないのは御存じですか。

　取り下げをして、取り下げの効力がある場合とない場合があると、周知しております。

——具体的に、取り下げの効力のある場合とない場合は何です。

　お互いに話がついて審理を続ける必要がないと、そういう場合と、取り下げてもなお、弁護士会が独自に調査を続け、判断をする場合があるというふうに理解しております。

第1事件被告（第2事件原告）（渡邊）

――取り下げられても、それは、弁護士会としては調査を続けるという制度になってることは御存じないですか。

　取り下げでおさまる場合と、これを取り下げられても弁護士会としては放置できないというときには、取り下げを認めないことはあり得るというふうに理解しております。

――前者は、単に、取り下げられれば、情状としてくみ取るというだけではありませんか。

　そこまではよく存じません。

（注：弁護士が懲戒制度も知らないで、懲戒申立てをしている）

――要するに、あなたは懲戒制度も知らないで、懲戒申し立てをしたというふうに伺っていいですね。

裁判長
――声に出してお答えいただけますか。

　はい。……制度を知らないでとおっしゃるんならば、何遍かそういう事態には遭遇しておりますから、運用の実態、大体の制度の概要は知って、申し立てたと思っております。

第1事件被告（第2事件原告）渡邊春己代理人（船島）
乙第九一号証（陳述書（２））を示す
――結局、先生としては、新宿先生とこれのお話をされて、最終的には、新宿先生は高田先生に訴訟をお願いして、なかなかお金が厳しい状況であったと思うけども、先ほどの先生の情念に新宿先生がお応えをしようとして、着手金としては先生のほうに一応300万を払って、もう訴訟をやってくれというふうにお願いをされたわけですね。
　はい、そうです。
――先生としては、新宿先生のお気持ちを酌んで、提訴されたということですね。
　はい、そうです。
第1事件原告ら復代理人兼第2事件被告ら代理人（高田二郎）
甲第三〇号証（時系列表）を示す
――馬場さんの陳述書を草案段階からチェックしていたということなんですけども、甲第三〇号証の3ページ目から見ていきますと、12月20日の段階で、渡邊先生がこの時点で、既に、乙の臨時理事会に出席されていたということは、事実として知っていたの。
　はい、承知してます。
甲第九号証（(医）乙臨時理事会資料）を示す

――その臨時理事会で、こういうふうなスキームが決まったという内容が、これですね。当時の文書の説明である、こういうふうなスキームが決まったという内容を確認して、しかも、この後ろにファクタリング契約のものが全部載っているということは、少なくとも、この甲第九号証を提訴時に見ていたことは間違いないですね、提訴時に出したものですけど。

提訴時にあるんなら、見てたはずですが、認識が非常に薄かったですね。

――今も薄いということですか。

はい。

――これに基づいて、最終的に、1月27日の契約を結ばれたということは、提訴時にも理解されてたわけですね。

はい。

――そういうふうな理解で提訴。

そうです。

――そのときの理事会には、渡邉先生は出席されていたということですよね。

そうです。

――それは、そのときには十分理解していたと。

はい。

――その後、継続的に、渡邉先生は丁病院とつき合っていたことを理解していたということですね。

はい。

陪席裁判官

――渡邉弁護士の懲戒請求の話ですけれども、最初に、懲戒請求というものの制度を利用しようというふうに言い出したのは、どなたになりますか。

口に出したといえば、僕だと思います。

――新宿先生とか原告本人らは、懲戒という制度があること自体は知っているようでしたか。

と思います、医者にもございますから。

――同じようなものが弁護士にもあると。

はい。非常な不満をぶつけてこられたんで、それじゃ懲戒かなと、こういうのは私の組み立てだと思います。しっかり覚えてるわけじゃないですけどね。

――最終的に、弁護士法とか、あるいは弁護士職務基本規程にどこに違反してるとか、そういう構成をされたのはあなただということですね。

私です。

以上

（注：高田弁護士は2億円の損害賠償請求訴訟と弁護士懲戒申立てをしながら、尋問段階で何一つその根拠を示せないばかりか、弁護士にとっては致命的となりかねない、懲戒制度の内容も知らない弁護士ということがこの尋問で明白となっている。最後の裁判官の尋問も懲戒申立てした人物を確認している）

第４　不自然な証言による信用性の喪失

1　はじめに

一般的に反対尋問において目指す手法である。この場合でも確固たる証拠、動かし難い事実に反する証言、不合理な弁解を繰り返させることによって、全体としての証言(供述)が信用できないことを裁判官に理解させることを目的としている。

このような尋問は、事実の流れや証拠間の比較などの視点から分析することによって、できるだけ多くの経験則違反、不自然な証言、他の証言に相反する証言などを引き出すことによって裁判官の心証を惹きつけるのである。

さらに、証人が尋問者の発問の内容を十分理解し得ているにもかかわらず、質問の趣旨がわからない旨答えたり、質問をはぐらかせて答えたりすることがある。

こうした場合には、本来は時間をとって質問の趣旨がわかっていることを示す尋問を行ったり、質問に対し真摯に答えるよう促す尋問が必要である。

ところが、集中審理では時間制限がきついため、こうした余裕がないことが多くなった。その対応として、供述者になるべく多くの不自然な回答を引き出すよう、予めの準備が必要となっている。

しかし、本来公正な裁判を実現するためには、悪質な証人に対し回答の根拠がないことを示すための尋問や、いくつかの根拠から誠実な尋問を求める時間的余裕が認められてもよいであろう。（注）

（注）何を尋問しているか証人にはわからないうちに重要な事実を引き出すという弁護士の最高のテクニックとされる尋問方法を行った際、尋問の目的が裁判官にも理解されない場合、集中審理主義では、尋問が制限される可能性が高くなっていると思われる。

公平な裁判を実現するためには、明らかに逃げ回って答えようとしない場合に、以前は時間の余裕があったことから追及が可能であったが、最近は返答なしで終わらせることが多くなってしまっている。

あらかじめ尋問時間を決めたからといって、悪質で不誠実な証人に対しては再度の尋問の機会を与えるような懐の深い裁判を行うことが望ましいと筆者は考えている。

また、反対尋問の趣旨について証人に気づかれないように反対尋問を行っているのであるから、裁判官にも質問の趣旨がわからない場合がある。

このような場合は裁判官に依頼し証人に一旦法廷外に出てもらい、裁判官に対し尋問の趣旨と当該事件との関係を説明したうえ、再度証人を法廷に入れて尋問を続行するしかないのである。そうすれば、証人に尋問の意図が気づかれないまま尋問の続行が可能となるのである。

しかし、実際にはそのような例は筆者も経験していない。更に、証人（本人）が意図的に答えをはぐらかそうとしている場合には、裁判所の適切な訴訟指揮が望まれる。

2 建物所有権移転登記等請求事件

マンションの購入資金についての被告の主張が種々の資料で崩壊した事案

(1) 事案の概要と争点及び尋問の目的

ア 概要

原告は取締役をしていた会社が事実上倒産したことから、原告夫婦の将来の生活のため、原告は個人的資産の売却等をして資金を集め、原告の息子（B）の内縁の妻被告甲の勧めもあってマンションを購入した。その際、建物は被告甲が代表者となっている被告乙の名義にしたうえ、被告甲の経営する被告丙に賃貸した。

そして、被告甲がマンションを原告から借りて長年賃料を支払ってきたが、年月が経ったことから、原告は物件の名義を真実の所有者である原告名義に戻すよう求めたが、被告甲がこれに応ぜず、マンションは自己の所有物であり、毎月送っていた金員は賃料でなく、原告夫婦に対する生活の援助であると主張した。

典型的通謀虚偽表示の事例である。

原告にはその主張を裏付ける証拠である代金明細書確認書（コピー）には、売買代金の出所や売買に伴う経費（登記費用、仲介手数料）が記され、確認書（コピー）については、代金の出所や30万円を賃料として送金することが記載され、被告甲の署名がある。

また、家賃支払表（コピー）には、これまで支払った事実や欄外に固定資産税などの記載がある。

さらに、被告甲の原告の妻に対する手紙も発見されたが、その手紙には賃料変更について理由が記されている。

ところが、被告甲は代金明細書確認書、家賃支払表等はコピーであることから否認し、その内容について自己の作成のものではないと弁明し、手紙は原本であるが署名を否認し、被告甲が購入金を出したと主張した。

イ 争点

本件では

- マンションを誰の金員で購入したか
- 被告甲が代表者である被告乙の名義で購入した合意があったか
- 送金した金員の性格はどのようなものか

などが争点となった。

ウ　反対尋問の目的

・確認書、代金明細書、支払明細書などは細部まで客観的に一致しており、被告甲が関与していない限り作成できない

・コピーであっても被告甲の筆跡と一致している

・各書面の内容も被告甲でなければ書けない内容である

・月々の送金も賃料としている

・被告乙が購入した資金であると主張する預金はマンションの購入時期と一致していない

などであった。

(2) 審理の結果

被告甲の供述は極めて不合理であり、確認書等についても被告甲は自分で書かなかったと言いながら、家族が書いたなどと不合理な弁解に終始している。

不合理な弁解は一つか二つでは通用することはあるが、多数の不合理な弁解を積み重ねることによって、被告甲の主張や供述の信用性を完全に失わせている。

反対尋問において、証拠や客観的事実に相違している被告甲の弁解が数多く引き出されているのがよくわかる。

また、書証について、本件では特にコピーであっても書証の内容が客観的事実（相互の書証）と一致していれば、互いに支え合って信用性が高いことが認められる。

判決は前述した各証拠について、その内容を丁寧に分析し、相互が一致していること、証拠の内容となっている代金の支払いなどは一円単位まで書かれ正確であること、被告甲以外に知る人物がおらず被告甲しか書くことができないことなどから、

「このような事実を総合考慮すれば、被告甲は、原告から本件建物の売買手続を委任されたBからの依頼を受けて、原告から本件建物の購入代金の大部分の提供を受けて原告の所有とする目的で、被告甲の経営する被告乙の名義で本件建物を譲り受けたものであり、本件建物の所有権は原告であると認められる。」

と認定した。

(3) 被告本人尋問　中野円

（略）

原告代理人（近藤俊之）

――あなたは、平成21年９月１日付け被告準備書面（１）の３ページ、７行目以下において、被告中野が原告からの本件建物を賃借した事実はなかった。したがって、被告中野が本件賃貸借契約に基づき原告に賃料を支払っていたこともなかったと主張していますが、間違いないですか。

間違いありません。

――あなたは、原告高寺穫司さんの妻祥子さんへの送金について、平成22年３月12日付け陳述書乙二八号証の５ペー

ジ、9行目以下で、この送金は私が内縁関係にあった高寺鷹雄から、平成10年に、鷹雄の兄である高寺武氏が代表取締役を務めていた甲株式会社が倒産した後、連帯保証人として資産を担保に提供していた原告高寺稷司氏に多大な損害が及んだため、日々の生活にも困るような状況だと聞いて、鷹雄と二人で協力して、生活するための費用を送金したものだと述べていますが、間違いないですか。

間違いありません。

甲第八号証を示す

——これは高寺祥子さんの通帳ですが、3枚目辺りを見ると、あなたは平成15年7月31日からその後ずっと続いて、平成16年9月9日まで、おおむねですけども、1か月に1回のペースで35万円を。で、5枚目を見ていただくと、平成16年11月15日は60万円というのが挟んで、平成16年12月10日以降は、一部例外はあるんですが、おおむね1か月に1回のペースで30万を送金していますよね。

はい。

甲第二号証を示す

——これは、先ほど被告代理人のほうからも示されたもので、これに対して、あなたは平成21年9月30日付け被告準備書面（2）において、甲二号証は、被告中野円が作成したものではないと主張していますし、先ほどもそのように証言していますが、間違いないですか。

間違いありません。

甲第三号証を示す

——その支払明細書のところを見ると、高寺稷司、高寺鷹雄の側から、いわゆる高寺家側でお金を出したことになっているんですけれども、これに対して、あなたは、平成21年11月31日付け被告準備書面（3）の2ページ、12行目以下において、甲三号証は被告中野円が作成したものではないと主張していますし、先ほどもそのように証言してました。間違いないですか。

間違いありません。

甲第九号証を示す

——あなたは、この書面について、平成22年4月22日付け陳述書2の1ページ、6行目以下で、甲九号証の確認書は、内容的にも、全く客観的事実に反することが記載されていますし、本当にこのような確認書が存在しているのか疑問に感じますと述べていますが、間違いないですね。

間違いありません。

（注：こちらが客観的証拠によって追及する予定の事実を確認している）

甲第一六号証を示す

——この書面は、２００８年1月9日、平成20年1月9日ですね、行われた乙法人の臨時総会でのやり取りを録音したものを文章化したものなんですが、この書面の3ページ目の9行目以下を見ると、あなたの代理人である荻野弁護士は、それで甲がつぶれたときに、当然債権者に自分が払わなければならないんですけれども、よく分かりませんけれども、一定の財産を密かに残すことができたようです。そのお金と円さんが出したお金を合わせて、マンションを円さんの会社の名前で購入しました。そして、その賃料を御両親、お母さんの口座に毎月30万円を送金していましたとして、原告の一定の財産とあなたのお金を合わせて、被告の会社の名前で購入したことと、賃料として、原告とその妻、原告の妻の口座に毎月30万円を送金したことを認めているんですけれども、間違いですか。

ちょっと間違っているかと思います。

——荻野弁護士は、私はちょっと関与していなかったので分からないんですが、本件訴訟の前の交渉において、こちら側の、当方の弁護士に対して、同様のことを言っていたんですけれども、いわゆる一定の財産を払ったこと、賃料を送金したというのは間違いないんですか。

そのことに関しては分かりません。

——あなたは本件建物、［マンション名］のことを本件建物と言いますが、売買契約の締結と売買契約の決済をしたことについてお聞きしますね。あなたは平成22年３月12日付け陳述書４ページの11行目以下で、購入金額の交渉も、平成12年10月30日の売買契約の締結、平成13年１月９日の売買契約の決済も、すべて私一人が行ったことは、以前の所有者である窪田さんと、契約の仲介を務めた管理会社の代表者に確認していただければ明白ですと述べている。あなた一人が売買契約の締結と売買契約の決済をしたと言っているんですけど、間違いないですか。

間違いありません。

乙第八号証を示す

——この領収書を見ると、平成12年10月30日、本件建物の売買契約の手付金として、丙株式会社が窪田朝子さんに250万を支払ったということですけど、本当ですか。

そうです。

——間違いないですか。

はい、間違いありません。

乙第一二号証ないし乙第一五号証を示す

——これは平成13年１月９日の売買契約の決済の際の登記の費用等なんですけれども、この金額をあなたが支払ったということは間違いないですか。

間違いないかと思います。

甲第三号証を示す

——甲三号証の上の段の「その他売買に伴なう経費」として、「登記費用」、「仲介手数料」、「11月12月管理費未払分」、１月分、ちょっと消えていますけど、多分管理費日割分だと思いますが、ここで書かれている金額は、先ほどの領収書の金額とすべて完全に一致するんですけれども、この書面を書いたのはあなたじゃないんですか。

私ではありません。

——あなたの関与なしに、この金額をどうやって、だれが知るんですか。

　それは分かりません。

（注：ありえない答弁）

――中段の「支払い金明細」と書かれていますが、ここの欄についても、あなたが書いたものではないということですか。

　私が書いたものではありません。

乙第五号証を示す
――この契約書の２枚目に、敷金３か月分96万円と書かれていますよね。

　はい。

乙第七号証を示す
――４枚目の14行目の平成13年１月30日の欄に、96万円のお預り金額があったと書いておられるんですけどね。

　はい。

――横に敷金と書かれていますけど、これはあなたが書かれたものなんですかね。

　そうだと思います。

甲第三号証を示す
――「支払い金明細」の中野円の欄の「立替金（敷金）」と書かれているところに、96万円と書かれていますけども、先ほどの敷金96万と一致しているんですが、これはあなたが書いたものじゃないんですか。

　違います。

――あなたの関与なしにどうやって書くんですか。

　先ほども申し上げましたけども、何か特別なところにこういった書類を保管してたわけではないですし、この＊＊＊号室を売買したことはみんな知っていましたので、内訳も当然知っていたと思います。

――当然知っていたというのは、だれが当然知っていたということですか。

　家族ですね。

――家族というのは、具体的にだれですか。

　同居していた家族全員。

――同居していた家族って、具体的にだれですか。

　母は知ってたかどうか分かりませんけれども、姉と、姉の主人と、それから鷹雄ですね。

――この支払金明細のところに、高寺穫司という字が、ごんべんで間違って、のぎへんじゃなくて、ごんべんで書かれていますよね。

　そうですね。

――これをこんなに間違えたのが、仮に鷹雄さんが書いたという可能性があるという趣旨であなた言っているんですか。

　別にそういう趣旨では言っていません。

――鷹雄さんが書いたとは言わないと。

　それは分かりません。

――ただ金額の点については、先ほどの売買に伴う経費のところと、敷金のところの金額は合っていますよね。
＊＊＊の敷金の金額ということですか、
――そうですね。
＊＊＊の敷金の。
――返還額としては合っていますよね。先ほどの契約書の。

返還額というのは、どういう。

――あなたの口座の中に、96万円、敷金が戻ってきたんでしょう。

買ったのは会社ですから、戻ってきたとしたら、会社に戻ってきたと思いますけれども。

――もちろんそうですね。丙株式会社のところですね。

戻ってくるというか、敷金を預かる立場に会社があったかと思いますから。

乙第二一号証を示す
――この契約書見ると、売買契約を締結した平成20年10月30日の翌日である31日、賃貸人を丙株式会社で、賃借人を丁とする賃貸借契約書を結んで、３条のところに、賃料は1か月35万円とし、これに消費税を加算しうんぬんとありますよね。

はい。

――間違いないですよね。

この時点の賃料は間違いないです。

乙第二二号証を示す
――この契約書も同様に、平成13年8月31日に締結されていまして、第3条では、1か月金40万円とし、これを消費税と加算しと書かれていますよね。間違いないですよね。

間違いありません。

甲第二号証を示す
――甲二号証のこの表のところではなくて、右側のところの一番上に、家賃収入で36万７５００円掛ける1億２４４1万円と書かれていますね。今度下段の一番上のところに、家賃収入42万掛ける1億２５０４万と書かれていますが、これは先ほどの賃貸借契約書の1か月の賃料35万円プラス消費税、40万円プラス消費税と完全に一致するんですけれども、しかも、固定資産税等の経費を除いた差引計算がなされている表なんですが、これを書いたのはあなたじゃないんですか。

私ではありません。

――あなたが関与しないで、これだれが書けるというんですか。

それは分かりません。

(注：ありえない供述)

甲第九号証を示す
――先ほど確認したように、あなたは陳述書の中で、甲九号証の確認書は内容的にも全く客観的に反することが記載されていますと述べています。

甲第一六号証を示す
――3ページの9行目以下を見ると、荻野弁護士は、それで甲がつぶれたときに当然債権者に自分が払わなければいけないんですけれども、よく分かりませんけれども、一定の財産を密かに残すことができたようです。そのお金と円さんが出したお金を合わせて、マンションを円さんの会社の名前で購入しました。そして、その賃料を御両親、お母さんの口座に毎月30万円送金していましたと発言しているんですけれども、荻野先生にこういった内容のことをあなた話したことはあるんですか。ないんですか。

送金のことでしょうか。

——ええ、一定の財産を密かに残すことができたとか、そのお金と円さんが出したお金を合わせてとか、その賃料を御両親、お母さんの口座に毎月30万円送金していましたなどという内容を荻野弁護士に話したことはあるんですか。

その内容は話したことはありません。

——じゃ、荻野先生が勝手にこれは発言したということですか。

送金のことは御説明したことがありましたので、こうこうこういうお金を送金してるという話はしたことがあったかと思いますので、ちょっと勘違いされたんではないかと思います。

——この賃料をというふうに言ったのは、荻野先生の勘違いですか。

ええ、そうだと思います。

——この発言をしたときというのは、組合員全員の前で公然と、あなたも同席しているところで荻野先生が発言したものなんですけども、あなたそれ聞いていて訂正とかしなかったんですか。

まずこのとき組合員全員が総会には来ておりませんので。

——多くの組合員がいる前で言ったんですけれども。

それから多くっておっしゃいましたけれども。

裁判官

——人数はいいですよ。組合員がいる前で荻野先生がおっしゃったときに、訂正しなかったのはなぜかと聞かれているんですから、そこに端的に答えてください。

（注：正しく訴訟指揮をしている）

このとき参加者が10名弱だったと思うんですけれども、ほとんど私と荻野先生以外は、この総会の開催に反対してる方たちが、高寺武さん、高寺妙子さんの関係者で来ていらっしゃいましたので、全体的な雰囲気が非常に殺気だってまして、それぞれとても感情的になっているような状況でした。そういった非常に殺気だった中で、荻野先生いろいろお話しされてたんですけれども、そのこと自体は別に総会の趣旨とは全く関係がなかったですし、その雰囲気で、途中で何か言葉を挟むような雰囲気でもなかったので、その場であえて何か訂正しようという気にはなりませんでした。

原告代理人（近藤俊之）

――そうすると、臨時総会の後に、荻野先生。佐谷先生も同席していたんですけれども、荻野先生とか、佐谷先生に、あれは違いますよというような説明をしたんですか。

その後にすぐそういう話をしたかどうかはちょっとよく覚えてないんですけれども、何かのときに、荻野先生、ちょっと勘違いされてると思いますというお話はした記憶があります。

（注：その後も荻野弁護士が組合の発言と同趣旨の発言をしているので、この被告の弁解はありえない）

――でも、これまで見てきた甲三号証、二号証、九号証、それと荻野先生の発言はすべて、高寺家側に賃料を支払ったという事実を示しているんですけれども、全部示していますよね。

それは分かりません。

――事実は示していますよね。

それは分からないと。

――あなたは違うと言うんですか。その事実はない。

それが事実を示しているとは思いません。

（注：いくつもの客観的事実に反している供述をしている）

――甲九号証では、固定資産税とか管理費などの必要経費を除くと書かれて、甲二号証では、固定資産税とかを差引計算されているんですけれども、そういう意味で、内容はかなり一致しているんですけど、それでもやはりあなたはこれらの内容は間違いだという趣旨ですよね。

これらというのはどれですか。

――賃料を支払ったという事実はないということですよね。

はい、ございません。

甲第一九号証を示す
――1枚目の1行目には、300万の貸し入れについてと書かれて、あと最終行には、中野様、高寺祥子、平成19年1月9日と書かれていますね。

……。

――書かれていますね。

ちょっと内容、今初めて見るんで。

――あなたこれ見たことがないんですか。

……。

――見たことがないんですか。

……見たことがあるかもしれません。

――この2枚目、一九号証の二のほうに、郵便物配達証明書の受取人氏名の欄に、協同組合の協という字に、乙法人中野円と書かれているんですけど、あなたのところに配達されたんじゃないんですか。

そうですね、配達されたように思います。

甲第二〇号証を示す
――この手紙は、先ほどの手紙の返信として、２００７年、平成19年1月24日、あなたが高寺祥子さんあてに送った手紙なんですが、1枚目の10行目以下を見てください。
ちょっと内容読ませていただかないと……。
――10行目以下から、また［マンション名］の家賃についての話も再度出ました。この家賃の金額の変更については、今までにも何度か質問を受けていて、私もその度に説明してきたことです。実際に金額が変わったのは2年以上も前のことで、その後鷹雄も何度も説明しているとの話も聞いております。ですが、もう一度なぜ金額が変わったのかの説明をこのときもしましたと書かれています。ここで、家賃を支払ったこと、家賃の金額が変更し、それが原告側のほうで問題になっていたこと、何度も説明していたこと、それが2年以上も前であることをあなたも認めているんじゃないんですか。
ちょっとこの手紙を書いた記憶が私にはございません。
甲第二〇号証の二を示す
――この封筒は、この手紙が入っていた封筒で、配達記録で送られています。ここに書かれている字は
被告ら代理人
――異議あります。誤導です。
原告代理人（近藤俊之）
――どこが誤導ですか。
被告ら代理人
――甲二〇号証の一が入っていた封筒だというのは誤導です。
原告代理人（近藤俊之）
――誤導ではありません。甲二〇号証の二、この封筒はあなたが書いたものじゃないんですか。
裁判官
――何を根拠に誤導だとおっしゃるのかしら。
（注：裁判官も無理な異議と感じている）
被告ら代理人
――二〇号証の一と二〇号証の二がセットで出されていますけれども、それが入っていたというのは何も聞いていないんで、今いきなり決めつけておられるんで。
原告代理人（近藤俊之）
――これから明らかにします。
裁判官
――じゃ、まず二〇号証の一と二〇号証の二と、それぞれどういうものかというのを、御本人に聞かれてから、されてください。

原告代理人（近藤俊之）
——甲二〇号証の一は、先ほどの手紙に対する返事として、最初のほうの一行目とか読むと、乙法人の借入金の件についてうんぬんと書かれていますし、一ページ目の一番下のほうの三行目見ると、乙法人の経営状況は非常に厳しくというようなことが書かれていますので、これはあなたが書かれた書面じゃないんですか。
　ちょっと覚えがありません。
——この二枚目の一番最後に、中野円、判が押されていますけど、これはあなたのものじゃないんですか。
　この印鑑はふだん私が使っている印鑑ではないですから、よく分かりません。
甲第二〇号証の二を示す
裁判官
——原本お持ちじゃないんですか。
原告代理人（近藤俊之）
——あります。
裁判官
——原本を示してください。

原告代理人（近藤俊之）

甲第二〇号証の一を示す
——この書面は、乙法人の経済状況について触れられていますよね。

　……。

裁判官
——原本を御覧になりましたね。

　はい。

——これで、あなたが書かれたかどうか思い出しましたか。それとも分からないんですか。

　分かりません。

（注：被告甲の署名や文章が分からないことはありえない）

甲第二〇号証の二を示す
——この封筒に見覚えはありますか。

　これは乙法人で使っていた封筒です。

——ここに書いてある高寺祥子さんの住所と氏名、これあなたの筆跡ですか。

　そうです。

——この中野円と、乙法人の左の下のほうに書いてあることの署名もあなたのものですか。

　そうです。

——この二〇号証の二の封筒に二〇号証の一の手紙を入れて送ったという記憶はありますか。

ございません。

（注：裁判官が直前の尋問で確認しているのにありえない）

甲第二〇号証の一を示す
――原本の２枚目、最後の印影なんだけれども、あなたはこの印影に覚えがないということですか。それとも、あなたの持っている判この中の一つなんですか。どちらなんですか。

ちょっと分かりません。

原告代理人（近藤俊之）

――売買契約の締結したときの件についてお聞きするんですが、あなたの平成22年３月12日付け陳述書の３ページ以下の最後の４行にかけて、まず平成12年11月１日に、上記①の250万円の上記被告戊株式会社の［銀行名・支店名］の口座から引き出した上（乙七、乙二七）で手付金として窪田さんに支払いましたというふうに述べているんですけれども、間違いないですね。

間違いありません。

乙第七号証を示す
――３枚目の20行目のところの、平成12年11月１日、中野円250万預り金というのがありますが、その下の段に、250万がお払戻金額とありますが、これで、窪田さんに250万円払ったということですか。

そうです。

――間違いないですか。

間違いありません。

乙第八号証を示す
――これは先ほど見てもらった領収書なんですが、この日付は平成12年10月30日になっていますよね。

そうですね。

――契約締結の日は平成12年10月30日ですよね。

そうです。

――これ先ほどの11月１日に引き出したお金で、さかのぼって２日前の10月30日に手付金なんて払うことできないんじゃないですか。

直接その領収書と現金をその場でやり取りしたわけではなくて、仲介した方を通して、この作業をしてましたので、私自身が払ったのは11月１日ですけれども、領収書を受け取ったのもずっと後でしたし、そのときに、10月30日契約ということで契約書も作ってましたので、そのままになっているのかしらということで、余り気にはしませんでした。

――10月30日に手付けを払うことにはなっていたんですよね。

ええ、そういった形で話が進んでたかと思います。

（注：弁解が慣れていることが分かる）

乙第二四号証を示す
――下から二つ目の枠の売買代金及び支払方法等のところの手付金のところに、本契約締結時支払となって、250万円と書いていますよね。

はい。

――次のページに、平成12年10月30日になっていますよね。

契約の日付がですね。

――ええ、平成12年10月30日に手付金支払ったんじゃないんですか。

いや、支払ったのは11月1日なので、別に訂正しなかったんだと思います。

――先ほどの乙七号証の通帳の横に、頭金と書かれています。

そうですね。

――じゃ、これはどういう意図で書いたんですか。

このマンションの売買の頭金として窪田さんに払ったので、頭金というふうに書きました。

――10月30日に払っていないのに、11月1日のところで頭金と書いたと。

実際お金を出したのが11月1日でしたので。

――あなたは、原告高寺穫司さんの祥子さんへの送金について、陳述書の中で、鷹雄と2人で協力して、生活するための費用を送金していたと言っていましたよね。

はい。

――実際平成20年11月まで支払っていましたよね。

はい。

――でも、先ほどあなた、鷹雄さんと別れたのは平成18年8月だと言っていましたよね。

同居は解消しましたけれども、別れておりません。

――同居はしていたけど、別れてはいない。

同居はしてなかったけれども、別れてはいません。

――そうすると、平成20年11月まで送金していたけれども、それ以降送金しなくなったのはどうしてなんですか。

乙法人に関する裁判がそちらから提訴されまして、その中の陳述書を読んだり、高寺夕子さんですとかの発言を聞いていて、非常に私に対して憎んでいるというか、悪意を持っているのを感じましたので、そういう状況の中で、これ以上そういう生活の援助をする必要があるのかなということが自分で非常に疑問に思いましたので、停止しました。

――高寺家と裁判になってもめてきたからということですか。

もめてきたからというよりか、やはりその発言の内容ですとか、陳述書の内容に、ちょっと私としては非常に納得できない、許せないことが一杯書かれておりましたので。

被告ら代理人（荻野吉三）

甲第一九号証の一を示す

――こういう手紙が来たということで、300万、乙法人に貸したお金をすぐ返せというのが来たわけだけれども、祥子さんからこうやって手紙が来るわけだから、ほかにずっと、原告が言っておられるような、名義を替えてくれとか、権利書を返してくれとか、そういうふうな手紙とかもらったことありますか。

　一度もありません。

　はい。

――3ページ、さっきから問題になっている荻野弁護士の説明なんですけれども、そこはどういう部分か、何が問題になっているかは、もう先ほどから聞かれているからお分かりですよね。

　はい。

裁判官
甲第一六号証を示す
――一般的には、あなたが荻野先生にこういう御説明をされないと、荻野先生が一方的に誤解するというのは考えられないんだろうけど、荻野先生がどうしてこんなことをおっしゃったか、何か心当たりはありますか。

　生活援助金として、援助するお金として送っていたというお話はしたことがあったかと思いますから、そういったお金の出どころということで、お話ししたことはあったかと思います。

――例えば、一応高寺家側のお金と、あなたのお金を出し合ってというようなことを先生がおっしゃっているわけですよね。

　ええ。

――これは、あなたが御説明されるなりしないと、なかなか荻野先生には分からないこと、じゃないかと思うんだけれども、荻野先生がどうしてこういうふうに御説明になったかという心当たりはないんですか。

　ちょっと分からないです。

（注：ありえない）

乙第二八号証を示す
――2枚目の最後のパラグラフなんですけれども、丁や私個人が購入するのでなく、戊株式会社が購入することになったのは、あなたが既に戊株式会社に5000万円の貸付金があったのでというんだけれども、あなたの資金でまた、5000万円でこの＊＊＊号室を買ったら、実質的に、戊株式会社、当時の丙株式会社に対して、1億円ぐらい貸し付けることになっちゃうでしょう。

　そうです。

――余計回収が困難になるんじゃないかと思うんだけれども。

　この段階ですとその前に貸し付けた5000万に関しての回収の原資が全くなかったものですから、いずれにしても返ってこないという可能性が高いと思いまして、で、今回＊＊＊号室を戊株式会社が買って、その賃料収入を得ることで、戊株式会社に収入ができますので、そこから私は貸付金を返してもらおうというふうに考えたんですけれども。

――30万、35万ぐらいで1億の回収ですか。

そうですね、1億全部は。

――気の長い話なので、余り経済的合理性のある決断だとは思えないんだけれども。ただこういう理由で丙株式会社の名前にしたということなんですか。

そうですね。少しずつでも返してもらう原資を作ることが必要だと思いましたので。

甲第一号証を示す
――登記簿謄本、最後のページ、この［銀行名］に対する３０００万円の根抵当の残額はどれぐらいありますか。

今抵当権そのものが１０００万になっておりまして、残高は500万です。

――次の、［会社名］を抵当権者とする800万円のこちらは。

こちらは、もう残り400万ぐらいかと思います。

――１０００万弱ぐらいということですか。

そうですね。

以上

（注：被告中野の供述が至るところで客観的証拠に反したものとなっていることが分かる。裁判官もまた被告甲の供述を疑問視している）

3　決算書及び税務申告書引渡請求事件

諸事実と二人の証人の供述の間で矛盾が生じたことにより請求が認められた事案

（１）事案の概要と争点及び尋問の目的

ア　概要

原告が義理の母親Aを通じ、被告税理士Bに対し、税務申告をしていたことから、原告の資産調査のために原告代理人を通じて被告に対し、税務申告書の写しや亡くなった父親Cの遺産分割協議書（相続人はA、長兄D、原告）の写しを求めた。

当初被告は原告代理人を通じて原告に返還すると言い、そのために適切な手法を原告代理人に求めたため、原告代理人は税理士の立場を考えて調停を起こした。すると、被告は調停の席で、突然（原告代理人でなく）、すでに原告本人に原告の経営する店舗の税務申告書とともに引き渡したとして態度を翻した。

しかし、原告は原告の経営する店舗の申告書はもらったものの、原告個人の申告書はもらっていないとして、原告個人の申告書の引き渡しを求めた事案である。

イ　本件の争点

・被告は真実原告に税務申告書の写しを渡したか否か。

ウ　反対尋問の目的

被告税理士と事務所の所員Tが証言したが、確定した資料がなかったため、

・いつ、どのようにして資料を選別して原告に渡したのか

・渡した際の資料の確認と状況
・何故、原告代理人に渡すと言っていながら勝手に原告本人に返したのか
・受領書などはどうしてもらわなかったのか

などについて訊いて矛盾点を明らかにすることによって事実の解明を図った。

(2) 審理の結果

　被告税理士と証人の事務員Tの証言の食い違いや不自然な点が多々引き出され、受領書をもらわなかった理由も極めて不自然であった。しかし、一審判決は奇妙なことに、何らの根拠もないのに何故か被告から書類が引き渡されたのに原告が忘れていた可能性もあるとして、原告を敗訴させた。これは証拠の評価だけではなく、明らかに立証責任からいっても不合理であった。

　控訴審では、引き渡したとする客観的な証拠がないこと、返還すべき日にちの指示はしていなかったこと、返還する書類の中に確定申告書の控えが入っているかどうか確認すらしていなかったこと、原告が代理人をたてて返還を求めているにもかかわらず受領書等も徴収せず、事務員（T）が返還する書類の中に確定申告書が入っているかどうかの確認もしなかったことなどを「いささか不自然」とし、また返還の際の状況について、事務員（T）がファイルの中身も確認しなかったことなどのあいまいな点があることなどから、「全面的な信用性を認めることに躊躇が残る」とし、それ対し一審原告は一貫して受領の事実を明確に否定したことなどから、確定申告書の控えを交付したとまでは認め難いと判示した。

　控訴審の判断は双方の証言を仔細に分析した結果、証拠の評価がなされている。裁判長が途中で変わったが、筆者は裁判長が記録を精査して判断したとの印象を持っている。

　証言の矛盾をきちんと評価したうえで、信用性の判断を加えてなした控訴審判決は事実認定のあり方として参照されるべき事案であろう。

　なお、この事件は「第3　証言崩壊　5　管理財産返還請求事件」と関連しており、併合事件として訴訟手続きがなされている。

　(注) 一審での尋問を終わった直後は、裁判官は原告勝訴のような対応であった。裁判官が税理士という職業に対する遠慮したような判決であった。

(3) 尋問　保谷久

被告大泉冬男代理人

丙第九号証を示す

――保谷さんの名前、判子を押してありますが。

はい。

――これについては、保谷さんに、一度原稿を作成してい

ただいて、私のほうでパソコンで打ち直したものを、内容を確認してもらって、間違いないということで署名してもらったもので間違いないですね。

間違いありません。

——この内容に間違いとか訂正したい箇所はありますか。

ありません。

——証人の経歴ですけれども、陳述書に記載したとおりということでよろしいですね。

はい、間違いありません。

——大泉税理士の事務所開業のときからの従業員ということですね。

はい、そうです。

——村橋税理士事務所にも勤務していたということでいいですね。

はい。

——原告の中村夏子さん、それから、被告の中村春子さんについて担当していたということでよろしいですか。

はい。

——これは、いつから担当していましたか。

大泉税理士事務所の前の村橋税理士事務所の時代から担当しておりました。

——この中村さんの関係者では、だれだれから委任を受けていましたか。

主に中村春子さん。

——中村春子さんと夏子さんの申告は、委任、受けていましたよね。

はい。

——担当していましたよね。

はい。

——それ以外に、関係者で、だれだれ担当していたか、教えてください。

中村秋男先生の申告も担当しておりました。それと、もう一つ、関係会社として、有限会社中村薬局のほうも担当しておりました。

——これらの打合せですとか、申告の報告なんかには、だれと、どの程度、顔を合わせていましたか。

中村春子さんと中村秋男先生は、ずっとこちらにおりましたので、毎年、打合せしていました。

——秋男さんの申告に関しては、秋男先生自身と打合せしていましたか。

主に中村春子さんと打合せをしまして、最終的には印鑑は秋男先生のほうからいただいていました。

——税理士さん自身と、保谷さんとでは、どうですか。だれが直接の打合せとかをすることが多いんですか。

私が直接、説明とか打合せとかは、全部しておりました。

——そうすると、春子さん、夏子さんの個人の申告ですけれども、これについては、先程ちょっと言っていましたけれども、いつごろまで、だれというか、だれとどのようになっていたか、もうちょっと詳しくお願いします。

はい、夏子さんの分は、陳述書にもありますけれども、多分15年ごろだと。平成15年ごろまでは春子さんのほうから書類を全部頂きまして、申告しておりまして、多分15年か16年ころからは、こちらに帰って来られましたので、直接夏子さんと打合せをして、書類を頂きまして、申告しておりました。

——中村薬局の代表者の変更というのが、平成16年の5月のようなんですけれども。

はい。

——これを境に、前後して、それ以前は春子さん、それ以降は夏子さんと、そういうことなんですか。

そういうことになります。

——そうすると、代表者の変更後は、中村薬局についても、中村夏子さん御本人の申告についても、夏子さん御本人とやり取りをしていたということでよろしいですか。

はい、間違いありません。

——夏子さんに最初にお会いになったのは、いつごろでしょうか。

15年ごろだと思います。

——陳述書にその中村薬局の売買の話がありますけれども。

はい。

——これより前なんでしょうか、後なんでしょうか。

それは前。

——それとも、このころなんでしょうか。

ちょっと前だと思います。

——この売買の関係より、ちょっと前に会ったことがあるということですか。

はい。

——夏子さんの申告について、今回の問題になっていること以外に、内容について問い合わせがあったとか、疑義が生じたということは、今までありましたか。

そういうことはなかったと思います。

——それから、春子さんと最後に会ったのはいつですか。

個人の確定申告させてもらっていますので、今年の3月にお会いしました。

——夏子さんとはどうですか。

20年3月に19年分の申告をしていますので、そのときが最後です。

——今回、夏子さんのほうから資料の開示等を請求されたということなんですが、いつ、どういう形で資料の開示を請求されましたか。

秋男先生が亡くなった後にだと思いますけれども、相続税の申告書を見せてくださいというふうな形で言われました。

——秋男先生が死亡したのは平成19年の2月ということなので、その直後という感じですか。

確かそうだと思います。

――このときに開示請求されたのは、具体的には何の書類ですか。

　中村一郎先生の相続税の申告書。

――と言われましたか。

　はい。

――それに対しては陳述書の記載のとおりに答えられたということですかね。

　はい。

――その後、６年度の確定申告書のコピーも一緒に渡したということなんですよね。

　はい。

――ということは、この時点では、夏子さんの申告書については、少なくとも６年度以降の分は全部持っていたということですよね。

　うちの事務所で、陳述書にも書いてありますけれども、慣例として、控えの原本は全部、会社関係のも全部、うちの事務所で保管しておりました。

――そして、その保管したものは、６年度以降は全部その時点であったということですね。

　ありました、はい。

――その申告書の控え、ファイルというものがあって、それをいつどこで夏子さんに返却しましたか。

　19年の10月ごろだったか、ちょっと日にちは陳述書に書いてあるので、今ちょっと思い出せないんですけれども、そのときにお返ししました。

――10月の12日か29日というふうに業務日報に記載されていますよね。

　はい。

――そのときに、何と何を渡しましたか。

　法人のですね、解散申告とか、清算申告の業務を委任されていましたので、清算申告が終わりましたときに、今まで借りていた資料と、法人の申告書の控え、それと、中村夏子さんのほうの確定申告の控え等、借りているものを全部お返ししました。

――そうすると、法人税の申告書のファイルと、中村夏子さん個人の申告書のファイルがあったということですよね。

　はい。

――それはどういう形で保存しているもので、分量はどのぐらいありましたか。

　法人の申告書の控えというのは、かなり分厚いもので、10センチぐらいの幅のファイルになると思います。個人のものは２センチか３センチぐらいの薄いファイルになります。

――それをどこで渡したか、覚えていますか。

　中村薬局の店舗というんですか、そこでお渡ししました。

甲第一五号証を示す
――ここに①から⑲まで、甲一五号証が法人のものみたいですね。

はい。

――それから、一六号証のほうは、夏子さん御本人のものらしいんですが。

ええ。

――この写真の中に、今お話しになった、そのファイルというのはありますか。

この写真の中には、法人の申告書のファイルと、夏子さんの個人の申告書のファイルは見当たりません。

――そうすると、これ以外のものだということなんですよね。

はい、そうなります。

――そのファイルの個人のほうには、少なくとも、平成6年度以降、18年度分までのファイルが入っていたということですよね。

はい、そうなります。

――それから、返した当時ですね、返したのが19年の10月ということですから、その前に原告の代理人から連絡が大泉先生のほうにきていたということは知っていましたね。

ああ、知っておりました。

――その中に書類の話があったというのは御存じでしたか。

知っておりました。

――そうすると、そういう弁護士からお話がきているのに、直接返してしまって、何か、まずいなとか、おかしいというふうには思いませんでしたか。

向こうの弁護士さんからきている内容が、どういう効力があるのか、ちょっと、私、法律的なものが分かりませんでしたので、当時は、会社の解散とか清算の申告とかの手続で、しょっちゅう、月に1回か2回は夏子さんのほうにお会いしていて、お話ししていても全然そういう争いのような形の、私のほうの会話では一切ありませんでしたので、直接返しても差し支えないかなと思いまして、返しました。

（注：税理士事務所の職員が、本人の代理人から税務申告書の写しの引き渡しを求められているのに、このような対応は通常考えられない）

――これ、返したときに、夏子さんが何か言ったとか、記憶にあることはありますか。

返したっていうか、今までの、法人も含めて、個人の申告も終わりましたので、御苦労様でしたとか、ありがとうございましたとかと言われた記憶はありますけれども、書類に対しては、別に、特に、その中に当然含まれていると解釈しておりました。

――その後、最後に会ったのが、20年の3月に、確定申告の19年度分、打合せしているんですよね。

はい。

――これを見ると、3月の前半ぐらいなんですけれども。

はい。

――それ以前に、実は夏子さんのほうから調停を申立てされているんですよね。

（うなずく）

――そのことは知っていましたか。

全く知りませんでした。

――そうすると、調停申し立てられていると知らずに、申告の依頼を受けたと、そういうことですかね。

はい、そうです。

――実は調停申し立てられているというのは、いつ分かりましたか。

……日……。

――分かったとき、じゃあ、どう思いましたか。

分かったときは、もし、それ以前に、申告の以前に、調停うんぬんのことがありましたら、多分、先生と相談をいたしまして、先生、所長ですね、その申告を引き受けるかどうかを検討したと思います。

――分からなかったので、あっさり、特に。

はい、全く分かりませんでした。

――問題なく引き受けたということですね。

はい。

――それから、業務日報を提出しているんですけれども、これはどういうふうにして作成するものですか。

毎日、仕事が終わった後に、パソコンで業務日報を作成するシステムがありますので、そこに私自身が入力いたします。

原告代理人（渡邊）

――あなたは、大泉税理士の前の村橋税理士の段階で勤務しているということですよね。

はい。

――それで、しかも、中村家の担当であったということですね。

はい。

――平成4年3月25日に、故一郎さんが亡くなったことは御存じですね。

はい。

――そうすると、その遺産分割協議書については、前の村橋先生が関与しているかどうかについても御存じですか。

はい。

――関与していたんですか。

関与していました。

丙第一号証を示す
――この丙第一号証の、御存じですね、遺産分割協議書については、税理士の村橋先生は作成に関与しましたか。

はい。

――じゃあ、あなたも関与しましたか。

私も参加しました。

――そうすると、この遺産分割協議書については、これは中村家の方と相談して作成したものですね、当然。勝手に作ることはないでしょう。

当然そうなりますね。

――当然ですよね。

はい。

――そうすると、丙第一号証にある遺産分割協議書を示しますが、これは3人で遺産分割協議書を作成していますね。

はい。

――そうすると、この3人の方に村橋税理士は全部説明して、この了解を取って、遺産分割協議書を作成したということですか。

この当時は、秋男先生はこちらにおりましたけれども、夏子様はA県のほうにいらっしゃいませんでしたので、お2人には説明したと思います。

――そうすると、当事者の原告の中村夏子、これは直接関与しないで作成されたと伺ってよろしいですか。

……。

――イエスかノーかでお答えください。

私は夏子さんにはお話ししていません。村橋先生が電話で説明した可能性はあります。

――いや、あなたの記憶で結構です。可能性などというのは、あなたの体験ではありませんでしょう。

私はありません。

――だから、その村橋先生が。

裁判官

――それでいいんじゃないですか。

原告代理人（渡邉）

――はい。村橋先生が。

被告大泉冬男代理人

――ちょっと、主尋問の範囲、かなり超えていると思います。

原告代理人（渡邉）

――それだったら、主尋問、私も、これを、遺産分割協議書についてのお話は後で出てくるからいいかなと思ったんですが、必要があれば、私、今、主尋問で請求しますけれども。この程度の範囲は許されると思っていますから。

（注：この尋問は併合されている事件に関連して聞いている。主尋問の範囲外であれば直ちに在廷証人として申請して採用を求めたうえ尋問を行う姿勢を示している）

裁判官

――主尋問の範囲は超えているのは間違いないので、手短にお願いします。

原告代理人（渡邊）

――はい。後で出てきますので。そうすると、この遺産分割協議書については、村橋先生も説明したかどうかについては、あなたは御存じないということですね。

はい。

――それから、夏子さんがですね、この遺産分割協議書についてですね、村橋税理士に、遺産の確認や処分、及び遺産分割の内容をゆだねたものであるという主張をなさっているんです。これは平成20年11月13日の準備書面の１ページにあるんですが、そういう、要するに、村橋先生が、遺産の処理とか、確認や処分とか何かをやっていたという趣旨の文章があるんですが、私が疑問持っているのは、大泉先生が、遺産分割、作ることはあっても、他人の財産の処分とか何かすることはないだろうと思ってお聞きしたいんですが、大泉先生がそこまでやることはありませんよね。

それは、私。

――あ、大泉先生じゃない。ごめんなさい。村橋先生。

大泉でないですから、分かりません。

――分かりませんか。

はい。

――あるいは聞いたことはありますか、ありませんか。

文章は見たことあります。作った後の文章は。

（注：遺産分割協議書に所員として関与しているのであるから不自然である）

――分割協議書ですね。

えっ？

――遺産分割協議書のことですか。文章を作ったことがあるというのは。文章というのは。

先生の陳述書の中に、そういうことを書かれてあったような記憶はあります。

――先生って、だれの先生。

裁判官

――それは、大泉さんに聞いていただければ。

そうですね。私に聞かれても。

（注：協議書作成の関与者から聞くのが何故ダメなのか不明）

原告代理人（渡邊）

――いや、違います。

それはお答えできません。

――だから、被告は村橋先生がそういうことをやっているというようにおっしゃっているんで、要するに、税理士は、人の財産に手を突っ込んで、いろんな処分なんかすることはあり得ないと思うから、村橋先生はそんなことやっていないだろうという趣旨だけです。分かりませんか。

私、聞かれている人が私ではないと思うんですけれども。

（注：勤めていてしかも自分が担当している件について

知っていると言っていたのに明らかに逃げの弁解）

――うん？　何。まあ、いいです。

被告大泉冬男代理人
――分からなければ分からないで。

分かりません。

（注：分からないことなどない）

原告代理人（渡邊）

――分からない。分からなきゃ分からないで結構です。

言っている意味が分かりません。

――あなたは、陳述書の中で、村橋税理士、大泉税理士の段階で、担当者で、原告の源泉徴収票の資料をもらって全部やっていたと。

はい。

――で、一切、原告と直接面識がなかったということですね。

はい。

――そうすると、その段階でですね、あなたが、中村夏子と会う前にですね、当然、その中村夏子の個人の税務申告をすれば、依頼者は中村夏子ですから、中村夏子に税務申告書を渡すなり、中村夏子の税務申告の内容について、税理士であれば、説明するとか、ここだったよと報告するという義務はありますよね。これはお分かりになりますよね。

はい。

――じゃあ、そういうことをやっていたかどうかについて、あなたは御存じですか。

……。

――やっていなかったというふうに聞いてよろしいですか。一切あなたの陳述書には出てきませんので、やっていなかったんじゃないかと思うんですが、やっていませんでしたね。

本人とは一切連絡は取っておりません。

甲第二号証を示す
――それから、具体的に甲第二号証についてお聞きします。この甲第二号証添付の不動産売買契約書は、あなたの陳述書で、先程私が述べましたが、中村春子さんからもらって、やったものだと、申告していたというふうにおっしゃいましたね。

はい。

――この不動産売買契約書もそうですか。それとも、元々事務所にあったものですか。

これは、この6年の10月でしたから、7年の3月15の申告のときに、資料として、もらいました。

――中村春子さんにもらった。

はい、コピーをもらいました。

――その趣旨は、この不動産の土地建物ありますよね。

はい。

――その土地建物の持分が10分の７の原告に持分の所有権があるということは御存じでしたよね。

はい。

――その売却した売買代金を、原告の税務処理のために使うんだという趣旨でもらったわけですね。

はい、そうです。

――それから、同じく甲二号証に添付の「簡易保険の支払保険金額等のお知らせ」という題の書面を示します。この書面も、中村夏子の所有のものであると。で、所得が生じたと、平成６年度にね。だから、それを申告してくれということで、中村春子さんからもらったものではありませんか。

そうです。こういう所得が今年ありますので、申告してくださいというので、この書類だけ頂きました。

（注：原告の主張を裏付ける証言）

――そうすると、その２つの、［Ａマンション地番］の土地建物の売却の持分の代金、それから、今指摘した、簡易保険についてのお金ですね、これはいずれも、被告春子さんも、原告の所有物として所得申請してくれということで、あなたにお渡ししたものですね。

そうです。

――そのときにですね、後であなたは説明したと、平成19年度に、先程ありましたよね、夏子さんのほうに甲二号証を持って説明に行ったという趣旨、ありましたよね。平成６年度の申告書。

何号証って言われても、ちょっと分からないんですけど。

――分かりませんか。６年度の税務申告書を持って。甲二号証。

はい、分かりました。

――説明に行ったということですね。

はい。

――そのときにそういうことを説明しましたか、しませんでしたか。

そういうことといいますと。

――だから、あなたの財産として、平成６年度にあなたの持分があって、春子さんから指摘されて、それで、あなた方が税理士として所得申請したんだと、あなたのものとして所得申請したんだということを説明しましたか、しませんか。

裁判官

――いつということですか。

原告代理人（渡邊）

――19年度以降に会ったとき。先程言いました。

裁判官

――したか、していないかですけれども。

……申告……。

原告代理人（渡邊）

――ただ、持って行っただけなのか。

裁判官

――ちょっと待ってください。平成19年に会ったときに、この甲第二号証ですか。

はい、はい。

――持って行ったときに、平成6年のときにこういうことをしましたという説明をしましたか、しませんでしたか。

ああ、申告しましたというのは、内容は説明しました。

――内容を説明したんですか。

はい。

――どのように説明したんですか。

これ、そもそも見せたのが、相続財産の中で、現在不動産でないものがありましたので、ないのがどういう理由で今ないのかという形で、平成6年にこのAマンションは売却していますという説明をしました。

（注：こうした返答なのに裁判官が何故制限しようとしたか理解に苦しむ）

原告代理人（渡邊）

――その1つとして、じゃあ、こういうふうに聞きましょう。甲二号証の2枚目を示します。上のほうの「総合課税の所得」、これは「A市○○郵便局」とありますね。

はい、一時所得ですね。

――それから、「分離課税の所得」、これが「［Aマンション地番］」、これが先程の土地建物ですね。

はい、そうです。

――これは、土地建物と簡易保険の問題ですね。

はい。

――こういう形で、ちゃんとあなたの財産だということを説明しましたね。

はい。

――そのときに、それ以外の財産についてはどうなっているかという質問はありませんでしたか。

ありませんでした。

――あと、念のために、あなたが書いたかどうかを聞きますが、同じく甲二号証の6枚目くらいの「譲渡内容のお尋ね回答書」を示します。この中に、右下に「参考」とありますね。ここには金額が書いてあって、「参考」と書いてあって、中村春子10分の3、中村夏子10分の7の持分で、代金の金額を括弧示し、これ、多分、括弧で示し、ですね。

はい。

――括弧なし金額はその持分によるものであると、こういうふうにやっておりますけれども、これは持分の割合において所得が生じたんだという趣旨ですね。

そういうことになります。

——これは、あなたが書いたものでしょうか。それとも、大泉税理士が書いたものでしょうか。

被告大泉冬男代理人

——大泉先生じゃなくて、村橋先生ですよね。

（注：妨害行為）

これは原稿は私が作成しました。

（注：にもかかわらず答えている）

原告代理人（渡邉）

——えっ？

原稿。清書したのは、この当時は清書するパートの人を3月のに頼んでいましたので。

——そうすると、原案はあなたが作成したということですか。

はい、そうです。

裁判官

——この当時の担当の税理士さんはどなたなんですか。平成6年度の申告。

平成6年度は村橋先生です。

原告代理人（渡邉）

——7年の3月の段階では、もう大泉先生でしたよね。

ああ、7年の3月は大泉先生。

——大泉先生でしょう。

ああ、そうですね。

——だから、これは大泉先生じゃないですか。

そうなります。すみません。勘違いしていました。

——それから、次、返還についてお聞きしたいんですが。あなたは、先程、甲三号証の、協議書の一部を原告の夏子のところへ持って行ったということを、陳述書にお書きになっていますよね。

はい。

——遺産分割協議書というのは、3人で作っているわけですよね、全員でね。

はい。

——これは、もう、あなたも何回も経験ありますよね。

はい。

——そうすると、作成者の1人が、それぞれ、持つべきものですよね。

そう思います。

——あなたの陳述書によると、「春子氏に返却してあるのでそれを見て下さいと断りました。」と言っているんですね。

はい。

——これは何でほかの人に渡さないんですか。

私の陳述書に、それ、書いてあると思いますけれども。

――いや、いや、まず、元々作成したとき。

あ、平成4年のことですか。

――はい、当然です。そのときに渡してあれば、それでいいわけですから。

これはですね、村橋税理士の当時は。

――いや、分かんないなら分かんないでいいですよ。

私はそこまでの義務はありませんでしたので、税理士、私は単純に補助しただけで、最終的な判断というのは、私はその当時はまだ判断できる立場にありませんでした。

――全員に渡すべきものだとは考えているけれども、それはあなたの資格者としての立場ではないからということでよろしいですね。

はい。

――それで、そうすると、自分は持っていないから、後からね、ここのあなたの陳述書にあるのね、「断りました。」と。そうすると、あなた、何、大泉税理士のほうで、本来作成者が持っているべきもの、あるいは引き渡してもらうべきものを請求したのに、それがプライバシーとか何とかいう理由でお断りになっていることは書いてありますけれども、それが、しかし、作成者が引き渡してくれということになった場合に、本来作成者に渡すべきものを渡さなくてもいい理由について、何か調査したことありますか。書籍なり、何なりで。思い付きで言うんじゃなくて、普通、そうだって、義務、税理士という立場で、自分が業務した以上、依頼者がこういうものをよこしてくれと言ったら、当然それは私は渡しています。にもかかわらず渡さないということであれば、きちっと調査をして、渡さなくてもいいんだ,思い付きじゃなくてね,ということをしっかりやって、それについて。

裁判官

――手短に。

原告代理人（渡邊）

――はい。すべきだと思うんです。そういうことを調査した記憶はありますか。

私は税理士でありませんので、今言われたことは、やっていません。

――じゃあ。

裁判官

――ちょっと、そこでストップして。結局、この方にお聞きするのは、何の書類を渡したのか、渡していないのかということですよね。

（注：前提たる事実、関係事実の無視）

原告代理人（渡邊）

――はい。で、あなたはお渡ししたということですが,じゃあ、先程の裁判所の言っているところへいきますが、申告書の原本をお渡ししたと言っていますね。平成19年10月12日か29日。

はい、お返ししました。

――どっちの日ですか。

そこまでは、業務日誌にそこまでは細かく書いていませんので、どちらと。

――いや、あなたの記憶です。

記憶はそこに書いたとおりです。どちらかだと思います。

――いや、だから、あなたは、今、私は聞いていないと思ったら、税理士の先生から、私の手紙がきているということを、明らかにしてくれということを聞いているわけでしょう。

はい。

――それに対して、弁護士に、本来なら私に渡してくれというのに、原告に渡したということであれば、これはそれなりにきちっとしなければいけないというふうに思いませんでしたか、思いましたか。

先程も言いましたけれども、５月にもらった書類が、それほど、どういう効力があるのか、私ら、全然知識がありませんでしたので、いいとか悪いとかは全然考えないで、単純に毎日というか、しょっちゅうお会いしているので、本人に渡したほうが、まあ、と思って、渡しました。

――それについて、私は配達証明を出しましたよね。そしたら、大泉税理士のほうから、その点について、これは弁護士から、こういう、引き渡してくれというふうにきているから、きちっとしてくれという指示もなかったんですか。

返事を書いたのは聞いておりましたので、それ以降は別に何もありません。

――私が聞いていることだけ答えてください。私、長くなりますから。今も言われてるんだから。

はい。

――そういうふうに、私との間で２回もやり取りをしているんで、これはきちっとしたほうがいい、きちっと処理したほうがいいという指示が税理士のほうからこなかったんですか、きたんですか。

指示はありませんでした。

――全くない。

はい。

裁判官

――弁護士さんからそういう請求がきているというのは聞いてはいたんですか。

分かっていました。

原告代理人（渡邊）

――先程、聞いているって言っていました。

返事もしたのも分かっておりました。

――平成元年から、あるいはこちらは15年までの請求したんですが、そのときは何年から何年までの申告書を出したんですか。

うん？

――だから、渡したのは、税務申告書は、いつ、何年から何年の税務申告書を渡したんですか。

つづりの中までは確認しませんでしたので、何年から何年ていうか。

――その確認もしない。

申告書のつづりというのは、毎年、こう、上に重ねていっているものですから、一番最初のとこ。

――それは、あなたの内部のことでしょう。

はい。

――だから、そういう、その渡すときには、何年分と何年分を渡すというふうに言うのが当然じゃないですか。資格者なんだから。

私、資格者でありません。

――いや、だから、資格者の代行として、やっているわけでしょう。

ああ、はい。

――じゃあ、資格者の代行として、あなたはおやりになっているわけですね。

はい。

――そうであれば、渡すものについてぐらい、しかもそれが弁護士から請求がきている。それについて確認して渡すのが当然じゃないですか。

……。

（注：通常行うべき行為を確認しているのに答えられない）

甲第一五号証を示す

（注：この写真には原告に渡されたと主張するものが写されている）

――写真を示します。この袋の中に、渡したと、入れたという趣旨ですか。

袋は、私、記憶にありません。どういう袋だったのか。

――どういうふうに渡したのかも記憶にないんですか。どういうものに入れて。

袋に入れないで、手で渡しました。申告書のつづりは、うちのほうで持って行きましたので。

――じゃあ、こういうふうに聞きます。そこに、袋に、先程、その日と答えたから、てっきり一緒だと思ったんですが。

はい。

――あなたのほうでは、その当日、あなたが夏子さんに渡したものは、どういうものとどういうものを渡しましたか。

はっきり分かるのは、確定申告書の控えと、個人の申告書の控えですけれども、個々には、もう3年ぐらいたちますので。

――いや、その渡した態様を聞いて、お聞きしたいんです。

態様。

裁判官

――例えば、何に。

何。

原告代理人（渡邊）

――先程、あなた、答えたんで、てっきり理解していると思ったんですよ。一五号証の袋は渡したのか、渡さなかったか、御記憶ありますか、ありませんか。

この袋の包み紙は記憶にないんですよ。うちのほうの事務所ではこういう包み紙というんですか、袋は使いませんので。

――いや、結論だけ言って。この袋は渡した記憶はないとおっしゃるの。

ない、ないです。

――それじゃ、袋もないのに、どういう形でそれらの書類を渡したんですか。

はっきり言って、何かの袋には入れたんですけれども、この袋ではないと思うんですよ。書類をばらばらには持って行きませんので、何かの袋に入れてお渡ししたけども、この袋ではないような気がします。これ、うちのほうでは、こういう袋を使いませんので。

（注：以前の証言では「袋に入れないで手で渡しました」と証言している）

――先程、じゃあ、一五号証に基づいて、あなたは主尋問でお答えしましたけれども、それは間違いと聞いてよろしいんですね。

被告大泉冬男代理人

――いや、袋を渡したというお話はしていないと思いますよ。

原告代理人（渡邊）

――じゃあ、この袋とは、袋をこちらは渡されたというんですが、あなたは記憶がないと。

別なものでないかと思います。

裁判官

――ちょっと整理すると、この袋じゃない別の袋に入れて渡したという記憶なんですか。

はい、そうです。

――ちょっと待ってくださいね。確定申告書の控えのつづりは、袋に入れて渡したんですか。

それがはっきり記憶にないんですけれども、持って行く分には、全部、量がありますので、袋に入れて持って行っていると思います。

――渡したときに袋のまま渡したものもあるわけですか。

あります。

――その中に確定申告書の控えのつづりとかが入っていたかどうかについては記憶がありますか。

確定申告書の控えと、法人の確定申告書の控えは、これは重要なものですので、もし袋を持って行っても、これが確定申告書の控え、こっちが法人の控えというので、この2つだけは説明していると思います、確実に。

――説明して。

はい。

――そのままお渡ししたんじゃないかということですか。

はい。

――そのままというのは、つまり、袋に入れないで、これですよと。

そこまではっきり言って。

――じゃあ、記憶が。

忘れて、うん。

――はっきりしないということですか。

はい、ほかに例えば伝票とか、会計伝票とか、この中を見ればあるんですけど、こういうものは一々袋から取り出さないで、これ、お借りした書類、そのほかですという、お返し方、していると思います。

――そういう記憶だそうです。

原告代理人（渡邊）

――私が聞こうと思ったのを聞いてくれましたので。それで、そのときに、あなたのほうでは、先程言ったように、弁護士からそういう問題がきている。そうすると、これは受領書を取ってなきゃいけないということをお考えになりませんでしたか。

私は、その当時は、全くそういうところには疎くて、分かりませんでした。もらわなければいけない。

（注：税理業務に従事している者がこのような考え方をすることはありえない）

――あなたのほうで、少なくとも、大泉税理士のほうから、きちっと受領書をもらうようにと指示もなかったんですね。

ありませんでした。

それで、先程の確定申告書、これは何年度から何年度までのものかも、あなたは知らないということですね。

はい。

――厚さはどのくらいだったですか。

個人のものが3センチ、せいぜい3センチぐらいだと思います。

――そうすると、仮に十何年分をやっている。3センチでは薄過ぎますか。添付資料があれば。

個人の申告書というのは薄いものですので、全然収まるんでないでしょうか。この甲第二号証ですよね。

――うん

これは譲渡所得等の特別な所得があるんで、こういう不動産売買契約書とか、一杯添付してやるんで、この年度はすごく厚くなるんですけれども、夏子さんの場合は、通常の場合は給与所得と不動産所得だけですので、この甲二号証で言えば4枚ぐらいです、通常の年度は。

――それが分からないから聞いているんですが。

はい。

――当然、あなたも御存じのように、中村夏子は、源泉徴収票をやれば、給料取りでしたよね。

はい。

――給料取りだけの収入しかなければ、ほかの確定申告する必要ないわけですね。

あの貸家。

――いや、ちょっと聞いてください。

はい。

――ありますか。普通、給与所得者は確定申告はしませんよ。

給与所得だけであれば、確定申告の必要はありません。

――そうでしょう。だからこそ、確定申告しているわけでしょう。それ以外の、給与所得以外の所得があるからこそ、確定申告している。

はい、そうです。

――ですから、それの厚さというのは、その年によっていろいろな資料を添付したり何かしているわけでしょう。

通常の年度はですね、この甲二号で御説明してもいいでしょうか。

――いや、私はそれ以外のものもあるんじゃないですかと聞いているわけ。

ありません。通常はありません。この不動産、甲二号証書の、3枚目の、収支内訳書だけです。

――そうだとすると、通常のものだけしかありませんということの説明もなかったですか。

えっ？

――中村夏子に対して。

通常。

――だから、あなたのほうで、甲二号証はいろいろありますけれども、それ以外の年度については、この程度のものですという説明もしなかったわけですね、渡すときも。だから、これでいいんだと。普通は渡すときにそうやって渡すでしょう。

これ、渡すときは、これが全部、確定申告書の控えですと渡して、一年度一年度には説明はいたしません。

――まあ、いいです。余計なことを言わないで。要するに、その説明はなかったと聞いてよろしいですね。はい。

……。

原告代理人（藤澤）

――先程、中村さんにお返ししたという個人の確定申告、ファイルになっているとおっしゃいましたね。
はい。
——大泉税理士のほうの陳述書に書いてあるんですが、そのファイルというのは税務署の受付印がある控えのファイルなんでしょうか。
はい、そうです、そうです。
甲第二号証を示す
——これを見ると、これ、受付印、押されていないですね。
……これでないかな。
裁判官
——それ、原本を示されているんですか。
（注：受付印がないことからコピーであることがわかる）
原告代理人（藤澤）
——これ、元々、こちらでもらっているのは、コピーですので。
原告代理人（渡邊）
——税務署の受付印がない。
ああ、これね、これ、〇〇税務署ですよね。
原告代理人（藤澤）
——はい。

申告が。

——ええ。
＊＊税務署、##税務署は、提出に行きますけれども、こちら、〇〇税務署ですので、うち、◇◇までは提出に行きませんので、郵送します。
——あなたの事務所には、受付印のある控えと、受付印のない控えと。

ない、ない、あります。

——両方あるんじゃないですか。

当然、いや、違います、違います。〇〇税務署は◇◇ですので、うち、◇◇までは提出しには行けませんので、◇◇のところは全部郵送します。で、＊＊税務署に申告した年からは、必ず受領印のある申告書があります。

——普通、郵送で申告したときにも、受付印を押して、返送してもらうのが普通じゃないでしょうか。

うちでは、そういう、村橋先生のとき、ああ、それは大泉先生か、そういうのはありま……やった記憶はありません。

原告代理人（渡邊）

——そうすると、私もいろんな税理士に聞いてきたんですよ。税務署の確定印がない、受付印がないものが、本当に、それを申請、申告したかどうか分からないでしょう。

……。

――だから、税理士というのは、受付印の持っている、受付印のある確定申告書の原本を依頼者に渡すか、少なくとも確定印があるコピーを依頼者に渡す、これは常識だというふうに聞かされているんですが、なぜ、これは受付印のないものが渡されたんでしょうか。

……村橋先生のときからの、これ、慣習でしたので、そのままずっと、何も考えずに続けておりました。

（注：不自然。通常の業務と違う）

以上

（４）被告本人尋問　大泉冬男

被告大泉冬男代理人

丙第八号証を示す

――これは大泉先生の陳述書ですけれども、これは大泉先生のほうで記載していただいたものを私が打ち直して、内容を確認した上で署名していただいたものですね。

はい、間違いありません。

――内容に間違いとか訂正とか。

ございません。

――一般的なことですが、相続税の申告の依頼というのは、どのようにして受けるのが通常なんでしょうか。

相続人が複数の場合は、相続人の代表から私どもが委任を受けます。

――遺産分割協議書なりが、そういう作成も税理士さんが受けられることがあるんですか。

ええ、もちろん原案は、相続人間で協議した結果を私どものほうに報告をいただきまして、それに基づいて私どもが分割協議書を作成します。

――今回は、村橋先生の作られたものが問題になっているんですが、通常は、遺産分割協議書というのは、どういうふうに、何通とか作って、どうやってお渡しするものですか。

遺産分割協議書は、相続人の数プラス３通、作成いたします。そして、そこには必ず実印を押していただきますし、それから、印鑑証明も添付していただきます。したがいまして、それが全部そろったものは、相続人がすべて承認したというふうに私どもは受け止めて仕事をいたします。

――相続人の数というのは、相続人各自に渡すものということですよね。

そうです。

――プラス３通はどういうふうに使用するんですか。

税務署に１通と、それから、申告書の控えに１通と、私どもが１通持つということになります。

――原告と被告春子さんからの委任については、開業の年から委任を受けていたということでいいですね。

ええ、そうです。

――以前に、村橋税理士さんが委任を受けていたようなんですが、その後、先生がやるに当たって、どういう形で委任を受けられましたか。

その委任の交渉は、保谷が交渉いたしましたので、私が直接、私が関与してもいいかということはしておりません。

――そうすると、大泉先生に替わられるに当たって、大泉先生にまた依頼していただけるかということを、保谷さんが各顧客に確認しに行ったと、そういう形なんでしょうか。

いや、私本人も行ったところもございますし、保谷がやったところもございます。

――そうすると、村橋先生から直接引き継いだということではなくて、大泉先生に替わるに当たって、一件一件また新たに委任契約を結び直したと、そういうことでよろしいんですか。

はい。通常の会社業務ではありませんので、会社のように代表者が替わったからどうこうということではありません。あくまでも税理士個人と依頼人との関係でありますので、私が大半お客様のほうへ回って、村橋先生が今度やめるので、引き続き、私にやらせてもらえますかという了解を得てやっております。

（注：これを社会的には事務所を引き継ぐという表現をしている）

――今回、中村さんの関係者としては、話に出ていました夏子さんと春子さん、それから、秋男さんの個人の確定申告、それから、有限会社中村薬局の税務申告についても依頼を受けていたということでよろしいんですね。


そうです。

――中村薬局との関係は、顧問契約という関係になるんですか。

そうです。

――そうすると、業務としては、毎月何らかの仕事があるということですか。

ええ、そうです。

――報酬などは、ばらばらに頂くものですか、それとも、一括して頂くものなんですか。

夏子さんと春子さんの個人の分は最近頂くようになっただけで、その前は頂いておりません。中村薬局と、中村医院、秋男さんが院長ですけれども、そこから報酬を頂いていました。

――毎年の申告の打合せですとか、報告というのは、どのようにしていましたか。

担当の保谷が行って、それを私のほうへ報告します。それで、私が指揮監督をしまして、申告書の作成をすると、最終的には私の署名押印が申告書には必要ですので、その後に税務署に出すという流れです。

――夏子さんの申告については、保谷さんを通じて春子さんのほうに申告書を渡すという形で報告をしていたということで間違いないですか。

ええ、そうです。

――これは、話に出ていましたが、中村薬局の代表者が変更した後は、夏子さん御本人にお渡ししていたというお話でしたが、それでよろしいですか。

　はい。

――夏子さんのほうから、税理士さんのほうに、何か、今まで、質問ですとか問い合わせというのがあったことはありますか。

　私に直接の質問はありませんでした。

――保谷さんにはあるということですか。

　そこは、私に話すことがあれば報告はしてるでしょうけれども、具体的な記憶はございません。

――そうすると、秋男さんが亡くなった19年2月以降に、資料の開示請求があったのが初めてということですか。

　そうです。

――記憶する限り。

　はい。

――これについての返答は陳述書に記載されたとおりということですよね。

　はい。

――先生としては、個人情報の関係で問題がないかということが心配だったということが、全部お見せしなかった理由なんでしょうか。

　そうですね。私が村橋税理士のほうから引き継いでいるのはその書類を適宜処分しなさいということだけですので、それから、先程申し上げましたように、あくまでも相続税については村橋先生と中村家でやられたことですので、私が関与するものでもないし、私がその書類を開示する義務も立場にもないのではないかと。私の中では、村橋先生が置いていった書類は、どちらかというと村橋先生の所有物であると思いますし、村橋先生が亡くなった後は、当然中村家の相続人の方の所有物ではないかと考えております。私がはっきり村橋先生から引き継いだというものは、事務機器とか机とかあるわけですけれども、そちらのほうについては、きっちり金銭の授受をして引き継いでおりますので、原告代理人がおっしゃっているような、業務を引き継ぐという概念は、私どもの仕事にはないと考えております。

（注：これを業務を引き継ぐという）

――それから、先程御質問でお答えしてましたけど、春子さんからも、村橋先生がやったことではないかという話もあったということですね。

　ええ、そうです。

――それから、夏子さんの確定申告の申告書の控えというのは、そうすると、毎年やるごとに、控えとしてはお渡ししてた。春子さんを通してか、あるいは夏子さんに直接かということで、毎年、お返し、お渡しはしているわけですね。

　そうですね。

――今回問題になっているのは、控えではなくて、先生のほうで保管している、税務署で判子を押した、いわゆる、何と言うんでしょう。

コピー。

――コピーのことですかね、そのファイルを返却したか、しないかが、今問題になっているわけですよね。

ああ、夏子さんの所得税の申告書の控えは、税務署の受付印がある原本のことですね。

――原本のことですね。

ええ。

――それを19年の10月にすべて保谷さんを通じてお渡ししたということですよね。

はい、間違いありません。

――これに関しては、弁護士、原告代理人が入っているのに、受領書も取らずに返却するというのはおかしいんではないですかというふうにあちらから言われてるんですが、先生のお考えとしてはどうですか。

原告代理人のほうから、2度、書面で書類の返却の話はいただいております。ただ、私どものほうでは、なかなか法律上の判断がつきませんので、2度にわたってもっと具体的に教えてもらえるのかなと思って、文面もそういうつもりで書いたつもりですけれども、2回目、御返答してから、原告代理人のほうから返事はいただいておりませんので、そのままにずるずるとなったということです。

――書類を顧客の方に返還するのに、受領書というのは、通常取るものなんですか。

少なくとも、私、この業界、村橋先生のところで20年の、自分で15年、合わせて35年おりますけれども、今まで一度も取ったことございません。で、こういうトラブルが起きたのは、今回が初めてです。

――すると、きちんと取らなければという認識が余りなかったということですかね。

そうですね。ただ、スポットのお客様については、お客様の性格等が分かりませんので、最近は取るようにはしてます。

――それから、その後、調停の申立てをされたわけですが、調停の申立てをされて、その後、また申告を受けると、そういう順番になるわけですよね。

そうですね。

――夏子さんについてはね。

はい。

――19年の申告依頼を受けたときには、調停の申立てをされているということは分かってなかったわけですか。

19年の5月が2回目の調停でしたですか。

――そうですね。調停の期日は5月のようですけど。

そうですね、分かっておりました。

――申告を依頼を受けたときは。

ああ、19年度の申告の依頼を受けた時期ですか。

――ええ。

それは、19年の10月に保谷が書類を返却したときに、夏子さんのほうから、19年の所得税の確定申告もしてほしいという話があったというのは聞いておりました。

——そうすると、そのときはそういうやり取りなどもやっていたので、今後調停とか争いになると思っていなかったということなんですか。

まあ、確かに、代理人が立ってるということでも委任された、それから、かつて、長年お世話になってるということもありまして、こちらのほうからも顧問契約解除という決断ができなかったというのが実情かと思います。

——それから、業務日報というのを提出されてますけれども、これはどういうふうに作成して、だれが管理しているものですか。

管理者は私です。それから、管理の目的というのは、もちろん、日々、私、従業員も含めて、どういう仕事をしてるかというのを記録に残すこと、それから、税務当局、税理士法でも規定があると思うんですけれども、業務日誌の作成は義務付けられております。それから、税務署のほうの税理士監督官の調査が入りますので、それは、税理士事務所では必ず記録されているものです。

——監査のようなものもされることがあるんですか。

そうです。業務監査が、税務署の税理士監督官からあります。

——そうすると、かなり正確に記載されているものだというふうに考えてよろしいんでしょうか。

そうですね。

——それから、個人の場合の確定申告書というのは、保存義務があるのはだれなんでしょうか。

お客様のほうで返してくださいと言わなければ、通常、私どものほうで保存しておきます。なぜかといいますと、翌年の申告書を作成するときに、コンピューターのデータがあるとはいっても、それが最終数値かどうかという確認は取れませんので、税務署の収受印のある受付印を見て翌年の申告書を作るというふうな習慣になっておりますので、あとは、お客様から返還の要求があれば、コピーを取ってお返しするという形です。

——先生のほうでは、通常どのくらい保存しているものなんですか。

永年保存です。ただ、スペースに、耐火金庫に、当然入れなきゃいけませんので、スペースの問題がございますので、余り一杯になると、ファイルを分けてですね、それはお返しするようにしてます。

——そうすると、それは最終的に契約が終わったときにお返しするというものなんですか。

そうですね、あんまり一杯になってうちの保存が困る場合と、それから、契約解除があったときには全部お返しするというふうにしております。

——今回、19年の10月に、夏子さんに申告書のファイルをまとめてお返ししたというのはどういう理由なんですか。

　中村薬局の清算結了が終わりましたので、これで、私どもでさせていただく仕事はないでしょうということで、――いったんお返ししたらということで、保谷が返却いたしました。

――そうすると、そのときに、薬局のほうの法人のファイルと、夏子さんの個人のファイルも、両方をお返ししたということでよろしいんですね。

　はい。

原告代理人（渡邊）

――まず、税理士、あなたの経歴ですけど、あなたは、村橋税理士からの引継ぎでずっとやっているということですね。事務所からの、ずっと、一連の流れで。

　引継ぎではありません。私が独立開業したものであります。

――しかし、あなたの建物、事務所、それから、機器、それから、顧客のほとんどは、前の先生の顧客が多いんではありませんか。

　そうです。

――一般的、社会的に見れば、それはそのまま引き継いだというふうには思えるような状態ですよね。

　そうは思いません。あくまでも私と委任者との関係ですので、原告代理人が考えているような引継ぎとは考えておりません。

（注：被告がどう考えているかではなく、社会的評価の問題）

――それから、税理士の業務としては、税務調査とか財務調査をしますよね。で、依頼しますよね。あと、申告。

――まあ、税務調査。

　財務調査ということは分かりません。

　はい。

――それで、被告のほうは、相続人について、村橋税理士に、遺産の確認や処分、遺産分割の内容をゆだねて、その後、遺産分割等の、遺産について処分をした旨のお答えをしてるんですが、具体的に税理士が他人の財産に、処分したり何かをすることはないですね。

　私はありません。

――あなたが村橋先生に勤めていたときの村橋先生の業務を見る限りでは、どうでしたか。

　売却したら税金の問題はどうなるとか、それから、会社の経営上、売却して、会社の財務内容を改善しようかとかという相談はありますけれども、最終的な決断は委任者の判断ということになります。

――あなたは、遺産分割の協議書に、適宜、処分してよいということですけども、今あなたがおっしゃったように、税務申告というのは、個人の税務申告をやってますので、連続したものですよね。

はい。
——例えば、現実に甲二号証なんかの売買契約は。
それ、見せてください。
——まず、甲二号証の税務申告などは、相続が絡んでます
甲第二号証を示す
よね。
相続、はい。
——だから、あなたのほうでは説明に行ったわけでしょう。
そうです。いや、相続が絡まなくとも、私か、私の職員
かが、説明には行きます。
——そうすると、最初にちょっと、その後またお聞きしま
すが、甲二号証の、今まで聞いたんですが、もう余り繰り
返しません。甲二号証の申請で、２枚目にある簡易保険と、
それから、土地建物の売却、これは春子さんから、中村夏
子の相続だと、相続の財産だということで、申告してくれ
というふうにお願いされたものですね。
そうです。
——それで、具体的に、先程のことに、元に戻りますけれ
ども、基本的に、あなたのほうで、税理士が税務申告した
場合には、あなたは本人にお渡しするということですよね。
いや、基本的に２パターンあると申し上げたつもりです。
——どういうパターンですか。
納税者のほうで控えを返してくださいと言わなければ、
翌年の申告に必要なので、私のほうで責任を持って耐火金
庫で保管していると。それから、納税者が返してください
と言われれば、原本はお返しして、私どものほうではその
原本のコピーを取っておくと、その２パターンということ
です。
——それから、税理士の義務として、税務申告、確定申告
に関連して、それを教えてくださいと言ったら、それに対
する説明義務と、また、申告書を返してくださいと言った
ら、それを返さなきゃいけない義務があることは御存じで
すよね。
当然あります。
——当然そうですね。
あります。
——先程、甲二号証を持って行ったのは、相続に関して教
えてくれということをきっかけに説明に行ったというふう
に伺ってよろしいですね。
甲二号証の請求は、夏子さんからはありませんでした。
これは、保谷が独自に判断して、私に、この分も一緒に、
争いの観点から考えると、相続財産を売却した、この所得
税の申告書のコピーも渡したほうがいいんじゃないかとい
うことでお渡ししてます。
——じゃ、あなたはどういう見解だったんですか。
ですから、最終的には私の判断で保谷がやってます。
——そうでしょう。
ええ。

――あなたも同じ見解だったんでしょう。

いや、私の判断で保谷がやってます。

――あなた、保谷さんが勝手に行ったようなことを言うから聞いてるんです。

いや、それは、今までの中で、ないと思います。

（注：直前に「保谷が独自に判断して」と述べている）

――もう省略しますけれども、引用しませんけれども、あなたは、原告と、確定申告するときに、直接、会ったことありませんでしたよね。

ありません。

（注：どういう委任を受けたのか矛盾）

――我々も、弁護士の業務もそうなんですが、仲介者がいたときですね、必ず、原告、依頼者に確認を取るんですが、あなたはそういうことをしてませんか。全くしたことないですか。

もう一度お願いします。

――例えば、第三者が、知り合いが仲介で、新たな事件を、ある事件なり何なりを、依頼の件を、仲介人を通して私のところにきた場合には、弁護士は必ず本人に確認を取ります。そういうことをあなたはしていますか、していませんか。

春子さんと夏子さんは第三者の関係ではないと思います。ですから、今回の件についてはしておりません。

――あなたは極めて都合のいいことを言いますね。他人に対しては、業務に対しては、遺産分割に対しては他人だとおっしゃりながら、今度は、親子だから、そんなもの作らなくてもいいんだとおっしゃるんですが。

遺産分割に対して他人という発言は……。

――だって、遺産分割は、夏子さんが、ノーと言うために出せなかった。親子ですよ。

いや、それは、私がやった仕事の書類じゃないから開示できないと、いわゆる守秘義務に抵触するんじゃないかということで、出さなかったということです。

――じゃ、その点について、これはあなたの理解で結構ですが、税理士の専門家として、遺産分割協議書は相続人全員で作成したものであるということは御理解されますか。

もちろんです。

――その御理解された上で、その作成者が、これをあなたがたまたま見てるんで、これを見せてくれと言った場合に、作成者でありますから、見せても構わないんじゃないですか。

ええ、私がやったものについてはもちろん見せます。

――だけれども、あなたは持ってるんだから。

いや、でも、それは私の所有物ではありません。

（注：それなら原告に返還すべき）

――でも、持っていて、でも、あなたが保管してるものでしょう。

私、そこら辺の判断を、原告代理人のほうに、２回にわたって、教えてくださいという書面を出したつもりです。

――代理人のほうでなくて、まずあなたが勉強すべきでしょう。私も説明しました。

被告大泉冬男代理人
――それに対する回答は先程やったと思うんですけれども。

原告代理人（渡邊）

――いいですよ。だから、あなたはそれについて調査したことあるんですか、ないんですか。

……まあ……。

――当然プロだったら。

やりましたけれども、結論が出ないので、教えてくださいというふうに判断しました。

――だから、教えましたよ。そのほうがいいって。だから、それで、あなたは、裁判所の命令って、私どもも調停出しましたけど、何をやればいいんですか。

それは、例えばの話で、そういった方法がないかという質問を代理人に出したつもりです。

（注：理解出来ない弁解）

――そうしたら、それを出るまで、どうしたんですかって、なぜ、問い合わせがこないんですか。

それは、逆に、代理人のほうで、なぜA市にいらっしゃったときに、例えば、私どものほうへコンタクト取ってもらうとか。

――A市に行ってないから、言ってるんです。

電話でいただくとか。ただ、２枚の書面だけで済ませたのは、私のほうとすれば、素人に対しての専門家のやることではないなと思います。

（注：税理士でありながら極めて不誠実な答弁）

――じゃ、具体的に聞きますよ。更に、そこまで言うなら徹底的にやります。あなたは甲四号証の１ページで。

見せてください。

甲第四号証を示す
――甲四号証の１ページ、３つ、私は要求しましたね。故中村一郎の遺産に関する遺産分割協議書、故中村一郎の相続に関する税務申告書一切、３番目が、中村夏子の平成元年から平成15年までの税務申告書の写し、よく知ってますよね。

はい。

甲第八号証を示す
――これに対して、甲五号証の下から8行目に、「尚、平成7年1月以降の中村夏子氏の申告は私が同氏より委任を受け作成したものですので必要なものについてはすべてお渡しいたします。」、私は、これ、すぐ返ってくると思いましたよ、この返事は。

それは、２回目の、私のほうで回答出したときに、当然それに対して何かしらのアクションがあるだろうという、それを待ってました。

——アクションって何ですか。請求を、第1回目の、先程言った甲四号証で請求してるんですよ。で、それについて、あなたが、お返ししますという答えが出てるわけです。それを自由に、それで、私は、必要についてはこちらが負担すると言ってるんですよ。それを送れなかった何か具体的な障害があるんですか。

いや、ですから、繰り返しになりますが、私の2回目の書面で、もっと具体的に教えてもらいたいという旨の文書を書いたつもりです。

（注：何を言っているか分からない）

——はっきり言って、それは、遺産分割協議書でしょう。あなた、ごまかしてるよ、いつも。

違います。

——あなたは、確定申告書については、繰り返しますよ、平成7年1月以降の中村夏子の確定申告は……。

ちょっと、すいません、裁判官。

——私が同氏より委任を受け作成したものなので、必要なものはすべてお渡ししますと。で、私は、その前に、そのコピーでも何でも結構です、費用はこちらが負担しますと。当然送ってくるというのは、当たり前でしょう。

すいません。もう少しゆっくり話していただかないと、非常に高圧的な印象を受けますので、もう少しトーンを下げてお話しいただくように、話していただけませんでしょうか。

（注：資格者として無責任な態度に終始している）

——今、あなたは、なお、平成7年1月以降の中村夏子氏の……。

甲第五号証を示す
——甲五号証の下から8行目です。読んでください。自分の文章ですから。夏子の申告は私が同氏より委任を受け作成したものですので、必要なものについてはすべてお渡ししますと。私は、第1回目で、それを、3つを要求して、あなたはこのことについて返しますと言ってるので、これだけは早く返ってくると思ってたわけです。それ以外の遺産分割協議書については、プライバシーとか何とか言ったんで、それでお答えしてるだけですよ。この点については、あなた、質問なんかないじゃないですか。

私のほうは全体を一つと考えていましたので、全体の問題が解決するまで保留してました。

——あなたは、最初言いましたとおり、あなたは、本人が作成の申告書、依頼した申告書については、説明義務もあるし、申告書の引渡し義務もあるとおっしゃった。それで、私は、3つやった。さっき言った甲四号証で3つの項目を要求した。そして、3項目については引き渡します。で、1項目については、私、分かりません。ですから、1、2項目について、私は答えたわけですよ。3項目については答えませんよ、当然だから。そしたら、私は、それで費用は払いますと言ってるんだから、当然、争いのない３項目というのは、あなたのさっき言った、一般的な税理士の義務から言っても、送ってくるべきじゃなかったですか。

繰り返しになりますが、私は３項目全体を一つの案件と考えてましたので、それが解決というか、明確な判断をいただくまで保留してました。

（注：３項目一体ならなぜ一部を返還したのか、資格者としての責任に欠如）

――繰り返しますけれども、３項目については、申告書についても、明確な判断がなくても送れるものでしょう。送れない、何か、法的なり、事実上の障害はありますか、ありませんか。

ありません。

――特に、本件の場合は、あなたは一度も会ってないということですね、原告と。

はい。

――それから、保谷さんの陳述書によりますと、２ページの第５項、読みます。

丙第九号証を示す

――「この譲渡の件以来、原告と春子氏の対立が始まり、以後の春子氏への退職金の支払い、春子氏の持ち株の原告側への売却等は、すべて私が間に入って交渉しました。」と、こういうふうに書いてあります。そうすると、あなたも、原告と春子氏の間で対立があったと、対立が出てきたということは、あなたも御存じですね。

ええ、分かってます。

――そうすると、今まで一回も会ったことがない、報告もしたことがない、しかも、仲介者と依頼者との対立があった、出てきたというなら、先程、あなたもおっしゃるように、税理士としてはそういう義務があるんだとおっしゃってるんだから、私が請求したら、それは、出せる部分は出すのが、当然税理士の義務ではありませんか。

繰り返しになりますが、３つとも一緒と考えていましたので、その結論を待っておりました。それと、３番目だけでも返してという話はいただいていません。

（注：３つとも一括と言いながら、１つだけ返還したと言っている矛盾に気がついていない）

――だって、３つ要求してるんだから。３つ要求したうちの、あなたが、２つ、クレームを出した。だから、クレームに対して答えた。で、３番目については何の障害もない。当然送ってくると思いますよ。そう思いませんか、あなた。

……。

――そう思いませんか、あなた。

……。

甲第六号証を示す

――１ページの下から７行目から、「中村夏子は現在自己の財産の調査、確認を行わなければその機会を失してしまう可能性があります。」、これは、あなた、お読みですよね。

読んでます。

——そうだとすれば、少なくとも、自分が義務があるものだけは返すべきじゃないですか。現に、そのために、私どもは、何も、平成15年までのいろんな資料は、もっとほかに、財産の、相続の資料あるかもしれないけど、つかめてないんです。

……。

——もう一回言いますけれども、甲二号証であなたが明らかにしてくれたのは、保険とか、マンションの売却代金、あなた側の最後の決断で、あなたがさっき自分で決断したとおっしゃいましたんで、その決断で分かったわけです。それ以外のものが分からないわけですよ。だから、私は、それなりに丁重にあなたに要求したつもりなんですけど、そしてここまで書いたんです。

はい。

——そしたら、あなたは、少なくとも、3番目の確定申告を送ることについて、何らの障害はないわけですよね。

うん、まあ、そこまで考えが回ればよかったんでしょうけれども、あくまでも私はその3点、セットで考えていましたのでということですね。

——それから、あなたは、10月12日か29日に、保谷さんか、訪問した際に、原告に直接返してますとおっしゃってましたよね。

はい。

——どっちの日だか分かりますか。

分かりません。

——あなたは、この返すについて、具体的に返せという指示をしましたか。確定申告書を返せということを保谷さんに指示しましたか、しませんか。

しました。

——じゃ、いつしましたか。

それは、具体的な日にちは記憶ありません。

——じゃ、いつの日に返せという指示はしましたか、しませんか。

しておりません。

——そして、返すときに、どういうものを返しますということを、保谷さんに確認しましたか、しませんか。

しておりません。

甲第一五号証を示す
——こちらに言わせると、これを返してもらうと、今ありますけれども、最初の①、こういう形で返してもらった。

はい。

——このときに、あなたは、具体的に、確定申告書の写しについて入ってるかどうかという確認をしましたか、しませんか。

確認はしておりません。ただ、本人の帰属に帰するものはすべて返しなさいと、指示をしております。

――そうすると、私のほうで配達証明付けて何回もやったにもかかわらず、あなたのほうでは何も確認しなかったということですね、返すのに。

私が直接確認はしておりません。

――あなたは、先程、一般的に受領書は取ってないと言うんだけれども、先程言いましたとおり、弁護士から請求がきた、それから、原告には一回も会ってない、それから、なおかつ、弁護士から請求がきた、そして、仲介者である春子氏と原告夏子との間の対立があった、そのときには、きちっと取るべきだと、あなたはプロですから、受領書を取るべきだというふうに考えないんですか。

夏子さんとは、この件を除けば、さほど問題のある関係ではないのかなと思ってはおりました。それと、代理人がおっしゃるのは、弁護士の業界だと思いますけれども、私どもの業界では、もし弁護士と同じように業務をするとすれば、約40件の顧問先でもう手一杯だと言われております。

――私どもも数十件でやってます。そこまで言うんだったら、私も、友人が、多くの税法学者もいるし、そういうことを言うなら、私は税理士の友人が大勢います。何人にも確認しました。そしたら、ちゃんと、まず確定申告書の判子があるやつ、受付印あるやつの原本を返す、あるいは、少なくともコピーを渡す、そして、説明してくれと言うと説明する、これが常識だと言ってるんですが、これ、やらないと、税理士で処罰されてるんですが、そうではありませんか。

そこは、地域差があるのでしょうから。それから、私の、先程の繰り返しになりますが、35年の中でこういう件は初めてです。

（注：地域差などあるはずはない）

――さっきの、友好関係があった、原告は、さっき証言聞いたでしょうけれども、委任関係を続けて、引渡しは弁護士に頼むという考えで、私がやってるわけですよね。一見、表面的な友好関係があったって、弁護士が配達証明でこれこれこれを下さいと、で、コピー費用は私が負担しますというふうにきたら、それは別に考えるんじゃないですか。

違いますか。

まあ、言うとすれば、そういうのが不慣れだったということになりましょうか。

以上

（注：当初被告の返答と税理士としての義務についての矛盾を追及したうえ、返還したとする事情の不自然さを追及したところ、例えば「渡した」とする日付、内容の確認、受領書をとっていないことなど数多くの食い違いや矛盾が生じている）

4　売上代金着服に対する損害賠償請求事件

ジャーナルの多数の不自然な記録から横領行為が認定され

た事案

（1） 事案の概要と争点及び尋問の目的

ア 概要

原告が経営する飲食店の店長だった被告が飲食店をやめてから原告が残されたレジスターを調査したところ、不自然な大量の取引中止行為がされていることが判明した。

本来、レジスターの中止自体は、操作の誤り以外にはありえない。しかし本件の場合はレジスターを取引中止とすれば、必ず後のジャーナルには以前に注文した同一の注文品がなければならないが、本来存在しなければならない以前の注文された商品が全く見られなかった。

これは、レジスターを取引中止として、それまでの飲食の売上金代金をレジを操作していた被告が着服していた証であるとして損害賠償請求をなした事案である。

イ 本件の争点

その後調査によれば、取引中止があった際には必ずレジを開けていたこと、被告がいない時には取引中止の操作はなされていないこと、被告が退職したのちには取引中止の操作はないことが判明した。

そこで争点は

・取引中止は何を意味するか

・多数の不自然な取引中止は誰が行ったか

が争点となった。

ウ 反対尋問の目的

① 被告がレジ締め担当を行っていたこと

② 取引中止の処理がなされたすべての時間帯にレジ打ち可能であったのは被告のみであること

③ 被告が公休日には取引中止の処理が一切なされていないこと

④ しかも、被告の退職時にはレジスターにおける取引中止等の処理が店内で全く問題とされていなかったこと

⑤ 被告が店をやめてから取引中止がなくなっていることなどの事実を引き出し、取引中止等の処理をなしたこと――すなわち領得行為――は被告以外にあり得ないことを明らかにさせる尋問を予定した。

（2） 審理の結果

判決では、取引中止を行った者は被告しかいないこと、取引中止行為は領得としか考えられないことなどの重要な間接事実を認め、不法行為責任を認めた。

この尋問の際にはいくつかの証拠を表化することによって各事実を明確化することが出来た。この表を利用して尋問を行ったが、筆者がレジの操作者がキッチンの係員と被告の2人しかいない時になされていたことを指摘した際、取引中止の操作をした者はキッチン担当者だと苦し紛れに

言い逃れをした時に、被告が領得行為をしていることを確信した。

　仮にレジスターの取引中止行為が悪いことでなければ、本人が操作をしたとして、他人の行為に転嫁する必要はないからである。

　裁判所は当初、訴えの取り下げの要望までしていたが、重要な間接事実の積み重ねによって請求を認めた珍しい事例である。

(3)　被告本人尋問　神坂早夫

（略）

原告代理人（渡邊）

——本件で問題になっているのは、不正な取引中止が問題になってることはご存じですね。

　はい。

——これについては、あなたが乙四号証の3ページの14行目からこう述べてるんですが、「お客の会計をするときは、伝票を見て、レジスターに金額を打ち込むとレジスターに代金が表示されますので、その金額をお客に告げてお客から代金を受け取ります。」ということですね。ところが取引中止というのは、このお客からの伝票を見てレジスターに打ち込んだ後、その代金の精算をしなかったんで、通常の取引中止ですよ、それで通常取引停止にするわけですね。

　あとは、打ってる途中で打ち間違いがあったときに、その時点で取引中止ですね。

——そうすると、そういうふうにちゃんとレジスターを打ち込んだ後、途中でお客の都合で取引中止にしてくれということになると、前に伝票に基づいて打った品物ですね、商品、必ず出てきますね。

　その後にまたっていうことですね。はい。

（注：以前に注文品のない取引中止は不正行為があることを事実上自認させた）

原告準備書面三を示す
——例えばこれの、あなたがこちらが誤りだと指摘して、私どもも誤りだというふうに認めたものなんですが、これについて、当方の準備書面の三で、5ページと6ページに書いてるんですが、これだと、まず取引中止のレジがあるんですね。その後、またもう1回レジを打たれたもの。ところがこの両者を比較すると、基本的には傍線を引いた部分、例えば「ワリモノ」、「ボトルSET」、「ドリンク¥600」、「ハイネケングラス2点」、「ディナーセット」ですね、これは全く同一、ここと前の取引中止にしたレジと同じなんですね。それ以外に、「マグロノユッケ」、これが加わってる。これが通常のあなたが言ったまともな取引中止ということですね。

　はい。

——あなたも取引中止をしたことがありますか。

　はい。

――そうすると、今の言ったような正常なものだったら、今言ったような形になるわけですね。

打ち直しとかですね。はい。

原告準備書面一の別紙表を示す
――添付の別紙レジジャーナル表、これを見ますと、2004年12月22日から2007年4月13日まで、1回が先ほど誤りがあるということを除いて、約470件もの、さっき言った、後に同一品目が出てこない取引中止がこちらの調査によるとあるんですよ。特にこの中であなたの、資料の中でこれを見ますと、44番で、以前は岩崎さんとあなたがレジ締めをやってますけれども、それ以降は全部あなたがレジ締めをやってることになってますね。

はい。

――この期間の中に、当然あなたもレジの作業はしてましたよね。

はい。

――今言ったように、この470回もあるんですが、あなたが店長という立場から見て、先ほど言った不自然な取引中止、これが470回もあるということについてあなたは、何か心当たりというのはありますか、ありませんか。

いや、470回ということはないですね。何回かでしたら、恐らくトレーニングで試し打ちをするとか、メニューをちょっと、タッチパネルみたいな感じだったんですけど、メニューを変更したりとかしたときに試しに打ち込んだりとかは可能性としてはありますけど、こんなにはやってないと思います。

――こんなにあることは考えられないですね。

はい。

甲第一六号証を示す
――レジジャーナル表（まとめ）、これは先ほどの別紙を月ごとにまとめたものです。これは特に、例えば05年の3月は20回、それから4月は29回、5月は15回、あるいは、同じく05年8月は19回、05年9月は22回、05年10月は24回、また、06年12月は18回の取引中止がこちらの調査にはあるんですが、この月別に見ても、なおかつ各月10万から20万近い金額がありますよね。これだけのものを先ほど言ったような試し打ちでやることなんていうのは全くないですね。

それはないと思いますね。はい。

――そうすると、これだけの回数の、これだけの回数にある不自然な取引中止について、あなた自身が店長として何か心当たり、こんなものがあるのかとか、何かそういうことはありますか、ありませんか。

この取引中止っていう回数について、働いてたときには全く気にしてなかったので。

――ただ、こうやって表にしてみると、極めてその月にも金額的にも、例えば先ほど言ったように、一番、05年11月は32回で19万3000円ぐらいですね。分かりますか。

はい。

――もちろん９万６０００円とか10万円にも達しないときもありますけれども、これだけの不自然な取引中止というものが、こちらの調査によれば存在してるんですが、あなたが店長という立場から見て、何か心当たりがあることはありますか。それとも全くないですか。

今考えてですか。

――我々が訴訟してから、あなたがそれは考えたでしょうから。ただ、こうやってまとめられたのは初めてでしょうけれども。

そうですね。不自然だとは思いますけど。

――あなたも不自然だと思いますか。

はい。

――じゃ、そういう不自然な行為は何か、どんなことが原因で起こったかどうかについて、あなたは何か心当たりはありますかありませんか。

心当たりはないですね。

甲第一七号証を示す

――残っていたワークスケジュール表と対照して、まずこのワークスケジュール表というのは、被告が作成したものですね。あなたが辞める前までに。

僕が作ってます、はい。

――２００７年３月30日まであなたが作成したというふうに、ワークスケジュール表の具体的な字体から見ればそういうふうに見れるんですが、そのように理解してよろしいですか。

はい。そうです。

――それと、甲一七号証はたまたま12月と重なっていますんでお聞きするんですが、そのときに、２００６年の12月分、これを見ると、ワークスケジュール表の日程等は、レジとワークスケジュール表とは多少、日が変わるとレジが日にちが変わるもんですから、１日ずれることがあるんですけれども、それを訂正して、これは作成したものです。具体的に436の２００６年12月２日０時13分の件なんですが、これは、ワークスケジュール表で残ってるのは、神坂さんと飯橋さんだけなんですよ。これは、飯橋さんというのはキッチンの方ですよね。そうですよね。

はい。

――そうすると、この件でレジの操作をできるのはあなたしかいませんよね。

キッチンですけど、できなくはないですよね。

――できなくはない。やったんですか。あなたの記憶で、突然このときにやった記憶はありますかありませんか。

記憶ですか。記憶はちょっと分からないですね。

――その後、じゃ次、６年12月４日０時40分、同じく神坂、飯橋。これをいじれるのはあなただけしかいないんじゃないでしょうか。

一応、記憶は分かんないですけども、飯橋もレジは打てるんで。

――そうすると、ここでこういう取引中止について打てるのは飯橋さんもあり得るというふうに、あなたは考えてるというふうにお聞きしてよろしいですか。

はい。

――その後も、例えば439、2006年12月9日、これも神坂、飯橋ですね。

はい。

――これもあなたじゃなくて、そうすると操作したのは飯橋さんだということになりますか。

いや、分からないですけど。はい。

――だって、これしか人がいないんだから。

でも、下田社長もお店にはいた可能性はありますよね。

――438を見てください。2006年12月7日22時53分、この場合には神坂、下田、竹下がいるんです。

甲第八号証を示す
――このときには、この12月7日、「K」とあって、下田さんはキッチンなんですよ。12月7日、下田さん、そこに「K」とありますね。

はい。

――これは、キッチンという意味ではありませんか。

はい。

――あなたが書いてるんだから、分かりますよね。

はい。

――それ以外の竹下さんというのは、この人はアルバイトの方ですね。

はい。

――それから2人だけのは、具体的にいきますと、443、444、それから446、それから450、これらはあなたと飯橋さん、あなたの作成したスケジュール表と照合しても、この2人しかいませんね。

シフト表ではそうですね。

――そうすると、この2人しかいないときにレジスターを操作できるのは、もしあなたでないとすると、飯橋さんがすべてやったということになるんですか。

そうですね。

(注:ここでレジを打たないキッチンの飯橋に責任を転嫁している)

――そうですか。

分かんないですけど。

――この飯橋さんという方は、あなたが辞めてからもずっとまだ勤務してますよね。

はい。

甲第六号証を示す
――そうすると、これは、平成19年4月16日から19年7月5日、すなわち2007年、この期間の間のレジを甲六号証は出してるんですが、この期間も今言った飯橋さんがいるんですよ。にもかかわらず、先ほど何回も繰り返して出てくるように、不正な取引中止はないんですよ。それでも飯橋さんがやってたというふうにあなたは考えますか。

いや、分からないですね。ここでやめてればあれですよね。もしやってたとしても。

——だから、あなたが辞めた段階でこの不正取引があったということは店で全く話題になりませんでしたよね。

はい、ないです。

——だから飯橋さんも、そんなことを問題にされてるということは、当然知るよしもないですわね。

はい。

——ところがその後、甲六号証のレジジャーナルでは、不正な取引中止というのはないんですよ。にもかかわらず、飯橋さんがおやりになったと、あなたはお考えになりますか。

いや、あんまり考えづらいとは思いますけど。

（注：ここで不正な取引中止を行っていたのは被告しかいないことを認めている）

——そうすると、だれもいないのに不正な取引中止があるんですか。

ちょっと分かんないです。

——先ほどの甲一七号証に出てくる竹下さんとか大町さんとか本橋さん、木場さん、これらの方々はアルバイトの方ですよね。

はい。

——この中でキッチンの方、竹下さんはホールですか。

はい、ホールですね。

——キッチンの方はどなたですか。

名前が出てる中はいないのかな。

——少なくともアルバイトで来てる方たちだけですね。

はい。

甲第一七号証を示す

——しかもあなたは、もう1点指摘しますが、先ほど言った平成7年12月での438から453、12月分ですね、12月28日までの間あなたは、必ずここの場にホールで勤務されてますよね。

ほとんど毎日勤務でした。

——これで、あなたの資料によると、毎日ここで働いて勤務してますよね。

はい。

——先ほど言ったように、あなたが辞めてから、先ほどの甲六号証を示してありますけれども、不自然な取引中止は1回もないんですが、それは、今まであれだけ取引中止があって、急に取引中止がなくなったというのは、あなたの目から見て、何か特別な事情がありますか、ありませんか。

何か意図的っぽいですよね。

——意図的っぽいというのはどういうこと。

何か急になくなってるんですよね。

——だれかが意図的にやってますよね。

……。

——ただこの段階では、少なくともあなたが辞めるまでは、少なくとも原告代表者があなたが不正に取引中止をやってると、あるいは不正な取引中止があるということが先ほど言ったように全く話題になっていませんでしたね。

僕の耳には入ってないですね、はい。

——ほかの店員、あるいは店の中で話題になったことはないですね。

ないですね。

——ないのに、不自然なことをだれかがやるということはあり得ないでしょう、以前と以降で意図的に作りかえるなんていうことは。あなたは何か考えられますか。

……分からないですね。

（注：この返答はもはや自白しているに等しい）

乙第一号証の一及び二を示す
——私のほうから、ジャーナルの記載に数多くの取引中止の項目が存在し、その入金がありませんと、極めて不自然なものでありますんで、この点について不可解な点について貴殿からのご説明を求めたいという手紙が行ったことはご存じですよね。

はい、来ました。

——あなたから電話が来ましたよね。

はい、電話しました。

——そのときに、説明してくれというふうに私が言いませんでしたか。

はい、言いましたね。

——あなたは何か答えましたか。

いえ、分からないんですね。

——全く沈黙じゃなかったですか。

……どうなんですかね……。

——全く沈黙して、答えなかったんじゃないですか。

記憶が分かんないですけど、答えなかったっていうことは、分からなかったということだと思いますけど。

被告代理人
甲第一七号証を示す
——先ほどあなたは質問を受けてた中で、神坂、飯橋さんしか書いてないという表の記載が幾つかありますと、これはスケジュール表から記載したということらしいんですけど、これは、スケジュール表以外にも人がいましたか。

下田社長は、結構お店にはいたので。

——下田社長は、要するに、先ほど言ったようにはねてからというか,仕事が終わってから私的にというか,来て残ってたことは多々あったわけですか。

結構深夜にかけてお酒を飲んでることが多かったので、見てるっていうのはあれですけど、やってたら気づくんじゃないかとも思うんですけど。

——何しろ現場には、この神坂さん、飯橋さんしか名前がないその日にも下田社長はいた可能性はある。仕事じゃないとしても。

はい。

甲第一三号証を示す
――陳述書には1、2と表があるんですね、今までのずっと関係するアルバイトの人たちですかね。まずこの人たちは、あなたが16年から19年の間で、記憶でいいですけど、これで漏れてる人はいますか。

書いてある方がいたのは記憶にありますけどちょっと漏れてるのかは分かんないです、今は。

――ここに漏れてるのは身内というか、あれだから漏れてるんでしょうけど、下田社長の奥さんの町子さんは書かれてませんよね、この中にはね。

はい。

――もちろん下田さんの名前もないということですね。

はい。

（注：被告も社長がいるときは、その旨記載していることを認めた）

裁判官
甲第八号証を示す
――このワークスケジュール表は、あなたのほうで作成されたということですよね。

はい。

――これは、どういう形で作られるものなんですか。どういうときに、これは1日の終わりに作るんですか、それとも。

営業中の暇なときに作るときもありますし、全部営業が終わってから残って作ったりすることもあります。

――それは翌日分を作るということですか
いえ、大体1週間先分ぐらいまでは出してるようにしたので、1週間から2週間くらい先までは出てるように作ってました。

――それを作って、これは後で実績とありますよね、計画と実績、それで実績はこれはいつ書くんですか。

当日ですね。

――当日、終わりのときにということですか。

そうですね。書けるものは途中で書いたりとかもしてます。

――これ「ＯＫ」とか書いてありますよね。これは本人の……。

アルバイトの方が見たよっていう証拠というか、しるしで、書いてもらってました。

――これは、いつの時点でサインをするんですか。

見た時点ですね。いつでも。なので、当日サインするっていうことはないと思います。

――ちょっとよく分からないんですけど、1週間ぐらい前にもうこれを作っておいて、その作る部分というのがこの線を引っ張ってある部分なんですかね。

　はい、そうですね。

――で、名前と線を引っ張ってある部分と計画というところですかね、ここぐらいを埋めとくということですか。

　名前、計画とライン、そうですね。

――それで、その日が終わりますよね。そうすると、その実績というところで、これは神坂さんが記入するんですか。

　だれも記入しなければ、自分が記入しますね。最後には必ず埋めるので。自分が早く帰るときとかでしたら、自分が上がるよりも前に上がってた人のは分かってますので、記入しておいたりとかはしてます。

――それで何か、この右側の線のところで、くしゃくしゃくしゃとこう消してある部分がありますね。これは結局。

　早く上がった。

――早く上がったときには、そういう形で修正をするということですか。

　はい。

――この「K」とか「F」とかというのは、これはその1週間前のときにも書いてあるんですか。

　そうですね、下田社長だけはキッチンとフロアと両方やっていただいてたので、それをはっきりさせるために書いてました。

以上

（注：レジスターの取引中止の意味、取引中止となった回数の異常性、関与者、被告の退社後は取引中止がなくなったことなど、次第に取引中止を行った人物、取引中止行為の不自然性を順次明らかに尋問していることが理解できよう。裁判官は被告作成のワークスケジュール表の正確性について聞いている）

第5　砂上の楼閣判決

1　はじめに

　判決のなかには、決定的な証拠をことさら無視したり、あるいは証拠に基づかない不合理な推測を行い、場合によっては明白に証拠に反したり、証拠を通常ではあり得ない解釈をなしたり、相手方が主張もしていない事実を不意打ち的に認定したり、当事者主義に反する判決に出会うこともある。

　いわば、「はじめに」で述べた初歩的事実認定の原則を逸脱した判決であり、まさに〝砂上の楼閣〟というべき事実認定を行っている事例である。

　こうした判決を読み返すと、裁判官の思い込みによる結論をまず前提として、事実や証拠の都合の良い部分をつなぎ合わせ、都合の悪い証拠や事実はことさら無視していることがわかる。

このような判決は、正義に反するばかりでなく当事者に対して多大な被害を与え、裁判に対する信頼を失わせるだろう（なお、偽造のところで紹介したいくつかの事案もまたこの例に属している）。

行政事件など国などを相手とする訴訟では、裁判官が当初から国側を勝たせる意図がみえることが指摘されている。（注）

（注）例えば阿部泰隆著『最高裁上告不受理事件の諸相2』（信山社　2011年）では「高裁判事のやり放題をなぜ放置するのか」との副題を付している。

こうした判決を分析すれば、判決の結論にあわせて都合の良い証拠だけを並べ、不都合な証拠や事実は全く考慮されていないし、まして事実の成否についての検証のあともみられない。このような判決は戒能通孝氏の指摘する国民の「一般的な政治的感覚」にマイナスの効果しか与えないと思われる。

『民事実務読本［Ⅲ］』（小島武司著　東京布井出版　1989年　180～182頁）においても同様の指摘がある。

また、木佐茂男他『テキストブック現代司法［第6版］』（日本評論社　2015年）84頁では、行政事件原告の勝訴率は一審でも「10％を下回ることが多かった」としている。

しかし一般事件では、行政訴訟のような国への〝配慮〟は不要である。その原因は不明だが、やはり裁判官による予断によることが多いとしか考えられない。

この点については、事件の〝スジ〟論とも関係があると考えられる。しかし、前提事実をどう把握するかによって事案のスジ（風景）も異なってみえることが十分考慮されなければならない。

要は、正しい事実認定のためには、

①主要事実とこれに関連する間接事実・補助事実などの整合性・合理性

②認定した事実が一連の社会的事実として見た際の合理性

③証拠の解釈が文章や一連の関係証拠との関係で整合性を持つか

④審理において十分な証拠の顕出と事実に関する知見の存在

などが検討されなければならない。にもかかわらず、これらの判決には前述した要素が決定的に欠如していることがわかる。

2　遺産分割協議無効確認事件

一審判決は、母親の土地上に承認を得て建物建設したとの主張に反する母親の手紙を無視したが、控訴審で勝訴的和解が成立した事案

(1) 事案の概要と争点及び尋問の目的

ア 概要

母親甲がなくなり、その遺産相続人は原告A及びBと被告Cであった。相続財産は甲所有の土地（以下本件土地という）だけであったが、本件土地上には被告Cが建てた2つの建物があった。遺産分割協議を行った際、被告Cは本件土地上にある2つの建物を建築するにあたり、土地の所有者であった母親甲の同意があったと原告A、Bに虚偽の説明をした。原告A、Bはこれを信じ、地上建物に地上権があることを前提に原告A、Bと被告との間で遺産分割協議書が作成された。しかし、被告は遺産分割協議書で定められた代償金の弁済さえ実行しなかった。

そこで、遺産分割協議の効力をめぐって争いとなったが、そのなかで被告Cが建物建築を行うに当たり母親甲の同意があったかが問題となった。母親甲の同意による建物の建築がなされた場合と被告Cが無断で建てた場合とでは、相続財産の価値に4倍ほどの違いが生ずるからである。原告AとBは以前になされた遺産分割協議は被告Cの詐言により作成されたもので錯誤による無効を主張した。

イ 本件の争点

被告が建物建築をする際、母親甲が建物建築につき同意していたか否かであった。原告Aは母親甲の被告への手紙のコピーを偶然所持していた。その手紙のコピーでは、母親甲は被告Cが本件土地上に建物を建てることに強く反対しており、被告Cは母親の反対を無視して建物を建てていたのであった。

母親甲は亡くなるまで外国に居住していた原告Aと同居していたため、被告Cと母親甲との本件土地上に建設した建物の許可については手紙でやり取りされていた。原告A、Bは、建物建築当時母親甲が反対していたことを確認できていなかったため、誤信したのである。

ウ 反対尋問の目的

・被告と母親との状況

・被告が建物を建てることについての母親の同意の有無

・母親の手紙を利用した弾劾尋問

(2) 審理の結果

遺産分割協議書を作成するにあたり、均等相続をすることについては相続人の間では争いがなかった。被告の供述を読めば明らかなように、母親は同意しておらず、被告は母親の意に反して建物を建てていたことが判明した。

ところが、一審判決は原告らの完全敗訴であった。判決のなかで事実認定のために掲示した諸証拠には、驚くべきことに母親甲が建物の建築の同意を拒否したことを示す母親甲の手紙（2通）とこれに対する被告Cが弁解した手紙が全く欠落していた。

都合の悪い証拠をことさら無視して判断した典型的事案であり、証拠のつまみ食いをすればどんな判決も書けることが容易に理解できるわかりやすい事例である。

控訴審では担当裁判官も明確に一審判決と反対の結論であることを明言して原告（控訴人）らの勝訴的和解となった。

なお、一審での和解の際、担当裁判官が「裁判所は保守的ですから」とふと漏らした言葉が気になった。担当裁判官は、すでに建築されている建物を分割することは困難であることから現状維持が〝スジ〟であると考えていた可能性がある。

しかし、控訴審での和解で2棟の建物及び土地を原・被告それぞれが分割して所有することになったのであり、和解するのに何ら不都合は生じなかった。

加えて、被告Cは兄弟に嘘を吐いて自己に有利な遺産分割協議書を作成させた人物であると理解した場合、被告Cに対する評価は異なるであろう。「裁判所は保守的ですから」との裁判官の自己弁護で被告の勝利を合理化させることは困難であろう。

一審裁判官は尋問の際にも被告ら代理人の反対尋問をことさら制約しようとする態度が感じられ、原告代理人は尋問の際にも裁判官の対応に違和感があった。

付言すると、一審判決がなされた際、予想もしなかった判決に対し、裁判所に不審を抱いた原告Aは日本の裁判所がこんなものなら控訴しなくても良いとまで述べていた。結局、代理人らが原告Aを説得し、控訴審で逆転したのであるが、判決がいかに重いものであるか、この点からも感じさせられた。

（3）被告本人尋問　池田大（2月20日）

原告（反訴被告）北池の代理人（渡邉）

――前回並びに前々回の、あなたの供述では昭和44年ぐらいから、また御両親との関係が始まって、元のとおりの仲のいい状態に戻ったという趣旨の供述がございましたね。

はい。

――その点について、まずお伺いしますけれども、昭和44年ぐらいから最後まで、お父さんが亡くなって、お母さんが亡くなられましたね、その間、ずっと、いい関係になっていたというふうにお聞きしてよろしいですか。

そうです。

――それでは具体的にお聞きしますけれども、御両親はブラジルに何回か行ってましたね。

はい。

――最初に御両親がブラジルに行ったのは何年ぐらいか覚えていますか。

詳しく、ちょっと記憶してませんが、大体昭和40年くらいからだったんじゃないかと思います。

――それから40年くらいにブラジルに行って、その後、帰ってこられたのは何年ぐらいですか。

2年置きに日本におり、またブラジルにおりという、きっちり2年ではございませんが、大体、そういうサイクルで行っていたと記憶していますので、40年に行きますと、42年ごろに戻って来たと記憶しております。

――次に、またブラジルに行かれましたね。

はい。

――それは、いつごろのことですか。

そのまま2年足しますと、44年になりますが、そのへんのところは、もう少し私記憶がありまして、昭和45年の4月からブラジルに行ったと記憶しております。

――次に行かれたのは、あなたの記憶では42年から45年くらいまで日本にいて、それから、またブラジルに帰られたということですね。

はい。

――それから、また日本に御両親が戻られましたね。

はい。

――それは、いつのことですか。

それは47年の夏ぐらい、そんな感じですね。

――お父さんは48年の九月に亡くなってますね。

はい。

――あなたの記憶では47年の夏ぐらいから48年の9月ごろまでは御両親は日本にいらっしゃいましたね。

はい。

――その後、お父さんが亡くなって、今度お母さんがブラジルに行かれたのは、いつのことか記憶がありますか。

それは48年の10月でございます。

――そうすると昭和40年にブラジルに行かれて、その後、あなたの記憶では昭和42年から45年、それから47年から48年の間、日本におられたわけですね。

はい。

――この42年から45年の間、御両親が帰られて日本にいた期間は、どこに基本的な住居を定めて住んでいらっしゃいましたか。

北池高子のほうの、通称、私どもはA地と言っておりますが、A県のA市でございます。

――そこに、ずっと住んでいらっしゃいましたね。

はい。

――それから47年の夏から48年の10月ごろ、この期間は日本に御両親が滞在していたときは、どこに住んでいらっしゃいましたか。

主にはA地におりました。

――ずっとA地に住んでいらっしゃったんじゃないですか。

そうですね。

――現在、問題になっているB地の土地建物、これは御両親がお買い求めになって住んでいたところですね。本来の居住地ですね。

はい。

——そこには、あなたが先ほど言った42年から45年の間、あるいは47年の夏から48年の10月ごろは、あなたがお住みになっていましたね。

はい。

——本来の基本的な、自分が買い求めて自分の本拠たる自宅へ帰らずにA地のほうの原告北池さんのほうに居住していたというのは、あなたと御両親との仲が良くなかったから、そういうところにお住みになっていたんじゃないでしょうか。

それは私の感じているところでは、最初のあたり、これは昭和42年の10月に私、結婚しましたんですが、これには両親の反対ということもありまして､そのあたりは､ちょっと両親とは、それが原因で仲良くなかったんですね。ですから前半の部分では、確かに今おっしゃられるような原因があったと思いますが、昭和44年の秋口くらいから和解が成立しまして。ただ結果的には、今おっしゃるように和解が成立後も住むところとしてはA地のほうにおりましたけれども、それは何も和解してなくて仲が悪いから、そういうところにいたと、私は解釈しておりません。

——ということは一般的に考えても、御両親が自分の資金で自宅を求めたところに戻らないというのは社会的に見て異常事態だと思うんですね。そういうふうにお思いになりませんか。

むしろ、私は、これも社会的というか通念としてありますが、自分の親としては自分の娘のほうのところのほうが居やすいということがあります。そういうこともあって、それは両親がB地に帰ってこないときに私が、なぜ帰ってみないのかということを聞きましたところ、正直言って自分の娘のところは非常に居やすいんだと、それと現実に何年間かA地のほうに住んでおりましたので、いろんな自分の身の回りの物も持っていっているわけですね。ですから例えば、和解が成立したからといって、またそれを引っ越してくるというのは、老齢でもありますし、ずっと日本に住んでいるわけではありません。２年サイクルでブラジルにも行くというサイクルをとっておりましたから、そういう意味でB地は息子に任せたと､むしろ安心しているから、そういう形をとっていたと、私は思っております。

——例えば引っ越しの問題などは、身の回りの物などは簡単にB地のほうに移転できますわね。そんな大それたものを、例えばブラジルから日本に帰るにしても移動するはずはないし、それから、もともと御両親の自宅なり居室というのはあるはずですわね。それを、嫌って、わざわざA地に行くというのは、特別の理由が無い限りA地に行く理由はないと思うんですが、そうではありませんか。

重ねて申し上げますように、初期のときは私の結婚について両親が反対しておりましたから、その点で両親としては、そのこともあって行き易い娘のところのA地に行っていたと思います。

――初期のころとおっしゃいますが、あなたのおっしゃるのは昭和44年の春ころは仲のいい親子関係に戻ったとおっしゃっていますね。あるいは47年の夏から48年の10月ころは、あなたの供述では、元の仲のいい状態に戻っているはずなんですよね。その場所には、あなたのお嫁さんだけが住んでいるなら、なかなか難しい面があるかもしれませんが、あなたの供述によると仲の良い、あなたが住んでいる、それが主人として、いってみれば家を差配しているという供述がありますから、そこに行かない理由というのは、一般的には考えられないいんじゃないかということを言っているわけです。

昭和45年の先ほど申しましたように4月には、もう既にブラジルに行っておりますね。したがって和解をしてから、ほとんど間もなくブラジルにまた、行っているわけですね。そして帰ってきたのは47年でございますね。それで、いずれにしても、今申しましたように45年の4月にブラジルに行くまでは、既にA地に居を移しているわけでございますから、そういう意味でいろんな家財道具その他は、先ほど申しましたようにあるわけですね。やはり帰ってくるのは、取り合えず、そういう意味ではA地に帰ってきたということで、何もB地に来ることを嫌っていたから帰らなかったというふうには、私は全く思っておりません。

――御両親の言うことをきかなかったり、あるいは御両親との約束を守らなかったりしたんで不信感をもっていて同居をしなかったんではないでしょうか。

約束を守らなかったということは一回もありません。

（注：あとで虚偽であることが判明する）

――こういうふうにお聞きしましょう。お父さんなりお母さんなりから、あなたは約束を守ってないんじゃないかということを言われたこともございませんか。

言われたことはありません。

――B地の土地の北側の建物部分の建築についてお聞きしたいと思います。あなたの供述どおり昭和48年5月に南側の部分について建物を建てましたね。

はい。

――その後、北側に建物を建てることになったんですが、あなたの供述によりますと、昭和46年当時から、この建物の改築等については、あなたのほうに、すべて任されているという趣旨の供述がありましたね。

はい。

――46年の段階から北側の部分についての建物の建築、改築についても、あなたはすべて任されていると理解してよろしいですか。

はい。

――そうすると北側の土地部分についての建築をだれの名義で建てるかということについても、あなたが自由に判断していいという趣旨の御両親の意見だったんですか。

自由に判断するということでなくて、当然、これは51年の初頭、これは、むしろ、その前から昭和48年9月に父が亡くなりまして、母がブラジルに行くまでの短い期間ではありましたが、その間においても、既に北側の話も当然、母にはしております。更に遡って父が存命中にも、B地の土地の全体的な利用計画、そういうものを既に話しております。そのときに既に南側と北側に、こういうものを建てていきたいという話をしております。当然のことながら勝手に私がやるという権利を父からあるいは母から得たというのではなくて、私がこうやりたいということを決めたならば、それを当然、父や母に話して了解を得た上で、それを私がやっていく、こういう範囲で私はやってきております。

——そうすると具体的に北側の土地部分については46年当時から一般的な計画はあったということですけれども、その46年当時の計画の中では北側の地上建物、これは、あなたの名義で建てるかどうかについては御両親の了解はあったんでしょうか。

はい。そうですね。これは私が上物を建てていくということに関して、特に父がそうでございましたけれども、自分が当事者になっていくということは老齢だし金の絡んでいることだから、私は辞退したいと、息子が自分の責任においてやることに関しましては自分は反対しないし、むしろ協力できるところがあれば協力をしてやろうと。

——端的にお答えください。46年当時から北側の土地部分についての地上建物も、あなたなり、結果的に甲会社の名義になっていますね、現在。

はい。

——そういうふうにお母さん以外の名義でも建てて結構だという基本的な了承は46年当時から得ていたというふうに伺ってよろしいんですか。

そうです。

——最終的にはお母さんの所有物になりましたので、お母さんの意思についてお聞きしたいんですが、北側部分に建てる地上建物については、あなたなり甲会社の名義で建ててもいいというのは、お母さんの死ぬまで一貫した御意思だったんですか。

そうです。とにかく了承を得ました。

——あなたの供述によると、昭和51年ごろ具体的な案が出てきたとおっしゃいましたね。建築について。

北側の建築に関しましては51年の春には着工しておりますので、その前から、既に話はしております。ただ具体的に最終的に煮詰まってきた話をしたのは51年の初頭でございます。

——ただ51年の春ころ、初頭には、もう工事の着工を始めたということですか。

51年の春に着工しております。

——その建物について具体的な設計図を引いて、どの部分はだれの所有にする、どの部分はだれの所有にするという具体的な計画案が出来たのは、いつごろでしょうか。

それは、その前の年の昭和50年あたりから、既にブラジルのほうに、いろいろ図面送ったりして計画を出しております。

――そうすると、その図面を最初に送ったのは昭和50年の、いつごろのことだか記憶ありますか。

ちょっと、はっきり覚えておりませんですが、大体1年くらい前から設計士と、いろんな、そういう打合せを初めておりましたから、そういうあれからいきますと、昭和50年の春くらいから、既に、そういう連絡をとっているということになると思います。

――その段階では現在、建っているように、一部については甲会社名義で建てるということでは、一部についてはあなた名義で、一部については甲会社名義で建てるという趣旨の具体的な計画案をお母さんに送っているということですか。

そうです。

――その案についてお母さんは何の異論もありませんでしたか。

はい。いろいろ聞いて、よく検討した上でお前の納得するようなやり方でやれと、こういうことでございましたね。

――お母さんはB地の土地については、お父さんが買い求めたものなので、そして現在はお母さんの名義になっているんで、自分の土地なり元々は自分の建物、母家があったので自分の名前で建てるならともかく、あなたの名前で建てるということについては反対だったんではありませんか。

全くありません。

――お母さんのほうから自分名義にするならいいけれども、あなた名義にするならだめだということを一度も言われたことはありませんか。

ありません。

――全くないですか。

ないです。

――原告等の話を総合しますと、お母さんは自分の名義にするなら北側の土地の上に建物を建ててもいいけれども、お母さんの名義でですね。それをあなたの名義なり甲会社の名義にするのは困るということを言っていたのに、お母さんがブラジルにいっているのをいいことにして、あなたや甲会社名義で建築してしまったんだと、伺っているんですが、そうではありませんか。

そんな事実は全くありません。

――そんな事実は全くありませんか。

ありません。

――あなたが今言ったようなことについて母親名義にしなかったことについてお母さんに弁解したようなことは全くありませんか。

ありません。

――それは電話や手紙などで、あなたが弁解したことはありませんか。

ありません。

（注：一貫して虚偽の事実を積み重ねている）

――それからお母さんの印鑑等についてお聞きしたいんですが、例えば建築確認とか抵当権設定契約これは契約を作成する際に、お母さんに直接契約書を送って判をもらったことはないですね。

これはありません。

――当時、お母さんの実印なり印鑑証明書等の書類は原告の北池のほうが預かっていたんではありませんか。

預かっていたときもあるし、私が持っていたときもあります。

――本件で問題になっている抵当権設定契約、お母さんが土地の所有者ですからね。それらを作成するについて、お母さんの判をもらうについては原告の北池さんのほうから、あなたのほうで預かって作成したんではありませんか。

いずれにしても私は母から了解を得て、自分の実印を、そういう形に使ってよろしいということを母から了解を得て、そして母の実印を、そういう意味で使ったということはあります。

――そうすると先ほど、あなたは原告北池さんが実印を持っていたこともあるし、あなたが持っていたこともあるという供述でしたね。

はい。

――この問題の北側の土地に作る際には、当初は、この実印は、あなたがもっていたんでしょうか。それとも原告の北池さんが持っていたんでしょうか。

当初というのは。

――これを計画し始めるときです。

ちょっと、はっきり、そのへんのところは詳しく覚えておりません。

――ところで北側の土地に関連してですけれども、現在では客観的には底地がお母さんの名義で、その上物は、あなたなり甲会社の名義ですね。

はい。

――これに関連して、あなたは、その建物を建てるについては了承を得たと言っているんですが、その地上建物を建てるに際して、例えば借地権なり地上権の設定料とか、あるいは賃料はいくらにするとか、そういう定めは全くありませんね。

これは北側のほうですね、ありません。

――そういう話も具体的になかったんではありませんか。

土地をもっておりますのは、母でございまして、その母はブラジルにおります。そのブラジルに電話で連絡いたしますとか、もちろん書面でもいたしますけれども、母は老齢でございます。細かい、そういうことに関しまして母に相談をしましても、むしろ母の負担になるということもありまして、その時点において細かく、そこまで決めてやるということをいたしませんでした。

——例えば、甲第一六号証を見ますと、お父さんとの間では南側の土地を、きちんと契約書を作って、それから設定料も決めたし、賃料も決まっておりますね。

はい。

——仮に地上権なり借地権を設定するなら、具体的にそれじゃ設定料を幾らにするか賃料をどうするかという話をしなければ、具体的な賃料設定の話というのは進まないと思うんですが、そんなことはなかったんじゃありませんか。

そう言われましても実際には、そういう話は母とはしないでも、母は了承をしてくれたということでございます。

——あなたは前々回の第1回目の供述でお母さんとの国際電話に関連するテープを取っておいて原告の北池さんに渡したという趣旨の供述をしていますね。

はい。

——具体的に、そのテープを原告の北池さんに渡したんですか。

渡しました。

——いつごろですか。

はっきり覚えておりませんが、やはり51年の秋ごろだろうと思います。

——そのテープは返してもらっていますか。

もらっておりません。

——そのテープについて重要なテープだと思うんですが、あなたのほうではダビングして、その写しなりなんなりを、あなたの手元には持っていないんですか。

持っておりません。

——そういう重要なテープであれば、原告の北池のほうも記憶があると思いますが、いろいろ現在、北池に聞いてみても、その記憶は全くないと言うんですが、そんなテープを、あなたは本当に渡したんですか。

渡しました。

——あなたは前回の平成元年12月12日の調書に北池の姉に関しましては会社に対する資金援助をしていたという供述をしていますね、お父さんが。

はい。

——会社に対する資金援助というのは原告北池のご主人が経営している会社という趣旨ですか。

そうですね。

——会社に対して、お父さんが具体的に援助をした事実は本当にありますか。

私はそれは父から聞いているということで、そういう話をいたしました。

——いつの時点で、いくらぐらい援助をしたということなんですか。

私が父から聞いているところでは、いつの時点でということは知りませんが、100万くらいのものは援助したと聞いております。

——それは会社に対してでしょうか。それとも原告北池のご主人が県会議員に当選したときのお祝いとしては渡しているようなんですが、そういう趣旨なんでしょうか。

どういう目的で渡したかということは父から聞いておりません。

甲第一号証を示す

——この作成経過についてお聞きしたいんですが、まず全体を整理する意味で昭和57年夏ごろ、７月以降、あなたと原告北池と大山と何回かお会いしましたね。

はい。

——それでお話しましたね。

はい。

——その最初に会ったのは57年の７月21日ということですね。

話合いとして会ったのは７月21日ですが、その前に納骨をしておりますので。

——話合いとして最初の機会が57年の７月21日ですね。

はい。

——その後、話合いとしては原告の大山さんが日本からブラジルに行くまでに会ったのは４回ではありませんか。

私の記憶では７月21日を含めて４回だったと記憶しております。

——原告北池の記憶では７月21日と７月27日と８月の４日と８月の８日、この４回ではございませんか。

ちょっと今、日にちとしては、はっきり書面を見ないとわかりませんが、合計４回であるという記憶でございます。

——それで、あなたの供述では甲第一号証の覚書、これはお渡しになりましたね。

はい。

——この覚書は７月21日に庚喫茶室で会った時点で作成されたという供述でしたね。

そうです。

——ところで原告の記憶によりますと作ったのは７月21日ではなくて、８月８日ではなかったかという記憶があるんですが、そうではありませんか。

そうではありません。

——それは、はっきりした記憶がありませんか。

はっきり21日に作成いたしました。

——庚喫茶室は、どういうお店でしたか。

これは辛ホテルの南館の３階にある喫茶室でございます。いわゆるホテルのコーヒーショップという感じのところでございます。

——照明は、かなり暗い店ではありませんか。

明るいとは、あまり言えませんでございますね。

——庚喫茶室というのは照明が暗くて、甲第一号証を書けるような状況のお店ではないんじゃありませんか。

いえ、そんな明るくはありませんが字が書けないほど暗い、それこそキャバレーみたいなところとは全然違います。

――原告の北池の記憶によりますと、甲第一号証を作成したのは、当初7月21日に大体の方向が決まったけれども、あなたのほうで8月の10日ごろに原告の大山さんがブラジルに帰るまでの間にお金が準備できなかったので、やむなく、その直前である8月8日に、甲第一号証を作ったんだと記憶しているんですが、そうではありませんか。

そうではありません。

――それでは、こういうふうに聞きましょう。あなたは8月8日に、この甲第一号証の原案について、あなたのほうから準備をして原告の2人のほうに、この原案を示したのではないですか。

そうではありません。

――そういう原案を作ったことは、全くありませんか。

全くありません。

――この甲第一号証の覚書の左下の欄を見ますと、確定日付がございますね。

はい。

――これは57年8月9日付けになっていますね。

はい。

――この確定日付は、だれが担当して作成してもらいましたか。

これは北池高子が担当したと記憶しております。

――原告北池の記憶によりますと、この覚書を作った翌日に公証人のところに行ってこの確定日付を作成してもらったんだという記憶があるんですが、そうではありませんか。

私は7月21日、辛喫茶室で、それを書いたと記憶しております。

――はっきりした記憶がありますか。

はい。

――あなたのほうでは、この本訴前に原告の大山さんのほうから調停がなされましたね。

はい。

――それで最終的には取り下げて本件に移行されたんですが、その前回の調停について原告のほうでは、このまま審判でやってほしいと強く要望したにもかかわらず裁判所のほうから審判では証拠調べが大変なので、是非、本訴でやってほしいということを裁判所のほうから言われて、やむなく取り下げて本件を新たに提訴したことになったんですが、その事実は知りませんか。

知りません。

（注：これまでは虚偽の供述を意図的に固めたものである。）

原告（反訴被告）大山の代理人（永井）

――あなたが乙大学を卒業したのは、昭和何年でしょうか。

昭和35年でございます。

――そのあと、あなたは、どういうお仕事をなさいましたか。

　最初は丙会社という貿易商社に入りました。それから昭和39年に丁会社というところに入社いたしました。

――それは、いつまでですか。

　その関係の子会社に移ったりということがありましたけれども、一応、その丁会社というところに昭和51年ごろまでおりまして、それ以降は自分で仕事を始めたと、その前からも、そういうことで少し始めておりましたが、大体、そういうことです。

――51年までは丁会社というところに一応、籍があったわけですか。

　そうでございますね。ちょっと、子会社に行っていたということはありましたけれども。

後に提出する甲第三二号証を示す

――子会社というのは戊会社のことですか。

　はい。その前に己会社というところがありますが、そこにも行っておりました。

――ここに行っていたのは何年から何年くらいまでですか。

　それは昭和50年から51年くらいの間、それほど長い間ではありません。

――あなたは昭和37、8年ごろ、大学卒業して間もないころは、あんまりB地の家のほうに寄りつかない時期があったんですか。

　寄りつかないということはあれですが、商社そのものの仕事というのは非常に夜遅くまであったりとかということがありましたものですから、帰りが遅かったということはあるんですけれども。

――なんか、そのころの私生活でお母さん、お父さんのほうから注意されていたことがあったんじゃないですか。

　特にありません。

後に提出する甲第三四号証を示す

――これは前にご覧になったことがありますか。

　はい。

――これは、だれが書いたものですか。

　これは父でございます。

――この中に書いてあることが、いわゆるお父さんの遺言ということですか。

　というふうに子供としては判断したということです。

――この中に書いてあることに従って、お母さんがお父さんの遺産は全部相続したと、こういうことでよろしいんですか。

　そうでございます。

――そうしますと、この中のうち２枚目の一番最後に大にと書いてあって、３枚目の最初のところに母の命に従順なれと、母に余計な心労をかけるなというふうに書いてあるわけですけれども、わざわざお父さんが遺言で書くくらいですから何かお母さんに心配をかけるような事実が、この以前にあったということではないんですか。

特別、そのような心配を母にかけた覚えはありません。

――このころ、お母さん、お父さんのほうから経済的援助を受けたということはあったでしょうか。

特にありません。

――あなたの結婚にあたってお父さん、お母さんは大反対だったんですか。

はい。反対をしておりました。

――その結婚式、披露宴の費用は一切出さないというようなことで、あなたのお父さん、お母さんから言われたことはありましたか。

出さないということではなくて、私自身が親の反対を押し切って結婚をしたということでもありましたから、当然のことながら、私は自分で、すべて結婚費用を賄ったということでございます。

――お父さん、お母さんから結婚式の費用は出さないよと言われたことがあったんじゃないですか。

出さないよということは言われておりません。

――招待状に両親の名前を出すなということを言われたことがあったんじゃありませんか。

これはありません。

――あとで名前を出したということでお父さん、お母さんから勝手なことをするなということで文句を言われたということか、怒られたことがあったんじゃないですか。

それは、ありました。

――そうすると、そういう名前を出すなというのは、どういうことですか。

ということは今の質問のように、出すなと言われたのに出していれば、それは親の命に背いたことになりますが、親の命で出すなという、そういう言葉がありませんでしたから、通常の結婚式の招待状の形式に従って、父母の名前を刷って出しましたところ、あとになってから、これは困るということを父母に言われました。

――あなたが結婚して以降、お父さんお母さんと、あなたが同居していた時期というのは一度もないですね。

ええ、長期間という意味においてありません。

――お母さんが一時、B地にいたのは、お父さんが亡くなったお葬式の直後の1ヵ月間だけじゃないですか。

そうです。

――それ以外には、お母さんもないでしょう。

そうですね。

――甲会社のことについてお聞きいたしますけれども、甲会社の設立にあたっては、お父さんのほうから、少なからず経済的な援助があったんではありませんか。

ありません。

――定款にお父さんとお母さん、それから北池さん、あなた以外の3人の名前が出ていますね。

はい。

――有限会社であれば、社員、出資者は２人で充分だと思うんですけれども、なぜ４人の名前を出したんですか。

これは、その当時、ご厄介になっておりました税理士さん、会計士ですが、その方が今、先生がおっしゃった２人でいいというようなことは、私は聞いた覚えがありませんが、いずれにしても身内で名前を上げておいたほうが、いろいろと他人を使うより、よろしいから、したがって、それだけの人数の名前を社員にしたらどうかというアドバイスをもらいまして、それによって４人ということにしたわけです。

――本当に形式だけであれば、何も４人も上げる必要ないと思うんですけれども、あなたは４人必要だと、当時、思っていたんですか。

特に思っておりませんでした。

甲第一七号証を示す
――これは定款ですけれども、これは、あなたが何条という条項をお書きになったんですか。

はい。そうです。

――最後の署名押印は各自全員が、それぞれ自筆で書いたんですか。

そうです。

甲第一八号証を示す
――この日付を見ますと、48年８月３日付けで議事録は、作られていますけれども、この議事録は、この日に作ったのに間違いないですか。

はい。そうです。

――これはお父さんの持っている40口を、お母さんの陽子さんに譲渡したということを承認したときの議事録ですね。

そうですね。

――わざわざ、これを作るということは、やはりお父さんの40口があったという前提で作られているんでしょう。

それは、いずれにしましても税法上も定款というのは、公になっておりますから父が亡くなりましたときに、その所有していたものに、だれに譲渡したかということを、はっきりさせなければいけませんから、それで、そういうものを作ったということです。

――このときにお父さんの社員権持分をお母さんに譲渡したということで、いいんでしょう。

そうです。

――これは昭和50年の11月25日付けで今の議事録の謄本を作って、あとからお母さんのほうに送ったときの書類ですか、これは。

そうですね。はっきり覚えておりませんが。

――この謄本は原本と相違のない事を証するとありますが、これは、あなたがお書きになったんでしょう。

はい。

――昭和50年11月25日に、この謄本を作って、お母さんのほうに送ったということでよろしいんですか。

　だれのほうに送ったか、はっきりしておりませんが。

甲第一九号証を示す
――この印鑑証明も添付して送ったという記憶ありますか。

　ちょっと、はっきり記憶ありませんが。

――印鑑証明は、送られたこともあったでしょう。

　ええ、それは必要な場合は送っているということはあり得ると思います。

――印鑑証明を送るということはお母さんが譲渡を受けたということを、まさに、このとおり間違いありませんということを示すために印鑑証明を添付しているんじゃないですか。

　添付していたかどうか、今ちょっと記憶にないんです。

甲第三二号証を示す
――これは、あなたがお書きになったものですか。

　そうです。

――最初の計算表と、２枚目の処理の考え方ということで説明書きが２枚目、３枚目にありますけれども、これは全部、あなたがお書きになったものですね。

　はい。

――それで２枚目の処理の考え方のところの下から２段目のところ。これを見ますと「甲会社出資口数40口(400千円)名義変更については、本来なれば時効（５年）を待って行なうべきであるが、税理士さんの判断では、本件は登記業務を伴わないので、現時点に於いて池田和成から池田陽子へ変更可能との事にて、これは変更を行う。」ということで、このときに、さっきの甲第一七号証の定款も添えて送っているんではないですか。

　そうですね。送付するとありますから、そうだと思いますね。

――そうすると甲第三二号証の日付は、はっきりしないんですけれども、お父さんの遺産相続に関連して、あなたが送ったものということでよろしいですか。

　はい。そうです。

――そうすると日付的には、甲第一七号証の定款の認証を見ますと、50年11月19日付けで、甲第一七号証の謄本を作っているわけですね。

　はい。

――と言うことは、このあたりで、やはり、この謄本を添えて送ったということでよろしいですか。

　はい。大体、時期的に、そういうことだろうと私は判断いたします。

――そうすると、この処理の考え方で、今示したところでもお父さんが実質的に40口の出資者であるという前提で、あなたは、これを作ってますね。

　いえ、前にも供述いたしましたように、すべて私以外は形式的な出資者です。

――それであれば、むしろ、こういうときには、これは自分のものだからということで、なにもわざわざ税金のことか、そういうことを考えて要らぬ工夫をする必要はないと思うんですけれども、いかがですか。

税務上は、これは、いずれにしても、池田和成と出ておりますと池田和成ということで、それをどういうふうに相続していくかということを、はっきりさせなければいけませんから、そういうことを考えなければいけないですね。

――実質が本当に、あなたの物であれば、わざわざ、こういう書類を作らずに、これは自分のものだと言えば済むことではありませんか。

そうではないと思います。

甲第三三号証を示す

――これも、一緒に同封して送ったんじゃないですか。

そうですね。

――お父さんの和成さんの遺産分割協議書というのを作りましたか。

作りました。

――それで最終的にはお父さんの遺産分割書には甲会社の出資金の項目を設けましたでしょうか。

甲会社の出資金ですか。それはありませんから項目は付いておりません。

――付けてないですか。

はい。

――お母さんのほうに、そういう甲会社の出資金とＣ地の土地の件を除外した遺産分割協議書を送って、それを送り返されたという事実があったんじゃないですか。

そんなことはありません。

――最終的に甲会社の出資金も含めろという指示がお母さんのほうからきて、それで作り直したという記憶があるんじゃないですか。

ありません。

――この税金申告のほうは、甲第三三号証の修正のほうでしたんでしょうか。

そうではありません。

――修正申告はしなかったんですか。

しておりません。

甲第二一号証を示す

――これは前の家庭裁判所の調停で、あなたのほうから出された書類ですね。

はい。

――御記憶ありますね。

はい。

――それを作成したのは、いつですか。この日付のときですか。

はい。この日付です。

――これを見ますと中段のあたりに「池田陽子より申出のあった同人所有の出資口数を下記のとおり贈与したい旨述

べ議場に諮った」とありますね。お母さんのほうから本当に贈与したいという申出があったんですか。

　これは、そういうことです。

――あったんですか。

　はい。

――いつあったんですか。

　これは先ほど申しましたように建物土地の利用、建物の総合的な話の中で、既に母と、こういうことに関しては了解済でございます。話をしましてオーケーを取っております。

――あなたの作った日付は53年1月10日ですけれども、会社が設立後においてはなかったということですか。先ほどの話だと、あなたは昭和46、7年ころの話をなさっているんでしょう。いつ了解をとったんですか。

　それは昭和48年の10月から母はブラジルに参りました。それで北側の建物を建てることについての了解を電話、その他でやりました。そのときに合わせて、その了承をとっております。

――そのときに合わせて、予めとっておいたんですか。

　そうですね。

――そうすると53年1月10日というのは、もうお母さんが入院なさって、結構、危ない時期だということは御存知ですか。

　それは知りません。

――そうすると、昭和49年以降においては、お母さんと、この件についての話をしたことはないんですか。

　ええ。了解を取っておりますから、もう、既に、その話は決着済ということで話はしておりません。

（注：巧みに追及をかわしている）

――ここに定款第六条下記のとおりになったという下りがありますけれども、池田和子さんはあなたの奥さん、瑞穂さん、清さんというのは長女と長男ですね。

　はい。

――昭和53年というのは、瑞穂さんは、まだ9歳、清さんは7歳という時期ではないんですか。

　年としては、そうです。

――あなたの名前は、どうして出てないんですか。あなたは一つも持ってないんですか。

　持っておりません。

――そうすると、あなたの分は子供さんに贈与かなんかしたんですか。

　はい。それは既に、前に贈与しております。

――こんな小さい子供に贈与するというのは何か理由があるんですか。

　特に理由はありません。

――相続税対策を考えているということですか。

　そういうことも当然考えているということはありますが、特に理由があって、そういうふうにしているということではなくて。

——その贈与に関しては税務署等の申告はしているんでしょうか。

これは免税範囲内でございます。そういう形の贈与でございます。

——そういう理解をしたということですか。

はい。

——甲会社設立の前にD地の土地を、あなたが代理人になって売却したことがありましたね。

はい。

——その700万円は、あなたが借りたんですか。それとも甲会社が借りたんですか。

最終的には甲会社に計上いたしましたので、甲会社が借りているという形をとっております。

——最終的というと、最初は、あなたが借りたということですか。

その売却した時点においては、まだ有限会社を作っておりませんですから私自身が借りたという形で最初はスタートしました。

——後から甲会社が借りた形にしたということですか。

はい。

——あなたは700万の返済についてはお父さんとは、どういう約束があったんですか。

細かく特に、取り決めておりません。

——最初から返す予定は、なかったんじゃないですか。

いえ、そんなことありません。

——返すつもりはあったんですか。

いずれにしても700万円借りたわけですね。借りたということは、はっきり明確化しているということは、特に父から、いくらをいつまでに返せという要求はありませんでしたけれども、そういう数字を上げて借入金にしているということ自体、当然返さなければならない性質のものであるということでございます。

——確認しますけれども、お父さんの和成さんに、この700万円に関しまして、借用証を、あなたは入れているんですか。

その時点においては私は借用証を入れた記憶は、ちょっとありません。

——入れてないんじゃないですか。

どうでしたか。入れたかもしれません。はっきり記憶しておりません。

——この700万円は甲会社の出資金の一部として、あなたは運用しているんじゃないですか。

そうではありません。

甲第二〇号証を示す
——これは甲会社のほうで作られたものに間違いないですか。

はい。

——これは、どういうことで、陽子さん宛に書いたんですか。

これは今の話にありましたD地の売却代金の700万円とB地の南側の借地権50坪に対する、いわゆる権利金でございますね。それの合計でございます。

——これを書いたのは、いつですか。

ここにあります昭和49年3月31日と記憶しております。

——この日付も、あなたがお書きになったんですか。

はい。そうです。

——昭和49年の9を見ますと、8を書き直したようにも見受けられるんですが、当初、これは単なる書き間違いですか。それとも当初48年と書いておいて後から書き加えたんですか。その点どうでしょうか。

ちょっと覚えありません。これは、いずれにしても49年でございます。

——これに関しましてはお母さんのほうから、こういう借用書を入れろという指示があったんですか。

特にありません。

——これを書いたのはお父さんの、やはり相続問題の処理の一環として整理するために、あなたが出したんじゃないですか。

そうです。

——お母さんのほうから、このへんのお金の処理を明確にしておきたいという指示があったんじゃないですか。

母から、そういう指示があるなしにかかわらず、当然のことながら、父の財産に関しましては、すべて、きちんと処理をしなくてはいけないということで、そういう書類を作ったということでございます。

——お母さんというのは、財産の管理、物事のけじめを、しっかりつける方でしょう。

そうでございますね。

——今の甲第二〇号証も、やはり、これはお母さんに送ったものということですか。

はい。父から母に遺産が相続されましたから、当然のことながら母に送ったということでございます。

乙第四号証を示す

——これは、お父さん、お母さんから、あなたのところにきた手紙ですね。

はい。そうです。

——これが年度は昭和46年の8月15日ということで間違いないですか。

はい。間違いありません。

——この時点で、あなたのほうとしては、この手紙がくる以前に母家のほうも取り壊したいという申入れまでしていたんですか。

これは先ほど申しましたように46年ごろに、既にB地の土地全体についての活用計画というのを、父母に対して提案しておりました。したがって最初に南側を建て、あと北側を建てというようなことも、その中に書いて送っていたわけです。

——ですから、もう一度確認しますが、母家のほうも壊しますよということで、あなたは言っていたんですか。

壊しますよという言葉を言っていたかどうかは記憶にありません。

——だけども当然、あなたの計画というのは母家を壊すという前提での話でしょう。

それはそうです。

——だけども母家を壊して、どうのこうのという話まではしていないということですか。

ですから私は例えば北側を何年に建てるというところまでの細かいことは、その時点では言ってないと思います。全体的に、こういうふうにやっていきたいという計画を出しております。

——この中で後ろから7行目下のほうで、万事お任せしますから、お母さんの合点のいくように充分に考えに考えておやりなさいという記載がありますね。

はい。

——お母さんに、あなたが申し入れたのは南側のいわゆる、俗に言うところの最初のマンションを作ったときの南側の利用計画だけじゃないですか。

そうではありません。

——あなたは、そうしたら文書で、こういうふうに全部を利用したいんだということで出したことはありますか。

ええ。先ほど申しましたように全体的な計画として文書で出していると思います。

——それはいつですか。

46年8月から、あるいは、それ以前からも、そういう話をしていますが、大体、そのあたりですね。

——あなたが、もし話をしたとすれば、当然、お父さん、お母さんのほうは、よく考えろというような指示があったんじゃないですか。すぐオーケーしたんですか。

全体的な計画についてですか。

——そうです。

それは、ここに書いてあるとおり、万事任せるからということです。

——すぐにオーケーしたんですか。

と解釈しております。

——本当ですか。この手紙にもあるとおり充分に考えに考えてと強調して書いてありますが、もっと、よく考えなさいという指示があったんじゃないですか。

そうではないですね。

甲第一六号証を示す
——これは甲会社とお父さんの、あなたの言われるところの借地権契約書ですが、売主欄に書いてある池田和成と書いて判押してありますけれども、この文字はだれの字ですか。

これは私が書きました。

――お父さんの自筆ではないですね。

自筆ではありません。

――これは、どこで、この文書を作成しましたか。

はっきり記憶ありません。ただ、先ほどからの、父はA地におりましたからA地で作ったと思います。

――あなたがA地のお父さんを訪ねていって作った文書ではないんですか。

はっきり記憶はしておりません。

――借地契約にもかかわらず売買契約書という、この書式を選んだのは、どうしてですか。

それは全く、なぜ、そういう書類を使ったかどうかということに関しましては記憶ありません。

――この書類は、あなたがお父さんのところに持参した書類でしょう。

そうですね。

――であれば内容が、借地契約と明らかに各条項も文言が違うわけですよね。なぜ、この書式を選んだという理由は特にはないんですか。

特にありませんですね。借地権ということが、すでに括弧して入っておりますから、それにしても借地権そのものを父から得たわけでございますから、それで充分と判断したんだと思います。

――住所のところに戻りますが、甲第一六号証の池田和成さんの肩書の住所を見ますと、A地の住所になっていますね。

はい。

――当時お父さんの住民票は、どこにあったんですか。

ちょっとわかりません。

――本来であれば、当然、大事な契約書であれば、実家である、あなたの同じ住所地B地の住所地を書くと思うんですけれども、わざわざ、これは、あなたが書いたんでしょう。

そうです。

――A地というふうに、わざわざ書いたのは、当時、B地に住むとか、そちらのことは、お父さんのほうは、あなたと縁を切ったような状況になっていたんじゃないですか。

その住所が、そう書いてあるということで、今、おっしゃるような話とは結びつかないと思います。

――本来、あなたが書くんであれば、父の実家であるB地と書くのが、むしろ普通かと思うんですけれども。

私、そのときに、どういう理由で書いたのか、ちょっとはっきりした記憶ありませんが、現住所という意味で、そういうふうに記したのではないかと思います。

乙第四号証を示す
――後ろから6行目の下のほう「私どもは当分のうち、A地の部屋に世話になるから私共の部屋の事は心配せずにおやりなさい」とありますね。

はい。

――ここまで言っているということは、あなたのほうとしても、さっき相代理人が聞いていましたけれども、お父さんのほうとしては全く当時、あなたと一緒に暮らす意思はなかったということじゃないんですか。

そう解釈していいものかどうか私にはわかりません。

――そういう関係の、あなたと、お父さんあるいはお母さんとの間において、すべてを既に、あなたに、この手紙以前に任せたというのは、極めて奇異な感じがするんですけれども。

今おっしゃるのは、同居をしていないことをもって、すべて仲が悪いと受け取っていますが、私は、そう思っておりません。ただ単に、それは両親のいろいろな都合上、そうしていただけであって書面においてはそういうように、はっきりと私に、了解をしたと要ってくれているということでございます。

(4)　被告本人尋問　池田大（4月3日）

原告（反訴被告）大山の代理人（永井）

――昭和57年7月21日、辛ホテルの庚喫茶室で3人で会いましたね。

はい。

――そのときのことを、これからお聞きいたします。このときは、今まで長く述べているので結論でいいんですが、あなたのほうとしてはB地の土地に対して自分もしくは甲会社のほうに地上権があると、借地権があるということで話をしたわけでしょう。

南側の50坪について借地権が既に契約書も交わして存在していると、北側に関しては、それは、まだないと、こういう話をいたしました。

――借地権は、まだないという話をしたんですか。

そうです。

――今までの供述ですと北側のほうも借地権があるという前提で話をしていたんじゃないですか。

失礼いたしました。対価としては払ってないということですね。借地権は、既に了承をもらって建てておりますけれども、その対価を支払ってないと、こういうことでございます。

――借地権は、どうなんですか、あると言ったんですか。

はい。

――あるということで、結局、説明したわけですね。

そうです。

甲第二〇号証を示す

――これを見ていただきたいんですけれども、この書面は今３人で会ったときに大山さんがブラジルから持ってきて、あなたの前に提示した書類ではないんですか。

そうだと思います。

――この書類は何かという質問が大山さんからありました

でしょうか。

そうですね。

――それに対して、あなたは、この書類はどういう書類だというふうにお答えになったんですか。

それは南側の50坪についての借地権の対価、それともう一つは、通称私のほうではD地という言い方をしておりましたが、父の土地を売りました代金ですが、その二つを合わせたものが、いわゆる借入の金額であるということですね。

――そうすると、あなたはこの書面を出されたときに、あなたの説明としては、南側の借地権、北側借地権というふうに分けて説明をしたんですか。

そうですね。

――最初から分けて説明したんですか。

そうです。

――それで聞きますけれども、北側の借地権に関しましては、どのように、そのときに説明をしたんですか。

北側の借地権に関しましては、既に、父から了承を得ておりましたけれども、その時点においては父は亡くなっておりました。母からも借地という権利は得ていると、しかし、その対価は未払いであると、こういう話をいたしました。

――北側のほうの借地権の対価に関しては、お母さんと話合いをしたことがあるんでしょうか。

これはブラジルに母がおりまして、細かい内容の話はできずに終わりました。

――そうすると、そういうお母さんとの間で借地契約をしたこともなかったんじゃないですか。

これは、はっきりと書面とか電話で母から借地権というものは得ております。

甲第三五号証を示す
――これは、あなたがお母さん宛てに出した手紙ですね。

そうですね。

――筆跡も、あなたのものに間違いないでしょう。

そうですね。

――そうすると第1枚目を見ますと8行目、12月26日に父親の百か日の法要という記載がありますね。ということはお父さんが亡くなられたのが昭和48年9月ですから、これは最後の頁に1月16日とありますから、これは49年1月16日と考えてよろしいですね。

そうでしょうね。

――2枚目の一番末尾のところを見ますと「次の建物計画については、赤塚さん（マンションの設計者）に構想を話し、現在その下準備にあるというところです。」と、こういうふうに記載していますね。

はい。

――あなたのほうとしては、このころからお母さんに北側のマンションのことを話し始めたんではないですか。

ええ。ですから、いずれにしても細かい具体的な内容というのは、もちろん煮詰まってからですけれども、南側に最初、建物を建てました。北側にも、そういうものを建てたいというのは。

――詳しいことはいいんですが、要するに、このころから、お母さんに話したんじゃないですか。

話しております。

甲第三六号証を示す

――これは一番最後を見ますと、1月25日と読めるんですが、やっぱり、あなたの手紙と同じように5行目に、父の百か日の法要を無事済ませたことを安心しましたとあるので、これは、やはり同じ年の49年1月25日というふうに考えられるんですけれども、こういう手紙が当時、お母さんからきた記憶がありませんか。

これは、私宛てでございますから私が受け取っていることは確実だと思います。

――その中をかいつまんで申し上げますと、お墓を早く決定して下さいと、名義変更は父の遺言どおりにしてくださいとあって、その2つが済まぬうちは次のことは考えることはできませんというふうに書いてあるんですけれども、次のことというのは、つまり北側のマンションのことをお母さんは指していたんじゃないですか。

それは、どうですか。わかりません。いろんなことを指すと思いますので。

甲第三七号証を示す

――これは、やはり、お母さん宛てに、あなたが出した手紙に間違いないでしょう。

そうですね。

――この手紙の末尾に6月18日と記載がありますが、49年6月18日と思われるんですけれども、あなたが、こういう手紙を出した御記憶がありますか。

私の字ですし、当然出しているんでしょう。

――昭和49年の6月ごろというのは和成さんの遺産を、どういうふうに処理するかということでお母さんのほうと意見の対立があったんじゃないですか。

全くありません。

――お母さんのほうから和成さんの遺言に関しては、C地も含めて早く自分の名義にしなさいという指示があったんじゃないですか。

いずれにしても指示があるなしに関わらず法定上も相続税を払わなければいけませんし、事務としては迅速に進めるということは、こちらでやっておりました。

――C地のことを聞きますけれども、C地の土地の名義も自分の名義にしなさいと、してほしいという依頼、要請があったんじゃないですか。

それは記憶にありません。

――あなたのほうではC地のほうは遠く離れているし父の名義のままでいいじゃないかということで手紙を書いたん

じゃないですか。

そういうふうに書きました。

――そうすると意見の違いがあったんでしょう。

そういうことは特に母は言ってきておりません。

――第3枚目の4のところに「C地の土地の件、この事は既に母上に話はしてあります。要するに申告上のテクニックで、この件は説明不足なれば、戻って来られた時、話したいと考えます。」と。お母さんのほうは、つまり、その方法が納得できないという返事をしていたんじゃないですか。

納得できないということではなくて、いずれにしても、そういうふうに場所が離れておりますし、面と向かって、いろんな説明ができないということで。ですから父の名義に残しておくということに関しましては、むしろ、帰ってきてから納得のいく話が、こちらのほうからしたほうがいいんだということでございます。

甲第三八号証を示す
――父の一周忌とありますので、最後の2枚目に7月17日とあるのは、49年の7月17日というふうにわかるんですけれども、この2枚目のところを見ますと、相続については、ということで書いてあるんですが、ちょっと読んでいただけますか。

「名義変更も出来ていると思いますが、ついては相続証明書（抄本なり謄本なり）がほしいです。私が相続した物は完了後、3人に適当に分配してあげたいという考えでおるから、それが出来る様にきちんと遺言通りに準備して下さい」。

――こういう手紙を受け取った記憶がありますか。

これは私宛てにということですから受け取っていると思います。

――このときお母さんのほうとしては、いずれは、このお父さんから相続した物件に関しましては3人で分けなさいということを指示していたんじゃないですか。

その文面からすると、そうでございますね。

甲第三九号証を示す
――これは、じっくり読んでいただきたいんですけれども、これは手紙の前後からしますと、昭和50年の5月6日に出されたものというふうに推定できるんですけれども、あなたのほうでは、この手紙を受け取った御記憶がありますか。

これも私宛てですから受け取っていると思います。

――お母さんが書いたものに間違いないでしょうね。

はい。

――これで見ますと1行目、2行目のところに、電話ではあまり、よくわからないところがあるので、手紙で、もう一度よく説明してくださいというふうに書いていますね。

（うなずく）

――当時、あなたは、お母さんに北側のマンション建築の件に関して、電話で説明していたんですか。

　そうですね。電話でということで書いてありますから、そういうことをやっていたと思います。

――お母さんは電話じゃ、よくわからないから手紙で説明してくださいと書いてありますね。

　はい。

――それで次の段階を見ますと、B地の改築する案はよろしいと、ただし改築許可はだれの名義でとりましたかというふうに言ってますね。

　はい。

――つまり、当然、お母さんのほうとしては名義は自分のほうにしなさいよということで、あなたに言っていたんじゃないですか。

　これは、この手紙は、そういうことを書いてありません。これに対してこれこれ、こういう理由でもって、つまり母の名義では建てられないんだという説明をして了解をとっております。

――その説明というのは、何でしたんですか。

　手紙です。

――いつですか。

　この手紙がきて後の手紙だと思いますが。

――いつごろですか。

　これは昭和50年……。

――これは50年の５月６日と思われるんですが、お母さんに手紙で説明したのは、いつですか。

　こういう質問がきたということは、この手紙のあとに回答を出していると思います。

――あなたがマンションを建てた後じゃないですか。その手紙を出したというのは。

　これは現在進行中のところですね。

――あなたが、お母さんに、その手紙を書いた時期というのはマンションを建築竣工後、大分たってから出したんじゃないですか。

　竣工後ではなくて、この時期はマンションを建てている最中でございます。

――あなたが手紙を出した時期ですよ。

　昭和50年。

――50年に出したんですか。この手紙の直後に出したんですか。

　返事をですね。はっきりした記憶はありませんが、今、ご質問の内容のことに関して言うならば、この手紙をもらった後に出していると思います。

――お母さんのほうでは「私の家の改築をするのですから当然、私の名義で建てるものと思っています。」というふうに言っていますよね、この真ん中のところで。

　はい。

――ということは、お母さんとしては、あくまでも自分の名義で建てるものということで、それは変えることはなかったんじゃないですか。

私のほうが、そうではないという説明をしてやりまして、あとで母は納得したということです。

——納得したんですか、本当に。

というのは、それに対する反論といいますか、あくまで、それじゃ困るよという内容のことは受け取っておりません。

——手紙できたんじゃないですか。そういうことじゃ困るよということで。

そういう記憶はありません。

——1枚目の後ろから4行目「私が今迄にあなたに頼んだいろいろの事を先ず、きちんとやってくれて、この母を安心させてくれる事が孝行の第一歩だと思います。」というふうに書いてありますね。

はい。

——当時、お母さんのほうとしては、あなたの行動に関して相当不安をもっていたんじゃないですか。

そのようには。ちょっと記憶違いをしていたので訂正させていただきますが、50年の5月ごろというのは建物を建てている最中と言いましたが、そうではなくて私が1年、間違えておりました。51年の5月ごろに建物を建てておりましたから、50年は建物を建てておりません。

——そうすると、もう一度確認しますけれども、あなたのほうで、さっき言いましたように、お母さんのほうでは、建てるんであれば自分の名義で建てなさいよと、手紙で書いてあるんですね。それに対して、あなたは、どういうふうに答えたとおっしゃったんですか。

どういうふうに答えたかと申しますと、自分の自己資金で、すべて全部まかないきれません。銀行から借入をしてやるということになると、当然、返済能力ということが問題になります。そうすると、母は現在において高齢でありますし、返済する期限という点からいきましても、いずれにしましても借りる当事者になり得ません。ということで建物の所有主というのは、母はなり得ないということで、その説明を母にいたしました。

——それは、いつしたということですか。やっぱり、その手紙の直後ですか。

直後であろうと。はっきり私自身が確信をもって言えるわけではありませんが。

——電話でしたことはなかったですか。そこまでのことは。

電話も、もちろんしただろうと思いますし、しかし今のは非常に重要なことですし、手紙で書いて出していると思います。

甲第四〇号証を示す
——これもお母さんが、あなたに出した手紙ですね。

そうですね。

——この一番最後の追伸のところを見ますと、5月6日に出した手紙の返事を早くくださいと、つまり5月6日付けというのは、あなたに今示した自分の名義でしましたかと、建物に関して自分の意見がありますという、その手紙ですよ。このとき、わざわざ1ヵ月後に早くくださいと書いてあるんですよ。手紙出してないんじゃないですか、返事を。

　この文面で言えば6月7日現在では、まだ手元に届いてないでしょうけれども、出してないとは、それだけでは言えないわけです。

——この時点では、少なくとも出してないですね。

　1ヵ月間の間では出してないということですね。

甲第四一号証を示す

——これもお母さんから、あなたにきた手紙ですね。

　はい。

——最後のほうに4月28日と書いてありますが、これは順序からすると、翌年51年の4月28日というふうに考えられるんですけれども、中段以降の段落のところから見ますと「B地の宅地やE地もふくめて、私の相続した物、又は今後、相続する物は、すべて売買、賃借する意志が有りません。父上の残されたままの形で保管して下さい。」と、つまり北側に関して勝手に使うなと、父から相続したままで管理していなさいと、保管していなさいと、この手紙で言っていますね。

（注：明確に抗弁している）

　はい、これは言ってますが、これは私は受け取った覚えがありませんですね。

——筆跡その他は。

　これは確かに母が書いておりますし、大殿としてありますが、この手紙を受け取った記憶が私はありません。

甲第四二号証の一、二を示す

——これは、あなたがお母さん宛てに出した手紙ですか。

　そうですね。

——先ほど、あなたがお母さんに手紙を出したとおっしゃいましたけれども、その手紙はこのことですか。

　日付が合いませんから返事として出したのかどうか、ちょっとわかりません。

——四二号証の二の封筒のスタンプを見ますと、77年の4月12日というふうに読めるんですけれども、つまり52年4月12日付けで、あなたが投函されている手紙なんですけれども、このときには北側のマンションは既に竣工後ですね。

　そうです。

——北側のマンションは、いつ竣工しましたか。

　これは昭和51年の10月ごろですね。

——そうすると約半年たったころですね、この手紙を書いたのは。

　そういうことですね。

——そうしますと4枚目の4行目の下のほうから「建物の所有者は甲会社と池田大とならざるをえませんでしたので、ご諒承下さい。（これは仮りに母上名義となったとしても、今度は甲会社と大が母上に6300万貸付ける形をとらざるを得ませんから、結局、同じ事なのです)」と書いてますね。つまり、あなたが、さっき、おっしゃったことですね。

そうですね。

――そうすると、この手紙が、あなたがお母さんに説明したという手紙のことじゃないですか。

これは説明しております。

(注:母親の手紙の内容と被告の手紙の弁解の内容が矛盾している)

――わざわざ名義のことを、建物を竣工後、6ヵ月もたってからお母さんのほうに、こういう名義にならざるをえませんでしたというのは、お母さんから名義の件に関して、あなた、あるいは甲会社の名義で建てていいよという了承を得てなかったからこそ、こういう手紙を書いたんじゃないですか。

そうとは限らないと思いますね。いずれにしても説明をしているということで。

――辛喫茶室の話に戻りますけれども、辛喫茶室で3人で会ったときに、あなた自身が2人に示した資料みたいなものはあったんですか。そのときに、あなたがこれは、こういうことだということで見せた資料、書類等はあったんですか。

はっきりした記憶がないんでございますが、借入の証書、それから南側の契約書、そういうものは持参したと思っております。

――示したものがあったかという質問なんですけれども。

そういうものを示したであろうと思います。

――あろうですか。はっきりしないんですか。

はっきりした記憶ありません。

――あなたは、そのときに、こういう覚書を作りたいとか、こういう書面、こういう合意書を作りたいということで下書きみたいなものを持っていきましたか。

持っていってません。

――そうすると、そのときの土地の登記の謄本とか権利証等は持って行ったんですか。

ちょっと、はっきり覚えておりませんが、持っていっていたかもしれませんし、ちょっと、はっきり覚えてません。

――覚書を作るということは、だれが言い出したことですか。

これは、もう、当然のことながら三者が、そういうものを作らなければいけないだろうということで。そう記憶しております。

――あなたが言い出したということではないの。

特には、どうではないですね。いずれにしても決めたことは、はっきり書面に残さなければいけませんから。だれかれが言い出したということでなくて当然、そういうことになったと思います。

――この覚書というふうに、わざわざ2通に分けて書いたというのは、つまり、また後日、正式の遺産分割協議書を作ろうという含み、あるいは、そういう何らかの前提があって覚書という形にしたんですか。

いいえ、その時点では、そういう話は全くありません。覚書そのものが、話を決めたすべてであると考えております。

――覚書の中でも、当初の500万、これに関しては8月中に払うという記載はありますけれども、それ以外の支払い方法に関しては未定の部分が多いですね。

はい。

――ということは、これに関しては、また後日、話をしようということになっていたんじゃないですか。

それは、どの金額を、いつ払うかということを後で決めようということを、そこに決めただけであります。内容は既に話は終わっております。

――それから、このとき本当にE地の、あなた名義の土地のことなんかも話題に出たんですか。

出ました。

――B地の土地の地代が未払いであるということも、本当に話題に出たんですか。

当然出ました。

――そうすると時間を確認しますけれども、あなたのほうでは、この前の供述ですと3時ごろ入って、出たのが9時ごろであるとおっしゃっていますね。

はい。

――本当に、こんなに長かったんですか。

そのくらい長くかかりました。

――今、あなたは、この証拠に出ている乙第五号証の原本をお持ちですか。

今、私の手元にはありませんが。

――念のため確認するんですけれども。

乙第五号証の一を示す

――この7月21日のところを見ますと、確かに3時から8時過ぎまで棒が引っ張ってあるんですが、なんとなく3時から4時までの間と7時ちょっと過ぎあたりから、線がちょっと曲がっているんですよね。念のためお聞きするんですけれども、あなたが後から書き加えたということはないんですか。

これは書き加えてません。そのままですね。

――そうすると、このとき、ずっと座りっぱなしなんですか、6時間もの間。

そうです。

――そうですか。

そうです。

――そうすると終わりのほうは頭がかなり、ぼおっとしてくるんじゃないですか、こんな難しい話を一気に6時間も話をしていれば。

それは個人差によると思います。

――あなたの場合は頭がぼおっとしているということはなかった。

ございません。重要なことですから。

――相当、手際良く話をなさったんでしょうね。あなたが法廷で説明するだけでも、2時間、3時間、優に要しているわけですよね。

それは手際よいといいますか必要な内容のことについては、すべて、そこで片を付けたということになります。

――もう一度確認しますけれども、覚書の作成というのは、本当に、この日ですか。7月21日ですか。

そのとおりです。

――あなたが、これを書くときに、あなたが手本としたものはあったんですか。なかったんですか。

特にありません。

甲第一号証、甲第二号証を示す
――これを見ますと所在地の表示、面積等、正確に数字が書かれていますね。

はい。

――ということは何も見ないで、これだけのことを書けるということはないですよね。

そうですね。

――何かメモか何かしておいたんじゃないですか。

これは私も、ちょっとメモしているでしょうし、姉達も当然、そういうことに関しては資料も持っていたと思いますね。

――この今お見せした甲第一号証、二号証を見ますと［C地の所在地の表示］こういう書き方があるんですけれども、これは、あなたが、こういう所在番地とか、そういうものを記憶していたわけではないでしょう。

これからしますと、記憶はっきりしておりませんと申し上げましたが、登記簿謄本なんかを、そのとき持参したんだと思います。

――あなたのほうでメモを持っていたんじゃないですか。

それは、はっきりした覚えがありません。

――メモを見ながら書いたんじゃないですか。念のために聞きますけれども。

そういう記憶はありませんですね。

――覚書の件に関して大山さんがいない席で北池さんと話をしていたことがあったでしょうか、なかったでしょうか。

覚書を作ってからでございますか。

――作る前です。

作る前には話はした覚えありませんですね。

――そうすると21日に辛喫茶室で会って、その場で一気に作ったと。

もちろん、そのとおりです。

――そうすると、その前の機会とかは一切なかったということですか。

はい。

──あなたは、この陽子さんの相続税の申告書は作ったんですか。これは税務署に出したんですか。

計理士さんに作ってもらいまして出しました。

──その控えは、あなたはもっていますか。

はい。持っております。

──この法廷に出すことはできますか。

ええ。それは可能でございます。

──出していただけますか。

はい。

──相続税の申告に関しては、あなたが税理士さんに、すべてを話して作ってもらったということですか。

そうです。

──北池さんは関与していますか。

これは関与していないと思いますですね。

──大山さんも当然、関与していませんですね。

そうですね。

被告（反訴原告）ら代理人
──結婚されたのは、いつですか。

昭和42年の10月でございます。

──そのときはお父さん、お母さんの了承を得られなくて、ちょっとお父さん、お母さんと険悪な状態になったということでしたね。

はい。一時期、そういうことがありました。

乙第一九号証の一を示す
──これは、あなたのところにきた葉書ですね。

そうです。

──スタンプを見ると昭和44年7月7日ですね。

はい。

──だれからきた葉書ですか。

これは母が書いておりますけれども、父、母両名できている葉書でございます。

乙第一九号証の二を示す
──これの最後を見ると和成さんと陽子さんですから、お父さん、お母さんからきているということですね。

そうです。

──この内容を見ると1万円確かにもらいましたと。あの節は、おいしいお菓子をもらってありがとうとか、庭の花木がどうこうということで、この時点では、もうお父さん、お母さんとは和解ができていたわけですか。

ええ、事実上、こういう葉書がきているということは、和解ができていたというふうに私自身思っております。

──乙第一九号証の一を見てください。このお父さん、お母さんの宛先ですが、Ａ県Ａ市にてと書いてあります。これは、あなたとしては、どういうことでこういう住所を書いたか推測できますか。

これはいずれにしても、このＡ地というのは北池の住所ですが、そこに両親達が行っておりましたが、そこに住居を移してしまったということではなくて、あくまでも、そちらに遊びに行っているという意味で、こういう住所の書き方をしているんだと、私は考えております。

原告（反訴被告）北池代理人（渡邊）

――前回の証言と大分違うので、私のほうからお聞きいたします。

（注：この尋問をするに際し裁判官は不快の表情を示した）

甲第四二号証の一を示す

――先ほどの供述ですと、これは昭和52年の4月12日に、あなたのほうで出された手紙だということですね。

はい。

――先ほどのあなたの供述ですと、その後、お母さんのほうから、この手紙を受け取ってから何の連絡もないのでお母さんが納得したと思っていたという趣旨の供述がありましたね。

はい。

――この手紙に関連して何の連絡もないので、あなたとしてはお母さんが納得をしたと思っていたという供述でしたね。

はい。

――その後、お母さんから具体的な乙第四二号証の一に対する返事はありませんでしたね、手紙としては。

……。

――そういうことになるんでしょう。何の連絡もなかったから、あなたは、お母さんが納得したと思っていると言っているでしょう。

そういうことになりますね。

甲第三九号証を示す

――ここに7行目から建築許可はだれの名義で取りましたか、また費用の捻出の件、間取りなど至急手紙で詳しく知らせてくださいというふうにありますね。

はい。

――この2つの点、費用捻出の点と建築許可の名義の点、これを北側の建物を建築する以前にお母さんに連絡をしたことはありますか。

それは連絡しております。

甲第四二号証の一、二を示す

――ここに先ほど相代理人が読んだ部分がありますね。

はい。

――4ページ目、これによって融資条件として建物の所有者は甲会社と池田大とならざるを得ませんでしたので……と書いてありますね。

はい。

――この文章を見ますと、お母さんは自分の名義にしたいという意思があったにもかかわらず、あなた名義にならざるを得なかったという趣旨の手紙ではございませんか。

それは、そうなんですけれども、いずれにしても……。

（注：母親の意に反したものであることを認めている）

——あなたのこの文章を私共が、そのまま読みますと、お母さんの意思に反して、あなたの名義にならざるを得なかったという内容にしか読めないわけですよ。そういう内容としての文書ではありませんか。

そういうことでございましょうか。

——同じページの、間取りは左の略図のとおりですというふうにして、それ以降、間取りが書いてありますね。

（うなずく）

——この手紙の中で、お母さんに建てられた建物の間取りを初めて説明したんではありませんか。

これは完全に最終のものとして、こうなったという説明を、ここでしているわけです。

——図面として、こういう間取りになったということを初めて説明したんじゃないですか。違うんですか。

いいえ、その前に既に、こういう内容のことでやりたいという、これはもちろん計画図ですね、それは送っております。

——このあなたが書いた図面の中で変わったところがありますか、あなたの計画と比べて。

大分変わっております。

——どこですか。

最初、玄関は北側のほうについているという設計がありました。

——そうすると、あなたは昭和51年の4月ごろまでに先ほどの費用の件とかあるいは図面を送ったことはありますか。

いずれにしても4月まででございますと、書面で送ったかどうか、はっきりした記憶ありませんが、いずれにしても電話で了解をとっております。

——そうすると、それ以前に、お母さんは自分の名義にしてほしいという意向を、あなたに話したことはあるんですね、建築する以前にお母さんのほうでは北側の建物について自分の名義にしなさいと、してほしいというような意向をあなたに連絡をしたことがあるんですね。

ないと思います。そういう意思表明は、ほとんど母からはありませんでした。

（注：明らかに母親の手紙と矛盾した答え）

——そうすると、ないのに、あなたの名義にならざるを得ませんでしたという手紙を出すんですか。

ですから、それは、もちろん母から意思表明があった後に今の手紙を出しているんでございますね。

——お母さんのほうでは自分の名義にしてほしいという意思表示があったんでしょう。

もちろん、それはそうです。

（注：前後矛盾している）

——お母さんのほうでは、それに対して、あなたが資料とか何かを送ってこなかったために先ほどの、甲第四一号証の４月28日付けの手紙で見られるように、もう一切、売買貸借の意思がありませんということになったんではありませんか。

今言いましたように売買の意思がないという意思表明を母が私のところに寄越したという記憶は全くありません。

――そうすると甲第四一号証の手紙は、そういう意思がないのにお母さんが書いたものだということになるんですか。

……。

――あなたは前回の供述ですと、お母さんから北側の建物について、あなた名義にすることについて一貫して、反対したことはないし、異論もないし、お母さんのほうが自分の名前にするということを言われたこともありません、一度もありませんという供述をしていますね。

はい。

――ところで、この北側の建物を作るについては建築費用も膨大にかかってますね。

はい。

――それから、あなたの将来の生活設計にとっても非常に重要なものでしたね。

はい。

――したがって、その建物が本当に建つのかどうかということは、あなたの昭和51年ごろ当時の最大の関心事ではありませんでしたか。

そうですね。

――そうすると、お母さんとのやりとりについて、あなたが忘れるはずはないと思いますが、そうではありませんか。

そういう意味においてはそうですが、忘れているところもあるとは思います。

――あなたは、今日、すらすら答えていたのでお聞きしたいんですが、今日のあなたの供述と前回の供述と違いますけれども、その違ったことの特別の理由はありますか。

……。

（注：意図して虚偽の供述をしていることを理解させるための尋問）

原告（反訴被告）大山代理人（永井）

甲第二三号証を示す

――これは以前、裁判所に出した書類ですけれども、あなたが大山徳行さん、妙子さんのご主人宛てに出した手紙ですね。

はい。

――その一枚目、一番最後に見ますと、なお今までのある時期に大変、親不孝いたしました私としましてはと、この親不孝をしたというのは、どういう親不孝のことですか。

これは親の反対を押し切って結婚したということです。

――そのことだけですか。

そうですね。

――あなたの親不孝というのは、その意味だけですか。

　そうです。

甲第二六号証を示す

――これは昭和47年12月10日から昭和48年3月31日、最初の甲会社の決算書類ですね。その一番最後の末尾添付書類を見ますと借入金および支払利子の内訳書という欄があって、その下に池田陽子450万と、これは、どういうお金ですか。

　これは実は税理士が間違えて記入しておりまして、次の期から、それは消してあります。錯誤によって出してしまったということでございます。

――間違いですか。

　はい。

――こういう借入は、そうするとない。

　そういう450万という借入の金額はないわけでございます。

――そうすると、このとき本来であれば、あなたの供述からいうと、和成さんお父さんからの借入金700万円が載るはずのところじゃないんですか。

　と言うか、全部で1342万5000円でございますか、それが、そこに借入金としては出なければいけないわけでございます。

――この時点では借入金として処理すべきなのは700万だけではないんですか。48年3月31日ですけれども。

　……ちょっと、はっきり覚えておりませんが、いずれにしましても、その2つが載らなければいけないんだろうと私は思いますが。

以上

（注：この尋問は全体として被告に虚偽証言をさせたうえ、弾劾証拠により〝心証のなだれ現象〟を起こさせたはずであるが、弾劾証拠の内容である母親の建物建設を明確に反対した手紙や、被告の弁解した手紙が事実認定の証拠として掲示すらされなかったのである）

3　建物明渡請求事件

一審判決は書証の賃料を損害金と読み替え建物賃貸借契約の更新拒絶を認容したが、控訴審で勝訴的和解が成立した事案

(1) 事案の概要と争点及び尋問の目的

ア　概要

　本件は被告が原告所有の建物を借りてコーヒーショップを営んでいたところ、原告が被告は期限がきたら原告に返却する特別の合意があったとし、また原告は土地を売却する必要があるとして契約の更新を拒否したとして、建物の明け渡しを求めた事案である。

　ただし、この賃貸借契約には特色があり、建物を造った

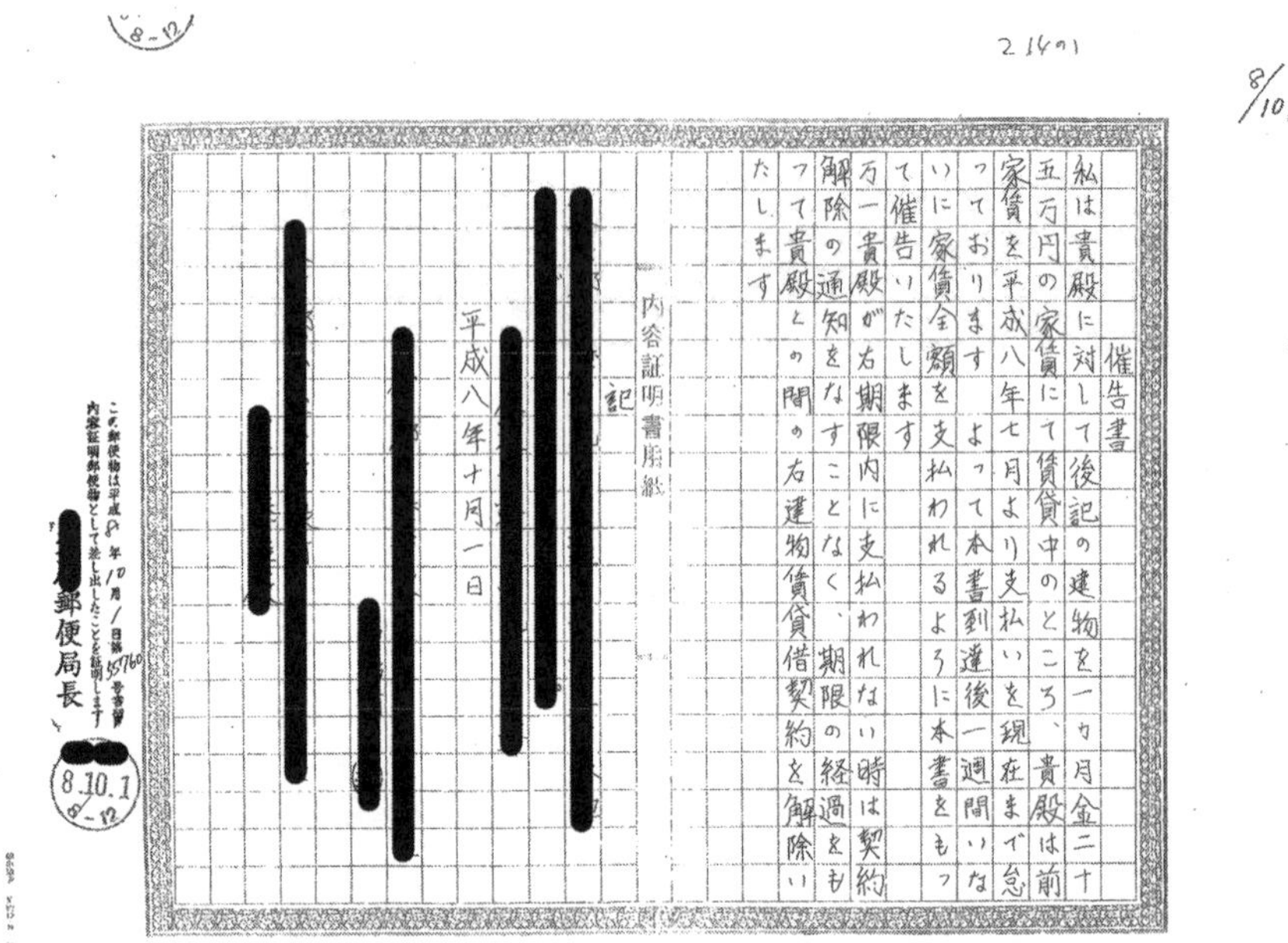

2.14の1

8/10月

催告書

私は貴殿に対して後記の建物を一ヵ月金二十五万円の家賃にて賃貸中のところ、貴殿は前家賃を平成八年七月より支払いを現在まで怠っております。よって本書到達後一週間いないに家賃全額を支払われるように本書をもって催告いたします。

万一貴殿が右期限内に支払われない時は契約解除の通知をなすことなく、期限の経過をもって貴殿との間の右建物賃貸借契約を解除いたします。

内容証明書用紙

[redacted]

記

[redacted]

平成八年十月一日

[redacted]

この郵便物は平成8年10月1日第55760号書留内容証明郵便物として差し出したことを証明します

[redacted]郵便局長

[redacted]
8.10.1
8-12

のは被告の前賃借人であり、被告はいわば建物建築費の一部を含んだ譲渡代金で賃借人の地位を譲り受けていた。

しかも、原告は期限の月以降の賃料も受け取っており、また更新の期限1年後になり賃料の支払いがないとして原告から催告解除の通知（本頁上段）が被告に送付されている。しかし、原告が賃料の支払いがないと思ったその原因は銀行の機械が故障し通帳に印字がなされなかったためであった。この事実が判明したところ、原告は被告に対し「お手数をかけて申し訳ありませんでした」と詫びの手紙を送っている。

イ　本件の争点

本件では

・期限に明け渡す特別の同意があったか
・更新拒絶はなされたか
・更新拒絶の正当事由はあるか
・更新日後に原告が任意に賃料を受領していたことが契約更新の承諾となるか

が争いとなった。

ウ　反対尋問の目的

・契約の日に明け渡す合意などあり得なかったこと
・更新拒絶の通知などなされていなかったこと
・原告には更新拒絶の正当事由がないこと

・更新日以降も賃料を受け取り、しかも更新の月から1万円の値上げをしていることは契約更新を了承したことになるか
・更新日の1年後に賃料不払いの催告解除をしているなどを具体的に明らかにして、被告の主張は全く理由がないことを立証しようとした。

(2) 審理の結果

一審判決は驚いたことに、被告が期限到来により明け渡し義務があると認識していたとしたうえ、原告の子供が本件家屋についての「居住の必要性」があり「家屋売却の必要性」を正当事由としてあげている。しかし、原告の子供はすでに他に居住しており、資金的にも原告に客観的余裕があることが尋問のなかでも明らかにされている。

更に驚くべきことに、更新日以降原告が行った賃料の値上げの事実を無視し、1年後の支払催告兼解除通告書について、「しかし、賃貸借契約終了後であっても、使用継続中は相当の金員を支払うべきは当然であり、同金員は法律上『賃料相当損害金』というべきところ、法律の専門家ではない原告が、使用の対価として金員を『家賃』ないし『賃料』といい使用継続中の状態を『賃貸中』といったからといって、同人が『家賃』、『賃料』と『賃料相当損害金』との法律上の区別を認識したうえで同語を使用したことを窺わせる事情はなく、むしろ前記認定の事実経過のとおり、同人は一貫して期間満了により賃貸借契約関係は終了したとして明渡しを求めていたことにより、同人が賃料相当損害金の趣旨で『家賃』、『賃料』の語句を用いたことは明らかであるから、『家賃』、『賃料』や『賃貸中』の語句の使用をもって、賃貸借継続の承認の証左とするのはあたらない」と判示している。

この判決は証人尋問以前にすでに思い込みにより原告勝訴とすることに決め込んでいたと思われる。

すなわち、

・以前に建てたマンションについても建築計画どおりに収支が黒字となっていることが認められているにもかかわらず、マンション建築当時、本件家屋および土地の売却の計画をしていたかのように誘導した発問をなし、代理人の異議によって原告本人も供述を訂正していること。
・更に催告書の賃料を賃料相当損害金と読み替えると何の根拠もなく判示しているが、原告の催告文は法律に従った催告解除の通知であり、損害金と読み替えしたら催告解除の意思表示を理解できなくなる。しかも現金が銀行にあることが判明すると「申し訳ありません」との文章まで原告に送付していることを完全に無視していること。

などから容易に推測できる。

一審判決は、証拠を無視し、何らの根拠がないにもかかわらず、裁判官の思い込みから判決を書いているとしか理

解できない代物である。

その意味では結審までは〝仮定心証〟であること、最終準備書面によってそれまでに提出された全証拠を精査することの重要性を示したものである。

なお、原告代理人は結審直前に原告作成の陳述書を提出してきた。そこで、被告代理人は原告が提出してきた新たな陳述書に関して反対尋問のための本人申請をしたところ、一審裁判官は原告の上記陳述書を反対尋問を経ない証拠として扱う旨（すなわち、証拠価値が低い）述べたため、反対尋問の実現をそれ以上追及しなかった。

ところが、ふたを開けてみると、最後に原告から出された陳述書に基づいた判決がなされたのである。代理人としてはこのような事態も十分考慮して十全な訴訟行為をすべきであったと考えている。

さすがに控訴審は、一審判決の判断を覆し、借家権の存在を認めたうえで、被告（控訴人）の勝訴的和解が成立した。

(3) 証人尋問　浅香和光

原告代理人
甲第八号証及び甲第一一号証（陳述書）を示す
――これは陳述書ということで、2通ありますけれども、昨年作ったものと今年になってから最近作ったもの、両方ありますね。

はい。

――記載している事項は、私の方で浅香さんからお話を聞いてまとめたものですけれども、この記載している中身については読んでもらって、中身に間違いないですね。

はい、間違いありません。

――両方とも間違いないですね。

はい。

――これまではどういうお仕事をなさってきましたか。

農業です。

――ずっと農業をやってきたわけですか。

はい。

――この間、地域の民生委員などもやってこられたわけですね。

はい、10年間やりました。

――今、問題になっているコーヒーショップの建っている土地ですけれども、今現在のようになる前は、どのような土地でしたか。

前は田んぼだったのです。

――田んぼが区画整理でもって、ああいう宅地の中に変わったということですか。

はい、そうです。

――田んぼから、その後今のコーヒーショップが建つ前は、植木か何か植えておられたわけですか。

ええ、一応畑になってて、植木を植えておきました。

――昭和55年頃、小川さんが来られたわけですよね。

ええ。

――最初は小川さんは、どのようなお話で浅香さんのところに来られましたか。

最初は「自動車学校が建替えするので、それで追い出されるから、お宅の土地の一部を借りて、コーヒーショップをしたい。」という話だった。

――小川さんが最初は一人で来られたわけですか。

はい、そうです。

――お話を聞いて、まだ決断はできなかったわけですね。

そうです。そのときには自分でもそんな貸す考えはなかったから、断ってたのですけれど、回数が多くなったので、だんだん考えるようになって。

――そのうちにその自動車学校の柳瀬さんという方も、一緒について来られたということですか。

はい、そうです。

――小川さんはこの自動車学校で喫茶店をやってたのですか。

ええ、喫茶店。

――柳瀬さんの方からも、信用できる人だからというようなことで、紹介されたということですか。

ええ、柳瀬さんは自動車学校の方の職員だから、小川さんはその場所を借りてコーヒーショップをやっていたので、「追い出されてしまうと、退職金ももらえないし、困るから、成り立つようにしなくては困るから、ぜひお願いします。」と。

――小川さんが来る前は、浅香さん自身としては、この土地はどのようにする予定でしたか。

その時分は、まだ情勢が分からないので、別に何もしようという考えがなくて、それで畑に植木を植えておいたのです。

――現在は周りに、ちらほらと建物も建ってますけれども、当時はまだまだこの辺は建物自体もほとんど建ってなかったのですか。

ええ、区画整理の後だから、ほとんど建ってないです。

――ほとんど建ってない状況で、まだここは今後どういうふうに変っていくのか、あるいはどういうふうに利用するのかというのは、この昭和55年当時では、まだ分かってなかったということですか。

はい、予定は立たなかったです。

――小川さんが来られて、自動車学校の職員の柳瀬さんという方も一緒に来られて、そこで説得されて貸すことになったということですか。

はい、そうです。

――このコーヒーショップの建物自体は、小川さんが建てて、名義を息子さんの浅香常夫さん名義にしているわけですけれども、これはどういう話でこうなったわけですか。

それは税金の関係で、まだ常夫の方が収入が少なかったので。

――常夫さんの名義にしたのは、税金の関係でということですけれども、小川さんが建物を建てるということだったわけですよね。

はい、そうです。

――それを浅香さんの方の登記名義にするということは、どういうことでしたか。

それは小川さんが、私が余り返事をしなかったので、「じゃ金は私の方で出して」、私というのは小川さんの方で出して、「家を建てるから、その場所を貸してくれ。」という、それで「その家賃として、毎月払っていくから。」という話だったのです。

――建物自体を小川さんが建てて、小川さん名義にしたら、権利が出てくるからというような話もありましたでしょう。それはどういうことですか。

それは、小川さんが建ててそのままにしておくと、小川さんの権利になってしまうから、それで「それじゃ困るから。」という話をしたら「じゃあ、そっちで登記していいから。」と言われて、常夫の登記にしておきました。

――権利が出るというのは、どういう権利が出るかは説明がありましたか。

ええ、結局小川さんの名義にしておくと、幾年たっても小川さんの名義になってしまって、「それじゃお宅の方でも困るでしょうから、登記はそっちでしていいですよ。」と。

甲第三号証（契約書）を示す
――これは最初の小川さんとの貸店舗賃貸借契約書というものですけれども、これは小川さんの方で作って、持ってこられたわけですか。

そうです。

――原本の方は、基本的に青の複写になっているわけですね。

はい。

――青の字がずっと基本的にあって、浅香常夫さんが黒のボールペンで署名して、あと、年数の部分なども黒というようになってますね。

はい。

――これは、小川さんの方で作って、持ってこられたわけですね。

そうです。

――これを見ると、期間としては、第2条で昭和55年4月7日から昭和70年4月6日までの15年間というふうにしてますけども、これを何年ぐらいにしようかというのは、どのような話で決まったわけですか。

それは小川さんと2人で相談して、その時分は情勢が、まだその時分のどういうふうにやっていいかという情勢が分からなかったので。

――情勢というのは、今の土地の周りがどのように変わっていくかというのが、まだ分からなかったということですか。

　はい。それと、いま一つは、木造で建てたから大体が15年がちょうどいいだろうという話合いで、15年に決めました。

――コーヒーショップは木造で建てるということで、木造の耐用年数が大体15年ぐらいだろうということですか。

　はい。

――15年使えば、その間に建築費や何か、そういうものが大体償却できるというような計算なのですか。

　ええ、それで小川さんの方では、１０００万借りてやったので、その１０００万は一五年の間に消化していくから、「それでいいです。」ということで。

――１０００万借りたというのは、だれから借りたということですか。

　それは小川さんの姉さんが学校の先生をしていて、その人が貸すということになって。だから姉さんからも私の方へ電話があって、「ぜひ貸してもらいたい。」という話で、それで話合いがついたのです。

――その小川さんのお姉さんとも、お話ししたわけですか。

　話でない、手紙で。

――お姉さんからも、「自分の方で、ちゃんとお金は１０００万貸すから、大丈夫ですよ。」というような手紙があったということですか。

　はい、そうです。

――それは全部で１０００万ということですか。

　ええ、建物が600万の、中が400万で、１０００万でやるからという話でした。

――それは、小川さんからそういうふうに聞いたわけですか。

　ええ、そうです。

――双方で15年だということで話が決まったようですけども、浅香さんの方としても、15年ぐらいだったらば、その間に大体この周りの状況、あるいはこの土地の状況が、大体分かってくるだろうというような考えだったわけですか。

　はい、そうです。15年たてば、大体その土地をどういうふうにやっていくかというのが分かると思って、15年という話合いにしたのです。

甲第三号証（契約書）を示す

――これは小川さんが作ってきて、中身がどういう契約になってるかということについては、全部説明してくれたわけですね。

　ええ、そうです。小川さんが読んで、説明したのです。

――例えば10条というのがありますけれども、ここで「契約期間が終了したにもかかわらず、乙が本件店舗を」、乙というのは小川さんで、「店舗を明け渡さないときは、乙は明渡し完了の日まで、約定料金の２倍に相当する損害金を甲に」、甲というのは浅香さんの方ですけども、「支払うものとする。」というのがありますけども、この辺はどのような説明をなされましたか。

これは、もし出なかった場合には、違約金として、今までもらっていたひと月の金額の2倍を払うということになる。

——それは、出るまでの期間ということですか。

そうです。

——その後は、終了後1カ月以上明渡しを遅滞したときは、お店の中になるものは全部譲渡したものとしますよと、どのように処分しても異議を言いませんよと、そのことがありますけども、このようなふうなことを決めたというのは、どういうことでこのように決まったという説明でしたか。

……本件物件に……。

裁判官

——こういう文言を入れたことの理由ということですか。

原告代理人

——そうです。もう契約期間が終わって、1カ月以上明渡しができないようなときには、建物内にあるものは全部……。

それは、こちらで構わず壊してしまっていいということを言ってました。

——15年たって、改めてまたその契約を更新して、貸すというようなことは予定されていたのですか。

いや、予定にはないけれども、小川さんの方では、期限が来て、そのときにまた貸したいとか、その商売を続けて家賃をもらいたいような気持ちがある場合は、再契約したり、またほかから人を連れてきたりして、責任を持ってそういうふうにしますからと。もし自分でやりたくないと思ったら、もう壊してしまっていいからと、そういう話だった。

（注：これらの問答からしても原告が賃料と損害金の区別をしていることがわかる）

——それは浅香さんの方の考えで、もっと続けてもらってもいいよというのであれば、ほかの人を連れてきたりもしますし、それは小川さんが連れてきてあげてもいいですよと。しかし、浅香さんの方でもうやめてくれということであれば、もう壊してしまってもいいですよということですか。

はい、そうです。

——その辺の考えは、浅香さんの考え方次第ですということだったわけですね。

はい、そうです。

——小川さんとしては、15年すれば全部消却もできるし、そのときは浅香さんの考えにお任せしますということですか。

はい、そうです。

甲第一〇号証の一（写真）及び甲第三号証（契約書）を示す

――甲第一〇号証の一を示しますが、コーヒーショップの右の横にちょっと植木があって、その右側が駐車場になってますけれども、甲第三号証の契約書を見ますと、賃貸借物件の表示ということでは、このコーヒーショップ平屋建て1軒19・1坪ということで、店舗の賃貸借契約書ということになっているわけですけども、一番最初はこの建物だけを貸すという契約だったわけですか。

そうです。

――当初は、ここで写真に写っている駐車場部分は、全然入ってなかったわけですか。

ええ、そこは植木が植えてあったから。

――駐車場部分については、後から貸すということになったということのようなのですけれども、最初は建物の部分だけを貸す予定だったわけですね。

はい、そうです。

――建物を建築しましたよね。

はい。

――その間、小川さんの方から何か話が出てきましたか。

建築を始めるについて、ちょくちょくというよりも毎日来ていたのですけれど、車で。結局、車の置場がないというわけなのです。それでしようがないから、「少し貸してくれないか。」という話で、それでそうこうして、「じゃ、車はここのところに置いてもいいよ。」というようなやり方で、ちょっと貸していたのだけど、それがだんだんできていくに従って、「駐車場があった方がいいから、ちょっと貸しといてくれないか。」と言われたので、その植木が大した植木ではないから、「駐車場として貸しといてくれよ。」と言うから、では貸すことは貸すけれど、いつでもあげるという約束で貸しておいたのです。

――「いつでもあげる」というのは、どういうことですか。

結局、これはこっちのコーヒーの建物と、駐車場とは、契約はこっちはしてないのですけれど、駐車場の方は。話だけなのだけど、だから、こっちはいつでもあげて、私の方で都合があれば使うという話合いだから。

――あげるというのは、「駐車場のところは、いつでも引き揚げていいよ。」ということですか。

ええ。

――最初は、小川さんがこのお店に通ってくるための車の駐車場を、別のところに借りてあげたりということもありましたね。

それは初め、もっと離れたところに貸しておいたの。そうしたら、また歩いてくるのが大変だと。それでそのそばを貸しておいて……。

――隣は植木しかないから、そこにちょっと置かしてくれということですか。

初めは、だから1台だけ貸しておいたのだけど。

――小川さんの車だけ、1台だけはここに置いていいよとしたということですか。

ええ。それで結局、建物について、業者が車で来るでしょう。

――建築の業者がですか。

ええ、そんなことがあって、結局1台だけではしようがなくなってしまって、それで、「じゃ、ここのところは、駐車場として貸してくれないか。」ということになってしまったのです。

――どうせ植木しか使ってないのだからと。

ええ、植木もそんなに上がりはないだろうということになってしまって、それで貸すことにしたのです。だからこれは契約書がないのです。

――では駐車場部分については、全くただで貸してるということですか。

ええ、話合いだけで、貸してしまったから。

――話合いだけで、「いつでも浅香さんの方で必要なときは引き揚げてもいいよ。」というようなことで、話合いで貸したということですか。

ええ、そうです。

――コーヒーショップについても、当初は賃料12万ということでしたね。

ええ、それは小川さんが、建物を小川さんの金で建てたから、それを消化していくのに対して、では安くしてやらなくてはしようがないというわけで、話し合って、12万という、普通よりは安くしてしまった。

――普通の半分近く安くしたのではないですか。

はい、そうです。

――建物の賃料だけでも、普通の半分ぐらいの値段の12万で貸して、駐車場の方は、だんだん向こうが「貸してくれ。」と言うから、「まあいいでしょう。」というようなことで、後で貸したということですか。

ええ。

――駐車場について、使用料金を取らなかったわけですね。

ええ、ただで貸してる。

――それはどうしてですか。

じきに引き揚げるつもりで初めはいたものだから、だからそんな余り固くしてしまってやめさせられないと困るから、「いいよ、使ってればいいよ。」ということで貸しておいたのです。だから、初めはそんな15年も使わせるつもりはなかったのだけど。

――駐車場の方はですか。

ええ。

――建物は15年という契約だけども、駐車場はいつでも返してもらえると、そのためには料金も取らない方がいいだろうというようなことですか。

はい、そうです。

――建物についても、その12万の賃料のほかに、例えば敷金とか保証金とか、そういうのはもらってないわけですか。

はい、何にも取ってないです。家賃だけです。

（注：建物の建築費は小川が支払っているのだから、保証金などとれるはずがない）

――普通、アパートを貸すとか、マンションとか貸すとなれば、やはり礼金をもらったり、敷金をもらったりというのが普通ですよね。

ええ、今はそういうように分かってるのだけど、その時分は百姓をやってたから、そんなに細かいことは分からなかったのです。家賃だけはもらって、契約書があれば、それで大丈夫だというような考えだったから、だから今になってみると、ちゃんと不動産屋か何か間に入れてやっておけばよかったなと思いますけど。

――当時はちゃんと小川さんが約束してくれたし、信用できそうだしということで、15年なのだからということで、家賃だけもらったということですか。

はい、そうです。

――駐車場はアスファルトなんか敷いてありますけど、それは小川さんの方で工事したわけですか。

ええ、入口は警察に行ったりなんかして、私がやって、入口の方は私がお金を払ったのです。それでアスファルトの方は小川さんが金を払った。

甲第一〇号証の一（写真）を示す

――入口というのは、この道路と歩道との段差をなくすということですね。

はい、そうです。

――これは、所有者でないと、警察に行っても許可してもらえないわけですね。

ええ。

――あとは小川さんの方がアスファルトを敷いたりしたということですか。

はい、そうです。

――７年ぐらいたってから、小川さんが具合が悪くなって、田舎の方に帰るということになりましたね。

ええ。

――そのとき小川さんの方から、ちょっとお店をやめて田舎に帰らなくてはならないということがあったときには、どのようなお話がありましたか。

小川さんの方から、「体の調子が悪くて、コーヒーショップをやっていけないから、だから15年たたないでやめていかなくてはならないけど、私の友達に元銀行員をした人で、法律もよく知っているし、計算もよく知ってるから、その人にやらせてもらえないか。」という話なのです。それで「その人と仲良くしてると、法律もよく知っているし、勘定というか計算なんかもよくできるから、申告なんかのときにはよく頼んでやれば重宝だよ。」と言われた。それで「固い人だから。」と言われたので、では「残りの６年間を貸してくれ。」と言われたのだけれど、小川さんが信用してるのなら大丈夫だろうというわけで、それで貸すことにした。

──小川さんが田舎に帰るというときに、一時はもう建物を壊してしまおうかと、そんなことを考えたこともありましたね。

ええ、そうです。だからそのときに壊してしまった方がいいかなと思ったり、いろんなふうに考えたのだけど、でも小川さんが、「この人は、おとなしくて、固くて、いい人だから。」と言うから、それで、ではあとの6年間をそれで貸しましょうということにして、小川さんが契約書を作って。

──期間だけ除けば、あとは全く同じ契約書なわけですね。

ええ、大体同じことです。

──平成元年4月に瀬川さんと契約したわけですけれども、このときも保証金はもちろん敷金なども、一切もらってないわけですね。

ええ、何ももらってないです。

──賃貸借契約を名義が変わるということでもって、名義が移転するための承諾料というみたいなもの、そういうのも一切もらってないわけですか。

ええ、もらってないです。

──駐車場について、「ここは、ただで貸しているのですよ。」というようなことは、瀬川さんには話はしなかったのですか。

それは失敗してしまったのだね、話ししないのです。だから、瀬川さんの方ではついてると思っているかもしれないけれど、そのときは話を落としてしまったから。

──小川さんとは、もういつでも返してもらうものだよということでもって、ただでもいいやということで来たわけだけれども、そのことを瀬川さんには、ちゃんと話はしなかったのですか。

契約のときに話ししなかったから、それは私の落ち度だったかもしれない。

──では瀬川さんは、そのことは知らないかもしれないわけですね。

ええ、そうです。

──瀬川さんがお店をやり出して3年ぐらいたったときに、やはりたばこの煙やら何やらで、瀬川さんの奥さんもちょっと具合が悪いというような話がありましたね。

ええ。

──そのときは、どういう話ししたか覚えてますか。

だからそのときは、瀬川さんの奥さんがたばこの煙で具合が悪いという話をこぼされたので、6年間までやらなくても、途中でやめてもいいからと言ったことがあります。

──瀬川さんは何と言ってましたか。

「そのときになったらお願いします。」というように言ってました。

――平成６年９月、10月という期間が来ますけれども、瀬川さんの方に、「もう来年は明渡しの期間ですから、明け渡してくださいよ。」という話をしたということですけれども、これはいつのことかは覚えてますか。

ええ、９月30日頃だと思います。

――陳述書では10月というようなのがあったのですけど、これは９月30日ということですか。

はい、金を受け取るときを10月にしたから、それで10月というようにしてしまったのですけど、間違いです。

――10月分の賃料を受け取ったときということですか。

ええ、そうです。

――前家賃ですから、９月30日、末ということですか。

ええ、そうです。

――これは、どこでそういう話をしたか、覚えてますか。

ええ、私の家の座敷です。

――座敷に上がってもらったわけですか。

ええ、そうです。

――瀬川さんが賃料を持ってきて、そのときに上がってもらって、話をしたということですか。

はい、そうです。

――どういう話をしたか覚えてますか。

結局、期間が来るから、それで出てもらいたいという話はしました。

――瀬川さんは何と言ってましたか。

「はい、分かりました。」と言って。

――「分かりました。」と一言ですか。

ええ、そうです。だから、簡単だから大丈夫だなと思ってたのです、そのときは。

――ところがその後ぐらいから、瀬川さんとしては、A県の小川さんのところにも相談に行かれてたみたいですね。

そうですね。

――小川さんからのお手紙なんかを読みますと、期限の切れる前辺りにA県に来られて、もう少し借りたいのだけどもというような話を瀬川さんがしてきたというふうな話が出てますね。

ええ。

甲第七号証（書簡写）を示す
――この甲七号証というのは、小川さんが瀬川さんあてに出した手紙の写し、コピーが小川さんのところにあったということで、そのコピーを送ってもらったのですね。

はい。

――これでは、これは平成７年の話ですけれども、「浅香さんの方から、家の方に何度も電話があり、まだ土地を返してもらっていないというような話があった。」ということで出てますけれども、これは小川さんから瀬川さんに出した手紙。

甲第四号証の一及び二（葉書）を示す
――これが平成７年５月に瀬川さんが小川さんに出した葉

書ですけれども、これを見ますと、「昨年は訪問させていただきまして、ありがとうございました。」ということで、平成6年に望月さんが小川さんのところにお伺いしたという中身になっていますけどね。

ええ。

——平成7年2月になって、浅香さんの方でマンションを建てるために約2億6000万円の借入れをしましたね。

ええ。

——このマンションを建てるという話は、いつ頃からあったのですか。

平成5年頃だと思います。

——5年頃からマンションを建てようかという話があって、そして平成7年2月に借入れをして、そのときは建築はほぼ完成してきていたわけですか。

ええ、大体。

——その平成7年に借入れをしてという話ですけれども、それはどうして平成7年2月にお金を借入れするような予定が立ったわけですか。

それは、契約が切れて、土地がこっちが自由になるから、その土地を売って、そっちの方へ回すつもりでいたのです。

——平成5年頃の予定としては、平成7年4月には契約が自由になるから、というのは、瀬川さんから明渡ししてもらえるからということですか。

ええ、そうです。

——それでもってその土地が自由になるから、その頃にお金を借入れをしてという予定だったということですか。

はい。

——また、三男さんの武夫さんの住居の話がありましたね。

はい。

——これはどういう話でしたか。

それは、駐車場へ建てるつもりだったのです。

——今のこのコーヒーショップの駐車場の方にですか。

ええ。

——武夫さんというのは、平成7年の3年前に結婚をなさってますね。

ええ。

——結婚した後、すぐに住居を建てるということではなかったわけですか。

結婚して、いるところがないから、その期限が来るまで、貸家に入れておいたのです。

——三男の方は結婚したけれども、その期限が来るというのは、平成7年4月の期限が来るまでということですか。

ええ、そうです。

——その駐車場の方に家を建てたいということで予定をしていたということですか。

ええ、予定は。

——そういう、この駐車場の方に家を建てる予定だよというようなことを、瀬川さんの方に話ししたことはありますか。

ええ、それは平成６年の終わり頃にもう話をしたのですけど、そうしたら瀬川さんの方では、金がかからないように土地の交換でやればいいというような話だった。

――瀬川さんが持ってる土地と交換してくれということですか。

そう、A地にあって、B地にあって、C地にあるから、どれでも好きなところで、気に入ったところと交換するからという話だった。

――浅香さんの三男の方の住居を建てるのだったら、自分が持ってるB地か、あるいはA市のA地か、あるいはC地、どの土地とでも交換するから、そこにしてくれないかという話ですか。

そうです。

――それは息子さんの方で断ったわけですか。

ええ、結局息子の方が私より頭がよかったので。それで２月頃になると、その間借りして家を借りていたところが、今度は、その家の人は外国へ出張していたのですけれど、それが「７年の終わりに帰ってくるから、帰ってくる１カ月前にここを明け渡してもらいたい。」という不動産屋の方からの話があったのです。それでは急がなくてはならないというわけでいたのですけど、出る方がぐずぐずしてるから、もうこんなことをしていたのではしようがないというので、結局ほかを買うようにしたのですけど。結局瀬川さんを怒鳴ってしまうとまた出なくなってしまうから、出ないと困るから、「あそこは大通りの縁だから嫌だと言ってるから、ほかを買うから。」というように、おとなしい話をしておいて、それでB市の方を買ってしまったのです。

――本来は瀬川さんがぐずぐず言ってるから、ほかに土地を探さなければならないけれどもということで怒鳴りたい気持ちだったけども、そこで怒鳴ってしまうと、またぐずぐず言われて出なくなってしまうから、息子の方はもうB市の方に買ったからという話をしたということですか。

はい、そうです。

――それはその後、期限が来た後のことですね。

ええ。

――今のは期限が来た後のことですけれども、平成６年９月末に「明け渡してくれ。」と言ったら、「分かりました。」という話があって、ずっと浅香さんとしては、期限が来たら明け渡してもらえるなという予定で来たわけですよね。

はい、そうです。

――平成７年になって、１月、２月、という賃料をもらいましたね。

ええ。

――３月に賃料を持って来たときに、また確認しましたね。

ええ。

――そのやり取りを覚えてますか。

ええ、そのときは、「もう期限が来るから。」という話をしたのだけど、それをぼそぼそ言ってて、聞こえないようなことを言ってて、それで最後は「弁護士と話し合ってくれ。」なんて言ってたから、だから私は怒って、「弁護士は、そういう道で食ってるのだから何でも知ってるけど、こっちは百姓をしてるのだから、百姓の話なら何でも分かるけど、法律の話になると分からないから、だからそういうことは駄目だ。」と言って、怒鳴ってしまったのだけど。

――どういうふうな話をして、怒鳴りましたか。

結局、契約書があるのに、契約書どおりにしてくれれば、別に弁護士なんか要らないのだから、だからそういうふうに言ったのだけど。

――男同士の約束だなんていう話もしたわけですね。

そう、「男同士の約束をして、それで男が判こを押して責任を持つということになってるのだから、判こはちゃんと押してあるのだから、そのとおりにやってもらえばいいのだ。」ということを言ったのです。

――3月に賃料を持ってくるまでは、瀬川さんの方から、契約をもう1回更新してくれというような話は出てましたか。

出てないです。

――それまで一切聞いてないわけですか。

ええ、だからもう出てくれると思ってたのです。

――それまでは、契約を更新してくれという話は一切なかったわけですか。

ええ。

（注：逆である。原告から更新拒絶の通知を出さなければいけない）

――そういう「弁護士に話してくれ。」ということで、それに対して浅香さんとしては怒って、いろいろ話をして、その後はもう瀬川さんとは喧嘩状態ですか。

はい、そうです。

――4月は喧嘩状態ですか。

ええ。

――月末に、また家賃を持ってきましたね。

ええ、そのときに、大体5月の終わりには出てくれると思っていましたから、結局うちの方は金が余りないものだから、前家賃でもらってしまうと、途中で出られると今度は計算して返さなくてはならない、だから「後家賃にしてくれ。」と言ったのです。そうしたら結局、後家賃にしてくれと言って受け取らなかったら、今度は常夫の方へ持っていったから、常夫が私の方へ持ってきたから、「そんなもの返してこい。」と言って、また突っ返してしまったら、今度はそれを供託にしてしまった。だから、喧嘩をさせよう、させようというようなやり方だと思うのです。

――供託したというのは、5月分の家賃から供託したということになるわけですか。

ええ、そうです。

――供託されたものについては、平成7年10月に浅香さんの方で下ろしたようですけれども、それまでは供託されて、10月に下ろしたのはどうしてですか。

金がないから、負けてしまったから。

（注：事実上賃料の受領を認めている）

——もう生活できないからですか。

ええ。だから結局、もうそんなこと知らないやということにして、それで供託したのを取り返して、一時それで用が済んだ。

（注：家賃収入がなければ生活出来ないなどありえない。留保の通知も出していない）

——期限が来ても瀬川さんの方で明け渡してくれないから、浅香さんの方から、小川さんの方にも電話で出てもらうように、話をしましたね。

ええ。

——小川さんは、そのときは入院してたのですか。

ええ、そうです。

——小川さんに電話をしたときは、どういう話をしましたか。

結局、「期限が来ても出ないから、困ってしまった。」という話をしたのです。

——小川さんは何と言ってましたか。

そうしたら、「そんなことを言うくらいなら、ユンボでも借りて、それをぶっ潰してしまえ。」と言っていたけど、ぶっ潰してしまうと、また向こうは弁護士をすぐに呼んで、ああでもないこうでもないなんて言われると、こっちの負けになってしまうといけないから。契約書ではそうなっているのですけど、ぶっ潰してもいいということになっているのですけど、「そんな荒っぽいことをしてしまったらしようがない。」と、小川さんに言ったのですけど。

——そのときに小川さんの方から、営業譲渡という契約をしていて、３５００万お金が渡ってるのです、もらってるのですよというような話は出ましたか。

いや、出ないです。

——小川さんも、「そんな約束守らないなら、ユンボでも持っていってぶっ潰してしまえ。」という話だったわけですか。

はい、そうです。

——それでもらちが明かなかったわけですよね。

ええ。

（注：権利のない第三者の言葉など意味がない）

——甲不動産の高坂さんという方が動いたようですけども、何か頼んだのですか。

ええ、高坂という人が、「私が瀬川さんを追い出すから、私に任せてくれ。」と言われたので、それで任せたのです。

——途中で、どういう話になってるというような話を聞きましたか。

いや、一回初めは、３０００万円出さなければ出ないとか、何というのだあれは……。

――明渡し料ですか。

小川さんと瀬川さんの契約書が、そういう3000万だったか、そういうのがあるから、それを3000万払わなければ出ていかないと言われたと。

――350ではなくて、3000万ということですか。

初めは3000万と言っていた。

――それを高坂さんという人が、瀬川さんから聞いたということですか。

ええ。

――それに対して浅香さんは、どのようにしてくれというふうに話しましたか。

いや、びっくりしてしまって……だってそういう話を聞いたことはなかった。

――そうしているうちに高坂さんというのは、その甲不動産を……。

くびになって、どこか行ってしまったから。

――辞めて、どこかに行ってしまったのですか。

ええ。

――それからまたしばらくたってから、今度は乙不動産という会社の上岡さんという人が来て、自分が何とかしてやるということで来ましたね。

ええ。

――そのときはどういう話をしたわけですか。

その人は、「私はそういうことをいろいろ手掛けているから、必ず私なら出してみせますから、任せてくれないか。」と言われて、それで任せたのです。

――「お願いします。」と言ったわけですか。

ええ。

（注：明らかに事件屋まがいの人物に退去の働きかけをしている）

――その経過については、報告がありましたか。

いや、初めは、「出てくれ、出てくれと言ったって、子供の使いじゃないから、それだけではしようがないから、ほかのことを、いろんなことを私は言うけれど、だけどそれは最後は出す考えのもとでやってるのだから、信用してくれ。」と言われたけど。そのうちに左前になったから、来なくなってしまった。それで潰れてしまった。

――結局、その上岡さん自身の会社が左前になって、来なくなったということですか。

ええ。

――その後は、私の方に相談があって、調停を起こしたということですね。

ええ。

――浅香さんとしては、小川さんと瀬川さんの間でどういう契約があったのか、営業譲渡なんていうのは、この裁判になって初めて契約書も見せられたわけで、それまで一切知らなかったということですね。

ええ、そうです。

甲第一二号証（住宅地図）を示す
——この一二号証の赤で囲んだのが今のコーヒーショップの駐車場で、そして＊＊川というのが流れてますけれども、この左端の方に「○○」という文字がありますけれども、そこに駐車場とあって、ここに小さくて読みづらいのですが、丙会社というのがありますね。

ええ。

——これが、息子さんの常夫さんがやってた中古車販売の事務所ですね。

はい、そうです。

——ここは、駐車場のところとこの建物の建ってるところの土地は、浅香さんが持ってたわけですね。

はい、そうです。

——ここは現在どうなってますか。

現在は売ってしまって、マンションを建てるあれをしています。

——浅香さんとしては、ここは処分したということですか。

はい、そうです。

——いつ処分しましたか。

3月18日です。

——どうしてここを処分したわけですか。

もう74歳にもなって、借金が140万から毎月払っているので、少しでも少なくしていかなくてはしようがなくなってしまったので、それで売りました。

——本来は、このコーヒーショップの方の土地が処分できればよかったわけですね。

ええ、そうです。

——息子さんの常夫さんが、ここで中古車販売をやっていたわけですけれども、そこを処分せざるを得なかったわけですか。

それでここをどかして、今、家でやっているのですけど。

——常夫さんはですか。

家の物置でやってるのですけど、今度は、この瀬川さんがどいてくれれば、ここで半分はできるから、半分は売って、また借金のかたにできると思うのです。

——常夫さん自身は、この丙会社の方も業績は赤字だし、それで今、自宅の物置で、電話だけで仕事をしているということですか。

ええ、そうです。

被告代理人（渡邊）
——仕事というのは、中古車販売ということですね。
ええ、そうです。

原告代理人
——平成7年にはマンションを建てたりということで、当初は家賃収入でもって、その借金の返済もということを予定していたようなのですけれども、その次の年には、家賃収入が年間140～150万も減るというようなことで、この間は、家賃はむしろ値下がりするし、入居者数も減ってるわけですか。

ええ、そうです。

――今、借金の返済が月々140万以上というようなことをおっしゃいましたけども、生活費などはどうですか。

生活費は、それこそ、もう何も買って食えないような状態です、今は。

――赤字なのですか。

ええ、赤字です。

（注：のちに虚偽だとわかる）

――資料を一応出してありますけども、例えば平成8年度は家賃収入が２５９０万ぐらいありましたけども、それが平成９年は２４００万ぐらいになるというふうなことで、決してそれは現在増える状況ではないわけですね。

ええ、景気が悪いから、もう減る一方です。

――常夫さんの仕事にしても、事業収入額を見ると、赤字だというようなことになるわけですね。

はい。

――生活するためにも、わずかな預金を崩して、今、生活してるという状況だということですか。

はい、そうです。

――小川さんが田舎に帰るというときに、小川さんの方から、小川さんの持っている土地を、浅香さんに「買ってくれないか。」という話がありましたか。

ええ、それで私の方は「買えないから。」と言って、それで瀬川さんの方に回したのではないですか。

――それは、どこの土地ということでしたか。

それはよく聞いておかなかったのですけど、A地の方ではないですか。

――それは瀬川さんが買われたということですか。

ええ、そうです。

――幾らぐらいということでしたか。

値段は聞いてないです。

被告代理人（渡邊）

甲第三号証（契約書）を示す
――浅香さんと小川さんの契約のときのことをお聞きしますが、さっきのあなたのご証言では、この当時の契約によると、昭和70年までですね。

はい。

――70年の頃には、具体的な計画とか、この土地をどうするとかいうことは分からなかったというふうにお聞きしてよろしいですね。

はい。

――浅香さんと小川さんの契約のときには、あなたのさっきのお話ですと、あなたにその気があるなら、小川さんの方が責任を持ってだれかに貸してやるなり、自分なりが使うという話があったということもよろしいですね。

　はい。

――そのこともあなたは了承したわけですね。

　はい。

（注：のちの建物賃貸の更新も考えていたことが引き出されている）

――瀬川の方から、あなたの三男の方について、土地の交換をすればいいというような話があったということでしたね、駐車場の土地とほかの土地を。

　はい、ありました。

――それは、いつのことですか。

　６年の秋頃からです。

――交換すればいいということとは、当然のことながら、被告の瀬川は、交換するということですから、駐車場を使うということが前提になっているわけですね、その提案の前提は。最終的に断ったにしても、その話は実現しなかったにしても、それは当然、駐車場を使いたいから、交換したらどうかという話になったわけですね。

　いや、それは金がかからなくて、安いからという話です。

――その安いからということの前提として、瀬川の方では当然それは駐車場として使うから、交換して自分のものにするということになるわけでしょう。違いますか。だって、関係ない土地を交換して取得する意味がないわけですから。

　それは分からないですけど。

――瀬川の方からその交換の話が出てきた段階では、瀬川が「自分の土地を差し出すから、その土地と、今使っている駐車場を交換してくれ。」という話だったわけですよね。

　「交換すると、安いから。」という話だったのです。

（注：駐車場の土地を被告のものにしたいという話を原告も認めている）

裁判官
――交換の対象ですけれども、それは駐車場の土地ですか、それとも本件建物の下の土地ですか、両方ですか。
　駐車場の土地です。

被告代理人（渡邊）
――少なくとも瀬川としては、駐車場を使いたいから、そういう案が出てきたのだというふうにあなたは理解しませんでしたか。
　それまで考えてなかったですけど。
――通常だと、土地を交換で、駐車場について、「この土地について、ほかの土地を渡すから、この土地は私のものにしたい。」ということを言ったら、当然その土地、要するに駐車場は自分が使いたいからというふうに理解するはずなのですが、あなたはそう理解しなかったというふうに伺ってよろしいですか。

そうですね。

――あなたは、平成6年9月30日頃に「期限が来るから、出ていってもらいたい。」というふうに瀬川に言ったところ、「はい、分かりました。」というふうに言ってたというようにおっしゃいましたね。

はい。

甲第八号証（陳述書）の7ページの第六項を示す
――2行目から、「明渡の話しは平成6年10月からしていますが、被告は弁護士と話し合ってくれの一点張りでありました」というふうに言ってるのです。そうすると、あなたの陳述書を見ると、10月に話したときには、瀬川の方は「弁護士と話し合ってくれ。」というふうにこの段階では言ってたのではないですか。

……。

（注：被告の供述と被告の陳述書の矛盾を指摘したところ沈黙となった）

裁判官
――つまり「弁護士と話をしてくれ。」という話が出てきたのは、前の年の10月頃なのですか。それとも明渡し期限としていた7年の春なのですか。

ええ、3月です。

（注：ここでも裁判官は原告の陳述書を正確に読まずに誘導している）

被告代理人（渡邊）
甲第八号証（陳述書）の8ページの3行目を示す
――3行目から、いろいろあって、「このようなことがあって、被告は平成6年が暮れるまでの間に、期限までには明け渡しますと約束してくれました。」と言ってるのです。明らかに違うでしょう。どちらが正しいのですか。
……。
――こういうのは、私は反対側ですからいろいろやりますけど、こちら側の立場ですから、ただ事実を、あなたの記憶を聞いてるだけで、どちらが正しいならどちら正しいと言ってもらえればいいのですよ。
裁判官
――お尋ねの趣旨は分かりますね、どちらが正しいかというのは。平成6年の秋頃から弁護士に相談してくれと言ってたのに、その年の暮れ頃には明け渡すと言ってくれたというふうに陳述書では書いてあるし、先程のあなたの話では、弁護士さん云々の話が出てきたのは7年の春だとおっしゃるし、どちらが記憶として正しいのですかというお尋ねです。ご質問の趣旨はお分かりですか。どちらですか。
……。
（注：裁判官が自分で誘導した結果をもとに尋問しているが沈黙となっている）

被告代理人（渡邊）

――あなたも陳述書が正しいとおっしゃってるから、どちらですかと聞いているんです。答えなしなら答えなしでも結構です、よく分からないなら。

（答えなし。）

乙第二号証（契約書）を示す
――これは平成元年4月1日から平成7年4月6日まで、浅香さんと常夫さんと瀬川睦雄さんとの契約書がございます。これはご記憶ありますね。

そうですね。

甲第八号証（陳述書）を示す
――あなたの甲八号証の陳述書ですと、5ページに「6年間の契約であることに双方とも不満はないですねと言いました。」と、6ページに「6年限りであることをあらためて念を押すと」云々というふうに書いてあるのですが、そこでお聞きしたいのですが、この平成元年4月の初めの段階で、本件のコーヒーショップの今立ってる土地について、具体的な利用計画はございましたでしょうか。

そのときは、もう出たら、期限が来たら、それを売って借金を払うという、そういう考えが……。

――あなたのお話ですと、一番大変なのは、平成7年2月に非常に大きなマンションを建てたと、その借金が大変だということでしたね。

そうです。

――この段階で、もう売るということだったのですか。

結局……。

（注：自己矛盾）

――私が聞いているのは、平成元年当時のことですよ。

その時分はまだ、そんな余裕はありません。

（注：明らかに答えられない）

――具体的な計画、普通一時使用の場合には、例えばそこにビルを建てる、そのビルの計画はこんな計画で、何階建てで、どこの業者がやる、そしてその収支はどのぐらいになるというのが具体的な計画なのです。そういう具体的な計画はございましたでしょうか。

平成元年はありません。

乙第二号証（契約書）を示す
――先程言いましたとおり、この乙二号証の契約をする際に、陳述書によりますと、先程あなたの甲八号証の5ページ辺りに、「6年限りであることをあらためて念を押すと」云々というふうに書いてあるのですが、仮にこういうふうにあなたが言ったときに、「もう6年以上は貸しませんよ。」というふうに言ったときに、被告の瀬川はそれに対して、「そんなはずはない。」とか、それとも「分かりました。」とか、幾つかの返事がありますけれども、どういう返事をしましたか。

「分かりました。」と。

乙第一号証（契約書）を示す
――例えば、先程あなたの方でおっしゃいましたが、場合によったら「期限が来ても、あなたが許すなら、他人がやってもいいよ。」というような小川さんのお話があったようですが、これはあなたが知ってるかどうか分かりませんけれども、第5条で「甲は乙に対し、契約更新時、地主様と再契約できるように交渉してくれることを承諾する。」というような約束があって、瀬川と小川さんとの契約がある。それから3500万円もこれをやるのに投資してるのです。6年間だとてもそういう金額の回収はできないという段階で、被告は「分かりました。」と、何にも異議を言わなかったのでしょうか。

……。

（注：被告が「わかりました」と述べたことについての矛盾を指摘したところ沈黙となった）

裁判官

――その前提について、まずご存じかどうかをお聞きになるのですか、それともこういう前提だったらどう思うかという意見を聞くのですか。

（注：明らかに尋問の答えに対する予断を持った介入尋問。これを理解できない）

被告代理人（渡邊）

――だからそのときに言ったかどうか、彼が知っているかどうかは別ですけれども、その「6年限りでいいのですね。」と言ったときに、瀬川は何も言わなかったかどうかということだけです。あなたの知らないところでも、いろいろ契約があったのですが、そういうことをあなたは知らなくても、そのまま知らなくても結構ですから、瀬川は、「それは話が違う。」とか、それとも「そんなことではなかった。」というようなことを何も言いませんでしたか。

はい、言いません。

――通常こういうような、当時この金額の支払を見れば、延長できないようなことがあれば十分契約はキャンセルできるのですが、そのようなことも言えなかった、「そんなことだったらキャンセルする、こんな話は乗れない。」とか、そういう話もしなかったのですか。

はい。

甲第八号証（陳述書）を示す
――甲八号証の陳述書によれば、さっきの7ページのところで、あなたの記憶はどちらか別として、陳述書によれば、平成6年10月のときには弁護士と話し合ってくれの一点張りだったのが、平成6年が暮れるまでの間には瀬川の態度が変わったということが次のページに書いてございますね。「平成6年の暮れるまでの間に、期限までに明け渡しますと約束」、これは明らかに態度が変わってますね。

うん。

――この期間の間に、あなたが見る限りで結構です、瀬川の方で何か特別な事情の変更というのはありましたでしょうか。それとも単に、先程あなたが男の約束だという話で変わっただけだというふうにお考えですか。

分かりません。

乙第三号証（領収証）を示す

――これはお分かりになりますね。これは「通い」、「右領収しました。」と。分かりますか、この「通い」、ずっと平成6年から。

はい。

――これの表から4枚目の右側を見ますと、平成と書いてませんが、「7年4月分、7年3月31日、右領収しました。25万。」と書いてありますね。これは浅香と判こを押してありますね。

うん。

――次の平成7年5月分、「7年4月30日、右領収」、これは判こを押してありますね。

うん。

――この2つは、領収したから判こを押したのではありませんか。そうですね。

そうだね。

――平成7年4月分と平成7年5月分については、賃料を受け取ってますね。

そうだね。

（注：更新期限後も賃料を受け取っていることを認めている）

乙第二号証（契約書）を示す

――「契約期間は平成元年4月1日から、平成7年4月6日までの6年間とする。」、だから平成7年4月には出なければいけないことになってますね。

はい、そうです。

――あなたの話だと、4月7日に出てもらうことになるわけですけれど、しかも被告の方が了承していたということですけれども、この段階で、4月分をもらった段階では、契約が終わった7日以降の賃料ももらってることになるわけです。そうですね。

分からん。

――どうしてですか。この契約を見ますと、「平成7年4月6日までの6年間とする。」ということになってるわけですよね。

うん、そう。

――あなたの今までのご証言だと、平成7年4月7日からは出ていくと、この契約を守って出ていくというふうに、被告も言っていたというご証言だったわけですね。

と思ってた。

――そういうふうに思ってたというようなご証言だったわけですよね。

そうです。

――そうだとすると、４月分ですら、４月７日以降につい
ては、もはや賃料をもらうべき立場にないわけですね。
出るまでは取る……。
――今、出るまでは取るということだと、その４月の分を
もらった段階では、４月もいてもいいよということをあな
たは了承したのですか。
しません。
――しなかったのに、なぜ４月７日以降の賃料を受領した
のですか。特にまた、５月分も受領してますけど。
それはしようがないでしょう、だって出ないのだから。
――お金を持ってきて、出ないと思ったから、あなたは了
承したというふうに見ていいのですか。
それは向こうの見方で、しようがないでしょう。
（注：この答えは更新を了承したとしか理解できない）
――あなたの気持ちを聞いているんです。
まさか首っ玉持って出すわけにはいかないでしょう。
――通常もし普通だったら、４月７日に出るという、あな
たはもう10月に言って、何回も確認して、男の約束じゃな
いかというところまで言って、そして４月７日が来るわけ
です。３月31日にはもう１週間後に来るわけです。その段
階で４月７日以降の賃料もらったのは、あなたも内心了承
していたのですか。
……了承はしてません。
――普通了承してないと、仮に、ではこの部分については、
了承してないけど、たまたま預かりますよということを書
くことが通常なのですが、そういう書くことについて、両
方が意思が合致しているなら、何か障害はありましたで
しょうか。
ありません。
（注：留保したか否かの尋問）
――先程、３月31日に出ることを確認したというような趣
旨のご証言をしませんでしたか。
しました。
――そのときに「うん。」と被告は本当に言ったのですか、
４月７日に。３月31日に確認したと言うなら、４月７日に
出るということですよね。
３月は出ると言わないです。
――さっきあなたの方は、３月31日に確認したとおっ
しゃったのではないですか。
原告代理人
――言ってないです。
被告代理人（渡邊）
――では３月31日に確認しなかったのですか。
確認しました。
――そしたら何と言ったのですか。
出るとは言わなかったです。

――今度は出ると言わなかったのですか。

うん。

――何と言ったのですか。

……ぼそぼそ聞こえないようなことを言ってて、それで弁護士と話をしてくれと。

――さっきの陳述書も、また全く違うわけですね。

……。

――もしぼそぼそ言って、弁護士にどうのこうの言うのだったら、あなたの方では、そういう心配があるなら、４月７日に出てくれということで、先程あなたは両方が合致してるのだから、３月31日に、４月７日に出るということについて、何かの書面化することの障害はないというふうにおっしゃいましたよね、先程言ったのですよ。書面で、簡単なメモでいいわけですから、私は約束どおり４月７日には出ますよということを、簡単な書面でもいいから書くことについての具体的な障害はないとおっしゃってるわけですよね。争いがあればあるほど、きちんとそういうものをあなたは書く必要を感じませんでしたか。書いてもらう必要を感じませんでしたか。なかったらなかったで結構ですよ。

……。

裁判官
――あなたの意思と被告の答えが一致していたか違ってたかはさておき、そのときの３月31日のことについて書面にしておかなかったのはなぜですか。

そこまで頭が回りませんでした。

（注：ここでもまた裁判官が助け船を出している。必要があれば原告代理人が再主尋問で行えばいいこと）

被告代理人（渡邊）

甲第四号証の二（葉書）を示す
――あなた方がよく引用している甲四の二の葉書の中でも、５行目に「少しでも長く続けさせてもらうようにお願い申し上げたところ、息子様がＢ市に住むことをご希望ということでした。」ということで云々と、この事実は間違いないですね。

ええ、息子が住むということは。

――５月のことです。これの手紙は、これはよく分からないけれども、最終的には95年、平成７年５月10日の葉書なのです。

うん。

――10日の葉書の段階では、既に息子さんはＢ市に行くのだということでよろしいですね。

ええ。

――その次の「いましばらく営業させてもらうことになりました。」という話は、あなたの方で了解したことはありますか。

ないです。

――ないのに、この手紙には書いてあるということになりますか。

ないです。

――実際に私と被告が、あなたの方で出ていってくれということで相談した結果の私の当時の記憶によりますと、実際は平成7年5月の末頃に、あなたの方から、土地を買ってほしい、駄目なら土地を返してくれと、駐車場なり、土地を返してくれという話がまずあった。これを被告の方が「駄目だ。」というふうに言ったら、次に6月19日に、「店舗のみを貸すから、駐車場部分は返してくれ。」と、「賃料は20万円として値上げをする。」という2番目の案が出てきて、これをまた被告が断ったところ、3番目に、6月19日に突然あなたから、「7月以降は店舗の物件を処分する。」などと、勝手にあなたの方で処分するというふうに言ってきたので、私の方に被告が相談に来たのですが、私の記憶ではそういうふうになって来たのですが、あなたはその後の経過は、そういう記憶はございませんか。

そういうことはありません。

――先程も主尋問で言いましたとおり、そういう話が、被告とあなたとの話が壊れましたね。うまくいかなくなりましたね。

うん。

――そのためにあなたは、先程主尋問で言ったとおりに、不動産屋に依頼しましたね。

うん。

――最初は甲不動産というところですね。

そう、そこの高坂という人に。

――次に乙不動産株式会社というところでしたね。

うん。

――その不動産屋が、当初はもちろん土地の明渡しを言ってきたのですが、その次に、「賃料の値上げ、保証金の納入、駐車場だけは返してくれ。」と、「それでもいいから、そこで妥協してくれ。」というような提案を不動産業者の方でしてきたのですが、あなたは、それに対して相談に乗って、同意した事実はありませんか。

いや、出すという話だけです。

――ないのですか。

うん。

――例えば、具体的に乙不動産との間で、乙不動産は、当初は「賃料の値上げ、駐車場の返還、保証金を払ってくれ。」等の話が出たのですが、これを断ったところ、結局の提案として、「賃料は現状とする。駐車料金は10万円とする。期限を切るが自動更新でもよい。」ということを、あなたと乙不動産の社員とが相談して私の方に提案してきているのですが、そういう相談をされたことはございませんか。

ないです。

――そういう明渡し以外に、不動産屋と全く相談したことはないというふうに伺ってよろしいですか。

そうです。

乙第一号証（ファックス文書）を示す

――これは平成10年3月2日に私あてに、乙不動産の上岡さんという方から来てるのですが、線の引いてある二行目に、「早速ですが浅香様にいろいろ交渉、話し合いを重ねまして、下記の通り納得していただきましたので何卒宜しくお手配の程よろしくお願い申し上げます。」と来ているのです。この内容が、一々読みますが、「家賃、現家賃とする（2年毎に1万アップしている）」と、それから「要望は時間貸駐車場を浅香様が行いたい――夜スナック」この後が読めないのですが、「に貸して収益を上げる」と。それから駐車場については、「それが無理ならただ単に駐車場料金をいただきたい、10万円」、それから「契約書」は、「契約期限単に駐車場料金をいただきたい、10万円」、それから「契約書」は、「契約期限をきってもらいたい（2年、3年、10年等）、契約そのものは自動更新でよいがその都度家賃等の値上げ等交渉ができるようにしてほしい。」、それで「以上、大巾に考え方を改めてくれましたので瀬川さんによくお話しの上ご返事下さい。」とあるのです。これを見ると、明らかに、例えばスナック、駐車場を貸してあなたの利益にしたい、そうですね。その他、なおかつ具体的にあなたと話合いを重ねたと、こういうふうに書いてあるので、どう考えても、あなたとそういう具体的な話をしたのだというふうにしか、この文面からは思えないのですけれども、そういう話をしたことはございませんでしたか。

ないです。

乙第二号証（ファックス文書）を示す

――これは10年3月6日、これはまた催促で、上から線の4行目「浅香様の条件で何とかご配慮賜りたく」云々と、要するにあなたと浅香さんの意向を反映して作ったものだから、早くご返事くださいという趣旨のファックスが私の方へ催促が来ているのですが、全くないのですね。

ええ。「ただ出ろ出ろと行っても、子供の話ではないから、しようがないからいろいろなことは言うけれど、最後は出すから。」という、そういう話だった。

――最後は出すのはいいのですが、こういうことについて了承したことはあったかどうかだけ答えてください。

ないです。

（注：仲介者がことさらこのようなウソの文書を書いているとは思えない）

――通常、このプロの業者が、全くあなたが了承しないで、実現もしないことを私に提案してきたと、一銭にもならないことを提案してきたというふうに理解してよろしいのですね。

そうですね。

乙第三号証（契約書）を示す

――乙二号証を作成するときに、賃料なのですが、賃料は先程の主尋問でやったときにも、当初12万円でしたか。

ええ、12万。

――2年間に1万円ずつ上げましたね。

はい。

――平成元年4月の段階で、9年ぐらいだと、2年に1万ずつですから、賃料は16万ぐらいになりますね。

はい。

――ところが第6条で、22万円になってますね。

はい。

――これは新たに被告の瀬川と契約したので、22万円に当日相談して上げたのではないですか。

上げたわけではないです。

――だって当時16万円だったのが、22万円になってるわけだから。合意したのではないですか。上げて合意してたらいいのですよ、別にこの合意が悪いという質問ではないのだから。

それは22万円は、そのとおりです。

（注：完全に賃上げしたことを認めている）

――それは16万円だったのを、新たな別の人間だから、22万円にしたのではありませんか。

いや、そうではないです。

――だってその当時、この契約した平成元年4月の段階の当時、小川さんとの間では約16万だったというわけですよね。

はい。

――それが22万円になってるわけですよね。

そう。

――それは6万円上げたのは、新たな瀬川さんとの契約だから22万円にしたのではありませんかという質問だけです。そうではありませんか。

上げたわけではないです。これはこのままです。小川さんの……細かく説明しますと……。

――結論だけ言えばいいんです。16万円だったのが、22万円になったのですね。

そうではないです。

裁判官
――小川さんのときも、22万円のときがあったのですか。

そうです。だから結局、小川さんから瀬川さんに移るについて、同じことをしたのです。

（注：裁判官は何の根拠もないのに誤導している）

被告代理人（渡邊）

――先程言いましたとおり、2年に1回1万円ずつ上げたわけですよね。

初めはね。だけど小川さんはそうではないのです。また中途から変わってきたのです。

――というのは、ここで、この22万円というのは、他の文章と違うのです。新たにここで書き加えたと。22万円というのは小さくなって、ほかの文章と違いますね。だから、この日に書き加えたのではありませんか。

いいや、そうではないです。

――そうではないのですか。

いや、これは小川さんが持ってきたのだから……。

――持ってきても、ここのところは空欄であって、この日に22万ということで書き入れたのではありませんか。

……。

――それは他の文体を見れば、この22万円というのは文体が違うから、これは明らかに狭いですよね。だからこの日に22万ということで合意したのではありませんかという質問だけです。違いますか。

違います。

――先程言いましたように、この13条以下が空欄になってますね。

うん。

――必要があれば、一時使用であれば、ここで一時使用であるという文章を十分書けるスペースがありますね。

うん。

――それを書けなかった、文章から、この契約書の文面から言っても、それを書かなかった特別な障害はございませんね。あれやこれや反対して書けなかったとか、書こうとしたらやめさせられたとか、いろいろあると思うのですが。

そういうことはないです。

甲第一一号証（陳述書）の２ページを示す

――先程確認しましたが、２ページの４行目、「期限が来たとき、もう少し待ってくれと言うので、５月中には出て行ってもらえると思い、4月の終わりに、前家賃ではなく」云々ということですが、よろしいですね。

うん。

――５月中には出ていってもらえると思ってたということは、間違いないですね。

うん。

甲第四号証の二（葉書）を示す

――５月中には出ていってもらえると思っていたのに、５月10日の段階で、先程あなたの確認したとおり、それは必ず以前だと思うのですが、５月10日以前の段階では、もはや息子さんはＢ市に住むことになったということですよね。

住むことになったというのは……。

――さっきあなたは認めているではないですか。Ｂ市に住むことを希望したということになったわけですね。

希望ということです。

――そういうことで、決まったのではありませんか、五月の段階では。息子さんはＢ市の方に行くということは、決まっていたのではありませんか。だからこういうふうな手紙が来ているのではないですか。

そうです。

――あなたの方では、5月中に被告に出ていってもらおうと思っているのにもかかわらず、5月の初期の段階では、3男の方はB市の方に住みたいということになってるということは、被告が出ていくか、出ていかないかということの間では関係がなかったのではありませんか。

息子の方は冷静に考えているから、この人が出ないというのが大体分かるらしい、それで向こうへ行くことに決めたのです。

――息子さんは、ここよりもB市の方がよかったのではありませんか。

そんなことはありません。金がかかるのだから。

――甲第一一号証（陳述書）の2ページ5行目を示す
「4月の終わりに、前家賃ではなく、後家貨にして下さいと話しています。前家賃だと明け渡して貰ったときに日割り計算して返還しなければならないと考えたからです。そして家賃を受け取らなかったら、被告は供託してしまいました。」と、この文章を見る限り、4月分から供託したことになりますね。

4月分だから、6月分ではないですか。

――これは間違いではありませんか。

そうですね。

――明らかに先程あなたが認めたとおり、4月の末まではもらっているわけですね。5月分はもらっているわけですね。

うん。

――この期限が切れる頃、このコーヒーショップについて、具体的に事業計画、例えばここにどんなものを建てて、どういう収支をするのか、そういうような具体的な計画はございましたでしょうか。

そこは売って、それで借金を払うつもりでいたのです。

――売ることになったのは、平成7年2月に2億6000万円で借金をしたからだということですね。

ええ。

――あなたのお話でも平成7年2月に2億6000万円で、借金して、マンション建設に着手したということでしたね。それは覚えてますね。

いえ、着手でなくて、その……。

――建築してしまったのですか。

もうできたと思った。

――2月にできた頃ですか。

大体できてました。

――マンションを建てるためには、通常この土地を利用して、例えば等価交換するなり、あるいはその上に何階建てを建てるなりすればどのぐらいの収入になると、それで借金をすればその借金についてはマンションの賃料でどうやって返せるというような具体的な計画が立てられて、そして事業というのは起こされるのですが、そういうこともやられましたね。

　そうです。

――それはどこが、例えばよくあるのは、銀行がやってみたり、業者がやってみたり、進めてやってみたりするのですが、事業をあなたにアドバイスしてくれたところはどこでしたか。

　丁会社です。

――丁会社の方で、当然そういう収支、要するにどれだけ金がかかるのか、どれだけ収益が上がるのか、どういう問題が生じるのか、それで通常回転率が80％ならどれだけの収入になるのか、というようなことが当然計画されるはずですけれども、特に大手ですから、当然なされてますね。それはよろしいですね。

　はい。

――その際の計画によれば、当然収支バランスと言いますか、そのマンションは黒字になるという計画で、２億６０００万円を使っても当然黒字になるということで建ち上がったのではありませんか。

　そうです。

――通常、そういうものは収支計算が合わないで事業計画なんかするはずがありませんから、当然上がったはずですね。

　はい。

――その平成７年２月のマンション自身の収支バランスは、現在どうなのですか。マンションだけに関してで結構です、プラスなのか、マイナスなのか。

　まあまあというところです。

（注：計画が狂っていないことが明白になった）

――それは特別マイナスになってるわけではないということですね。

　マイナスまでいってしまったらもう。

（注：ここでマンション事業計画どおりプラスになっていることを認めている）

甲第八号証（陳述書）の12ページを示す
――これによりますと、賃料とか、年金とか、いろいろ細かいことを言ってますけれども、収入は２６４９万、それから支出が１８８０万、これははっきり書いてありますけれども、当然あなたの方では、現在あなたの関与する、ここだと年間769万の利益がでてくるということになりますね。これは、この陳述書を見る限り、固定資産税なんか全部入ってます。それでよろしいですね。

　ええ。

――三男の方についても、それはあなたがご自由に５０００万で援助するのはいいですけれども、三男の方にも当然収入はございますね。

　うん。

――いろいろ、常夫さんは常夫さんでそれぞれ独自に、大変でしょうけれども、それなりに経営を苦慮されてやっているわけですね。

今は赤字です。

——あなたの方には、私の方で伝え聞くところによると、これ以外にもいろんな土地建物、資産があるというふうに聞いてるのですが、そうではありませんか。

そんなにありません。

——何もないですか。

はい。

（注：事実に反する供述。そんなにありませんと言っている）

原告代理人
甲第八号証（陳述書）第六項を示す
——先程被告代理人から聞かれて、ちょっと頭がこんがらがったと思うのですけども、最初に作った陳述書、去年作った陳述書、この中で六項ですけれども、ここで「契約期限の切れる6カ月前に明渡の約束をした憶えはない、と被告は言っていますが、明渡の話しは平成6年10月からしています」と、これは今日の話の中で、10月からでなくて、9月の末の賃料を持ってきたときにしたということでいいわけですね。

10月でなくて、9月です。

——9月の末ということですね。

そうです。

——次に「被告は弁護士と話し合ってくれの一点張りでありましたので、私は、お互いに承知の上印を押したのだから、男として責任を持って貰わなければ困ると言いました。」と、そういうことをここで記載されているのですけれども、これはこの9月のときの話ではなくて、今日の話では、平成7年3月のときが、この弁護士に話してくれということだったということで、ここは違うということでいいわけですか。

ええ、そうです。

——今日この法廷で話ししてもらったのが、この陳述書を書いた後に思い出した中身が正しいということでいいわけですか。

はい、そうです。

——平成6年9月末から、今日の話では7年3月末までは、明渡しをしないとか、あるいは契約を更新してくれとか、そういう話は一切なかったということで聞いていいわけですか。

ええ、そうです。

（注：更新拒絶の通知がない）

——先程、4月のときに、後家賃と前家賃とありましたけれども、これは4月か5月か、その辺は定かではないですか。

そこのところが、はっきりしないのですけど。

――それは5月かもしれないということですか。

5月か6月か、6月頃からかな……。

――後家賃の話は？

だから、話は……。

――話したのは間違いないですか。

だけど供託したのが6月からだったか、7月からだったか、そこのところがはっきりしないのですけど。

――それは後家賃にしてくれという話をした後、供託されたということなのですか。

ええ。後家賃にしてくれと言ったら、それで受け取らなかったから、今度は常夫の方へ持っていって、それで常夫の方からまた突っ返したから、それで供託されてしまった。

――その弁護士と話をしてくれということは、それはその期限が来る前ということは間違いないですか。

はい、前です。

――それはその平成7年3月の末ということですか、それとも2月の末ですか。

3月。

――そこは間違いないですか。

はい。

――そこが、今日話したことが正しいことだということでいいわけですね。

そうです。

被告代理人（渡邊）

甲第八号証（陳述書）の5ページを示す
――3ページ目の裏、後ろから7行目から、「期間は小川さんの残した15年の内の6年限りであることをあらためて念を押すと」と書いてありますね。

はい。

――こういうふうに言ってるのですが、先程のお話では、被告には何の異議もなかったとおっしゃいましたね。

ええ。

――具体的にあなたが、今の記憶の限りでいいですが、どういう発言をしたのですか。記憶の限りで答えてください。小川さんと瀬川さんが来て、それで小川さんが読み上げて、「それでいいですか。」ということになって、それで「6年の期限ですよ。」ということを念を押した。

――それだけですか。あなたの方で改めて念を押すというのは、「何年しかできませんよ。」とか何か、具体的に発言したことはないのですね。

ないですね。

裁判官
――先程契約書に一時使用という言葉が使われてないのだけれども、なぜ入れなかったのかというようなお尋ねがありましたけれども、一時使用という言葉を使うという考えはあったのですか。

（注：ここでもまた誤導）

いや、農家ばかりやってるから、そういう細かいことは分からないです。

――資料ですけれども、瀬川さんとは最初、月22万ということですが、小川さんのときから少しずつ上がっていたわけですね。

はい。

――どういうふうにですか。

小川さんのときは、コーヒーを作るのが上手だったと言うのか、何て言うのか、すごくはやってしまったのです。だから結局、小川さんがコーヒー店を始めて、それで1000万円を建てたので借りたでしょう。それを3年で返してしまったのです。

――それで家賃も上げてくれたのですか。

だから私が言ったのです。「そんなに景気がいいなら、もっと、前が安いのだから、いま少し私の方もよくしてくれよ。」と言って、それで今度は、毎年上げてきた。だから金額が計算よりも早く多くなっているわけです。

――瀬川さんに引き継いだときは、既に22万円だったのですか。

そうです。

――では、瀬川さんになって、ポンと上げたというわけではないのですね。

（注：2年に1回1万円ずつ上げたという供述に明らかに矛盾している）

はい、瀬川さんだから、人が変わったから上げたというわけではないのです。

――あなたとしても、平成7年4月6日に期間が終わるということですが、即日明け渡してもらうというまでの気持ちはなかったのですか。4月いっぱいとか、5月ぐらいまでだったら別にいいと思っていたのですか。

本当は期限を切ったところで、その日にちに出てもらえばいいのだけれど、1つのものをやっていて、そこでさっと出られるわけではないから、ひと月ぐらいは遅れると、腹の中では思ってた。

――そういう思ってた程度では、前家賃でも受け取ってたということなのですか。

そうです。

（注：完全に今まで供述に出てきていないことを予断によって誘導している）

――平成7年2月頃に2億数千万円の借金をしたということですが、その資金計画の中に、早晩この土地を売って返済するという資金計画は、入っていたのですか。

はい。

――今の収支の中で……。

被告代理人（渡邊）

――異議があります。それは先程、売るという予定はあったけれども、その収支計画の中では、そこでやっていけるという計画を立ててるというふうに答えています。そういう尋問をされては困ります。

（注：原告が供述した内容に反して予断による誘導尋問に対して異議を申立てた）

それはやっていけるような計画ではあるけど、七四歳になると、あっちへも借金、こっちへも借金してると、今度は心配になってくるのです、子供に渡すのにも。だからできるだけ、それをなくそうと思って。

（注：裁判官の尋問に「はい」とすでに述べたけれども、代理人の異議によってその供述内容を変更している。ここで裁判官の尋問は誤導であることが明らかになっている）

裁判官

――それを返済しないで、今のようにローンを払い続けても、何とかやってはいけるけれども、早く土地を売って返済すれば、もっと楽になるという余裕を見ていたということですか。

いや、余裕というほどはないのです。1人、病院にでも入ってしまえば、もう生活していけないような状態だから。だから、その2億6000万円を全部返さなくても、それが半分でも返すようにしておけば、うんと今度は余裕ができてくるのではないですか。

――この家賃の額というのは、同じようなお店とか、そういう比較の上で額を決めたのですか。

いや、話し合って決めたのです。

（注：裁判官は小川が建物を建てて原告名義にしたことを無視した尋問）

――ほかと比べて、高いの、安いのということを調べたことはありますか。

別に、私はそれがよく分からないのです。ただ、小川さんが言うには、「大体20万円ぐらいが普通だと思うけど、私が出したのだから12万円ぐらいにしてくれないか。」というから、「じゃいいよ。」というわけで。

被告代理人（渡邊）

――私が出したからというのは、家を建てたからという趣旨ですね。

そうです。

裁判官

――あなたとしては、余り権利金がどうのとかのことで、厳密に高い安いと考えて家賃の額を決めたわけではないのですね。

結局向こうで、私が建てたのなら、「幾らでなければ貸せない。」と言えるのだけど、そう強く言えないでしょう。

――あなたの方で明渡し交渉について、代理人をお頼みになったのは、この訴訟の前ですね。

はい。

――相手方に弁護士がついていらして、その弁護士さんと交渉しているのだということをお知りになったのはいつですか。

……分からないです。

――平成10年には、もうついていらしたのですね。それも知らないのですか。交渉相手に、瀬川さん側が弁護士を立てられたと知ったのはいつですか。

いつだったか分からないですけど、ちゃんと始めたのは調停裁判だから、そのときです。

――例えば乙不動産なり高坂さんなりから、「弁護士さん相手に交渉してる。」というような報告はありましたか。

それは分からないです。中途半端でみんな逃げたと言うか、どこかへ行ってしまったから。

――交渉経過の報告はなかったのですね。

ええ。

――瀬川さんが小川さんに対して、営業譲渡に当たって3000万円なり支払われたと聞いたことはありますか。

それは甲不動産に勤めていた高坂という人が言ってきたから、それで分かった。

――それまでは知らなかったのですね。

ええ、そうです。

以上

（注：この尋問内容をみれば至るところで原告が前後矛盾、陳述書との矛盾した多くの供述をなし、契約更新後も何の留保もなく賃料を受領していることがわかる。また裁判官が原告の供述や証拠にもない誘導尋問をくり返していることが理解できよう。このような予断に基づく姿勢が第一審判決の不合理な判断を導いていると評することができよう）

4　取締役報酬・退職金返還請求事件

代表者の了承なく支払われた役員報酬及び退職金について、主張も立証もない代表者の包括的同意を認定した事案

（1）事案の概要と争点及び尋問の目的

ア　概要

原告会社の当時の代表者と被告の父親Bは長年原告会社の営業と経理を分担して経営してきた。Bの息子である被告Cが原告会社に入社した。ところが、Bが平成12年から病気がちとなり、原告会社への出社も大きく減り、平成15年には全く原告会社に出社しなくなった。

被告CはBの後を継いで経理を担当していたが、経理の部屋に鍵をかけるなど会社の誰にも相談もせず勝手に経理処理をしていた。Bが亡くなり、被告Cがその後も経理をしていたが、被告Cの勝手な行動で周りとうまくいかなくなり、被告Cも原告会社を退職した。その後、原告会社の

経理の監査をしたところ、Ｂが原告会社に出社できなくなった平成12年以降（特に平成15年以降亡くなる平成18年まで全くといっていい程出社していない）１０００万円を越える報酬を支払っていたことが判明した。Ｂが平成18年に死亡したことから会社が掛けていたＢの死亡保険金８０００万円から、退職金として金６５００万円も支払っているなどの極めて不自然な経理処理が発覚したが残っている社員は誰もそのような大金が退職金として支払われたことを知らなかった。

そこで、原告が被告Ｃを含むＢの相続人らに対し、不法行為、不当利得として不当な支払分の返還を求めたものである。

イ　本件の争点

被告Ｃらは当初、報酬や退職金等について株主総会の決議を得た旨主張していたが、その後、被告Ｃが原告代表者であったＡに素案を示し、個別に承諾を得て経理処理をしていたと弁解するようになった。

そこで争点は被告ＣがＡから真実了承を得たことがあるか、どのような内容を示し、了承を得たかが問題となった。

ところが、この訴訟が追行されている際、被告Ｃは原告会社の提訴に対し、原告会社と被告となっていたＣの母親との間で作成されたとする消費貸借契約書を利用して、Ａに対し利息金請求訴訟を提訴した。

ウ　反対尋問の目的

・真実被告ＣがＡから了承をとったか

・その了承の内容はどんなものか

・被告Ｃは各所で種々の弁解を言うが、その弁解に合理性、整合性があるか

(2)　審理の結果

調書でみるごとく、被告Ｃが了承を得たというのは極めて曖昧であり、素案なるものも具体的な数字を示したものではないことを認めた。

また、尋問で追及した結果、ＡとＣの母親名義の消費貸借契約書は税務調査対策のために作成されたものであり、真実債権は存在しないことまで自白した。

ところが、第一審判決では被告Ｃらが当初主張していた株主総会決議の存在は認めなかったが、全く審理の具体的争点事実でもなく、立証の対象でもなかった経理書類が存在していたことについて「その事実を看過するとは考えがたい」として、基本的に原告会社の請求を棄却した。なお、和解の際、経理書類の存在について裁判官の感想めいた発言があったため、本件では税務申告書は、被告Ｃと税理士で作成したものであり、原告会社の社員は、誰一人その内容を知らず、また、保険金の使途など全く理解しておらず、Ａが了承したことなどあり得ないことを具体的、客観的事

実を書面にして指摘したが、担当裁判官は完全に無視した判決を書いた。

控訴審になり、控訴人（原告会社）は一審判決について、Aが経理書類を見られない事実、及び見ていたとしたら矛盾する事実の両面から、証拠に基づく諸事実を挙げ、一審判決が根拠としていた「看過するとは考え難い」とした、Aが経理書類を見ていた事実はありえないことを詳細に指摘した書面を提出した。

裁判長は、第1回口頭弁論で、相手方（被控訴人）代理人にAの了承についての主張の補充を強く要請した。この指摘に対し、被控訴人（被告Cら）からわずか1行足らずのなかで個別的同意と言っても、「概括的同意でもよい」旨の主張がなされた。すると、控訴審は直ちに結審した。

弁論終結後、和解めいた話し合いが担当裁判官と持たれたが、このなかで担当裁判官が控訴理由がないとの態度を示したことから、一審判決は成立しないと確信していた控訴人代理人が質問したところ、担当裁判官の話は不法行為と不当利得では違うと述べたことから、何故違うのか質したところ、次には異なることを言い加えるなど、何を言いたいのかわからなかった。（注1）

そこで、代理人が再度相手方の記録を改めて精査したところ、概括的同意を包括的同意と認定するのではないかと判断したのである。

これまで一度も主張も立証もなく個別的同意と矛盾する主張を取り上げたのである。そこで、当方の反論の必要性、特に包括的同意は最高裁判例では、報酬については上限があること、退職金については株主にわかるような支払基準があることが必要（要するに要件事実）であることを指摘した。

この点を指摘して弁論再開を求めたが、控訴審裁判所はこれに応ぜず、控訴棄却判決がなされた。しかも、その判決内容は原告（控訴人）からの判例の指摘により、基本的にはそれまで全く立証もなされず、証拠もない包括的同意論であるから、いつ、どのような状況で包括的同意を与えたのかは全く不明のままであった。

この判決は被告Cに対する反対尋問をみても主張の変遷、至る処の虚偽証言、税務対策のために作成した契約書で請求していることなどの事実を、全てを無視した判決であり、判決内容も証拠に基づかないというより証拠に反する作文というべきものであった。

しかも、先述したように被告CがAに対し利息請求をしていたことに関し、被告Cの自白から利息請求は濫訴であるとして、Aを原告として反訴を行っていた。この反訴において、被告C本人の尋問の中で包括的同意などなく、個別的同意で処理していたこと、退職金については株主にわかる基準などないこと（判例違反）が被告本人の供述で明言され、包括的同意で行動したことがなかったことが明確に確認された。

すなわち、３名の裁判官による判決は砂上の楼閣であることが被告Ｃ自身の供述によっても証明された事例である。（注２）

Ａにも被告Ｃにも包括的同意の意思がないのに包括的同意をどうして認めることができるのか理解不能である。

（注１）担当裁判官との面接は、第１回弁論前には進行協議の名目で、結審後は和解の名目でなされたが、前者の際には進行についての担当裁判官らの意見もなく、また結審後も意味不明の発言に終始しており、何のための協議か全く不明であった。

しかも、担当裁判官の発言は奥歯に物の挟まった言い方で自律・自由な裁判官とは到底いえないものであったことが強く印象に残り、代理人同士で裁判官との協議とは思えないとの思いが一致していた。

（注２）思い込みと裁判官の〝スジ〟によって作成された判決で安易で証拠に基づかない作文とも言うべき判決であった。

控訴審のあり方としてこのような方法が蔓延したら控訴審で救われた筆者が体験した事例も存在しなくなってしまう危うさを感じさせられる。

（3）尋問　戸塚増夫

（略）

原告代理人（渡邊）

――あなたは先ほどおっしゃいましたように、平成元年に入社したんですね。

はい。

――平成12年に取締役に就任してますよね。

はい。

乙第一七号証（陳述書）を示す

――ところで、乙第一七号証の４ページの４行目からですが、あなたは、原告より提出依頼のあった質問状には誠意を持ってお答えしてますというふうに答えてますね。書いてますね。

はい。

――これはご記憶ありますか。

はい。

乙第八号証（御質問事項）を示す

――このご質問事項ということですね。

はい。

乙第九号証の一ないし四（回答書）を示す

――それから、お答えしてますというのは、乙第九号証の一ないし四、「ご質問に対する回答」という題名の書面でございますね。

はい。

――これらは当時、あなたの記憶に従って誠意を持って答えたというふうに伺ってよろしいですね。

はい。

――それから、あなた方の本件での準備書面が1から11あるんですが、そこで書かれた事実関係については、あなたが被告の代理人にお話をして、その事実関係を書いたものだというふうに伺ってよろしいでしょうか。

はい。

――それから、先ほどあなたが述べられましたが、あなたの陳述書について、陳述書の乙第二二号証の1ページの下から6行目に、「報酬額の決定について、株主総会が実際に開かれたのかと聞かれれば、実際には仰々しい総会自体は開かれていないと答えざるを得ません。ただ、藤沢光彦氏と父朝夫の所有している株式を合わせれば100％になるのですから、藤沢光彦氏と父朝夫ないし父朝夫の株式を全部相続した私が会社の懸案について協議をして合意すれば、実際は株主総会を開いたのと同じことであると思います」というふうになってますね。

はい。

（注：これはあとから出た後付けの理由）

――このことは、先ほどもあなたのほうで証言されて株主の合意があればいいんだというふうに証言されてますね。

はい。

――これは以前からずっとあなたの考えであるというふうに伺ってよろしいですかね。

私の考えでもありますし、それから会社としてのそういうやり方をしてきたという事実でございます。

――ところで、あなたは先ほど財務もして営業もしたと言っていますけれども、財務については、原告会社についてはあなたが最も中心人物であって、それから、もちろん先ほどあった平塚さんについては事務的なことをやってるということでよろしいですね。

はい。

――基本的な経理の実務はあなたがやっているということでよろしいですね。

そうですね。

乙第二一号証（陳述書）を示す
――このことについては、乙第二一号証の2ページの1行目から、「藤沢社長は、細かなことに口を出す人ではなく、経理のことについては、基本的に戸塚朝夫専務に全面的に任せ切りであり、また戸塚朝夫専務が体調を崩したところからは、戸塚増夫部長に任せ切りでありました。」というふうにあるんですが、このとおり受け取っていいですか。

はい。

理解してよろしいですか。

甲第三号証の二（登録事項等証明書）を示す
――それでは、具体的にはBMWについてお聞きします。平成16年の11月5日に戸塚朝夫さんに名義移転がされますよね。

はい。

――これは、戸塚朝夫さんは、平成17年6月15日に亡くなってますんで、約7か月前ですね。

　はい。

——この移転について、あなたは一貫して不知だと。先ほども、知らないというふうにおっしゃってますよね。

　はい。

——これは、先ほどのご証言では会社が持ってたことは知ってるけれども、戸塚朝夫名義になったことは知らないということですね。

　そうですね。この時点ではですね。

甲第九号証（決算報告書）を示す
——18枚目「資産別固定資産減価償却内訳表」の一番下の欄に、ＢＭＷのことが書いてありますね。

　はい。

——一番最後に、「除去17／6」というふうになってますね。これは17年６月に除去したということですね。

　そうですね。

——あなたはこの甲第九号証のこの項目について御存じないんですか。

　その時点では、理解してなかったということです。

——これは、あなたが作成に関与したんではありませんか。

　作成には関与しておりますけども、これに関しては作成自体は会計事務所のほうでやったものをチェックをしている中で、チェックができなかったということですね。

——あなたはわからなかった。

　わからないじゃなくて、チェックができなかった。

——じゃあ、これは原告の会社からＢＭＷを代表取締役でやった朝夫さんに譲渡するということでございますよね。

　はい。

——これは、会社の利益相反行為になりますから、取締役会の議決が必要なんですが、その当時、取締役会の議決があったでしょうか。なかったでしょうか。

　なかったです。

甲第六五号証（自動車名義変更．ＣＯＭ）を示す
——2枚目、この中で、真ん中辺になりますけれども、譲り渡すのを用意するもの、実印・印鑑証明、譲渡証明書、委任状、車検証、自動車税納税証明書、自賠責保険証。それから、譲られる側が用意するもの、実印・印鑑証明、車庫証明書云々と、こうありますね。

　はい。

——譲渡するにはこれだけの資料が必要なんですが、あなたは経理でいながら、自動車税納税証明書、それから車検証について、これを朝夫氏にこの譲渡に関して、あなたが関与したことは、ありますか。ありませんか。この2つの種類について。

　全く記憶ないんですけれども。あるとすれば、自動車税納税証明書は当然私のほうで保管してましたので、それは、お渡ししていると思います。

——それは全く記憶ない、あなたがやったんじゃないんで

すか。

だから、それは相対的に記憶がないという意味で、記憶がありませんということで。

——誰に渡したかも記憶はない。

戸塚朝夫です。

——戸塚朝夫に渡したんですか。

はい。

——あなた、戸塚朝夫に渡したというふうに、あなた直接記憶はあるんですか。

渡すとすれば、もうそこしかないということです。

——あなたの記憶を聞いてるんですよ。

ということであれば、記憶にありません。

——それから、譲受人の譲渡、実印・印鑑証明書が必要になりますよね。ここによると。

はい。

——ここの実印と印鑑証明書というのは、当然、朝夫ご本人、あるいはそれに極めて親しい人しか入手できないと思うんですが、この譲渡に関連して、誰がこの朝夫氏の実印と印鑑証明を取得したか、あなたはわかりますか。

戸塚朝夫のものということですよね。それはわかりません。

——少なくともこれらの資料が必要なんですけども、あなた以外にこの書類をそろえられた人は、あなたはご記憶ありますか。御存じですか。

戸塚朝夫です。

——戸塚朝夫がやったということは、あなたはわかるんですか。

だから、用意できるかという質問に対しては、戸塚朝夫だったら用意できますということです。

——それは、具体的に見たり、聞いたりしたことはあるんですか。

見たり聞いたりはないので、記憶がありませんという答えをしてるんです。

——光彦が、戸塚朝夫氏の印鑑証明等を取得したと、とったと、いうことを聞いたことはありますか。ありませんか。

ありません。

(注：明らかに被告Cの関与がなければならないことを隠している)

——それから、役員報酬について聞きますが、この役員報酬については、平成12年から問題になってるのは17年までの役員報酬なんですが、あなたの乙第二二号証の1ページの11行目の(2)から、「父朝夫が平成12年に2カ月ほど入院した以降、出勤の回数は暫時少なくなり、週に1、2度となってゆきましたが、銀行等との折衝等、対外的なことは父にやって貰っておりましたし、主要なことは父が決めておりましたが、亡くなる2~3年前から私の比重が大きくなり、私が父と相談して決め、藤沢光彦氏の了解をとる形となってゆきました。」こういうふうに述べてますね。

はい。

――そうすると、平成12年ごろ、週1、2回朝夫さんが会社へ来てると言ってるんですが、銀行との折衝というのは、どういうところと折衝したのを具体的にあなたは御存じですか。

例えば、金利であったり。

――いつごろ、どこの銀行で、どういう折衝をしたか、御存じかどうか。

それは知ってます。全てではありませんけど、知ってます。

――どこですか。

甲銀行営業部です、1つは。それと、乙信用金庫A支店です。

――それから対外的なところというのは、どこに行ったか御存じですか。

例えば、会計事務所であったりとかですね。それから、例えば、丙会社の当時副社長さんとも親交がありましたので、例えばそういうところに行ってたりしたとは思います。

――具体的にどんな仕事をしたんですか。

それは仕事というと、具体的には恐らく、対外的なところでは、会計事務所は当然は打ち合わせがありますよね。

(注:明らかに見聞きしたものではないことが推測される)

――わかりませんよ、行ってるかどうか、私は疑問視してるんだから。

ですから、そういうことです。

――早川会計事務所だけですか。

ですから、あとは顔見知りの会社に行って、いろいろ世間話をしたりとかいうことです。それが仕事ではないといえば、仕事ではないですね。

――具体的にあなたはそれを見たり、聞いたりしたことはありますか。

はい。

――誰から聞きました。

一緒に行ったこともありますし。

――いつですか。

例えば、今言った丙会社の副社長さんとか、そういった方とかですね、あとは一部建設会社さんとかもありましたし。

――本当にこの12年以降にそういうところへ行ったというのは、見聞したことあるんですか。

見聞。

乙第二一号証（陳述書）を示す

――現に、先ほど言います乙第二一号証の2ページの1行目から、「藤沢社長は、細かなことに口を出す人ではなく、経理のことについては、基本的に戸塚朝夫専務に全面的に任せ切りであり、また戸塚朝夫専務が体調を崩したころからは、戸塚増夫部長に任せ切りでありでした。」と、こういうふうに答えてるんですが、あなたに、体調を崩したころは、もう任せきりじゃなかったんですか。

　これは、時期の問題ということですね。

――じゃあ、いつから任せきりになったというふうに、あなたは記憶してるんですか。

　私が記憶、経理の部分の任せきりという表現についてですね、それについては、どのぐらいかな……15年とか、そのぐらいでしょうかね。

――要するに、15年ぐらいからはもう任せきりであなたがやってたということでよろしいですか。

　だったと思います。

――ところで、二宮磯子さんの陳述書によれば、甲第五六号証の1ページによれば、先ほど言ったように、あなた聞いてましたよね。平成5年にしばらくして、朝夫氏が週に2、3回しか出勤しなくなった。それから平成4年ごろ病気になり、週1回、時間として、2、3時間、それから平成9年ごろからは3か月に1回、そして平成12年ごろからは朝夫氏は全くといっていいほど出なくなりましたと、こういうふうに言っているんですが、ところで、これに関連して、
甲第六六号証（聴取メモ）を示す
――これは原告の社員が丁生命に問い合わせて、保険料の支払いを調査したものなんですが、これによると、平成3年の3月4日282日入院、それから、平成5年2月27日から44日入院、それから平成6年12月20日、26日、それから、平成12年1月20日、65日、入院してる。大体あなたの記憶でも、入院してるのは、こういうぐあいに入院してることはご記憶ありますか。

　はい、大体。

――平成12年には、朝夫さんは75歳ですよね。

　はい。

――75歳で2か月入院したら、その後、具体的な仕事なんて、できないんじゃないですか。できたというんですか。具体的な仕事というのは、何を指すんでしょうか。

――だから、さっき言った経理とか、対外的なこととか。仕事じゃないんですか、さっき言ったあなたの証言は。

　仕事です。

――仕事でしょう。

　はい。

――一般的にそんな75歳になって、2か月も入院するような自体になって、しかもその前にも入退院繰り返してて、その方が75歳以降もあなたが言ってるような仕事ができることというのは、通常あり得ないんじゃないですか。

　ですけど、会計のチェックは全部やってました。

――15年には全く出入りしなくなったということですか。あなた15年には全く任せきりになったって言ってるんだから。それ肯定したんです。

　全く任せきりというのは、違いますね。

――だって、あなたさっき、全く任せきりと言ったじゃな

いですか。

……。

（注：矛盾の指摘）

――具体的に、昔は毎日出勤してたのが、さっき言ったように、平成12年からそんなに仕事ができなくなったら、当然そういう報酬、取締役報酬というのは減らされる、一般社会では減らされるのは常識ですよね。それはお認めになりますよね。

まあ一般社会ではそうです。

――ところで、平成12年から17年までの報酬の決定についてなんですが、あなたは、先ほど事実関係については、被告の代理人に準備書面を作成するについては、事実のとおりに言っているというふうに言ったんでお聞きしたいんですが、被告の第1準備書面の1ページの5項には、同4文及び同5文中、株主総会の議決が経ていないかは不知、というふうに言っているんですが、あなたはさっき言ったように、株主総会の存在などなかったということでよろしいですよね。

はい。

――この部分は明らかに誤りであると、主張上も誤りであるということでよろしいですね。

はい。

（注：誤りと表現したが、実質的には虚偽の主張としか考えられない）

――それから、次にあなたがさっきちょっと言った了解についてなんですが、これは被告の第2準備書面の2ページの12行目から、「また、戸塚朝夫は、取締役就任以来、長年に渡り、藤沢光彦の同意を得て、役員報酬額を決定してきたものである。決算の内容については、被告戸塚増夫が早川公認会計士の同席を得て、藤沢光彦に説明をしているのであるから報酬額を含め、藤沢光彦が知らない筈もないのである。」と主張してます。わかりますでしょうか。

はい。

（注：早川会計士は証人申請されたが出頭しなかった）

乙第二一号証（陳述書）を示す

――ところが、先ほど言いました早川会計事務所の早川さんの乙第二一号証の2ページの7項、「報酬額について、藤沢社長に他の役員の給料額についてどの程度の認識があったかとのお尋ねですが、個別にどの程度の認識があったかは分かりませんが」云々となっていて、要するに、個別にどの程度の認識があったかどうかわかりませんと。そして、具体的な報酬額について、光彦氏は認識がなかった旨書いてるんですよ。本当に認識はあったんですか。

はい。

――そうすると、これは間違いだというんですか。

これはニュアンスの問題じゃないでしょうか。

――ニュアンスではありません。具体的に、最初の報酬額を含め、知らないはずの額ですよ。こっちは、乙第二一号証については、給料額について、どの程度の認識があったかというお尋ねですが、個別的にどの程度の認識があったかわかりません、と言っているんですよ。明らかに違うでしょう。ニュアンスの問題じゃないでしょう。

……。

——簡単に言えば、本当に具体的な報酬額を早川会計事務所が藤沢光彦に説明したことなんて、この文書の中から伺えないじゃないですか。

……。

——それでも伺えると言うんですか。

……。

（注：この問答からしても代表取締役藤沢が決算書の作成に関連して報酬額を知っていたことを認定することなどできないだろう）

——あなたの陳述書、乙第二二号証の1ページの6行目から、「役員報酬の決定は、私の父朝夫が決定し、藤沢光彦氏に了解を求めていたものです。ただ実際のやりとりは、父が素案を示すと、『それでいいですよ』位の簡単なやりとりであったかと思います。前にも申し上げたとおり、全面的に父朝夫を信頼していたからです。藤沢光彦氏に報告なくすることもなく、父朝夫は独断で決めたことなどあり得ないことです。」こういうふうになってますよね。朝夫さんが光彦に素案を示したというふうになってますね。

はい。

——この具体的な素案をあなた見たことありますか。

見たことがあるものもありますし、そうでないものもあります。

——見たことがあるんですか。

あるものとないものがある、時期の問題です。

——先ほどのを読みますと、それでいいですよぐらいの簡単なやりとりであったかと思いますしかあなた書いてないんですよ。具体的に見てたら、具体的に見てたというふうに書いてあるはずじゃないですか。

それは一字一句全ての期において、この期はこうでした、この期はこうでした、この期はこうでしたということは書けないです。

——要するに、あなたが直接見ていたら、正確に言えば、その素案を見たこともあるし、見たこともない。けれども、同じようにやっていたことと思いますというふうに、正確に書けなかった理由がありますか。ありませんか。

ありません。

——その素案については、会社の収入や各人の給与、あるいは取締役の報酬、それからそれの最終的な報酬の確定額、これらを定めたもので、ちゃんと決めたものであったかどうかという趣旨です。

それはそうだと思います。

——その素案には、具体的なものとして、会社の収入とか、各人の報酬額、それから確定額、幾ら幾らという具体的な金額、これらについては書いてあったんですか。なかったんですか。

　素案というのは、どういうことをイメージされてますでしょうか。

——あなたが書いてるから言ってるからそれを聞いてるんです。

　だから、素案というのは、逆にどういうイメージをされているんです。

——あなたが書いてることを聞いてるだけなんです。

裁判官
——被告の言う素案というのは、どういったものが書かれていたかという質問をされたらどうですか。
（注：被告が素案を作成していたと述べているので、具体的に質問しているのに抽象的なものにスリかえた。尋問の仕方を知らない）

原告代理人（渡邊）

——この素案については、さっき言った、会社の収入とか各人の給与、それから取締役の報酬額などが具体的に書かれたものであったかどうかということだけです。

　だから、給与のことにお尋ねなんじゃないんですよね。

——だから、具体的に素案というのは、素案だけに、給与額だけじゃなくて、いろんなことが書いてあることもあり得るから聞いているんです。

　そういうことであれば、そこまで加味したものではなかったと思います。

——じゃあ、どんなものですか。

　給料の額ですよね。具体的な額。それぞれの額、これを正確な査定項目でというか基準というのが設けてませんので、会社が。ませんので、それは画一的に査定することができないわけですよね、当然。そういう規模の会社でもないですし。それに対して、例えば、戸塚朝夫が考えるところの額がこの人はこのぐらいじゃないかという意味の素案ということで理解していただければありがたいです。

（注：正確な答えになっていない。見ていないと考えるのが自然）

——具体的な確定額ではないですね。

　はい。

——だから、その程度のやりとりだったというふうに認識してよろしいですね。

　そうですね。

——あなたは、亡くなる2、3年前から、藤沢光彦の了解をとる形となっていきましたというふうになってますね。

　はい。

——素案の中に、あなたが提示したものの了解を得る形となっていきましたと言ってるんだから、そのあなたの提示したものは、具体的な報酬額の金額、その他、会社の収入、そういうものがきちっと書いてありましたか。ありませんか。

そういう意味の素案はありません。

――そうだとすると、最終的に、それらの案を決定した上で、早川会計事務所に報告するわけですよね。金額が幾ら、金額が幾らと。違うんですか。

違います。

――給料とか報酬。

それは早川会計事務所はその時点では関係ありません。

――それはないです。その後、こういうふうに会社で決まりましたと、会社ではこういう意向ですということで、早川会計事務所に報告するんではありませんか。

給与の支払額のことを言っているんでしょうか。

――給与とか報酬の決定のことを言ってるんです。それを報告するんですか。報告しなければ決算書はできませんよね。

当然それは、報告というか、履歴としてお渡ししますので、それは当然決算組むときには必要になりますんで、台帳は渡します。

――にもかかわらず、個別的に、早川会計士は先ほど読み上げたように、報酬額について、藤沢社長に他の役員の給料額について、どの程度の認識があったかとのお尋ねですが、個別的にどの程度の認識があったかはわかりません云々と言っているんですが、具体的な金額の決定など、なかったんではありませんか。

……具体的な金額の決定、私とあるいは戸塚朝夫と藤沢光彦さんの間ということですか。

――私が言っているのはあなたが自分が了解をとったとおっしゃっているわけだから、そうだとすると、それを正確な金額が確定したものを早川会計事務所に報告するんじゃないですか。

だから、それは毎月の、支払うじゃないですか、毎月。

――報酬というのは、あなたが言ってるように、年間に取締役報酬として幾ら幾らとして決めるわけですよ。

そうですね。

――それを早川会計事務所に報告したんですよね。

そうですね。

――にもかかわらず、早川会計士はどの程度の認識があったかどうかわかりませんと言っているんですが、そういうことはあり得ないんじゃないですか。

それは早川会計士に聞いていただきたいと思います。

――会計士に聞いてもらいたいと思うんだけれども、一般的にそういう会計士がどの程度の認識があったかわかりませんということは、普通はあり得ないですよね。

普通はあり得ないです、普通は。

（注：本来ならこの回答で崩れている）

――今までだと、要するに、具体的な金額などを光彦さんに示して、光彦さんが了解をしたなんていうことはなかったんじゃないですか。

いいえ。

乙第八号証（御質問事項）及び乙第九号証の一（回答書）を示す

――乙八号証の一の（３）、戸塚朝夫氏の休職中の役員報酬支給額はどのように算出したのでしょうか。それを代表取締役にどのように報告、協議したのでしょうか、との問いに対して、乙第九号証の一の③、代表取締役専務である戸塚朝夫氏が決めたと思います。もちろん私が給与額を決定する権限は持っておりませんでしたので、指示に従いました。当時、社長、専務間でコンセンサスがとれているものと認識しておりましたとしか説明してませんよね。

はい。

――ここでは、具体的な金額を朝夫氏やあなたが光彦氏に了解をとったなんてことは一言も書いてありませんよね。

コンセンサスがとれているという認識ということで表現しました。

――あなた、コンセンサスがとれていると思いました。でも、あなたはさっき見たことがあるとおっしゃっているんだよ。

全てじゃないですよ。

――全てじゃなくたって、書くでしょう。

それはニュアンスじゃないですか。コンセンサスがとれているものと認識しておりましたという表現で、それが全て含まれてるということで理解いただければありがたいです。

（注：報酬や給与の金額がニュアンスという意味の中に含まれていないことは常識）

――普通は理解できませんよ。

そうですか。

――それだったら、具体的に、あなたがさっき言ったように、その了解をとれれば全部いいということを十分知っているとおっしゃっているんだから、そのことを書けなかった理由はありますか。ありませんか。

ありません。

――次に、退職金についてお聞きしたいんですが、これは３回に分けて支払われてますね。

はい。

――被告の第９準備書面の５ページの下から３行目からですが、求釈明事項③についてというところです。「支給額が当初から金６５００万円と決まった訳ではなく、藤沢光彦の資金調達の必要性や原告の未払金や仮払金の処理の必要性等について、３回にわたり藤沢光彦と話し合いが持たれたことから、３回に分けて支給がなされたものである。」というふうに主張していますね。このとおりでよろしいでしょうか。

はい。

――ところが、同じく被告の第２準備書面の３ページの下から13行目、「しかしながら、上記退職慰労金については、株主総会での決議を経た上で支給されている。」と、こう主張されているんですが、これも誤りですね。要するに、株主総会での決議を経た上でと支給されている。

　株主総会というのは、藤沢光彦さんと話し合いができているというニュアンスで結構です。

（注：ここでもニュアンスという言葉であいまい化し誤魔化している）

――そうですか。全部読み上げますよ、そんなことというなら。なお、その後の行を読みます。「なお、被告らが『株主総会の決議がないとの主張は否認する。』と認否し、『早川公認会計士よりは株主総会の決議がなされていると聞いている』、『戸塚朝夫の退職金をもって自らの負債の整理を目論んでいた藤沢光彦が同意しない筈もない』と主張をしたことにつき、原告は、取締役の地位にあった被告増夫が『伝聞や推測に基づいてのみ認否しえないこと自体不自然』と主張しているが、被告戸塚増夫は、公認会計士という極めて信用性の高い人物の証言を援用して、認否をしたものであり、不自然ではない。」といって、明らかに総会の決議に基づいたことの根拠を示しているんです。間違いはないんですか。

　……。

――次に、先ほど株主の問題が出ましたので、ちょっとお聞きしたいんですが、被告の準備書面11の5ページの7行目から、同第3求釈明に対する回答という部分です。「株式にかかる遺産分割協議書は存在しないが、戸塚朝夫は生前から株式は被告増夫に相続させる旨述べていたことから、被告らにおいて、被告増夫が株式を取得することは当然のこととして、平成20年6月20日ころまでに合意されていたものである。」と、こういうふうに主張されていますが、よろしいでしょうか。

　はい。

――とすると、遺産分割協議書はないんですね。

　はい。

――それから、合意というのは、平成20年6月20日ころまでにと言っているで、この近辺に合意されたと、こういうふうに伺ってよろしいですか。

　はい。

――平成20年6月20日ころの近くに合意したと、あなたもお認めになりましたよね。

　はい。

――だから、それ以前に、あなたが会社に対して、その遺産の名義の株式は、自分が保持するんだということを原告会社に通知したことはないですね。

　正式にはないですね。

――それから、具体的に2000万円についてお聞きしますが。この2000万円というと、平成17年6月29日に受け取ったということで、よろしいですよね。

はい。

――このうちの１０００万円については、光彦氏の原告会社からの長期借入金１０００万円の返済に使われたというふうにおっしゃってますね。

はい。

――このお金は、あなたなり相続人なりから、光彦氏への貸金になるんですか。ならないんですか。

なりますね。

――なりますか。

なりますけども、いいです、なります。

――なぜ、なりますか。その根拠は。

いったん、退職金扱いで出しているという根拠です。その時点では退職金という扱いで出てませんけども。

――でも、このお金については、光彦氏も毎月５万ずつ払って返済しつつあったわけでしょう。光彦氏が、この１０００万円があなたが払うことについて、了承したことなんて、あるんですか。

あります。

――それで、貸金になると言ってるんですか。あなたから借りると言ったんですか。

その時点ではありませんけども、説明はしておりますので。どの時点の話でお答えすればよろしいですか。

――平成17年６月20日です。あなたがお金を２０００万円送金して抹消したという時点です。

その時点では藤沢光彦さんにはこういうお金が残っていますので、こういう形で処理をしたいと考えていますと。こういう説明をしたということであります。その時点では貸金云々の話は出てきておりません。

（注：戸塚朝夫の退職金から藤沢光彦の債務を支払っている以上ありえない）

――でも、もし藤沢光彦氏が、あなたから借りるより会社から借りたほうがずっとスムースじゃないですか。

そしたら、また債務残るじゃないですか。

――残ったって、自分で返せばいいから。

じゃあ、何の意味があるんでしょうか、逆にお聞きしたいんですが。

――だから、私のほうが聞いているんです。

だから、意味がないから、貸金にはしてないということです。また同じことを繰り返すだけじゃないですか。

（注：ところがのちには貸金であると主張している）

――貸金じゃないんですね、１０００万円は。

貸金です。最終的にはそういう処理をしましたけども、処理というか、そういう手続をとるような形をとりました。でも、その６月20日の時点では、事情を説明し、たしか仮払金という形で出てると思います。

（注：前後の供述が明らかに矛盾している）

――ですから、貸金になぜ転換できたんですか。あなたが送金したときです。

送金したというのはどの時点で送金ですか。

——あなたが自分で言ってるじゃないですか、何回も。

私が会社に戻した時点の日付でよろしいんですか。

——そのとおりですよ。

6月29日ですね。

——そうです。

その時点では貸し借りの話は一切しておりません。

——でも、あなたの貸金になることも言わないで、あなたが勝手にやったということですか。

違います。

——だって、貸金に、あなたに対する負債になるんだったら、会社からその2000万のうちの1000万を借りたほうがもっとすっきりするじゃないですか。

正確には、私ではありません。

——誰ですか。

戸塚浜子です。

（注：戸塚増夫の母である戸塚浜子がこの出金・返金に関与していることは全くない）

——あなたは、3000万円について、こういうふうに言ってますね。7月に入ると残りの4000万円の保険料が使われたことから、私は藤沢光彦氏に対し、手取りで3000万から4000万程度はほしいと述べたところ、わかった、いいよということであったので、私は平成17年9月13日にとりあえず3000万円を受け取っています、ということですよね。

はい。

——要するに、この段階で、朝夫氏に対する退職金など、額面が決まってないわけですね。3000万から4000万。

そうですね。

——そのときに、退職金の金額を決められない具体的な事情なんてあるんですか。普通は退職金幾ら幾らって決めて、そのうち幾らを払うと、いつ払うというふうに決めるのが当たり前なんですが。

だから、いったん3000万で支給してます。

——あなたが3、4000万円の程度といって、金額が定まってないわけですよね。

そうですね。

——一般的に、退職金額を決めないで、退職金額を定めるなんてことは一般的にないんですが、それを決められない事情はあったんですか。

ありません。

（注：これが退職金を決めたことにはならない。かえって被告Cが自在に操作していることを十分うかがわせる。）

——次に1500万についてお聞きしますが、これについては、長いんで、甲第六三号証にあなたの主張を要約したんですが、簡単に言うと、被告のあなたのいうとおりになると、光彦が平成16年ごろ、湯原に貸したお金で困っているということをあなたが聞いた。

　はい。

――平成17年始めごろ、藤沢光彦から困ってるんだと、相談を受けた。

　はい。

――そのままにしておくわけにはいけないので、あなたの給料、平成17年７月から給料をかさ上げしたんだということですよね。

　はい、そのとおりです。

――そうすると、光彦さんは平成17年７月ころから、あなたの給料を20万円かさ上げしなければならないほどせっぱ詰まっていたというふうに伺ってよろしいですか。

　はい、私はそう感じました。

（注：のちに発見された資料には平成16年度に返済されており、その必要は全くなかったことが明らかとなった）

――それだったら、あなたが先ほど言った平成17年６月29日に２０００万円を受け取って、払ったとおっしゃってますよね。

　はい。

――その２０００万のうちから１０００万円を払えばいいじゃないですか。かさ上げする必要なんかないじゃないですか。

　２０００万は別の用途で未収入金と長期貸付金を相殺をしたかったので、そういう原資として使いましたので、その時点では使えません。

――あなたは、そういう光彦氏のあなたの給料アップまでせざるを得ないという窮状、困った状態と、２０００万円を長期借入金を消すのとから比べたら、１０００万円を払ったほうがいいとは思いませんでしたか。

　その時点では思いませんでした。

――現に１０００万円については、５万円ずつ返済してますよね。

　はい。

――しかも、あなたが月20万円アップしただけでは、１０００万になるためには、４年２か月もかかるんですよ。４年２か月もアップして１０００万払うためには、４年２か月もかかるだけの、その当時、あなたの話からしたら、光彦さんに余裕があったんですか。到底なかったんじゃないですか。４年後に払ってもらっていいんだと。

　ですから、途中で支払いをしたんです。

――じゃあ、そのことについてお聞きしますが、私はそのときに２０００万払った方がいいと思うんですが、そのときにお聞きしますが、あなたはこの20万円アップを平成17年７月から平成20年６月までもらってますよね。

　はい。

――今言ったように、平成18年２月16日に貸し付けたと、あなたおっしゃってますよね。１０００万円を光彦さんに。

　はい。

――その後、あなたは18年2月以降、給料の20万円アップをずっと会社から受け取ってますけど、その理由は何ですか。理由なんかないじゃないですか。

それはですね、先ほども河原弁護士のほうの質問にお答えしましたけど、20万円は別段で、私のほうで積んでました。そういえば、多分いろいろ突っ込まれるでしょうけども、まず一つは、不測の事態、例えば、これから聞かれるんでしょうけども、いろいろと不適切な支出に充てたいという思いも一部ありましたけども、積んであったことは確かなので、ですので、お戻ししても結構ですという先ほど回答をさせていただきました。

(注:被告Cが勝手に報酬を上げたことを自認している)

――お戻ししても結構だけども、それ以前の理由は何ですかという質問だったんですが、要するに、光彦さんに貸してるのに、会社から20万円をもらう理由なんてないじゃないですか。

ですから、資金のかさ上げをして、資金をつくりたかったということです。

(注:会社のために貯めていたと言っているが、のちに別件訴訟では、藤沢光彦に請求している)

――会社から借りてですか。

借りた、じゃないですよね。

――あなたが20万円アップするについて、取締役会なり株主総会で、あなたの報酬を20万円アップすることを了承した決議はありますか、ありませんか。

書面ではありません。

――あなたは先ほど言ったように、3000万から4000万だというふうにおっしゃってましたね、光彦さんが。

はい。

――でも、あなたは現に本件では別件で2000万円とそれに関する利息を要求してますよね。請求しているのは利息ですけれども、その前提として2000万円の貸金があるということを前提ですよね。

そうですね。

――そうだとすると、あなたは平成17年6月29日の2000万円のうちの1000万、それから3000万、それから平成18年2月14日の1500万、このうちは1000万は貸し付けたと言ってるんですが、そうすると、あなたが退職金としてもらったのは、5500万になるんじゃないですか。

私がもらったんではないですけども。

――朝夫さんの退職金としてもらったのは、5500万になるんじゃないですか。

もう一度計算式をよろしいですか、内訳。

(注:自分たちがもらったと称する退職金の内訳がわからないことなどありえない)

――2000万のうちの1000万は最後は貸付金だとさっきおっしゃったでしょう。当初は違うんだけども。現に請求しているじゃないですか。利息を請求しているということは元本がなかったら利息なんか請求できないでしょう。それから３０００万、それから１５００万、これのうち500万はあなた取得して、それから１０００万を貸金だとあなたおっしゃっているんだから、そうすると、５５００万じゃないですか、金額的に合わないじゃないですか。

６５００万だと思いますけども。

——何で６５００万ですか。あなた方家族が朝夫さんの退職金として受け取ったのは、あなたの証言によると、５５００万になるんではないでしょうかという質問ですよ。

そうではありません。３５００万です。

（注：前後の答え自体が矛盾している）

——そしたら、あなたは別件で２０００万請求しているけれども、２０００万は空っぽだということなんですか。債権はないということなんですか。

ですので、それは、２０００万については、当初からいただく、請求するつもりのなかったお金だということは先ほど申し上げました。

——あなたの個人的な意思として、請求するつもりがないという意味なのか、それとも法的には存在するけれども、請求しないという意味なのか、どっちなんですか。

ニュアンスとしては前者ですかね。

——にもかかわらず、あなたは別件訴訟で利息を請求しているということですね。

そうですね。

——あなたはこの退職金について、先ほど述べたように、3回に分け藤沢光彦と話し合いを持たれて、支給がなされたということですよね。

はい。

乙第八号証（御質問事項）及び乙第九号証の一（回答書）を示す

——乙第八号証の二項の（２）、「戸塚朝夫氏への退職金支給金額はどのように決定されたのでしょうか。それを代表取締役にどのように報告したんでしょうか。これに対する答えは、乙第九号証の一の二の②、会長は死亡保険金の経緯と額を口頭にてお伝えしましたとしか書いてなくて、３回に分けて話し合ったとか、3回聞き取りで3回に分けて了承を得た、全く書いてませんね。

はい。

——これは、3回も了承を得たことなんかないからじゃないですか。

いいえ、違います。

——それを書けなかった具体的に理由はありますか。

ありません。

（注：以前の被告Cの回答との矛盾）

甲第六八号証（「戸塚専務死亡退職金について」と題する書面）及び甲第六九号証（写真）を示す

——甲第六八号証の「額面上（帳簿上）の総支給額６５０

0万円」の後、①実際の支給額4500万円、②藤沢社長長期貸付金相殺、③過去の仮払・未収金一部相殺、それぞれ1000万。それから※印として、「経理処理上は死亡退職金として6500万円支給。一旦遺族代表者に支払いをした後、上記のように会社口座に戻し入れして過去の未処理費用を精算と藤沢社長への長期貸付金額を相殺処理したものである。よって、実質的には、3500万円が運転資金に充当されたことになる。平成17年10月1日」、こういうふうになってるんですが、甲第六八号証、これはあなたが作成したものではありませんか。

　私以外作成する人いないと思いますので、そうだと思いますけど。

——あなたですよね。

　はい。

——具体的には、例えば、乙第二二号証の2ページの下から8行目から、「私としては、保険会社から、6月中に4000万円を超える保険金が支払われるとの通知を受けたことから、決算も前にして、対外的にはばかれる会計処理をこの資金を原資として、決算書から消したいと思いました。会社には建設会社について回る政治献金、設計事務所やゼネコンの現場代理人の資金提供や藤沢光彦氏の個人の税金納付のための立替金や会社からの長期貸付金の整理をしたいと思いました。」と、こういうふうに書いてますね。それから、

乙第九号証の一（回答書）を示す

——乙第九号証の一の四の（1）、「従前より累積していた使途不明金や未回収に類する金額を相殺しました。合わせて会長への長期貸し付け（住宅取得時に貸し付け）1000万円も相殺しました。原資については、戸塚専務の死亡退職金を利用しました。」というふうに、あなた答えてますね。

　はい。

——こういう考えができるのは、当時会社ではあなたしかいませんでしょう。

　そのとおりです。

——そうすると、この甲第六八号証は、あなたが作成した。だから、それは認めてます。私だと思いますと。

——要するに、あなたはこの甲第六八号証の考えに基づいて、戸塚専務の、甲第六八号証の書面に基づいて、他の取締役や株主の了承もなく、勝手に経理を処理したんではありませんか。

　いや、勝手にというのは違います。

——これはあなた自身が独自だけでつくったものでしょう。

　それはそうですけど、これは正確なものでもないし、メモ程度のものです。

——そういう考えに基づいて、処理したんじゃありませんか、勝手に。

処理はしてません。これはあくまでも平成17年10月1日時点のメモです。

（注：実際このメモのとおりに金が動いている）

乙第五号証（金銭消費貸借契約書）を示す

――この契約書の三条、四条は、利息、それから償還期限なんかは一般の契約書としては異常なものですよね。

はい。

――先ほどあなたも言ってるように、乙第五号証は先ほど示した甲第六八号証とか乙第九号証に見られるように、退職金で相殺したように経理上行ったけれども、それでは税務署の調査がなされた場合、困るので、便宜的につくったものではありませんか。

そのとおりです。

（注：ここで利息を請求していた「消費貸借契約書」は税務対策のために作成したものであることを自認した）

――そうすると、この債権は存在しないというふうに伺ってよろしいですね。

請求すべき債権はないということです。

――ところが、請求すべき債権がないにもかかわらず、何で利息請求したんですか。裁判所をだましてますよ。

（注：請求すべき根拠は全くない）

それは、きちんと事実関係を私どもが整理をして、原告に示したところ、一切それに対する答えないし誠意あるといいますか、否認をずっと続けてきたので、それに関しては、それを示すことによって、事実関係を認めていただきたく提出をしたものです。

（注：何の理由にもなっていない附会の弁明）

――でも、訴訟を起こすということは、事実と違うことを、さっきのあなたの考えは、その訴訟で立証すべきことであって、別訴で、２０００万円が存在して、その利息で異存があるから請求するということは、裁判所をだましていることになりませんか、あなた。

それは、私専門家ではありませんので、弁護士と相談させていただきます。

――専門家でなくても、あなたそんなことは常識として、だましてるかどうかわかるでしょう。

常識かどうかは、それは弁護士さんだから常識なんです。

――あなたは、要するに、にもかかわらず、裁判所に請求したと、元本が存在しないにもかかわらず、利息の請求をしているというふうに伺ってよろしいですね。

それについてはちょっとお答えしません。

――しません。

そう言われてしまったら、お答えしません。できません。

原告代理人（渡邊）

――平成12年以降、当初朝夫さんが、あなたの話によると、週に何回か来ていたという話でしたね。

はい。

——平成15年からはあなたに任せきりになっていたと、そういうことでしたね。

おおむねそのぐらいの時期ということです。

——こちらからの質問事項に対する回答の中で、役員報酬については、朝夫さんが決定をしていたという話が出ていましたね。

はい。

——それは、15年以降は、あなたが決めていたという話ですか。

いいえ、戸塚朝夫と藤沢光彦さんで決めてたことは変わりありません。

乙第三号証（役員報酬手当及び人件費の内訳書）を示す
——平成15年からは、基本的にあなたに任せきりになっていたことはいいんですね。

任せきりの範囲というのがちょっと微妙ですけども、そういうことです、主にということです。

——平成15年からの役員報酬を見ると、これ平成15年、16年、17年、36、37、38期になるわけですけども、それぞれ光彦さんも朝夫さんも役員報酬は減額になってたわけですね。それはわかっていますよね。

はい。

——で、あなただけは役員報酬はずっと上がってますよね。

はい、それは聞かれると思ってました。

——それは朝夫さんの意思ですか。

はい、そうです。

——ところで、役員報酬額について、年間の報酬額が最初に決定されると思うんですけども、その年の役員に対する賞与は誰が決めてたんですか。

賞与は支給があったりなかったりということがありますけど、あった場合のことでよろしいんでしょうか。それは役員に関して。それは社長、専務ですね、当時の。

——どちらですか。

社長、専務両方です。先ほど来説明している手順でやってます。

——この15年、16年、17年を見ても、賞与額が一番多いのはあなただということはあなたも承知してますよね。

はい。

（注：被告Cがやっていることを推測させる尋問）

——それを、光彦さんが決めたと、あなたはおっしゃってるんですか。

はい。それに関してはちょっと説明する必要があるんですが、よろしいでしょうか。

——いや、光彦さんが決めたとおっしゃってるんですかという確認に対して答えてください。

はい。

——光彦さんがあなたに対して、一番賞与を出すということを決めたとおっしゃってるわけですね。

そうですね。

――平成15年と平成17年の期には、朝夫さんに対する賞与だけですね。

ちょっと記憶にありません。

乙第三号証（役員報酬手当及び人件費の内訳書）を示す

――2枚目、15年のところと17年ところを示しますけども、15年が100万、17年が110万、これは誰が決めたんですか。

これも同じだと思います。

――これら全てあなたが決めたことじゃないんですか。

違います。

原告代理人（近藤）

――別件訴訟の２０００万円については請求するつもりはないけれども、自分たちの弁明のために訴えを提起したということですけども、そのことを代理人の先生には伝えましたか。そういう意図で訴えるんだということを、代理人の先生にお伝えしましたか。

そうですね、伝えましたね。

――訴訟を、請求するつもりはないけれども、訴えを提起するということについて、被告代理人の先生は知ってたということですね。

はい、知ってました。

（注：弁護士も承知のうえでそこで反訴がなされた）

――普通、代理人の先生、請求の中身がないのに、訴えなんか提起したら懲戒とか食らうんでしないと思うんですけど、本当にそういう説明をしたんですか。

そういう懲戒とかの話になると、今すぐにお答えできません。

――いや、したのか、してないのかという質問ですけど。

……。

被告代理人

――今、乙第三号証を示されて、あなたの報酬が上がっていることについて、聞かれると思ってましたと言いましたね。平成15年から16年について、上がってますね。

はい。

――これについて、どういう事情から上がったんですか。

事情としては、当初予定外のいろんな支出が発生するものに対して、それを給料に振りかえたという事情があるということです。簡単にいうと、そういうことです。

――ということは、あなたとしてはもらってるお金から、それ、会社のために少し使おうという意思があったと、そういうことですか。上がったというのは、もう一度。

違います。結果として上がってるんであって、実際にはいただいてないお金という意味です。

――ですから、実際にはいただいてないというのは、会社のために使うお金として給与、賞与なりが上がっていると、そういう趣旨ですか。

いや、違います。

――もう一度、説明してもらえますか。

例えば、仮払金などで、いったん払ったような、例えば政治的なお金です、そういったものとか、そういったものを振りかえたということです。

――それはあなたがもらったことにしたというだけで、実際は手取りがふえてるわけではないと、そういうことですか。

はい。

以上

（注：あらためて尋問の結果を読み返すと、至るところに虚偽と矛盾に満ちていることがわかる。どうして信用できるのか不可思議である。特に、利息請求は税務対策用の「消費貸借契約」に基づくものであり、何ら請求すべき債権がないことを自認している。これだけでも被告Cが勝手に経理をしていたこと、「消費貸借契約書」の趣旨を、被告Cを除いて会社の誰もが知らなかったことを如実に物語っている）

5 労災による損害賠償請求事件

報告書の変造、申告書の一部偽造により労災認定され、一審判決も労災と認めたが、控訴審で労災を否定する専門家意見書を提出して和解となった事案

（1） 事案の概要と争点及び尋問の目的

ア 概要

原告は被告の従業員として働いていたが、被告の業務が過重だったことから、頸肩腕障害になったとして労災の適用を受けていた。そして債務不履行の時効の直前になって突然、被告に対して被告の業務に従事していた際、過重労働によって頸肩腕障害になったとして債務不履行に基づく損害賠償（損害の4割）を求めてきた事案である。

原告の主張によれば、10年間もの間、治療したものの同じ状態の頸肩腕障害が続いているとのことであった。

ところで、訴訟の審理のなか、原告が持っていた労災に関する資料（診断書や陳述書等）が提出されたが、労働基準監督署で作成された「実地調査結果復命書」では、被告が2つの病院で「左胸郭出口症候群」と診断されたと記載され、この事実が実質的には頸肩腕障害として労災認定された最大の根拠であった。

ところが、前記復命書を精査したところ、「復命書」記載の2つの病院が「左胸郭出口症候群」と診断した事実はなかったことが判明し、「復命書」記載の2つの病院での診断なるものはねつ造であった。

また、労基署に提出されている「休業補償給付請求書」には、事業主「証明拒否」と記され、傷病名の部位及び傷病名欄には「全身倦怠感」としか書かれていないのに、労働基準監督署に提出後の同文書には続けて「全身倦怠感」

［資料１］

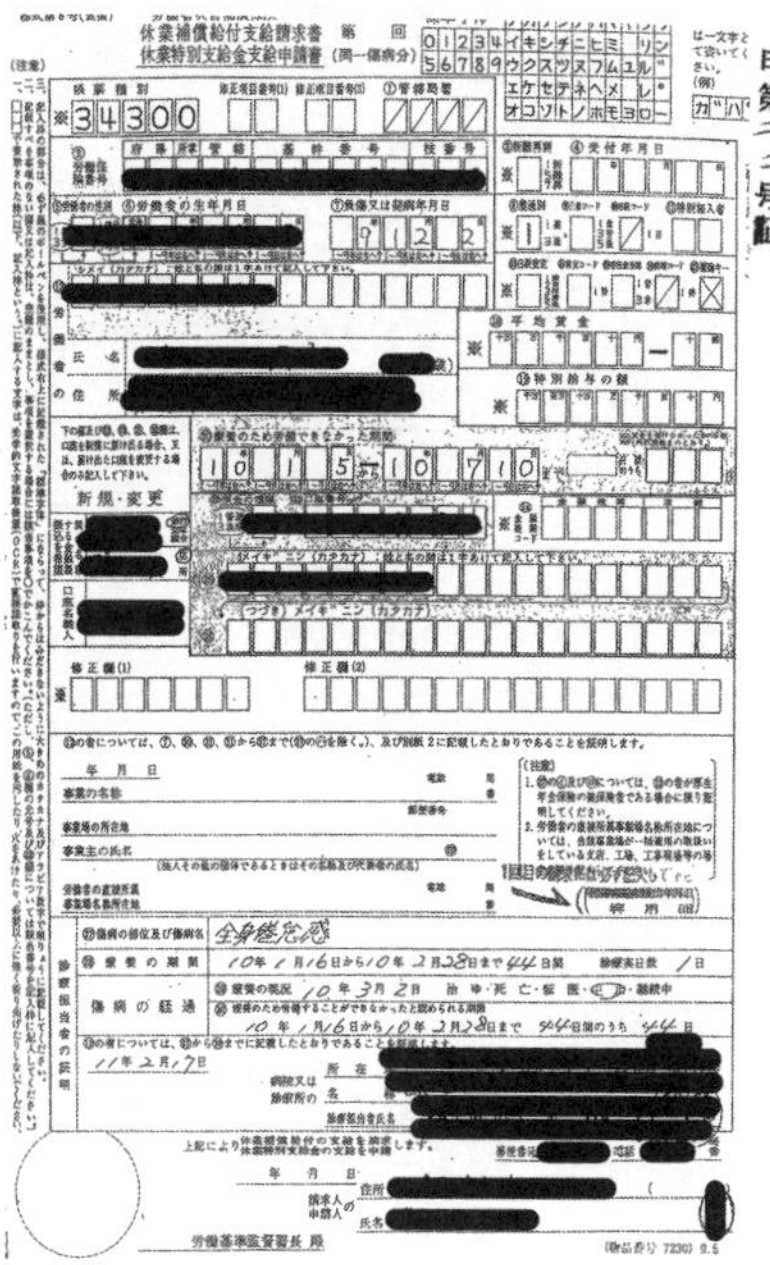

［資料２］

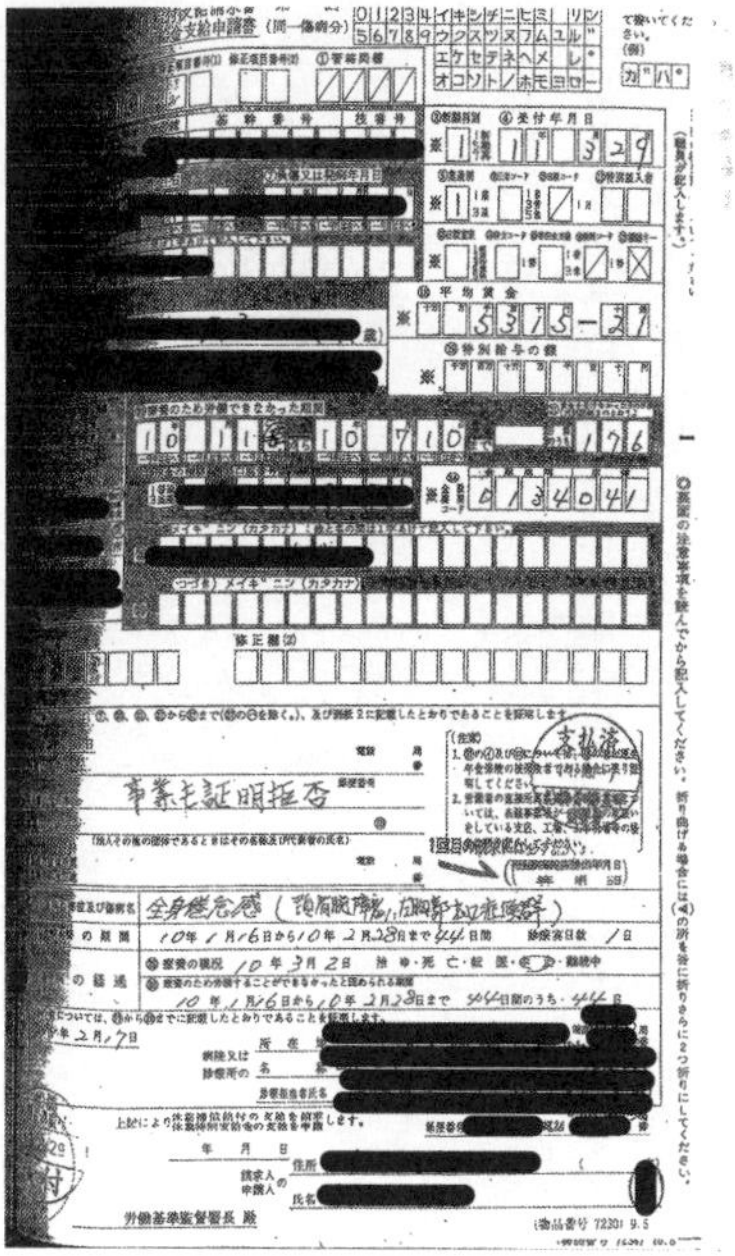

のあとに（頸肩腕障害、左胸部出口症候群）と明らかに別人物の筆跡で書き加えられていることも判明した（本頁上段資料１、２）。

そこで、原告は「左胸郭出口症候群」などを含む広い頸肩腕障害ではなく、原因が不明な狭い（非特異的）頸肩腕障害であると主張を変更させた。

そして、原告本人は診断書だけでなく、これまでのカルテを所持していると述べていたが、裁判所や被告が求めても提出しなかった。

労災であれば、勤務先から離れれば労働障害の原因が除去されることから少なくとも病状の改善がみられることがごく一般であるが、本事案では（上肢・下肢を含む）全身の痛みが10年も続いているという一般的にはありえない病状であると主張していた。ちなみに原告は毎回裁判に出頭しており、通常の人と変わりなく会話もなされていた。

結局、裁判官も「狭い意味での頸肩腕障害を本人尋問で立証するんですね」といい、狭い頸肩腕障害であることを原告本人の尋問で立証することとなった。

イ　本件の争点

原告は、被告で働いた際、過重なことから「狭い頸肩腕障害」に罹ったか否か。

ウ　反対尋問の目的

頸肩腕障害であるとすれば、
・その障害箇所の特定
・その症状の内容と10年間も続いた事情
・当該症状が頸肩腕障害に該当するか
・治療が頸肩腕障害に対応するものか
などについて明らかにしようとした。

（2）審理の結果

ア　原告本人尋問の結果は、障害部分も症状もくるくる変わり、頸肩腕障害の症状とは到底いえず、さらに加えて治療の内容も到底頸肩腕障害とは思えないものであり、また、CT、MRI検査などまともな検査もしていないことが判明した。

また、主尋問では素直に答えているにもかかわらず、反対尋問に対して答えをはぐらかしていることが読み取れるであろう。

ところが、一審判決は

「本件診断基準に基づき、原告が頸肩腕障害（非特異的障害）にあたるか、及び被告での業務に起因するものかを検討する。」

として

「K医師による診断結果によれば、初診時の症状は、上肢の部分だけではなく、下肢や全身の倦怠感等を訴えているが、本件病像によれば顕性期には全身倦怠の不快・苦痛等も生じるとされていることから、本件診断基準の（1）症状に齟齬するとはいえず、むしろ符合するものであり、初診時の所見は本件診断基準（2）所見に該当するものといえる。」

と認定した。

一審判決は頸肩腕症候群と頸肩腕障害との明確な区別もしておらず（判示のような症状が10年間も続くことはありえない。）、そのうえ当事者が主張もしていなかった症状固定が約5年後にあったとして請求額の約半額を認めた。

イ　控訴審になって、控訴人は専門家の意見書を提出したが、その内容は以下のとおりであった。

「1）　本患者は、退職してから10年間も、全く同程度といってよい症状を訴え続けている点から、これらの症状は労働障害に起因するものではない。つまり、頸肩腕障害ではない。

2）　CTやMRIなどの画像検査が全く行われていないため、本患者の客観的な病態は不明であり、このため、特異的か非特異的かを断定できない。患者の年齢と、10年間も同様な症状が続く経過からみて、加齢など変性変化に起因する頸肩腕症候群の可能性が高い。

3）　両上肢以外に、両下肢、体幹、頭部にも知覚障害が生じている。このうち両下肢の症状は頸肩腕症候群の症状とは言えず、他に原因がある可能性がある。」

控訴審では、担当裁判官は原告の主張する症状は頸肩腕障害には〝遠い〟ことを認めたものの、一審判決を覆すには鑑定人の証言が必要であるとの強い意向を示した。しかし、鑑定人は証言することを拒んだため、控訴人は結局一審判決の約半分の金額で和解した。

この裁判は、心証とは何かを考える好材料であろう。

（注）一審判決は原告の全面敗訴の状況を慮ったものとしか考えられなかった。それが「スジ」と考えたのかもしれない。（それゆえ当事者の主張もなく一審判決が依拠している診断書に反して症状固定としたとも考えられる。）

しかし、真実が実質的に労災による病状でないのに補償を受け取っているとの見方をすれば、10年以上も労災による補償を受けていることが解決のあり方となるのか疑問が生ずるであろう。

（3）尋問　落合松子

主尋問

原告代理人

――この陳述書は、あなたが内容を確認して押印したもので間違いないですか。

はい。

甲第二九号証を示す

――この訂正書は、甲第二四号証の陳述書の間違いを訂正したもので、落合さんが内容を確認して、間違いがないということで押印したもので間違いないですか。

はい。

――甲第二四号証の陳述書の内容は、甲第二九号証の訂正書で訂正した部分以外で間違いはないですか。

はい。

――では、経歴のほうからお聞きします。落合さんは、甲病院で勤務する前に、耳鼻咽喉科の看護助手や、その後結婚、出産、その後子育てされていましたね。

はい。

――甲病院で勤務する前に、現在のような上肢の凝りなどの症状が出たことはありますか。

ありません。

――社会人になってから、遭難救助隊経験者も参加していた［○○社会教育施設］主催の5泊6日の登山に参加されていましたね。

はい。

――甲病院で勤務する前は健康でしたか。

はい。

――落合さんが甲病院で看護助手として採用される際、健康診断とか受けましたか。

はい。

――その結果はどうでしたか。

異常ありませんでした。

——落合さんが甲病院で勤務していたころ、甲病院の全体のベッド数は何床ありましたか。

148床だと思います。

——落合さんは、どこに配属になりましたか。

2階の脳外科の入院病棟です。

——そのときは、夜勤をしていたんですか。

していませんでした。

——日勤のみだったということですね。

はい。

——脳外科のベッド数は何床ありましたか。

36床だと思います。

——脳外科の病室は何部屋ありましたか。

5部屋ありました。

——その病室の内訳というのはどういったものですか。

ICUと、201号室という植物状態の男性と女性が入っている部屋と、6人部屋のICUから移ったような人と、もう一つ男性の6人部屋で退院に近い人と、それから10人部屋の女性の部屋がありました。

——ICUは何床ありましたか。

多分8床ぐらい、8床だったと思います。

——ICUというところは、どのような患者さんが入院されているんですか。

救急車で運ばれてきたような人とか、危篤状態の人とか、本当に脳の重症な人。

——先ほどお話しされた男女混合部屋である201号室は何床ありましたか。

6床です。

——そこには植物状態の患者様がいらっしゃったということですけれども、植物状態とはどのような状態のことを言うんですか。

意思疎通ができなくて、声も出せなくて、自分で体を動かすことができなくて、目をあけたり閉めたりはできるけれど、あとほかはできないような人です。

——その他22床は、全部で22床あった大部屋なんですけども、そこにはどのような患者さんが入院されているんですか。

脳外なので、麻痺している人がほとんどです。それで、大人の人で、老人ではなくて、重たくて、だらんとしているような人です。

——落合さんが勤務を開始されてから退職するまでの間、脳外科病棟にはおよそ何人くらいの患者さんが入院されていましたか。

大体満床でした。

——ほかの診療科と比較して、脳外科の看護助手への負担というのは大きいんですか、小さいんですか。

大きいと思います。

——どのような点で看護助手の負担が大きいと思います

か。

大人の動けない人を持ち上げたり、支えたりする仕事が多かったので、そう思います。

——看護助手の勤務体制というのは、どのような体制だったんですか。

日勤と夜勤。

——で大きく分かれていた。

はい。

——さらに日勤は早番日勤とふつうの日勤と、あと遅番日勤に分かれていたんですね。

はい。

——夜勤は１日何人ですか。

１人です。

——日勤では、さらに役割分担とかというのはありましたか。

はい。

——どのような役割分担ですか。

早番と遅番と日勤と、それからA、Bに分かれていて、ICU担当か大部屋担当かと、リーダーのマークがついていればリーダー業務がありました。

——日勤の主な仕事というのは、どのような仕事なんですか。

大きな仕事はおむつ交換、体位交換、リハビリの送迎、それからシャワー浴介助、食事介助、それから医療機器を洗うこと。

——そのような仕事があったということですね。

はい。

——さらに曜日ごとの仕事とか、月ごとの仕事もあったんですか。

はい、ありました。

——これらの曜日ごとの仕事とか、あと月ごとの仕事というのは、先ほどお話しいただいた主な仕事に加えてやるものなんですか。

そうです。

——役割分担があるということでしたけども、リーダー業務というのはどのような仕事なんですか。

リーダー業務は、やらなければならないことに漏れがないようにすべてチェックして、それから医事課とか栄養室、検査室、薬局などの伝票を持っていったり、持ってきたり、そういう仕事とか、同僚の昼の食事の注文とか。

——そのような仕事があったということですね。

はい。

——そのようなリーダー業務というのは、日勤の主な仕事に加えてやるものですか。

そうです。

——これらの仕事の中で、どのような仕事が特に看護助手の体に負担が大きいと思いますか。

患者さんを２人で持ち上げるとか、動けない人の首に手を入れて起こすとか、要するに動けない大人の人を動かすということだと思います。

――そのような仕事が特に体に負担が大きかった、そういうことですね。

はい。

――そのような仕事の中で、ベッドからストレッチャーとか、ストレッチャーからベッドのところに患者さんを戻すような仕事というのをされていましたね。

はい。

――それは、大体何人ぐらいでやるんですか。2人でよろしいですか。

はい。2人で組んでやります。

――さらにベッドから例えば車いすとか、車いすからまたベッドに戻すような仕事もありましたね。

はい。

――それも2人でやるんですか。

そうです。

――落合さんは勤務に入ると、1日何回くらいそのようなベッドから車いす、ストレッチャーに患者さんを移動させたり、また逆に車いすとかストレッチャーからベッドのほうに移動させるような仕事をしていましたか。

看護助手が13人のときですか。

――はい。

13人のときは……。

――では、質問を変えます。勤務すると、1日何人くらいの患者さんを移動させるんですか。

それも最初13人、たくさんいたときですか。

――はい、13人のとき。

それは、おむつ交換とか、リハビリ出しとか、検査出し入れてですか。

――ではなくて、ベッドから車いすとかストレッチャーのほうに患者さんを移動させる仕事。

それは、ストレッチャーで3人くらい、車いすだと6人から10人くらいだと思うので。

――1日大体10人前後というような認識でよろしいですか。

おむつ交換を外したらそうです。

――ベッドの移動は。

はい。

――1人の患者さんについて最低2回は移動させますね。

はい。

――そうすると、13人のころで20回くらいやるということですか。

はい。

――看護助手さんが5人になった後はいかがですか。

全員。ストレッチャー出しのときも、リハビリとかも、全部それは看護助手の仕事だったので、5人になったときは日勤が2人がほとんどだったので、2人でしました。

――大体看護助手が１３人のころと看護助手が５人のころ、その２つを比較して、ベッドから移動させる患者さんの数というのは、大きな変化とかというのはありましたか。

ありません。

――とすると、先ほどお話しいただいた、ストレッチャーのほうでは大体３人ぐらい、車いすのほうでは６人から10人ぐらい、１日そういった移動させると、それが当然ベッドに戻さなきゃいけないわけなんで、２回やるということでよろしいですね。

はい。

――それをほぼ全員落合さんが担当されていたということでよろしいですね。

はい。

――おむつ交換の仕事というのもありましたね。

はい。

――落合さんは、大体1日に何人くらいおむつ交換というのはされていたんですか。

それは、13人いたときですか。

――はい、13人いた時。

13人いたときICUで2、3人、それから201号室でも2人ぐらい、2、3人、その次の部屋で2人ぐらい、その次の部屋で1人ぐらい、10人部屋で2、3人。

――とすると、おむつ交換も大体10人くらいは、13人のころは担当されていたということですね。

はい。

――1人の患者さんに対し、1日何回くらいおむつ交換をするんですか。

13人のときは4回でした。

――そうすると、13人のころは、落合さんは1日40回ぐらいおむつ交換をされていたということでよろしいですか。

はい。

――5人になった後はいかがですか。

5人になってからは、日勤が2人になったので、それで遅番、早番がなくなったので、おむつの交換が4回から5回にふえました。

――1日何人くらい担当されていましたか。

そのころは、3分の2ぐらいの人はしていたと思います。

――何人に対して3分の2ですか。

36床に対して。

――3分の2ぐらいの人のおむつを交換されていたということですね。

はい。

――さらに1人当たり5回やったということですね。

はい。

――とすると、大体100回以上はされていたということでよろしいですか。

はい。

――落合さんは、1日に何回くらい体位交換をされていましたか。

おむつ交換のたびと、そのほかに特別な患者さんがいた場合は、1人か2人余計にしていました。

——大体おむつ交換と同じぐらいは最低でもされていたと。

はい。

——特別な指示とかがあった場合には、さらにそれにプラスして体位交換をされていたということでよろしいですね。

はい。

——ちなみに、おむつ交換とか体位交換というのは、どのようにやるんですか。

それは看護助手、看護師さん、関係ないんですけれど、2人でベッドの両サイドに1人ずつついて、ベッドはみんな電動は一つもなかったので、足とか頭を下げて、それからベッドさくを取って、そして患者さんに接近して、私のほうに向ける場合は患者さんの肩と腰を持って、落とさないように自分のほうにぎゅっと力を入れて引き寄せます。その間に向こうにいるもう1人の人がおむつとか、それから着がえとか、汚れていたら、おむつを丸めて押し込んで、新しいのを入れて、それから体をふいたりして、汚れたパジャマを脱がせて新しいのに、半分だけそちら側でやります。そして、それが終わったら、真ん中に上を向いてもらって、今度逆の人がやっぱり肩と腰を持って、力を入れて自分のほうに引き寄せて、それでその人が汚れたおむつとか、新しいおむつとか、パジャマとか、バスタオルとかというのをすべて引き出して、そしておむつを当てて、寝巻きとかをきちんとそろえて、バスタオルとかシーツとかにしわがないようにして、そして体交まくらを入れるときはまた交互に入れるので、また入れる場合全身で引き寄せて、あいたところに相手の人がまくらを入れて、それでベッドさくをして、それから上半身と下半身……。

——そのほか清拭、すなわち患者さんの体をふく仕事もしていましたね。

はい。

——その清拭という仕事というのは、2人でやる仕事ですか。

はい、そうです。

——先ほどもちょっと御説明あったように、1人が患者さんの肩と腰を持って自分のほうに引き寄せて、その間に他方の人が体、背中とかをふくという仕事でよろしいですか。

はい。

——清拭のほうは、毎日全身をふくんですか。

大体1日置きです。

——その全身ふく際というのは、1日何人くらい患者さんをふかなきゃいけないんですか。まず、13人のころ。

13人のころは、おむつ交換をしていた人と同じ人数です。

——5のころは。

５のころは、やっぱり３分の２くらいの人をしていました。

――体をふいていたということですね。

はい。

――ほかに食事の介助という仕事もしていましたね。

はい。

――食事の介助というのは、体に負担が大きい仕事とは思えないんですが、なぜ体に負担が大きい仕事なんですか。

患者さんがベッドからずり落ちてきているというか、それなので、食事する体勢になるのには、ベッドの真ん中の少し高目の位置に、やっぱり２人でその位置に置くというんじゃなくて、何というんでしょうか、セットして。

――食事できる体勢にするために、患者さんの位置をずらさなきゃいけないというか、移動させなければいけない。そのときに力を使うということですか。

そうです。動けない人をその真ん中の高目の位置に。

――移動させなきゃいけないということですね。

はい。

――落合さんは、食事の介助を大体１日何回くらいされていましたか。まず、13人だったころ。

13人だったころ、それは完全な助手の仕事だったので、かなり……。

――順を追って聞きます。ＩＣＵで13人のころは何人くらい食事の介助が必要だったんですか。

ＩＣＵの人は、１人か２人です。

――その次、男女混合部屋の201号室、こちらのほうでは何人ぐらい必要でしたか。

ほとんどないときもありましたし、食べられる人はたまに入ることがありましたので、１人ぐらい。

――その次に、大部屋ですね。男性の大部屋、６人部屋ですけども、そちらのほうでは何人ですか。

６人。

――その隣のもう一つの大部屋。

も６人。

――も６人介助していましたか。

全員の介助はしなくて、いい人も１人か２人いました。

――いい人というのはどういうことですか。食事の介助が必要ない人が１人か２人だったのか、それとも食事の介助が必要だった人が１人か２人だったのか。

しないでいい人が１人か２人。

――とすると、大体４人ぐらいは食事の介助が必要だったということですね。

はい。

――女性の大部屋のほうでは何人ぐらいですか。

女性はほとんど、たまに２人ぐらいしなくてもいい人がいるかいないか、全員か。

――少なくとも８人ぐらいは食事の介助が必要だったということでよろしいですか。

はい。

――そうすると、大体計19人が食事の介助が必要だったということですけども、そのうち落合さんは大体何人くらい担当されていましたか。13人いたころですけど。

助手の仕事だったので、半分はしたと思います。

――とすると、大体9人くらいは介助していたということでよろしいですか。

はい。

――その食事というのは、日勤帯の場合は昼食のみということでよろしいですか。

はい。

――5人のころはいかがでしたか。まず、脳外科病棟全体で食事の介助が必要だった方というのは、先ほど13人のころ19人ぐらいいたということでしたけども、そこから大きな変化とかというのはありましたか。

患者さんがですか。

――食事の介助が必要な患者さんの数というのは、13人のころと5人のころを比較して、大幅に変化というのはありましたか。

ありません。

――大体19人くらいは、食事の介助が5人のころも必要だったということでよろしいですね。

はい。

――そのうち何人くらい落合さんは食事の介助をされるんですか。

5人のころです。

5人のころはほとんどです。

――ほぼ全員ということですか。

はい。

――今までお話しいただいた仕事というのは、複数の看護助手でやる仕事、2人でやる仕事ということですよね。

はい。

――看護助手の人数が減れば、それだけ看護助手の負担というのは大きくなるということでよろしいですね。

はい。

――落合さんは、看護助手の仕事というのは、体のどの部分に負担がかかる仕事だと思いますか。

特に肩と腕だと思います。

――看護助手の仕事というのは、身体的にも精神的にも負担の大きい仕事だとは思いますけども、そのような看護助手の仕事についてどのように思っていましたか。

生きがいもありましたし、やりがいもありました。

――できる限りずっと続けたいと思っていましたか。

はい。

――落合さんが仕事を始められた平成7年10月16日当時、脳外科病棟には何人の看護助手さんがいらっしゃいましたか。

13人です。

――日勤は、平日1日何人くらいの看護助手さんが働いていましたか。

９人のときもありましたけど、７、８人。

――そのぐらいということでよろしいですか。

はい。

――その後１年後、平成８年10月ごろなんですけども、何人の看護助手さんがいらっしゃいましたか。

もう９人になっていました。

――どうして９人になってしまったんですか。

病気でやめた人が２人、看護婦さんになった人が２人いました。

――看護助手さんが９人になってから、日勤というのは平日１日何人くらい働いていたんですか。

日勤で５、６人でしょうか。

――５、６人くらいでよろしいですか。

はい。

――看護助手さんが９人になってから落合さんが退職するまでの間に、看護助手さんの全体の人数なんですけども、そちらに大きな変更とかというのはありましたか。

ありました。

――看護助手さんは何人になったんですか。

一度に４人の人が結核で休むようになったので、５人になりました。

――それは、いつごろのことですか。

平成９年10月末の病院全体の健康診断の後です。

――結核の院内感染がわかった時点で、甲病院のほうから結核感染の予防の対策について、何か指示とかというのはありましたか。

ありません。

――看護助手さんが５人になった後、１日何人くらいで仕事するようになったんですか。

ほとんど新人の人と、12月１日に入った新人の人と２人の日が多かったです。

――大体日勤は２人くらいで仕事をするようになったということでよろしいですか。

はい。

――結核感染した看護助手さんというのは、大体どのくらいの期間休まなければならなくなったんですか。

最低で３か月、２人の人が１年半から２年と聞きました。

――そのような状況になって、甲病院のほうで看護助手の人員を補充したり、新規の入院患者さんの受け入れをストップするなど、看護助手さんの負担を軽くするための対策というのは何かとられましたか。

とられませんでした。

――看護助手さんが５人になって、日勤の勤務体制に何か変更とかというのはありましたか。

日勤が２人になったので、早番、遅番がなくなりました。

――そのほかは何かございませんか。

新人が入ったので、新人の指導もつくようになりました。

――先ほど日勤の役割分担の中で、ＩＣＵ専門の人がいたとか、あとリーダーとなった人がいたという役割分担があるとおっしゃっていましたけど、それについてはどうですか。

そのＩＣＵ担当とか大部屋担当がなくなって、全部の担当になり、それからリーダー業務はほとんど私についていたように思います。

――どうして落合さんにほとんどリーダー業務がつくようになったんですか。

全部の仕事を知らなければ、リーダーの業務はできないからです。

――落合さんは、新人と入ることが多かったので、そのために自分にリーダー職が回ってきたということでよろしいですか。

はい。

――就職した当時、日勤に入っていて、昼休みとか休憩時間というのはとれたりしましたか。

はい。

――大体どのくらいとれていましたか。まず、昼休みはどのくらいでしたか。

1時間。

――休憩時間はどのくらいですか。

30分。

――5人になってからはどうですか。

お昼休みが2、30分になり、休憩時間はほとんどなくなったり、入っても5分か10分というか、休憩室に入っても落ちついていられなかったので。

――大体5分から10分ぐらい、とれてそのぐらいだったということでよろしいですね。

はい、そうです。

――平成9年12月1日、先ほどからおっしゃっていた新人の看護助手さんが1人ふえましたね。

はい。

――その分日勤の仕事量というのは減ったんじゃないですか。

指導がついていたので、指導の分、全然経験のない人だったので、指導……。

――指導の仕事がふえたから、仕事量というのはふえたんですか、減ったんですか、それとも変わらなかったんですか。

ふえたと思います。

――落合さんは、日勤専門だったということですけども、ほかの看護助手さんで日勤専門の人というのはいましたか。

いいえ。

――日勤と夜勤では、単純にその仕事内容を比較して、どちらが看護助手への負担が大きいと思いますか。

日勤のほうが多いと思います。

――なぜそう思うんですか。

夜勤は1人で、夜だし、大変だったと思います。だけど、夜はリハビリ室があいていないとか、要するに病院が閉まっているので、検査とかリハビリとか売店も閉まっているので、そういうところに連れていくことがないことと、ほとんど夜は患者さんは寝ているので、そう思います。

――実際夜、食事とかいうのはないですよね。

夜中。

――夜中。

はい。

――とすると、食事の介助とかという仕事もないしということでよろしいですか。

はい。

――そうすると、ほかの看護助手さんは夜勤の日があったりしたんですけども、唯一の日勤の専門だった落合さんというのは、負担の大きい日勤のみをずっとやり続けたということでよろしいですか。

はい。

甲第二五号証の四を示す

――こちらのほう、これ勤務区分表なんですけども、その上のほうに非常事態と書いてありますね。

はい。

――これってだれが書いたんですか。

主任です。

――この非常事態というのは、どのような意味だと思いますか。

看護助手が急にというか、少なくなってきているとこにまた少なくなってしまったことだと思います。

――看護助手さんの人数が極端に少なくて、非常事態だという意味だと思ったということでよろしいですか。

はい。

――つまり病院側でも看護助手の人数が足りていないと認識していたということでよろしいですか。

多分看護婦さんも非常事態だったと思います。両方が非常事態だったと思います。

――平成9年12月末日の時点で、看護助手さんの中井竹子さんが退職されましたね。

はい。

――12月の頭に新人さんが1人入ったけども、この方が退職されたために、結局看護助手さんの人数というのは5人になってしまったということでよろしいですね。

はい。

――あと、平成9年12月に2人の派遣社員が看護助手として来たということでよろしいですか。

はい。

――2人派遣の人が入れば、それだけ看護助手さんの仕事の負担というのは軽減されるんじゃないですか。

というか、本当にその当時年とっている人だったので、力仕事はさせないでくださいと言われたので、何をしていただけばいいのかなというふうに感じました。

——つまり看護助手さんの仕事の中で一番特に体に負担が大きい、そういった力仕事をさせられないということになったわけですね。

はい。

——その派遣の人たちというのは、結局どうなりましたか。

結核感染が心配だというので、多分私が知る限りでは、2日で2人ともやめたと思います。

——看護助手さんが足りないという事態ですので、看護師さんのほうが仕事を手伝ってくれたりとかというのはなかったんですか。

ありました。

——そのころ看護師さんというのは、人数的に余裕とかというのはあったんですか。

なかったです。

——大体どのような仕事を手伝ってくれたんですか。

いろんな器具を洗ってくれたり、それから洗濯物を畳んでくれたりはしました。

——看護助手さんの負担の大きいそういった力仕事というのは、特に手伝ってはくれなかったということですか。

はい。

——そうすると、結局看護助手さんの人手不足を解消するほどの効果はなかったということでよろしいですね。

申しわけなかったけど、はい、そうです。

——甲病院で働き始めてから、落合さんの体調に変化とかってありましたか。

はい。

——まず、どのような変化があったんですか。

入職してすぐに、とにかく重い人を持ち上げたりする仕事なので、全身が痛くなりますって、全身が3、4か月痛いのは当たり前と聞いていました。

——ではなくて、落合さんにどのような変化があったんですか。結局全身痛くなったんですか、それとも……。

痛くなりました。

——どこか特定の箇所が痛くなったりとかということもありました。

——それは、大体痛くなり始めたのはいつごろですか。

一番最初は、入職して1か月少したった、B型肝炎に感染したころもそうでした。

——そのときは、全身が痛かったんですか、それとも特定の部位が痛かったんですか。

もう全身が痛かったのと、本当にうちへ帰ったらもう何もできないぐらい倦怠感というのか、全身。

——就職してから1か月後にはもうそのような状態だったんですか。

そうです。B型肝炎に感染していたことを知らないで、私は整形外科を受診しました。

――その後看護助手さんが９人とか５人に減るにつれて、その症状というのはどうなりましたか。

いろんなところにふえていきました。

――いろんなところというと具体的に。

肩とか首とか両腕、手とか背中、腰、足、本当に全身。

――に痛みが出たということですか。

痛みが出ました。

――症状としては痛みだけでしたか。

1年ぐらいたってからは、それにしびれも感じるようになりました。

――落合さんが主任とか婦長とかの上司に対して、体調不良を訴えたことはありましたか。

ありました。

――それは、いつごろのことですか。

それは、本当にどうしようもならないというのは、12月の……。

――いつの12月ですか。

平成９年12月ごろ。

――にそういった体調不良を訴えたということでよろしいですか。

はい。

――それに対して主任とか婦長というのは、勤務日や勤務時間を減らすなどの配慮とかというのはしてくれましたか。

してくれませんでした。

――平成９年12月26日、勤務中に患者さんのベッドのそばで倒れたことがありましたね。

はい。

――倒れた後医師の診察というのは受けましたか。

受けていません。

――じゃ、治療は受けられなかったんですか。

いいえ、ＩＣＵで点滴を受けました。

――どなたが。

主任が。

――主任からそういった点滴治療を受けたということでよろしいですか。

はい。

――その治療後早退して家で休養をとるとか、そういった措置というのはありましたか。

ありませんでした。

――どうしてそういうことできなかったんですか。

その日は、新人と私と２人だったので、落合さんが帰ったら仕事の指示ができないので、寝ていていいので、指示を出してください、帰らないでくださいと言われました。

――なので帰れなかったということですね。

はい。

――翌平成10年１月３日、主任に対して休職の申し出をしましたね。

はい。

——なぜそのような申し出をしたんですか。

もう全身限界に来ていたからです。

——限界に来ていたというのは、どのような状態だったんですか。

12月2日に、それまでずっとしていなかった、12月3日が医療監査だったので、しなければならないことがずっと2人とかでできなかったので、どうしてもやらなきゃいけないということがあって、そのしている最中に、すごい体じゅうの痛みと頭痛と熱が出たことと吐き気が始まったことです。それで、もう体の重心もなくなって、真っすぐ歩けない状態でしたので。

——それは、いつの時点でですか。

12月2日です。

——1月3日に申し出たときの落合さんの状態というのは、その状態が継続していたということですか。

ずっとそうです。吐き気がとまらなくて、全身痛くて寝られなくなって、食べられなくなってです。

——そのような状態だったので、休ませてほしいと申し出たということですか。

はい、そうです。

——その申し出に対して主任は何と言いましたか。

それは困ります。今クールだけはやってください。来てくださいと言われました。

——それは、1月3日の話ですか、それともその翌日の1月4日に主任から電話がありましたね。

はい。

——どちらの話ですか。

4日の話です。

——1月3日休職の申し出をしたけども、結局休ませてもらえなかったということですね。

はい、困ります。

——と言われて。

はい。

——1月3日勤務が終わった後、普通に帰宅はできましたか。

できなかったです。

——どのように帰ったんですか。

もう本当に力が抜けてしまったというか、あそこでどうして死ななかったのかなと思うぐらい、真っすぐ立って歩くことができなくて、いろんな壁とか塀とか木とか電柱にぶつかりながら、本当に1歩1歩踏み締めて帰るのがやっとでした。

——その翌日、平成10年1月4日ですけども、この日は休みでしたね。

はい、そうです。

——その休みの日に主任から電話はありましたか。

はい、ありました。

——そのとき主任は何と言っていましたか。

それが今クールだけは出てくださいということです。

——その主任の話を聞いて、落合さんは何と回答しましたか。

もう無理ですって。そうしたら、じゃ半日だけでもいいので、今クールはどうしても出てくださいと言われました。私は、本当にどんなことがあってももう行けないと思ったので、行けませんって、できませんと答えました。

——結局ここから休業されたんですか。

いいえ。それで、落合さんに何があっても、とにかくあしたは外科の新井先生の診察を受けて、婦長に会ってくださいと言われました。

——1月5日に新井先生の診察を受けるように指示があったということですね。

はい。

——1月5日に甲病院の外科の新井先生の診察を受けられたわけですね。

はい。

——新井先生は、仕事に対してどのように話していましたか。

私がもう娘に玄関先まで送ってもらって、外科のところまで行くのに1人で立っていられなかったので、伝わりながら、動悸と息切れしながらやっとたどり着いて診察室にも入ったので、それでは仕事はできません、無理ですねと言われました。

——新井先生からドクターストップがかかったということですね。

はい。

（注：実際に正式な診察などを受けていない。医者との立ち話を診察としている）

——そのドクターストップがかかったことで、結局すんなり休業することはできたんですか。

婦長さんにはすごく怒られました。

——どのように怒られたんですか。

あなたは、病気ではないんですよ、調べはついているんですからって、だけどドクターストップかかったからには働いてもらうわけにはいきませんので、休んでくださいと言われました。

——その日からですか、休職という形になったわけですよね。

はい。

——休むことになったわけですね。

はい。

——その休職中は、ゆっくり休めましたか。

いいえ、休めなかったんです。

——どうして休めなかったんですか。

痛くて寝られなかったのと、吐き気で寝られなかったりとか、要するに全身の痛みで痛くて痛くて寝られなかったことと、あと吐き気がとまらなかったので、胃カメラの検査を受けたことの報告というんでしょうか、それを聞きに行ったりとか、3回目の結核のレントゲンと検査に行かなければならなかったり、それから年齢的に更年期障害かもしれないので、レディースクリニックに行くように言われたりしたので、何度も病院には行きました。

（注：全て異常がないと診断されている）

——結局ゆっくり家で休みたかったのに、そういった検査とかいろいろ受けなきゃいけなかったので、ゆっくり余り休めなかったということですか。

はい。

——どうしてそんなに検査を受けたんですか。

病名がなかったからなんでしょうか。私が……。

——わかりました。質問を変えます。それは、自発的に自分から検査を受けようと思って病院に行ったんですか。

私は、疲れているだけだから、ゆっくり休めばいいと思って、とにかく休みたかったです。

——じゃ、自分から自発的に検査を受けようと思って行っていないのに、何で検査に行ったんですか。

行くように、来るように言われたからです。

——どなたから。

主任と婦長から。

——そういったいろんな更年期の検査とか、結核の検査とか、いろいろ受けられたということですけども、その検査結果というのはどうでしたか。

異常はありませんでした。

——落合さんが休職していた平成10年2月16日、婦長から電話がありましたね。

はい。

——婦長は何と言っていましたか。

3月から仕事ができるんであれば、2月いっぱいは休んでいいけれど、3月から仕事ができないんなら、やめてくださいと言われました。

——その後また2月の末ころ婦長から電話がありましたね。連絡がありましたね。

はい。

——そのとき婦長さんは何と言っていましたか。

正社員からパートになりましたと言われました。

——その後さらに主任からも連絡がありましたね。

はい。

——そのときは何と言われましたか。

私は、3月から働きますので、よろしくお願いしますと言いました。

——主任は、何で電話をかけてきたんですか。

主任は、あなたは弱い人ですから、もう一緒に働けませんと言われました。それでも私はもう一度働かせてくださいと頼みました。

——一緒に働けませんというのはどういう意味ですか。

あなたは弱い人なので、あなたが休んだときに、私はほかのスタッフに何と言えばいいんですかって言われました。

――主任から一緒に仕事するというのは、どういった意味なんですか。

２階でという、脳外でということ。

――つまり脳外科の病棟のほうでは一緒に働けないので、結局ほかの部署に移ってくださいという意味だったということですか。

はい。

――このように婦長さんとか主任さんとお話をして、結局落合さんは職場復帰されたわけですか。

はい。

――それはいつですか。

３月１日か２日です。

――平成10年のということですか。

はい、そうです。

――結局それは正社員として復帰されたんですか。

いいえ、パートになっていました。

――脳外科病棟のほうには復帰できたんですか。

できなかったです。

――どこに復帰したんですか。

３階の内科病棟です。

――平成10年３月での職場復帰とか、あとパートへの降格とか配置がえ、それは落合さんが希望されたことなんですか。

希望していません。

――職場復帰したときの落合さんの症状というのは、どういったものだったんですか。

全然よくなっているとか、回復したとか、元気になったとかは、全く思えなかったです。

――先ほどお話ししていただいた全身の痛みとか頭痛とか、そういった症状というのはどうでしたか。あったんですか。

ありました。

――その後職場復帰されて、仕事をされるわけですけども、症状というのは改善していきましたか。

だんだんひどくなりました。

――職場復帰後に医師の診察を受けたり検査とかってしましたか。

していないと思います。

（注：原告の話が本当ならありえないこと）

――全くしていないですか。

多分。

――平成10年5月ごろ、いかがですか。

ありました。それは、ずっと頭が痛いので、院長にＣＴを撮ってもらいました。

――頭のＣＴということですか。

はい。

――その結果はどうでしたか。

痛みの原因がわからないと言われました。

――頭部のＣＴには異常はあったんですか。

なかったんだと思います。

――職場復帰した後、勤務区分表どおり仕事はできていましたか。

できなかったです。

――どうしてですか。

やっぱり体がもうぼろぼろになっていたからだと思います。

――なので、休むことが多くなったということですか。

はい。

――結局落合さんは、平成10年5月15日付けで退職されたわけですね。

はい。

――被告は、肉体労働から他の職業に転職するために、落合さんの希望により退職したと言っていますが、このとき落合さんは転職とか考えていらっしゃったんですか。

全然そんなことは考えられませんでした。

――甲病院をやめた後、転職活動をしたり、別の仕事についたというようなことはありましたか。

全くありません。というか、日常生活ができていないので、していません。

――落合さんが甲病院をやめた理由は何だったんですか。

過重な労働で、全身慢性疲労というのか、もう本当にぼろぼろの体になってしまったからです。

――やめたときというのは、その全身の痛みとか、頭痛とか、全身の疲労感とか、そういった症状というのはまだ継続していたんですか。

はい。

――よりひどくなっていたんですか。

よりひどくなりました。

――そのとき日常生活、家事とか、そういった外出とかというのはどうだったんですか。支障なかったんですか。

いや、ほとんど寝ていました。

――その後平成11年3月1日、乙病院に受診して、頸肩腕症候群と診断されていますけども、その診断根拠について医者から何と聞いていますか。

（注：専門医ではない。検査も異常はなかった）

あなたは、典型的な頸肩腕障害の一番ひどい5ですねと言われました。

――何で頸肩腕症候群だという診断が下ったんですか。それについての理由とかというのは。

仕事の内容が重い人の介助ということと、それから看護助手の同僚の人数が極端に少なくなったことというふうに。

――言われましたか。

はい。

――退職後労災申請していますね。

はい。

――結局最終的にその労災というのは認められたんですか。

はい。

――労基署という公的機関の調査の結果、労基署によって労災が認められたということですね。

はい。

――現在でもその労災というのは認められていますか。

はい。

――退職時の落合さんの症状と比較して、現在改善したことというのはありますか。

はい、すごくよくなったと思います。

（注：原告が提出した診断書では、10年間全く症状が変わっていないことになっている）

――どのような点でよくなったんですか。

ものすごく大きな痛みが、痛みはありますけれど、その痛みの中にどっぷりつかっているというところからは出ました。

――ほかには。

１日のほとんどを寝ていなく、外出した次の日とか、何かした次の日とかって、何日かは寝ることはありますけれど、前のように続けて３週間とか２週間とか、続けて起きられないということはなくなりました。

――外出とかというのは、できるようになったんですか。

病院へ行くのにには、前は主人とか子供に病院まで送迎してもらっていたんですけれど、病院がかわったのもあるんですけれど、ゆっくりゆっくり、階段を使わずにゆっくり時間をかけて、１人で行けるようになりました。

（注：毎回の法廷に出廷していた。しかも左肩にはショルダーバッグをかけていた）

――それは、公共の機関とかを利用してということですか。

はい、電車です。

――現在までどのような治療を受けていましたか。

最初は、整骨院のいろんな電気の治療を受けました。それから、針とかおきゅうとかマッサージ、湿布と飲み薬をもらっています。

（注：頸肩腕障害のための治療とはいえない）

――現在までその症状が出ている理由というのは何なんですか。

もう本当に無理に無理を重ねた、悪化させたからだと思います。

――そういった疲れでもう体がぼろぼろになって、もう休まなきゃいけないような状態だったのにもかかわらず仕事を続けたために、そういった無理をしてしまったからだと、そういうことでよろしいですか。

はい。

――では最後に落合さん自身が何か言いたいこととかありますか。

頸肩腕障害の一番重い5というのは、職場復帰はもちろんなんですけれど、とりあえずは日常生活がスムーズにできるようになるというのが目標と聞いています。必ずよくなると言われているので、本当にすっきりした体になりたいと思います。というか、私ももっと早くに仕事をやめればよかったのかなとも思いますけれど、要するにこんなにぼろぼろになるとは、本当にこんなにかかるというのは思いませんでしたが、長くかかっているのがやっぱりつらいです。

(注:主尋問では質問に対し対応した答えになっている。反対尋問の対応と比較されたい)

被告代理人(渡邊)

――まず、先ほどの尋問の中であなたは、甲第二四号証の10ページの6行目にありますけど、B型肝炎に感染しましたということで今おっしゃいましたね。

はい。

――これは、甲病院では診ていないんですが、どこで診てもらいましたか。

甲病院の沼先生に診ていただきました。

――それは、ちゃんとB型肝炎だということで診断書も出て、あるいはカルテに書いてありますか。

カルテには書いてあると思います。

(注:カルテには全く記載されていない)

――いろんな関係者によると、あなたがB型肝炎にかかった事実はないというふうにいろいろ私も調査した結果おっしゃっているんですが、B型肝炎にかかった事実はないんじゃないですか。

あります。

――じゃ、結構です。後でまたその点についてもお聞きします。それじゃ、まず現在あなたが言っている頸肩腕障害についてなんですが、まず乙病院において胸郭出口症候群と診断されたことはないということは、あなたもお認めになりますね。

甲病院で胸郭……。

――ちょっと待ってください。お認めになりますかって聞いているんです。

裁判官

――病院名を特定しているんで、それを答えてください。

被告代理人(渡邊)

――乙病院です。今読んだように乙病院。

私のほうが先生に伝えたと思います。胸郭出口症候群と言われたことがあります。

――乙病院でですか。

はい。

――現在の原告の主張、例えばこれは平成21年9月8日、原告準備書面の6の2枚目の2、「しかし、少なくとも乙病院において原告の症状について胸郭出口症候群と診断されたことがないことは、既に述べたとおりである。」と、それから3項目の4行目、「しかし、原告の症状に関しては、胸郭出口症候群とは別の頚肩腕障害との診断がなされていることは」云々ということで、頚肩腕障害ということは現在主張されていますけれども、乙病院において胸郭出口症候群と診断されたことはないとあなたのほうで主張もしているんですが、乙病院では胸郭出口症候群と診断したことはないんじゃありませんか。

はっきり覚えていませんけれど、そう……。

――いや、あるかないか。じゃ、こう聞きます。毎回あなたは準備手続についても出席していますよね。その中で裁判官と弁護士と、原告の先生と我々が出席し、準備書面の交換しますけれども、その中で口頭でも原告の先生が乙病院では胸郭出口症候群と診断されたことはないというふうに何度もおっしゃっているんですが、そのことはあなたは聞いたことはありませんか。

聞いたことはありませんか……。

(注：ありえない回答)

――うん。だって、何回も出席しているんだから、当然原告の先生からそういう主張が出ているし、私どもの主張としては、乙病院はそういうことはやっていないと、そういう診断はしていないと。じゃ、こういうふうに聞きます。今言ったように今の準備書面、平成21年9月8日の原告準備書面6の2枚目の3項、「したがって、乙病院の診断に関する範囲では、上記実施調査結果復命書の記載のうち、胸郭出口症候群ないし左胸郭部出口症候群との記載は誤りであると言わざるを得ない。」と、これ明確に言っているんですが、あなたわかりませんか。

どういうことですか。

(注：質問の趣旨がわからないはずはない)

――どういうことですかって、簡単に聞いているだけです。胸郭出口症候群という診断を乙病院で受けたことがあるかないかだけ聞いているんです。

それはないかもしれません。

――かもしれないんですか。

私は、甲病院ではっきり胸郭出口症候群と言われたときに、どういう字を書くんですかって聞いた……。

――私が聞いていることだけに答えてください。乙病院で言われたかどうかということですか。

――そうです。

言われていないかもしれません。

――それから、あなたはそうすると甲病院で胸郭出口症候群と診断されたことについて、はっきりした記憶があるんですか。

あります。

――じゃ、具体的に聞きましょう。そうすると、そのことについては何年のときに、胸郭出口症候群だということで甲病院で診断されたという御記憶ですか。

いや、何年というのは覚えていないんですけれど、そういう胸郭出口症候群と言われて、そのときにどういう字を書くんですかって聞いたので……。

――そうすると、当時も現在に至ってももう明確に記憶があるというふうに伺ってよろしいですね。

はい。

乙第五号証の二を示す

――それでは、それを前提に具体的に言います。これの第7項、これはこれまでの病歴についての質問に対して答えた部分なんですが、これは平成7年10月16日、当院助手として就業、同11月には右ひじ痛、翌年には左頸部痛、肩関節等で当院整形受診している。それから、その上には、胃内検視鏡で胃ポリープの所見とか、そういうものが書いてありますけれども、少なくとも今までの経歴の中では、甲病院で胸郭出口症候群という診断がなされた記録はないんですが、あなたの記憶ではそういうことがはっきりしているんですか。

はい。

甲第六号証の7枚目以降手書部分を示す

――手書きの部分、これはあなたが書いたものですね。

はい。

――この14ページ以下において、あなたは1月の段階で、1月14日外科で胃カメラの検査を受けたこと、1月21日外科で血液検査を受けたこと、それから1月29日及び2月5日に丙レディースクリニックにおいて更年期障害の検査を受けたこと、2月16日整形外科で結核の検査を受けたこと、このことは書いてありますけれども、頸肩腕障害あるいは胸郭出口症候群についての検診もないし、原告からもそういう事実を受けたことがあるという申し出も全く書いてありませんけれども、これはどうしてですか。あなたは、この中でずらずらっといろんな甲病院で受けた被害のことを書いているんです。ところが、あなたがおっしゃっている一番重要な、今本件で一番問題になっているのは頸肩腕障害であることは、あなたは御存じですよね。今一番現在のこの裁判で問題になっているのは、あなたが頸肩腕障害であるかどうかということが問題になっていることは、あなたは御存じですよね。

……。

（注：以前の質問の回答と矛盾した答えを引き出す尋問）

――それも知らないの。

頸肩腕障害かどうか。

――うん。頸肩腕障害かどうかが問題になっていることがこの裁判の争点になっていることは御存じですね。

私は……。

――それが争点になっているんですが、そのこともあなたは御存じないというふうにお聞きして本当によろしいんですか。

甲病院で仕事をし過ぎたことで……。

裁判官

――質問を聞いて、質問だけ答えてくれればいいですから、必要があればまた原告代理人のほうから補充して聞いてくれますから。

じゃ、もう1度言ってください。

被告代理人（渡邊）

――ですから、本件で、この裁判で、あなたが原告本人で証言までしているんです。それは、この裁判であなたが頸肩腕障害かどうかということが問題になっているから、本件では訴訟になっているんではありませんか。

それもあるかもしれません。

――あるかもしれない。

はい。

――じゃ、何で。

私は、人数が極端に少なくなったことで……。

（注：答えをそらしている）

――いや、違います。その具体的なあなたの病名なりなんなり、障害なりなんなりの名前が頸肩腕障害であるかどうかということが問題になっているかどうかということについて、あなたは御存じないんですか。

私は、何人もの先生から頸肩腕障害と言われているので。

――いや、だからそのためにあなたは本人尋問で証人に出てきたんでしょう。

はい。

――そうだとすると、頸肩腕障害の典型である胸郭出口症候群ということについて、いや、私は、この平成10年1月の段階ですよ、私は甲病院でこういう診断を受けましたよということを言ったこともないですか。あなたは、記憶があるとおっしゃっているんだから。

……。

――じゃ、答えなしで結構です。

いや、何だかよく……。

甲第一号証を示す

――野方一郎医師の意見書、この中にも、これは読んでもらえば、これは御存じですよね。

はい。

――この中にも甲病院で胸郭出口症候群と診断されたということは一言も書いていないし、また訴状でもそのことは書いていないんですが、あなたはそこまでしっかりした記憶があるというふうにおっしゃるなら、なぜ野方医師にも言わなかったし、あるいは原告の先生にも言わなかったんですか。言ったら書いていると思うんですけれども。

野方先生には言ったと思います。

——でも、書いていないですが。にもかかわらず書いていないというふうに伺ってよろしいですか。

書いていないのであれば。

——いないんですが、言ったと思うんですか。じゃ、原告先生にはおっしゃいましたか。

言ったと思います。

——にもかかわらず今言ったように野方医師も、それから訴状にも、あなたの自己申立書にも、そのことについて全く触れられていないんですが、触れなかった何か特別な理由はあるんですか。

別にないと思います。

甲第二二号証、甲第二三号証を示す
——まず、甲第二二号証なんですが、この支給請求書は、準備手続でのあなたの説明によると、原告が、あなたが被告から受け取ったもの、それ自体のコピーだというふうに伺ったんですが、そういうことでよろしいですね。

私自身から……。

——要するに甲病院があなたに渡した支給書そのもののコピーだというふうに伺ったんですが、それでよろしいですね。

ちょっと違うと思います。

（注：原告本人が裁判手続きの中で裁判所に提出したものであるにもかかわらず、返答に窮したことから事実に反する答えになっている）

——何が違うんですか。そういうふうに私とか裁判官も全部聞いていますが。

裁判官
——何がどう違うんですか。まず、説明を聞いて。

（注：明らかに余計な助け船を出している。もし介入するのならもっと具体的な質問をすべき）

私がこの8号用紙ですか、持って病院へ行ったときには拒否されたので、私、こういうふうな鷺宮先生の判このあるのはもらっていないと思います。

被告代理人（渡邉）

——鷺宮先生の判こじゃないですよ。院長先生の。

——鷺宮先生の判こ。これは、じゃ何ももらわなくて出したんですか。あなた前のときには裁判所の準備手続、甲第二二号証はあなた自身が被告の甲病院からもらったものそのものの写しであるというふうに説明したんですが、そうではありませんか。

甲病院からはもらっていません。

——じゃ、だれからもらったんですか。

多分復命書の中にあったのを私がもら……。

——復命書の中にあったの。

労働基準監督署の書類の中に。

裁判官

――そうなんだけど、あなたがこれ出さないと、労働基準監督署のほうによる調査はしないわけで、黙っていても調査するわけじゃないんで、あなたがこういう申請を労基署のほうに提出しているんでしょう。

はい、そうです。

――だから、本物は確かにそちらの記録に入っているかもしれないけど、労基署に出す前にこの書類はあなたが甲病院の人から、この甲病院院長という判こが押した書類を受け取ったのではないんですかという質問をしているわけ。それをいろいろ書き加えて労基署に出したんじゃないんですかという質問をされているんだけど、それはどうなんですか。

私が書いて出したのはそうですけれど……。

（注：この問答は裁判官が助け船を出してかえって混乱させている。時間を消費させている）

被告代理人（渡邊）

――次に、比較するために甲第二三号証を示します。甲第二三号証、これは全く甲第二二号証と基本的には同じものなんですが、受け付け印がありますよね。支払い済み印というのかな。左側の下にありますよね。それから、もう一つは、その中に、落合というところに、落合という印鑑の訂正ありますよね。

はい。

――これは、あなたが甲第二二号証と甲第二三号証を出した後、労働基準監督署から言われて落合という印をわざわざ押しに行ったんだと、要するにこれは労働基準監督署にあったものだというふうに説明したんですが、そうではありませんか。

はい。

――そうすると、これはさっき言ったように、甲第二二号証と甲第二三号証との間では、例えば事業主証明拒否とか、甲第二三号証、そういうふうにありますけれども、甲第二二号証には全くないですよね。そうすると、先ほど裁判所であなたが御説明されたように、甲第二二号証は甲病院が出したものそれ自体をあなたがコピーしておいて、それから甲第二三号証は労働基準監督署に出した後の資料をあなたがコピーしたものだということでつじつまが合うんですが、そうではありませんか。

そうかもしれません。

――ところで、先ほどの甲第二三号証を示しますが、甲第二三号証の㉗の傷病の部位及び傷病名のところに、全身倦怠感のほかに「頸肩腕障害、左胸郭出口症候群」との記載が書き加えられていますね。

はい。

――甲第二二号証と比べ、甲第二三号証にはその部分はありませんね。

はい。

――また、筆跡も違いますね。

はい。

――これは、そうするとあなたがこういうふうに書き加えたものではありませんね。

はい。

――そうすると、この書き加えた部分というのは、原告が労働基準監督署に提出してから後書き加えられたものだというふうに伺ってよろしいですか。

私が何ですか。

――あなたが甲第二二号証を提出して、その後に労働基準監督署にさっき言ったように甲第二三号証があるわけでしょう。

はい。

――書き加えられていますよね。

はい。

――それは、今そうかもしれませんとおっしゃったんで、最初の部分では、甲病院のほうは括弧内の頸肩腕障害とか、左胸郭出口症候群というものは書いていないんですが、そうすると労働基準監督署の中で書き加えられたものとしかちょっと考えられないんですが、あなたもそう思いませんか。

……。

――わかんないならわかんないで結構です。

はい。

――どっちですか。

裁判官
――わからないということですか。はいじゃわかんないんで。

被告代理人（渡邊）

――はいというのはどっちですか。

労働基準監督署が甲病院に調査に何度も入ったというのは聞いていますので、どちらで書かれたかはよくわかりません。

――しかも、ところが先ほど、甲第二三号証を示します。この事業所の所在地の欄には、事業主証明拒否と書かれているんです。にもかかわらず㉗の項目では頸肩腕障害、左胸郭出口症候群との記載がある。要するに事業主が証明拒否しているにもかかわらず事業主がそこに書き加えるはずはないですよね。あなたは、矛盾していると思いませんか。

（うなずく。）

――それから、次には労働基準監督署の調査についてお聞きしますが、労働基準監督署では判断の際に、実施調査復命書、甲第一七号証を検討、どこを読んでみても、野方一郎医師の意見書のほかに第三者の専門家の調査についての意見は全く書いていないんですが、第三者の専門家が調査したかどうか、あなたはお知りになっていますか、なっていませんか。

いつのときですか。

――その復命書をつくったときです。この労災を労働基準監督署が調査したときです。

に何ですか。

――第三者の専門家。今まで1人、野方先生の甲第一号証の意見書がありますよね。

はい。

――でも、普通はダブルチェックとして、あるいはそれだけでは物足りないから、ちゃんと公正な第三者を頼んで、それでそっちのほうからも意見書をもらうことが大体通常なんですが、そういう独立した第三者の調査を受けたということはありましたか、ありませんか。

ありません。

乙第六号証を示す

――ところで、野方一郎医師についてお聞きしますが、この2枚目を示しますと、この方は内科の専門家ですよね。それは御存じでしたね。

はい。

乙第七号証を示す

――その中に野方一郎という、2番目の写真かな、顔写真。野方先生ってこの方ですか。

違います。

――違う。

野方先生、違います。この2人の中でですよね。

――そうです。

違います。

――違いますか。最近A県のほうへ転勤されたんじゃないですか。

B県と聞きました。

――全く同姓同名で我々は調べたんですが、そうしたらその方しか出てこないんで。

どう考えても、若くしてもこんな、違います。

裁判官

――要するにこの写真の人じゃないでいいんですね。

違います。

被告代理人（渡邉）

甲第一七号証を示す

――ところで、甲第一七号証の後ろから3枚目の9行目、ここにも「特に負担があったと申し立てがあるものの」、次からです。「被災者が他の労働者と比較して業務の過重負荷があったとは、同僚の聴取調査やタイムカード等の資料から確認することはできなかったものの」云々とありますけれども、少なくともここの認定によれば、他の労働者と比べ、過重な労働はしていないというふうに甲第一七号証でも言っているんですが、こういうような認定をしている場合には、特に第三者の専門家を入れて調査をするんですが、そういう事実もないですか。

だれが入れるんでしょうか。

――労基署のほうが出しているものです。労基署の復命書。

労基署が私に何か違うお医者さんに……。

――だから、労基署の判断がこういう判断しているんです。労基署の判断が、繰り返しますよ、被災者ってあなたのことです。労基署の判断が、あなたが他の労働者と比較して業務の過重負荷があったとは、同僚の聴取調査やタイムカード等の資料から確認することはできなかったという、一応その後には書いてありますけれども、そういうふうに書いてあるんで、そういう事実の調査をしたなら、他の労働者は別に頸肩腕障害にかかっているわけじゃありませんので、そうするとあなただけがなぜかかったのかと、本当にそうなのかということで、一般的には第三者の頸肩腕障害の専門家に調査させるのが普通なんですが、そういう事実もないんですか。

野方先生は、職業病外来の先生でしたので、専門家だと思います。

――内科なんですが、内科でも専門家だというふうにあなたはおっしゃるわけ。

はい。C県の中で職業病外来をしているのは、その先生と聞きました。私は、職業……。

――しかし、内科が専門であれば、やっぱり頸肩腕障害、私も具体的な専門家に何人か会いましたけれども、当然整形外科医とか、そういう方に何人か会いましたけれども、そういう方々の別の意見書を求めたりなんかしなかったということですね。

はい。

――ところで、原告は陳述書の甲第二四号証の2ページによりますと、昭和44年、編み物教師となりましたよね。

はい。

――その上で編み物教師の仕事をしていたという趣旨のことが書かれていますね。

はい。

――先ほどの御証言というか、供述とかにもありましたけれども、甲第二四号証、14ページの7行目以下には、甲病院に就職後も休息時間に編み物をするほどでしたと、それだけ好きだったということでしたよね。

はい。

――編み物は現在もやっていますか。

全然していません。

――あなたは、甲病院をやめてから、D市のE自治会館で編み物展があって、そこに編み物を出品したことはありませんか。

ありません。

――ないですか。

はい。

――私どものあれによると、そういうふうに聞いているんですが、そういうことはない。

自治会館でそんなことがあったことはないと思いますけれど。

――私がいろんな病院の関係者に聞いたところによると、あなたは編み物が好きで、休み時間にもよくやっていて、医師がそんなに編み物をやっちゃいけないよと、体によくないということで何度も注意していたというふうに聞いているんですが、そういう事実はありませんでしたか。

医師から言われたことはありません。

――じゃ、だれから言われましたか。

だれからも言われ……。

――たこともないの。

はい。

――編み物についても、あなたは頸肩腕症候群の原因となり得るということは御存じでしたか。

私、編み物をして肩は凝ったということはなかったので。

乙第三号証の一を示す

――乙第三号証の一の番下の段の5行目からを示します。「筋肉の緊張が起こる一番の要因は、同じ姿勢を続けていることです。例えばデスクワークや読書、編み物などをしていると、長時間同じ姿勢をとるので、肩周辺の筋肉がこわばるようになるのです。」ということで、肩凝りとかその他の痛み、こわばり、これも編み物で出るんですが、この点について具体的に労働基準監督署にあなたも何か話をして、調査したことがありますか、ありませんか。

編み物についてですか。

――うん。

編み物について調査したこと。

――うん。要するに一つの可能性としてあり得るというふうになっているんで、そのことについて、いや、こういう可能性まで、あらゆる可能性点検したかどうかという趣旨の質問だけでございます。ないならないで結構です。

ないような気がします。

――あなたは、先ほどの主尋問で、平成10年1月5日、新井医師の診断を受けたというふうにおっしゃっていますよね。

はい。

――その新井医師から就労不可の診断がなされたというふうにおっしゃっていますよね。

はい。

――そうすると、具体的に新井医師が問診して、検査をして、いろんな触覚でさわってみたりして、そしてどこが痛くて、どういうふうな問題があるかということまでやりましたか、やりませんか。

すみません。もう一度言ってください。

――普通診断するなら問診だけではなくて、問診を受けて、その上でどことどこが痛いと、手でさわってみたり、あるいはたたいてみたりして具体的に診断をするわけです。場合によったら検査をするわけです。そういうことをやったことはありませんかとだけ聞いているだけです。

触診をしたかどうかということですか。

――いや、今言った幾つかです。

胃カメラを飲むように言われたのもその先生ですし、もっと詳しい血液検査をしましょうと言われたのもその先生です。

――その先生が具体的にこういう診察をして、例えばあなたが痛いと言っているわけですね。痛みや凝りがあると言っているわけですね。全身あるいは気だるい。どこがどういうふうに悪いんだというふうに言ったことはありませんか、ありませんか。

動けない状態なんだから、仕事は無理ですね。

――ということだけですね。

はい。動悸、息切れ。

乙第五号証の二を示す

――そうすると、この第7項にも具体的に新井医師があなたを診断したということはもう書いていないんですが、本当に診断したんですか。

はい。

――カルテは残しましたか。

当然だと思います。

（注：全く存在しない）

――あなたは、本件の裁判の中で、私どもが当初聞いたときには、新井医師が診断したことも診断書もないというふうにおっしゃっていたんですが、それは間違いですか。

診断書はもらっていませんけれど、診ていただきました。

――具体的にどこが悪い、と言われたことはありますか、ありませんか。

具体的に。

――うん。診断したら、こういうふうにやりなさいと。

吐き気がずっと取れなかったことで、胃カメラとかいろんな、全身がだるいとか痛いとか、熱があるとかということで、いろんな検査をしたんだと思います。

甲第六号証を示す

――じゃ、こういうふうに聞きましょう。先ほどの甲第六号証の手書きの書面の14ページの10行目以下を示します。「新井先生は、「疲れているのですから、ゆっくり休むしかないですね。薬も要らないでしょう。」と言われた。私も休めばすぐによくなる、元気になれると思っていました。」云々と、こういうふうに書かれていますね。

はい。

――このように言われたということで間違いないですね。

はい。

――そうすると、この文章の中からでは、具体的にどこが悪いということもないし、薬も要らない。普通に検診したら、どこが悪いという可能性があれば、その可能性に対する投薬もするし、痛みどめも飲ませるし、なにもするんだけれども、ここでは休むしかないですねとしか言っていないんです。だから、具体的に診察など、具体的ないろんな、手で触れてみたり、あるいはたたいてみたりして、どこに痛みがどうあるのかとかなんか、そういうような診察なんかしていないんではないですかという質問です。

見ただけでわかったんだと思います。もう動悸、息切れで、寄りかかってやっと……。

――見ただけでわかったと。そうすると、やったのはそれだけですね。やったのは見ただけですね。

見たのといろいろ話を聞いてくれました。どういう状況。

――見て、話を聞いて、それで新井先生は疲れているのですから、ゆっくり休むしかないですねと、薬も要らないでしょうと言われたと、要するにこれだけですね。

はい。

（注：原告のこの供述からしても、就労不可診断などありえない）

――この新井医師について、最近の主張によると、平成21年5月28日原告の準備書面、これは診察したし、診断書もあると、3枚目の3行以下なんですが、というふうに御主張なされているんですが、それは御存じですか。

診断書があると。

――診察したし、診断書もあると。

いや、診断書はあるとは言っていません。

――いや、主張されているんですが、そういうふうなことは御存じありますか、ありませんかという質問です。

診断書がありますか、ありませんかですか。

――うん。

診断書、私直接はもらっていません。

――そうすると、診断書があるというのは、だれが診断書をもらったんですか。

労働基準監督署。

――が診断書をもらったというんですか。

診断書というか、カルテを見て調べられたんではないでしょうか。

――というのは、私どもはすべての書類について調査嘱託しましたね。あなたも、黒塗りだけれども、送ってきましたよね。その中に新井医師の診断書なんかどこにもないんですが。それでもあるとおっしゃるの。

整形外科の先生の名前はありましたか。

――いやいや、ありません。あなたの中で、整形外科といったら下井医師のやつはもう出ていますけど、それは後で聞きますけれども、それはありましたけれども、私は新井医師と言っているんです。

新井医師の。

——診断書は、調査嘱託をかけてもないんですが、本当にあるんですかという質問です。

難しい、何と答えたらいいんでしょうか。本当にあるんですかって。

——いや、わかんないならわかんないでいいです。

はい。

——あなたは、平成10年1月5日から2月末まで甲病院を休みましたよね。

はい。

——その中では、あなたは先ほども述べたように外科や、あるいは丙レディースクリニックで更年期障害を受けたり、整形外科で結核の検査を受けたということでしたよね。

はい。

——家事はどうしたんですか。

していません。

——ずっと寝込んでいたんですか。

ほとんどしていません。

——そうすると、この間に第三者に家事の手伝いを頼んだこともなかったですか。

ほとんど子供と夫がしてくれました。

——この間1月5日から2月末まで、家で特別な出来事や、何か手数のかかる仕事なんかもなかったですか。特別な仕事や特別手数のかかる仕事もなかったですか。ずっとあなたは安静にして休んでいたの。

1月5日から3月の末までですか。

——休んでいる間です。2月の末まで。特別なかったですか。

だから、病院へ呼び出されて行っています。

——行っている以外は。

はい。

——特別なあれはなかったというふうに聞いてよろしいですね。

はい。

——それから、平成10年3月1日から5月15日まで甲病院に勤務しましたよね。

はい。

——あなたのさっきの甲第六号証の手書きの部分には、2月16日の結核検査の後は、先ほど言いました5月11日に、脳外科の院長から頭痛に関する検査をしたということでしたよね。

はい。

——そうすると、それ以外には一応病院に勤務していたんではないですか。

いつまでのことですか。

——だから、今限定しているのは、平成10年3月1日から平成10年5月15日、やめるまでの間ということを限定しています。

3月の初めから4月の初めごろまでは、パートで仕事をしました。

――ずっと仕事していましたね。

2月の初めごろまで。2月じゃない……。

――それで、あなたが先ほど言ったように、これは甲第二四号証の19ページの13行に、配置転換になりましたね。

はい。

――この配置転換については、婦長によると、3階のほうが自力で動ける患者が多いので、労働的に楽になると思って勧めて、その結果あなたが了承したというふうに言っているんだが、そうではありませんか。

選択肢はありませんでした。

――いや、あるかどうかじゃなくて、客観的に労働力が、労働する手数が少なくなる、労働量が3階のほうが減るということではありませんでしたかという質問です。

同じ3階も大変だけれどという。

――そうだけれども、私が言っているのは、比較の問題です。2階のときよりも3階のほうが労働力が減るんで、労働力が減ったほうに配置転換をされたんではないでしょうかという質問です。

違います。

裁判官
――実際どうだったの。肉体を使う作業としては、内科のほうが楽だったわけじゃないんですか。

というか、病院の中がすごく、廊下が2階よりもうんと遠くまで行かなきゃなくなったので、私としては端から端まで歩かなきゃいけなかったので、きつかったです。

被告代理人（渡邊）

――ただ、具体的に、例えば内科のほうが自分で動ける患者さんが圧倒的に多かったんではありませんか。

圧倒的に多かったかどうかは。

――じゃ、多かったかどうかだけ聞きます。それで、3階のほうに勧めたんではありませんか。

……。

――答えなしで結構です。

わからないです。

――あなたの陳述書の19ページの22行目によると、婦長から5月からの正社員復帰を提案されましたというふうにあなた述べていますね。

はい。

――これは間違いないですね。

はい。

――こういう正社員に復帰というのは、あなたが甲病院に3月1日から再び勤務するようになってから、あなたの勤務状態がよくなったんで、いったん落としたパートから正社員になりませんかという趣旨で、正社員の提案があったんではありませんか。

違います。

――そうすると、あなたの勤務状態が悪いのに、いったんパートに降格した者を婦長のほうから正社員に復帰すると、要するに格を上げるというふうに提案されたんですか。

私は、復帰するに当たり、どうして正社員からパートになったのですかと聞きました。

裁判官
――その質問じゃなくて、パートから正社員になったほう、そちらのほうを聞いているんで、そこを答えてください。

それは、私が婦長に聞いたからです。

被告代理人（渡邊）

――何を聞いたの。

どうして私が正社員からパートになったんですかって聞いたときに、あなたは病院の一番大変だったときに役に立たなかった人ですからって言われたので、それは違うんじゃないでしょうかって私は手紙を書いたので……。

――そうすると、大変なときに役に立たなかったからと、でもあなたのほうが3月1日から仕事を始めて、これは見て、もうそれなりに勤務できるというふうに婦長のほうで判断したからこそ、正社員になりませんかというふうに提案したのではありませんか。通常だったらそうでしょう。

働ける体になっていたからと……。

――いや、仕事をやるようになったから、その仕事ぶりを見て、これはパートでなくて、正社員でも大丈夫だというふうに思ったからこそ、婦長のほうが正社員の提案をしたんではないですかという質問です。そんな難しい質問ではありませんよ。

違うと思います。

（注：極めて不自然）

裁判官
――どうして正社員にならないかという提案を受けたと思っていますか。

私が抗議したからです。

被告代理人（渡邊）

――それだけですか。

それで、その事実をいろいろ認めてくれて、婦長さんはそのときいっぱい謝ってくれたので。

裁判官
――やっぱりそのときも十分働けなかったけど、抗議したから、戻したんじゃなかろうかと、こう考えているわけですか。

抗議……。

——本当は十分に正社員としてきちっと働けないのに、あなたが抗議したんで、それでパートから正社員に戻したんじゃないかというふうにあなたは考えているんですか。戻そうという提案をしたというふうに理解しているんですか。

パートにされること……。

——パートから正社員にならないかと5月ごろ言われたんでしょう。そのとき……。

3月です。

被告代理人（渡邊）

——いやいや、5月ですよ。

3月に5月からと言われた。5月から正社員に……。

——だから、3月に勤め始めましたよね。

はい。

——それから婦長から、5月からはそれを見て正社員復帰を提案したとあなたは言っているわけだから、その仕事ぶりを見て、これなら正社員でも大丈夫だというふうに判断したから、正社員の提案をしたんではないですかという質問だけでございます。

違う……。

——普通仕事ぶりが悪くなっていたら、パートはパートのままじゃないですか。

裁判官

——じゃ、こう聞きましょうか。正社員に復帰するという提案されたのは、いつごろ言われたんですか。

仕事を始めてすぐです。

——3月早々ですか。

そうです。

——じゃ、まだ内科での仕事は余りしていない段階で。

はい。

被告代理人（渡邊）

乙第八号証を示す

——この住民票によると、原告は平成10年2月7日に転居しているんですが、これは家の引っ越しをこの平成10年2月にしたんではありませんか。

これは、住民票を移した日です。

——いや、移した日はその後にありますよ。

引っ越しは2月じゃないです。

——届け出の日と引っ越した日というのは区別されて書いてありますが、そうではありませんかという質問だけでございます。

引っ越しは4月にしました。

——いつの4月ですか。

平成10年4月22日か23日かだと……。

——4月にしたのに、もう2月の段階で届け出を出したんですか。

これは、うちを買うのに住所を移さなければお金を借りられないですよね。そのためのです。

――わかりました。じゃ、それでも結構でございます。そうすると、4月10幾日。

22日か23日か24日ぐらいです。

――そうすると、あなたは勤務している最中に引っ越し作業をしたというふうに伺ってよろしいですね。

いいえ、4月の引っ越しする前から休みを、行っていません。

裁判官
――内科でパートで勤務中ですね。

勤務中……。

――勤務中というのは、勤務しているパート勤務の期間中です。要するに働いている……。

名前があるということですか。

――休みの日にやったんでしょうけども、5月15日にやめたんだから、パートで勤務していた期間でしょう。

だから、仕事には4月の初めまでしか行っていません。

被告代理人（渡邊）

――そうすると、あなたは当然この引っ越しについては引っ越し作業、それからいろんな家の整理等がありますよね。

はい。

――それは、あなたは当然やったでしょう。

全然できなかったです。

――全然やらなかったとおっしゃるんですか。

はい。

――それじゃ、さらに具体的に症状についてお聞きしたいんですが、あなたの出された資料には、診断書は甲第一二号証から甲第一四号証、それから意見書は甲第二六号証はあるんですが、これらについて、これちゃんとよく聞いてくださいね。私は、原告のあなたの主張をもとに聞くわけだから。原告は、準備書面の（8）の1枚目の下以下でいろんなことを述べているんですが、要約しますと、スパーリング等の他覚的所見はないけれども、これは具体的に準備書面の下から2行目、「原告が受診した各診断書、甲一二ないし一四の他覚的所見には、圧痛を含む痛み及び筋硬結を含む凝りの症状が記載されており、他覚的所見が認められるのである。」と、こういうふうに主張して、その他覚的所見は圧痛を含む痛みと筋硬結を含む凝りの症状を指摘しているんですが、それはあなたも御存じですね。

知っていますけれど、その言われた場所がどうなのかわからないです。

――御存じですね。イエスかどうかだけ答えてください。それから、その次にあなたの準備書面（8）の2ページの下から8行目かな、以降に「単独歩行での通院、食事、用便及び言語などの日常生活には支障がなくても、就労ができないことは幾らでもあり得る。」というふうに主張されているんですが、その言葉を御存じ、要するに日常生活には支障はない。だけれども、就労ができないと、こういうふうに御主張されているのは御存じですね。

はい。

——それじゃ、これを前提に具体的にお聞きします。甲第一三号証は下井先生の診断書、それを除いてすべて野方医師の診断書、意見書なんですが、この意見書と診断書を見ても、どこの点、例えばどこの筋肉のどの部分に痛みがあり、あるいはどんなことの病気があるかという具体的な特定がないんですが、どこを見ても特定私は見られないんですが、あなたはどんなところに凝りや痛み、あるいはその気はどんな病気でそういう凝りや痛みが起こっているかということを野方医師から聞いたことがありますか、ありませんか。

ありま す。

——これはどういうことですか。

裁判官

——どこが痛いとか、どこが凝っているという話を具体的に聞きましたかという質問。

はい。

——どこですか。

首、肩、両腕、背中、腰、足、全身です。

被告代理人（渡邊）

——基本的に、私も専門医に聞いたら、それはいろんな痛いとこがあるけれども、支障箇所を特定しないと、治療方法わかんないでしょう。ただ単に全身が痛いですというだけでは、この箇所がわかんなきゃ、その例えば凝りや痛みをどう治すかわからないでしょう。

だから、今言ったところ。

——いやいや、だから全身でしょう。そうしたら、何のために全身にそんなものが出てくるんだと言われたことありますか、ありませんか。

内蔵も頭も全部機能低下していると言われました。

——その内蔵と頭のどこが機能低下しているか。内蔵の中のどれなんですか。頭の中のどこなんですか。

頭の中枢神経に影響を受けているので、考えたり、集中したり、注意したり……。

（注：原告の述べていることが頸肩腕障害とは異なっている）

——頭の中枢神経。後で聞きます。

頭の影響があるのでということと、内臓すべてが、心臓も肺もすべて機能低下しているから、だからつらいと。

（注：頸肩腕障害の症状とは合致しない）

乙第三号証の二を示す
——一般的に言います。乙第三号証の二の3段目の2行目を示します。凝りや痛みについてです。私が聞きたいのはこういうこと。「主な原因は、肩や首、背中の筋肉の疲労です。肩の周辺には僧帽筋や肩甲挙筋、棘下筋などの筋肉がありますが、これらの筋肉が疲労してかたく緊張し、血行不良になると、乳酸などの疲労物質が筋肉中に蓄積してきます。その結果凝りや痛みが起こります。」と、こういうふうに書いてあります。

乙第三号証の一を示す
——それから、同じく乙第三号証の一の61ページの上段を示します。肩凝りの原因となる筋肉、ここに今言ったような僧帽筋や肩甲挙筋、棘下筋などがありますよね。その下を読むと、「肩甲骨を動かす僧帽筋やその下の層にある肩甲挙筋」、これひし形筋というんですけど、こういうふうに「棘下筋などがこわばって肩凝りが起こる。」と、こういうふうに一般的には書いているんですが、今あなたは全身とおっしゃいましたけれども、ここのどこの部分に具体的な支障、故障があるんでしょうか。それを聞いたことありますか。

聞いたことがありますけれど、筋肉の場所とか名前とかは覚え切れませんでした。いまだに覚えられません。

（注：10年以上頸肩腕障害に苦しめられていると述べているにもかかわらず、このようなことは通常ありえないことが理解できる）

——ただ、少なくとも野方医師の診断書を見ても、こういう筋肉の特定全くないんですが、言ったことがあるんですか。だから、我々も困っているんです。

先生は筋肉の名前を使いますので。

——その次に乙第三号証の二の53ページの上段を示します。肩凝りの原因というのをやりますが、割合わかりやすい質問にかえてやっているんで、ゆっくり聞いてください。過労や悪い姿勢精神的緊張などが誘因になって起こるもの、この場合は心配のない肩凝り原因を取り除けば、湿布やマッサージなどの手当てや体操で解消できる。それから、病気に伴って起こるもの、頸椎症、頸椎椎間板ヘルニア、それから胸郭出口症候群と、この中にも自律神経失調症も入っていますけれども、これなどがある場合には起こりやすいと。それから、3番目に誘因の見当たらないもの、なで肩など体型的要因が関係することが多いと考えられる。こういうふうに3つに分かれているんですが、こういう基準に従って、どこのところに筋肉の悪い箇所があって、病気があるのか、それから病気になって起こっているのか、そういうことを聞いたことありますか、ありませんか。

だれにですか。だれに聞いたことがありますか。

——野方先生です。

病気になったので、自律神経障害とかになったと。

——自律神経障害になったんですか。

はい、睡眠障害とか。

――そうすると、あなたはこれは病気になって起こったものだというふうに聞いているんですか。

はい、そうです。

――そうすると、当然もし本当だったら、自律神経障害になって起こったというんなら、なぜ自律神経の専門家に診てもらわないいんですか。

私は、すべて職業病外来の先生を信頼して、その先生がみんなわかってくれていると思っていました。

――じゃ、こう聞きましょう。野方医師自身は具体的に、医師そのものですよ、どんな治療をしたのか。甲第二六号証の一、二、三、四、五ではいろいろ書いてありますけれども、野方医師自身はどんな治療をしたんですか。

飲み薬と湿布とを出してくれて、おきゅうとマッサージに行くようにと、絶対安静ということがありました。

（注：原告が述べている頸肩腕障害の病状に対する適切な治療とは到底理解しえない）

甲第二六号証を示す

――そうすると、例えば具体的に言いますと、甲第二六号証の三では、4項、過去1年間の治療内容、「現在整形外科でマイクロ波治療、きゅうとマッサージを鍼灸院で行う。当院では精神安定剤の投与及び湿布の投与を行っている。」、これが典型的なんですが、要するに野方医師では、精神安定剤の投与と湿布しかしていませんよね。

いいえ、血流をよくする薬とか……。

――だから、今そんなこと、それは何ですか。そんなのなんか書いてありませんけど。私は、これ全部見て、一覧表にして一生懸命やっていますけど。

どんな治療をして……。

――じゃ、答えなしで結構です。あなたは、マッサージや針治療を言いましたけれども、針治療については「これは一時的に症状を楽にするもので、肩凝りを根本から治すものではありません。」と、これは乙第三号証の一の63の上段に書いてあるんですが、マッサージとはというのは、こういうことは御存じですか。

全くよくならない。

――根本的から治すものでは、要するに体は楽になるけれども、病気を根本的に治すものではないと、これは私も専門医から何回も聞いていますけれども、私も聞いていますし、本にも書いてあるから、言っているんです。そういうことは御存じないですか。

治すもの、治してくれていると思っています。

――思っているだけ。

いや、感じています。

――それは楽にはなりますよね。

はい。

――でも、マッサージや針治療というのはその部分を、肩凝りを根本から治療するものではない、こんなのは医学の常識なんですが、そうではない。

違うと思います。

甲第一三号証、甲第一四号証の二を示す
――ところで、甲第一三号証によれば、5の欄を示します。理学療法を目的として乙病院より紹介され、平成15年8月11日に来院したと、理学療法、頸部～左方、腰部のマイクロ波、干渉波、下肢マイクロ波を行っているというふうに書かれていますね。下井病院に行っているんですが、ところで甲第一四号証の二、これは２００６年1月27日の野方医師の診断書なんですが、これは整形外科の治療は記されていませんね。

……。

――これはあなたは、整形外科医に紹介されて、わざわざ行っているのに、いつ、なぜやめたんですか。

あなたの体力では、ここまで来ることすら難しいでしょうと先生に言われ、私も通うことも大変だったので、やめました。

――そうすると、あなたはそれだけ苦労しているというのに、専門医である整形外科に通うのが大変だからってやめたというふうに伺ってよろしいですか。

先生が通うのは無理でしょうと言われて……。

(注：地図によれば自宅から乙病院の中間に下井医師の病院がある事実に反している)

――本当ですか。

本当です。

――でも、通うよりも、あなたが痛い痛いと、全身が痛いと言っている治療のほうが大切だとあなたは思わなかったんですか。

最初おきゅう……。

――いや、思ったか、思わなかっただけでいいです。

何を思わなかったかですか。

(注：意図的に質問から回答をそらしている)

――結構です。それから、当然今言ったように、下井整形外科医は甲第一三号証しか出ていませんけれども、下井整形外科医である程度の期間、平成16年8月11日から一定期間、これは治療を受けていますよね。

はい。

――そうすると、カルテ等はありますよね。

はい。あっ、カルテ。

――カルテとか診断書。

私は持っていません。

――それには、あなたの整形外科医で何と言われましたか。あなたの記憶で結構です。

下井先生に何と言われたかですか。

――うん。その後一定程度治療を受けたんでしょう。

そのときに体操を教えてもらおうとしたんですけれど、あなたの今の体では、どこへ行ってもあなたに合う体操を教えてくれるところはないと思いますから、小さな筋肉を動かすところから始めましょうと言われました。

——小さな運動はしたんですか、しなかったんですか。

少しはしました。

——そうすると、原告のほうでは、乙病院のカルテが10年間で700枚以上にも及ぶことを持っているというふうに言っているんですが、下井先生のカルテ等はないんですか。

わかりません。

——そうすると、先ほどあなたの証言では、自律神経障害があるんだと、これ野方先生がおっしゃったというふうにおっしゃいましたね。

頸肩腕障害の５までいくと、そういうのが当然というふうに聞きました。

——だから、さっき言ったように頸肩腕障害の中で幾つもの原因があるものと病気のもの、その他のわからないものというふうに分かれていましたよね。そうすると、野方医師は本件の甲病院の業務と神経障害とどういうふうな関係があるとその業務によって神経がどういうふうに侵されたから、そういう病気になったんだということを聞いたことがありますか、ありませんか。

あります。

——何。

全身ぼろぼろになってしまっているのだから、当然ですと。

——全身ぼろぼろになっているだけですか。具体的な障害がないのに、例えば我々が専門医に聞いたときには、業務起因性というんですが、労災の場合には例えば何かにぶつかって骨折した、何かで引っ張って肩を痛くした、何かの業務でここのとこを、例えば打撲で内臓のここを痛めたと、そういう原因があるかどうかによって業務起因性が決まると言っているんですが、そういう趣旨で甲病院の業務と具体的にどういう関係があるかと、あなたの病気と、具体的に神経障害とどういう関係があるかというところまで踏み込んで聞いたことはありますか、ありませんか。

神経障害。

——うん、あなたはさっきそう言ったじゃん。

私は自律神経障害。

——だから、自律神経障害でいいです。というのは、自律神経障害だというと、いろんな原因があり得るわけです。私も労災やったことありますけれども、それを特定しなきゃいけないわけです。こういう業務をやったから、自律神経障害が発生したと。だって、最初は肩の凝りと痛みだけだったでしょう。

そうです。

——そうすると、それが何で業務起因性、自律神経の障害がその業務と関係するのか私にはわからないから、お聞きしているだけなんです。

過酷な労働になったからだと思います。

（注：原告が原因の特定についてことさら避けているのが

理解できる）

――だから、過酷な労働で、どういうふうな状態で神経がこういうふうにやられたとか、普通はそうやって書きますよ。それをあなたは御存じか、御存じでないかでいいです。プロじゃないんだから。わかんないならわかんないでいいですよ。

……。

――だから、自律神経障害だというふうにおっしゃった。それは病気ですね。さっき言った乙第三号証の一の病気だと、病気が原因、病気に伴って起きるもの、この中に自律神経失調症ってありますよね。そうすると、この自律神経失調症によって全身の疲労なり痛みなりが起こるとおっしゃっているなら、じゃこの病気は甲病院の具体的などういうことで起こったのかということを調査し、あるいは野方先生から聞いたことがありますか、ありませんか。

済みません。ちょっとずつ短くして聞いていただけないでしょうか。少しずつ切って……。

――あなたが言っているのは、自律神経障害症だとおっしゃっていますよね。おっしゃいましたよね。

頸肩腕障害の一番重くなったから、そういう症状も出てきたと聞いています。

――どうも今のお話だと2段階あるんで、お聞きしますが、頸肩腕障害で具体的に先ほど言ったように他覚的症状の凝りと痛みがあるとおっしゃいましたね。

（うなずく）

――そうすると、それはどこにあるかということを聞いたことありますか。

もう全身に出てしまったんだから、要するに体全部を使い過ぎてしまってなった病気、私も本当過労死しなかったのが不思議でしょうがないです。

甲第一三号証、甲第一四号証の一、二を示す
――ちょっと余計なことはいいです。例えばあなたがそこまで言うなら具体的に聞きます。甲第一三号証の痛い部分と、例えば甲第一四号証の一、二などは、特に二、これは全身ですよね。ところが、甲第一三号証はひじとか肩とか、一部になっていますよね。明らかに診断違うでしょう。

これは、いつ書かれているんですか。

――だから、医師というのは主訴を書けばいいんじゃないんです。主訴って、あなたが言ういろんな愁訴でもいいです。あなたの訴え……。

愁訴って……。

――書けばいいんじゃないんです。具体的にいろいろ調べてみて、どこのところが悪いのかどうかということを調べていくわけです。だんだん特定していくわけです。本当にここが痛いのか、本当の悪いとこはどこかということを。だから、甲第一三号証、甲第一四号証の一、二とは違うんです。明らかに主張が違うから、聞いているんです。甲第一三号証は、まだ何の検査もしていません。しかも、あな

たの主張に基づいて、ここが痛いということを特定してい るだけです。それで、野方医師によると全身だと言ってい るんですが、具体的にどこが痛いんだと、甲第一三号証、 どこが痛いんだという、特定はないんですね。

……。

裁判官

――全身という以上に、一番ひどいとこはどこだという話 はなかったんですかという質問。

一番ひどかったのは、首が動かせなかったので、首。

――というふうにあなたは言ったわけね。

というか、でも野方先生は最初のときに全身診てくれて、 私も病院にかかるときに、必ず問診票というのを2時間ぐ らいかけて書いていったので。

――お医者さんの判断として、どこが特に一番ひどいです ねという話はあったんですかという。あなたがどこがひど いという話じゃなくて、お医者さんのほうから確かにここ が一番ひどいですねという話はあったんですか。

どこが一番ひどい……。

被告代理人（渡邊）

――答えてください。その上で聞きますから。

……。

――もう答えなしでいいですか。

裁判官

――いいですか。覚えていなければ。

着がえとか何か、腕を動かすのにすごく痛くて、そのた んび泣いていたので、腕は……。

――だから、お医者さんはどこが一番ひどそうだという判 断をされたかという質問をしたんで、あなた……。

ああ、どこもひどいですね、ここもひどいですね、ここ もひどいです……。

――具体的などことという特定はなかったんですね。

（うなずく）

被告代理人（渡邊）

――だから、一般的にはいろんな、それはあなたの愁訴か ら、プロの医者というのは、だんだん本当の一番の根幹が どこにあるのか、例えば頸椎なのか、例えば頸椎であれば 全身痛くなりますよね。頸椎が痛くなれば全身に痛みが発 生します。そのときには頸椎を治せば全身がよくなるわけ です。そうやって特定していくんです。そういうことを言 われなかったんですかという質問なんです。

そんなふうには言われなかったと思います。

――それから、最初は肩の痛みと凝りだけだというふうに おっしゃいましたね。その2段階目から自律神経失調症に なったとおっしゃいましたけれども、症状であるとおっしゃいましたけれども、これは何で、甲の業務との関係でどういう理由で自律神経症になったのかというお話はありましたか、ありませんか。

極端に人数が少なくなったので、業務がひどかった。要するに体をすごく酷使することが多かったので、健康を……。

――簡単に言えば、私、だから聞いているんです。さっき言ったように正常な人もいるわけです。同じ業務をやって別に病気にならなかった人も。そうすると、あなたが病気になって、最初は肩があれだと、肩凝りとか何かが痛いというようになったのが神経障害になったということであれば、業務との関係では一体因果関係があるのか、どういう関係があるのかということがなかったら、労災認定できないでしょう。それで聞いているんです。

一番ひどい頸肩腕障害になると、いっぱい睡眠障害とか自律神経障害とかが全部、全部というか、いろんなところが機能低下になるので、当然ここまで悪くすると起きますと聞きました。

――だから、具体的に業務で何で、どういう業務によって神経障害が、当初は神経障害あったんですか、なかったんですか。じゃ、こう聞き直します。

当初っていつですか。

――当初というのは、最初に診断を受けたとき。

野方先生ですか。

――野方先生で。

野方先生にいろいろ聞きました。

――いやいや、聞いたのはいいんだけど。神経障害も、例えば具体的に言いますと、私はなぜそこまで聞くかというと、裁判所も一番興味あるとこだと思うんですが、意見書を見ても、神経症状というのは1か所出てきますけれども、その他のとこでは意見書の中でも出てこないんです。それで聞いているんです。何でそれで甲病院の業務と因果関係があるのかということだけ聞いているんです。

過重な……。

――あなたは素人だから、わかんないならわかんないでいいですよ。

過重な仕事をしたから。

原告代理人

――大分前の話になるんでしょうけども、1つは胸郭出口症候群ということを、お医者さんからそういうふうに言われたことはあったんですか。

はい。

――それは、どこのお医者さんですか。

甲病院の整形外科の先生です。

――野方先生から言われたことはあったんですか。

私が野方先生に伝えたんです。

――野方先生からは、そうは言われなかったんですね。

よくは覚えていません。

甲第二一号証を示す

——この傷病手当金の不支給についてという書類はわかりますか。

はい、わかります。

——この１枚目の４番目のところに傷病手当金請求書の療養を担当した医師の意見を見ると、次のとおりですとあるんですが、これは療養を担当した医師というのはどなたかわかりますか。

新井先生です。

——甲病院の先生ですか。

そうです。外科の先生だと思います。

——この今４番の③のところで、平成10年１月１日受診と書いている。この受診したときの先生というのは新井先生。

はい、そうです。

（注：新井医師の話は立ち話程度のものである）

裁判官

——あなたは、この甲病院で働いていたのは、平成10年４月上旬までしか働いていないのね。内科にパートに移っても。

はい。

——それ以降は、実際は5月15日に退職しているけど、働きには行っていない、家にいたということでいいんですか。

はい。

——それから、野方先生のところに行ったのは、どうも診察日が平成11年、翌年の３月１日に行っているということになっているんだけど、その間に今の甲第二一号証の支給決定みたいなのがあったようだけど、平成10年４月から翌年の平成11年３月の最初の１日まで、どこか病院にかかってはいないんですか。

かかっていないと思います。

——体調は悪かったんでしょう。

そうです。

——何か行かなかった理由というのはあるんですか。

新井先生も井草先生も、疲れているのですから、休めばよくなると思いますって言われていたのと、私もそうだと思っていたので、行かなかったです。

（注：原告の主張するドクターストップというのか。これで正式な診断ではないことは明らかであろう）

——休んだらよくなったの。２か月も３か月も休んで働かなかった。４月以降働いていないんだよね。

はい、全然。

——でも、約10か月たたない間野方先生のとこへ行っていないんだけど。

それは、広報で労災職業病なんでも相談会というのがあると見ていたので、行けばいいんだって思っていましたけど、なかなか行けなくて、やっと千葉職対連に労災職業病なんでも相談会に行って、そのときにすぐ職業病外来に受診したらいいと言われたので……。

——野方先生のとこへ行ったということ。

はい、そうです。

（注：原告の供述内容をみれば、①10年もの間、労災と認定され、治療を受けているが、どの部分に治療を行っているのか不明のままである。②「首、肩、両腕、背中、腰、足、全身」「内臓も頸も全部機能低下」している状況は、頸肩腕障害により、いつ、どの期間、どのように行ったか全く不明である。③単に「疲れているのでゆっくり休むしかない」というのが原告のいうドクターストップであることが明らかである。④原告の主張に反する客観的証拠や供述がいたるところにみられる。⑤反対尋問では都合の悪い尋問に対して回答をそらしている。などとなっている。一審裁判官は、このような客観的証拠と供述との厳格な照合ができていない）

第3章
本書のまとめ

おわりに

1　反対尋問と裁判官の事実認定、その現状

本書は筆者のこれまでの体験から、
①反対尋問の心証形成における役割
②筆者の反対尋問の方法
③反対尋問による実際の判決への効果
④いわゆる〝砂上の楼閣〟判決の存在
などについて論じてきた。

もちろん、再三指摘するように裁判においては、書証等の他の多くの証拠が存在する以上、反対尋問だけで裁判官が心証形成をするわけではない。

しかし、本書での具体的な反対尋問の内容と実際になされた判決の事実認定に関する評価等を比較すれば、反対尋問と裁判官の判断（判決）に関する現状の一端を窺うことができると考えている。

また、本書に掲載している事例でも明らかなように、筆者は反対尋問において、単に主尋問での証言の信用性を崩すことを目的とするだけでなく、より有効な自白や証言の信用性を大きく喪失させることを目的として、証言（供述）を崩壊（証言の雪崩現象）させ、全く信用できないものであることを明らかにすることをも視野に入れて尋問していることが理解できるであろう。

そのために、証言（供述）に関する証拠をできるだけ収集し確実な事実を幅広く把握したうえ、これに反する証言（供述）を引き出すように尋問を工夫してきたつもりである。

そのことが裁判官の心証を尋問者側に有利に惹きつけていたと推測される事案も紹介している。

しかし、すでに類型分けして論じてきたように、反対尋問の成功がすべて判決の結果に直結するものとなっているわけではない。

そこで、まずこの点について検討を行う。

2　本書で取り上げた事案からみた考察

(1)　反対尋問の結果が反映していると考えられる事例

ア　［第2の2］業務提携契約不履行に基づく損害賠償請求・損害賠償請求反訴事件

客観的証拠と相手方本人の自白、主張の変遷等の矛盾を突き合わせ、その結果、濫訴まで認めている。

イ　［第2の3］配当異議訴訟事件

客観的根拠と証言（供述）との矛盾に相手方の公正証書作成の際の不合理な供述、公正証書記載の契約と契約当事者の意思の矛盾等を的確に把握して通謀虚偽表示を認めて

いる。

ウ　［第3の2］不法行為損害賠償請求事件

証拠間の食い違いや証言の曖昧さから建物の損傷は被告によるものではないと判示している。

エ　［第3の5］管理財産返還請求事件

彼告が作成したメモや客観的登記内容、帳簿等の記載内容から被告の供述の信用性を否定し、被告が原告の財産を保管していること、その一部が未返還であることを認めている。

オ　［第4の4］売上代金着服に対する損害賠償請求事件

事実の流れと供述の矛盾から間接事実を積み重ねて被告が店の金員を領得した事実を認めた。

カ　［第4の2］建物所有権移転登記等請求事件

個々の証拠の信用性について具体的かつ詳細に検討を加え、信用性を判断したうえで真実の所有者は原告であることを認めている。

キ　［第4の3］税務申告書引渡請求事件

証言（供述）の信用性を当時の状況や各人の具体的行動について経験則に基づいて何が合理的かによって判断している。

これらの事例では、証拠や客観的事実に基づいた尋問に対する証言（供述）の内容と証拠との関係を合理的・整合的に判断がなされていると筆者は評価している。

⑵　これに対し不合理な判決（砂上の楼閣）として指摘した判決にみられるように、証拠に偽造、変造が加えられたことが明らかとなった事例においても、客観的な事実に反する証言であることや証言内容自体の不自然性などを全く考慮せずに判断している例が意外に多くあることに改めて驚かされている。

例えば、

［第5の2］遺産分割協議無効確認事件

裁判の争点である母親の意思を示す手紙の存在そのものを、事実認定の証拠から除外したばかりか、手紙の内容と正反対の判断をしている。

［第5の3］建物明渡請求事件

争点の一つである賃貸借契約の（更新）契約について、更新後に賃料を受領している事実を無視したばかりか、事後に了承していることを示す相手方が書いた手紙の内容を何の根拠も示すことなく読み変えるという〝離れ業〟を行っている。その結果、手紙全体の文章を合理的に理解することはできなくなっているが、その事実については全く無視を決め込んでいる。

ちなみに、裁判官は陳述書を反対尋問を経ない証拠として扱うとしたにもかかわらず、その陳述書を基に判断している。

［第5の4］取締役報酬・退職金返還請求事件

一審では被告が主張も立証もしてもいなかった計算書類の存在を「看過できない」として、被告会社の経理処理を会社の代表者が容認していたとした。控訴審では計算書類をチェックできなった数多くの事実を指摘し、かつ、見たとしたらあり得ない多くの事実を指摘した。

ところが、控訴審では概括的委任を包括的委任と認定した。しかも本件では取締役報酬と退職金について最高裁判例の制限を完全に無視した。

それまで包括的委任についての主張や証拠も存在しなかった。いつ、どのような事実から包括的委任を与えたとの認定もなく、また、理由の判断も証拠に基づかない〝作文〟というべきものであった。（注）

（注）この裁判長は元調査官の肩書きを持っているが、このような事実認定を調査官時代にも行っていたとすれば、上告審審理でも程度が推測される。元調査官による不自然な裁判については『ニッポンの裁判』（瀬木比呂志　講談社　2015年　202頁以下）でも損害賠償事件の例を挙げて紹介されている。

加えて、関連の別件事件で包括的委任を受けているはずの当人（被告）自身が、尋問のなかで包括的委任を受けたことを否定した。また、控訴審判決が認定した理由中の重要な事実も否定された。

［第5の5］労災による損害賠償請求事件

一審判決では依拠した証拠（診断書）は初期から裁判時まで同じ病状を記載しているが、この症状を「顕性期」に見られる旨認定している。

そうだとすれば、裁判係属中の原告も「顕性期」にあり、到底出廷など不可能であることは明白である。しかも、痛めているはずの肩にショルダーバッグをかけて出廷していた。裁判官は広義の頸肩腕障害について何ら専門的知見もなく、かつ、裁判上の公知というべき事実と診断書との矛盾を無視し、かつ、双方の主張しなかった約5年後の症状固定まで認定している。一審裁判長は、狭い意味の頸肩腕障害を原告本人尋問だけで立証するのですねといった。しかし、その根拠も全く理解できないものであって、至る処に自己矛盾を招来している。裁判官に専門的知見がない場合は鑑定等の証拠調べを行うべきものであることを示す一例である。

［第1のコラム1］請負代金請求事件

相手方から提出された証拠写真の日付が偽造されていたが、一審の証拠調べの結果をみても、相手方証人の証言には多くの不自然な点があるにもかかわらず、それらを無視している。

控訴審になり、当方も新たな調査を行い、偽造の指摘をしたところ、控訴審判決は偽造された写真を事実の流れに沿って理解し直し整合的に判断している。

［第１の４］抵当権設定仮登記抹消請求事件及び貸金請求反訴事件

一審判決は、重畳的債務引受を認定するにあたり、証拠の恣意的なつまみ食いと解釈に終始している。そればかりか重畳的債務の対象たる債務を認定するのに、反対証拠を無視した証拠のつまみ食いと、債務の存在を認定するための精査など全く行わずに借用書の印影についての二段の推定を行って事実認定をなした。ところが控訴審に至り〝借用書〟の印影の偽造が発覚したのである。一審判決の二段の推定は根本から崩壊した。

また、尋問調書を見れば債務引受の前提たる債務に関する弾劾証拠も理解していないし、不当な尋問への介入が多いことも理解されよう。

この事実は公正な審理と判断が深く結びついていることを示す典型である。

(3)　以上述べたように本書で取り上げた事案においても、証拠や各事実（間接事実の関係をどう正当に取り扱うか）をどう評価するかという事実認定の方法の問題と、訴訟手続における十全で公正な訴訟指揮の必要性という二つの面から公正で整合的な裁判であるか否かをみることが必要であることがわかる。

［第５の３］建物明渡請求事件

裁判官は、補充尋問によって反対尋問をしきりに遮っていた。更に原告の尋問終了後、原告から陳述書が提出されたことから、その反対尋問の申請をしたところ、反対尋問を行わない証拠（すなわち証拠価値が少ないもの）として扱うと述べたので尋問申請を止めたところ、肝心な点を反対尋問を経ていない陳述書の内容に沿って認定した。

［第５の２］遺産分割協議無効確認事件

尋問調書を見て分かるように、裁判官が原告代理人の反対尋問を意図して妨げていた。このことは補充尋問が相代理人の尋問直後ではなく、被告代理人の後になっていることからもうかがうことができる。

［第１の４］抵当権設定仮登記抹消請求事件及び貸金請求反訴事件

反対尋問に対する介入が露骨なほど明らかであり、弾劾尋問に対して「事前に主張しろ」との介入を行っている。事前に主張したら弾劾尋問にならないことすら、この裁判官は理解していない。しかも、「……主債務の成立そのものについての判断には何の関係もないということですからね。」と述べ、重畳的債務の対象となる債務の存在に関する信用性が、重畳的債務引受の成否についての判断に関係がないとしている。

［第5の4］取締役報酬・退職金返還請求事件

一審の尋問調書では介人尋問は一問しかないが、実際はもっと多くなされていた。尋問の後、書記官に介入尋問をそのまま残した調書を作成してほしいとわざわざ電話したところ、出来上がった調書では介入尋問が逆にきれいに削られていた。（裁判官と書記官が共謀しているのではないかと疑わざるを得なかった）

しかし、残っている一箇所をみても筆者の尋問には何らの問題はない。（注）

（注）この裁判官は別件訴訟では被告に露骨に加担、あるいは尋問の理解を欠いた裁判官尋問を行っている。

控訴審には、弁論主義違反と審理不尽、不意打ち判断と判例無視等の問題があることはすでに述べたところである。（不意打ち防止は民事訴訟手続の重要な要素である。ところが、最近の裁判に審理の不尽を原因とする不意打ち的判断が増えていると感じるのは筆者だけではないだろう）

(4)　こうした訴訟経過と判決内容を検討すれば、証拠や主張の扱い方などに極めて不合理な点が存在するだけでなく、訴訟手続の面でもそれが現れていることがわかる。

前者の面からすると、

①証拠の評価の不正確性

②判決の判断に障害となる不都合な証拠の無視

③双方に主張・立証を尽くさせないで、都合のよい部分のつまみ食い

④全証拠の全体的考察の無視

⑤心証とは仮定心証であることを無視し、最初の印象だけで判断する

⑥事実認定の成否についての検証を怠っている

訴訟手続き上において、

①双方の主張・立証を十分尽くさせない

②尋問への不当な介入

③弁論主義違反、審理不尽

などの問題が存在している。

これらの事実から訴訟手続と事実認定とは関連し合っていることが理解できる。

この事実は当事者である弁護士の立場からみれば、これらの多くの事例ではまだ十全な証拠調べのない段階で一定の予断をもって訴訟手続を進行させているのではないかと推測される。

倉田卓次は「地裁の実務で説明すれば、まず訴状と答弁書が出た段階での筋のいい事件と悪い事件とがある。」と記しているが、同時に同氏は「大多数はこの段階で予断的心証を形成させるに足りない。」と正しい指摘をしている。

（倉田卓次著『民事実務と証明論』日本評論社　昭和62年121頁）

何故このような事象が起きるかを弁護士の立場からみると、多くの場合（政治的判旨を除いた）裁判官が、まだ証拠に基づかない〝スジ〟論によって自らの結論（事実認定）や訴訟指揮を合理化しているのではないかという懸念がある。

このことは［第５の２］遺産分割協議無効確認事件において、「（裁判所は）保守的ですから。」との発言からも窺える。

筆者は裁判官の述べる〝スジ〟、〝スワリ〟とは、当事者のどちらを勝たせるかについてのある意味で裁判官の知恵と理解していた。

しかし、事件の〝スジ〟なるものは、最終的な証拠の判断による正確な事実認定が前提となるべきであり、事案についての検証のためにはスジ論は有用であるが、まだ証拠調べも十分でない段階での、仮定心証の段階で事件のスジを決めつけているような場合、結果的には誤判の要因になっているのではないかとの疑問がある。

そこで、いわゆるスジ論について論じてみる。

(5)　あるべき〝スジ〟論について

ア　これまで事案の判断を行う際、当事者のどちらを勝たせるかについてしばしば〝スジ〟あるいは〝スワリ〟という言葉が使われてきた。その内容は曖昧な点があり、判然としないことが多かった。

最近、この〝スジ論〟が論ぜられているが（加藤新太郎編『民事事実認定と立証活動』判例タイムズ社　２００９年）、須藤判事は、「裁判官から見た事件のスジについては、基本的には、「当該事件についてもっとも包括的な法的価値判断の観点」という理解（伊藤滋夫『事実認定の基礎』有斐閣　１９９６年　264頁）や、それから加藤さんがいわれているように、「要件事実的思考・事案分析的思考に対するバランス感覚・実質的考慮に基づく紛争全体像点検、事案統合的思考」という理解（加藤新太郎『手続裁量論』弘文堂　１９９６年　65頁）が代表的なものだと思います。」と指摘したうえで、「このような点が裁判官にとってスジの善し悪しというものを早い段階で考える実践的な意味ではないかと思います。」「私なりにスジが悪いと感じる場合を整理してみました。」として、

①訴状や答弁を読んだときに、事件の内容が違法、不当なものを含んでいたり、事件の背景にそのような事情があるのではないかと推測させる場合

②事案の内容（認定できるような事実関係）と法的指摘はどうも一致してなさそうだという場合

③明らかに法の欠陥や不備が問題になっている場合

④法的利益と言えるかどうかが微妙な場合

⑤いわば被害者同士が争っている事件

と５つに分類して論じている（同書　須藤発言）。

そして、加藤新太郎元判事も「私も、実は①認識結果を

点検するための回顧的な「事件のスジ」のほかに、②事件の見通しを立てるための認識予測としての「事件のスジ」とがあるのではないかと考えてい」て（加藤「民事事実認定の基本構造」小島武司先生古希祝賀『民事司法の法理と政策（上）』〔商事法務、２００８年〕317頁注（９））、「須藤さんの指摘はまさに②に着目するもので、要するに、審理展開を予測したときに黄色信号が点滅しているかどうかがスジの良し悪しの一つの指標であるということですね。」との指摘をしている（同書156～160頁）。

ところで、筆者が問題としている〝事件のスジ〟とは、初期に抱いた、あるいは証拠に基づかない予断による〝スジ論〟である。

証拠に基づかない予断に基づいた、本来なら仮定心証でしかない心証を、当該事案のあるべき〝スジ〟として決めつけ、この〝心証〟に基づいて訴訟手続も事実の認定も行ってしまっているのではないかということである。

イ　そこで、本書のいくつかの事案に関して、筆者の立場から裁判官が抱いていたであろう〝スジ〟と、証拠調べ後の事案の事情（風景）を具体的に比較してみる。

［第５の２］遺産分割協議無効確認事件では、裁判所は保守的であるとの発言からみられるとおり、裁判官は現状維持が〝スジ〟である。

［第５の３］建物明渡請求事件では、原告は生活に困っているると思われるから救済すべきである。

［第５の４］取締役報酬・退職金返還請求事件は、経理の担当者であることを優先させ、原告はそれを放置していたとみている。

［第５の５］労災による損害賠償請求事件では、体中に痛みがあるとする原告を保護するとの考えを〝スジ〟であるとして判断したのではないかという推測である。

しかし、証拠に基づく事実から見れば異なる風景（事情）となる。

［第５の２］遺産分割協議無効確認事件は、被告は母親の意見に反し、母親の土地にビルを建て、遺産分割協議書の作成にあたっては、二人の姉をダマしている。

［第５の３］建物明渡請求事件では、金に困っているとみえるがビルを建て、その収支も黒字である原告と、多額の資金を払ってコーヒー店を経営し、明け渡せば投資資金は水泡に帰す被告との比較である。

［第５の４］取締役報酬・退職金返還請求事件では、たとえば会社に給付された金８０００万円のうち、６５００万円を誰の了承もなく父親の退職金であり、取得したと主張し、不利とみるや、請求することが法的に不可能な税務対策のために作成した消費貸借契約書を利用して訴訟を起こ

している者と、被告によって経理に関する情報すら与えられていない原告会社。

［第5の5］労災による損害賠償請求事件では、本当に労災によるものか。頸肩腕症候群が労災によるものとは到底言えず、労基署と一緒になって虚偽（変造）文書で労災による補償金を受け続けている者を更に保護すべきかどうか。

これらの客観的事実を前提として比較検討するのが本来の事件のスジ論ではないのか。

たとえば加藤元判事のいう「要件事実的思考・事案分析的思考に対するバランス感覚、実質的考慮に基づく紛争全体的点検、事実総合的思考」をスジとして勘案するなら一定の合理性を認めうる。しかし、まだ十分な証拠調べもなく証拠等の検証もされていない段階の、いわば思い込みに近い恣意的な〝スジ論〟は合理性・整合性を持ち得ないと言ってよいであろう。

十全な証拠調べ等に基づいて認識された事実と、そうでない段階での「事実」とは、風景は違ったものに見えることとは前述した事案を検討すれば理解できるであろう。

安易なスジ論で判断を合理化することは正義・公平に反することになりかねない。

3　公正かつ正当な判決をするために

(1)　本書ではすでに述べたように通常事件といわれるものから反対尋問が裁判の判断に与えたであろう実態について、反対尋問の方法と目的に応じて分類して論じてきた。

しかし、反対尋問の方法は弁護士一人一人にそれぞれ培った独自のものがあるはずであるが、筆者としても試行錯誤の結果として行ってきたものである。

本書はそのうち特に筆者の反対尋問の方法に応じた分類で収録に適当と思われるものを選び出している。

本書では各事案の評価について、スジ論も含めて論じてきたが、筆者がこれまでの裁判実務に携わった体験から強く実感するところである。

この点で第2章第5「砂上の楼閣」のはじめにの最後の部分で述べた

①主要事実とこれに関連する間接事実・補助事実などの整合性・合理性

②認識した事実が一連の社会的事実として見た際の合理性

③証拠の解釈が文章や一連の関係証拠との関係で整合性を持つか

④審理において十分な証拠の顕出と事実に関する知見の存在

を検討することの必要性を再度指摘したい。

(2)　筆者らが約20年前に刊行した『事実をつかむ』のなかで、

「本多　たぶんそんなに違わないと思うんですね。小説の場合は、もちろんこれも本質を描こうとしているんだけれども、さっき哲学はいきなりずばりと本質に迫るという指摘がありましたが、そうだとすると、小説の場合は、その一歩手前だと思うんですね。そのフィクションを描くことを通じて本質を描くわけだから、ずばりではない。そういう意味でルポの場合にも、フィクションじゃなしに事実を積み重ねていって、いろんな全体像が出てくると思うんです。言葉の定義にもよるが、全体像そのものが本質というわけではなくて、本質を描くための手段だということになると思うんですね。小説の場合のフィクションと同じレベルで、小説はフィクションで、ある本質を描こうとしている、哲学はそのものずばりだという違いがありますね。

渡辺　要するに基本的、抽象的に言うと、近代的な証拠方法でそれぞれがやっている。そして特徴でもいいし本質でもいいけれども、そこに到達すべきであるということは共通している。その過程のなかに、往復運動なり、証拠の再吟味なりがあり、それが必要不可欠であるが、それが各分野でなおざりにされている部分があるということが、どうも最終的なまとめになりそうですね。」（同書　250、251頁）

とまとめている。

あらためて、

・近代的証拠法則に基づく十全で多様な証拠調べと証拠の整合的合理的評価
・帰納と演繹という過程の繰り返しの必要、すなわち仮定心証に対する検証の必要性
・訴訟活動の最終的・総合的判断
・公正な訴訟手続

という当たり前の訴訟過程の必要性を強く感じさせられる。

本書が尋問者の意図を裁判当事者が理解され、尋問の結果及び尋問に対する対応（すなわち、尋問の機会を十分に与えること）に一石を投ずることが少しでもできれば幸いである。

＊　＊　＊

本書を出版するためには多くの方々にお世話になりました。

尋問の際には弁護士のみならず、たとえば医療過誤事件では医師、歴史的事件では研究者の方々の意見や討論がなければ尋問事項ができません。

しかも実際の事案ですので、数ある事案から選定するためには記録の保管が必要です。

校閲・校正についても大きな助言を得ています。

保管については㈾思誠会常務理事川田義信氏、校正につ

いては近藤俊之氏、酒井信義氏にご協力いただきました。
これらの皆様には深くお礼申し上げます。
最後に怠惰なときには励ましてくれた家族にも改めて感謝いたします。

渡邊春己（わたなべ・はるみ）
山梨県生まれ。東京大学法学部卒。
弁護士（東京弁護士会所属、30 期）。
著書に『「事実」をつかむ』（こうち書房）、『歴史の事実をどう認定しどう教えるか』（教育史料出版会）（いずれも共著）など。

尋問共同担当弁護士

鍛治利秀（12 期）尾崎法律事務所（当時）

浅野　晋（30 期）青葉総合法律事務所

永井　均（30 期）六法法律事務所

渡邉彰悟（42 期）いずみ橋法律事務所

山田勝彦（48 期）青葉総合法律事務所

藤川綱之（54 期）新谷・藤川法律事務所

近藤俊之（54 期）横浜山手法律事務所

船島伸広（60 期）弁護士法人東京セントラル法律事務所

反対尋問と事実認定 1――尋問の記録と解説

2021年12月20日　初版第 1 刷発行
2022年 1 月25日　初版第 2 刷発行

著者――――渡邊春己
発行者 ―――平田　勝
発行――――花伝社
発売――――共栄書房
〒 101-0065　東京都千代田区西神田 2-5-11 出版輸送ビル 2F
電話　03-3263-3813
FAX　03-3239-8272
E-mail　info@kadensha.net
URL　http://www.kadensha.net
振替　00140-6-59661
装幀――――佐々木正見
印刷・製本――中央精版印刷株式会社

ISBN978-4-7634-0990-4　C3032